Ulf Abraham / Ortwin Beisbart / Gerhard Koß / Dieter Marenbach
Praxis des Deutschunterrichts

Ulf Abraham / Ortwin Beisbart / Gerhard Koß /
Dieter Marenbach

Praxis des Deutschunterrichts

Arbeitsfelder · Tätigkeiten · Methoden

Auer Verlag GmbH

Gedruckt auf umweltbewusst gefertigtem, chlorfrei gebleichtem
und alterungsbeständigem Papier.

3. Auflage. 2003
Nach der Neuregelung der deutschen Rechtschreibung
© by Auer Verlag GmbH, Donauwörth
Alle Rechte vorbehalten
Gesamtherstellung: Ludwig Auer GmbH, Donauwörth
ISBN 3–403–03096–2

Inhalt

Einleitung 8

Teil I: Systematischer Teil

Aufgabenfelder des Deutschunterrichts 11

1. Miteinander reden – Mündlicher Sprachgebrauch 12
2. Texte schreiben – Schriftlicher Sprachgebrauch 22
3. Umgehen mit Texten 33
4. Auf Sprache aufmerksam werden – Sprachbetrachtung 45
5. Rechtschreiben 50
6. Integrativer Deutschunterricht 59
6.1 Projektunterricht – projektorientierter Deutschunterricht .. 60
6.2 Handlungs- und Produktionsorientierung 65
6.3 Außerschulische Lernräume 69
6.4 Spielen im Deutschunterricht 73
6.5 Arbeit mit Medien im Deutschunterricht 79
6.6 Lernen mit Kindern fremder Muttersprache/Deutsch als Zweitsprache lehren 87

Teil II: Alphabetischer Teil

Tätigkeiten und Handlungsweisen 91

Einträge ohne Seitenangaben verweisen entweder auf andere Artikel im Lexikon, die den entsprechenden Begriff im Titel enthalten, oder sie sind Schlüsselbegriffe für andere relevante Tätigkeiten und Handlungsweisen (Verweis durch Pfeil ◊)

An Autorenlesungen teilnehmen 92
Analysieren von Texten 93
Anwärm-/Warm(ing)-up-Übungen durchführen 95
Arbeitstechniken
   ◊ Computergestütztes Schreiben und Revidieren
   ◊ Informationen verarbeiten
   ◊ Précis schreiben
   ◊ Referat oder Vortrag halten/Informationen weitergeben
Argumentieren/Erörtern 97
Artikulationstraining
   ◊ Sprechspiele erproben
Assoziatives Schreiben 101
Ausstellungen und Museen besuchen 104
Begriffe vermitteln und gebrauchen 107
Berichten
   ◊ Sachtexte verfassen: Berichten/Beschreiben
Beschreiben
   ◊ Sachtexte verfassen: Berichten/Beschreiben
Bewerten von Aufsätzen
   ◊ Teil I,2 *Texte schreiben – Schriftlicher Sprachgebrauch*
Büchermacher und Bücherhalter: sich über Verlage und Bibliotheken informieren 109
Clustering-Verfahren einsetzen
   ◊ Teil I,2 *Texte schreiben – Schriftlicher Sprachgebrauch*
   ◊ Anwärm-/Warm(ing)-up-Übungen durchführen
Computergestützter Umgang mit Literatur 111
Computergestütztes Schreiben und Revidieren 113

Definieren
  ◊ Begriffe vermitteln und gebrauchen
Diktate schreiben 114
Diskutieren/Sachgespräche führen 117
Dramatisches Gestalten 121
Erörtern
  ◊ Argumentieren/Erörtern
Erzählen 124
Fehler berichtigen 130
Fragen stellen/Interviewen 133
Freies Schreiben 137
Fremdwörter
  ◊ Mit Fremdwörtern umgehen
Fünfsatzübungen 139
Funktionen der Sprache erkennen 143
Grafiken und Schaubilder erstellen und verbalisieren 145
Grundwortschatz
  ◊ Mit dem Grundwortschatz umgehen
Hören und Zuhören 147
Informationen verarbeiten 150
Informationen weitergeben
  ◊ Referat oder Vortrag halten
Inhalte wiedergeben 153
Inszenieren von Texten 154
Interpretieren literarischer Texte 157
Interviewen
  ◊ Fragen stellen/Interviewen
Klischees erkennen und bearbeiten 159
Kontrastive Verfahren in der Sprachbetrachtung anwenden 162
Körpersprache beobachten und erproben 164
Kreatives Schreiben
  ◊ Assoziatives Schreiben
  ◊ Freies Schreiben
  ◊ Schreibkonferenzen organisieren
  ◊ Schreiben nach Texten
Lernspiele im Deutschunterricht 167
Lesen
  ◊ Verzögertes Lesen
  ◊ Vorlesen/Vortragen
Lesetechnik üben 171
Literarische Gespräche führen 173
Literarische Rollenspiele entwickeln 176
Medien
  ◊ Teil I,6.5 *Arbeit mit Medien im Deutschunterricht*
  ◊ Computergestützter Umgang mit Literatur
  ◊ Computergestütztes Schreiben und Revidieren
  ◊ Lernspiele im Deutschunterricht
  ◊ Orte moderner Medien besuchen
  ◊ Tests im Rechtschreibunterricht einsetzen
  ◊ Wörterbücher benutzen
Mit dem Grundwortschatz arbeiten 178
Mit Fremdwörtern umgehen 180

Mit Sprache spielen 182
Nacherzählen 185
Namen entdecken und untersuchen 187
Orte moderner Medien besuchen 189
Précis schreiben 191
Redewendungen untersuchen und anwenden 193
Referat oder Vortrag halten/Informationen weitergeben 195
Reportagen verfassen 198
Rezensionen schreiben 200
Rollenspiele
    ◊ vgl. Teil I, 6.4 *Spielen im Deutschunterricht*
    ◊ *Literarische Rollenspiele entwickeln*
Routineformeln und Schlagwörter erkennen und untersuchen 202
Sachgespräche führen
    ◊ *Diskutieren/Sachgespräche führen*
Sachtexte verfassen: Berichten/Beschreiben 205
Schreiben nach Texten 209
Schreibkonferenzen organisieren 210
Spielen
    ◊ vgl. Teil I, 6.4 *Spielen im Deutschunterricht*
    ◊ *Dramatisches Gestalten*
    ◊ *Inszenieren von Texten*
    ◊ *Sprechspiele erproben/Artikulationstraining*
    ◊ *Mit Sprache spielen*
Sprachregeln entdecken und Sprachwissen erwerben 211
Sprechspiele erproben/Artikulationstraining 213
Sprichwörter untersuchen und verwenden 216
Standardisierte Texte verfassen 217
Tests im Rechtschreibunterricht einsetzen 220
Texte kürzen
    ◊ *Zusammenfassen von Texten*
    ◊ *Précis schreiben*
Textrevisionen
    ◊ *Überarbeiten eigener Texte/Textrevisionen durchführen*
Überarbeiten eigener Texte/Textrevisionen durchführen 222
Umschreiben von Texten 225
Vergleichen von Texten 227
Verzögertes Lesen 228
Vorlesen/Vortragen 230
Wörterbücher benutzen 232
Wortfamilien zusammenstellen 235
Wortfelder zusammenstellen 237
Wortlistentraining durchführen 239
Zusammenfassen von Texten 242

Teil III: Planung einer Unterrichtseinheit 245
  1. „Bitte übernehmen Sie den Unterricht!" (Sachanalyse) 246
  2. Und noch einmal eine Analyse! (Didaktische Analyse) 255
  3. Methodische Überlegungen 262

Literaturverzeichnis 270

Abkürzungsverzeichnis 288

Einleitung

Was dieses Buch will

Das Fach Deutsch ist äußerst vielgestaltig, seine Aufgaben sind vielfältig. Verantwortlicher Deutschunterricht muss deshalb ebenfalls vielfältig sein und seine Aufgaben zielbewusst wahrnehmen.
Diese Vielgestaltigkeit und Vielfältigkeit für den Anfänger organisierbar, für den Erfahrenen durchschaubarer zu machen, in jedem Fall Deutschunterricht als veränderbar und verbesserungswert darzustellen, dies kann als das zentrale Anliegen dieses Buches bezeichnet werden.

Wie dieses Buch genutzt werden kann

Es kann als **Begleitbuch** für die Studentin und den Studenten, für Praktikanten und angehende Lehrerinnen und Lehrer genutzt werden:
Es führt sowohl im Überblick in die Aufgabenfelder aller Lernbereiche als auch in die Grundzüge integrativer Unterrichtsgestaltung ein, ist somit auch als **Lernbuch** für Examenskandidaten der Deutschdidaktik geeignet.
Es erläutert die wichtigsten Tätigkeiten des Umgangs mit Sprache und Literatur, die wichtigsten unterrichtlichen Handlungsformen des Deutschunterrichts und seiner Teildisziplinen. Es zeigt an eingestreuten Beispielen Handlungsmöglichkeiten und über ein Lektürebeispiel den schrittweisen Aufbau einer Unterrichtseinheit sowie deren schriftliche Ausarbeitung für Prüfungszwecke.
Es kann als **Nachschlagebuch** von allen erfahrenen Lehrkräften genutzt werden, die neue Einsichten in traditionelle unterrichtliche Tätigkeiten ebenso suchen wie neue Tätigkeiten und Methoden für ihren Unterricht. Auch die Hinweise auf neue Fachliteratur sind entsprechend ausgewählt.
Es kann über die Beispiele als **Anregungsbuch** genutzt werden, mit neuen Methoden und Aufgabenstellungen traditionellen, heute nicht mehr zufrieden stellenden Deutschunterricht anzureichern.

Wie sich dieses Buch legitimiert

In den letzten 15 Jahren hat sich in der Schulpädagogik, vor allem aber in der Deutschdidaktik das Verständnis von Unterrichtsplanung, -aufbau und -zielsetzung grundlegend verändert: Forderungen werden laut
– nach stärkerer Schülerorientierung,
– nach Öffnung des Unterrichts für Interessen und Probleme der Schüler,
– nach lernerangepassten und differenzierteren Lernangeboten,
– nach lernbereichsübergreifenden Themen, die nicht fachlich zergliedert werden,
– nach ganzheitlichem Lernen, das nicht allein die kognitiven Fähigkeiten und Fertigkeiten in den Vordergrund rückt,
– nach Handlungsorientierung, die eine Aktivierung statt einer bloßen Rezipientenhaltung der Schüler bewirkt,
– nach Berücksichtigung der konstruktiv-kognitiven und kreativen Fähigkeiten, die jeder Schüler immer schon mitbringt, bis hin zum selbst organisierten, selbst gesteuerten Lernen.

Alle diese Forderungen haben der praxisorientierten Theorie des Unterrichts und des Deutschunterrichts einen Qualitätsschub vermittelt. Dies zeigt sich vielerorts auch darin, dass sich Schulbücher und Handreichungen, Unterrichtsmodelle und Erfahrungsberichte zumindest in ihren besten Produkten im Charakter verändert haben und Einfluss auch auf den traditionellsten Unterricht gewinnen. Sie verstehen sich weit mehr als früher als Anstöße zu schülerzentriertem, eigenaktivem Unterricht und weit weniger als unbesehen imitierbare Schemata.

Dennoch besteht noch immer eine Kluft zwischen deutschdidaktischer Theorieentwicklung einerseits und praktisch weitergegebenem Handlungswissen andererseits. Deshalb scheint es uns an der Zeit, auf der mittleren Diskursebene, zwischen den systematischen, fach- und didaktikwissenschaftlichen und historischen Forschungen auf der einen und den Praxis-Handreichungen für Lehrer und Materialien für Schüler auf der anderen Seite, das Feld so abzustecken, dass praktisches Handeln im Unterricht zum einen neu begründet und zum anderen angemessen variabel gemacht werden kann.

Was im Verständnis dieses Buches zentral ist

Wir gehen aus vom Begriff der **Tätigkeiten**, genauer: von zielgerichteten Tätigkeiten, zu denen sich Lehrer und Schüler zusammenfinden sollen, weil sie sich mit dem Ziel der zunehmenden Selbstverantwortlichkeit der sprachlich Handelnden verbinden lassen. Erst solch zielgerichtetes Tätigwerden ist **Handeln**. Und dieses Handeln

– konstituiert den Menschen als Menschen,
– kommt demnach auch im Alltag, in der Lebenswelt vor,
– bedarf jedoch lehrender und lernender Durchformung, weil es nur so schneller und genauer, sinnvoller und hilfreicher, umfassender und befreiender erworben oder ausgebaut werden kann,
– soll Ausgangspunkt einer Weiterentwicklung fachdidaktischen Methodenrepertoires sein, wie es sich in den weiteren und vielfältigen methodischen Tipps sowie den Literaturhinweisen wiederfindet.

Auch der lebensweltliche Umgang mit Sprache und Texten, der das Leben der Schüler immer schon betrifft und bestimmt, ist tätigkeitsorientiert. Er ist nach kognitionspsychologischer Einsicht ein aktiver Prozess der impliziten, also weitgehend unbewussten Konstruktion von Vorstellungen, Beziehungen, Assoziationen, Regeln usw. Die Schule hat die Aufgabe, diese kognitiv-emotional-pragmatischen **Tätigkeiten** zu verstärken, also mitzukonstruieren oder auch abzubauen, den Lernenden beim Aufbau neuer Vorstellungen zu helfen, dabei – wo nötig – ihre Tätigkeiten in bewusste **Handlungsweisen** überzuführen, diese zu reflektieren und ggf. zu steuern.

In diesem Sinne ist der zweite Teil des Buches mit 62 ausgewählten Stichwörtern, die solche Tätigkeiten benennen, als die Mitte zu verstehen.

Wie das Buch gegliedert ist

Das Buch hat drei Teile.

Teil I stellt in übersichtlicher Form und handbuchartiger Zusammenfassung die Handlungsfelder (Lernbereiche) des Deutschunterrichts vor, angereichert durch eine Reihe von Tabellen und Schemata. Das heißt, es finden sich zunächst Informationen über den gegenwärtigen Stand der Diskussion für die traditionellen fünf Lernbereiche. Daran anschließend werden Formen des fächer- und lernbereichsübergreifenden („integrativen") sowie projektorientierten Unterrichts vorgestellt. Schon hier wird konsequent auf die weiterführenden Stichwörter zu Tätigkeiten in Teil II verwiesen.

Teil II hat die Form eines Lexikons zu wichtigen bekannten sowie einer ganzen Reihe von innovativen Stichwörtern einer modernen Methodik des Deutschunterrichts. Mit vielen Querverweisen ergeben sich für die planenden Lehrkräfte vielfältige Möglichkeiten der konstruktiven Bereicherung von sprachlichen Tätigkeiten und Lernprozessen. Zwar konnte keine „Vollständigkeit" angestrebt werden, dennoch erheben wir den Anspruch, dass die wichtigsten Tätigkeiten im Deutschunterricht angesprochen und nach heutigen Einsichten durchgeformt sind.

Teil III zeigt die Vorgehensweise bei der Planung (und schriftlichen Ausarbeitung) einer Unterrichtseinheit. Außerdem soll hier exemplarisch vorgeführt werden – die zahlreichen Querverweise verdeutlichen es –, wie die Gedanken des systematischen Teils I und die Stichwörter des Teils II als Orientierung und Hilfe bei der Unterrichtsplanung herangezogen werden können. Dass als Thema eine Lektüre-Einheit, genauer: ein Jugendroman, ausgewählt wurde, hat seinen Grund darin, dass an einem solchen Beispiel auch ohne Bezug auf eine konkrete Klasse leichter ein größerer unterrichtlicher Zusammenhang dargestellt werden kann. Vor allem Praktikanten im Laufe ihres Studiums und Referendare werden so Anregungen bekommen, die sie auch auf andere Aufgaben des Deutschunterrichts übertragen können.

Einsteigen kann man je nach Interesse an jeder Stelle des Buches. Eine Vielzahl von Querverweisen macht andere Teile präsent. Wird auf Ausführungen in Teil I verwiesen, so wird dies ausdrücklich gesagt (z. B. ◊ Teil I,6: *Integrativer Deutschunterricht*). Wird auf den alphabetischen Teil 2 verwiesen, so geschieht dies mit einem Stichworthinweis (z. B. ◊ *Lesetechnik üben*).

Wir denken, mit diesem Buch eine bislang vermisste Hilfe für die *Praxis des Deutschunterrichts* anbieten zu können.

Schließlich möchten sich die Verfasser sehr herzlich bei Frau Brockard bedanken, Sekretärin am Lehrstuhl für Didaktik der deutschen Sprache und Literatur in Bamberg, die mit großer Sorgfalt die wichtige Korrekturarbeit am Computer geleistet hat.

Würzburg, Bamberg, Regensburg, im Dezember 1997
Ulf Abraham
Ortwin Beisbart
Gerhard Koß
Dieter Marenbach

Teil 1

Systematischer Teil
Aufgabenfelder des Deutschunterrichts

1. Miteinander reden – Mündlicher Sprachgebrauch

1.1 Schon seit Jahrhunderten hat die Schule, beginnend mit der Grundschule, die Aufgabe, die Hochsprache zu fördern oder zu lehren; deshalb wurden die Lehrenden immer angehalten, im Gespräch mit Schülerinnen und Schülern die Hochsprache oder zumindest eine ihr angenäherte Umgangssprache zu verwenden. Die weiterführenden Schulen haben darüber hinaus spezifische, von der Alltags-Mündlichkeit abgeleitete Formen geistiger Tätigkeit (z. B. die Rede ⟡ *Referat oder Vortrag halten*) mit ihren spezifischen Regeln und Mustern (der Rhetorik) als zentrale Aufgaben zu vermitteln gehabt.

Mündlichen Sprachgebrauch als eigentlich **kommunikative Tätigkeit** ausdrücklich zu fördern wurde jedoch bis zum Ausgang der 60er-Jahre für jüngere Kinder als nicht dringlich angesehen, verlaufe doch, wie man meinte, menschliches Zusammensein dialogisch, sei doch Lehren und Lernen im Unterricht grundsätzlich und ständig auf Sprechen und Hören, Fragen und Antworten, Vorlesen und Zuhören angewiesen. Erst seit dieser Zeit kamen (über das Forschungsgebiet „Soziolinguistik" und die Forderung, gleiche Bildungschancen für alle zu schaffen) sozial bedingte Ungleichheiten in den Blick.

Mit der Einsicht, dass schulisches Sprechen und Handeln und öffentlicher Sprachgebrauch nicht identisch sind, begann die Eigenständigkeit dieses Lernbereichs. Man hat erkannt, dass Lehrgespräche sehr eingeschränkt sind und ohne Verbindung zu den Sprechsituationen des Alltags zu wenig leisten. Weiterhin gelangte die Didaktik zu der Einsicht, dass die heutige lebensweltliche und die gesellschaftliche Vielfalt zu sehr unterschiedlichen kommunikativen Handlungen herausfordert. Schließlich trat schärfer hervor, dass zwischen Mündlichkeit und Schriftlichkeit grundlegende Unterschiede bestehen (⟡Teil I,2 *Texte schreiben – Schriftlicher Sprachgebrauch*). Deshalb wurde ein eigener Lernbereich in den Lehrplänen ausgewiesen, der ausdrücklich das gelenkte Unterrichts- oder Lehrgespräch ergänzen bzw. überwinden sollte.

1.2 Nach einer Phase curricularer (aber isolierter) Ziele in den 70er- und 80er-Jahren (über die Zuträgerfunktion des Lernbereichs für das Schreiben von „Aufsätzen" und Lesen bzw. Besprechen von Texten und „Themen" hinaus) kann man heute die Aufgaben eines Lernbereichs „Mündlicher Sprachgebrauch" am besten zunächst im Begriff der „Gesprächskompetenz" fassen.

Am verbreitetsten sind jedoch die gelenkten Unterrichtsgespräche. Ihre Problematik ist vielfältig. Sie sind

☐ lehrerzentriert und unterliegen somit direkter Kontrolle.
  („Du hast zu antworten, wenn du gefragt wirst!" „Du solltest genauer auf meine Frage antworten!")

Sie sind häufig an weiteren – aber kaum erprobbaren – Normen orientiert, nämlich
☐ themenzentriert („Das gehört nicht hierher!")
☐ hochsprachorientiert („Wie sagt man da richtig?")
☐ kognitiv dominiert („Sag das noch einmal sachlich/begrifflich sauber!")
☐ an Ernsthaftigkeit orientiert („Witze machen wir in der Pause!")
☐ an der Unterdrückung nonverbaler Signale interessiert („Setz dich gerade hin!" „Steh auf, wenn du gefragt wirst!")
☐ Sie sind vor allem fakten- und ergebnisorientiert; dies sichert des Lehrers Wissensvorsprung ab.

Solche Gespräche sind weithin nicht einmal eine Vorstufe oder ein Übungselement umfassender Gesprächskompetenz. Sie sind durch weitere Maßnahmen zu ergänzen.

1.3 Zwar sind auch alle anderen Gespräche im (Deutsch-)Unterricht zunächst künstlich arrangiert, sind folglich Lehr- und Lerngespräche, doch führen sie weit über die gelenkten Unterrichtsgespräche hinaus. In einem ersten Zugriff lassen sie sich aufschlüsseln in (vgl. Abb. 1):
- offene, ungebundene Gespräche im Erzählkreis („natürliche Gespräche"),
- sozial „gebundene" Gespräche, in denen bestimmte Aspekte eines Gesprächs bzw. der Gesprächskompetenz, eine bestimmte Gesprächsform, ein bestimmtes Thema im Vordergrund stehen,
- gelenkte Unterrichtsgespräche mit hoher Lehrerdominanz,
- Prüfungsgespräche, die ein besonderes Maß an Nicht-Gleichberechtigung und Ergänzungserwartung besitzen, also asymmetrisch und komplementär sind.

Gespräche im Unterricht			
ungebundener Erzählkreis (Montagskreis)	sozial „gebundenes" planendes Gespräch (Vorstufe: Kleingruppe)	gelenktes Unterrichts-(Lehr-)gespräch	Prüfungsgespräch
oft egozentrisch vom Einzelnen dominiert	zunächst: *Ich-Du-orientiert* Entfaltung je nach Schwerpunkten zunehmend *themen(Es-)orientiert* ☐ Rundgespräch ☐ Diskussion ☐ Debatte ☐ Expertenbefragung ☐ Interview ☐ Rollenspiel	häufig lehrerdominant, auswählend ordnend, strukturierend, wertend, sanktionierend, hochsprachlich und themenorientiert	asymmetrisch, komplementär, sonst weithin wie gelenktes UG

Abb. 1: Formen von Gesprächen im Unterricht

Eine Erweiterung traditionellen Unterrichts zur Förderung der Gesprächsbeteiligung ist somit zuerst in den Feldern des ungebundenen und des gebundenen Gesprächs angezeigt.
Um tatsächlich über das Routinehandeln hinauszukommen, müssen die Lehrenden immer wieder den Versuch unternehmen, im Unterricht Gesprächssituationen zu schaffen, in denen die Lernenden vergessen dürfen, dass es sich um künstlich arrangierte und lehrerdominierte Gespräche handelt. Hier bieten sich an:
- der Erzählkreis nach erlebnisreichen Wochenenden oder Ereignissen,
- ein offenes Gespräch oder eine ausführliche Brainstorming-Phase über ein Gedicht, ein Bild, ein Buch, einen Film oder eine Fernsehsendung usw.,
- die Diskussionsrunde über ein brisantes oder aktuell interessantes Thema.

Alle diese Aufgaben können in Gesprächssituationen im Unterricht ablaufen, die natürlichen Gesprächen nachgestellt sind. So können eingesetzt werden:

- Rollenspiele, sowohl soziale wie auch literarische Rollenspiele (◊ *Literarische Rollenspiele entwickeln*), die sich an verschiedenen Gesprächsformen und -situationen des Alltags orientieren (◊ Teil I,6.4 *Spielen im Deutschunterricht*),
- Gespräche ohne dominante Figur (d. h. ohne Lehrer, gewählten Gruppenleiter) z. B. in Gruppen, Partnerübungen mit unterschiedlichen Schwerpunkten (Thema, Problem, Beziehungsfrage, literarischer Text ◊ *Literarische Gespräche führen* u. a.).

Schließlich kommen verschiedene, bewusst auf Kooperation und nicht auf Konfrontation angelegte Gesprächsformen und Spiele infrage:

- Warming-up-Spiele (◊ *Anwärm-/Warm(ing)-up-Übungen durchführen*)
- kooperative Spiele (vgl. Orlick 1982)
- Teamarbeitsgespräche.

Die Öffnung schulischer Gespräche in Richtung natürlicher Gespräche gelingt nicht von heute auf morgen. Der Lehrer sollte nicht in jedem Falle versuchen, alle Schwierigkeiten z. B. durch Verbote zu vermeiden. Schüler müssen auch lernen, sich in nicht-idealen Gesprächen zu behaupten.

1.4 Die so genannte kritisch-kommunikative Didaktik geht über solche Maßnahmen noch hinaus und versucht eine grundsätzliche Veränderung des Unterrichtsgesprächs in Richtung auf natürliche Gespräche (vgl. dazu Potthoff/Steck-Lüschow 1991, 55 ff.).
Für alle Formen und Weisen des Miteinanderredens ist ein Klima des Vertrauens grundlegend. Erst auf solcher Grundlage entwickeln sich die Bereitschaft, der Mut und das Interesse zur Beteiligung. Ein solches Klima ist nur längerfristig aufzubauen. In Anwärm- oder Warming-up-Übungen können auch so genannte Störfaktoren (zusätzliche Schwierigkeiten, die nur gemeinsam überwunden werden können) als bewusste Herausforderung zum kooperativen, gegensteuernden Handeln aller Beteiligten eingebaut werden.
Offene Gespräche können dann zu „gebundenen Gesprächen" werden, wenn zeitweise – oder in nachfolgenden Analysen – bestimmte Aspekte der Gesprächskompetenz der Teilnehmer ins Zentrum der Aufmerksamkeit, des Nachdenkens und des bewussten Lernens gerückt werden.
In der didaktischen Diskussion wurde nun verschiedentlich versucht, für die Planung von Unterricht genauere Unterscheidungen und Strukturierungen vorzunehmen. Das sich an die kritisch-kommunikative Didaktik (s.o.) anschließende Konzept geht dazu vom Begriff der „Kommunikation" bzw. den Zielen der „Kommunikations- und der Kooperationsfähigkeit" aus. Vor allem Bartsch (1982) und Geißner (1985) bezeichnen deshalb das Gespräch als „Prototyp der Kommunikation". Am fruchtbarsten ist wohl Geißners Differenzierung in „rhetorische und ästhetische Kommunikation" und entsprechende Unterteilungen, die auf **Kommunikationsformen** hinführen, nämlich auf Formen des eher dialogischen Gesprächs und der eher monologischen, aber dennoch partnerzentrierten Rede (= rhetorische Kommunikation) und Vorlesen, Vortragen als „interpretierendes Textsprechen" vor Zuhörern (= ästhetische Kommunikation).
Andere Konzepte orientieren sich am Ziel **Gespräche führen mit lebendigen Partnern** (◊ Teil I,6.4 *Spielen im Deutschunterricht*). Die von Ruth Cohn entwickelte „Themenzentrierte Interaktion" (TZI) soll dazu exemplarisch näher erläutert werden (vgl. 1983). Sie geht aus von einem Gesprächsdreieck, das in einem größeren Zusammenhang (Globe) angesiedelt ist (Abb. 2). Im Unterschied zu angeblich streng sachbezogenen, technischen Kommunikationsmodellen (denen höchstens der Hinweis auf einen „Beziehungsaspekt" angefügt ist) werden hier die Individualität und Ganzheitlichkeit (des Denkens, Fühlens

und Sichverhaltens) des Einzelnen sowie der Partnerbezug sehr ernst genommen, darüber hinaus aber wird – anders als im therapeutischen Gespräch – der Sachbezug gleichgewichtig gesehen.

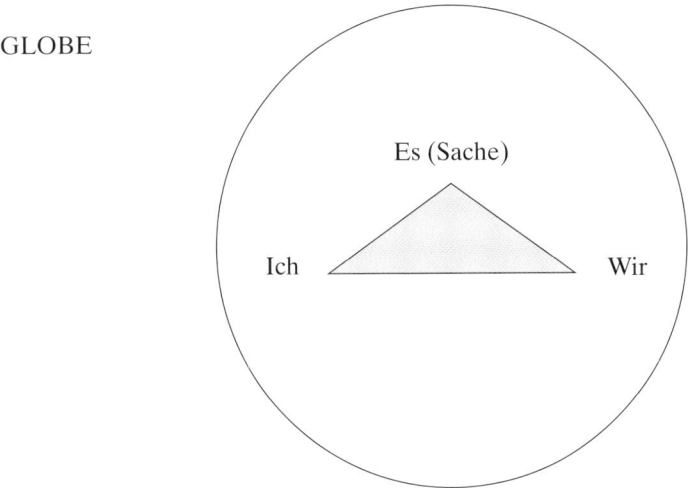

Abb. 2: Gesprächsdreieck der TZI

Grundlegend ist Cohns Auffassung, dass die Art der Beziehung der Menschen in Gesprächen entscheidend ist, diese Beziehung sich aber nicht nur im „Beziehungsaspekt" sprachlicher Äußerungen zeigt, sondern in der Selbstverantwortlichkeit jedes Teilnehmers. Die Folgerung, die daraus zu ziehen ist: Explizitmachen aller störenden Faktoren mit dem Ziel ihrer Beseitigung, Ernstnehmen der Partnerschaftlichkeit, Interesse an gemeinschaftlich erarbeiteten Problemlösungen. Cohn hat dazu eine Reihe von „Hilfsregeln" entwickelt (1992, 123–128), die zu berücksichtigen und einzuüben unabdingbar ist.
Allerdings wird – wie in vielen psychologisch dominierten Konzepten auch – die Rolle der Sprache, die Fähigkeit, zu sprechen und jeweils die richtigen Worte zu finden, als zu selbstverständlich vorausgesetzt. Deutschunterricht wird darauf auch das Augenmerk richten müssen, ohne in einen Sprachdrill zurückfallen zu können. Auch deshalb hat die Aufmerksamkeit auf die Sprachmittel der *Es*-Erschließung und die Rücksicht auf die Gesprächspartner *(Wir)* große Bedeutung.
So ergibt sich: „Gespräche führen" gehört zu den grundlegenden Tätigkeiten des Menschen, der sowohl über **Sachen**, über **sich selbst**, über die **sozialen Beziehungen zu anderen** Erfahrungen mithilfe seiner Sprache sammelt als auch so seine **Sprach- und seine Sprechfähigkeit** erprobt und erweitert.

1.5 Daraus lässt sich, in Anlehnung und Erweiterung vorliegender Modelle (vgl. Mihm 1980, Baurmann 1984) ein Strukturmodell ableiten (vgl. Abb. 3), wobei die sprachlichen und die nichtsprachlichen Kommunikationsmittel als eng zusammengehörig gesehen sind. Nun kann ein solches Schema verschieden interpretiert werden. So sollen hier weniger sinnvolle Folgerungen jeweils sinnvolleren gegenübergestellt werden:

a) Manche meinen, es ließen sich für den Unterricht Elemente zur speziellen Übung herauslösen. Stattdessen ist jedoch besser von **komplexen Sprechsituationen** auszugehen, in denen Elemente bewusst gemacht werden: Unterscheiden ist sinnvoll, trennen oder isolieren nicht.

b) Man glaubte lange, die allmähliche Addition der Elemente, also die schulstufenbezogene Verlagerung der Schwerpunkte, könnte die Fähigkeit zum Miteinandersprechen insgesamt

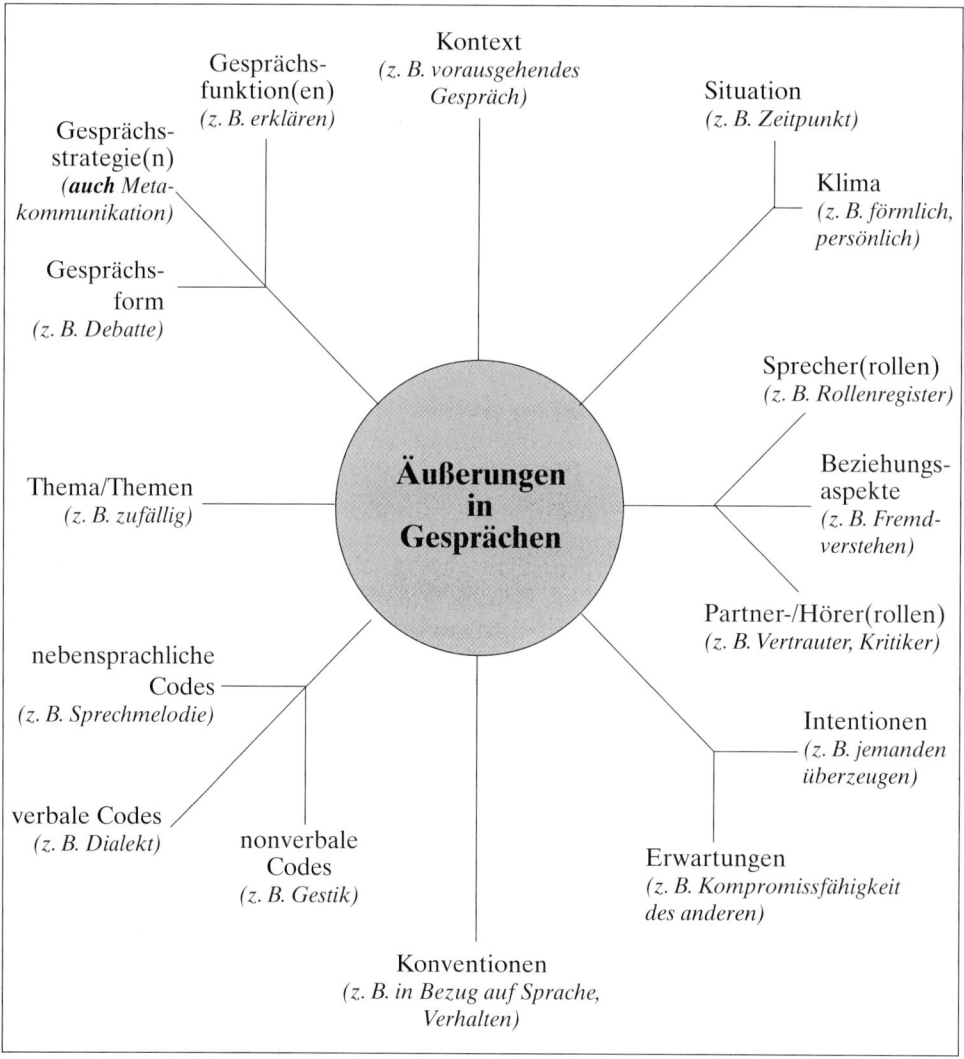

Abb. 3: Faktoren des Gesprächs

verbessern. Stattdessen ist **je altersangemessen** die Aufmerksamkeit auf **alle Faktoren** zu richten.

c) Man könnte die Ansicht vertreten, die metasprachliche Reflexion wäre eine weithin unnötige bzw. vor allem jüngere Schüler überfordernde Zutat. In Wahrheit gehört auch sie von Anfang an dazu, eine (zumindest sporadische) **Reflexion auf die eigenen Regeln** des Miteinanderredens ist schon bei den jüngsten Schülern zu beobachten und zu fördern.

d) Die Faktoren und das Gefüge der Kommunikation und ihre je spezifische wissenschaftliche Erforschung könnten nahe legen, dass das wesentliche Ziel der Schule die Vermittlung von Normen (der Sprache, der Kommunikation) ist, zum Zwecke von „Kommunikationsfähigkeit", oder dass es gar um begriffliche Kenntnis solcher Normen geht. Sehr schnell geht über solcher Sicht die Einübung in den **Prozess** des Miteinanderredens und in die für diesen Prozess notwendigen Handlungsmuster verloren.

1.6 Wir haben bisher vom Ziel „Gespräche führen können" gesprochen. Darin ist ein dominanter Produktbegriff enthalten: „Gespräch", das – wie in wissenschaftlichen Gesprächsanalysen erkennbar (vgl. Henne/Rehbock 1982, Brinker/Sager 1996) – Abgrenzungen unterschiedlicher Gesprächsformen nahe legen kann. So schlagen wir hier vor, eher von „Miteinanderreden" zu sprechen, verstanden als lebensweltliche und prozesshafte Herausforderung für jeden Einzelnen als Individuum und als Mitglied sozialer Gruppen (oder einer Gemeinschaft). Didaktische Überlegungen sollten deshalb von diesem Ziel aus angestellt werden und können dann von den in Abb. 3 genannten Zugängen her entfaltet werden.

Wichtiger und vorrangiger als Inhalte und Ziele, die von außen kommen und oft auf Anpassungsleistungen ausgerichtet sind, sind folgende Fragen der Lehrenden:

- Was muss ein Einzelner leisten, der spricht? Welche Möglichkeiten gibt es, solche Leistungen zu verändern, zu verbessern, auszubauen?
- Was muss ein Einzelner leisten, der zuhört? Wieweit ändern sich solche Leistungen noch einmal in der Gruppe? Mit „wie vielen Ohren" muss man hören lernen?
- Was kann man an Schülern beobachten, wenn sie sprechen? Welche Defizite sind erkennbar, welche kann man bewusst machen und beheben?
- Was ist über die beim Miteinanderreden ablaufenden kognitiven Prozesse bekannt, und wie können sie angeregt werden?

Betrachtet man aus dieser Perspektive die notwendigen Bedingungen des Einzelnen für das „Miteinanderreden", so wird – in *fünf Aufgabenrichtungen* gefasst – deutlich:

1.6.1 Es geht um Flüssigkeit der Sprache, als Artikulation der Gedankenentwicklung, der Wahrnehmungen, des Ausdrucks von Gefühlen. Diese Tätigkeit soll **„Sprechdenken"** (nach Geißner) genannt werden.

1.6.2 Es geht um kognitive Strukturierungsfähigkeit für das jeweils zu Sagende. Diese Tätigkeit soll **„Sprechplanen"** (nach Bartsch) genannt werden.

1.6.3 Es geht um Partnerschaftlichkeit (Ich-Du-Beziehung). Damit ist Gesprächserziehung zugleich Sozialerziehung. Dies bedeutet für das Verhalten des Sprechers: angeregt werden durch die anderen, Rücksicht auf sie nehmen, sich in ihre Rolle versetzen u. a. Dies bedeutet für das Verhalten des Hörers: „aktives Zuhören" (Gordon 1981, aber auch im kreativen Sinn lernen), Akzeptanz signalisieren, Rückmeldungen („Feedback") geben. Diese Verhaltensaspekte werden mit **„Dialoge entwickeln"** bezeichnet.

1.6.4 Es geht um Ich-Es-Bezogenheit, ein Verhalten zu den Dingen: Es drückt sich in der Integration der „Sachen" (v. Hentig 1985) ins eigene Sprechen, in den eigenen Wirklichkeitsentwurf aus: Diese Tätigkeit wird mit **„Sprechen über"** bezeichnet (auch ◊ *Informationen verarbeiten*), die unter Einbeziehung der Partner (1.6.3) auch in „Reden halten" (◊ *Referat oder Vortrag halten*) und in **„Interpretationsfähigkeit"** (◊ *Literarische Gespräche führen*) weiter ausdifferenziert werden kann.

1.6.5 Es geht um die Verwandlung und Verlebendigung von Geschriebenem ins Mündliche, eine „sekundäre Mündlichkeit": ◊ ***Vorlesen*** und ◊ ***Dramatisches Gestalten*** sind die angemessenen Begriffe.

Allerdings wird der Begriff „sekundäre Mündlichkeit" in der Schriftlichkeitsforschung phylogenetisch verstanden (vgl. Ong 1987). Hier soll er nur bedeuten: die Wiedererweckung von schriftlich vorliegenden Texten in eine zweite, lebendige Mündlichkeit. Das war schon das Ziel der Brüder Grimm bei ihren Märchenbearbeitungen (vgl. Knoop 1985). Seit Rudolf Hildebrand, wieder aufgenommen von der Reformpädagogik, gilt dies auch als Ideal der Aufsatzdidaktik (vgl. dazu Abraham 1996). Diese „sekundäre Mündlichkeit" umfasst auch Sachtexte (Reden, Vorträge), sollte aber vom Begriff des „Redenhaltens" unterschieden werden.

Alle diese Aufgaben lassen sich als ganzheitliche unter Beobachtung möglicher Defizite bei den Schülern, unter Einsatz bestimmter Übungsformen, Medien und Anregungen durch den Lehrer organisieren, wobei Lernen immer mehr als bloßes Training, als blutleere Abrichtung, aber auch mehr als eine nur künstliche, unterrichtlich arrangierte Übung bedeutet.

Zur Ermittlung von konkreten Aufgaben für den Deutschunterricht wird vorgeschlagen, die genannten fünf Aufgabenrichtungen zum Ausgangspunkt zu machen. Damit ist gewährleistet, dass

a) tatsächlich der oder die Lernende Start- und Zielpunkt ist mit seinem/ihrem je schon vorhandenen impliziten „Gesprächswissen",
b) die notwendigen Erweiterungen erarbeitet und die dazu jeweils reflexiv bewusst zu machenden Erkenntnisse auf der Basis impliziten Wissens vertieft werden können,
c) der Prozess des Immer-besser-miteinander-Redens gerade den Teilnehmern (und nicht allein dem prüfenden Lehrer) in den Blick kommt.

Die Abb. 5 versucht, die genannten fünf Aufgabenrichtungen weiter zu entfalten und dem Kontinuum der Schulstufen zuzuordnen. Alle Aufgaben haben ihr Zentrum in der Befähigung zum „Miteinanderreden", sind jedoch offen auch für integrative Impulse aus anderen Lernbereichen. Die wichtigsten Aufgaben sind hervorgehoben, sie finden sich im methodischen Teil weiter ausgeführt.

Allerdings kann eine solche Übersicht erst mithilfe weiterer Einsichten in die altersspezifische Entwicklung von Kindern (vgl. Abb. 4) – ausdifferenziert im Hinblick auf die Schüler einer Lerngruppe – in konkretes Handeln umgesetzt werden. Es kommt darauf an, zu erkennen:

☐ Welchen Entwicklungsstand besitzen die Schüler?
☐ Welche Fähigkeiten haben Schüler – und Lehrer – erreicht (etwa in Hinsicht auf erweitertes Gesprächsverhalten, auf bestimmte Gesprächs-„Techniken" oder umfassendere „Gesprächsmethoden")?

1. Miteinander reden – Mündlicher Sprachgebrauch

Schulstufen	Sprecherverhalten	Fähigkeiten	Sprachumgang
Primarstufe	spontane Sprechfreude, kaum Vorplanung	egozentrisch, „kommunikativ" ichbezogen, begründungslos, kaum Fähigkeit zur Gefühlsdarstellung; Gewinn „objektiver", partnerunabhängiger Position	unreflektiert, alters- und herkunftstypisch (dialektal, umgangssprachlich)
	zunehmendes Interesse an vielfältigen Themen: Interesse an der Erschließung der Lebenswelt, der literarisch und medial vermittelten Welt; Suche nach Verarbeitungsformen für sich (Ordnung, Angstabbau, Wertungen)	allmählich wachsender Kontextbezug ☐ thematische Verknüpfung ☐ Eingehen auf Partner	allmählich bewusster Einsatz von neuen Wendungen
Sekundarstufe	Abnehmen spontaner Sprechfreude; Themenbezug auch als Schutz vor Zugriff auf das eigene Ich; oft starre Positionsbeharrung oder Gruppenzwang; Reflexion sozialer Konventionen	Erproben von Alternativen Orientierung am „man"	Interesse an begrifflich-kognitiv-sprachlicher Erfassung allmählich Interesse an kommunikativer Differenzierung im Gespräch
	Bereitschaft, bewusst „fremde" Rollen zu übernehmen; Erprobung ironischer und satirischer Mittel	Orientierung am „Ich" und voller kommunikativer Vollzug	Erprobung von Mehrdeutigkeit

Abb. 4: Alterstypische beobachtbare Bedingungen für Gespräche

Ziele	Schulstufen Primarstufe	Orientierungsstufe	Sekundarstufe I	Sekundarstufe II
1. Sprechdenken ☐ freies	Spontane Einfälle zu Erfahrungen, Gefühlen, Texten, Bildern und anderen Medien in Gruppen Antworten, zunehmende Reaktionen auf andere Äußerungen	Erweitern durch Perspektivenänderungen Zusammenfassen, Bündeln, Bewerten		
	Übungen gegen Sprechstörungen ⇨ *Sprechspiele erproben/Artikulationstraining* Sprechflüssigkeit steigern			
☐ textgeleitetes		⇨ *Vorlesen:* Zunehmende Aufmerksamkeit auf sprecherische und nebensprachliche Sinn-, Hörer-, Textsorten- und Stilaspekte		
	Nachsprechen/-spielen – Schulspiel ⇨ *Dramatisches Gestalten* ⇨ *Literarische Rollenspiele entwickeln*		Texte inszenieren	
2. Sprechplanen	Sätze/Meinungen zum Thema, Intentionen herausarbeiten	Orientierung an Planungskriterien (Thema, Sprachkohärenz …)		
		⇨ *Informationen verarbeiten*		
		Ausgehen von einem (schriftlich notierten) Zielgedanken („Startsatz")		
			⇨ *Fünfsatzübungen*	
	⇨ *Körpersprache beobachten und erproben*			
3. Dialoge entwickeln/ Gespräche führen	⇨ *Anwärm- oder Warm(ing)-up-Übungen* aktives Zuhören und Antworten / Rückmeldungen geben ⇨ *Fragen stellen / Interviewen*			
	Partnerrede zusammenfassen, deren Intentionen erkennen und antworten			
		Perspektivenübernahme: Rollenspiele		
			Mehrschichtigkeit von Dialogbeiträgen analysieren, auf verschiedenen Ebenen antworten	
			Orientierung an Gesprächsstrategien (wie aktives Zuhören, TZI u. a.)	
			Bewusstsein für Sinn/Unsinn von Konventionen	
	Möglichkeiten der Gesprächssteuerung erproben, Gesprächsregeln entwickeln, einhalten,			spez. Gesprächsformen (wie Diskussion, Streitgespräch, Debatte …)

Ziele	Schulstufen Primarstufe	Orientierungsstufe	Sekundarstufe I	Sekundarstufe II
	Reflexion und Kontrolle versch. Aspekte (z. B. Themenzentriertheit, Störungen …)		⇨ *Diskutieren* / Diskussion leiten / Debattieren	Modelle der Kommunikation, der Semiotik einbeziehen
	soziale Rollenspiele und Konfliktspiele Beziehungsprobleme bearbeiten		Funktion und Wirkung humorvollen Sprechens erproben und reflektieren	
	Perspektivenwechsel erproben		⇨ *Körpersprache beobachten* im Wechselbezug zu Sprache … Planspiele	
		Dialoge, Gespräche, Diskurse analysieren (eigene, fremdkulturelle, historische)		
4. Sprechen über	⇨ *Erzählen; Informieren; Berichten; Beschreiben; Argumentieren*			
	⇨ *Grafiken und Schaubilder erstellen und verbalisieren*			
	Textsortendifferenzen mündlich (und schriftlich) erproben			
	Sprechen über Texte/⇨ *Literarische Gespräche führen*			
Reden halten		Statement abgeben: Bericht, ⇨ *Referat oder Vortrag halten*, Rede, Plädoyer		
	Redeplanungen: Notizzettel anlegen, Einstiege überlegen und erproben			
	Medien zur Veranschaulichung prüfen und einsetzen			
				Intentions-, Höreranalyse Übungen zur freien Rede vor unterschiedlichem Publikum
5. Dramatisches Gestalten	Aneignung von Spielkompetenz	Versinnlichung von Spielkompetenz	Gestaltung von Spielkompetenz	[O. B.]

Abb. 5: Übersicht über Aufgaben des Mündlichen Sprachgebrauchs

2. Texte schreiben – Schriftlicher Sprachgebrauch

Eine Lehrerin zeigt zu Beginn einer Deutschstunde über den Tageslichtschreiber einen Cartoon, der zum Lachen, zum Erzählen, zum Besprechen oder Diskutieren anregt. Nach ersten spontanen Äußerungen fragt ein Schüler: „Müssen wir darüber einen Aufsatz schreiben?" Die Szene mag in einer Grundschulklasse, einer 9. oder einer 11. Klasse spielen, immer wird mit dieser Frage eine Abwehr signalisiert. Nun sind im Alltag ja tatsächlich mündliche und mediale Formen der Kommunikation gegenüber schriftlichen auf dem Vormarsch, es wird telefoniert statt schriftlich angefragt, bestellt, erzählt; Talkshows und Interviews haben argumentative und schriftorientierte rhetorische Formen abgelöst. Andererseits haben die Schreibanforderungen im Alltag nicht zuletzt durch den Einsatz des Computers zugenommen (◊ *Computergestütztes Schreiben*). Darüber hinaus aber weisen pädagogische und didaktische Einsichten auf die besondere Bedeutung pragmatischer und kreativer Schreibfähigkeiten hin.

2.1 Das Verfassen von schriftlichen Texten ist eine der zentralen Aufgaben des Deutschunterrichts. Da die Leistungen eines Schülers im Fach Deutsch vielfach vorrangig aufgrund seiner Texte beurteilt werden und auch für Außenstehende überprüfbar sein sollen, müssen sich hierauf didaktische Reflexion und methodisches Handeln im Besonderen richten. Das Schreiben von Texten ist allerdings eine große Herausforderung für Schüler, die zuerst schon darin gründet, dass – wie man heute mehr betont als noch vor wenigen Jahren – „Schriftlichkeit" sich erheblich von mündlicher (auch eventuell sekundär aufgeschriebener) Sprachverwendung unterscheidet (vgl. dazu unten). Darüber hinaus: Beim Verfassen eines einzelnen Textes müssen immer mehr Fähigkeiten beim Schreiber – zumindest in Ansätzen – vorausgesetzt werden, als tatsächlich in einem bestimmten Lernzusammenhang (neu) gelehrt werden können.

Ein Beispiel: Eine Bildergeschichte – wie etwa eine von e. o. plauen – in eine erzählte Geschichte zu verwandeln, erfordert zuerst, aufmerksam zu werden, dass und mit welcher Absicht das Dargestellte versprachlicht werden soll; vielleicht ist als Nächstes die Entscheidung zu treffen, ob eine Er- oder eine Ich-Erzählung geschrieben werden soll (was eventuell bedeutet, sich für den Vater zu entscheiden); sodann ist es nötig, sich die Differenz zwischen beschreibenden und redewiedergebenden (dialogischen) Teilen bewusst zu machen. – Vorausgesetzt aber wird nicht nur eine motorische und rechtschriftliche Grundsicherheit, sondern sowohl ein Gespür für eine Gesamthandlung, für Verknüpfungen (der Bilder, Handlungsschritte) als auch eine erste Unterscheidung zwischen Mündlichkeit und Schriftlichkeit. Dabei stellen sich folgende Fragen: Was muss man schreiben, weil der Leser nicht rückfragen kann? Was kann man sagen, aber nicht schreiben? Wie kann man reden, aber nicht schreiben? In späteren Schritten folgen z. B. Innensicht der Figuren, Erzählabsicht, Signale von Originalität, Perspektivenausrichtung u. v. a. m.

Didaktik und Methodik des Schreibens waren sich dieser Diskrepanz zwischen (umfassenden) Bedingungen verschiedener Texte und den Bedingungen des Lernens prinzipiell immer bewusst. Allerdings hat man in der Geschichte des „Aufsatzunterrichts" (wie er seit dem 18. Jahrhundert genannt wurde) unterschiedliche Überlegungen entwickelt, die „Lehrbarkeit des Schreibens" zu organisieren.
So lässt sich diese Geschichte bis in die Gegenwart darstellen als eine Reihe von didaktisch motivierten Abspaltungen, Reduktionen bzw. Perspektivverlagerungen (vgl. Ludwig 1988, Abraham 1996).

2.2 Beispiele für **Abspaltungen** von Teilgebieten, die zu eigenen Teilbereichen wurden, sind das Erstschreiben (unabhängig vom „weiterführenden Schreiben"), das Schönschreiben als

Abschreiben von (fremden oder eigenen) Texten, das Rechtschreiben. Weiterhin gehören dazu die Grammatik- und „Denk"-Übungen sowie die Stilübungen. **Reduktionen** spiegeln sich in den Benennungen des Lernbereichs, die sich vor allem in den vergangenen 30 Jahren häuften, wider. Sie lassen auch die jeweiligen Ziel-Gewichtungen erkennen:

- *Aufsatzunterricht:* Lehre von Schulformen als didaktische Text-Exemplare. Die Erfüllung der Textnorm steht im Vordergrund – und dennoch ist der Text (nur oder hauptsächlich) als Lernmedium zu verstehen, denn „Schulaufsätze" kommen in der Lebenswelt so nicht vor.
- *Ausdrucksunterricht:* Verbindung individueller Sprachanreicherung und Aufsatzformen, sodass daran „Bildung" sichtbar wird. Hier steht die Anpassung an (tradierte) Stilmuster im Vordergrund.
- *Sprachpflege:* Lehre hochsprachlich-schriftlicher Ausdrucksweise, die sich in bestimmten Formen (Erzählung, Schilderung, Bericht …) exemplarisch verwirklicht.
- *Schriftliche Sprachgestaltung:* Auch hier stehen als angemessen definierte Stilnormen für bestimmte Textnormen im Vordergrund.

Die Bezeichnung *Ausdrucksunterricht* stammt aus dem 19. Jh. und hielt sich in der DDR-Didaktik bis 1990. Die Bezeichnung *Schriftliche Sprachgestaltung* lässt sich vor allem auf die Diskussion der Deutschkunde in der Weimarer Zeit zurückführen und spielte in der Nachkriegszeit der BRD eine gewichtige Rolle.

Perspektivverlagerungen zeigen sich in neueren Bezeichnungen:

- *Schriftlicher Sprachgebrauch / Schriftliche Kommunikation / Texte für Leser:* Schriftliche Kommunikationsfähigkeit zu fördern, d. h. vor allem die Adressaten- und Situationsangemessenheit schriftlicher Äußerungen zu beachten, ist hier wichtiges Ziel. *Schreiben:* Es bedeutet vor allem, kognitiv-individuelle und sprachgebundene Prozesse des Schreibens anzuregen. Die damit verbundene Konzentration auf Texte als Lernmedien erlaubt zugleich größere Freiheiten hinsichtlich der Übernahme öffentlicher und literarisch relevanter Textformen.
Erst mit dieser Bezeichnung kann man eigentlich von einer Perspektivverlagerung sprechen; denn es steht nicht die Anpassung an Sprach- und Textnormen im Vordergrund, sondern die Frage nach dem kognitiven Prozess des Schreibens beim **Schüler**, der sich dabei auch mit den Sprach- und Textanforderungen auseinander setzt.

Diese unterschiedlichen Lernbereichsbezeichnungen – ohne dass hier Vollständigkeit angestrebt würde – sind jeweils Bezeichnungen unterschiedlicher schreib-/aufsatzdidaktischer Konzepte, über die die Fachliteratur weiter informiert (vgl. Beck/Hofen 1992, Baurmann/Weingarten 1995, Staatsinstitut 1992 f., Abraham 1996, Günther/Ludwig 1996).

2.3 Die **gegenwärtige Schreibdidaktik** hat die Absicht, die Komplexität der mit dem Schreiben verbundenen Aufgaben zu erhalten, d. h. zwar im Bedarfsfall zu unterscheiden, aber nicht in einem engen Schulschreib-Curriculum zu trennen. Mit anderen Worten: Viele der Reduktionen und Abspaltungen, die man aus der Geschichte des Aufsatzunterrichts kennt, sind möglichst zurückzunehmen. Dadurch erhöhen sich zwar einerseits die Anforderungen für Lehrer und Schüler, andererseits verliert *Schreiben/Texte verfassen* den reinen Schul-Charakter, wird sinnvollerweise mehr rückgebunden an die **Prozesse** von Schriftlichkeit, die einer auf Kommunikation und Individuation, auf differenzierte und kreative Sprachlichkeit angewiesenen Gesellschaft angemessen sind. Solche umfassenden, Lehrer und vor allem Schüler herausfordernden, aber auch stärker motivierenden Aufgaben müssen jedoch entwicklungslogisch konzipiert werden sowie methodisch vielfältig organisiert und lernbereichsintegrativ orientiert sein. Grundlegend und sinnvoll ist aus heutiger Sicht die von Fritzsche (vgl. 1984, 23 f.) begrifflich eingeführte Unterscheidung, Texte als **Lerngegenstände** („Wir lehren bestimmte Textsorten.") oder als **Lernmedien** („Wir lehren schreiben, formulieren ..., um diese Fähigkeit flexibel einsetzen zu können.") zu betrachten.

Die Spannweite der Aufgaben des Unterrichts **„Schreiben/Texte verfassen"**, die heute erfüllt werden sollen, will das folgende Schema (Abb. 6) sichtbar machen. Es enthält vier Ebenen didaktischen und methodischen Planens und benennt auf jeder der Ebenen die Endpunkte einer Skala. Der linke Endpunkt zeigt die Bedingungen und Herausforderungen, die dem Einzelnen weithin „objektiv" vorgegeben sind, der rechte Endpunkt zeigt die größtmögliche individuelle, „subjektive" Entfaltung des Sprachbenutzers bzw. Schreibers. Gleichzeitig repräsentiert die linke Spalte eine eher „schulliterarische" Tradition, die rechte dagegen lebensweltliche Schriftlichkeit. Damit ist auch die Unterscheidung von Texten als Lerngegenständen und als Lernmedien angemessen berücksichtigt. Schreiben in der Schule muss leisten:

SCHREIBEN

Ebene I: Ziele

Vermittlung von Normen
(Textgrammatik, Stilistik, Textsorten)

Kreativitätsförderung
(Problemlösungs-, Gestaltungskompetenz usw.)

Ebene II: Verfahren

traditionelle Verfahren
(systematisch-analytische Verfahren des Stoffsammelns und Gliederns)

„neue" Verfahren
(assoziative, imitative, textverändernde Verfahren)

Ebene III: Formen

„Stilformen" aus der Tradition der normativen Aufsatzlehre
(Inhaltsangabe, Erlebniserzählung, Erörterung, Bericht usw.)

literarische, essayistische, expressive Textformen
(Précis, mod. Kurzprosa, Essay usw.)

Ebene IV: Evaluation

„Beurteilung" und „Benotung"
(Produktorientierung)
Der „fertige" Aufsatz wird abgeliefert und bewertet.

Selbstbewertung/Textredigieren
(Prozessorientierung)
Teilschritte aus dem Schreibprozess oder erste Textfassungen werden mit Anregungen für eine Weiterbearbeitung versehen.

Abb. 6: Ebenen didaktischer Schreibaufgaben

- Stärkung der individuellen Fähigkeiten jedes Einzelnen – man nenne sie Selbstständigkeit, Identität, Selbstverantwortlichkeit, Ausdrucksfähigkeit o. Ä. – über die Entwicklung beweglicher Schriftlichkeit.
- Befähigung, angemessene Texte zu schreiben – orientiert an Themen, Situationen, Lesern, Sprachniveaus, Stilvarianten usw.

Die *Ebene I: Ziele* zeigt die Spannung zwischen Normanforderungen, die aus der Sprache herkommen, und dem Versuch des Einzelnen, seine Sprachmittel individuell-kreativ einzusetzen.

Aufbauend auf den **Normen der Grammatik** (wie sie Muttersprachler meist schon „können" und wie sie im Sprachunterricht erhoben, beschrieben oder „reflektiert" werden können, ◊ Teil I,4 *Sprachbetrachtung*) geht es vor allem um Normen der Textgrammatik, der Stilistik – zwischen Unauffälligkeit, rigider Normorientiertheit und bewusster Abweichung –, d. h. um Sprachwahlmöglichkeiten hinsichtlich von real vorkommenden (aber auch „künstlichen Schul"-)Texten.

Verselbstständigt sich dieser Pol, so besteht die Gefahr der sprachlich-textuellen Sterilität, methodisch des leeren Sprachdrills oder Formalismus. Werden hingegen Aufgaben dieser Art integriert in konkrete Überarbeitungs- bzw. Textvariierungsaufgaben, so fördern sie die schriftliche Kompetenz der Schüler.

Kreativitätsförderung – der Gegenpol auf dieser Ebene der Ziele – verfolgt das Anliegen, die Schüler in die Lage zu versetzen, schriftsprachliche Formulierungen nicht nur zu finden, Varianten auf ihre Leistung zu prüfen, sondern bis zu einer Sensibilität für sprachliche Genauigkeit des jeweils Gemeinten – in gegenstandsbezogener und in ästhetischer Hinsicht – zu gelangen.

Verselbstständigt sich dieser Pol, so führt dies zwar zu spontanen Schreibanregungen. Es fehlt jedoch die „Elaboration", die Einsicht in die Notwendigkeit, Texte zu bearbeiten *(◊ Überarbeiten eigener Texte)* und zu „gestalten".

Die *Ebene II: Verfahren* setzt bewusst – in Anlehnung an die oben vorgenommene Bezeichnung des Lernbereichs mit „Schreiben" – methodische, prozesshafte Überlegungen vor die Frage nach den „Formen" („Aufsatzarten", vgl. Ebene III). Traditionelle Verfahren arbeiten in der Regel nach einem strengen Plan, der (mindestens) folgende Schritte umfasst:

Themenstellung – Themenerschließung/Stoffsammlung – Textsortenbestimmung/Adressatenfindung – Gliederung – Ausformulieren (eventuell in Schritten einzelner Gliederungspunkte) – Beurteilen.

Dieses **Verfahrensrepertoire** zu erweitern ist u. a. aus folgenden Gründen dringend zu fordern:

- Die logischen Verfahren der Themenerschließung be- oder verhindern divergentes Denken.
- Der strenge methodische Aufbau setzt zu wenig auf kreative Sprach- und Gedankenfindungsprozesse.
- Die grundsätzliche Stellung einer Stoffsammlung vor dem Schreiben übersieht die Möglichkeiten der „allmählichen Verfertigung der Gedanken" (wie dies Heinrich von Kleist für das Gedanken entwickelnde Reden genannt hat) beim Schreiben.
- Der traditionell späte Einsatz der Formulierungstätigkeit verhindert die Einsicht in die Notwendigkeit von Revisionen. Es wird in der Schule noch immer zu wenig gelehrt und geübt, dass die Verfasser an ihren eigenen Entwürfen Textveränderungen vornehmen, indem sie prüfen, welche Inhalte und welche Formulierung jeweils besonders angemessen sind.

- Die Bindung an feste Schulformen und zugleich an die (wenigstens theoretisch aufrechterhaltene) Forderung des individuellen „Ausdrucks" verhindert die bisweilen notwendige Orientierung an imitierenden Schreibaufgaben. Die Rhetorik hat solche vorgeschlagen (vgl. Ueding 1985, 81 ff.).

Auf der *Ebene III: Formen* begegnen nun auf dem linken Pol die „Stilformen" der Tradition, vielfach auch „Aufsatzarten" genannt. Diese Aufsatzarten haben eine lange Geschichte. Zwischenzeitlich (vor allem nach 1945) war man der Ansicht, man hätte mit einem Kanon von fünf bzw. sechs Arten (Erlebniserzählung, Schilderung, (Charakteristik), Bericht, Beschreibung, Erörterung) eine curricular tragfähige Basis. Vor allem nach 1970 ist zunächst dieser Kanon erweitert, später der Ausgangspunkt allein von den Formen jedoch heftig kritisiert worden:

- Anzunehmen, damit das Fundament für alle (außerschulischen) Schreibaufgaben legen zu können, ist eine Täuschung.
- Diese Formen fördern anderes als behauptet: Da sie ohnehin bloße Schulformen ohne klaren Transfercharakter sind (also keine Lerngegenstände), fördern sie eher triviale Sprache, Formelhaftigkeit, Anpassung usw.
- Sie sind zu wenig lebensweltlich verankert. (Wo werden schriftlich Erlebniserzählungen angefertigt? Wo hat die Schul-Erörterung ihren „Sitz im Leben" usw.?)
- Die behauptete „Entwicklungslogik" vom Subjektiven (Erlebniserzählung) zum Objektiven (Bericht, später Erörterung) als *der* Weg schreibender Erschließung der Welt durch Individuen übersieht, dass **alle** Tätigkeiten sprachlicher Erschließung (erzählen, argumentieren, beschreiben …) schon keimhaft beim Kind angelegt sind. So sind sie nicht nur nebeneinander zu entwickeln (z. B. beschreiben oder argumentieren auch in der Grundschule), sondern auch nebeneinander weiterzufördern (z. B. erzählen in der Mittel- und Oberstufe).
- Sie täuschen vor, Objektivität bei der Beurteilung und Benotung erreichen zu können.

Die wichtigsten Schritte einer **Lösung vom Kanon** der Aufsatz-Schulformen waren und sind:
- der Ansatz, Texte in Projekten (◊ Teil I, 6.1 *Projektunterricht*) u. Ä. mit der Lebenspraxis, der Lebenswelt zu verbinden („Texte für Leser"),
- der didaktische Wechsel, statt von Textformen von **Schreibhandlungen** auszugehen,
- die Erweiterung, die verschiedenen Weisen, Sprache einzusetzen, von Anfang an nebeneinander zu pflegen.

Dies führt dann zu **Orientierung an Sprachfunktionen** wie: erzählen – berichten, beschreiben, informieren, argumentieren – kritisieren, sich ausdrücken – sich expressiv äußern, mit Sprache spielen – kreativ arbeiten usw.
Um die Fülle der möglichen Funktionen übersichtlich zu halten, ist versucht worden, Karl Bühlers „Organonmodell" (1982, 28) zur Systematisierung heranzuziehen (◊ *Funktionen der Sprache erkennen),* allerdings immer wieder reduziert. (So wurden von Rahn/Pfleiderer in ihrem Sprachbuch die Bühlerschen Sprachfunktionen mit Lyrik, Epik und Dramatik gleichgesetzt.) Neuere Erkenntnisse führen darüber hinaus, sodass sich die in Abb. 7 auf S. 27 dargestellte Form von „Grund-Funktionen" sprachlicher Äußerungen erkennen lässt. Freilich wird sich in der Praxis keine präzise Trennschärfe erreichen lassen, z. B. beim Wechsel zwischen erzählen/berichten, zwischen kritisieren/reflektieren, zwischen erzählen/unterhalten usw. Die vier Kategorien sind auch nicht als „Schubladen" gedacht, in denen man verschiedene Texte jeweils ablegen kann, sondern als Aspekte, unter denen man komplexe Schreibhandlungen betrachten kann.

	Sachorientierung informieren, darstellen, berichten untersuchen, gewichten, kritisieren (Der Text als „Darstellung")	
Ich-Orientierung über sich reden, erzählen, reflektieren (Der Text als „Ausdruck")		*Leser-Orientierung* unterhalten, appellieren, überzeugen (Der Text als „Appell")
	Sprachorientierung auf Texte reagieren, mit Sprache spielen (Der Text als „Sprach-Werk")	

Abb. 7: Grundfunktionen sprachlicher Äußerungen

Die Einbeziehung von Texten als **Vorlage zu eigenem Schreiben** (⇨ *Schreiben nach Texten*) trägt ebenfalls zur Erweiterung der Formen bei. Hier geht es vor allem um analogische Aufgaben nach „Vorbildern", wobei der Spielraum – auch aufgrund der Erweiterungen, die die moderne Literatur erreicht hat – sehr groß ist (sich also nicht nur auf im engeren Sinne „rhetorische" Aufgaben bezieht, von denen manche der traditionellen „Aufsatzformen" die Schrumpfformen sind): Geschichten, Fabeln, Kurzgeschichten, Tagebucheinträge, Gedichte, Reiseberichte oder Essays und viele andere, auch moderne Textformen.

Die *Ebene IV: Evaluation* zeigt an, dass keine Schreibleistung **unbeurteilt** – gleichwohl öfter als üblich **unbenotet** – bleiben sollte. (Zur Frage des „Aufsatzes als **Lernkontrolle**" vgl. auch Fritzsche 1994, 24 f.) Maßstäbe für die Evaluation sind an verschiedenen Stellen veröffentlicht.
Kriterienkataloge sind notwendigerweise stärker dem linken Pol verpflichtet. Sie sind die Messlatten, an denen Ziele des Unterrichts und die fertigen Texte der Schüler ausgerichtet sind. Sie zeigen Wege zunehmender Verfeinerung. Die Gewichtung der Kriterien ist jeweils ein zweiter Schritt, der vor allem auch von den tatsächlich im Unterricht angesteuerten Zielen abhängen muss. Hierher gesetzt seien zwei verschiedene Kataloge, jeweils nicht bis in alle Feinheiten ausformuliert (Abb. 8 und 9).
Beck (1979, 154) differenziert die traditionellen Kriterien weiter aus (zu seiner eigenen Feindifferenzierung vgl. a. a. O., 145 ff.), führt jedoch dann auf einen „Gesamteindruck" zurück.
Das „Zürcher Textanalyseraster", das hier ebenfalls in einer nur verkürzten Fassung dargestellt ist (vgl. Nussbaumer 1991, 303–305), versucht – recht angewandt – sich noch mehr von vorgefassten Erwartungen an Textnormen zu lösen (vgl. nur Kriterium B. 1.7).
Beim Einsatz beider Kriterienkataloge wird jeweils darüber zu entscheiden sein, welche Gewichtung die einzelnen Kriterien bekommen sollen.
Setzt man eher am rechten Pol (vgl. Abb. 6) an, so ist es sinnvoller, eine mögliche Schrittfolge der Erarbeitung von Texten anzugeben, wobei die Schüler an der Beurteilung und der Benotung mitbeteiligt werden.

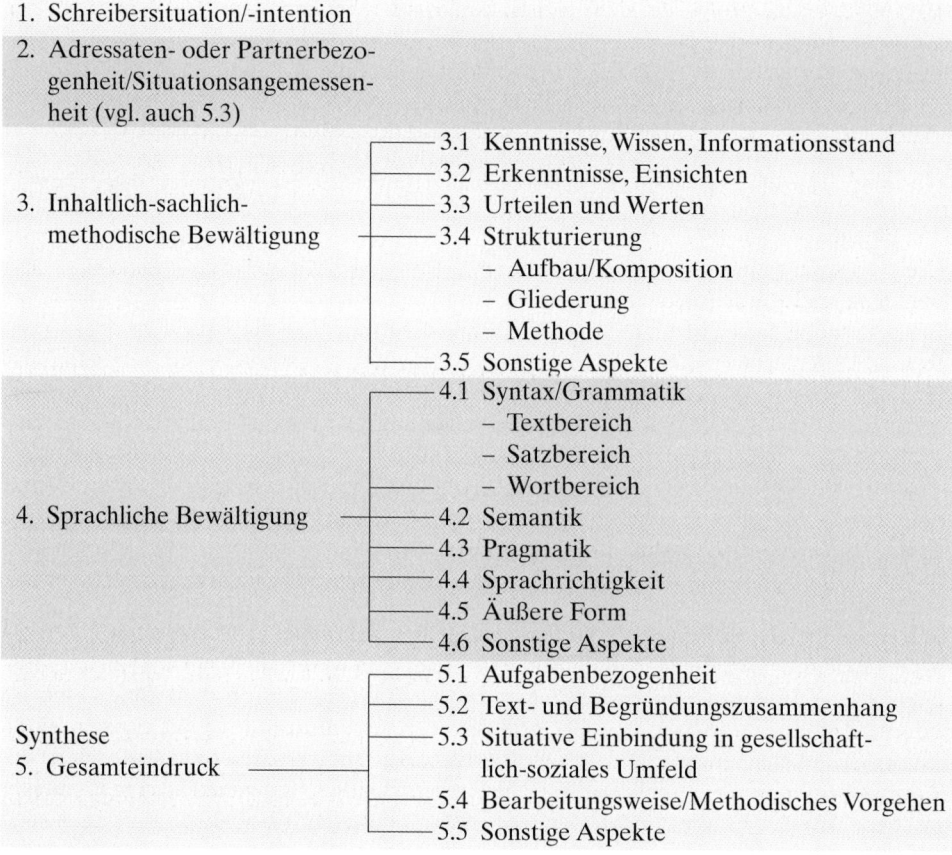

1. Schreibersituation/-intention
2. Adressaten- oder Partnerbezogenheit/Situationsangemessenheit (vgl. auch 5.3)
3. Inhaltlich-sachlich-methodische Bewältigung
   - 3.1 Kenntnisse, Wissen, Informationsstand
   - 3.2 Erkenntnisse, Einsichten
   - 3.3 Urteilen und Werten
   - 3.4 Strukturierung
     - Aufbau/Komposition
     - Gliederung
     - Methode
   - 3.5 Sonstige Aspekte
4. Sprachliche Bewältigung
   - 4.1 Syntax/Grammatik
     - Textbereich
     - Satzbereich
     - Wortbereich
   - 4.2 Semantik
   - 4.3 Pragmatik
   - 4.4 Sprachrichtigkeit
   - 4.5 Äußere Form
   - 4.6 Sonstige Aspekte

Synthese
5. Gesamteindruck
   - 5.1 Aufgabenbezogenheit
   - 5.2 Text- und Begründungszusammenhang
   - 5.3 Situative Einbindung in gesellschaftlich-soziales Umfeld
   - 5.4 Bearbeitungsweise/Methodisches Vorgehen
   - 5.5 Sonstige Aspekte

Abb. 8: Oswald Becks (1979) Kriterienkatalog zur Aufsatzkorrektur

0. Bezugsgrößen/Korrelate
   Hier werden Textlänge, Wortschatz und grammatische Struktur gemessen und charakterisiert.
A. Sprachsystematische (Semantik, Syntax, Textverknüpfung) und orthographische Richtigkeit
B. 1 Funktionale Angemessenheit: Verständlichkeit/Kohärenz
   1.1 Gesamtidee, Thema, Absicht des Textes
   1.2 Aufbau, Gliederung (Textmakrostruktur)
   1.3 Thematische Entfaltung
   1.4 Grad an Implizität/Explizität
   1.5 Ausdrückliche Rezipientenführung
   1.6 Angemessenheit der Sprachmittel
   1.7 Erfüllung von Textmusternormen
B. 2 Ästhetische Angemessenheit: besondere formale Qualitäten
   2.1 Sprachlich-formales Wagnis
   2.2 Qualität der Sprachmittel (Attraktivität/Repulsivität)
B. 3 Inhaltliche Relevanz: besondere inhaltliche Qualitäten
   3.1 Inhaltliches Wagnis
   3.2 Inhaltliche Wegqualität (Attraktivität/Repulsivität)

Abb. 9: Zürcher Textanalyseraster

Eine mögliche Schrittfolge, die sich auch an Vorschlägen bei Sennlaub (1980), in kreativen Schreibkonzepten (vgl. Liebnau 1995, Hinweise bei Schuster 1995), auch an ⟡*Schreibkonferenzen* orientiert, ist in Abb. 10 zusammengestellt. Es handelt sich um mögliche Stufen einer „dialogischen Korrektur", wobei an vielen Stellen die Gruppe oder der Lehrer an den Bearbeitungsstufen beteiligt ist, viele Schritte folglich *alternativ realisierbar* sind.

In einem prozessorientierten, kreativitätsfördernden Schreibunterricht müssen zudem folgende Prinzipien gelten, die das weitere Vorgehen bei der Evaluation (Beurteilung, Bewertung und Benotung) fundieren können:

- Die Atmosphäre muss stimmen. Weder rigide Kontrollverfahren noch familiales Gruppenklima sind zuträglich.
- Jedes kreative Schreiben ist notwendig auch bestimmt von emotional strukturierten Komponenten. Die Größe des Handlungsspielraums zwischen positiv-motivationalen und negativ-unsicherheitsbewirkenden Emotionen ist nicht vorweg gegeben (etwa durch Alter, Textsortentyp, Kriterienvorgaben), sondern eher individuell bestimmt.
- Jeder Schüler sollte zunehmend wählen können – eine kognitiv-emotional gesicherte Handlung – zwischen verschiedenen Schreibverfahren. D. h., Verfahren müssen als Verfahren und nicht als Einbahnstraßen gelehrt werden.
- Die Schreibaufgaben sollten regelmäßig und (auch beim auswählenden Schüler) unterschiedlich sein.
- Der Lehrer beteiligt sich grundsätzlich an kreativen Aufgaben, sowohl wenn sie im Unterricht als auch wenn sie als Hausaufgabe geschrieben werden, und bringt sie in das weitere Verfahren mit ein.
- Der Lernfortschritt wird jeweils am konkreten Text (und nicht wie bisher an der Textsorte oder anderen normativen Stilvorstellungen) gesucht. Daraus folgt: Jeder erstmals geschriebene Text ist „nur" Erstentwurf, d. h. erste Station (Phase, Stufe) zu einem fertigen Text.
- Dennoch, sich zu verabschieden aus der Lehrerrolle steht dem Lehrer nicht an: „Auf Möglichkeiten eines als sinnvoll erkannten Unterrichts zu verzichten, weil man mit der Bewertung in Schwierigkeiten gerät, verkehrt den Bildungsauftrag in sein Gegenteil und macht die Schule zu einer Institution der Verhinderung von Bildung" (Spinner 1993, 23). – „Verzichten wir dagegen völlig auf Bewertungen, bestände die Gefahr, daß Kreatives Schreiben in unverbindliche Freiräume abgedrängt würde." (Liebnau 1995, 132).
- Eine „dialogische Korrektur" (Merkelbach 1993), ein „Verbesserungszirkel" (Liebnau 1995) befördert die Entwicklung eines Endprodukts und kann die Schwierigkeiten der Evaluation auffangen.

Verfasser (Schüler/Lehrer)	Gruppe	Lehrer (einzelner Schüler) monologisch
geht Entwurf nach Ablauf der Schreibzeit kurz durch und streicht Bearbeitungsnotwendigkeiten an *oder* liest Passagen/den Text vor, stellt evtl. Fragen		
bekommt Schlusswort zur Kritik	hört zu, gibt Rückmeldung	
überarbeitet aufgrund der Kritik	☐ Kettenkritik (+/−) ☐ verfasst Kurzkritik	notiert Anmerkungen oder Fragen an den Text
	klärt zusammen mit dem Lehrer (eventuell mit Kollegen) Kriterien für einen „guten Text", entwickelt solche (vgl. Kriterienkataloge Abb. 8 u. 9) eventuell an literarischen Beispielen, diskutiert die Gewichtung	
stellt in zeitlichem Abstand Überarbeitung, ggf. variierte Neufassung oder „Echotext" (Liebnau 1995, 71 f.) vor		
	arrangiert Disputation – mit Rollenverteilung (Kritiker, Verteidiger, Richter) – Mitglied verteidigt den fremden Text („Anwalt") gegen Kritik – averbales Feedback, d. h. Pantomime, Zeichnung … orientiert sich dabei am 1. Durchgang	korrigiert im Anschluss an Fragen des 1. Durchgangs
stellt ästhetisch ansprechende Reinschrift her, die Kritik berücksichtigend fügt evtl. Nachbemerkung zu seiner Endfassung an, übergibt beides der Bewertung		
	Jury korrigiert – Sichtung/ Arbeitsverteilung – Erstellung von Kriterien – Bewertung/Benotung	korrigiert erneut, benotet: ☐ drei Stufen ☐ Endfassung
oder sammelt die Aufgaben eines Halbjahrs und legt sie als Heft oder „Mappe" zur Bewertung vor		
	Jury beurteilt	beurteilt Texte zusammen als „interpretierenden Akt" (Spinner)
Eine gemeinsame Veröffentlichung ist möglich (Lesung, Inszenierung, Publikation).		

Abb. 10: Bewertungsschritte im kreativen Schreibunterricht

2.4 Schreibaufgaben finden

Verzweifelt sucht mancher Lehrer ein Thema, das er seinen Schülern stellen könnte. Da fällt man leicht in die Falle der abgetretenen Traditionen *(Dein schönstes Erlebnis im Urlaub; Wo lebt es sich besser, auf dem Land oder in der Stadt?)* oder man übertrifft noch den tiefsinnigsten Philosophen für einen Kollegstufenaufsatz.

Themen sollen nach der grundlegenden Einsicht, dass man nur über etwas schreiben kann,

– was den Einzelnen betrifft,
– was ihn interessiert,
– wovon er schon (erste) Kenntnis hat,
– was ihm in seiner Lebenswelt schon begegnet ist,

ausgesucht werden. Dabei wird in den seltensten Fällen (nämlich vor allem in Prüfungssituationen) von fixierten Themen auszugehen sein (wie sie in Aufsatzthemenbüchern versammelt sind), denn die Themenfindung ist sinnvollerweise oft erst nach einer Auseinandersetzung mit

– der möglichen Intention
– den eigenen Materialien
– der Wahl einer Textart usw.

vom Verfasser selbst zu entscheiden.

So wird z. B. im kreativen Schreibunterricht am Anfang etwa ein Clustering-Verfahren (Rico 1983 ◊ *Assoziatives Schreiben*) zur offenen und erst allmählich eingreifenden Auswahl von Einfällen stehen. Aus dem so gefundenen Material wählen die Schüler bestimmte inhaltliche und sprachliche Elemente aus, suchen ein „Ganzes" daraus zu machen, prüfen etwa die Form auch an Formmustern (Erzählung, Gedicht, Brief) und entscheiden damit über das „Thema" und eine mögliche Formulierung der Überschrift.

2.5 Traditioneller Aufsatzunterricht definierte die **Rolle des Lehrers** als eines Außenstehenden, der als möglichst objektiver Lehrer und Beurteiler seiner Schüler sich an Normen für Schultexte zu halten hätte. Schülertexte waren deshalb in der Mehrzahl auch „für den Lehrer" bzw. für eine Leistungsbeurteilung geschrieben. Erweiterungen ergeben sich,

☐ im Konzept „Texte für Leser", wo die sonst fiktiven Empfänger in die Schreibaktivität einbezogen sind: Rückmeldungen, Antwortschreiben …
☐ wenn es gelingt, das Schreiben in Projektarbeit zu integrieren, die als Ziel die Präsentation von Texten hat: Wir schreiben ein Buch; Wir machen eine Ausstellung (mit Informationen, mit Katalog …); Wir spielen unser selbst verfasstes Spiel vor; usw.
☐ wenn sich der Unterricht auf der Skala der Möglichkeiten für erweiterte Formen des Schreibens öffnet. Hierbei wird je länger je mehr der Lehrer auch als Mitschreibender einbezogen sein.
☐ wenn man literarische Texte in einem produktionsorientierten Unterricht (◊ Teil I,6.2 *Handlungs- und Produktionsorientierung*) als Themenvorlagen einführt. Hier wird vor allem das Interesse der Mitschüler größer sein.

2.6 Die neuere **Schriftlichkeitsforschung** untersucht nicht nur die grundlegenden Veränderungen, die die Benutzung der Schrift für den Menschen in seinem Denken, Fühlen und Handeln bedeutet (bzw. in der Geschichte bedeutet hat), sie weist vor allem auf drei hier interessierende Gesichtspunkte des Unterschieds von **Schriftlichkeit und Mündlichkeit** hin:

2.6.1 Zwischen Schriftlichkeit und (primärer) Mündlichkeit, wie sie vor allem bei Kindern gegeben ist, bestehen erhebliche Unterschiede.

Es ist noch kaum zum zentralen Ziel didaktischer Untersuchungen gemacht worden, was nötig ist, um aus einem mündlichen Text einen schriftlichen zu machen, obgleich es eine ganze Reihe von Übersichten über die Unterschiede gibt. Die folgende Übersicht kann auch nur die herausragenden Auffälligkeiten oder Herausforderungen geschriebener Sprache benennen, die für die schulische Arbeit von Bedeutung scheinen:

> Es ist notwendig, den **Kontext zu versprachlichen**: Das bedeutet Verzicht auf Ausdrücke, die auf die Realität direkt verweisen („dort", „diese Person" ...), auf Elemente von typischer Mündlichkeit (Klang, Melodieführung ...), auf Gestik und Mimik.
> Es gibt **keine Hörerrückmeldung**: Das bedeutet den Zwang zu genauerer Leserlenkung als durch Anreden, Verständnis erbittende Floskeln u. a., zu durchgeformter Syntax, genaueren Begriffen, übersichtlicher(er) Gliederung, Verwendung von Textverknüpfungsmitteln (z. B. Konjunktionen), Beachtung bestimmter Textsortenkennzeichen (durch Überschriften, durch Verwendung entsprechenden Beginns: „Es wird berichtet ...").
> Die Folge ist **erhöhte Formalisierung und Distanzierung**: Das heißt: Zwang zu formaler Korrektheit in Schrift, Rechtschreibung, Gliederung, Satzbau, Verwendung der Zeitstufen (z. B. Präteritum) und der Modi (Konjunktiv); Tendenz zur Formalisierung (Abstraktion), zu sprachlicher Variation besonders beim Wortschatz.

Die didaktischen Folgerungen daraus lauten:

Es genügt nicht, ein Thema grundsätzlich mündlich vorzubereiten, im Unterricht vorzubesprechen und dann anzunehmen, dass das Schreiben nur noch eine grafische Verschlüsselung darstellt: Schreiben ist eine neue, eigenständige Aufgabe.

Kinder schreiben zuerst das mündlich für sie Aussprechbare auf, also so, wie ihnen, auch als Dialektsprecher, der Schnabel gewachsen ist. Die Schriftlichkeitsforderungen, die ihnen dann gestellt werden, die sie aber auch sehr schnell erkennen, müssen sehr sorgfältig an Textbeispielen erprobt und besprochen werden. Untersuchungen haben z. B. ergeben (vgl. Koller 1991), dass Schüler bei der Wortwahl sowohl zu Unterschreitungen des **Stilniveaus** als auch zu besonderer Gestelztheit neigen können. Anstatt aber jeweils nur an den Details zu arbeiten, wäre es sinnvoll, die bei den Schreibern vorhandenen Vorstellungen über die Leistung und Wirkung der gewählten Sprachmittel zu erkunden. Dass dies auch im Rahmen von ◊*Schreibkonferenzen* möglich ist, sollte zu solchen anregen.

2.6.2 Schriftlichkeit befördert **objektivierendes** und **logisch-distanziertes Weltverhalten**. Dies wird der oben als falsch bezeichneten Entwicklungslogik entsprechend unterschiedlich gehandhabt. Erfahrungsgemäß haben sachliche Schreibaufgaben in der Grundschule einen zu geringen Stellenwert. Viele Lehrer für ältere Schüler (besonders in Haupt- und Berufsschulen) achten hingegen vor allem darauf, dass diese lernen, Sachtexte zu schreiben. So ist in der Planung dazu anzuregen, jegliche Einseitigkeit durch unterschiedliche Schreibvorschläge zu vermeiden.

In personal-kreativem und poetisch angeleitetem Schreiben soll den Schülern zudem der Umgang mit Sprache als einem Gestaltungsmittel erfahrbar gemacht werden.

2.6.3 Schriftlichkeit kann über Schriftlichkeit besonders gefördert werden: Eine Schreibaufgabe wächst unmittelbar – ohne eine Phase der Besprechung – aus der Lektüre eines Textes (Sachtext, Erzählung, Gedicht …). Der Weg von der Mündlichkeit zu einem geschriebenen Text (mündliches Erzählen, berichten, Stoff sammeln, diskutieren usw.) ist zumindest für einen Teil der Schüler weniger ergiebig. Der „direkte Weg" fordert die Schüler in besonderer Weise. Es werden nicht nur Aufgaben gestellt, auf Briefe direkt schriftlich zu antworten, sondern auch, auf andere Texte (Erzählungen, Essays, Kritiken usw.) schriftlich zu reagieren. Dabei unterscheidet man wieder die zwei Weisen des Reagierens: objektivierende Schreibformen wie Antworten, Erklärungen, Glossen, Kritiken und analoge Schreibformen wie Erzählung, Gedicht u.a. (◊Teil I,3 *Umgehen mit Texten,* besonders Abb. 11).

2.7 Auf die Fehleinschätzung, dass es eine **Entwicklungslogik** „Vom Subjektiven zum Objektiven" beim Heranwachsenden notwendig gäbe, wurde oben schon hingewiesen. Man geht heute davon aus, dass alle Sprachfunktionen bzw. die vier Grundfunktionen sprachlicher Äußerungen (Abb. 7) von Anfang an nebeneinander gefördert werden können und sollen. Sowohl die Fähigkeit zu erzählen wie zu beschreiben, die Fähigkeit zu argumentieren wie auf Texte mit eigenen Texten kreativ zu reagieren, lässt sich kontinuierlich entwickeln. In jedem Fall gilt für den Anfang aller Schreiblehre die programmatische Forderung: „Sätze statt Aufsätze" (Gössmann 1987): (Vor allem erste) Sätze von Kindern, die sich die Schriftlichkeit erobern, darf man als die jeweils schon erreichten Textganzheiten verstehen. Sie weiter zu differenzieren, zu entfalten, anzureichern und variabel zu halten, ist die Aufgabe des Unterrichts, besser: der **Schreib- und Lesegemeinschaft**. Diese Einsicht gilt im Grunde bei jeder neuen Schreibaufgabe wieder. Die Aufgabe des Lehrers und der Unterrichtsplanung – aber auch der grundlegenden didaktischen Forschungen – ist es, die Schreiber zum Impuls genauerer Entfaltung anzuregen **und** Analysekriterien zur Erkenntnis über den jeweiligen Stand des einzelnen Schülers zu entwickeln sowie Übungsmaterial für Anregungen zur Verfügung zu stellen.

Genauere Hinweise auf die jeweiligen Entwicklungsschritte für einzelne Schreibaufgaben finden sich bei den Einzelstichwörtern. [O. B.]

3. Umgehen mit Texten

3.1. Grundsätzliches

3.1.1 Mit gutem Grund sprechen viele Lehrpläne und Handreichungen vom „Umgang" mit Texten, nicht etwa nur vom Lesen und Verstehen: Gemeint ist nicht nur das Lesen einschließlich des Sprechens darüber, sondern auch ◊*Schreiben nach Texten* sowie jede Realisation des Textwortlauts durch ◊*Vorlesen* oder ◊*Dramatisches Gestalten* und darüber hinaus die Erweiterung oder Veränderung des Wortlauts im ◊*Literarischen Rollenspiel* – insgesamt also handelnde ebenso wie kognitive Auseinandersetzung mit Inhalt, Sinn und Form eines Textes. „Text" ist dabei alles, von der Kurzmeldung aus der Tageszeitung bis zum Roman, schließt also nicht nur Gedrucktes jeder Länge ein, sondern auch alle pragmatischen und poetischen Textsorten. „Mündliche Texte" hingegen bleiben hier, der üblichen Lernbereichsgliederung folgend, unberücksichtigt.

3.1.2 Versteht man nun das Wort „Umgang" als Metapher aus dem Bereich menschlicher Interaktion, so kommt man zu einer allerdings bislang nicht befriedigend systematischen Unterscheidung verschiedener „Umgangsformen" (Ingendahl 1991). Umgang mit Texten und Umgang mit Menschen haben tatsächlich manches gemein:
- In beiden Fällen handelt es sich um *Begegnungen* mit prinzipiell unvorhersehbarem Ausgang.
- So wie Menschen einander je nach Wahrnehmung und Interesse als Individuen oder als Typen betrachten, so sehen Lesende eher „Textindividuen" oder „Textexemplare" (Peter Szondi); und so nehmen sie eher das z. B. einem bestimmten Gedicht Eigentümliche wahr oder das für seinen Autor, seine Epoche, seine Gattung Typische.
- Nicht jede „Umgangsform" passt in jede Situation, zu jedem Gegenüber, und vor allem: zu jeder Verstehens- oder Handlungs*absicht*. Respektvoll oder respektlos, kühl-distanziert oder aus emotionaler Nähe kann man Texten begegnen; man kann in aufwertender oder abwertender Grundhaltung an sie herangehen; und schließlich kann man sie „analytisch" zerlegen oder „ganzheitlich" auf sich und andere wirken lassen.

3.1.3 „Umgang", gleich ob mit Menschen oder mit Texten, setzt die **Fähigkeit zur Kommunikation** voraus. Denn es geht ja im Lernbereich „Umgang mit Texten" darum, was man aus Texten als Information entnehmen, als Sinnperspektive gewinnen oder als Appell verstehen kann. Zwischen den Lernenden und dem Text, mit dem sie „umgehen" (sollen), ereignet sich ein Austausch. Der Text macht Angebote zur Begriffs- und Vorstellungsbildung, und die Leserinnen und Leser bringen das, was sie schon wissen, denken oder fühlen, sozusagen zum Text hinzu. Von „Textumgang" zu sprechen hat also nur Sinn, wenn damit mehr gemeint ist als praktisches Hantieren, nämlich Kommunikation auf zwei Ebenen: zwischen Leser und Text und zwischen Leser und Leser über den Text.

Arten und Ziele solcher Umgangsformen sind sinnvoll nur zu diskutieren, wenn zwischen Gebrauchstexten und poetischen Texten bzw. zwischen pragmatischer und ästhetischer Kommunikation unterschieden worden ist (vgl. hierzu Abschnitt 2). Mit Texten in didaktisch verantworteter und begleiteter Weise umzugehen hat stets sowohl eine kognitive als auch eine affektive und sowohl eine pragmatische als auch eine instrumentelle Dimension: Die erstgenannten beiden Dimensionen werden traditionell im Begriff des **Verstehens** zusammengefasst, die beiden anderen im Begriff des **Könnens**. „Können" und „Verstehen" haben jeweils aber eine Innenseite und eine Außenseite, nämlich eine mentale und eine interaktive: Verstehen ereignet sich im Kopf, kann aber nach außen hin mitgeteilt werden. Umgekehrt zeigt sich Können im praktischen Handeln, basiert aber auf einem Handlungswissen, das ich selber habe, auch wenn es vielleicht noch nicht explizit geworden ist.

3.2. Pragmatische und ästhetische Kommunikation

3.2.1 „Lesen" und „Verstehen" sind sowohl als lebensweltliche Tätigkeit wie als fachdidaktische Kompetenz so schwer fassbar, dass wir lieber von **pragmatischer** und **ästhetischer Kommunikation** sprechen. Den Unterschied wollen wir kurz an einem einprägsamen Beispiel erläutern: In Hugo Dittberners Roman *Geschichte einiger Leser* (1990) entdeckt ein Mann, als er auf dem Dachboden eigentlich nur ein selten benötigtes Lexikon sucht, eine „hinter dem Schrank eingeklemmte Jurismappe" (ebd., 29), die seine Neugier weckt. Er beginnt darin zu lesen von einer Frau, „die den Mann, den sie geliebt hat, nicht ausstehen kann" (ebd., 30). Er lässt sich vom Text gefangen nehmen und amüsiert sich über das verzerrte Bild dieses unausstehlichen Mannes sogar dann noch, als er begreift, das könne nur seine Frau geschrieben haben. Erst als er die Mappe zurückgesteckt hat und den Dachboden verlässt, trifft ihn wie ein Schlag die Erkenntnis, dieser Mann könne er selbst sein.

Unser Mann geht also zunächst an den gefundenen Text in Erwartung einer *ästhetischen* Kommunikationserfahrung heran: Der Textsorte nach ist es ja offensichtlich ein Roman oder eine Erzählung, wie fragmentarisch auch immer. Um dergleichen lesenswert zu finden, brauchen wir im Allgemeinen keine zusätzliche sachliche Begründung; wir versprechen uns Unterhaltung, anspruchsvoll oder anspruchslos, vielleicht auch ein Bildungserlebnis im konventionellen Sinn und, wenn es hoch kommt, eine kognitive Herausforderung (vielleicht arbeitet der Text ja mit „modernen" Techniken, z. B. der Montage oder Bewusstseinsstromwiedergabe). Wie auch immer: Der Leser kann davon ausgehen, dass es *an ihm selbst liegt,* eine Beziehung zum Text herzustellen, das darin Erzählte auf seine eigene Lebenserfahrung zu beziehen – auf einzelne Erlebnisse, auf sein Weltbild im Ganzen, seine ethischen Grundsätze, seine verdrängten Wünsche usw. Ästhetische Kommunikation realisiert sich nur, wenn die **Wahrnehmungs- und Deutungsangebote**, die ein Text in Bezug auf eine fiktive Wirklichkeit macht, vom Leser wahrgenommen werden. Man baut, vom Text immer wieder angestoßen, eine Wirklichkeit auf: „Es kennzeichnet ästhetische Erfahrung, daß darin sowohl etwas angeeignet als etwas hervorgebracht wird" (Dehn 1974, 25). Das *Hervorgebrachte* (nicht „den Text"!) findet man als Leser dann „interessant" oder „lebenswahr", „übertrieben, aber treffend" o. ä. (vgl. hierzu Scheffer 1995).

3.2.2 Verweigert sich nun ein Leser dem vom Text gemachten Angebot, so scheitert die Kommunikation. Man wird den Text dann „uninteressant", „abstrus", „unrealistisch" oder gar „unzusammenhängend" finden und bald aus der Hand legen. Der Mann in Dittberners Episode legt den Text nicht aus der Hand, aber nicht etwa deshalb, weil er schon gemerkt hätte, dass der Text eine realitätsbezogene (pragmatische) Botschaft seiner Frau darstellt. Er will vielmehr ästhetische Kommunikation verwirklichen. Erst auf der Dachbodentreppe, als ihn die pragmatische Botschaft als Erkenntnis „trifft", verwandelt sich der Kommunikationsprozess sozusagen nachträglich. Der Text muss jetzt „umgelesen" werden; es geht nicht mehr um literarische Erfahrung und narrative Unterhaltung, sondern darum, über die Wirklichkeit, das eigene Leben also, Informationen zu gewinnen, die bisher nicht erhältlich waren, aber **relevant für künftiges Verhalten** sind. So liest man aber normalerweise die Zeitung oder auch Texte, die man von Berufs wegen kennen muss – z. B. eine neue Verordnung der vorgesetzten Behörde. Im vorliegenden Fall geht es auf einmal nicht mehr um unverbindliche Angebote, die man als Leser auch ausschlagen kann. Es nützt ja nichts mehr, den Text wieder wegzulegen, er bleibt in der Welt und zeugt vom Scheitern der eigenen Ehe. Statt auf eine fiktive, im Kopf erst aufzubauende Welt bezieht sich derselbe Text – kein Wort hat sich geändert – jetzt auf die Lebenswelt selbst und zwingt den einen Leser, dessen Lebenswelt sie (zufällig) ist, zu pragmatischer Kommunikation. (Der Beweis: Er kann seiner Frau nie wieder so gegenübertreten, als kenne er die Jurismappe nicht.) **Pragmatische Kommunikation** also bezieht sich auf Gegenstände, Sachverhalte und Personen der „wirklichen Welt", in die der Text gewissermaßen eingreifen will (informierend, appellierend, unterhaltend). Man spricht hier mit einem unscharfen, aber wohl unverzichtbaren Begriff auch gern von **Gebrauchstext**. Ein Text, der pragmatisch gelesen wird, muss dem Wahrheitskriterium genügen – oder er ist eben „falsch", „gelogen" usw., und das hat normalerweise sofort Konsequenzen. **Ästhetische Kommunikation** hat solche sofortigen Konsequenzen nicht. Dafür können Texte, die man so rezipiert, auch nicht so schnell veralten.

Ihre Wahrnehmungs- und Deutungsangebote bleiben oft lange, vielleicht für Jahrhunderte, gültig und haben vielleicht langfristig doch einstellungsverändernde Konsequenzen.

3.2.3 Unser Beispiel macht deutlich, dass es lesedidaktisch nicht genügt, die Masse lebensweltlich vorfindlicher Texte einfach in poetische und nichtpoetische einzuteilen und so zu tun, als verstehe es sich dann von selbst, dass und wie beide Gruppen je unterschiedlich zu behandeln sind. Wir orientieren uns hier nicht an Gegenständen, sondern an *zielgerichteten Tätigkeiten* (wir könnten, unter Verweis auf den folgenden Abschnitt, auch bereits sagen: am **Handeln** der Lernenden). *Wie* wird ein Text wahrgenommen, was sucht und findet ein Leser darin? Dass ein und derselbe Text sowohl pragmatisch als ästhetisch gelesen werden kann, stellt sicherlich einen Extremfall dar; aber doch einen Fall, aus dem sich wichtige Aufschlüsse gewinnen lassen.

Wer als Deutschlehrer der Sekundarstufen noch nie versucht hat, einen beliebigen (Auszug aus einem) pragmatischen Text (mögliche Quellen: Kochbücher, Adressbücher, Tageszeitungen, Gebrauchsanweisungen usw.) einer Klasse *als poetischen* vorzulegen, dem sei dringend dazu geraten – nicht, um seine Schüler für dumm zu verkaufen, sondern um die Mechanismen bloßzulegen, mit denen wir normalerweise Texte selektiv wahrnehmen – stark gesteuert von Informationen über Autor und/oder Textsorte und/oder Entstehungszeit. Der „Sinn", den Lernende in einem solch zweckentfremdeten Text finden, ist dabei nicht objektiver Unsinn, sondern eine interessante, aus dem Versuch ästhetischer Kommunikation sich ergebende Konstruktion. Dasselbe gilt für sog. „Autopoeme", also vom Computer nach dem Zufallsprinzip erstellte Gedichte *(◊Computergestützter Umgang mit Literatur).*

Es ergibt sich, dass ◊*„Interpretieren"* natürlich auch in Bezug auf „echte" poetische oder fiktionale Texte eine Tätigkeit ist, die auf sozialen Austausch oder Konsens über Deutung und Sinn abzielt. Ein *Aushandeln* findet statt, nicht ein monologisches Statuieren angeblich zweifelsfrei festzustellenden Textsinnes.

3.3 Zum Begriff des Handelns mit Texten

3.3.1 Nicht nur vom *Umgang mit Texten* und von *Kommunikation* ist in der deutschdidaktischen Literatur häufig die Rede, sondern auch vom Handeln mit Texten. Nicht jedes Lesen, sondern nur „zweckerfüllendes" und „entschiedenes" Lesen (Härter 1991, 18 f.) mündet in *Handeln* ein. Nun hat die Literaturdidaktik lange versucht, die „Zwecke" solchen Lesens den Lernenden möglichst genau vorzugeben, sodass Verstehensleistungen messbar würden. Das Resultat war oft ein kaum sinnerfülltes Jonglieren mit fachsprachlichen Begriffen und ein Abarbeiten formaler Analyseschritte. ◊*Analysieren poetischer und pragmatischer Texte* ist nun zwar eine Tätigkeit, aber gewissermaßen nur im Auftrag von Lehrenden oder Lehrplänen; es ist fremdbestimmt. Schon der alltagsweltliche Begriff des Handelns erfüllt sich aber eigentlich erst in der Selbstbestimmung. Wer handelt, verhält sich aktiv und zielgerichtet; in Bezug auf Texte gesagt: Er organisiert seinen eigenen Verstehensprozess, indem er z. B. eine ihm zunächst schwer verständliche Handlung nachspielt, Unbestimmtheitsstellen im Text ausfüllt oder eine Strukturskizze anfertigt.

3.3.2 Nun bedarf eine Handlung aber nicht nur eines **Objekts** (hier: Text), sondern auch eines **Gegenübers** (Lehrende; Mitschülerinnen und Mitschüler, manchmal Adressaten außerhalb der Schule). Soziale Regeln und Ziele des Handelns sind in einfachen Fällen kulturell vorgegeben (was *tue* ich, wenn ich einen Text auswendig lernen will?), oder aber sie sind innerhalb der Lerngruppe erst festzusetzen (wollen wir nun diesen Dialog „realistisch" spielen, oder soll das eine Parodie auf die Fernsehserie XY werden?). Wenn Handeln ein prinzipiell selbst bestimmtes, nicht fremd bestimmtes Verhalten ist, verbietet sich ein ausschließlich lehrerzentrierter Textunterricht. Zu lange Zeit hat man „den Schüler" zu sehr in der Rolle des die Textrezeption passiv *Erleidenden,* allenfalls Information oder Sinn aus Texten gehorsam *Entnehmenden* gesehen. Inzwischen jedoch zielen ganz verschiedene Überlegungen aus Kognitionspsychologie, Literaturwissenschaft und Deutschdidaktik auf eine gemeinsame Konsequenz hin: Lernende sollen sich nicht nur Texten gegenüber irgendwie *verhalten,* sondern mit ihnen, durch sie oder im Anschluss an sie *handeln.*

3.3.3 „Inneres Handeln" geschieht ja bereits bei der ungesteuerten Rezeption: Wirklichkeitsbezüge und Sinnhorizonte müssen aufgebaut werden (vgl. Abschnitt 2). Das gilt auch für Sach- und Fachtexte; die Kognitionspsychologie spricht von Repräsentation durch „mentale Modelle", die auf- und ausgebaut, ggf. auch revidiert werden müssen (vgl. Schnotz 1994, 158–165). Fachdidaktisch gesehen, geht es also nicht um bloße Textkenntnis, auch nicht nur um die Fähigkeit der Informationsentnahme (pragmatisch) bzw. Einordnung in eine Epoche (poetisch); es geht vielmehr um **äußeres Handeln**, genauer: „kulturelles Handeln mit Texten" (Rupp 1987). Handeln im Anschluss an und in Bezug auf Texte ist *nicht* eine weglassbare Zutat zu einem ansonsten rational-kritischen oder auf Textgegenstände als Teile eines literarischen Kanons fixierten Textunterricht. „Handlungsorientierter" Literaturunterricht geht vielmehr von dem Prinzip aus, dass Verstehen und **ästhetische Erfahrung** zusammengehören und dass Letztere entschieden mehr ist als Erwerb von Wissen über Texte und aus Texten, sondern eine Einheit von Aneignung und Hervorbringen.
Erst in Ansätzen gibt es einen handlungsorientierten *Sach*textunterricht, der verstehensunterstützende sowie kritische Tätigkeiten Lernender im Zusammenhang mit pragmatischer Textrezeption beschreibt (vgl. die Skizze und weitere Literatur in Abraham/Beisbart 1995).

3.3.4 Systematiken denkbarer Handlungen in Bezug auf poetische Texte sind hier verzichtbar; sie könnten ohnehin niemals einen Anspruch auf Vollständigkeit erheben. Sinnvollerweise kann man allerdings mit Fingerhut/Melenk (1980, 498 ff.) vier Zieldimensionen unterscheiden und mit Rupp (1987, 242) Rezeptionshandlungen danach einteilen, ob sie vor, während oder nach der Textrezeption ansetzen. Daraus ergibt sich eine für unsere Zwecke ausreichende Übersicht (vgl. Abb. 11).

Zu den im engeren Sinne fachdidaktischen „Umgangsformen", die das Schema aufführt, kommen noch andere, die erst dann in den Blick kommen, wenn man fächerübergreifend denkt: in illustrierender Absicht Bilder oder Zeichnungen zu einem Text anfertigen, Fotos machen, eine Melodie erfinden (bes. bei Lyrik) usw.

3.4 Beispiele

3.4.1 Um das in den Abschnitten 1–3 Ausgeführte zu konkretisieren, brauchen wir nun erstens einen thematischen Zusammenhang, der Zielperspektiven bietet, zweitens eine kleine Auswahl an möglichst unterschiedlichen Texten zu diesem Thema und drittens eine geeignete Kombination von Methoden oder Verfahren des Textumgangs. *Alle* im alphabetischen Teil aufgeführten Möglichkeiten können damit nicht erfasst werden, und zwar nicht nur aus Raumgründen. Wer es versuchte, bekäme statt eines Unterrichtskonzepts ein Wirrwarr von Vorschlägen für alle möglichen Schülertätigkeiten, die sich zwar alle auf einen Text, aber schwerlich aufeinander und überhaupt nicht mehr auf halbwegs realistische Zielangaben für eine Unterrichtssequenz beziehen ließen. Ein „Handeln mit Texten" im Sinn einer zielgerichteten Auseinandersetzung wäre dies gerade nicht, sondern eine Art kollektiver Beschäftigungstherapie. Texte müssen Funktionen für Unterricht und Lernen erfüllen, wenn das Umgehen mit ihnen didaktisch begründet sein soll.

Ausbau der Rezipientenrolle　　　　　　　　　　　　　　　　　　　　　　　　Formen der Reaktion auf die Lektüre
(inneres Handeln)　　　　　　　　　　　　　　　　　　　　　　　　　　　　　*Sprech- und Schreibhandeln*

vor der Textrezeption	während der Textrezeption		nach der Textrezeption	
Vorwegnahme eines Themas/Motivs	Identifikation mit dem Text	Ablösung vom Text	Imitation	produktive Auseinandersetzung
– ein Thema/Problem durch Vorausgestalten erschließen – eine vorweggenommene Figur durch Verkörperung oder Charakterisierung erschließen	– Szenen, Figuren usw. imaginativ ausgestalten (konkretisieren) – Text mit eigenen Wahrnehmungen oder bekannten Texten verknüpfen	– im Text ausgesparte Erklärungen für geschilderte Vorgänge einbeziehen – Alternativen entwerfen – probeweise neue Bedingungen einführen (Was wäre, wenn …?) – Widerspruch zum Text artikulieren	– Sujet in ein anderes Medium transponieren (Erzählung in ein Hörspiel usw.) – Konstellation auf eine neue Situation anwenden (Paralleltext schreiben) – auf eigene Lebenswelt anwenden (aktualisieren, modernisieren)	– Parodien schreiben – Gegentexte schreiben – durch Schreiben oder Inszenieren verfremden – mdl. oder schriftl. „Berichtigungen" vornehmen
⇩ *Lit. Rollenspiel, vorgestaltend* ⇩ *Dramat. Gestalten* ⇩ *Inszenieren*	⇩ *Nacherzählen* ⇩ *Zusammenfassen* ⇩ *Lit. Rollenspiel, ausgestaltend* ⇩ *Vergleichen*	⇩ *Analysieren* ⇩ *Sprechen über Texte* ⇩ *Interpretieren*	⇩ *Lit. Rollenspiel, nachgestaltend*	⇩ *Umschreiben* ⇩ *Inszenieren* ⇩ *Schreiben nach Texten*

Abb. 11: Rezeptionshandlungen mit Texten

3. Umgehen mit Texten

Texte, mit denen wir im Deutschunterricht umgehen, haben immer mindestens eine von **vier Funktionen**:

(1) Sie verleihen **fremden Gedanken und Vorstellungen** sprachliche Gestalt und bilden damit solche kognitive Herausforderungen, bauen Wissensstrukturen auf/aus und fördern die Vorstellungsbildung (hier: Reportage, Gedicht, Romanauszug).

(2) Sie sind **Identifikationsangebote** und als solche affektive Herausforderungen, ermöglichen und erfordern die (Selbst-)Verständigung über Ichbilder und Fremdbilder (hier: Gedicht, Romanauszug).

(3) Sie sind **Übungsgegenstände** für textverarbeitende Kompetenzen und als solche instrumentelle Herausforderungen, ermöglichen den Auf- und Ausbau strukturierender und – mündlich/schriftlich – textwiedergebender Fertigkeiten (hier: Sachtexte, Reportage, Romanauszug).

(4) Sie sind **Tätigkeitsauslöser** und als solche pragmatisch-kreative Herausforderungen, dienen als Schreib- und Spielvorlagen oder Anstöße für Diskussion und Debatte (hier: Gedicht, Romanauszug).

3.4.2 Als Lernanreize und Tätigkeitsauslöser eignen sich nicht nur thematisch aktuelle, in der Lebenswelt der Schüler zu verankernde Texte, sondern auch solche, die lebensweltliche Erfahrung ergänzen können. Wir wählen hier einen „Gegenstand", dessen emotional aufgeladene Behandlung sowohl in den Medien als auch in poetischen Texten auffällt: die *Wale* und ihr Schicksal im manifest gefährdeten oder bereits geschädigten Ökosystem der Weltmeere. Die Wale, als einzige Säuger in diesem System, scheinen dort die Stelle der Menschen zu vertreten, woran auch unbewiesene Vermutungen über das Ausmaß ihrer Intelligenz sowie ein unserer Sprache in der Komplexität womöglich ebenbürtiges Zeichensystem Anteil haben dürften. Was in der Literaturdidaktik seit einiger Zeit als **„Fremdverstehen"** diskutiert wird, ist am Versuch der Einfühlung in die „Lebenswelt" eines Wals gut zu konkretisieren. Zugleich kann die **Fähigkeit zu Rollenwechsel und perspektivischem Denken** gefördert werden, wenn Schüler menschliches Handeln in seinen sozialen, technischen und politischen Aspekten aus der Sicht der Wale betrachten und beurteilen (vgl. hierzu das Gedicht von Herburger und den Auszug aus Rytchëus Roman). ◊ *Verzögertes Lesen* (Herburger), ◊ *Nacherzählen*, ◊ *„Inhalte" wiedergeben*, ◊ *Inszenieren* (Rytchëu) und selbstverständlich ◊ *Analysieren* und ◊ *Interpretieren* (beide) gewinnen in diesem Zusammenhang Methodencharakter.

3.4.3 Fähigkeit und Bereitschaft, sich kognitiv und affektiv mit einem aktuellen ethischen Problem auseinander zu setzen, werden gefördert am Gegenstand des Verhältnisses von Menschen zur Natur (als eines Miss- oder Gewaltverhältnisses; vgl. hierzu die Reportage aus NATUR). Damit aber dieses Thema nicht nur emotional und „subjektiv" angegangen wird, bedarf es einer **Informationsgrundlage**, die ihrerseits wiederum an Texten erarbeitet wird; einschlägige Sachtexte aus Lexika oder (Jugend-)Sachbüchern wird man unschwer finden. Hier lassen sich Fertigkeiten der Gewinnung und Weitergabe von ◊ *Informationen* sowie des ◊ *Zusammenfassens von Texten* entwickeln. Bezogen auf die entstehende Textsequenz kommen schließlich **kontrastive Methoden** zu ihrem Recht (◊ *Vergleichen von Texten*).

Die Reihenfolge, in der die Texte hier abgedruckt und kommentiert sind, soll keine Vorentscheidung über ihre Sequenzierung im Unterricht darstellen.

Vor der Textrezeption kann man dieses Gedicht thematisch erschließen durch Vorwegnahme der Grundidee: *Wenn die Menschen Wale wären* (frei nach Brecht, dessen bekannte

3.4.4 Text A (Gedicht)

Günter Herburger:
Der Gesang der Wale

Große, viele Tonnen schwere Tiere,
ständig in ihrer Nahrung schwimmend
und leise nach sechzig, siebzig Jahren sterbend,
als sei es nun genug,
5   behaftet mit kleinen, scharfen Augen,
die in die Tiefe zu blicken vermögen
und über den Rand des Wassers hinweg,
wo die Kontinente beginnen,
so haben sie keine natürlichen Feinde,
10 überhaupt keine, außer uns,
und bei Sturm senkt sich ihr Leib
einfach in andere Zonen hinab,
wo im Plankton Ruhe herrscht,
Leuchtfische segeln und die Arme
15 der Kraken sich nur noch wie Blumen
bewegen.

Man muß sich vorstellen,
wir könnten so sein;
übermächtig gelassen, schlau und kräftig,
zugleich kindlich neugierig,
20 während aus dem Atemloch Fontänen steigen
und der Schwanz gleich einem Tankerruder
immer wieder ins Meer hineinschlägt,
Echo gebend von Schelf zu Schelf.
Entfernungen sind der Beweis
25 für Übersicht und Dauer,
ausgestattet mit einem Selbstverständnis,
das sich nicht mehr um Platz zu kümmern
braucht.

Bei der Paarung verweigern
sich manchmal die Walinnen,
30 haben keine Lust oder zieren sich,
stellen sich senkrecht kopfunter
und stemmen stundenlang ihr Eigengewicht,
zwanzig, dreißig Tonnen hoch,
meckernd und prustend.
35 Die Männchen dann, genau so schwer,
umkreisen das fürchterliche Vieh
und fangen verzweifelt zu singen an.

Es muß noch gesagt werden,
daß es auch Kinder gibt, Kinderwale,
40 die diesen Kopfstand nicht schätzen
und nun mit ihren Köpfen
auf den Rumpf der Mütter schlagen,
sie umzuwerfen versuchen.
Oder sie legen sich flach daneben,
45 bis Sonnenbrand ihnen den Rücken schält,
die Haut in Fetzen hängt, Futter für Vögel,
die mit von der Partie sind.

Dann aber hebt ein Schlürfen und Geigen
durch die Weltmeere an, herzergreifende Musik.
50 Es antworten einander die Wale
über tausend Kilometer hinweg,
und nur wir, mit unseren eisernen Schiffen,
können die Signale unterbrechen.
Vom Eismeer in den Indischen Ozean,
55 aus dem Pazifik bis in die Karibik
erschallen die sehnsüchtigen Rufe der Wale,
die sich in den leer geschossenen Weiten
kaum mehr zu finden trauen.
Orgeln ertönen, riesige Flöten,
60 Bögen kratzen über Barte,
pro Kiefer hunterttausend Saiten tragend,
und auf dem düsteren Grund darunter
bedienen kleine, scheue Taucher
hinter den Korallenbänken
65 Verstärker und Manuale.

Manches Mal, wenn ich traurig bin,
bilde ich mir ein, ich sei ein Wal,
ein tonnendicker Lungenfisch,
der nicht mehr ins Trockene zu kriechen braucht,
70 um sich zu veredeln, ausgesetzt Regen und Wind
und der messerscharfen Konkurrenz der
Menschen, die nicht so leben mögen wie er.

Ich lehnte den biologischen Wandel ab,
verringerte freiwillig die Zahl
75 der nicht benützten Gehirnzellen
und stürzte mich in die Fluten zurück,
wieder einig mit meinem Pfand,
das Antwort fände in den langsamen,
überlegten Bewegungen der Wale,
80 ihre Leiber wälzend wie Berge
und Melodien erzeugend gleich deren Hall,
geborgen in einem Element,
größer als jedes Land.

aus: *Tintenfisch 12: Thema „Natur"*, Berlin: Wagenbach 1977, 91–93; gleichzeitig in: G. H., *Ziele*, Reinbek: Rowohlt 1977)
13 *Plankton:* alle im Wasser schwebenden Kleinlebewesen, z. B. einzellige Algen oder Kleinkrebse
23 *Schelf:* Teil des Kontinentalsockels, 0 – ca. 200 m unter dem Meeresspiegel
60 *Barten:* dreieckige Hornplatten, die vom Gaumen des Bartenwals in die Mundhöhle herabhängen, als Seihvorrichtung bei der Nahrungsaufnahme
65 *Manual:* bei Klavieren u. Orgeln die mit den Händen zu bedienenden Tasten (im Gegensatz zum *Pedal*)
68 f. *Lungenfisch, der ...:* der L. übersteht Trockenheit durch Eingraben im Schlamm

"Keuner-Geschichte" *Wenn die Menschen Haifische wären* zum ◊ *Vergleichen* empfohlen wird). Die Themafrage kann im Unterrichtsgespräch oder durch einen spontanen, nicht textsortengebundenen („freien") Schülertext beantwortet werden. Sachliche Korrektheit oder Genauigkeit braucht in dieser Phase noch nicht verlangt zu werden. Es hat sich auch bewährt, mit einem Zitat als **Schreibimpuls** zu arbeiten (= Verse 66 f.):

„Manches Mal, wenn ich traurig bin, bilde ich mir ein, ich sei ein Wal"
Günter

Daß „Günter" kein Schüler ist, braucht vorderhand nicht zu interessieren. Die Schüler setzen den „Textanfang" fort und schreiben „vorgestaltende" eigene Texte, die nicht lyrisch sein müssen, aber können.

Während der Textrezeption kann etwa geachtet werden auf
- die Vielfalt dynamischer (bewegungsbeschreibender) Verben und Partizip-Präsens-Formen (Wortfeld „sich bewegen im Wasser")
- die mehrfach im Text angedeutete Analogie von menschlicher Gesellschaft und „Walgesellschaft"
- den sprechsprachlichen, „saloppen" Ton (am besten kontrastiv zu erarbeiten, etwa im Vergleich mit H. M. Enzensbergers poetisch-pathetischem *das ende der eulen*; vgl. PD 101/1991)
- das sachkundige Verfügen des lyrischen Ichs über anatomische und biologische Details (vgl. auch unsere Begriffserläuterungen im Anschluss an das Gedicht).

Diese Vorschläge ersetzen jedoch keinesfalls eine im Zug der Unterrichtsvorbereitung zu leistende eigene Textanalyse!
Nach der Textrezeption wird ein Interpretationsgespräch die zentrale Vorstellung der Wale als der „besseren" Menschen erarbeiten, die zwar auch „allzu" menschliche Eigenschaften wie Eifersucht aufweisen, jedoch im Einklang mit der Natur leben statt gegen sie – souverän und angstfrei (vgl. Verse 17–19), „geborgen in einem Element,/ größer als jedes Land" (83 f.), aber für niemanden bedrohlich, während „wir mit unseren eisernen Schiffen" (52) und unserer „messerscharfen Konkurrenz" (71) nichts weiter erreicht haben, als „unser Land" allmählich unbewohnbar zu machen und uns zu Feinden der Natur. Wichtig ist, dass die Rückzugsbewegung des Textes („in die Fluten zurück") nicht *nur* als Umkehrung der Evolution rational *erklärt* oder als regressive Utopie in die abendländische Geistesgeschichte *eingeordnet* wird, sondern von den Lesern affektiv nachvollzogen, vielleicht auch schildernd „ausgemalt" werden darf: Beim ◊ *Interpretieren* muss Raum bleiben für Identifikation.

Zur Möglichkeit, abschließend den Text wiederum kontrastiv durch eine Sprechdarstellung von „Ton" und „Haltung" sinnlich präsent zu machen, vgl. Abraham 1991; eine solche „Miniaturinszenierung" könnte begleitet werden durch die auch in Deutschland vertriebene US-Tonkassette *Die Gesänge der Buckelwale* (2001-Verlag, Best.-Nr. 32128).

3.4.5 Text B (Romanauszug)

Der folgende Textauszug, der sehr gut im Anschluss an die Gedichtrezeption, jedoch auch ihn vorausgehend oder unabhängig davon eingesetzt werden könnte, stammt aus dem Roman eines tschuktschischen Schriftstellers (geb. 1930), dessen Bücher in Russland bereits bekannt und in den letzten Jahren in deutscher Übersetzung erschienen sind.

Wenn die Wale fortziehen (russ. Erstausg. 1975) entwickelt in einer Art von fantastischem Realismus die Entstehung des Volkes der Tschuktschen aus der Paarung eines Mensch gewordenen Wales mit der Urmutter *Nau*. Die Handlung wird fortgeführt bis zur inneren Lösung der Tschuktschen aus der mythischen Phase der Verbundenheit mit der Natur und damit aus dem Glauben an die Wale als „Brüder" der Menschen. Nahrungsknappheit, aber auch Abenteuerlust und Geltungssucht treibt die jungen Jäger, für die *Armagirgin* exemplarisch steht, die bisher als heilig geltenden Walschulen anzugreifen und damit einen von Anfang an gültigen Beistandspakt der Tschuktschen und der Wale aufzukündigen: Deshalb ziehen die Wale fort, und deshalb stirbt die als unsterblich geltende, im Dorf jahrhundertelang als weise Greisin verehrte, schließlich aber nur noch geduldete Urmutter Nau an dem Tag, als Armagirgin den ersten Wal tötet. Unser Auszug geht diesen beiden Ereignissen unmittelbar voraus. (Die Punkte im Text sind keine eingefügten Auslassungszeichen, sondern gehören zum Text; eine *Jaranga* ist eine traditionelle tschuktschische Fellhütte, der *Tschogattin* ist darin der unbeheizte Teil, eine Art Hausarbeitsraum. Die deutsche Taschenbuchausgabe enthält entsprechende Worterklärungen.)

Im Literaturunterricht der S I ist die Bandbreite der bereits geeigneten Titel aus der Erwachsenenliteratur bekanntlich begrenzt; deshalb bemühen wir uns hier um einen innovativen Vorschlag. Aber auch wer den Roman als Ganzschrift nicht bearbeiten will oder kann, wird mit dem Textauszug gut arbeiten können. Er sei hier mit einer Kommentierung abgedruckt, die auf methodische Möglichkeiten der Arbeit an einzelnen Textstellen exemplarisch hinweist.

Juri Rytchëu: aus *Wenn die Wale fortziehen*   Kommentar

Wenn Armagirgin mit leerem Boot heimkehrte, schaute er voller Haß auf sie, ihre glatten, riesigen Körper, wenn sie langsam untertauchten, und 5 dachte, welch ungeheuer große Tierkadaver sie im Grunde genommen darstellten, welche Goldgrube an Fleisch und Fett. Warum muß man an diese phantastischen, unwahrhaftigen Erzählungen der alten Nau über die Abstammung des Küstenvolkes 10 vom Wal glauben? Weshalb sind gerade die Wale ihre Vorfahren? Und nicht die Walrosse oder Robben? Letztendlich erinnerte eine Bartrobbe wesentlich mehr an einen Menschen, besonders wenn sie auf dem Eis liegt und den Jäger ansieht. 15 Eben diese Ähnlichkeit wird ihr auch oft zum Verhängnis. Der sich anschleichende Jäger ahmt die Bewegungen einer Bartrobbe nach, und dem Tier scheint es, ein Artgenosse nähere sich ihm… Oder weshalb ist der Wolf nicht der Urahn des 20 Menschen? Er lebt auf dem Festland und ernährt sich von Fleisch wie der Mensch. Diese riesigen Fett- und Fleischleiber dagegen ernähren sich von wer weiß was; soviel dem Menschen bekannt ist, fressen sie zumindest weder Robben noch See-25 hunde… Nein, wenn man es richtig überlegt, besteht keine Ähnlichkeit zwischen dem Wal und dem Menschen, und ehrlich gesagt haben die Menschen auch nie im Ernst dem Geschwätz der verrückten Greisin geglaubt…	◊ *Lit. Rollenspiel:* *innerer Monolog A.s;* *alter-ego-Technik: innnerer* *Widerstreit von „gläubigem"* *Respekt vor dem alten Mythos* *einerseits und analytischer* *Rationalisierung eigener* *Wünsche andererseits* ◊ *Analysieren:* *Menschen als bartrobben-* *ähnlich (optisch) und wolfs-* *ähnlich* *(Lebensweise):* *Robbe – MENSCH – Wolf* *hilflos gefährlich* *„dumm" gerissen* *(Opfer) (Täter)* *dagegen der WAL:* *weder Opfer noch Täter;* *souveräner Beherrscher seines* *Lebensraums*

30 Und Wale zu erlegen, das bedeutete doch keine
große Arbeit, wenn man mit drei oder vier Booten
gleichzeitig auf sie los ging.
So dachte Armagirgin, und mit jedem Tag ver-
festigte sich in ihm der Gedanke.
35 Dann kam der Augenblick, da er diese Überlegungen seinen Mitmenschen mitteilte. Erstaunlich, aber
auch sie gestanden, schon lange genauso zu denken
wie Armagirgin. Und was die Märchen der alten
Nau betreffe, so gebe es eine ganze Reihe von Mär-
40 chen von anderen Tieren, wo eine Krähe mit
menschlicher Stimme redete, Walrosse Lieder sän-
gen und Füchse richtige Jarangas bauten ...
[...]
Jedesmal, wenn Armagirgin an einer Walfamilie
45 vorbeiruderte, maß er sich bald mit dem einen, bald
mit dem anderen und kundschaftete ihre verletz-
lichsten Stellen aus. Und an Land verfertigte er
große Speere und ging mit seinen Freunden in die
Tundra, wo sie aus weichem Gras und Lehm die
50 Attrappe eines großen Wales hergestellt hatten.
Einmal, als er aus der Tundra heimkehrte, ging
Armagirgin an der Jaranga vorbei, in der die alte
Nau lebte. Er hörte sie stöhnen und betrat den
Tschogattin.
55 Die alte Nau erkannte ihn.
„Bist du krank?" fragte Armagirgin, scheinbar
voller Anteilnahme, die Greisin.
„Übel steht es um mich", stöhnte klagend die alte
Nau. „Manchmal ist nichts, und dann scheint es wie-
60 der so, als durchbohre mich jemand."

◊ *Informationen verarbeiten:*
Informationen über WAL-
JAGD FRÜHER UND
HEUTE einholen und einbrin-
gen

◊ *Inszenieren:*
Dialoge zwischen A. und
anderen Jägern sowie weiteren
Dorfbewohnern (Frauen,
Kindern) zu Spielszenen mon-
tieren
epische Kleinformen: Fabeln
aus unserem Kulturkreis?

◊ *Erörtern:*
‚Pappkameraden' auf Schieß-
übungsplätzen heute; nur
Übungsobjekte oder objekti-
vierte Feindbilder zur Über-
listung der Tötungshemmung?

◊ *Interpretieren:*
Der Dialog zwischen A. und N.
als Parabel für die gesamte
Entwicklung: Der Mythos wird
„durchbohrt", die Kräfte der
Aggression, Habgier und
emotionalen Gleichgültigkeit
gewinnen die Oberhand.

Juri Rytchëu: *Wenn die Wale fortziehen.* Zürich: Unionsverlag 1995, S. 131–133.

Zu B: Unbeschadet der in der rechten Spalte genannten Möglichkeiten im Einzelnen kann und sollte der Text als ganzer zum Gegenstand eines Unterrichtsgesprächs werden, das die „Stellvertreternatur" der handelnden Figuren herausarbeitet: Der Text, auch der Roman als ganzer, ist ja eigentlich eine Parabel. Aber gerade parabolische Texte kann man im Literaturunterricht leicht „ums Leben bringen", indem man sie *nur* „uneigentlich" liest, d. h. *abstrahiert,* und darüber das *Konkretisieren* vergisst. Lehrende und Lernende sollten also – sprechend, spielend und vielleicht auch schriftlich erzählend – auch solchen Fragen nachgehen:

☐ Wie geht die alte Nau durch das Dorf und sucht immer wieder nach Zuhörern für ihre „alten Geschichten" von der Geburt des tschuktschischen Volkes? Wie verhalten sich die jüngeren Dorfbewohner, denen die Alte lästig zu werden beginnt?

☐ Wie findet Armagirgin die verwundbarsten Stellen des Wals heraus, wie „üben" die jungen Jäger an ihrer Attrappe in der Tundra?

☐ Was geht in den Leuten vor, die ihre geheimen Wünsche nach Walfleisch, Tran usw. verdrängt haben und sie den jungen Jäger nun offen aussprechen, gar rechtfertigen hören?

3.4.6 Text C (Auszug aus einer Reportage)

	Stichworte zu einer Zusammenfassung
Zischende Panik: In Todesangst tobt ein Schwarm kleiner Krebse an die Meeresoberfläche. Es braust wie ein Wasserfall. Dann ein Augenblick der Stille, während das Unheil herannaht. Es kommt aus der Tiefe. Zuerst ist es nur ein unheimlicher Schatten, weit unten im blauen Wasser des Polarmeeres. Er wächst schnell.	*(in Klammern: zusätzlich benötigte Information)* *(Der Buckelwal taucht senkrecht nach unten, um einen Strudel zu erzeugen, an dessen Rand Krill – das sind kleine Meerestiere wie z. B. Krebse – wie durch eine Zentrifuge konzentriert und nach oben gerissen wird.)*
Dann ist er plötzlich da – in Lebensgröße: Vierzigtausend Kilo Tier zerschlagen den Meeresspiegel zu rauschenden Schaumfontänen. Ein weit aufgerissenes Maul, das einem Drachen alle Ehre machen würde. Die See strömt hinein, den aufgeregten Kleinkram zentnerweise mit sich wirbelnd. Der Hals des Ungeheuers schwillt immer mehr an; jetzt sieht er aus wie ein riesiger Ballon. Klapp – das Eingangsluk ist wieder geschlossen: Der Buckelwal hat einen Krillhappen zu sich genommen.	*Dann kommt er hoch und sperrt dabei sein Maul auf. Er schnellt an die Meeresoberfläche und lässt sich mitten in den vorher erzeugten Strudel fallen, sodass der konzentrierte Krill von selbst in seinen Schlund strömt. Der Hals fasst eine riesige Menge dieser „Krillsuppe" auf einmal; durch Schließen des Mauls wird diese Menge dann nach hinten beziehungsweise unten gedrückt.* *So geht die Nahrungsaufnahme des Buckelwals vor sich.*

(Jaap Loohuis: „Die Wal-Kür". In: *Natur* 2/1985, S. 51–53; hier: die beiden ersten Absätze)

Dieser szenische Beginn einer Zeitschriftenreportage über die Buckelwale und sie betreffende neuere Forschungen von Meeresbiologen eignet sich, um die Arbeitsweise eines für Laien schreibenden Journalisten deutlich zu machen und entsprechende schriftsprachliche Fähigkeiten zu fördern: Der Vorgang der Nahrungsaufnahme wird schildernd konkretisiert – nicht trocken beschrieben, so wie die rechte Spalte das versucht. Der Unterschied kann im Anschluss an eine textzusammenfassende Aufgabe herausgearbeitet werden: Beim ◊ *Zusammenfassen* muss immer auch abstrahiert werden; um den Text zu verkürzen und zu verdichten, setzt man abstrakt(er)e Oberbegriffe an die Stelle von Konkreta. Diese Begriffe sind meist alltags- oder fachsprachlicher Natur („Strudel", „Zentrifuge"); gelegentlich können aber auch gängige Metaphern oder Wortneuschöpfungen („Krillsuppe") verdichtende und erklärende Funktion erfüllen. Den tragenden Oberbegriff der „Nahrungsaufnahme" wird man vor der Schreibaufgabe im Gespräch über den Text erarbeiten.

Danach wird ein **Vergleich** des Originals mit den Zusammenfassungen ergeben, dass der Journalist sich *literarischer* Techniken bedient (Wortwahl, Spannungserzeugung), um die Leseraufmerksamkeit zu binden und dessen Vorstellungsbildung anzuregen; dass aber dennoch hier kein poetischer Text vorliegt, sondern ein zweckgebundener (es geht ja um allgemein verständliche Darstellung von Forschungsergebnissen): Pragmatische Texte sind nicht grundsätzlich sachlich, nüchtern und unanschaulich, sondern dem Zweck der pragmatischen Kommunikation jeweils *angemessen* gestaltet.

Weiterzuschreiben wäre dieser Textanfang mithilfe zusätzlicher, von Lehrenden und/oder Lernenden gesammelten Informationen über Wale (auch Informationsbeschaffung ist „Umgang mit Texten"). Die Schüler können versuchen, etwa Größe oder Gewicht oder Tauchtiefe oder Ausbildung der Sinne oder Intelligenz nach dem stilistischen Vorbild schildernd zu konkretisieren (vgl. auch ◊ *Reportagen verfassen*).

Abschließend ist zu betonen, dass die hier vorgeschlagenen Texte absichtlich nicht zu einer Sequenz geordnet und auch nicht durch Erschließungsfragen „klein gearbeitet" sind. Auch übergreifende *Ziele* für eine solche Sequenz werden hier bewusst nicht vorgegeben. Sie sind erst in Hinblick auf eine konkrete Lernsituation (Klassenstufe, Lehrplan, Zweck der intendierten Arbeit am Text) sinnvoll zu formulieren. [U. A.]

4. Auf Sprache aufmerksam werden – Sprachbetrachtung

„Das Merkwürdige am Grammatikunterricht ist, daß es ihn immer noch gibt", schreibt Köller (1986, 11). In der Tat hat, wenn man so will, der Grammatikunterricht von der alten Lateinschule an schon Jahrhunderte überdauert. Dass nunmehr in Lehrplänen und Richtlinien der Lernbereich als *Reflexion über Sprache, Sprachreflexion* oder *Sprachbetrachtung* bezeichnet wird, bedeutet keinen bloßen Etikettenwechsel. Die Bezeichnungen sind vielmehr ein Reflex der didaktischen Diskussion. Veröffentlichungen wie „Grammatik in Situationen" (Boettcher/Sitta 1979), der „Funktionale Grammatikunterricht" (Köller 1986) oder einfach „Grammatikunterricht" (Eichler 1994) verdeutlichen, dass für den Lernbereich wiederum verschiedene **didaktische Konzepte** existieren. Die zum Teil recht engagiert geführte Diskussion dreht sich um die schon 1950 von Gaiser aufgeworfene Frage „Wie viel Grammatik braucht der Mensch?", die von Marenbach 1985 in „Wie viel Grammatik brauchen Schüler?" umformuliert wurde. 1992 trafen Michel/Schübel/Starke beim Anblick der Lehrpläne in den östlichen Bundesländern kategorisch die Feststellung „Grammatik braucht der Mensch". Letztendlich geht es darum, ob der „Grammatikunterricht die Sprachfähigkeit verbessere", was für die „traditionelle schulgrammatische Didaktik" sozusagen keine Frage war, allerdings eben „im Sinne der Beherrschung der hochsprachlichen Norm" (Braunroth 1984, 255), oder ob andere Wirkungen des Grammatikunterrichts erkennbar sind.

4.1 Deutsch lerne man von Cicero, soll einst die Devise für den Deutschunterricht gewesen sein, seit Karl Ferdinand Becker im vorigen Jahrhundert – im Vormärz auch aus Gründen der nationalen Einigung heraus – eine einheitliche Schulgrammatik auf der Grundlage des lateinischen Systems propagierte. So kam die sog. **„Lateingrammatik"** schließlich in allen Schularten zur Geltung. Und wo sie nicht gestorben ist, da lebt sie auch heute noch! Deutsch wurde als normatives Regelsystem (Aßheuer/Hartig 1976) in Wort- und Satzlehre gelehrt und gelernt. Die Beherrschung der Regeln für den richtigen hochsprachlichen Gebrauch, die Schulung des logischen Denkens, Grundlage für das Rechtschreiben oder der Service für den Fremdsprachenunterricht waren vor allem die Ziele. Eine formalistische Analyse der flektierten Wörter (*Ich lerne* = 1. Person, Indikativ, Präsens, Aktiv) und der Sätze (*Ich lerne Deutsch* = Subjekt/Prädikat/Objekt) geschah bei einer „systematischen" Durchnahme vom Einfachen zum Komplexen. Bei einer präskriptiven Einstellung wurden die Regeln deduktiv vermittelt, und am Schluss hing das „System der deutschen Grammatik als Wandplakat" (Ulshöfer 1968, 152) im Klassenzimmer. Denn, so schrieb Ulshöfer (1968, 151): „Angst vor der Grammatik nehmen heißt einen Überblick über das Ganze vermitteln."

„Der andere Grammatikunterricht" war der programmatische Titel des Gegenkonzeptes von Boettcher/Sitta (1978/1981): **situativer Grammatikunterricht**. Die Orientierung an den alltäglichen Situationen der Schüler, die sprachliche Bewältigung von Lebenssituationen, Reflexion der Sprachverwendung („Es kommt nicht darauf an, richtige Sätze zu bilden, sondern Sätze richtig zu verwenden", so eine These von Nündel 1976, 21) und der Regularitäten sprachlichen Handelns im Rahmen der sozialen Interaktion zu begreifen und anzuwenden, das waren wichtige Ziele von Reflexion über Sprache. Dazu gehörte vor allem der Blick auf den Gesamtzusammenhang, d. h. auf die Sprache in der mündlichen und schriftlichen **Kommunikation**, auch unter Einbeziehung analoger Verständigungsmittel wie Gestik und Mimik. Situationen aus dem Erfahrungsbereich der Schüler (Schule, Familie) sollten beschrieben und erklärt werden. Zu ihrer Bewältigung sollten besonders durch Rollenspiele Strategien entwickelt werden. Strittig war, ob man sich als Lehrkraft im Unterricht ausschließlich an aktuelle Situationen halten sollte oder ob man auch Situationen simulieren bzw. antizipieren könne. Auf jeden Fall wurden künstliche Sprachbuchsätze und blankes Regelwissen als wenig sinnvoll verworfen.

Hier systematischer – da situativer Grammatikunterricht, die Fronten in der Diskussion schienen zeitweilig verhärtet zu sein. Boettcher/Sitta (1979, 20) hatten sich dafür ausgesprochen, bei „(,grammatikträchtigen') Situationszusammenhängen" Systematisierungen einzubauen. Auch Menzel (1984a, 339) plädierte für eine „lockere Verknüpfung" des systematischen und des **integrativen** Grammatikunterrichts. Von Köller (1986) wurde das **funktionale Prinzip** für den Grammatikunterricht aufgegriffen. Eine funktionale Sprachlehre war schon in den Sechzigerjahren von Schmidt entwickelt worden. Dabei geht es um die kommunikative Leistung sprachlicher, d. h. grammatischer Formen (Schmidt 1977, 31 f.). Auch bei Köller (1986, 40) spielt die Kommunikation die entscheidende Rolle, und zwar im Zusammenhang mit der Sprachhandlungstheorie. Er sieht deshalb das funktionale Prinzip beim Grammatikunterricht auf zwei verschiedenen Ebenen angesiedelt. Bei der einen Ebene handelt es sich um den „Werkzeugcharakter der Sprache" mit den instruktiven und kognitiven Funktionen grammatischer Formen und bei der anderen Ebene geht es um die „Einbettung des Grammatikunterrichts in den allgemeinen Unterricht" (Köller 1986, 34). Anhand von Tempus, Genus- und Modusformen des Verbs wird dies mit Sachanalysen, didaktischen Überlegungen und Realisierungsvorschlägen von Köller (1986) vorgestellt. Dass es sich dabei um besonders kommunikationsträchtige Grammatikbestände handelt, wird von W. Eichler (1994, 260) eingeräumt, gleichzeitig weist er darauf hin, dass nicht alle Strukturen des Sprachsystems kommunikativen Regeln folgen.

Trug das von Frank 1984 herausgegebene Sprachbuch schon den Titel „Werkstatt Sprache" (Oldenbourg München), so wird von Eisenberg/Menzel (1995) die Idee der „Grammatik-Werkstatt" propagiert. Dabei gehen diese beiden Autoren noch einen Schritt weiter: Die Schüler schlüpfen sozusagen in die Rolle von Sprachwissenschaftlern, um nachzuvollziehen, wie die linguistischen Experten beispielsweise zur Einteilung der Wortarten oder zu den Tempusformen gekommen sind. Forschendes Lernen also, indem die Schüler selbst das Handwerkszeug der Sprachwissenschaftler anwenden. Dabei gelangen die Schüler zur Erkenntnis, wie eine „Grammatik" als Konstrukt entsteht, damit man das „Funktionieren" der Sprache besser versteht. Ein wichtiges Instrumentarium sind hierfür die **operationalen Verfahren** oder **Proben**. Es handelt sich um Selbsttätigkeit der Schüler, wie sie schon durch Glinz in den Fünfzigerjahren ins Sprachbuch gekommen ist.

„Eine neue deutsche Grammatik" hatte Glinz (1952) als Untertitel für sein Buch „Die innere Form des Deutschen" gewählt. Neu war, dass im Gefolge der inhaltsbezogenen Sprachforschung eine dem deutschen Sprachsystem adäquate Darstellung präsentiert wurde. Der Sprachwissenschaftler und Didaktiker Glinz beließ es jedoch nicht dabei, er setzte die Ideen auch im Deutschunterricht um. Anknüpfend an die Methoden des linguistischen Strukturalismus führte er die operationalen Verfahren in sein Sprachbuch ein. Mithilfe der operationalen Verfahren wie Umstellprobe (Permutation) oder Ersatzprobe (Kommutation) sollten die Schüler induktiv die Bausteine des Satzes ermitteln (◊ *Sprachregeln entdecken*). Das

Sprachmaterial beschränkte sich nicht nur auf die hochsprachliche Norm, sondern bezog auch die Umgangssprache der Schüler mit ein. Für diese waren die Beispiele sozusagen aus dem Leben gegriffen. Und ein Drittes noch: Von den Sätzen ging es zum Text – ein integratives Verfahren also, indem mündlicher und schriftlicher Sprachgebrauch zur Sprachbetrachtung hinzukommen. Heute gehören die Proben zum eisernen Bestand der Lehrpläne.

4.2 Die Idee der „Grammatik-Werkstatt" lenkt den Blick nicht nur auf die bewährten Proben, sondern auch auf die **Terminologie**. Die ermittelten Satzbausteine müssen ja auch benannt werden. Zur Debatte stehen die traditionellen lateinischen und/oder die deutschen „Äquivalente". Auch die Nomenklatur kann sich während der Schulzeit ändern. Der bayerische Grundschullehrplan von 1981 bringt in den beiden ersten Jahrgangsstufen *Tunwort* und *Wiewort*, die in der 3. und 4. Jahrgangsstufe dann *Zeitwort* und *Eigenschaftswort* heißen. Ein etwas aufwendiges Verfahren! Für die ausschließlich deutschen Bezeichnungen werden größere Kindgemäßheit und Anschaulichkeit gegenüber den „abstrakteren" lateinischen Bezeichnungen ins Feld geführt. Für die weiterführenden Schulen existiert seit 1982 ein „Verzeichnis grundlegender grammatischer Fachausdrücke" als Empfehlung des Sekretariats der Ständigen Konferenz der Länder in der Bundesrepublik (Abdruck bei Boueke 1984, 367 ff.), die auf der Latein-Terminologie fußt. Boueke vermutete schon 1984 (ebd.), dass auch durch solche nichtamtlichen Empfehlungen die traditionelle Terminologie in Richtlinien und Sprachbüchern verfestigt werde. Im bayerischen Lehrplan für die Hauptschule von 1997 sollen die lateinischen Bezeichnungen „im Unterricht behutsam eingeführt werden" (1997, 38). Für die bayrischen Gymnasiasten gehören laut Fachlehrplan von 1992 die lateinischen Termini zum Grundwissen.

Die bewegte Geschichte der didaktischen Diskussion und deren Niederschlag in den Lehrplänen spiegelt sich natürlich in den **Sprachbüchern** als dem klassischen Unterrichtsmedium im Lernbereich Sprachbetrachtung wider (zum Sprachbuch: Kochan 1987; speziell zur Grundschule: Beisbart 1980). Einst waren die Sprachbücher reine Schulgrammatiken bzw. Grammatikübungsbücher einschließlich Rechtschreibunterricht. Später wurden sie in Lernbereiche untergliedert. Die einzelnen Lektionen folgten der Trias „Vorgabe des Lerngegenstandes – Primäreinsichten (durch Analyse, Erfahrung, Erprobung, experimentierenden Umgang) – Anwendung bzw. Übung" (Kochan 1987, 429). Die Ermittlung der Satzglieder im erweiterten Aussagehauptsatz erfolgte z. B. so, dass die Schüler aus einem Basistext (Vorgabe) Subjekte, Prädikate und Objekte in eine Tabelle übertrugen (Primäreinsicht) und dann nach diesem Muster anschließend Sätze bildeten (Übung). Meist kam noch ein umrahmter oder farbig unterlegter Merksatz als Ergebnissicherung zum Abschluss der Lektion hinzu. Die kommunikative Ausrichtung brachte ein anderes Konzept. Ausgangspunkt waren die „Lebenssituationen" (*Beim Einkaufen, Wir feiern Geburtstag* u. Ä.), die meist auf Fotos oder durch Zeichnungen dargestellt werden. Dies verlangt natürlich eine lernbereichsübergreifende Darstellung, die dann quer zu den lernbereichsgegliederten Lehrplänen liegt. Die Lehrbuchautoren helfen sich dann so, dass in Konkordanzen oder Übersichten am Schluss auf die Stoffe und Ziele verwiesen wird. Neben den jahrgangsgegliederten Sprachbüchern gibt es auch „Schulgrammatiken" mit systematischer Darstellung. Weitere Medien sind Diareihen oder Foliensätze (◊ Teil I, 6.5 *Arbeit mit Medien*) und ◊ *Lernspiele*.

4.3 In Lehrplänen und als Folge davon in den Sprachbüchern findet sich auch das Konzept des **integrativen Sprachunterrichts**, indem beispielsweise grammatikalische Phänomene in Zusammenhang mit dem mündlichen (◊ Teil I,1 *Miteinander reden*) und dem schriftlichen Sprachgebrauch (◊ Teil I,2 *Texte schreiben*) gebracht werden. In seinem Sprachbuch hatte Glinz (1976) die Verschiebeprobe bei Sätzen für die Revision von Aufsatzentwürfen eingesetzt (◊ *Sprachregeln entdecken*). So lauten bei einem „Schülerentwurf" zum Thema „Mein Hamster" die ersten beiden Sätze: „Mein Hamster heißt Murrlimurr. Er hat einen großen Käfig als Haus." (Die folgenden Sätze beginnen ebenfalls mit „Er ...") Durch die Verschiebeprobe kann der zweite Satz zu „Als Haus hat er einen großen Käfig" umgeformt werden. Dadurch wird eine eintönige Wiederholung der Satzanfänge vermieden. Die Schüler können die beiden Sätze auch unter einem anderen Aspekt betrachten. Die Textlinguistik hat nämlich gezeigt, dass u. a. Pronomina als sog. Pro-Formen in einem Text eine Kohärenz stiftende Funktion ausüben. In dem eben genannten Beispiel verweist das Personalpronomen *er* auf *Hamster* zurück (kataphorische Funktion) und stellt dadurch die Kohäsion der beiden Sätze her. Somit kann auch der Grammatikunterricht für den schriftlichen Sprachgebrauch beitragen, wenn sich die Besprechung der Pronomina nicht nur auf die herkömmliche Wortlehre beschränkt, sondern auch die Funktion als Pro-Form im Text zur Sprache kommt. Durch das integrative Verfahren gewinnen die Schüler weitere Hilfen für die Revision ihrer Aufsätze (◊ *Überarbeiten eigener Texte*).

Über den integrativen Ansatz, den phänomen-orientierten Grammatikunterricht (Schmidt 1986) und den Vorschlag der „Grammatik-Werkstatt" (Eisenberg/Menzel 1995) geht jetzt das Konzept eines **sprachhandlungsorientierten, funktionalen Grammatikunterrichtes** hinaus (Klotz 1995b). Grundlage dieses Konzeptes ist es, die Verwendung von Sprache „sofort und unmittelbar als Handeln zu verstehen" (Klotz 1995 b, 7). Das bedeutet zum Beispiel, dass schon die Wortwahl als sprachliches Handeln erkannt und in ein „grammatisches Wissen" umgesetzt wird. Für den Erwerb dieses grammatischen Wissens wird von der Sprachverwendung und der Basiskompetenz der Heranwachsenden ausgegangen (Klotz 1995b, 5 f.), wobei sich Berührungspunkte zu ◊ *kontrastiven Verfahren* ergeben. Als ein Beispiel wird für den sprachhandlungsorientierten, funktionalen Grammatikunterricht von Klotz (ebd.) die jedem Schüler wohl bekannte Situation angeführt, dass ein Kind bald schlafen gehen soll. Dies kann sprachlich ganz verschieden realisiert werden:

– *Bitte geh allmählich ins Bett.*
– *Geh ins Bett!!*
– *Du gehst jetzt ins Bett!!*
– *Gehst du jetzt ins Bett?!!*
– *Jetzt wird aber sofort ins Bett gegangen!*
– *Ab ins Bett!!*
– etc.

Wie die unterschiedlichen Realisierungen zeigen, reichen die Sprechakte von der Bitte bis zum „Befehl". Weiterhin lassen sich in diesem kleinen Korpus die verschiedensten grammatischen Kategorien bestimmen. Dies beginnt bei der Wahl der Worte und geht über Modus und Satzarten weiter. Die sprachliche ◊ *Funktion Appell* kann mit verschiedenen Worten und grammatischen Zeichen ausgedrückt werden, was auch unterschiedliche Wirkungen beim Empfänger zeitigt. Induktiv können die Schüler die verschiedenen Sprechakte und die „Wahl der Mittel" bestimmen und grammatisches Wissen für ihr eigenes Sprachhandeln daraus gewinnen.

Anknüpfend an Bühlers „Sprachtheorie", Austins „Sprechakttheorie" (◊ *Funktionen der Sprache*) und Wittgensteins „Sprachspiel" (◊ *Mit Sprache spielen*) werden für den sprachhandlungsorientierten, funktionalen Grammatikunterricht eine Reihe anregender Vorschläge unterbreitet (Klotz 1995a): die Wahl von Worten als Sprachhandlung, das Mittel des Gewichtens in einer Aussage, die Modalität, der Zusammenhang von Satzarten und Sprechakten und der Nutzen des Konzeptes für die literarische Analyse. Mit Recht weist Klotz (1995b, 6) darauf hin, dass sich sprachliches Wissen „ebenso durch entdeckendes wie gesteuertes Lernen [erschließt], wenn sich sprachliches Handeln und Beschreiben dieses Handelns ergänzen". In diesem Zusammenhang kann auf das **„Kommunikative Handlungsspiel"** von Siegfried J. Schmidt hingewiesen werden (◊ *Funktionen der Sprache*), das auch für den ◊ *Umgang mit literarischen Texten* genutzt werden kann. Das Konzept des sprachhandlungsorientierten, funktionalen Grammatikunterrichts hat auch Konsequenzen für den Kanon des grammatischen Wissens, etwa für die Besprechung der Wortarten und Satzbaupläne sowie der Satzverknüpfung und für Stilfragen. In diesem Zusammenhang ist auch auf die differenziertere Einbeziehung von ◊ *Klischees* und ◊ *Routineformeln* in einem integrativen Sprachunterricht hinzuweisen.

4.4 Ein weiteres Gebiet ist die **diachrone Sprachbetrachtung**. Sie ist in der Didaktik in der **Sprachkunde** enthalten (Koß 1987). Dieser Terminus hat ein wechselvolles Ansehen erlebt (Seidel 1989, 7f.). Für Helmers (1984, 273) war Sprachkunde gleich Etymologieunterricht und genauso wichtig wie die Sprachlehre. Traditionellerweise gehören zur Sprachkunde der Dialekt, Laut- und Bedeutungswandel, Lehn- und Fremdwörter, Metaphorik, Namenkunde, die Sprichwörter und Redensarten, aber auch die Sonder- und Fachsprachen wie die Sprache der Werbung und der Politik. Gerade diese Bereiche lassen sich aber nicht streng diachronisch betrachten, was an der Werbung leicht abzulesen ist. Diese kann auch nicht auf den Deutschunterricht allein beschränkt werden. Beim Dialekt rückte die Diskussion um die Sprachbarrieren den Blick auf soziolinguistische Implikationen in den Vordergrund. Namenkunde (◊ *Namen entdecken*; ◊ *Mit Sprache spielen*) kann sich heute nicht mehr traditionell auf die Personen- und Ortsnamen beschränken (Koß/Frank 1994; Seidel 1989, 153 ff.). Die Bedeutung der Warennamen (Werbung) oder der Eigennamen als Mittel der sprachlichen Referenz müssen synchron gesehen werden. Durch die Phraseologismus-Forschung ergeben sich für ◊ *Sprichwörter* und ◊ *Redewendungen* neue Einsichten, vor allem im Zusammenhang mit dem Fremdsprachenunterricht (z. B. *idioms* im Englischen). Sprichwörter eröffnen beispielsweise Einblicke in die Sozial- und Kulturgeschichte (Beisbart/Marenbach 1997, 174). Auch das Thema ◊ *Fremdwörter* gehört hierher. Die Betrachtung von ◊ *Wortfamilien* und ◊ *Wortfeldern* hilft beim schriftlichen Sprachgebrauch, indem der Wortschatz erweitert oder der Blick für Präzisierungen und Nuancierungen in der Wortwahl geschärft werden. Es geht also auch um Wörter und Seidel (1989) hatte „die Wörter" in den Mittelpunkt sprachkundlicher Betrachtung in der Sekundarstufe I gerückt.

Resümieren wir: Was also ist Sprachkunde? Boueke (1984) subsumierte alle Bereiche des Sprachunterrichts darunter, soweit sie nicht mit System- und Pragmalinguistik zu tun haben und weil der Ausdruck dafür schon in der Fachdidaktik üblich ist (s. Tabelle nach Boueke 1984, 340).

Grammatikunterricht	Kommunikationsanalyse	Metakommunikation	Sprachkunde
Reflexion über das Sprachsystem	Reflexion über sprachliches Handeln	Reflexion über das eigene sprachliche Handeln in konkreten Situationen	Reflexion über Geschichte der Sprache, Zusammenhänge von Sprache und Geschichte, Fragen des Spracherwerbs, der Sprachvarietäten usw.

Abb. 12: Gliederung des Lernbereichs Reflexion über Sprache (nach Boueke 1984)

Man kann die Antwort für die Frage „Was ist Sprachkunde?" auch so formulieren: Sprachkunde ist alles – jenseits der **Struktur** –, was mit Sprachphänomenen zu tun hat. Damit ist sie eine „rein didaktische Größe" (Seidel 1989, 11). Sie trägt ebenfalls dazu bei, dass sich beim Schüler ein bewusstes Verhältnis zu seiner eigenen Sprache und zur Sprache seiner Umwelt entwickelt (vgl. auch Seidel, ebd.). [G. K.]

5. Rechtschreiben

Wütend kommt Tobias aus der Schule nach Hause. Heute hatte die Klasse ihre Aufsätze zurückbekommen. „Eine schöne Geschichte, lebendig erzählt. Wegen der vielen Rechtschreibfehler nur 4" stand auf seinem Blatt. Seiner kleinen Schwester, erst ein halbes Jahr in der Schule, tut er Leid, sie will ihn trösten. Nach kurzer Zeit kommt sie zu ihrem Bruder. „Das habe ich für dich geschrieben", sagt sie und gibt ihm ein Blatt. „Vielleicht nehme ich die Geschichte morgen meiner Lehrerin mit." Zwischen einigen gemalten Herzen steht: „Tobi is ser taurik weiler file fela macht Ich hadich Lip. Claudi." Da lacht Tobias wieder. „Du machst ja noch mehr Fehler als ich. Nimm das ja nicht in die Schule mit." „Das macht gar nichts", erwidert die kleine Schwester. „Unser Fräulein lobt uns, wenn wir viele Geschichten schreiben. Fehler sind nicht schlimm."

5.1 Hier zeigt sich die Bandbreite der Einstellungen zum Rechtschreiben:

Ältere Auffassung	Neuere Auffassung
Rechtschreiben „heimliches Hauptfach" (Klasse von Tobias)	Rechtschreiben nicht Selbstzweck, hat dienende Funktion (Klasse von Claudia)
wichtiges Kriterium bei der Aufsatzbeurteilung	erleichtert schriftsprachliche Verständigung
Aufsatz erst ab 3. Schuljahr, wenn Rechtschreibsicherheit erreicht ist	Zeitpunkt des Aufschreibens von Texten bestimmen die Schüler selbst
„Von Anfertigung deutscher Aufsätze kann keine Rede sein, bevor die Schüler nicht zu einer gewissen Fertigkeit im Rechtschreiben gelangt sind" (Schleich 1908 nach Sennlaub 1983, 76).	„Weil ihm auch rechtschriftlich ein freies Schreiben anfangs erlaubt ist, kann das Kind relativ ungehemmt schreiben" (Blumenstock/ Renner 1990, 41).
Fehler müssen vermieden werden, dürfen weder an der Tafel noch im Heft stehen bleiben Vorschlag: Fehler überkleben Angst, Fehler prägen sich ein viel Unterrichtszeit für Übung und Kontrolle der Rechtschrift	Fehler sind notwendige Durchgangsstadien auf dem Weg zum richtigen Schreiben an Fehlern kann man lernen Schüler sollen Schrift ausprobieren es geht um Inhalte und um die Freude am Schreiben
Begründung: große Bedeutung des Rechtschreibens in der Öffentlichkeit	Gelegenheiten zu schreiben nehmen immer mehr ab

Abb. 13: Einstellungen zum Rechtschreiben

Gegen die **Überbetonung** des Rechtschreibens ist in der Tat darauf hinzuweisen, dass außerhalb der Schule die Notwendigkeit, (richtig) zu schreiben, dank der Medien immer seltener gegeben ist. Ein Großteil unserer Mitbürger verständigt sich im Alltag anders als durch Schreiben. Der Griff zum Handy ersetzt den Brief, wer längere Texte verfassen muss, dem hilft das Rechtschreibprogramm im Computer, statt mit eigenen Worten zu informieren, werden Originale fertiger Texte gefaxt. Mehrere zusammenhängende Sätze werden eventuell noch auf die Urlaubskarte gesetzt. Somit ist für viele das Bewerbungsschreiben beim Berufseintritt bzw. beim Berufswechsel die letzte Gelegenheit, wo die Rechtschreibfähigkeit voll ins Gewicht fällt.

Die in jüngster Zeit verstärkt geführte öffentliche Diskussion um die **Rechtschreibreform** rückte jedoch nicht nur das Thema Rechtschreiben wieder stärker in das öffentliche Interesse, es wurden auch Anstöße zur Reflexion über Funktion und Stellenwert der Orthographie vernehmbar. Dass unsere Rechtschreibregelungen in der schriftlich fixierten Fassung noch keine hundert Jahre alt sind, also nicht unbedingt ein zu schützendes Kulturgut deutscher Bildungstradition darstellen, dass sie weder gottgewollt noch unumstößlich sind, sondern sich aus sehr unterschiedlichen Prinzipien heraus entwickelt haben, dass sie verbesserungsbedürftig sind, das ist auch vielen pädagogischen Laien durch die Medien vermittelt worden. Über die Veränderbarkeit der Orthographieregeln sollte auch mit den Schülern gesprochen werden.

5.2 Einen Überblick über einige wichtige **Prinzipien** unserer Orthographie will die folgende Skizze geben. Dabei sollen auch die Überlappungen der von einzelnen Autoren (Menzel 1985, Messelken 1974, Rahnenführer 1980) unterschiedlich benannten Prinzipien deutlich werden.

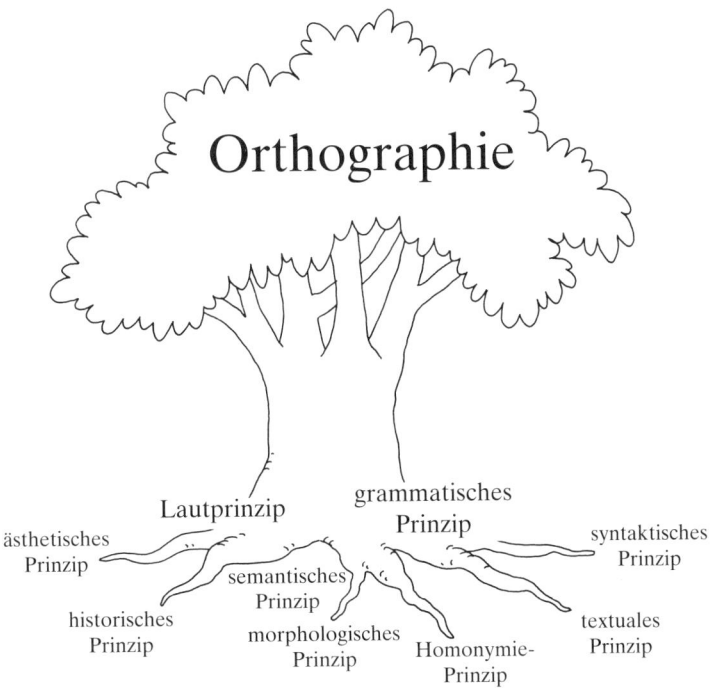

Abb. 14: Prinzipien der Orthographie

Begriffsklärungen:

Lautprinzip, auch *phonetisches Prinzip,* regelt die lauttreuen Schreibungen /m/ = <m> (zwischen Schrägstrichen stehen die Phoneme, in spitzen Klammern die Grapheme), sinnvoller als *phonologisches* oder *phonemisches Prinzip* bezeichnet, um die Besonderheiten der Phonem-Graphem-Korrespondenzen zu erfassen, z. B. /f/ = < f > oder < v >;

grammatisches Prinzip, regelt alle durch die Grammatik bedingten Schreibungen, wie Groß- oder Kleinschreibung, Getrennt- oder Zusammenschreibung, Silbentrennung; kann als Oberbegriff für semantisches und syntaktisches Prinzip verstanden werden, verdeutlicht, dass zum Rechtschreiben häufig Grammtikkenntnisse nötig sind;

syntaktisches Prinzip, vor allem für die Zeichensetzung verantwortlich, aber auch für die Großschreibung am Satzanfang;

textuales oder *pragmatisches Prinzip,* als Teil des syntaktischen Prinzips zu verstehen, regelt die Markierung wichtiger Textteile (Zitate, Anreden);

semantisches Prinzip, regelt die Wort-Bedeutungs-Korrespondenz, z. B. vor der Reform die Zusammenschreibung bei „sitzenbleiben" vs. „sitzen bleiben", nach der Reform gilt die Getrenntschreibung allerdings als Normalfall; aber auch die Gleichschreibung der Morpheme, umfasst damit das *Morphemprinzip,* das auch *morphologisches Prinzip* genannt wird;

morphologisches Prinzip, auch *etymologisches Prinzip,* Überschneidung mit dem phonologischen Prinzip („lobt" mit b wegen der Abstammung von „loben", obwohl /p/ gesprochen wird), auch *Stammprinzip* genannt, sorgt für die Gleichschreibung gleicher Bedeutungseinheiten („Hände" von „Hand"), wird durch die Reform weitgehend durchzusetzen versucht („behände" von „Hand", „Gämse" von „Gams");

Homonymieprinzip, auch *morphem-differenzierendes Prinzip* oder *logisches Prinzip,* versucht die besonderen Fälle der unterschiedlich bedeutenden, aber gleich klingenden Wörter durch unterschiedliche Schreibung zu regeln („Lied" vs. „Lid", „Saite" vs. „Seite"), damit Überschneidungen mit dem phonologischen Prinzip, Differenzierung gelingt nicht bei allen Homonymen;

historisches Prinzip, Teil des Lautprinzips, regelt die Schreibung aufgrund früherer Schreibungen („lieb", weil früher zweisilbig „li-eb", „Schuh" von „schuoch");

ästhetisches Prinzip, regelt die „Verträglichkeit" von Buchstabenfolgen, die Gefälligkeit des Schriftbildes (sp statt schp, ck statt kk, „Schiffahrt" vor der Reform nicht mit drei f), aber auch die Aufwertung einsilbiger Wörter durch ein h bei „Sohn" oder „Lohn".

Die Überzeugung, Rechtschreibung habe keinen Eigenwert, sondern **dienende Funktion,** sie solle die schriftsprachliche Verständigung erleichtern, kennzeichnet die andere, neuere didaktische Position. In vielen Lehrplänen wird der Lernbereich Rechtschreiben nicht mehr eigens erwähnt, er ist integriert entweder in den Bereich „Texte planen, entwerfen, überarbeiten" (z. B. im Plan der Realschule in Bayern von 1993) oder in den Bereich „Sprachlehre" (z. B. Lehrplan für die bayer. Gymnasien 1990), wobei die unterschiedlichen Schwerpunkte deutlich werden: Hier die Reflexion der sprachlichen Normen, dort ihre Anwendung. Dass beide Komponenten isoliert zu Einseitigkeiten führen, erst in ihrer Verschränkung und gegenseitigen Befruchtung effektiven Unterricht ermöglichen, muss gesehen werden.

5.3 Die angesprochene neue Sicht auf den Lernbereich Rechtschreiben wird begleitet von Erkenntnissen über die **Entwicklung der Rechtschreibfähigkeit** beim Schüler.
Im Zusammenhang mit der Untersuchung von Spontananschreibungen wurden seit Anfang der 80er-Jahre in prozessorientierten Forschungsansätzen Modelle des Schriftspracherwerbs entwickelt (Brügelmann 1983, Brügelmann/Richter 1994, Günther 1986, Scheerer-Neumann 1987, vgl. auch die Überblicke bei Marenbach 1989, Eisenberg u. a. 1994, Richter 1996, 226–239), die davon ausgehen, dass schulische Rechtschreibleistungen nicht ohne Zusammenhang mit den Vorerfahrungen der Schüler mit der Schriftsprache gesehen werden dürfen. Darüber hinaus zeigen sie auf, dass der Weg zur Beherrschung der Schriftsprache offenbar vergleichbare Stufen oder Phasen durchläuft:

– von einer vor-kommunikativen Phase
– über eine auditiv-artikulatorische Orientierung
– hin zu strukturbezogenen Schreibungen.

Vor allem die mittlere Phase wird in etliche weitere Einzelstufen unterteilt: von der halbphonetischen über die streng phonetische Strategie zur Entdeckung orthographischer Muster mit Übergeneralisierungen und damit einem Ansteigen von Fehlschreibungen.
Einer der jüngsten Gliederungsvorschläge für eine solche Entwicklung des Schriftspracherwerbs (Brügelmann/Richter 1994) soll hier kurz referiert werden, weil er bewusst die unterrichtspraktischen Aspekte einbezieht:

☐ Zunächst müssten die Kinder die *„Bedeutungshaltigkeit der Schrift"* entdecken. Als Angebote zur Verstärkung bzw. zum Nachholen dieser Erkenntnis werden etwa genannt: Das Kind solle Unterschriften zu seinen Bildern diktieren oder Gegenstände beschriften (lassen) oder Zeichen erfinden, um sich die Hausaufgabe „aufzuschreiben".
☐ Als Nächstes erfasse das Kind die *„Buchstabenbindung der Schrift"*. Hilfestellungen könnten sein: Nachfahren vorgegebener Wörter, Vergleichen von Wörtern in verschiedenen Schriften, Kreuzworträtsel aus Namen, um auf die Wichtigkeit einzelner Buchstaben aufmerksam zu machen.
☐ Als dritte elementar wichtige Erkenntnis gilt der *„Lautbezug der Schrift"*, eine für das Rechtschreiben unerlässliche Phase, denn hier entdeckt der Schreiber das Strukturprinzip unserer Schrift: kein Superchinesisch mit der Notwendigkeit, Wortbilder als Ganzes abzumalen, auch kein inhaltsorientiertes System, das für ähnliche Bedeutungen ähnliche Schriftbilder haben müsste, sondern eine lautorientierte Schrift, die für alle zur Bildung unserer Wörter nötigen Sprachlaute (Phoneme) konventionell zugeordnete Schriftzeichen (Grapheme) setzt. Die Schwierigkeiten, die Schulanfänger mit der Loslösung vom Wortinhalt beim Schreiben haben, sind erheblich. Aufzudecken durch Fragen wie: Welches Wort ist größer: „Kuh" oder „Piepvögelchen"? „Topf" oder „Töpfchen"? Warum kann man das Wort „groß" ganz klein und das Wort „klein" ganz groß schreiben? Weitere Hilfestellungen für die Erkenntnis des Lautbezugs sind etwa das Spiel mit Minimalwortpaaren („Oma/Opa", „Maus/Haus") oder Übungen der akustischen Analyse und Synthese.
☐ Erst die letzte der vier Einsichten gelte der *„orthographischen Eigenständigkeit der Schrift"*. Damit das Kind allmählich auf Besonderheiten der Laut-Schriftzeichen-Zuordnung aufmerksam wird, die von der 1:1-Zuordnung abweichen, sind vielfältige Anstöße nötig, Wörter mit gleichen orthographischen Besonderheiten zu entdecken, sie zu ordnen, zu besprechen, was schließlich zum Hauptanliegen des Rechtschreibunterrichts werden sollte.

Einblick in den jeweils erreichten Stand des Schreibers gewähren die **„Fehler"**, hier in Anführungszeichen, weil sie nur im Blick auf die normierte Endform so zu bezeichnen sind. Aus der Sicht des jungen Schreibers stellen sie jedoch Lernfortschritte dar, aus der Sicht des Lehrers und Pädagogen „Fenster in die Denkwelt von Lernern" (Brügelmann), also didaktische Signale des jeweils erreichten Lernstandes.

Auf die Tatsache, dass vor allem die Phase der lautorientierten Schreibung sehr „fehlerträchtig" ist, wurde bereits hingewiesen. Schreibungen wie „Hunt", „Fata", „Khlaus" – für Schreibkönner oft unverständlich – zeigen in Wirklichkeit eine perfekte Orientierung an der Lautung der Wörter, die wir als geübte Rechtschreiber kaum mehr registrieren, weil wir bei ausgeprägter schriftsprachlicher Orientierung zu hören glauben, was wir schreiben. Auch die Normabweichungen in der folgenden Phase, wenn rechtschriftliche Besonderheiten entdeckt und übergeneralisiert werden („Sofer" für „Sofa", nach dem Beispiel „Vater", „kahm" wegen des langen Vokals, „binn" wegen des kurzen Vokals), gehören eigentlich zu den **klugen Fehlern**, zeigen sie doch eine konsequente Anwendung der entdeckten Regelhaftigkeit.

Dass hier so ausführlich auf die **prozessorientierte Rechtschreibentwicklung** eingegangen wird, findet seine Berechtigung in der hohen Bedeutung dieser Einsichten in den Lernverlauf. Nicht nur im Hinblick auf die didaktische Forschung der letzten Jahre gehört diese neue Sicht der Rechtschreibentwicklung zu den wichtigen Erkenntnissen, auch die Konsequenzen für die Praxis sind von höchster pädagogischer Relevanz. Wird durch falsches Lehrerverhalten der Schriftspracherwerb des Kindes gebremst, etwa wenn der Lehrer kommentarlos Abweichungen von der rechtschriftlichen Norm als falsch anstreicht, bedeutet dies für den Lerner nicht nur Verwirrung für den Augenblick, sondern langfristig die Aufgabe eigener Denk- und Lösungsversuche und die Kapitulation vor den vermeintlich unlösbaren Problemen der Orthographie, eine Einstellung, die bei Erwachsenen heute durchaus verbreitet ist.

Mit den aufgezeigten Erkenntnissen sind weitere **Fragen** aufgetreten, deren endgültige Klärung noch aussteht, etwa: In welchem Verhältnis stehen eigenaktive Eroberung der Schriftsprache und gezielte Instruktionen im Lehrgang? Welche Anregungen benötigt der Lerner, um die jeweils höhere Entwicklungsstufe zu erreichen? Gibt es sprachfallspezifische Besonderheiten? Welchen Grad der Sprachbewusstheit kann und muss man Schülern (auch in Abhängigkeit vom Entwicklungsalter – nicht unbedingt identisch mit Lebensalter!) zumuten? Kommt man auch über unreflektierte Gewöhnung (Übung macht den Meister!) zur Rechtschreibsicherheit?

5.4 Einer weiteren Frage muss im Zusammenhang mit den Fehlern nachgegangen werden: Welche Rolle spielt der **Dialekt** im Zusammenhang mit dem Rechtschreiben? Vor allem in den 70er-Jahren wurde eine Reihe empirischer Untersuchungen über dialektbedingte Normverstöße vorgelegt (Ammon 1972, 1978, Besch 1975, Hasselberg 1976, Löffler 1972, Rein 1974, Reitmajer 1979). Als dialektbedingte Fehler gelten solche, „bei denen nur schwerlich eine andere Erklärungsmöglichkeit als der Dialekt herangezogen werden kann" (Böhm 1984, 123). Im Bairischen handelt es sich hier z. B. um die Entrundung der Umlaute: „Mirbteig" für „Mürbteig", um die fehlende oder zusätzliche Diphthongierung: „überhaps" für „überhaupt", „Doarna" für „Donau" oder um die Vertauschung von Tenues (p t k) und Mediä (b d g): „Beda" für „Peter". Solche Vergleiche zwischen Hochdeutsch und Dialekt sind in den kontrastiven Sprachheften zusammengestellt – für das Bairische z. B. von Zehetner (1977) (◊ *Kontrastive Verfahren*).

Neben den eindeutigen Dialektfehlern gibt es „möglicherweise dialektbedingte Fehler", „das sind solche Fehler, bei denen neben dem Dialekt noch andere Erklärungsmöglichkeiten bestehen" (Böhm 1984, 123), z. B. „bucken" statt „bücken" – durch dialektbedingten Verzicht auf Umlaute oder Vergessen der Ü-Punkte zu erklären, „Dreg" statt „Dreck" – dialektbedingte Dehnung oder Orientierung an der Lautung. Eine weitere Fehlergruppe könnte ebenfalls indirekt dialektbedingt sein: die überkorrekten Formen der um Hochdeutsch bemühten Dialektsprecher: „Franzhosen" statt „Franzosen", „Nachbaren" statt „Nachbarn".

So ist zu erklären, dass der Anteil der als dialektbedingt geltenden Fehler an den Gesamtfehlerzahlen zwar relativ gering ist (8–20% nach Besch/Löffler 1977), trotzdem fast alle Untersuchungen eine deutlich höhere absolute Fehlerzahl bei Dialektsprechern ermittelten als bei Hochdeutsch sprechenden Schülern, wobei vor allem die reinen Dialektsprecher betroffen waren.

Auf **Interferenzen** zwischen Mundart und Hochdeutsch sollten auch die Schreiber aufmerksam gemacht werden, sie sollten sich der dialektbedingten Fehlschreibungen durchaus bewusst werden, um diese Klippen umschiffen zu können. Dies darf allerdings kein Freibrief für vergleichende Übungen im Rechtschreiben sein. Ganz entschieden muss hier vor der Verwirrung gewarnt werden, die im Allgemeinen von kontrastiven Übungen ausgehen kann. Bereits zu Beginn unseres Jahrhunderts entdeckte der ungarische Professor Ranschburg die nach ihm benannte Ranschburgsche Lernhemmung, die dann eintritt, wenn ähnliche Lerninhalte in zeitlicher Nähe eingeprägt werden sollen. Trotzdem gibt es genügend Beispiele aus Übungsmaterialien, die etwa Wörter mit v und f oder besonders gern die gleich klingenden Wörter mit x, chs, ks, cks in der gleichen Lektion anbieten und somit das Einprägen behindern. Der „Erfolg" stellt sich dann oft in der Weise ein, dass früher problemlos richtig geschriebene Wörter wie *Fuchs* dem Schreiber Schwierigkeiten bereiten.

5.5 Vor dem Hintergrund dieser Probleme sind die unterschiedlichen **Praktiken** im Rechtschreibunterricht zu sehen.

5.5.1 So wird neben der **logischen** Komponente (übertrieben und missverstanden im Erarbeiten und Lernen von Regeln – sinnvoll eingesetzt im vielfältigen Ordnen, Vergleichen, Strukturieren von Wörtern, um Einsicht in die Regelhaftigkeit der Rechtschreibung zu vermitteln) vor allem die **visuelle** Seite betont, die Arbeit mit dem Schriftbild, in Anlehnung an die Erkenntnis, dass der Mensch als „Augentier" die meisten seiner Eindrücke über den optischen Kanal aufnimmt, die meisten Lerner zum sog. optischen Lerntyp gehören. Wissenschaftliche Absicherung suchte diese Art des Rechtschreiblernens in der Gestaltpsychologie, die uns auch für das Lesenlernen mit der sog. Ganzheitsmethode die Vorherrschaft der Ganzwörter bescherte (vgl. Brügelmann 1983). Die in vielen Lehrplänen übernommene **Idee des Grundwortschatzes** (↻ *Mit dem Grundwortschatz arbeiten*) scheint bei allen Vorteilen, die Grundwortschatzarbeit bietet, in diesem Geiste der Orientierung am Schriftbild des Wortes konzipiert zu sein und in der Praxis so gehandhabt zu werden. Dagegen darf nicht darauf verzichtet werden, bei der Arbeit an den Grundwörtern den Blick für die orthographischen Besonderheiten zu schärfen und somit die logische Komponente ins Spiel zu bringen.

Neben der visuellen sind die **auditive** und die **motorische** Ausrichtung des Rechtschreibens als verbreitete Unterrichtspraktiken zu erwähnen. Die Aufforderung, genau hinzuhören – als schlechter Rat in der Form „Schreibe, wie du sprichst!", dem Lerner fälschlich eine lauttreue Schreibung vortäuschend –, kann in manchen Fällen durchaus wichtig sein, z. B. bei der in unserer Orthographie so wesentlichen Unterscheidung zwischen kurzen und langen Vokalen. Die Einübung von Bewegungsschemata – beim Schreiben geläufiger Wörter mit dem Computer durchaus als Hilfe registrierbar, in der Schulpraxis der Grundschule als

Luftschreiben, Schreiben auf den Rücken des Vordermannes o. Ä. verbreitet – ist in ihrer Bedeutung für die Beherrschung von orthographisch richtigen Schreibabläufen noch zu wenig erforscht, als dass wir dieser Praxis zu stark das Wort reden sollten.

5.5.2 Eine wichtige Konsequenz aus den Erkenntnissen über die Rechtschreibentwicklung ist die Notwendigkeit der **Differenzierung**. Wenn weder die Ausgangssituation für alle Kinder eines Jahrgangs gleich ist – bei Schuleintritt muss man bei den nach Lebensjahren gleichaltrigen Schülern mit bis zu drei Jahren Unterschied im Entwicklungsalter rechnen – noch der Lernfortschritt im gleichen Tempo abläuft, wenn zusätzlich noch verschiedene Lerntypen zu unterscheiden sind, d. h. die unterschiedliche Art, wie gelernt wird, dann erscheint die Gleichschaltung einer Schulklasse durch ein einheitliches Lernangebot für alle Schüler nicht nur unpädagogisch, sondern ineffizient.

Dementsprechend werden in der didaktischen Literatur zum Rechtschreiben vielfältige Vorschläge für differenziertes Arbeiten angeboten:

5.5.3 Neben den bereits erwähnten Lernkanälen optisch, akustisch, motorisch und kognitiv können Differenzierungen der **Arbeitsformen** vorgenommen werden: abschreiben, aufschreiben, nach Diktat schreiben, mit den verschiedenen Formen des Diktats (◊ *Diktate schreiben*), vom Nachschreiben des geübten Textes zum Prüfungs- oder Testdiktat, das allerdings nicht als Übungsform misszuverstehen ist (◊ *Tests* im Rechtschreibunterricht einsetzen), Formen, die von Watzke/Strank (1984) als grundlegende Übungsformen bezeichnet werden und zu ergänzen seien durch „spezielle Kurzübungen", worunter sie z. B. Lückentexte, Zusammensetz- und Ableitungsübungen verstehen. Als weitere Gruppe sollen hier die zahlreichen Spielformen genannt werden, die als reine Schreibspiele oder mit Spielmaterial in verschiedenen Sozialformen durchführbar sind (◊ *Lernspiele im Deutschunterricht*).

Auch diese Sozialformendifferenzierung ist hier zu erwähnen: Alleinarbeit, Partner- oder Patenarbeit, wenn jeweils ein Partner bewusst als Helfer gedacht ist, Gruppenarbeit, unterscheidbar nach leistungshomogener oder -heterogener Einteilung.

Als Synopse von Lern- und Übungsformen fassen Watzke/Strank (1984) folgende Variationen zusammen:

Grundlegende Übungsformen	Differenzierende Übungsformen	Spezielle Kurzübungen	Spielformen
das Abschreiben	die Alleinarbeit	Lückentexte	Ratespiele
das Aufschreiben	die Patenhilfe	Übungsreihen	Reimen
das Nachschreiben	die Partnerarbeit	Zusammen-	Unsinntexte
tägl. Kurzdiktat	die Leistungsgruppe	setzübungen	Legespiele
Übungsdiktat		Übersichtstabellen	Wettspiele
Prüfungsdiktat		Ableitungsübungen	
Testdiktat		Hausaufgaben	

Abb. 15: Synopse von Lern- und Übungsformen des Rechtschreibens (Watzke/Strank 1984)

Daneben sind die Bereiche der Sprache differenziert anzubieten: Arbeit am Laut, am Wort und Arbeit am Text oder wie Messelken (1974) vorschlägt: Übungsformen in den Bereichen orthographisch, lexikalisch formal, lexikalisch inhaltlich, kontextual:

Bereich	ohne optische Hilfe	mit optischer Hilfe
Laute	z. B. verdrehte Wörter	z. B. Buchstabensalat
Wörter: formal	Reimwörter	Wortkommode
inhaltlich	Gegensatzpaare	Steckbrief
Text	Geschichte mit Wortumstellung	Geschichte mit Bildern

Abb. 16: Übungsformen für die Bereiche der Sprache (nach Messelken 1974)

5.5.4 Die Kontroverse, ob Rechtschreiben immer am **Text** oder auch am **Einzelwort** zu üben sei, kommt hier ins Blickfeld. Bedenkt man, dass nur etwa ein Drittel aller Fehler satzabhängig ist (z. B. Großschreibung, Getrennt- oder Zusammenschreibung), erlangt doch auch die Einzelwortübung ihre Bedeutung, die einen effektiveren Phänomenbezug ermöglicht und die Probleme der unnatürlichen Häufung von Rechtschreibfällen in Texten genauso vermeidet wie die Ablenkung durch den Inhalt des Textes, der für Kinder natürlicherweise wichtiger ist als der betreffende Rechtschreibfall. Dies darf allerdings nicht missverstanden werden als Freibrief für den Verzicht auf inhaltliche Klärung der Übungswörter. Zum anderen ist auch die Auswahl der Einzelwörter unter dem Inhaltsaspekt zu treffen, denn die subjektive Bedeutsamkeit der Wörter beeinflusst die Rechtschreibleistung erheblich (vgl. May 1994, Richter 1996).

Eine andere Einteilung der Übungsmöglichkeiten nehmen Triebel/Maday (1991) in ihrem „Handbuch der Rechtschreibübungen" vor:

1. Buchstaben- und Lauttraining, z. B. Handzeichen als Gedächtnishilfen, aus Anlauten Wörter machen, Alphabetübungen für den Gebrauch von Nachschlagewerken
2. Akustisches und visuelles Analysetraining, z. B. Stellung eines Lautes im Wort, Wörter in Silben zerlegen
3. Akustisches und visuelles Synthesetraining, z. B. Synthetisieren zum vorgegebenen Bild, Streichen oder Auswechseln eines Buchstabens, Rückwärtslesen
4. Akustisches und visuelles Differenzierungstraining, z. B. Unterscheiden kurzer und langer Vokale, Ausgliedern von Morphemen, Fehler erkennen
5. Wortbild- und Wortstrukturtraining, z. B. Arbeit mit Reimwörtern, Übungen mit Wortfamilien, Schlangensätze zerlegen
6. Analogietraining, z. B. mit Signalgruppen Wörter bilden, Übungen mit Diminutiv- und Flexionsformen
7. Regeltraining, z. B. Ableitungen, in Fremdwörtern gibt es kein ck, Doppel-ä gibt es nicht, ein Maler malt.

Abb. 17: Übungsmöglichkeiten im Rechtschreibunterricht (nach Triebel/Maday 1991)

5.5.5 Weitere Differenzierungsmöglichkeiten ergeben sich im Blick auf die orthographischen Sachverhalte. Dass Lerner an jenen Sprachfällen arbeiten sollten, die ihnen Schwierigkeiten machen, erscheint so selbstverständlich, dass die geringe Verbreitung dieser Differenzierungsform in der Praxis zur Verwunderung Anlass gibt. Verständlich ist das Defizit eventuell, wenn man an die nötigen Vorarbeiten denkt. Die **Ermittlung der individuellen Rechtschreibschwächen** ist organisatorisch nicht einfach. Möglich wäre die Erhebung durch diagnostische ◊ *Tests* oder durch eigenständige Buchführung der Schüler, die ihre Fehler auf sog. Rechtschreibkarteien sammeln.

5.5.6 Im Anschluss an die Arbeit mit der Rechtschreibkartei sei noch eine Form der Differenzierung genannt: die variable **Fehlerkorrektur**. Der Lehrer kann durch unterschiedliche Korrekturzeichen und Hilfen auf die Fähigkeiten des Schülers eingehen, der Schüler kann Richtigstellung und Einübung auf unterschiedliche Weise vornehmen (◊ *Fehler berichtigen*).

5.6 Mit dem Hinweis auf die Rechtschreibkartei und der Erwähnung der Spielmaterialien wurde bereits ein weiterer für den Rechtschreibunterricht wichtiger Bereich angesprochen: die Medien oder **Arbeitsmittel** (◊ Teil I,6.5 *Arbeit mit Medien im Deutschunterricht*). Sie sind zunächst ebenfalls unter dem Gesichtspunkt der Differenzierung zu sehen. Buchstaben aus unterschiedlichen Materialien, Druckkästen oder die Druckerei, Schreibmaschinen oder einfache Wortkarten, Textstreifen und Streichholzschachteln oder Dosen zu ihrer Aufbewahrung, gekaufte oder selbst gebastelte Rechtschreibspiele füllen die Spielecken und Fensterbretter unserer Anfängerklassen. Ohne solche Arbeitshilfen und die vielen weiteren Arbeits- und Übungshefte wäre eine differenzierte Arbeit nur schwer vorstellbar, der Umgang mit Rechtschreibproblemen im offenen Unterricht wäre vollends unmöglich. Aus höheren Jahrgängen sollte als wichtiges Medium wenigstens der Kassettenrekorder genannt werden, der es erlaubt, dass Schüler sich unabhängig vom Lehrer etwas diktieren lassen, dass vor allem Schüler, die – aus welchen Gründen auch immer – das Tempo der übrigen Klasse beim Schreiben nicht einhalten können, dadurch keine Nachteile erleiden müssen, sondern nach eigenem Arbeitstempo und mit beliebigen Wiederholungen einen Text „vom Band" abschreiben können und sich somit Erfolgsgefühle verschaffen. Ein Arbeitsmittel für das Rechtschreiben ist nicht zu vergessen: das Wörterbuch (◊ *Wörterbücher benutzen*). Es sollte in altersgemäßen Ausgaben vom Anfang des Rechtschreibunterrichts an den Schreiber begleiten, der Umgang damit sollte – sobald das Alphabet in seiner Reihenfolge erfasst ist – zur Selbstverständlichkeit werden.

5.7 Damit ist ein wichtiges **Ziel** des schulischen Rechtschreibunterrichts angesprochen, das Menzel (1985) „Rechtschreibermittlung" nennt, die Fähigkeit, bei Unsicherheit selbstständig mithilfe des Wörterbuches die richtige Schreibung zu ermitteln. Diesem Ziel stellt Menzel drei weitere an die Seite: Rechtschreibkönnen, Rechtschreibdenken und Rechtschreibmotivation (-verantwortung). Unter Rechtschreibkönnen versteht er die automatisierte Beherrschung geläufiger Wortformen, ohne nachdenken zu müssen. Rechtschreibdenken sei dann gefragt, wenn weniger geläufige Wortformen geschrieben werden müssen. Hier muss Wissen über orthographische Besonderheiten der Rechtschreibung bereitstehen, das zur Entscheidung über die richtige Schreibweise führt, aber auch ein Repertoire von Techniken, wie dieses Wissen zu aktivieren ist bzw. wie Transferprozesse in Gang zu setzen sind (z. B. Verlängern von Wörtern bei Unsicherheit über den Endlaut). Bei der Arbeit mit älteren Schülern kann bei diesem Teilziel das Bewusstmachen möglicher Fehlerquellen (verbunden mit einem Überblick über Fehlerarten) angestrebt werden. Die Rechtschreibmotivation und -verantwortung schließlich meint zum einen den Willen des Schreibers, dem Leser zuliebe richtig und damit verständlich zu schreiben, zum anderen ist hiermit ein erneuter Appell an die Lehrenden verbunden, die Schreibmotivation zu erhalten und nicht durch rigide Korrekturen zu beeinträchtigen.   [D. M.]

6. Integrativer Deutschunterricht

Deutschunterricht lässt sich nur unzulänglich charakterisieren, wenn man sich auf die Darstellung der klassischen Lernbereiche beschränkt, die in den fünf vorstehenden Kapiteln abgehandelt wurden. Spätestens seit Beginn der 70er-Jahre, als **Kommunikation** zum Schlüsselbegriff des Deutschunterrichts proklamiert wurde (Lehrziel: Kommunikation! forderte Schlotthaus 1971), kam immer wieder Kritik an der Fächerung des Deutschunterrichts auf, dem integrativen Deutschunterricht wurde das Wort geredet. Vorbereitung auf Kommunikationssituationen, was etwa Behr u. a. 1972 vom Deutschunterricht verlangten, galt nur als praktizierbar, wenn auch im Unterricht ganzheitliche Situationen angeboten werden, die eine Verschränkung aller Umgangsformen mit Sprache und Texten nötig machen. Eine Lernbereichsgliederung erschwere diese kommunikative Ausrichtung des Unterrichts erheblich. Auch Lehrpläne, die in der Regel die Ziele des Deutschunterrichts – einer Fachsystematik folgend – nach Arbeitsfeldern gegliedert auflisten, enthalten in ihren vorgeschalteten Ausführungen Hinweise auf Möglichkeiten der **Verzahnung** einzelner Aufgaben. So wird etwa auf die enge Verbindung von mündlichem und schriftlichem Sprachgebrauch verwiesen, auf die Zusammenhänge von Rechtschreiben und Sprachbetrachtung unter dem Aspekt sprachlicher Normen, auf die Verknüpfung von Textanalyse im Literaturunterricht und Textproduktion im schriftlichen Sprachgebrauch. Auch die dienende Funktion der Sprachbetrachtung für das Schreiben von Texten wird beschworen, was den Eigenwert dieses Lernbereichs zu Unrecht infrage zu stellen geeignet ist. Die Subsumierung des Lernbereichs Rechtschreiben unter die Zielsetzungen der Textproduktion ist ebenfalls zu registrieren. Einige Lehrpläne begnügen sich nicht mit integrativen Hinweisen im Vorspann, sie fassen manche Lernbereiche unter neuem Namen zusammen.

Die Betonung gemeinsamer Berührungspunkte einzelner Lernbereiche ist nur eine Möglichkeit, sie kann darüber hinaus einen Schritt auf dem Weg zur totalen Auflösung lehrgangsorientierten Denkens darstellen, wie es etwa im **Projektunterricht** der Fall ist. In diesem 6. Kapitel wollen wir daher die lernbereichsorientierten Ausführungen der ersten fünf Kapitel komplettieren, indem wir Möglichkeiten und Formen lernbereichsübergreifenden Arbeitens aufzeigen.

Neben der genannten extremen Form der Lernbereichsablösung im Projektunterricht soll dabei auf den **handlungsorientierten Deutschunterricht** eingegangen werden, weil hier eine gute Verbindung von schulischem und außerschulischem Lernen zu erhoffen ist. Situiertes Lernen in authentischen Situationen verspricht am ehesten einen Transfer auf außerschulische Bereiche. Solche Situationen aber lassen sich nicht auf isolierte Umgangsformen mit Sprache beschränken, wie sie im schulischen Lehrgang eines Lernbereichs geübt werden.

Die **außerschulischen Lernräume** sollen sodann thematisiert werden, um zu zeigen, welche Möglichkeiten genutzt werden können, Wissenserwerb und Kompetenzerweiterung vor Ort – jenseits jeder Fachsystematik – zu initiieren.

Die beiden folgenden Abschnitte stellen mit dem **Spiel** und der Arbeit mit **Medien** methodische Aspekte in den Mittelpunkt, die ebenfalls eine Akzentverschiebung von der Lernbereichsgliederung hin zu übergeordneten, die Lernbereiche verbindenden Gesichtspunkten beinhalten. Wie das Spiel nicht nur in allen Aufgabenfeldern zu seinem Recht kommen sollte, sondern als eine ganzheitliche Lebensform des Kindes sich der Isolierung einzelner Aktivitäten im Umgang mit der Sprache widersetzt, so wird auch der Umgang mit Medien die Differenzierung nach Lernbereichen vermissen lassen, soweit es sich um Medien in der Hand der Schüler handelt, nicht um den gezielten Einsatz der Medien als Lehrmittel in der Hand des Lehrers.

Schließlich soll – im Blick auf die aktuelle Situation in den Schulen – auf Probleme und Möglichkeiten des **Zweitspracherwerbs** im Fach Deutsch eingegangen werden, wo die Gefahr der systematischen Unterweisung entsprechend einzelner isolierbarer Lernbereichsanliegen ebenso groß ist wie die Notwendigkeit, in einem ganzheitlichen, ungegliederten Deutschunterricht die Lernbereichssystematik zu überwinden.

6.1 Projektunterricht – projektorientierter Deutschunterricht

Alles hat seinen Preis, auch der Projektunterricht! Er heißt „Stuttgarter Preis 1990" und wurde für einen Wettbewerb zum Thema „Projekte im Deutschunterricht" vom Klett-Verlag ausgeschrieben. Dabei gab es 81 Einsendungen (Fritzsche, in: Fritzsche u. a. 1992, 4 ff.). Die meisten Einsendungen kamen von Gymnasien, davon waren über die Hälfte aus der Oberstufe. Auffallend hoch war auch die Beteiligung aus den neuen Bundesländern. Von den Lernbereichen dominierte die Literatur (26), gefolgt vom Schreiben (17, davon alleine 12 zum Kreativen Schreiben). Über Medien gab es sieben und über Sprache drei Projekte.

6.1.1 „Projekte sind Unterrichtseinheiten, in denen praxisrelevante sprachliche/literarische Probleme aktiv und kooperativ mit Hilfe wissenschaftlicher Erkenntnisse von einer Lerngruppe gelöst werden, so daß mit Kenntnissen zugleich Problemlösungsmethoden erworben werden", so definiert Müller-Michaels (1980, 181) den Projektunterricht im Deutschunterricht. Ganz allgemein ist nach Nündel (1979, 336) für den Projektunterricht die **Selbstbestimmung** aller am Projekt Beteiligten das wichtigste Merkmal, im Gegensatz zur Fremdbestimmung durch den Lehrplan. Demzufolge steht am Beginn eines Projekts die **Bedürfnisermittlung**. Man unterscheidet zwischen einem „reinen Projekt", bei dem die Vorschläge („Bedürfnisse") vor allem von den Schülern kommen, und einem „gelenkten Projekt", bei dem vor allem die Lehrkraft Vorschläge unterbreitet. Insgesamt gilt, was von den Einsendern beim „Stuttgarter Preis 1990" hervorgehoben und von Ivo (in Fritzsche u. a.1992, 120) resümiert wurde: „Projekte sind im Schulalltag etwas Besonderes, Herausgehobenes." Ivo (a. a. O., 120 ff. zu den Merkmalen) nennt es die Ereignishaftigkeit des Projektunterrichts.

1.1 Nach Nündel (1979, 336) läuft ein Projekt nach bestimmten **Phasen** ab, die sich nach Kopfermann/Siegle (in: Fritzsche u. a. 1992, 96 f.) erweitern lassen (vgl. Abschn. 6.1.6 mit einem konkreten Beispiel):

Bedürfnis- und Interessenermittlung	Zielentscheidung	Planung (Timing/Produkt)	Durchführung (Materialsammlung, -aufbereitung, Produktion, Präsentation)	Reflexion und Entscheidung über das Ergebnis/Ausblick auf Neues

Abb. 18: Projektphasen

Nach der Bestimmung des Themas wird von **allen Beteiligten** die Durchführung geplant. Dabei gehört es zu den Zielen, dass die Schüler lernen, *wie* man ein Unternehmen plant und anpackt. Ivo (in: Fritzsche u. a. 1992, 122) hebt auch das Lernen als Prozess als ein Merkmal des Projekts (*Prozesshaftigkeit*) hervor. Im Zusammenhang mit dieser Art des handlungsorientierten Deutschunterrichts weisen auch Kopfermann/Siegle (ebd.) auf die Bedeutung der „Öffnung des Projekts ... zu jeder Art von Öffentlichkeit" hin. Der Gesichtspunkt der *Repräsentativität* wird auch von Ivo (ebd.) betont, der in seinem Resümee über die eingereichten Projektberichte beim oben genannten Wettbewerb auch auf die Resonanz solcher Unternehmungen in der lokalen und regionalen Presse hinweist. Die Ausrichtung auf ein Ergebnis und die Prozesshaftigkeit bedingen, dass immer wieder Lernprozess und Lernergebnisse festgehalten werden (Ivo, ebd.: *Fixieren*). Deshalb spielt auch die Reflexionsphase am Schluss eine große Rolle, in der die Beteiligten darüber reflektieren, was gut gelaufen ist und was nicht und welche Gründe dafür maßgeblich sind.

1.2 Die Durchführung soll kooperativ erfolgen. Deshalb ist **Gruppenarbeit** nötig, d. h., auch die Fähigkeit zur Teamarbeit wird gefördert (soziales Lernen). Die Schüler erfahren aber auch die Zusammenarbeit von Lehrenden und Lernenden, die ebenso wie die Ausrichtung auf ein Thema, das fächerübergreifend von verschiedenen Seiten her beleuchtet wird, nach Ivo (ebd.) zu einer *Integrativität* führt. Insgesamt handelt es sich nach Gudjons (1992, 68ff.) um folgende **Merkmale:** Situationsbezug; Orientierung an den Interessen der Beteiligten; gesellschaftliche Praxisrelevanz; zielgerichtete Projektplanung; Selbstorganisation und Selbstverantwortung; Einbeziehen vieler Sinne; soziales Lernen; Produktorientierung; Interdisziplinarität.

6.1.2 Gegenüber dem „herkömmlichen", an Lehrgang oder Fachsystematik gebundenen Fachunterricht unterscheidet sich der Projektunterricht durch die Ausrichtung auf **ein Thema.** Er ist immer integrativ, d. h., dass Lernziele aus verschiedenen Lernbereichen des Deutschunterrichts „gebündelt" vorkommen. Zu bemerken ist, dass auch im lehrgangsbezogenen Unterricht integrative Verfahren angewandt werden können. Der von Ulshöfer (1971) propagierte *kooperative Deutschunterricht* sieht von Schülern und Lehrern eine kooperative Planung vor, die Zielentscheidung bleibt jedoch in der Hand der Lehrkräfte.
Eine **Variante** ist weiterhin der *projektorientierte Deutschunterricht* (lernbereichsübergreifend anstelle fächerübergreifend). Es handelt sich dabei um eine Lösung, die Problemen bei der Durchführung eines „reinen" Projektunterrichts entgegensteuern soll (z. B. technische Schwierigkeiten bei der Zusammenarbeit infolge eines fachgebundenen Unterrichts).

6.1.3 Interessant ist die **historische Entwicklung.** Dazu schreibt Knoll (1988, 501): „Die Projektmethode gehört zu den Standardmethoden des Unterrichts. Dennoch wissen wir erstaunlich wenig über ihre Geschichte. Bekannt ist, daß sie aus den Vereinigten Staaten kommt." Wie der Autor nachgewiesen hat, liegen die Wurzeln in **Frankreich,** wo im 18. Jahrhundert Studenten der Académie Royale d'Architecture in sog. „projets" Pläne „kooperativ, originell und selbständig" durchführen mussten (Knoll 1988 und 1991; vgl. auch Gudjons 1992, 61). Durch die Bauakademien und Technischen Hochschulen kam die Projektidee über Deutschland nach den **USA.** In der amerikanischen Pädagogik entwickelten sich zum Projektbegriff zwei Richtungen: die sozialkonservativ-technologische und die reformerisch-politische (Gudjons ebd.). Letztere wurde in Sonderheit von John Dewey (1859–1952) vertreten, der als Vater der **demokratisch** ausgerichteten Projektidee gilt. Diese wurde 1935 von dem Jenenser Pädagogen Peter Petersen (1884–1952) in der Reihe „Pädagogik des Auslands" in Deutschland veröffentlicht. So konnte man hier von Deweys Schüler William Heard Kilpatrick (1871–1965) folgende Sätze lesen (1935, 178):

„Die Grenzen des Gegenstandes verbieten eine Erörterung anderer wichtiger Seiten des Themas... Wir können auch nicht erwägen, was dieser Typ des Verfahrens für die Demokratie bedeutet, indem er uns bessere Bürger liefert, umsichtig, fähig zum Denken und Handeln, zu vernünftig kritisch, um entweder von Politikern oder von Patentmedizinen leicht getäuscht zu werden, auf sich selbst vertrauend, bereit zur Anpassung an die neuen sozialen Bedingungen, die bevorstehen."

Die Projektidee fand Eingang in die **Reformpädagogik**, wobei z. T. auch parallele Gedanken entwickelt worden waren (Chott 1990, 26 ff.). In der **Deutschdidaktik** wurde in den Siebzigerjahren der Projektgedanke besonders von den Lüneburger Deutschdidaktikern aufgegriffen und fortentwickelt (◊Teil I,6.2 *Handlungs- oder produktionsorientierter Deutschunterricht*). Projekt- bzw. projektorientierter Unterricht ist inzwischen in die **Lehrpläne** aufgenommen worden. So findet sich schon im Lehrplan für die bayerische Hauptschule (1985) folgender Satz:

„Fachliche und überfachliche Projekte fordern das Engagement der Schüler heraus und ermöglichen besondere Lernerfahrungen. Sie stellen aber hohe Anforderungen an den Lehrer, wenn das Ergebnis den Aufwand rechtfertigen soll" (Leitgedanken, Abschn. 3.6).

6.1.4 Der Projektunterricht richtet sich an die **Eigeninitiative** der Schüler. Durch die Eigeninteressen wird die Motivation erhöht. Weitere Vorteile sind die **Aktualität** der Themen und deren Herkunft aus dem Erfahrungsbereich der Schüler. Im Einzelnen können folgende Gründe angeführt werden:

- *fachliches Lernen:* Durch das fächerübergreifende Prinzip wird das ganzheitliche Lernen gefördert. Dadurch wird die **Effektivität** gesteigert. Auch Kopfermann/Siegle (ebd.) zeigen, wie manuelles und kognitives Tun zusammenkommen können.
- *soziales Lernen:* Bei den Schülern werden demokratisches Verhalten und Toleranz eingeübt. Die Schüler lernen, sich gegenseitig zu akzeptieren und in der **Teamarbeit** ihre Kooperationsfähigkeit einzuüben. Lernen kann ohne Notendruck erfolgen.
- *organisatorische Fähigkeiten:* Die Schüler müssen selbst Verantwortung übernehmen. Sie können die Aufgaben entsprechend ihren Fähigkeiten verteilen, die infolge höherer Motivation voll zum Tragen kommen. Auch „schwächere" Schüler fühlen sich angesprochen. Planungskompetenz und organisatorische Flexibilität gehören mit zu den Lernzielen (Einübung von Problemlösungsmethoden). Ebenso werden die Schüler zur kritischen Reflexion angehalten, sodass *learning by doing* und *learning by reflecting* miteinander verbunden sind.
- *Produktorientierung:* Projekte sollen in der Regel zu einem „vorzeigbaren **Ergebnis**" führen (z. B. ein Elternabend, eine Theateraufführung oder eine Ausstellung). Das setzt voraus, dass durch die gegebenen Möglichkeiten (technische Ausstattung usw.) Projekte durchführbar sein müssen.

Es gibt aber auch **Einwände** und **Grenzen**. Fächerübergreifende Projekte sind infolge der Beteiligung mehrerer Lehrkräfte und durch stunden- und schulübergreifende Maßnahmen organisatorisch sehr aufwendig (was kein Hinderungsgrund sein sollte). Ein systematischer Unterricht ist so gut wie nicht möglich, da der Verlauf des Projektes nicht von der Lehrkraft vorgeplant werden kann. Auch bei gemeinsamer Planung kann durch unvorhergesehene Abläufe eine Änderung des Planes notwendig werden (was umgekehrt die Chance auf flexibles Reagieren bietet). Eine **Leistungserhebung** bei den einzelnen Schülern ist nicht möglich (zum Problemkreis: Fenkart 1994). „Schwächere" Schüler könnten versuchen, sich bestimmten Arbeiten zu entziehen. Schließlich könnte sich der **„Erfolgsdruck"** bei der Produktorientierung negativ auswirken (was umgekehrt aber auch die Motivation erhöhen kann).
Von Müller-Michaels (1980, 196) wird u. a. noch eingewandt: „Es geht sicher nicht an, den gesamten Deutschunterricht an artikulierten Bedürfnissen der Schüler auszurichten." Ein weiterer Einwand richtet sich „gegen die notwendige Beliebigkeit der Inhalte des Unterrichts" (Müller-Michaels 1980, 197). Dadurch werde z. B. im Deutschunterricht der Diskussionsstand über Kanonfragen „allzu leichtfertig wieder aufs Spiel gesetzt und einem Aller-

weltsunterricht, in dem es keine spezifischen Gegenstände für den Deutschunterricht mehr gibt, geopfert" (ebd.). Insgesamt wird dafür plädiert, den „systemorientierten Ansatz des Unterrichts (Wissenschaftssystematik, Lernbereichsgliederung, Wissens- und Handlungsbereiche) durch den problemorientierten (fächer- und lernbereichsübergreifende Fragestellungen und Lösungsmethoden) zu ergänzen" (Müller-Michaels 1980, 200). Sehr positiv hingegen stimmen die Berichte über die eingeschickten Projekte bei Fritzsche u. a. (1992).

6.1.5 Im Allgemeinen werden verschiedene **Arten** des Projektes unterschieden:

- *Veränderungsprojekte:* Das „Endprodukt" des Projektes ist das Ziel, „als unzulänglich empfundene Verhältnisse zu verändern bzw. einen für befriedigend gehaltenen Zustand zu verteidigen" (Müller-Michaels 1980, 187). So hat z. B. bei einer Projektwoche eine Grundschule in Regensburg die Umgebung der Schule erforscht und dabei den angrenzenden Spielplatz untersucht. Dabei stellten sich einige Unzulänglichkeiten heraus. Die Schüler schrieben einen Brief an das Stadtjugendamt und dokumentierten mit Fotos ihre Änderungsvorschläge.
- *Forschungsprojekte:* Als Prototyp solcher Projekte kann **„Jugend forscht"** angeführt werden. Auch für den Deutschunterricht lassen sich zusammen mit dem Geschichts- und Sozialkundeunterricht z. B. die Straßennamen eines Orts erforschen (Fuchshuber 1983).
- *Kontakt- und Unterhaltungsprojekte:* Als Themen nennt Müller-Michaels (ebd.): Feiern, Schulaufführungen, Klassenfahrten (dazu auch Rose 1997), Schul- und Klassenzeitungen.

Um gewisse Nachteile des „reinen" (und damit sehr ideal gedachten) Projektunterrichts praktikabel zu machen, sind **Varianten** entstanden. Hierher gehören zum Beispiel:

- *Projektwoche:* Sie ist dadurch charakterisiert, daß die zeitliche Beschränkung limitiert ist. Mitunter kann auch eine ganze Schule daran beteiligt sein, sodass die organisatorischen Belastungen gleich verteilt werden.
- *Projekttage:* Für die in der Regel zwei bis drei Tage dauernde Variante soll ein Beispiel stehen: In Ulm wurden 1995 Projekttage im Rahmen der **Berufsberatung** für eine 12. Klasse zur Erleichterung der Berufswahl durchgeführt. Zwei Tage waren der Theorie über Ausbildung, Studium und Beruf gewidmet, dann ging es einen Tag in die Praxis. Die Schüler konnten sich „vor Ort" in den von ihnen gewählten Ausbildungsplätzen (z. B. Reisebüro, Rechtsanwaltskanzlei, Neurologen-Praxis) informieren (abi Berufswahl-Magazin 10/95, 12).

Projekttage werden auch als **Studientage**, meist in den **höheren** Jahrgangsstufen des Gymnasiums, durchgeführt. Als Beispiel kann die Behandlung des *Barock* genannt werden, bei der das Thema von verschiedenen Fächern (Geschichte, Sozialkunde, Kunst, Musik, Deutsch) beleuchtet wird. Dabei stehen Schüleraktivitäten im Vordergrund, auch die Einbeziehung außerschulischer Lernorte (Besichtigung einer Barockkirche oder Besuch eines Konzerts) ist möglich.

6.1.6 Als ein groß angelegtes Projekt soll die **„Zeitung in der Schule (ZiS)"** genannt werden. Es wird zusammen vom Bundesverband deutscher Zeitungsverleger und dem Aachener Institut zur Objektivierung von Lern- und Prüfungsverfahren (IZOP) und mithilfe von Sponsoren durchgeführt (↻*Reportagen verfassen*). Die didaktische Relevanz des Themas steht außer Frage, ist doch die Zeitung als aktuelles, öffentliches und vielseitiges **Medium** auch heute trotz der Medienvielfalt von großer Bedeutung. Die Notwendigkeit der Presse als Instrument der Meinungsbildung („Vierte Gewalt") kann **in allen Schularten**

damit verdeutlicht werden. Leseförderung und Nutzung des Medium sind dabei wichtige **Lernziele**. Für die Durchführung des Projektes werden von regionalen und überregionalen Zeitungen ganze **Klassensätze** von Zeitungsexemplaren zur Verfügung gestellt. Vielfach können die Schüler selber Reporter „spielen" und eigene Texte schreiben, die auf **Sonderseiten** (z. B. in der SZ oder FAZ) publiziert werden. Exemplarisch lassen sich die einzelnen **Ablaufphasen** und **Lernprozesse** vereinfacht darstellen:

- *Bedürfnisermittlung:* Die Beteiligung ist **freiwillig**. Die Schüler entscheiden zusammen mit der Lehrkraft, ob sie sich am Projekt beteiligen. Die Schüler lernen, dass Entscheidungen vorbereitet und begründet werden müssen.
- *Zielentscheidung:* Bei einer gemeinsamen **Zielabsprache** können etwa folgende Ziele herausgestellt werden: Was ist eine Tageszeitung? Wie entsteht eine Tageszeitung? Wie lese ich eine Tageszeitung? Wie bereitet man das Schreiben von eigenen Texten vor, wie werden sie geschrieben (z. B. ◊ *Überarbeiten eigener Texte*)? Die Schüler lernen auch, Zielfragen zu formulieren.
- *Planung:* In dieser Phase werden **organisatorische Fragen** besprochen. Es wird geklärt, wie der zeitliche Ablauf erfolgt, wie Gruppenarbeit organisiert und koordiniert werden kann, um zu einer Beantwortung der Zielfragen zu gelangen. Die Schüler lernen, wie man die Planung festschreibt (z. B. Netzplan) und wie man sie revidiert.
- *Durchführung:* In diesem Abschnitt werden z. B. **intern** (Analyse der Zeitung im Hinblick auf Aufbau und Inhalt) und **extern** (Besuch eines Zeitungsverlages mit Redaktion und Druckerei, wobei auch andere ◊ *Orte moderner Medien* besucht werden können) die Fragen geklärt. Von den Schülern kann auch eine eigene Klassen- oder Schulzeitung erstellt werden oder in der Tageszeitung publiziert werden.
- *Reflexion:* Das Ergebnis wird besprochen, Schwierigkeiten werden analysiert und der Erfolg wird beurteilt.

6.1.7 Im Folgenden sollen noch einige methodische Hinweise zur **Planung** und **Durchführung** gegeben werden.

- Achten Sie bei der **Themenwahl**
  - auf Schülerinteressen und -bedürfnisse (Sammeln Sie dazu Material, notieren Sie Beobachtungen, führen Sie Befragungen durch!)
  - auf die geplante Projektart (Veränderungsprojekt, Orientierungs- bzw. Forschungsprojekt, Kontakt- bzw. Unterhaltungsprojekt)
  - auf ein überschaubares Thema (Eine im Projektunterricht ungeübte Klasse kommt so eher zu Erfolgen.)
  - auf Zusammenarbeit mit den Schülern. (Die Entscheidung über das zu wählende Thema soll argumentativ getroffen werden.)
- Fragen Sie sich bei **Ihrer Planung**,
- welche Form des Sozialverhaltens in der Klasse vorherrscht,
- welche Arten des Arbeitsverhaltens und welche Lernformen in der Klasse bekannt sind,
- welche Fähigkeiten die Schüler zu rezeptivem, aktivem und reflektierendem Sprachhandeln mitbringen,
- wo Sie weitere Fähigkeiten einüben müssen,
- in welcher Weise mögliche Ziele den Inhaltsaspekt und den Beziehungsaspekt berücksichtigen lassen,
- wie schnell die Ziele erreichbar sind,
- ob Sie genügend Planungsfreiheit gelassen haben,
- ob Sie außerschulische Aktivitäten der Schüler wegen der Versicherungspflicht als schulischen Auftrag erklärt haben,

ob Sie Material zum gewählten Thema vorbereitet haben, das für Schüler nur schwer zu beschaffen oder in unzubereiteter Form nicht auszuwerten ist (Adressen, Arbeitsmittel, Texte, mediales Material u.a.).
- ☐ Berücksichtigen Sie bei der **Planung mit der Klasse**,
  - dass ein gemeinsames, variables Konzept unter Beteiligung möglichst vieler Schüler erarbeitet werden soll,
  - dass Sie eigene Erfahrungsphasen der Schüler oft zulassen (Achten Sie aber darauf, dass nicht alle erfolglos verlaufen!),
  - dass die Informationen gemeinsam beschafft werden (Ihr vorbereitetes Material sollte nicht sofort eingebracht werden. Auch diene es nur als Anregung!),
  - dass am Ende der Planungsphase ein Arbeits- und Zeitplan erarbeitet werden soll (Anschlagbrett),
  - dass Möglichkeiten für Veränderungen (des ganzen Vorhabens, von Teilen) bleiben.
- ☐ Überlegen Sie während der **Durchführung**,
  - wie die Anweisungen zur Informationsauswertung möglichst gemeinsam zu erstellen sind,
  - ob Übungsphasen für bestimmte Fertigkeiten und Fähigkeiten zwischengeschaltet werden müssen (Achten Sie aber darauf, dass Sie sich nicht völlig vom Projektthema entfernen!),
  - wie gesammelte Erkenntnisse und Erfahrungen möglichst gemeinsam je nach Art des Projekts anzuwenden sind.
- ☐ Geben Sie für eine abschließende **Reflexion** Hilfestellung mit folgenden Fragen:
  - Wurden die Ziele erreicht (alle, einige, welche, welche nicht)?
  - Welche Gründe kann man dafür angeben? (Wahl des Themas, der Arbeitsformen, die Materialbeschaffung, den Zeitaufwand, das Verhalten der beteiligten Personen).

[G. K.]

6.2 Handlungs- und Produktionsorientierung

6.2.1 In **Abgrenzung** zu den mindestens seit zwanzig Jahren zu registrierenden Versuchen, Handeln zum Zentralbegriff des Deutschunterrichts zu machen („Handlungsfeld Deutschunterricht", Ivo 1975), „Kommunikation" durch „sprachliches Handeln" zu ersetzen – getragen von der elementaren didaktischen Überzeugung, sprechend etwas zu bewirken, also mit Sprache zu handeln, sei wichtiger, als Wissen über Sprache anzuhäufen –, soll hier von einem etwas engeren Handlungsbegriff ausgegangen werden: Handeln soll alle Aktivitäten im Deutschunterricht erfassen, die über das Sprechen (als Sprechen über Unterrichtsinhalte) hinausgehen, die auf Produktion abzielen, etwas Neues oder anderes, zumindest etwas Eigenes entstehen lassen (◊ Teil I,3 *Umgehen mit Texten*). Daher werden die Begriffe handlungs- und produktionsorientiert häufig in Verbindung verwendet. Auch die Termini „produktorientiert" und „operativ" zielen in die gleiche Richtung.

6.2.2 Wenngleich Handlungsorientierung als generelle didaktische Position zu verstehen ist, die nicht nur im Bereich des Deutschunterrichts möglich und sinnvoll ist, muss doch registriert werden, dass nicht alle unterrichtlichen Aufgabenfelder diese Ausrichtung in gleichem Maße übernommen haben. Im Fach Deutsch ist es besonders der Literaturunterricht, den die didaktische Diskussion der letzten Jahre im Mittelpunkt der Handlungsorientierung gesehen hat. Darauf hinzuweisen stellt keinen Widerspruch zu unserem Anliegen dar, hier auf lernbereichsübergreifende Möglichkeiten einzugehen. Vielmehr wird gerade zu zeigen sein, wie sich – ausgehend von einem Lernbereich – unter dem Aspekt des Handelns auch alle anderen Anliegen und Zielsetzungen des Deutschunterrichts sinnvoll integrieren lassen. Vorab aber soll – in Aufnahme der Gedanken im ◊ Teil I,3 *Umgehen mit Texten* – die **Berechtigung operativer Verfahren im Literaturunterricht** selbst noch einmal diskutiert und begründet werden.

Unbestritten duldete der Umgang mit **Alltags- und Gebrauchstexten** schon immer Produktionsorientierung. Aktuelle Rechtfertigung dafür wäre etwa ein Hinweis auf die Vernetzung von Informationen, die – grafisch dargestellt – als Ausdruck eines mentalen Modells verstanden werden könnte und durch die eigenaktive Übertragung in die Bildebene die Modellbildung unterstützte (◊ *Grafiken und Schaubilder erstellen und verbalisieren*, ◊ *Sachtexte verfassen*). Heftige Kritik entzündete sich jedoch an den Forderungen nach produktiven Methoden im Umgang mit **poetischer Literatur** (vgl. die Diskussion in Praxis Deutsch ab H. 90/1988). Zu den Befürchtungen, das originale literarische Kunstwerk würde zerstort (Kügler 1988), der analytische Umgang mit Literatur käme zu kurz (Eisenbeiß 1994), gesellt sich der Vorwurf der Praktiker, der Misserfolg produktiver Methoden sei durch vielerlei Ursachen – vom Zeitmangel bis zur Überforderung der Schüler – vorprogrammiert (Neumann 1994), wobei hier jedoch deutlich wird, dass die Produktionsorientierung hauptsächlich für die Auswertungsphase der Unterrichtsstunde (nach Textbegegnung und Erarbeitung), gleichsam als Nachschlag nach dem „traditionellen Literaturunterricht", geplant wird (s. dagegen 6.2.5.).

Allerdings gibt es überzeugende Argumente der Befürworter produktiven Umgangs mit Literatur. Der Gedankengang Waldmanns (1994) sei hier stellvertretend kurz skizziert: Ein literarischer Text beziehe sich nicht wie ein Gebrauchstext auf eine Wirklichkeit, er sei vielmehr selbstbezüglich, allein durch seine Literarizität (Komposition, Struktur usw.) bestimmt, damit aber fremd konstituiert, von einem Autor in bewusster Auswahl literarischer Formmittel produziert. „Einen literarischen Text zu verstehen, bedeutet damit, seine Produziertheit zu verstehen" (Waldmann 1994, 468). Dieses Verstehen bedeute weiter, die vielen „Unbestimmtheitsstellen" (nach Iser) des produzierten literarischen Textes probeweise auszufüllen, was nur vor dem Hintergrund des literarischen Erfahrungshorizontes des Lesers geschehen könne – Erfahrungen, die man nicht „gelernt" habe, sondern aktiv, produktiv „mache". In dieser Sinnaktualisierung werde der Leser nicht nur zum Koproduzenten des literarischen Textes, es werde hier auch ein „aktives, kreatives, produktives Handeln des Lesers" nötig (Waldmann 1994, 473), das das Verstehen des literarischen Textes trage. Waldmann schlussfolgert: „Es ist kein didaktischer Luxus, den man sich leisten oder auch nicht leisten kann, ob man produktive Formen des Umgangs mit Literatur im Literaturunterricht wählt, sondern durch die Literatur selbst strukturell gefordert" (ebd.).

6.2.3 Ein Blick auf die **historische Entwicklung** zeigt, dass Selbsttätigkeit und Handlungsorientierung im pädagogischen Bereich auf Ansätze in Frankreich im 18. Jahrhundert zurückgehen (◊ Teil I, 6.1 *Projektunterricht*), handelnder Umgang mit Literatur auf die Zeit des Barocks, was in der Romantik wie im Biedermeier weiter gepflegt wurde. Aufschwung erfuhren produktionsorientierte Verfahren zu Beginn unseres Jahrhunderts in der Reformpädagogik, die Arbeitsschulbewegung spiegelt in ihrer Bezeichnung die Wichtigkeit dieser Gedanken wider. Anstöße aus Amerika (J. Dewey und W. H. Kilpatrick als Vertreter des Projektgedankens, in neuerer Zeit das Konzept des creative writing) sind hier genau so zu erwähnen wie die aus der Freinet-Pädagogik oder von Peter Petersen. Jean-Paul Sartres Beitrag „Was ist Literatur?" gab 1958 wohl erneut den Anstoß, die aktive Rolle des Lesers im Literaturunterricht ernst zu nehmen, Gedanken, die in den 80er-Jahren etwa von Waldmann, Fingerhut, Scheller zu einer „Didaktik der produktionsorientierten Verfahren" verdichtet wurden. In den frühen 70er-Jahren erlebte der Handlungsaspekt im Rahmen der politischen Didaktik eine erneute Aufwertung, für den Deutschunterricht vor allem durch das „Bremer Kollektiv" (etwa Ide 1970) in die Diskussion gebracht. Heute kann man eine breite Bewegung in der Praxis registrieren, Gedanken des sog. „offenen Unterrichts" in die Tat umzusetzen. Gleichsam als Reform von unten wird aus der Unzufriedenheit mit Lehrgängen und vor der Notwendigkeit der Differenzierung, um – vor allem in der Grundschule – den unterschiedlichen Lernvoraussetzungen der Schüler gerecht zu werden, versucht, vielfältiges Material einzusetzen und selbsttätig Lernerfahrungen sammeln zu lassen. Bestärkt werden solche Intentionen durch Erkenntnisse der Lernpsychologie, die davon ausgehen, dass Lernen ein eigenaktiver, ein selbst gesteuerter Prozess ist (Strohner 1995). Begriffe wie entdeckendes Lernen (seit J. S. Bruners Beiträgen aus den 70er-Jahren) oder *learning by doing* (besonders im Projektunterricht), aber auch die kognitionspsychologischen Ansätze, die von verschiedenen Strategien zur Schaffung kognitiver Strukturen, Netzwerke, Schemata oder kognitiver Landkarten ausgehen, sind heute als Rechtfertigung für handlungsorientierte Verfahren heranzuziehen.

6.2.4 Von den vielen Vorschlägen zur **Systematisierung produktiver Verfahren** – vor allem für den Umgang mit Texten – sollen hier einige herausgegriffen werden, die eine eindeutige lernbereichsübergreifende Struktur zeigen:

Neher-Louran (1988) unterscheidet:

– das Verändern literarischer Texte
– das freie Schreiben
– das szenische Interpretieren
– das Umsetzen literarischer Texte in audiovisuelle Medien

Ebenfalls in vier Gruppen unterteilt Jegensdorf (1978) seine „Klassifikation von Textoperationen":

1. Sprechen von Texten (◊ *Vorlesen*), mit den Möglichkeiten des schrittweisen Erlesens, des klanggestaltenden Sprechens und des experimentellen Sprechens (etwa durch akzentuierte Pausengestaltung, durch Veränderung der Lautstärke, des Sprechtempos usw.).
2. Schreiben von Texten, als Nachschreiben, Umwandeln, Entwerfen (◊ *Schreiben nach Texten*).
3. Visuelles Umsetzen von Texten, mit den Formen des optischen Gliederns (z. B. Textteile umstellen, zwei Texte ineinander schreiben, Zeilen- und Strophengliederung aufheben), des grafischen Strukturierens (vor allem als Anfertigen von Strukturskizzen, wie sie ausführlich von Hussong/Schütt/Stuflesser 1971 vorgestellt werden) und des bildlichen Gestaltens (mit dem Hinweis auf die Grenzüberschreitung zum Kunstunterricht).
4. Inszenieren von Texten, als Erarbeiten einer Hörszene, als mimisch-gestisches Gestalten und als vokalisch-instrumentelles Gestalten.

Mit ihrem sehr umfangreichen „Auswahlverzeichnis der wichtigsten Verfahrensweisen des handlungs- und produktionsorientierten Literaturunterrichts" führen Haas/Spinner/Menzel (1994, 24) nicht nur zahlreiche Beispiele aus den unterschiedlichen Arbeitsfeldern des Deutschunterrichts an, hier werden auch andere Unterrichtsfächer (etwa Kunst- und Musikunterricht) voll integriert. Die Gliederungspunkte des Auswahlverzeichnisses lauten: textproduktive Verfahren, szenische Gestaltungen, visuelle Gestaltungen, akustische Gestaltungen.

Ähnlich verfährt Sahr (1991) bei seinem Vorschlag für den Umgang mit Kinder- und Jugendbüchern. Er unterscheidet mündliche, schriftliche, bildliche, musikalische, spielerische, optisch-symbolhafte und projektorientierte Verarbeitungsformen.

Zusammenfassend kann festgehalten werden, dass die meisten Vorschläge darauf abzielen, möglichst viele Sinne beim handelnden Umgang mit Texten zu aktivieren sowie die verschiedenen Umgangsformen mit Sprache zu berücksichtigen.

6.2.5 Im folgenden Abschnitt soll auf den **unterrichtsmethodischen Einsatz** handlungsorientierter Verfahren eingegangen werden. Eine Beschränkung solcher Verfahren auf die Auswertungsphase des Unterrichts – wie bereits kritisiert – ist nicht zu empfehlen. Ingendahl (1991) macht deutlich, dass produktive Methoden **in allen Phasen des Unterrichts** ihre Berechtigung haben. In der „Phase der ersten Textbegegnung" könnten die Schüler durch variierte Sprechweisen (leiernd, pathetisch, schulmeisterlich), durch Sprechen aus verschiedenen Situationen (etwa als Hausfrau beim Abendessen, als Pastor vor der Gemeinde), durch unvollständige oder in Einzelteile zerlegte Textvorgabe bereits beim ersten Wahrnehmen auf Besonderheiten literarischer Texte aufmerksam werden. Nach Spinner (1994) können handlungsorientierte Verfahren so etwas zum wichtigen Ziel der Wahrnehmungssensibilisierung beitragen. Auch das erste Textverständnis ließe sich nach Ingendahl hier anbahnen. In der folgenden Unterrichtsphase der Objektivierung helfen operative Verfahren bei der Auslegung des Textes. Ingendahl spricht von „poetischen Tätigkeiten am Text", wenn künstlerische Ausdrucksformen (Körperausdruck, szenisches oder bildliches Gestalten) oder das Spielen mit dem Material (Umformungen, Austauschen von Figuren) zum Einsatz kommen. Natürlich ist hier auch an die vielfältigen Möglichkeiten der Rollenspiele zu denken (◊ *Literarische Rollenspiele entwickeln*). „Theoretische Tätigkeiten am Text" dienen der Textanalyse, der Intertextualität, der Text-Autor- und Text-Leser-Beziehung. Auch sie sind handlungsorientiert möglich: Zuordnung von Texten mit derselben Thematik, von poetischen und Sachtexten zum selben Thema (◊ Teil I,3 *Umgehen mit Texten*), von Rezensionen und Interpretationen, auch in der Form der Collage, Strukturieren von Texten nach kommunikationstheoretischen, rhetorischen oder stilistischen Merkmalen.

Die dritte Unterrichtsphase, die der Aneignung, soll den Leser erleben lassen, „daß er freier geworden ist, unabhängiger von eingefahrenen Schemata des Verstehens, und daß er ... sein neues Verständnis sprachlich zum Ausdruck bringen kann" (Ingendahl 1991, 104). Dies könne durch explikative, kontemplative oder literarische Äußerungen geschehen. Als Arbeitsformen werden hier unter anderen vorgeschlagen: Stellungnahmen, Vorlesestunden, szenisches Spiel, Tagebuch, Briefe, Essay, Übernahmen von literarischen Formen oder rhetorischen Techniken für eigene Themen.

Dass der **Einsatz von Medien** die handlungsorientierten Verfahren intensivieren kann (◊ Teil I,6.5 *Arbeit mit Medien im Deutschunterricht*), wurde bereits deutlich. Videokamera und Kassettenrekorder bewirken in der Hand der Schüler zusätzliche Motivation für den Umgang mit Literatur, aber auch die Folien für den Overheadprojektor, die als Aufbautransparente, für Collagen, zum Um- und Neumontieren von Texten verwendet werden können. Die selbst zu erstellenden Arbeitsblätter, Textstreifen oder Textbausteine sind hier nicht zu vergessen.

6.2.6 Zum Schluss sei noch auf **Grenzen und Gefahren** operativer Methoden hingewiesen. Sie dürfen nicht zum Selbstzweck werden. Allerdings sollte die Gefahr des reinen Aktionismus nicht allzu groß sein, es überwiegt im schulischen Alltag wohl noch immer die lehrerzentrierte Besprechung von Texten, im Bemühen, in der geringen Unterrichtszeit möglichst viele Kenntnisse an die Schüler heranzutragen. Eher ist davor zu warnen, bei den ersten geglückten Versuchen mit produktiven Verfahren bei diesen „bewährten" Methoden zu bleiben, etwa der Vorgabe von Texten im Schnipselpaket. Auf eine andere Gefahr ist bei den literarischen Rollenspielen zu achten: Hier ist die Anfälligkeit der Klischeebildung besonders groß (◊ *Klischees erkennen*).

Wichtig ist auch die sorgfältige Auswahl der Methoden im Blick auf die angestrebten Ziele. Soll die Stimmung eines Gedichtes herausgearbeitet werden, eignet sich das bildliche oder akustische Gestalten besser als etwa die szenische Darstellung; geht es um die Konstellation von Figuren im Text, wird man vielleicht zur grafischen Strukturierung greifen (◊ *Grafiken und Schaubilder erstellen*). Operative Verfahren entheben den Lehrer nicht der Begründung seiner Unterrichtsmaßnahmen.

Der größere Zeitaufwand produktiver Verfahren sollte kein Hindernis für ihren Einsatz sein. Dagegen ist zu sehen, dass Schule auch die Zielsetzung verfolgen sollte, Schüler zum abstrakten Umgang mit dem Symbolsystem Sprache zu erziehen, ohne Unterstützung des Verständnisses durch die Handlungsebene. Beide Zielsetzungen, handelndes Lernen und abstrakter Sprachgebrauch, sind jedoch gut verträglich und sollten beide zu ihrem Recht kommen. [D. M.]

6.3 Außerschulische Lernräume

Museen boomen, Ausstellungen melden Besucherrekordzahlen, Geschichts- und Geographiedidaktik verweisen auf die Wichtigkeit außerschulischer Lernorte. Das Österreichische Jüdische Museum in Eisenstadt (Burgenland) begreift sich laut Hinweis auch als ein „pädagogisches Museum", das u. a. die junge Generation zu einer Auseinandersetzung mit dem Judentum führen soll. Deshalb werden immer wieder Aktivitäten mit Schulklassen veranstaltet.

6.3.1 Wie sieht es mit dem Deutschunterricht aus? Nur zögernd nähert sich die Deutschdidaktik den außerschulischen Lernräumen wie Literaturausstellungen, Museen und Gedenkstätten, dem Besuch von Autorenlesungen, Verlagen, Buchhandlungen und Bibliotheken. Das Problem ist ja auch nicht einfach, Bücher sollen beispielsweise primär gelesen und nicht in Ausstellungen besichtigt werden.

Der **didaktische Stellenwert** ist unbestritten (zum Grundsätzlichen: Weschenfelder/Zacharias 1981 und Vieregg 1995). Schon um die Jahrhundertwende leisteten die Museen Bildungsarbeit. Auch in der Reformpädagogik wurden Erlebnisse und das Sammeln von Erfahrungen „vor Ort" propagiert. Neuere Ansätze finden sich wieder seit den Siebzigerjahren. So trat von Hentig (1977) für eine „Entschulung der Schule" ein. In den „Beiträgen zur Reform der Grundschule" erschien 1980 ff. eine Reihe über „Lernorte außerhalb des Klassenzimmers". Es ging darum, die „Kluft zwischen Umwelt und organisiertem Lernen" zu schließen (Burk/Claussen 1981, 18). In jüngster Zeit gibt der Ansatz des „situierten Lernens" (Mandel/Gruber/Renkl 1995) wichtige Impulse für die Einbeziehung außerschulischer, authentischer Lernorte. Die Entwicklung ist fortgeschritten, die Familienstruktur hat sich weiter verändert, die Konkurrenz neuer Medien und Informationsmöglichkeiten hat rasant zugenommen. Eine noch größere Mobilität trägt zur Erhöhung des Freizeitwertes bei. Zunahme der Sekundärerfahrungen und Rückgang der eigenschöpferischen Tätigkeit, Spezialisierung in der Schule bei gleichzeitiger Stofffülle werden außerdem ins Feld geführt. Burk/Claussen (1981, 15) waren schon zu dem Schluss gekommen:

> „Das Suchen und Aufsuchen von Lernorten außerhalb des Klassenzimmers ist ein Weg der Schule, die Lern- und Erfahrungsmöglichkeiten der Kinder zu erweitern und so die Defizite der veränderten Umwelt zu vermindern."

Hinzufügen sollte man heute noch, dass auch die Schüler zur Nutzung nach der Schulzeit angeleitet werden müssen.

6.3.2 Ein weiterer Gesichtspunkt ist das **fächerübergreifende Prinzip**, tritt doch den Schülern ihre Umwelt nicht nach Schulfächern aufgedröselt gegenüber. Sicher ist Deutsch ein Schlüsselfach in der Schule, aber in puncto Museumsdidaktik kann das Fach von anderen profitieren. In der Geschichtsdidaktik ist ein Kapitel über „Museumsbesuch, Besichtigung, Exkursion"(Rohlfes 1986, 302 ff.) eine Selbstverständlichkeit. Jooß/Hug/Seufert (1986) haben mit regionalspezifischem Bezug für Baden-Württemberg Vorschläge vorgelegt (in: Uffelmann 1986). 1994 ist dem Thema „Schule und Museum" ein ganzes Heft der Zeitschrift „Geschichte – Erziehung – Politik" gewidmet. Im Jahr zuvor hatte sich der Hochschulverband für Geographie und ihre Didaktik bei einem Symposium mit den außerschulischen Lernräumen beschäftigt (Birkenhauer 1994). Noch besser gestellt sind die Kunsterzieher, denen beispielsweise in Berlin, Kassel, Köln, München und Nürnberg Museumspädagogische Zentren (MPZ) zur Verfügung stehen. In Hamburg wendet sich der alle Museen übergreifende Museumspädagogische Dienst nunmehr an die Besucher aller Altersstufen. Das Informationsmaterial der Museen ist oft schon „didaktisiert", d. h., es gibt nicht nur für die Lehrkräfte Handreichungen, sondern auch Arbeitsblätter für Schüler. Weiterhin soll angemerkt werden, dass das MPZ beim Germanischen Nationalmuseum in Nürnberg oder die Abteilung Museumspädagogik des Ostpreußischen Landesmuseums in Lüneburg zum Thema „Märchen" Veranstaltungen durchgeführt haben, Letztere zum „Schimmelreiter", einer ostpreußischen Sage, der Theodor Storm zum literarischen Weltruhm verhalf. Bei solchen Veranstaltungen kann also auch der Deutschunterricht profitieren. Hier geht es ja um Literatur und Sprachliches in verschiedenen Kontexten. Hier können die Museen mehr mediale Möglichkeiten bieten (z. B. verschiedene Drucktechniken bei der Bücherherstellung). Schließlich sei daran erinnert, dass sich in manchen Orten Gedenktafeln oder Straßennamen befinden, die an Dichter erinnern und Anlass für eine außerschulische Exploration bieten.

6.3.3 Bei den **methodischen Überlegungen** zur Ausnutzung außerschulischer Lernräume handelt es sich nicht einfach um eine Fortsetzung des Unterrichts mit anderen Mitteln, kann doch eine Vielzahl von Aktivitäten eingebracht werden. Die Strukturierung ergibt sich aus dem Ablauf, und sie gliedert sich in: Vorbereitung – Durchführung – Nachbereitung (vgl. auch Abb. 22, S. 105). Für diese drei Ablaufschritte hatten schon Burk/Claussen (1980, 26 ff.; 31 ff.; 36 ff.) eine Fülle von Schüleraktivitäten aufgelistet, von denen hier auszugsweise und ergänzt folgende aufgeführt werden sollen:

Vorbereitungsphase: Vorerfahrungen und Vorstellungen der Schüler abrufen; Handlungsziele entwickeln und präzisieren, Informationsmaterial zur Vorbereitung einer Erkundung sammeln und nutzen; Fragen sammeln und in Listen oder Karteien zusammenfassen; Dokumentationsmittel vorbereiten und organisatorische Vereinbarungen treffen; Filme, Videos oder Bilder zur Vorbereitung zeigen.

Ausführungsphase: einmaliger Besuch oder „Herumstreifen" als lose Kontaktform, vor allem für Unterklassen beim ersten Mal; Unterrichtsgang als intensive gebundene Kontaktform; Projektpraktikum als mehrfacher Kontakt mit einem Lernort für einen kürzeren Zeitraum; Aneignungsformen: Gespräche, Dialoge, Kleingruppenerörterungen, Antworten für vorbereitete oder spontane Fragen finden, Interviews, Ereignisnotizen und freies Zeichnen, Muster und Belegstücke sammeln, Fotografieren.

Auswertungsphase: Unterrichtsgespräche; Sammelmappen, Zeichnungen zusammenstellen; Texte erarbeiten, überarbeiten und zusammenstellen; Zeitung und Wandzeitung; Bücher; Plakate und Collagen, Grafiken und Schautafeln; Interviewtexte, Fotobericht und

Dia-Vortrag; Zeitleisten mit Abbildungen, Standortkarte mit Bildern und Symbolen, Übersichtspläne; Ausstellungen und Elternnachmittag.

Je nach Thema ergeben sich für einzelne Arten der Nutzung außerschulischer Möglichkeiten spezifische Aktivitäten, wie z. B. ein Video-Interview mit einem Autor oder einem Buchhändler.

6.3.3.1 „Es ist ein offenes Geheimnis, daß Literatur im eigentlichen Sinne nicht ausstellbar ist", stellte K. Beyrer (1986) auf dem Stuttgarter Germanistentag fest. Wie schon eingangs vermerkt, sollen Bücher gelesen und nicht bloß in **Ausstellungen** oder **Museen** und **Gedenkstätten** präsentiert werden. Es liegt aber auch an der Schwierigkeit, „Papier auszustellen" (wie die Museologen sagen). Es ist eben nicht damit getan, einen Autographen in eine Tischvitrine zu legen. Methodisch ist noch zu bedenken, dass ihn vielleicht die Schüler wegen der Handschrift oder infolge einer Überarbeitung gar nicht lesen können. Dabei bietet ein überarbeitetes Manuskript oder Typoskript einen eindrucksvollen Einblick in den künstlerischen Schaffensprozess. Die Schüler können sehen, daß beispielsweise lyrische Texte nicht einfach „vom Himmel" fallen (Weiteres vgl. ◊ *Ausstellungen und Museen besuchen*).

6.3.3.2 Bekanntlich können **Autorenlesungen** einen wichtigen Beitrag zur Leseförderung leisten. Die persönliche Begegnung ist eine gute Lesemotivation für den Schüler. „Denn verliert er die Scheu vor der Person des Autors, verliert er auch die Angst vor dem Buch" – das ist die Erfahrung des Autors Max von der Grün (1981, 278; zur Leseförderung allgemein vgl. Beisbart u.a. 1993). Die Schüler erleben, dass hinter den Werken konkrete Personen stehen, deren Biografie und Intentionen, Gedanken und Gefühle in ein Buch eingegangen sind. Sie erfahren, dass Autoren keine nebulösen Wesen sind, die irgendwo im Parnass thronen, sondern Menschen „wie du und ich" – so wie es das Schlagwort vom „Autoren zum Anfassen" ausdrückt. Die Schüleraktivitäten sind vielfältig. So können im Gespräch noch offene Fragen geklärt werden, oder die Schüler können angeregt werden, weitere Werke der Autorin oder des Autors zu lesen. Nach einer Lesung der Autorin Gudrun Pausewang stieg bei den örtlichen Bibliotheken die Nachfrage steil an.

Die Lesung vermittelt den Schülern nicht nur eine „Interpretation" durch den Autor oder die Autorin, sondern sie erlaubt auch einen Einblick in den künstlerischen Schaffensprozess. Die Schüler merken, dass Bücher nicht einfach in die Feder fließen, sondern meist umfangreiche Recherchen voraussetzen. Die jungen Zuhörer von Willi Fährmann staunten einmal nicht schlecht, was der Autor für seinen „Langen Weg des Lukas B." an umfangreichen Vorarbeiten absolviert hatte (Weiteres vgl. ◊ *An Autorenlesungen teilnehmen*).

6.3.3.3 Von der „Schwellenangst" ist mitunter die Rede, wenn es darum geht, dass sich jemand ein **Buch** kaufen will, soll, muss. Besuche von Druckereien, Buchhandlungen oder Bibliotheken sind hiergegen eine probate Methode (◊ *Büchermacher und Bücherhalter*). Doch wie oft wird sie genutzt? Autorenlesungen, Literaturausstellungen und -wochen oder auch nur die „Schullektüre" können solche Anlässe sein, die entsprechenden Lernräume aufzusuchen.

Verlage gibt es in vielen Orten, **Druckereien** auch. Mitunter bieten Heimatmuseen Erinnerungen an einstmals existierende Verlage in einem Ort. Manchmal haben Druckereien Handsatzkästen, Linotype-Setzmaschinen oder Druckstöcke für Illustrationen solchen Museen zur Verfügung gestellt. Die Geschichte der Buchdruckerkunst (schon das Wort sagt einiges) von den beweglichen Lettern bis zum Fotosatz wird so viel anschaulicher und ermöglicht den Schülern Einsichten in kulturgeschichtliche Zusammenhänge. Hierher gehört auch die Verlagsgeschichte mit Hinweisen auf Verlegerpersönlichkeiten, was ein Thema für die Oberstufe sein sollte. Illustrationen (auch eine Art Interpretation) oder Bucheinbände sollen im Zeitalter des Taschenbuches nicht vergessen werden.

Die Distribution ist ein weiterer Aspekt. Hier sind es in erster Linie die örtlichen **Buchhandlungen**. Werbung (Anzeigen, Schaufensterdekorationen, auch die Klappentexte) können analysiert und in einer Ausstellung im Klassenzimmer dokumentiert werden. Diese können durch Rezensionen aus verschiedenen Zeitungen oder Zeitschriften ergänzt werden. Vielleicht ergibt sich ein Gespräch mit einem Rezensenten. Für Oberstufenschüler ist eine Fahrt zur Leipziger oder Frankfurter Buchmesse interessant. Dabei können die Schüler selbst mitwirken, die Fahrt zu organisieren und sie vorzubereiten (Generalthema, Friedenspreisträger).

Oft werden von Stadt- bzw. Regionalbüchereien oder von Hochschulbibliotheken Führungen angeboten, um den Besuch der **Bibliothek** zu erleichtern und effizienter zu machen. Die Benutzung von Bibliotheken einschließlich deren Hilfsmitteln (Mikrofiche, elektronische Datensuche, Fernleihe usw.) wird sich im Hinblick auf die Facharbeiten empfehlen (Sekundärliteratur, Fachzeitschriften). Die Kollegiaten werden es ihren Deutschlehrkräften danken, wenn sie schon als Schüler damit vertraut gemacht worden sind.

6.3.3.4 Ein Blick in Reise- oder Buchprospekte beweist es: **Litera(tur)touren** sind gefragt. Da kann man auf den Spuren Wilhelm Tells um den Vierwaldstätter See, am Main entlang oder die Donau von Passau bis Wien hinunter oder „mit Fontane" durch die Mark Brandenburg und den Harz wandern. Bei Letzterem geht es nunmehr wieder auch von allen Seiten – von Thüringen, Sachsen-Anhalt und Niedersachsen – aus, wie weiland Heinrich Heine in der Nachfolge Goethes (Deutschschüler und ihre germanistischen Lehrkräfte mit mineralogischen Ambitionen werden zusätzlich im Harzmuseum Wernigerode fündig). Den beiden Dioskuren vor dem Weimarer Nationaltheater können Lehrende und Lernende ihre Reverenz erweisen. Und man tut es auch! Die Kollegiatinnen und Kollegiaten im Schillermuseum in Weimar – kursweise oder alleine auf Anregung durch ihren Deutschunterricht – beweisen es. Schillers Tintenfass oder die Kopie des Schreibens des NS-Reichspropagandaministers mit dem Verbot der „Tell-Aufführungen" durch Hitler bleiben in Erinnerung. Ob **Klassenfahrt** oder **Exkursion** zum Studientag, der Deutschunterricht profitiert von Dietmar Griesers Literaturerkundungen oder von den bunten Bänden, die Jürgen Wolff initiiert hat. Reiseführer und literarische Anthologie in einem, dokumentieren sie den Schülern auch die Wechselbeziehung von Dichtern und „ihrer" Landschaft, in der diese lebten. Dass auch die Provinz einiges zu bieten hat, belegen beispielsweise die Literaturgeographien von Baron (1995) und Knedlik (1995) von der nördlichen Oberpfalz.

Forschendes Lernen wird also möglich, wenn es um die literarische **Spurensuche** am eigenen Schulort und in dessen Region geht. Dichterinnen und Dichter, die in der eigenen Umgebung der Schüler lebten, sich hier aufgehalten haben oder durchgereist sind, können Anstöße zu literarhistorischen Unterrichtssequenzen liefern, bei denen die Schüler eigene Erhebungen einbringen können. Die Gedenktafel an der ehemaligen Poststation am Markt in Bretten bei Karlsruhe, die an Schillers Aufenthalt während seiner Flucht nach Mannheim 1782 erinnert, kann der Anstoß für eine regionalbezogene Literaturgeschichte sein. Freilich haben es die Jenenser besser, schrieb doch ein studentischer Spaßvogel auf eine Tafel in Jena: „In diesem Hause wohnte Goethe nicht!"

6.3.3.5 „Alles Theater", lautet ein geflügeltes Wort, „alles übers Theater" könnte die Devise im Literaturunterricht, Abteilung Dramenbehandlung, lauten. Bekanntlich gehört es mit zur Intention eines Autors, dass seine Dramen aufgeführt werden, an eine Schullektüre denkt wohl ein Dichter weniger. Daraus ergibt sich die einfache Schlussfolgerung, dass die Kinder und Jugendlichen in ihrem Schülerdasein immer wieder in eine solche „moralische Anstalt" (wie sie Schiller gerne gehabt hätte) gehen sollten. Diese Forderung macht sich in der Theorie hier ganz gut, stößt aber in der Praxis auf mancherlei Schwierigkeiten. Es gibt nicht in jeder Schulstadt ein **Theater**, und wenn es eines gibt, so ist es nicht zwingend, dass alle Schüler hineingehen. Wie R. Vogt (1992, 56) berichtet, waren die meisten Schülerinnen und Schüler seines Hamburger Deutschkurses noch nie im Theater – wobei es freilich auch positivere Gegenbeispiele gibt (in Regensburg werden schon Grundschüler durch das „Theater der Jugend" an den Musentempel herangeführt). Trotz des erforderlichen Mehraufwands – sowohl für die Schüler als auch für den Lehrer – haben die Schüler bei der Vorbereitung, Durchführung und Auswertung eines Theaterbesuches eine ganze Menge mehr gelernt, als dies bei einem „konventionellen" Verfahren ohne außerschulischen Lernort möglich gewesen wäre. Das zeigt die Fülle der Details bei R. Vogt (1992). Allerdings ist es unerlässlich, den Besuch vor- und nachzubereiten. Ideal wäre es natürlich, wenn Lehrkraft und Schüler mit einem theaterpädagogischen Dienst zusammenarbeiten könnten.

Ist der Theaterbesuch nun eine Verlängerung des Literaturunterrichts? An einem „echten" Theaterbesuch schätzen die Schüler schon die Einmaligkeit einer Aufführung im Gegensatz zur Reproduzierbarkeit einer Film- oder Videokonserve, aber auch die Atmosphäre, das Flair eines solchen „Musentempels". Weniger geschätzt werden von den Schülern, so jedenfalls Lehramtsstudenten laut ihrer Schulzeiterinnerung, Schülermassensonderaufführungen am Vormittag während der Schulstunden „in Jeans und mit Popcorn". Insgesamt lässt sich das Spektrum „Theaterbesuch" noch viel weiter spannen: Auch ein Blick „hinter die Kulissen" gehört dazu. Das Angebot sollte vom Schauspiel (warum nicht auch einmal ein Kriminalstück?) übers Musical bis zur Oper reichen (auch Libretti sind Texte). Einbezogen werden können auch Freilichtbühnen, Marionettentheater, Straßentheater und Besuche von Aufführungen anderer Schulen. Überhaupt lässt sich das Schulspiel komplementär dazu sehen (◊ *Dramatisches Gestalten*). Von der Grundschule bis hin zur gymnasialen Oberstufe sind Theaterbesuche durchführbar. Literaturgeschichte im Spiegel der Theatergeschichte ist z. B. eine Möglichkeit, und eine Klassenfahrt nach Düsseldorf oder Wien lässt sich mit dem Besuch der dortigen interessanten Theatermuseen verbinden. [G. K.]

6.4 Spielen im Deutschunterricht

6.4.1 „Erst lernst du, dann kannst du spielen gehen!" – Wer kennt solche Sätze nicht? Spielen und Lernen wurden lange Zeit als gegensätzliche, gar einander feindliche Aktivitäten betrachtet. Heute jedoch ist diese Sichtweise in Kulturanthropologie und Erziehungswissenschaft überholt. Die immense **Bedeutung des Spiels** für die Entwicklung sowohl des Individuums als auch des Menschen überhaupt können wir hier nur andeuten. Wenngleich in der Literatur weder einheitlich noch eindeutig beschrieben, zeichnet sich das Spiel mindestens durch **Freiheit, innere Unendlichkeit** und **Scheinhaftigkeit** aus (drei der sechs Momente, die Scheuerl 1990 nennt). Kein aktuelles Handbuch zum Spielen in der Schule oder im Deutschunterricht unterlässt es, auf diese grundsätzliche anthropologische Bedeutung hinzuweisen (vgl. etwa Schuster 1994, 5–11).

Spielen und Lernen gehören vor diesem Hintergrund zusammen: „Wenn Lernen Einatmen ist, so ist Spielen Ausatmen" (Haas 1995). Spiel ist **entdeckendes Lernen** und als solches nicht nur aus dem Alltag der Kinder und Jugendlichen, sondern auch aus pädagogischen Institutionen heute nicht mehr wegzudenken. Es hat seinen festen Platz und wichtige – freilich unterschiedliche – Funktionen in allen Schularten und Schulstufen (also nicht nur in der Grundschule). Rollenspiel ist – mit einem Buchtitel Barbara Kochans von 1974 – *Methode sprachlichen und sozialen Lernens*. Vorurteilen dagegen (Was, gespielt habt ihr? Macht ihr sonst nichts in der Schule?) begegnet man heute nur noch bei Leuten, deren eigene Schulzeit lange vorbei ist und die mit Lernen und Lehren beruflich nichts zu tun haben.

6.4.2 Wie unsere Abb. 19 zeigt, kann „Spiel(en)" ganz Verschiedenes bedeuten: Es kann lebensweltlich-spontanes Spielen gemeint sein, wie wir es von Kleinkindern und jüngeren Schulkindern kennen, wenn sie spontan Rollen übernehmen und beliebige Gegenstände zu Requisiten umfunktionieren. Es können Gesellschaftsspiele gemeint sein, die – von *Mensch-ärgere-dich-nicht* bis *Monopoly* – in erster Linie der Unterhaltung verschiedener Altersgruppen dienen, jedoch unter der Hand durchaus Lernziele verfolgen. Weiterhin gehört dazu aber auch ein reflektiert zweckgebundenes (gesteuertes) Spielen, das sich die positive Lernatmosphäre zunutze macht, die spielerische Interaktion so gut wie immer erzeugt. Auch wenn es gegenseitige Übernahmen und damit fließende Grenzen gibt, unterscheiden wir

- **therapeutisches Spielen**, z. B. Konfliktrollenspiele in Selbsterfahrungsgruppen oder das Psychodrama in der Betreuung Suchtkranker (vgl. Schuster 1994, 90 f.), und
- im engeren Sinn **didaktisch** begleitetes und gefördertes Spielen, das uns hier einzig interessiert. Hier geht es dann weder um bloße Unterhaltung als Mittel gegen Langeweile noch um Therapie als Mittel gegen seelische, psychische und/oder psychosomatische Störungen, sondern um **Spiel als entdeckendes und soziales Lernen**.

Selbst- und Gruppenerfahrung kann zwar auch im zweiten Fall gelegentlich zum didaktisch begründeten Ziel werden – besonders dort, wo es gilt, Mitglieder neu entstandener Lerngruppen miteinander vertraut zu machen oder mit „schwierigen Schülern" (Theunissen 1984) zu arbeiten. Grundsätzlich geht es aber, soweit Spielen als Methode in allen Schulfächern heute üblich ist, um kreativen und eigentätigen **Erwerb kognitiver und affektiver Kompetenzen** (Wissen, Bereitschaft) sowie um selbstständiges Übertragen erlernter Regeln oder Prinzipien auf neue Gegenstände (**pragmatische Kompetenz**) und/oder um spielerisches Einüben fachspezifischer Methoden (**instrumentelle Kompetenz**). Die Bandbreite reicht folglich von ◊ *Lernspielen* im Rechtschreibunterricht bis zum komplexen projektförmigen Planspiel. Verfolgt werden jedoch grundsätzlich zwei Ziele: Ermöglichung spielerischen **Probehandelns** in Bezug auf einen „Ernstfall" und **Interaktionserziehung**, was weiter unten erläutert wird.

6.4.2.1 „Rollenspiel zielt auf Realitätsbewältigung, es ist also selbst noch nicht Realitätsbewältigung" (Kochan 1981, 17). Vielmehr ist es ein „Probehandeln" (Ingendahl 1981), das von der Analyse der außerschulischen Lebenswelt ausgeht, also die Bedürfnisse, Interessen und Wünsche der Schüler berücksichtigt und zur Themafindung benutzt. So wird ein gemeinsames Problem herausgearbeitet, an dem mithilfe szenischen Spiels gearbeitet werden soll – in einem (vergleichsweise) sanktionsfreien Raum, in dem nicht jede ungeschickte Äußerung, jedes allzu kompromissbereite *oder* zu rigide Verhalten sofort durch die Realität „bestraft" wird.
Erfahrungsgemäß konflikthaltige Alltagssituationen werden vorgegeben.

Die Spieler können sich „verhalten, wie sich ihrer Erfahrung oder Information nach die Beteiligten in Wirklichkeit meistens verhalten, manchmal verhalten, am liebsten verhalten würden, unter bestimmten Voraussetzungen verhalten müßten oder nach Maßgabe bestimmter Vorschriften, Erwartungen oder Wünsche verhalten sollten" (Kochan 1981, 17 f.).

In diesem Katalog von Möglichkeiten steckt die pädagogische und didaktische Problematik des **Rollenspiels**: Soll das herausgeforderte Probehandeln die Spieler lehren, sich in die (Erwachsenen-)Wirklichkeit besser hineinzufinden, an sie anzupassen bzw. sich in ihr durchzusetzen (so reden/denken/handeln eben die Leute)? Oder soll es sie im Gegenteil lehren, diese Wirklichkeit in alltäglicher Interaktion zu kritisieren und zu verändern?

Abb. 19: Übersicht zum „Spielen" im Deutschunterricht

6.4.2.2 Was ist nun **„Interaktionserziehung"**? Geübt, d. h. spielerisch bewältigt werden können etwa (nach Gudjons 1992)

☐ Kennenlernen und *warming-up,*
☐ Wahrnehmen, Beobachten und Kommunizieren,
☐ Selbsterfahrung,
☐ Herstellen von Vertrauen und Offenheit,
☐ Kooperation und partnerzentriertes Gesprächsverhalten,
☐ Metakommunikation sowie Nachdenken über Rollen und Normen (in der Verständigung über realisierte Spiele).

Einschlägige Übungen werden auch in der Erwachsenenbildung gerne benutzt. Im Darstellenden Spiel sind sie als ◊**„Anwärmübungen"** („warm-ups") von Bedeutung (vgl. Bubner/Mienert 1987, 5 ff.; Waegner 1994, 14 ff.). Aber Formen des Spiels in der Schule haben darüber hinaus auch eine mehr oder weniger dominante Funktion der zugleich selbst bestimmten und zielgerichteten Auseinandersetzung mit jeweils fachspezifischen Inhalten, Problemen und Erkenntnissen. Das unterscheidet Spielen in der Schule sowohl vom spontanen als auch vom therapeutischen Spielen. Am ehesten greift hier das in der humanistischen Psychologie bekannte Prinzip der **themenzentrierten Interaktion** (TZI), das Ruth Cohn (geb. 1912) in den USA von ihrer psychoanalytischen Erfahrung aus entwickelt hat (◊Teil I.1,1 *Miteinander reden*). Nicht nur „das Ich" ist wichtig und auch nicht nur „das Wir", sondern ebenso „das Es", das Thema einer Interaktion nämlich. Diese drei Größen bzw. die Phasen der Aufmerksamkeit für sie müssen in einem Gleichgewicht gehalten werden, wenn Interaktion gelingen soll. „Das ES" wird in jedem Schulfach und in jeder Unterrichtseinheit immer wieder neu zu bestimmen sein.

Auf „ES" müssen sich Spieler beziehen, die etwa im Fach Wirtschaft und Recht durch ein Planspiel marktwirtschaftliche Steuermechanismen erforschen. Im Fach Religionslehre/Ethik könnte beispielsweise ein Konfliktrollenspiel zur Problematik der Fremdenfeindlichkeit durchgeführt werden.

Rollen- und Planspiele dienen didaktisch nicht nur der Selbst- und Gruppenerfahrung, sondern der Erkundung eines Sachzusammenhangs oder der Thematisierung eines Problems. Nicht von ungefähr werden neuerdings wieder Forderungen nach einem selbstständigen Schulfach „Darstellendes Spiel" erhoben, die an die längst erkannte Affinität von Interaktionspädagogik und Dramatischem Gestalten anknüpfen (vgl. schon Ritter 1981).

6.4.3 Die vorstehenden Überlegungen sind nun für die im Deutschunterricht vorkommenden und von der Deutschdidaktik untersuchten Spielformen und -prozesse zu konkretisieren. Renk (1986, 18) nennt Wettbewerbsspiele, Simulationsspiele sowie das Spiel als pädagogisch-didaktisches Instrument und fasst all diese unter anderem im Unterricht vorkommenden Formen im Oberbegriff „szenisches Spiel" zusammen; daneben gebe es ein „Darstellendes Spiel" (Schultheater) zwar nicht im Unterricht, doch sozusagen als „Erbhof der Deutschlehrer" (Chiout 1990).
Wir gliedern hier etwas anders, weil wir glauben, dass man es in jedem Fall mit „pädagogisch-didaktischen Instrumenten" zu tun hat, sowie man den Bereich des Lebensweltlich-spontanen und des Therapeutischen verlassen hat (vgl. unsere Übersicht) und nicht alle Lern- und Simulationsspiele wirklich szenischen Charakter haben. Daher unterscheiden wir zunächst grob **vier Bereiche** (vgl. Abb. 19): Sprachspiel, Darstellendes Spiel, Rollenspiel und Lernspiel.

6.4.3.1 Lernspiel und Sprachspiele

Lernspiele werden im Folgenden nicht eigens behandelt, da sich unter dem Stichwort ◊*Lernspiele im Deutschunterricht* bzw. ◊*Mit Sprache spielen* ausführliche Erläuterungen finden.

6.4.3.2 Rollenspiele

Auch „Interaktionsspiele" (Renk 1986) genannt, werden Rollenspiele in der **Sprachdidaktik** benutzt, um verbale Interaktion als sozusagen gestellten (nicht authentischen) „mündlichen Sprachgebrauch" zu simulieren und dabei verschiedene Sozialrollen zu thematisieren. Konflikte sind durchzuspielen, also probehandelnd auszutragen – daher die Bezeichnung **„Konfliktrollenspiel"** (einen Überblick gibt Schuster 1994, 71–87). Dabei kommt es weniger auf die „dramatische" Qualität eines solchen Spiels an – etwa besonders witzige oder originelle Einfälle der Spieler – als auf die im Spielverlauf produzierten Argumente sowie die Überzeugungskraft der nonverbalen Signale (Mimik, Gestik, Körpersprache). Man unterscheidet

6.4 Spielen im Deutschunterricht

- **offene(re)** Rollenspiele, in denen Spieler eine bestimmte Situation (Kinder wollen noch spielen, die Mutter drängt zum Aufräumen) ohne weitere Absprache und unreflektiert-spontan gestalten, und
- **geschlossene(re)** Rollenspiele, für die Handlungsablauf und/oder Ausgang der Interaktion mehr oder weniger vorgegeben sind.

Wie weit man ein Rollenspiel „öffnen" kann, hängt offensichtlich davon ab, wie man seine Funktion im gegebenen Unterrichtszusammenhang beurteilt (vgl. dazu oben, Abschnitt 2.1): Soll es eher die außerschulische Wirklichkeit wiedergeben – herausarbeiten, wie die Leute eben reden und handeln –, oder soll es einen Lernprozess in Gang bringen, der die Möglichkeit erforscht, wie man denn *anders* (z. B. kooperationsbereiter, reflektierter, weniger von Berufs-, Geschlechts- oder Nationalstereotypen bestimmt) interagieren *könnte*? Beides hat seine Berechtigung.

In der **Literaturdidaktik** haben Konzepte und Ziele des produktionsorientierten Literaturunterrichts das Rollenspiel heimisch gemacht: Verschiedene „szenische Verfahren" (Kunz 1997) – von der Improvisation bis zur Erprobung einer ausgewählten Szene in Variationen im Darstellenden Spiel – dienen der handlungs- bzw. erfahrungsorientierten Erarbeitung eines poetischen Textes. Neben der Arbeit am Text (als Spielvorlage) treten dabei etwa das Sprechen/Verfassen von Monologen einzelner Figuren, von zusätzlichen (im Text nicht vorkommenden) Dialogen, von Nach- und Weitererzählungen aus einer neu bestimmten Perspektive oder durch einen neu eingeführten Erzähler usw. (↳ *Literarische Rollenspiele*).

Die Grenzen zum ↳ *Inszenieren* von Texten sind hier zwar nicht ganz klar zu ziehen, in methodischer Hinsicht jedoch belanglos. Es muss dabei gar nicht unbedingt eine dramatische Handlung „ablaufen"; bereits in der Klasse inszenierte „Standbilder" können, wie Scheller (1986) in einer Unterrichtseinheit über Ibsens *Nora* gezeigt hat, einen wichtigen Beitrag zum szenischen Interpretieren des Dramas leisten. Ebenfalls für den Umgang mit Dramen zeigt Frommer (1995), wie man in der S I ausgewählte Dialoge durch Hinzuschreiben von „Vortexten", „Nachtexten" (d. h. Erweiterungen der Vorlage nach vorne bzw. hinten) sowie „Untertexten" (inneren Monologen) bearbeiten kann; und Kunz (1997) entwirft auf spielpädagogischer Basis für die S II einen ausgezeichneten Lehrgang szenischen Interpretierens komplexer Texte oder Textauszüge (u. a. von E. T. A Hoffmann, Georg Büchner, Henrik Ibsen, Marieluise Fleißer, Franz Kafka). Er bezieht die Frage nach der **Bewertbarkeit** („Notengebung") beim szenischen Spiel im Unterricht ausdrücklich mit ein (vgl. Kunz 1997, 118–121).

Jenseits dieser Trennung nach sprach- oder literaturdidaktischer Funktion des Rollenspiels liegt sein lernbereichs- und/oder fächerintegrativer Einsatz: Das **Planspiel** dient einem komplexen simulativen Probehandeln und besteht seinerseits aus einzelnen Konfliktrollenspielen sowie Schreibhandlungen und ggf. instrumentellen Handlungen: etwas Nachbauen, Karten oder Pläne zeichnen usw. Auch das Planspiel kann für Literaturdidaktik bzw. Leseförderung genutzt werden: Belgrad (1996) und Lenhard (1997) haben ein „Jury-Spiel" vorgeschlagen und methodisch etwas unterschiedlich konkretisiert, das eine besondere „Ernstsituation" (Lenhard 1997, 215) simuliert, nämlich die vergleichende und vor allem wertende Textlektüre in einer Jury, die aus verschiedenen Textproben eine Rangfolge für die Preisvergabe herstellen muss.

Gleich, ob die Autoren bekannt sind (Belgrad) oder die Texte „anonym eingereicht" werden (Lenhard): Sowohl auf (ausdrückliches) ↳ *Interpretieren* als auch auf Heranziehen von Sekundärliteratur wird verzichtet; die Texte werden still oder laut erlesen und dann kontrovers diskutiert, bis eine „Hitliste" mit 5–6 Titeln erstellt ist. Didaktisch begründbar ist ein solches Planspiel nicht nur – wie jedes – mit der Förderung interaktiver sowie (selbst-)kritischer Fähigkeiten, sondern auch durch Ziele der **Leseförderung**: Man kann auf diese Weise unbekannte Texte bekannter Autoren vorstellen, nicht-kanonische Autoren vor allem der Gegenwartsliteratur in den Unterricht einführen, auf Neuerscheinungen hinweisen und Fähigkeiten und Fertigkeiten der kontrastiven Analyse stärken (◊ *Vergleichen von Texten*).

Eine weitere, an Bedeutung gewinnende Variante ist hier das **Computersimulations-Spiel**, ein medial angelegtes Rollenspiel, in dem ökonomische oder ökologische Kreisläufe nachvollzogen und spielerisch beeinflusst werden können (vgl. den Überblick bei Kepser 1995, 398–400).

So eignet sich etwa Frederic Vesters *Ökopoly* zur Demonstration komplexer Ökosysteme; und das in der Schweiz entwickelte computergestützte Unternehmensplanspiel *Marketing-Information-Game* (MIG) versetzt die in drei Gruppen (= Unternehmen) aufgeteilten Lernenden in realistische Handlungszwänge: Sie müssen unternehmensspezifische Zielsetzungen formulieren und diese dann umsetzen: Wie viel soll wovon produziert, wie viel Kapital in Forschung, in Weiterbildung usw. investiert werden? (Zu MIG vgl. G. Regenthal in: *Wirtschaftsspiegel* 2/1989, S. 9: „Schüler spielen Unternehmer".)

6.4.3.3 **Darstellendes Spiel** benutzen wir als Oberbegriff für verschiedene Formen einer nicht wie das Rollenspiel nur prozess-, sondern auch produktorientierten, also an einer Veröffentlichung interessierten szenischen Realisation von „dramatischen" Situationen und Textvorlagen – unabhängig von der Darstellungsform (**Stegreifspiel, mediales Spiel, Schultheater**). Unter „Veröffentlichung" verstehen wir aber nicht nur eine Aufführung auf der Schulbühne, sondern auch das Vorführen von Dramenszenen im Klassenraum oder das kontrastive Vorstellen von Textinszenierungen zu Geschichten, Gedichten oder anderen nicht dramatischen Vorlagen. Darstellendes Spiel ist „die Form, in der Theater in den Schulen in Erscheinung tritt, ohne daß dabei der Begriff ‚Theater' bemüht zu werden braucht" (Ritter 1981, 4). Man könnte auch sagen: Es ist „Theater als Lernform" (ebd.), und zwar Theater in all seinen Spiel-Arten, also vom Kasperlspiel über andere Formen des Puppen- und Marionettentheaters bis zum Schauspiel.

Medium des „Darstellens" können also die Körper der Lernenden („Schauspieler") sein, müssen es jedoch nicht. Wohl aber kann man sagen, dass „Darstellendes Spiel" neben dem Stegreifspiel in der Tradition der *commedia dell'arte* ebenso und der Pantomime vor allem das ◊ *Dramatische Gestalten* im engeren Sinn ist: also Darstellung von Handlung, Monolog und Dialog mit sprachlichen und körpersprachlichen Mitteln, ggf. unter behutsamem Einbezug von Requisiten und Bühnenbild. Ziel kann sowohl das szenische Interpretieren ausgewählter Kernstellen eines Dramas im Literaturunterricht (vgl. Scheller 1982, Frommer 1995, Kunz 1997) als auch das „klassische" Schultheater sein. Wie Henze (1987) in einer brauchbaren Übersicht (*Dramen lesen – Dramen spielen*) zeigt, hat das auszugsweise Er-Spielen von Dramentexten inzwischen seinen festen Platz auch im Rahmen eines konventionell-analytischen Literaturunterrichts. Henze fordert – ebenso wie schon Renk (1978) – zu Recht die **Vermittlung grundlegender Begriffe** nicht nur der Literaturwissenschaft (*Peripetie* usw.), sondern eben auch der Dramaturgie: *Dialog, Rolle, Regie, Szene, Choreographie, Gestik, Mimik* usw. sowie eine **Vermittlung praktisch-technischer Fertigkeiten**: Wie schreibt man ein Szenarium oder ein Regiebuch? Wie neuerdings freilich Frommer (1995, 16) wieder betont, ist die inzwischen verbreitete Abwertung des bloßen Lesens von Dramen als „Behelfsrezeption" ungerechtfertigt. Sowohl Inszenieren als Lesen seien legitime Rezeptionsweisen, die unter den Bedingungen der Schule ohnedies einander angenähert würden: Werde das Lesen notwendig „veröffentlicht", so das Inszenieren „entprofessionalisiert". Gerade deshalb aber ist es wichtig, unabhängig von institutionellem Rahmen oder didaktischem Zweck des Darstellenden Spiels oder Inszenierens dessen **Verfahren** zu kennen (◊ *Dramatisches Gestalten*). [U. A.]

6.5 Arbeit mit Medien im Deutschunterricht

Medien holen die Welt ins Klassenzimmer: die Welt entfernter Länder über Dia und Film, die unsichtbare Mikrowelt der Lebensvorgänge über das Mikroskop, die Welt der Literatur über Tonband und Kassette. Auch die Welt der Sprache? Über die Notwendigkeit des Medieneinsatzes im Deutschunterricht besteht kein Konsens. Verdrängen Medien den Lehrer aus dem Unterricht? Verdrängen sie die zwischenmenschliche Kommunikation? Die Vision eines Bildschirmunterrichts durch den Fernsehlehrer, unterbrochen von Arbeitsphasen der Schüler mit dem Computer-Programm – heute ein ganzes Stück realistischer als zur Zeit Paul Heimanns, der bereits in den 60er-Jahren darin den Anfang vom Ende der Didaktik befürchtete (nach Otto 1993, 2) – lässt bei so manchem Deutschlehrer große Skepsis nicht nur den neuen elektronischen Medien gegenüber angebracht erscheinen.

6.5.1 Damit sind die hier apostrophierten Deutschlehrer in guter Gesellschaft. Pädagogen scheinen neue Medien seit eh und je mit **Vorbehalt** zu betrachten. Moser (1995, 11) spricht von einer generellen „kulturkritischen Einschätzung der Medien" und erinnert daran, dass vor den Gefahren des Buches genau so gewarnt wurde (etwa von Rousseau in seinem Erziehungsroman „Emile") wie zu Beginn unseres Jahrhunderts vor den Gefährdungen durch das Kino oder später vor dem Fernsehen, heute vor dem Computer. Heranwachsende dagegen haben in der Regel ein ungestörtes Verhältnis zu Medien, die für sie zur Selbstverständlichkeit des Alltags gehören.

Wenn wir von Medien im Alltag sprechen, während wir mit den Medien im Klassenzimmer begonnen haben, ergibt sich terminologischer Klärungsbedarf. Medien sind – nicht nur für Heranwachsende – **gesellschaftliche Realität**. Wir leben mit und in Medien, wir lernen den Umgang mit ihnen von frühester Kindheit an. In diesem Umgang mit Medien lernen wir uns und die Welt kennen, wir stellen uns und die Welt in ihnen dar, nehmen teil an der Medienkultur. Daneben gibt es eine andere Dimension der Medien, den zweckrationalen Gebrauch, den Medieneinsatz, um ein Ziel zu erreichen, eine Beschränkung auf den instrumentellen Charakter der Medien. Die Vermittlung von Wissen, von Information, wird hier als Hauptfunktion angesehen. Für die neuen Medien signalisiert der Begriff *Infotainment* die Erweiterung der Information um die Unterhaltung.

In dieser **Vermittlungsfunktion** erhalten Medien in der Regel auch in organisierten Lehr- und Lernprozessen ihre Bedeutung. Der Begriff **„Unterrichtsmedien"** signalisiert diesen instrumentellen Gebrauch. Dass Medien daneben als **Lerngegenstände**, als Objekte, nicht nur als Mittel, im Unterricht ihren Platz haben sollen – was für den Deutschunterricht in besonderem Maße gilt –, könnte die Einseitigkeit der Gebrauchsdimension etwas mildern. Aufgabe der Didaktik ist es, hier Verknüpfungsmöglichkeiten zu schaffen.

6.5.2 Unsere einleitenden Gedanken gingen von **technischen Medien** aus. Dabei handelt es sich um ein sehr **enges Medienverständnis**. Es umfasst die audiovisuellen Medien – genauer: die auditiven wie Tonband oder Hörfunk, die visuellen wie Dia- oder Overheadprojektor und die audiovisuellen (oder AV-Medien) wie Tonfilm oder Video (vgl. Abb. 20). Hinzu kommen heute verstärkt die sog. neuen Medien, für die Schule vor allem der Computer mit seinen Angeboten an Multimedia-Systemen, auch interaktive Medien genannt. Zur Definition des Begriffes Multimedia zieht Bauer einen Bericht der SZ über die CeBIT 95 heran: „Multimedia, der neue Mix aus Videofilm, Spiel, Einkauf und Computer-Arbeitsplatz, ist der Messeschlager" (Bauer in Issing/Klimsa 1995, 377). Demgegenüber ist eine **weite Begriffsauffassung von Medien** denkbar und für den Unterricht nötig: Die apparativ präsentierten Lehrhilfen werden ergänzt durch die große Gruppe der Printmedien. Hier ist zu unterscheiden zwischen den für die Schule erstellten Materialien, den Schulbüchern,

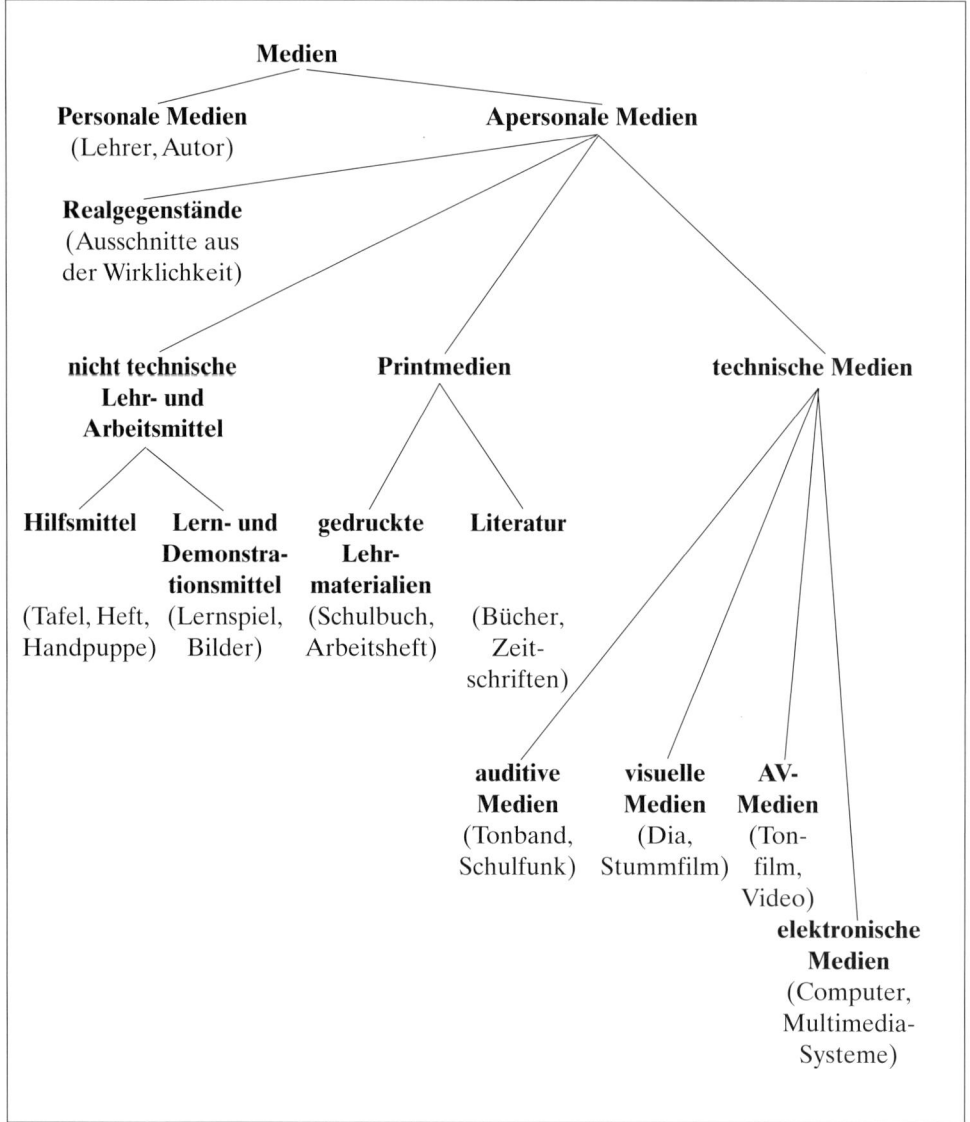

Abb. 20: Übersicht zu „Medien" im Deutschunterricht

Arbeitsheften und Arbeitsblättern einerseits und dem für den außerschulischen Bereich gedachten Angebot an Kinder- und Jugendliteratur sowie den öffentlichen Druckerzeugnissen (vom Roman über das Sachbuch zur Zeitung und Zeitschrift) andererseits. Ergänzend treten weitere Lern- und Arbeitsmittel wie ◊ *Lernspiele,* Bilder, Stempelkästen, (Satz-)Modelle hinzu. Nicht zu vergessen sind die selbstverständlichen Hilfsmittel im Unterricht wie Tafel, Kreide, Heft oder auch Handpuppen (◊ Teil I,6.4 *Spielen im Deutschunterricht,* ◊ *Sprechspiele*). Auch an Realgegenstände ist zu denken, etwa den Krug und den Teller, um die Probleme von Storch und Fuchs in der Fabel bei der Nahrungsaufnahme zu veranschaulichen, und schließlich an die personalen Medien: den Lehrer mit seiner Gestik, Mimik und vor allem seiner Sprache oder den in die Klasse geholten Autor (◊ *Autoren-*

lesungen). In diesem weiten Sinne sind Medien Mittler zwischen Lernendem und Lerngegenstand, nicht etwa nur zwischen Lehrer und Schüler. Auf die erneute Erweiterung des Medienverständnisses beim Blick auf Medien in der Hand der Schüler wird weiter unten einzugehen sein.

6.5.3 Unterricht ist auf Medien angewiesen, denn nur selten gelingen in der Schule Realbegegnungen. In der Regel treten Inhalte dem Schüler in medialer Form gegenüber, mit variabler Distanz zur Realität. Zu betonen ist, dass damit nicht das Verhältnis von sinnlicher Erfahrung und „künstlicher" Realität der Medien in der außerschulischen Lebenswelt gemeint ist, das sich aus pädagogischer Sicht in einer vermeintlichen Schieflage befindet, während in Wirklichkeit kaum mehr eine Trennung zwischen Medienrealität und Alltag möglich ist – zu stark bestimmen die Handlungsmuster aus den Medien, wie Realität vor allem von Heranwachsenden erlebt wird.
Der hier angesprochene Aspekt der Abstraktionsebenen bildet auch die Grundlage für einen der älteren **Klassifikationsvorschläge für Medien**, den „cone of experience" von Dale (nach Müller-Michaels 1976, 11), der eine Anordnung der Medien von der direkten Erfahrung (etwa im Umgang mit Modellen) über die ikonische (durch Film oder Bild) zur symbolischen Erfahrung (in der Sprache) vornimmt. Die Orientierung an Bruners Repräsentationsmodi der Handlung, der Vorstellung und der Sprache (vgl. Beisbart/Marenbach 1997, 143) ist offensichtlich, sie stellt auch ein brauchbares Regulativ für den Einsatz von Medien entsprechend ihrem Anspruchniveau dar. Die vielfältigen weiteren Vorschläge zur Klassifikation von Medien können hier nicht aufgelistet werden (vgl. hierzu Kron 1993, Kap. 7, Beisbart/Marenbach 1997, Kap. 6.5).

6.5.4 Dagegen ist auf eine andere Systematisierung einzugehen: die Differenzierung der **medienspezifischen Aufgabenfelder**, um den Bereich abzustecken, der im Folgenden abzuhandeln ist. Tulodziecki (1992) nennt zunächst die übergeordnete **Medienpädagogik**, die alle medienrelevanten Überlegungen zusammenfasst. Er unterscheidet diese Disziplin von der **Mediendidaktik**, die sich mit (Unterrichts-)Medien in Lehr- und Lernprozessen befasst. Davon sei die **Medienerziehung** abzuheben, die das Ziel verfolgt, Heranwachsende zum kritischen Umgang mit Medien anzuleiten. Dabei ist der Begriff der Medien auch auf die Massenmedien, heute meist „öffentliche Medien" genannt, auszuweiten, mit denen vor allem ein sozial erwünschter Umgang anzustreben ist. Daneben könnte man von einer eigenständigen **Mediensozialisation** sprechen, um deutlich zu machen, dass es nicht nur um bewahrpädagogische Maßnahmen und normative Positionen gehen müsse, sondern dass die Entwicklung der Medienkompetenz beim Kind gefördert, das „Repertoire an kulturellen Handlungsmöglichkeiten" (Charlton in Rosebrock 1995, 80) erweitert und somit der Einsatz von Medien auch zur Lebensbewältigung ermöglicht werden sollte. Die **Medienkunde** schließlich vermittelt technische, organisatorische und rechtliche Kenntnisse über Medien – auch für den Schulalltag ist es nicht unwichtig zu wissen, wo Verleihstellen für Medien zu finden sind oder wie lange der Mitschnitt einer Schulfunksendung aufbewahrt werden darf.

6.5.5 Begonnen hat die **mediendidaktische Diskussion** wohl schon in der Zeit der deutschen Aufklärungspädagogik (Lesebuch oder Spiel als Medium bei Basedow) – Kron (1993, 335) spricht von einer „instrumentellen Medienperspektive", die er zu Beginn unseres Jahrhunderts durch eine „entwicklungsdidaktisch-anthropologische Medienperspektive" abgelöst sieht (vgl. das didaktische Material bei Montessori). Ein neuer Impuls entstand in den 60er-Jahren, als die Begründer der lerntheoretischen Didaktik von der **Interdependenz** der den Unterricht bestimmenden Faktoren, Ziele, Inhalte, Methoden und Medien, sprachen

(Heimann/Otto/Schulz 1965) und darauf aufmerksam machten, dass Medien sowohl auf die Inhalte als auch auf die Methoden verändernd einwirken können. In der Tat macht es einen Unterschied, ob ein Text im Lesebuch, auf einem vervielfältigten Textblatt, als Originalveröffentlichung (im Kinderbuch, in der Zeitung, auf einem Flugblatt) angeboten wird, ob der Lehrer den Text vorträgt, ob ein Berufssprecher ihn auf Band gesprochen hat oder ob der Autor ihn persönlich liest. Es wird für die Rezipienten nie der gleiche Inhalt sein, es werden jeweils andere Wahrnehmungen aktiviert, andere Lernprozesse in Gang gesetzt werden, andere Interpretationen zustande kommen. In Weiterentwicklung der Gedanken Heimanns und Schulz' können wir heute unter konstruktivistischen Aspekten behaupten, Medien tragen wesentlich zur individuell unterschiedlichen Aufnahme und Verarbeitung von Wissen bei, je nach den Vorerfahrungen des Lerners mit dem Medium. „Medien verheddern sich biographisch", sagt Otto (1993, 2f.) und verweist darauf, dass sie mit subjektiven „Erinnerungen, Vorlieben oder Vorwissen, mit Wünschen oder Enttäuschungen zu tun" haben. Dieser Aspekt der Schülerorientierung muss heute generell beim Medieneinsatz Beachtung finden. Die ursprüngliche Idee der lerntheoretischen Didaktik, Medien als Entscheidungsmomente neben Ziele und Inhalte zu stellen, sie damit aufzuwerten, sah Medien als **Instrumente in der Hand des Lehrers**. Bei der Planung musste er sich Gedanken über Alternativen machen. Es galt, die Frage zu beantworten: Welches Medium ist für welche Zwecke am geeignetsten? In diesem Zusammenhang wurden auch die Fragen nach den **Funktionen** wichtig:

– Medien zur Motivation (z. B. Realgegenstände aus einem Lesetext, um auf die Geschichte neugierig zu machen),
– zur Demonstration (z. B. das Planetenmodell aus Aufbautransparenten, um die Abhängigkeit der Satzteile vom Satzkern zu zeigen),
– zur Illustration (z. B. ein Foto des Autors unseres Lesetextes),
– zur Instruktion (z. B. das Sprachbuch),
– zur Information (z. B. eine Schulfunksendung über das Leben eines Dichters),
– zur Lernsteuerung (z. B. ein Lehrprogramm zum Textverständnis),
– zur Übung (z. B. ein Computerprogramm zur Rechtschreibung),
– zur Wiederholung (z. B. ein selbst erstelltes Dominospiel zur Zuordnung von Verben und Vorsilben),
– zur Zusammenfassung des Gelernten (z. B. ein Arbeitsblatt zur Umstellprobe),
– zur Lernerfolgskontrolle (z. B. ein lernzielorientierter Test zur Bedeutungserklärung von Fremdwörtern).

Im Zusammenhang mit den Planungsüberlegungen zur angemessenen Unterrichtsmethode (zu Lehr- und Lernaktivitäten, zu Sozialformen und zu Artikulationsstufen der Unterrichtsstunde) sowie zur Affinität des Unterrichtsgegenstandes zu bestimmten Medien ergab sich ein Konzept der Medienplanung, das bis heute zu durchaus verantwortbarem Medieneinsatz führen könnte.

Medien sollten jedoch auch **Arbeitsmittel in der Hand der Schüler** sein. Hier muss Unterricht unter den Leitbegriffen der **Interaktion** und **Kommunikation** gesehen werden. Dabei sind andere **Leitfragen** an Medien zu stellen:

a) Welche Rolle spielen Medien bei den **Lernprozessen** der Schüler?
Diese Frage sei an den Anfang gestellt, weil hier eine deutliche Änderung der Sichtweise auf Medien aufscheint. Man könnte sogar von einem Paradigmenwechsel sprechen: weg von einer medienzentrierten Erforschung von Einflüssen und Auswirkungen auf passive Medienbenutzer, hin zu einer rezipientenorientierten Sichtweise: Mit welchen Medien

haben Schüler in ihrer Lerngeschichte Erfahrungen gesammelt? Welche Umgangsformen sind ihnen geläufig? Auf welche Gewohnheiten können sie zurückgreifen? Dabei geht es sowohl um die technische Handhabung (z. B. Erfahrungen mit dem Programmieren des Videorekorders, im Umgang mit der Maus und der Tastatur des PCs) als auch um die Intentionen (Zu welchen Zwecken greifen Schüler zum Buch? Wozu nutzen sie das Angebot des Fernsehens?), darüber hinaus um die Inhalte (Mit welchen Themen sind Schüler vertraut? Gehört Gewalt zu ihrem Alltag? Woran sind sie interessiert? Welche Meinungen, Haltungen, welche „medialen Botschaften" haben sie gelernt?). Der Umgang mit Medien kann insgesamt als Lernprozess gesehen werden. Dies führt zur zweiten Frage:

b) Welchen Beitrag leisten Medien zur **Wahrnehmung und Konstitution von Wirklichkeit?** Diese Frage beruht auf der grundsätzlichen Annahme, dass Wirklichkeit vom Lerner selbst konstituiert wird. Das vielfach erwähnte Abrücken von der behavioristischen Auffassung der reinen Außensteuerung des Lernens und die Hinwendung zur kognitionspsychologischen oder kognitivistischen Sicht bilden den Hintergrund. Die Fragen nach Art und Anteil der Medien bei der Entstehung mentaler Modelle, beim Aufbau von Wissen, aber auch bei der Konstitution der literarischen Wirklichkeit erhalten Bedeutung. Dabei werden unterschiedliche Strukturformen der Medien relevant. Erinnert sei an die bereits erwähnten Repräsentationsmodi der Wirklichkeit:

Die *visuelle* Repräsentation kommt in der Form der *bewegten Bilder* (z. B. in Film und Video) der konkreten Repräsentation am nächsten, sie ermöglicht auch die Simulation von Wirklichkeit. Im *Standbild* wird die Welt zweidimensional gezeigt, die abstrakte *textuelle* Repräsentation wird vorbereitet. Daneben wird die Isolierbarkeit und Konservierbarkeit einzelner Ausschnitte der Wirklichkeit erlebbar. Das Abbild kann auch eine Situierungsfunktion übernehmen, indem es über das Bild hinausgehende Alltagserfahrung aktiviert. *Schaubilder* und *Grafiken* bieten in ihrer Konstruktionsfunktion einen wesentlichen Beitrag zur Erhellung von Zusammenhängen, Abhängigkeiten und Strukturen (↔ *Grafiken und Schaubilder erstellen und verbalisieren*). Der Umgang mit *Symbolen* und besonders mit *Schriftzeichen* als visuellen Elementen führt zur höchsten Stufe der Verfügbarkeit über die Wirklichkeit.

Ähnlich könnte nach der Spezifik der auditiven Elemente und nach ihrem Beitrag für Wahrnehmung und Erfassung der Welt gefragt werden. Darüber hinaus wird auch nach der Wirkung der Kombination unterschiedlicher Elemente zu fragen sein (z. B. Text- und Bildinformation).

c) Welche **Erfahrungen** können Schüler im Umgang mit Medien machen?
Diese Frage schließt sich eng an die vorausgehenden an, führt aber den Blick weiter von der Bestandsaufnahme abgelaufener Lernprozesse hin zur Praxis. Erfahrungen sollten mit unterschiedlichen Lernstilen gesammelt werden, der eigene Lernstil könnte entdeckt und gefestigt werden. Daneben ist an technische, ästhetisch-sinnliche, pragmatische Erfahrungen zu denken (etwa die Vorteile der Textherstellung mit dem PC, ↔ *Computergestütztes Schreiben und Revidieren*). Die Erfahrung, dass Lernen mit Medien Spaß machen kann (↔ *Lernspiele im Deutschunterricht*), sollte ebenso wenig fehlen wie die Erfahrung, dass Medien eine willkommene Bereicherung der Freizeitaktivitäten darstellen können.
Die nächsten drei Leitfragen sollen im Hinblick auf ihre Interdependenz im Block kommentiert werden.

d) Welche Handlungsmöglichkeiten eröffnen Medien?
e) Welche Kompetenzen können im Umgang mit Medien erworben werden?
f) Welche Entscheidunsspielräume gewähren Medien den Schülern?

Diese Fragen sollen exemplarisch anhand der neuen Medien beantwortet werden. Als konkrete Beispiele seien zwei CD-Roms der jüngeren Produktion für den Deutschunterricht herangezogen: *Goethe in Weimar. Eine virtuelle Reise in die Welt des großen Dichters.* (Hrsg. NEW WORLD VISION, München: NAVIGO Multimedia 1996) und *Thomas Mann: „Rollende Sphären"* (München: Systema-Verlag 1995).
Beide Beispiele stammen aus dem Multimedia-Bereich. Schüler können im Umgang mit diesen Angeboten literarische Texte lesen, sich mit wissenschaftlichen Erklärungen oder literaturtheoretischen Ausführungen befassen, Musik hören, sich Texte vorlesen lassen, Bilder betrachten, Grafiken deuten, handschriftliche Originaldokumente heranziehen, selbst Texte entwerfen, vom Notizbucheintrag bis zur eigenständigen Stellungnahme. Sie können außerdem entscheiden, was sie sehen wollen, das Gartenhaus Goethes, das Haus am Frauenplan, das Zimmer seiner Frau, worüber sie etwas erfahren wollen, in welcher Anordnung sie Informationen angeboten haben wollen (textuell oder visuell), in welcher Reihenfolge sie Hinweise benötigen. Sie lernen, selbst bestimmt mit Informationen umzugehen, zu „navigieren", sich in der Informationsflut zurechtzufinden. Sie können sich aber auch einer „guided tour" anschließen. So wird im Beiheft zu *Thomas Mann* vorgeschlagen: „Verlassen Sie z. B. das Panorama im Jahre 1919 zur Lektüre der Erzählung ‚Herr und Hund', blättern auf der Werk-Ebene weiter bis zum 1924 erschienenen ‚Zauberberg' und springen zum Panorama zurück, so setzen Sie folgerichtig im Jahr 1924 auf der Zeitschiene auf und finden sich sozusagen in den Sanatoriums-Liegestühlen wieder, wo Sie die Akteure des Romans soeben beobachtet haben" (aus einem Arbeitspapier zu einem Vortrag von Dr. Erich Huber-Thoma, München). Multimedia-Angebote oder Hypermedia-Angebote, wie sie noch genannt werden (eine Begriffs-Kombination aus Multimedia und Hypertext), fordern ein handlungsorientiertes Lernen heraus, fördern die Eigenständigkeit des Lernens, erhöhen die Selbstverantwortung und lassen Sinn- und Sachzusammenhänge des Lernens erkennen, um nur einige wichtige Kompetenzen anzusprechen.

g) Welche **Schwierigkeiten** im Umgang mit Medien könnte es geben?
Diese Frage vermag die im letzten Abschnitt verbreitete Euphorie bezüglich der neuen Medien etwas zu dämpfen. Die genannten Ansprüche können für Schüler auch Überforderungen darstellen. Entscheiden muss gelernt werden. Die Gefahr der Orientierungslosigkeit, des Sich-Verlaufens im Netzwerk der Informationen ist zu sehen. Allerdings liegen Forschungsergebnisse zur Entkräftung solcher Befürchtungen vor (z. B. Werkstattbericht 5 des Landesinstituts für Schule und Weiterbildung, Soest). Die Frage nach den Schwierigkeiten soll auch auf die Abhängigkeit von **Alter** und **Vorerfahrungen** beim Verständnis von Medien aufmerksam machen. So ist das Filmverständnis etwa das Ergebnis eines längeren Lernprozesses. Brauchten die Besucher der ersten Stummfilme noch die Kommentare des Moderators am Klavier (und das nicht nur der fehlenden Vertonung wegen), gelingt es dem geübten Kinogänger heute, Zeitraffung, Zeitsprünge, Überblendungen von der Außen- in die Innenwelt und andere Techniken mehr problemlos zu verstehen.

h) Welche Möglichkeiten des **kreativen Umgangs** erlauben oder initiieren Medien?
Beim Computer ist neben dem erwähnten kreativen Umgang mit Dokumenten und Bausteinen moderner Software hier etwa an die Möglichkeiten der Simulation zu denken oder an die Formen der Textgestaltung (Anordnung, Schriftbild, Schriftgröße, Schriftart usw.), wofür neben dem Erstellen und Redigieren des Textes genügend Zeit eingeräumt werden muss. Selbst das Bearbeiten des Textes kann zum kreativen Akt werden, wenn die Möglichkeiten des Löschens, Kopierens, Umstellens, Einfügens individuell genutzt werden. Der kreative Umgang mit Literatur, etwa mit Konkreter Poesie soll hier wenigstens erwähnt werden (◊ *Computergestützter Umgang mit Literatur*).

i) Wie wirken sich Medien auf **soziale Verhaltensweisen** aus?
Auch diese letzte Frage kann exemplarisch auf den PC bezogen werden, weil gerade der Vorwurf, Computer unterstützten soziale Isolierung, verschiedentlich geäußert wurde. Dass nicht Vereinsamung, sondern Kommunikation durch den PC gestiftet wurde, belegen Untersuchungsberichte (vgl. Blatt/Hartmann/Kittlitz 1992). Ein kritischer Gedanke soll bei allen positiven Äußerungen über die neuen Medien jedoch nicht unerwähnt bleiben: Über die Inhalte der Software könnten durchaus negative soziale Verhaltensweisen ins Spiel kommen. Man denke nur an die Selbstverständlichkeit der Gewalt oder die sozial unterentwickelten Verhaltensweisen der Akteure in vielen Videospielen.

Die mit den Leitfragen angesprochene Schülerorientierung führt zu Assoziationen mit anderen Begriffen aus der didaktischen Diskussion: Öffnung von Unterricht, Freiarbeit, Handlungsorientierung, außerschulische Lernorte, Projektunterricht – Signal- und Schlüsselbegriffe, die Schulz (1994, 53 f.) „das Vokabular der reformierten Praktiker" nennt. Die hier angesprochene „Lernbewegung der Lernenden", die eine „handelnde Auseinandersetzung mit der Welt" sein sollte (ebd., 54), räumt den Medien eine zentrale Stellung ein. Lehramtsstudenten besonders im Bereich der Grundschule werden Erfahrungsmöglichkeiten mit einem solchen Medieneinsatz in sog. „Lernwerkstätten" angeboten, die immer häufiger auch in Universitäten errichtet werden.

6.5.6. Um darauf aufmerksam zu machen, welche Anstöße für **integratives Arbeiten im Deutschunterricht** von den Medien ausgehen können – besonders in der Funktion des Lernmittels in der Hand der Schüler –, sollen im Folgenden an einem Beispiel Möglichkeiten des vielfältigen Medieneinsatzes gezeigt werden (vgl. auch ↳*Orte moderner Medien besuchen*).
Die meisten Schulen sind im Besitz einer **Videokamera**. Vom vierten Schülerjahrgang an könnte sie Schülern in die Hand gegeben werden. Die **technische Handhabung** ist bei den meisten Geräten problemlos, die nötigen Eigenaktivitäten beschränken sich in der Regel auf die Auswahl des aufzunehmenden Ausschnittes und das Zoomen, alles andere ist automatisiert. Auch bei den sehr handlichen und leichten neuen Kameras empfiehlt sich allerdings ein Stativ, dessen Funktionen ebenfalls vorab zu erproben sind.
Als **Anstoß für den ersten Einsatz** der Videokamera bieten sich viele Anlässe an, einige seien genannt: Aufzeichnung einer Schultheater-Aufführung, Dokumentation von aktuellen Vorgängen in der Schule (Autorenlesung, Veranstaltung zum Tag des Baumes, Schulfest). Wurde bei solchen Gelegenheiten, die sich weitgehend auf das Abfilmen vorgegebener Geschehnisse beschränken, die Scheu vor der unbekannten Technik (bei manchen Lehrkräften wahrscheinlich stärker gegeben als bei Schülern) abgelegt, können weitere Möglichkeiten erarbeitet werden. Schon bei der Aufzeichnung des Schulfestes wird es nicht mehr genügen, nur die Kamera auf das Geschehen zu halten, es muss ausgewählt, vorweg geplant, evtl. sogar anschließend bearbeitet werden.
Für solche **gezielt vorbereiteten Dokumentationen** gibt es weitere Anlässe: Dokumentation über Projekttage an unserer Schule, über die Abnahme der Radfahrprüfung, Aufnahme einer Diskussion, eines Interviews, einer klasseninternen Inszenierung eines Lesestückes, eines Rollenspiels, eines im Rahmen des Physik- (oder Biologie-)unterrichts durchgeführten Experiments. Neben dieser Dokumentationsfunktion des Videoeinsatzes sollten weitere Möglichkeiten entdeckt werden. Hat sich eine Neigungsgruppe „Video" gebildet, wird in Planungsgesprächen zu diskutieren sein, welche Vorhaben verwirklicht werden können.
Eine Orientierung am Fernsehangebot kann hier durchaus positiv sein. Von den dabei entdeckten Kategorien werden für die eigene Nachahmung sicher zunächst die Reportagen infrage kommen, auch die reinen Informationssendungen wie Nachrichten, Rundschau,

Journal bieten sich an, daneben wird der Bereich Unterhaltung zu überlegen sein (Talkshows, Rate- und Spiel-Shows, aber auch der Krimi), größtes Interesse dürfte die Werbung finden. Eine medientypische Form sollte auf keinen Fall übersehen werden: **das Magazin**. Denn hier ist eine Sammlung von Kurzformen verschiedenster Art und unterschiedlicher Thematik denkbar, was den Möglichkeiten der Schüler entgegenkommt. Ob in einem Buchmagazin das „Buch des Monats" vorgestellt, in einem Literaturmagazin über das Leben eines Autors berichtet wird, in einem Kulturmagazin Beispiele aus einer Kunstrichtung, einer Epoche zusammengestellt werden (z. B. Impressionismus in Literatur und Kunst) oder in einem Wochenmagazin einfach Aktuelles und Interessantes (aus dem Leben in der Schule, in der Wohngegend) aufgezeichnet wird, immer wird es sich um Projekte handeln, die das Zusammenspiel verschiedener, vor allem **sprachlicher Aktivitäten** erfordern: Es müssen Texte formuliert, überarbeitet, gekürzt werden, wobei Textsortenkenntnisse, die im schriftlichen Sprachgebrauch erworben wurden, als hilfreich entdeckt werden (Nachrichten, Kommentare, Zusammenfassungen, Moderationen, ◊ *Reportagen schreiben*), es müssen Texte gesprochen werden, wobei Fähigkeiten des Vortragens, des Einsatzes der ◊ *Körpersprache* Verwendung finden können, es müssen Einzelbeiträge gegliedert, zusammengestellt werden, wobei die Analyse der Sendungen der Profis sicher nicht zur gedankenlosen Übernahme von Tricks führen wird, sondern eher einen kritischen Blick gegenüber den Einwirkungsmöglichkeiten des Mediums Fernsehen schaffen dürfte. Der Lehrer muss hier natürlich Anstöße für die Erprobung von Möglichkeiten geben, z. B.: Welche Wirkung erzielt die Veränderung des Ausschnitts (von der Totale zur Großaufnahme), was bewirkt der Perspektivenwechsel (Kamera von unten, aus Blickhöhe, von oben)? Dass hiermit ein wichtiger Beitrag zur Medienerziehung verbunden ist, sei nebenbei bemerkt. Wer selbst etwa versucht hat, einen Werbespot zu drehen, wird die professionelle Werbung mit anderen Augen sehen.

Zusammenfassend kann gesagt werden, dass die Videokamera in der Hand der Schüler nicht nur viele **Ziele des Deutschunterrichts** abdecken hilft,

– indem sie Motivation für die alltägliche unterrichtliche Arbeit schafft (Anreiz durch die abschließende Aufzeichnung),
– indem sie den Erwerb des Lernwissens in Anwendungssituationen rechtfertigt (Textsortenkenntnisse, Sprech- und Vortragskompetenz),
– indem sie Anstoß zur intensiveren Auseinandersetzung mit Informationen und Sachverhalten gibt (nur gut Verstandenes kann selbst wiedergegeben werden).

Die Videokamera weist vielmehr über den Deutschunterricht hinaus, sie schafft **Verbindungen zu anderen Fächern** (Kunsterziehung, Sachfächer), sie erlaubt **neue Ausdrucksformen** jenseits der Form des schriftlichen Ausdrucks, der durch seine Normorientierung viele Schüler zu Versagern stempelt, ihnen die Lust am Umgang mit der Sprache genommen hat, ihre Kreativität einschränkt. Beim schriftlichen Entwurf einer Videoaufzeichnung, der zu sprechenden Texte, erlebt der Schüler die Schriftsprache in ihrer dienenden und hilfreichen Funktion, wie im richtigen Leben, nicht als Endprodukt, das vom Lehrer beurteilt wird, wie dies im begrenzten Raum der Schule erlebt wird. Auch die Verbindung zur **außerschulischen Welt** ist eine wichtige Funktion der Videokamera. Zum einen holen unsere Aufzeichnungen die Welt ins Klassenzimmer, zum anderen zeigt uns der Blick durch die Kamera die Welt in anderer, subjektiver Sicht, macht aufmerksam auf die Formen der Manipulation, der Wertung, lässt die Fragwürdigkeit der Objektivität aufscheinen. Von den Antworten, die auf die Leitfragen im Abschnitt 6.5.5 für das Medium Video zu erwarten sind, sei eine noch an den Schluss gestellt: Der schulische Umgang mit der Videokamera verspricht auch einen positiven Beitrag zur **Freizeiterziehung**, ein pädagogisches Anliegen von zunehmender Bedeutung.

[D. M.]

6.6 Lernen mit Kindern fremder Muttersprache / Deutsch als Zweitsprache lehren

Jeder elfte Schüler in Deutschlands Schulen war 1994 Ausländer. 11% betrug 1993 der durchschnittliche Anteil ausländischer Kinder an bundesdeutschen Grundschulen, fast doppelt so hoch war ihr Anteil in Hauptschulen (Bade 1994, Statist. Bundesamt 1996). Das bedeutet: Es gehört zur **Normalität** im Schulalltag, dass Kinder verschiedener Muttersprachen in Grund- und Hauptschulklassen nebeneinander sitzen. Rein nationale Klassen sind die Ausnahme. Dabei ist es ohne Belang, ob es sich um Kinder von Spätaussiedlern, Gastarbeitern, Asylbewerbern, Asylberechtigten oder Flüchtlingen handelt. Dass die **Chancengleichheit** dieser Kinder bereits weitgehend gewährleistet sei – vor allem wenn sie in Deutschland geboren sind, was für die Mehrheit bereits zutrifft –, besondere Fördermaßnahmen also nicht mehr nötig seien, ist eine sehr oberflächliche, eher von der eigenen Bequemlichkeit gesteuerte Sichtweise, die widerlegt wird durch den hohen Anteil ausländischer Schüler in Sonderschuleinrichtungen und dem geringen Anteil dieser Schülergruppe in Realschulen und Gymnasien sowie mit qualifizierendem Hauptschulabschluss. Es sind vor allem **soziale und psychische Faktoren**, die zur Erklärung der noch immer gegebenen Benachteiligung ausländischer Schüler beim Erwerb der Zweitsprache herangezogen werden müssen. So besagt die Pidginierungshypothese (Schumann nach Götze/Pommerin 1989), dass etwa fehlende Gleichberechtigung, Ghettoisierung, Diskriminierung als Minderheit, ethnische Vorurteile eine soziale Distanz bewirkten, die durch eine psychische Distanz verstärkt würde, wozu etwa der Kulturschock gehöre.

6.6.1 Bei diesen **Rahmenbedingungen** muss die Förderung der Kinder anderer Muttersprache zuerst ansetzen. Hier ist auch der Zusammenhang mit dem Anliegen dieses Kapitels „Integrativer Deutschunterricht" begründet: Besondere Maßnahmen innerhalb einzelner Lernbereiche des Deutschunterrichts treten beim Zweitsprachlernen in den Hintergrund angesichts der elementaren Bedeutung des Bedingungsfeldes für den Zweitspracherwerb. Anders gesagt: Der Lehrer ist hier nicht zuerst Lehrer der deutschen Sprache, sondern Organisator der Möglichkeit des Erlernens der Zweitsprache Deutsch. Apeltauer (1987) nennt neben familienzentrierten Faktoren, auf die der Lehrer wenig einwirken kann (Bildungserwartungen der Eltern oder Rezeption deutscher Medien), weitere **Faktoren,** die durchaus in den Einflussbereich der Schule fallen, nämlich Teilnahme an deutschen Bildungseinrichtungen, Kontakte zu deutschen peer groups, Einstellung der Kinder zum Zweitsprachenland. Noch deutlicher wird der Schulbezug bei den „Kategorien einer demokratischen antirassistischen Erziehungsidee", die Götze/Pommerin (1989, 36 f., vgl. auch Pommerin 1988) als grundlegend für bilinguale Konzepte und interkulturelles Lernen anführen, z. B.

- □ Gemeinwesenbezug: Die Berücksichtigung außerschulischer Lernräume (◊Teil I, 6.3) kann zu Kontakten mit Eltern führen, sie können verstärkt mit einbezogen werden, mit Bildungseinrichtungen bekannt gemacht werden, zu denen die Beziehungen dann auch außerhalb der schulischen Projekte gepflegt werden.
- □ Handlungsorientierung und Erfahrungsbezug (◊Teil I,6.2): Dass bevorzugt im Grundschulalter Sprache nicht systematisch, lehrgangsorientiert erlernt wird, sondern im sprachlichen Handeln, am besten in der Ernstfallsituation, von den Bedürfnissen der Lernenden gesteuert, bedarf wohl kaum zusätzlicher Argumentation.
- □ Koordination von Muttersprache und Zweitsprache: Beim Zweitspracherwerb sollte auch die Muttersprache zu ihrem Recht kommen. In vorzüglicher Weise gelang dies etwa im Berliner Modell des parallelisierten Schriftspracherwerbs in deutscher und türkischer Sprache (Nehr u.a. 1988), andere Möglichkeiten sind das Angebot bilingualer Medien

auch für deutsche Schüler im gemeinsamen Unterricht oder die vielen Gelegenheiten, auf die Kultur der Herkunftsländer ausländischer Schüler einzugehen (Feste, Brauchtum, Speisen, Kleidung).

☐ Koordination zwischen natürlichem und institutionalisiertem Zweitspracherwerb: Wurde oben der Handlungsorientierung, also dem natürlichen Lernen, der Vorzug vor dem systematischen Lehrgang gegeben, so ist hier etwas differenzierter nachzufragen, welche sprachlichen Besonderheiten der Zielsprache keinesfalls übersehen werden dürfen, welche Situationen andererseits auszuwählen sind, um dem natürlichen Zweitspracherwerb möglichst nahe zu kommen.

Diese Fragen lenken den Blick einmal auf das nötige (linguistische) Wissen des Lehrers der Zweitsprache, zum anderen auf Überlegungen der Planung und des Curriculums.

6.6.2 Der Deutschlehrer – als guter Beherrscher seiner Muttersprache – hat es besonders schwer, sich in die Rolle eines Sprachlernenden zu versetzen, zu selbstverständlich und unproblematisch ist ihm der Umgang mit den **Schwierigkeiten der deutschen Sprache**. Seine sprachliche Wahrnehmung ist – wie die der meisten Mitglieder einer Sprachgemeinschaft – durch den langen Gebrauch vor allem der Schriftform der Muttersprache geprägt. So sind etwa Studierende immer wieder über das Phänomen erstaunt, dass am Ende des Wortes *Hund* aufgrund der Auslautverhärtung das Phonem /d/ weder zu hören ist noch gesprochen wird. Trotzdem ist es auch für den Deutschlehrer unerlässlich, sich die Relativität aller sprachlichen und parasprachlichen Regeln und Gewohnheiten bewusst zu machen. Dabei sind alle **Ebenen der Sprache** zu berücksichtigen:

☐ die phonologische Ebene (Welche Laute werden gehört, unterschieden, ausgesprochen?)
☐ die morphologische (Wie werden welche Elemente zu Wörtern zusammengesetzt?)
☐ die syntaktische (Wie werden Satzteile angeordnet? ◊ *Sprachregeln entdecken*)
☐ die semantische (Welche wörtliche und übertragene Bedeutung haben Wörter in welchen Kontexten?)
☐ die prosodische (Wie werden welche sprachliche Elemente betont?)
☐ die pragmatische (Welche Redensarten werden wann verwendet? Wer wird wie angesprochen? ◊ *Redewendungen untersuchen*).

Darüber hinaus sollte der Lehrer wenigstens Einblick in einige **Kontraste** zwischen jeweiliger Muttersprache und der Zielsprache Deutsch haben (◊ *Kontrastive Verfahren in der Sprachbetrachtung anwenden*).

☐ So kennt das türkische Kind keine Konsonantenhäufung, was zum eigenmächtigen Einfügen von Vokalen führt (Schewester, Buruder).
☐ Schüler aus mediterranen Ländern haben Probleme mit der in der deutschen Sprache gerade für die Orthographie so wichtigen Unterscheidung zwischen kurzen und langen Vokalen.
☐ Bei der unterschiedlichen Betonung der Silben in deutschen Wörtern werden Schüler türkischer Muttersprache Schwierigkeiten haben, weil sie die gleichmäßige Betonung der Silben gewohnt sind, aus Polen kommende Schüler werden die falschen Silben betonen.
☐ Die fehlende Übereinstimmung zwischen der deutschen und z. B. der russischen Sprache bei der Anzahl der Fälle wird zu Schwierigkeiten bei der Kasussetzung führen.
☐ Die meisten Sprecher anderer Muttersprachen werden Probleme mit dem deutschen

Artikel haben; seine verschiedenen Funktionen, Numerus, Kasus, Genus, sogar Bedeutung (der See – die See) anzuzeigen, ist für andere Sprachen außergewöhnlich.
- ☐ Im syntaktischen Bereich verwirren vor allem die Satzgliedstellung, der Klammerbau des deutschen Satzes oder die Regelungen der Negation die Zweitsprachlerner.

Diese wenigen Beispiele sollen genügen, um zu zeigen, wie ein kontrastiver Vergleich helfen kann, „Fehler" der Lernenden zu verstehen und auf Übungsnotwendigkeiten aufmerksam zu machen.

6.6.3 Ganz entschieden ist davor zu warnen, die im kontrastiven Sprachvergleich gewonnenen Erkenntnisse zur Grundlage eines systematischen Lehrgangs zu machen. Vielmehr sollte es sich hier um Wissen in Lehrerköpfen handeln, der Lehrer ist gefordert, im Rahmen natürlicher Situationen entsprechende Problembereiche zu berücksichtigen und auf sie einzugehen. Für den Lerner muss die **komplexe Sprachlernsituation** nach wie vor im Vordergrund stehen. Das bedeutet, dass etwa in der Grundschule eine enge **Koordination** zwischen Heimat- und Sachunterricht bzw. Grundlegendem Unterricht und dem Fach Deutsch gesucht werden muss, dass im Sekundarbereich die **Verbindung zu den Sachfächern** besonders wichtig wird. Dabei kann es durchaus sinnvoll sein, zum Verständnis von Sachverhalten wichtige Wörter vorab zu klären, um den Sachunterricht zu entlasten; alternativ wird das Wortmaterial für den Deutschunterricht bevorzugt aus dem Bereich der jeweiligen Themen des Sachunterrichts gewählt werden können. Dass hierbei die Möglichkeiten der Veranschaulichung durch den Umgang mit realen Gegenständen sowie durch Bilder und die Intensivierung durch das Lernen mit allen Sinnen dem Zweitsprachlerner besonders entgegenkommen, während sie den übrigen Schülern sicher nicht schaden, sei hier am Rande erwähnt. Die Ausrichtung auf die Themen des Sachunterrichts bringt als positive interkulturelle Aspekte nicht nur die Aufwertung der Erfahrungen ausländischer Schüler mit sich, etwa wenn es um Themen wie Wohnen, Essen, Zusammenleben, Sichkleiden, Tiere, Pflanzen, Jahreskreis geht, sondern auch eine Erweiterung des national begrenzten Blickfeldes der deutschen Schüler. Ein weiteres ergiebiges Kapitel ist die Namenkunde, die unsere eigenen Vor- und Familiennamen in einer internationalen Orientierung zeigt (◊*Namen entdecken*). Zweitsprachlerner haben so eher die Chance, sich gleichberechtigt zu fühlen, nicht immer die unterlegenen, auf Hilfe angewiesenen Mitschüler zu sein, wie dies in „reinen" Deutschstunden unvermeidlich ist.

6.6.4 Dass auch bei den fachspezifischen Anliegen des Deutschunterrichts eine Berücksichtigung der Zweitsprachlerner möglich ist, soll noch an zwei Beispielen gezeigt werden. Der Lernbereich des **schriftlichen Sprachgebrauchs** kommt den Schülern anderer Muttersprachen am besten mit der Konzeption des ◊*Freien Schreibens* entgegen. Hier ist zum einen die Entlastung zu sehen, die für den Schreiber durch den geringeren Stellenwert der sprachlichen Normierung entsteht, zum anderen ermöglicht die freie Themenwahl, dass Schreiben zur **Identitätsbildung** beiträgt, dass der therapeutische Aspekt des Schreibens genutzt werden kann, indem aktuelle Probleme sprachlich bewältigt werden können, dass lernförderndes Experimentieren mit der Sprache erlaubt ist, dass sich schließlich ein Erfolgsgefühl eher einstellt, weil Schüler im Hinblick auf Umfang und Wahl der sprachlichen Mittel nicht „über ihre Verhältnisse" leben müssen (vgl. auch Pommerin 1995a).
Im Leseunterricht kann auf Zweitsprachlerner in besonderem Maße eingegangen werden, indem **Kinder- und Jugendbücher** als Mittel interkulturellen Lernens herangezogen werden (vgl. etwa Abraham/Beisbart/Holoubek 1996, Titelsammlung in Arbeitskreis für Jugendliteratur 1992). Hier werden nicht nur für die deutschen Schüler gut nachvollziehbar

andere Kulturen, andere Denk- und Verhaltensweisen vorgestellt, auch ausländischen Schülern können so Identifikationsfiguren angeboten werden, die Lösungswege für Probleme aufzeigen. Das Zusammenleben von Angehörigen verschiedener Sprachen und Kulturen kann nicht zuletzt über den literarischen Umweg exemplarisch aufgezeigt werden (vgl. Luchtenberg 1991).

6.6.5 Hinzuweisen ist schließlich noch auf die **Lehrersprache**. Gegenüber Schülern anderer Muttersprachen ist eine Selbstbeschränkung des Lehrers in seinen sprachlichen Ausdrucksmitteln zu erwägen. Verständnisfördernd könnte die Zurückhaltung bei Nebensatzkonstruktionen, idiomatischen Redewendungen, stilistischen Variationen wirken. Ohne einer restringierten Sprechweise des Lehrers das Wort zu reden, wäre eine Zweisprachigkeit des Lehrers vorstellbar: Neben die „normale" Ausdrucksweise, die dem Zweitsprachlerner nicht vorenthalten werden darf, tritt eine kontrollierte Varietät im Einzelkontakt mit Schülern anderer Muttersprachen sowie als Ergänzung in Situationen, die Missverständnisse registrieren oder erwarten lassen. Dass sich der Lehrer darüber hinaus um besonders sorgfältige Artikulation, langsames Sprechtempo und überlegte Intonation bemüht, dürfte selbstverständlich sein. [D. M.]

Teil 2

Alphabetischer Teil
Tätigkeiten und Handlungsweisen

An Autorenlesungen teilnehmen

Eine Dichterlesung ist angesagt. Damit es sich rentiert, nehmen alle Schülerinnen und Schüler der 7., 8. und 9. Jahrgangsstufe teil (die Unterstufenjahrgänge sind noch zu jung, und bei der Oberstufe darf wegen des Abiturs kein Unterricht ausfallen). Die Lehrkräfte der 6. Stunde führen nach der 5. Stunde die einzelnen Klassen in die Aula. So langsam füllen die 400 Schüler mußwillig den Raum. Am Tisch sitzt der Dichter. Der dienstälteste Lehrer erhebt die Stimme: „Heute wird euch der Herr... Wie war doch Ihr Name?" „Müller!" „Ach ja, der Herr Müller wird euch was aus seinem Buch vorlesen. Hört schön zu, und dann könnt ihr Fragen stellen!" Herr Müller liest, mit einem Geräuschpegel als Untermalung. Vielleicht würde seiner Stimme ein Schluck Wasser gut tun. Dann kommen die Schülerfragen: „Wann haben Sie mit dem Schreiben begonnen?" – „Was schreiben Sie jetzt gerade?" – „Was werden Sie als Nächstes schreiben?" Der Geräuschpegel steigt, das Stundenende naht, die Dankesworte gehen im Klingelzeichen unter...

1. Zugegeben, diese Schilderung ist erfunden und so in Gänze übertrieben. Das eine oder andere Detail soll schon mal irgendwo vorgekommen sein. Wie soll es nun richtig sein? Zunächst einmal ist festzuhalten, dass Autorenlesungen auf verschiedenen Ebenen in den Unterricht einbezogen werden können. Zum einen sind es solche **Veranstaltungen**, die außerhalb des Schulgebäudes mit der ganzen Klasse, dem Kurs oder unabhängig von einzelnen Schülern besucht werden. Zum anderen sind es Lesungen in der Schule, die schon mit Erfolg in der Grundschule begonnen werden können (vgl. hierzu den Erfahrungsbericht von Schmidt 1981). Das methodische Procedere ist in beiden Fällen z. T. gleich. Bildungswerke, Buchhändler, Bibliotheken oder Volkshochschulen sind oft Ausrichter solcher externen Lesungen. In städtischen Zentren wie München oder Leipzig finden thematische Buchwochen mit Lesungen statt, in Erlangen sind es die Poetentage.

2. In der **Vorbereitungsphase** wird die Lehrkraft zumindest Hinweise geben. Möglich sind auch Dokumentationen oder Ausstellungen im Klassenzimmer oder in der Schule mit Plakaten, Prospekten, Auszügen aus Literatur- bzw. Autorenlexika (z. B. Böttcher u. a. 1993; Brauneck 1991; Doderer 1975/84) oder aus Roman- bzw. Schauspielführern. Eine **Nachbesprechung**, in der die Schüler oder Kollegiaten ihre Eindrücke wiedergeben, ist zu empfehlen. In einigen Gymnasien hat es sich erfreulicherweise eingebürgert, dass die Schüler und Lehrkräfte im Zusammenhang mit Autorenlesungen an ihren Schulen „Lesehefte" mit biografischen Angaben und Hinweisen sowie Bibliographien zur Lesung zusammenstellen und selbst drucken.
Auf Einladungen von Schulen, manchmal auch im Verbund mit anderen Orten im Rahmen von **Lesereisen** einer Autorin oder eines Autors, finden Lesungen in den einzelnen Schulen statt. Der Bundesverband der Friedrich-Bödecker-Kreise (Fischtorplatz 23, 55116 Mainz) ist hier behilflich. Er hat auch ein Autorenverzeichnis mit **Adressen** herausgegeben (5. Aufl. 1994). Außerdem werden in Schulen im Zusammenhang mit **Literaturtagen** Lesungen durchgeführt. Beim Hessischen Autorentag 1995 in Hofgeismar zum Thema „Heimat in der Fremde – Fremde in der Heimat" waren laut Plakat 20 Lesungen in Schulen vorgesehen. Schullesungen sind für alle Schularten bei den Weidener Literaturtagen seit 1985 (Baron/Schwarzer 1994) ein fester Bestandteil. Buchhandlungen arrangieren bei den Augsburger Literaturtagen Schullesungen. Schüler sitzen als Juroren bei den Weilheimer Dichterlesungen mit in der Jury, die Preisträger lesen dann in der Schule. Manchmal ergibt sich auch die Möglichkeit, einen Autor „aus der Nachbarschaft" einzuladen.

Die erfolgreiche **Durchführung** – angefangen von der Finanzierung bis zum „pädagogischen Ertrag" – geht nicht ohne ein paar Anforderungen an die Kooperationsfähigkeit aller Beteiligten, also an die von Autoren, Lehrkräften und Schülern gleichermaßen (was nicht besagt, dass vor lauter Pädagogik gleich der Spaß auf der Strecke bleiben soll). In welchem Rahmen auch immer die Lesung stattfindet, sollte sich die Lehrkraft mit dem Autor oder der Autorin vorher einmal in Verbindung setzen (am besten telefonisch). Auch den Schülern sollte man einiges an Vorbereitung angedeihen lassen. Auf eine Ausstellung oder Dokumentation ist oben schon hingewiesen worden. Für eine vorherige Lektüre („Das muss kein dickes Buch sein.") plädiert der Jugendbuch-Autor Klaus Kordon (Kolb 1989, 18). Dann ist der Autor den Schülern kein völlig Unbekannter mehr. Aufgrund dieser Lektüre können für die Diskussion Fragen an den Autor überlegt werden. Die Diskussion ist genauso wichtig wie die Lesung selbst.

Es liegt auf der Hand, dass es unter den Autorinnen und Autoren verschiedene Temperamente gibt, und bei den Lehrkräften ist es nicht anders (Eikenbusch 1987). Auch sollte die Zahl der zuhörenden Schüler ein gewisses Maß nicht überschreiten. „Zwei Parallelklassen genügen vollauf", meint Max von der Grün (1982, 278). Eine gut organisierte Lesung ist für beide Teile ehrenvoll und bringt Gewinn. „Es ist für meine Arbeit notwendig, daß ich mit den Schülern sprechen kann", sagt Klaus Kordon (bei Kolb 1989, 18).

[G. K.]

Analysieren von Texten

„Textanalyse" ist ein Reizwort. In den 70er-Jahren im Zusammenhang mit einer Didaktik Kritischen Lesens als Schlüsselkonzept einer Reform des Deutschunterrichts gefeiert, wird sie heute in der Praxis zwar vielfach noch routinemäßig weiterbetrieben, jedoch in der didaktischen Theorie heftig bekämpft und in neueren Lehrplänen (z. B. Gymnasium Bayern, 1992 ff.) als Begriff verschämt versteckt. Wir wollen hier weder die Tradition noch die Polemik gegen sie fortführen.

1. Unterscheiden wir sachlich:

(A) Textanalyse, wie sie **im Unterrichtsgespräch** mehr oder weniger ritualisiert, d. h. vom Lehrer nach einem Schema gesteuert, betrieben wird (◊ *Sprechen über Texte*),
(B) Textanalyse **als kognitiven Vorgang** des Sichtens, Ordnens und Bewertens von Beobachtungen am Text (vgl. hierzu das Arbeitsbuch von Bremerich-Vos 1989),
(C) das **„Produkt Textanalyse"** als eine zu erbringende Schreibleistung.

Kognitive „Vorarbeit" und eigentliche Formulierungsleistung wird man bei (A) kaum auseinander halten können oder wollen; bei (B) und (C) jedoch findet man vielfach in der didaktisch-methodischen Literatur die Idealvorstellung, Lernende könnten zuerst den Text analysieren und dann das Ergebnis als Aufsatz niederschreiben. Tatsächlich dürfte das weder dem Erkenntnis- noch dem Schreibprozess entsprechen. Es wäre besser, auch Schülertexte zuzulassen, die Sackgassen, Wendeschleifen und Umwege des Verstehens nachzeichnen.

Wie eine Untersuchung an einer größeren Zahl in der Schule geschriebener und von Deutschlehrerinnen und Deutschlehrern korrigierter Aufsätze (Aufgabe: „Analyse eines poetischen Textes") gezeigt hat, birgt das Ideal des auf „die eine Deutung" zulaufenden Schulaufsatzes die Gefahr der leeren **Routine** und kognitiven **Sterilität** (vgl. Abraham 1994, 76 ff.).

Das verbreitete methodische Mittel, die Aufmerksamkeit Lernender durch **Leitfragen** zu steuern, ist sowohl bei pragmatischen als auch bei poetischen Texten oft unverzichtbar. Faktisch geht es besonders bei Letzteren nicht um „Globalanalyse", sondern um einen **„Textzugriff von einem Merkmal aus"** (Menzel 1984a, 19).

2. Allerdings sind schematische Abfolgen von Leitfragen zu Inhalt, Form/Stil, Gattung und Autorintention (poetische Texte) bzw. nach Textsorte, „Stilmitteln" und Autorintention (pragmatische Texte) in der Praxis häufig zu **schematischen Abfragen** denaturiert und stiften keine Beziehung zur behandelten Textvorlage. Es wird deshalb im Einzelfall immer zu prüfen sein, ob die zu Recht kritisierte Dominanz diskursiven Schreibens nicht zu unterlaufen wäre, ob also nicht produktions- bzw. handlungsorientierte Verfahren der Texterschließung pädagogisch und didaktisch bessere **Alternativen** zur schriftlichen Darstellung einer Textanalyse sind:

- **„akustische Textanalyse"**, d. h. Erschließung eines poetischen Textes von verschiedenen, jeweils anschließend begründeten Versuchen seiner lautlichen Realisation her (Ockel 1980; auch Berthold 1985; vgl. ◊ *Vorlesen/Vortragen*)
- **stilgestalterischer Umgang** mit der Vorlage (◊ *Précis schreiben*)
- **Umsetzung** der Vorlage oder einzelner Teile (Kapitel, Szenen, Strophen) daraus **in Spielhandlungen** (◊ *Inszenieren*, ◊ *Dramatisches Gestalten*).

Die oft anzutreffende Meinung, Analyse und Kreativität im Literaturunterricht seien Gegensätze, ist so nicht haltbar. „Kreativer Unterricht" kann auch als zweifelhaftes „Gütesiegel für einen Unterricht verwendet werden, der vor den analytischen Lernzielen kapituliert hat" (Fingerhut/Melenk 1980, 498). Das heute noch bemerkenswerte Buch *Textanalyse optisch* von Hussong u. a. (1971) demonstriert an grafischen Darstellungen von Textstrukturen (z. B. Figurenkonstellationen), dass analytische Textarbeit nicht unanschaulich oder steril sein muss. Es gibt bekanntlich verschiedene **Lerntypen**; kommt manchen Schülern das handlungsorientierte Erlesen und Erspielen eher entgegen, so anderen die kognitive Strukturierung. Nicht gegen sie richtet sich denn auch die erwähnte schreibdidaktische Polemik, sondern gegen die sprachlich zusammenhanglosen, inhaltlich eher dürftigen (recht schematischen) „Aufsätze", die sich vielfach immer noch „Textanalysen" nennen. Auf die **sprachliche Gestalt** der angestrebten Schülertexte ist, wenn man schon *über* Texte schreiben lassen will und nicht produktive Verfahren vorzieht, mehr Sorgfalt zu verwenden als bisher vielfach üblich.

4. Die komplexe Aufgabe schriftlichen Analysierens kann methodisch zerlegt werden in dabei zu erbringende **Einzelleistungen: beschreiben, erklären, bewerten** (Abraham 1994, 104 ff.). In jedem dieser drei Bereiche kann und soll mit den Lernenden abgesprochen und geübt werden, was jeweils *getan* werden kann, um zu einem zwar kognitiv und sachlich ausreichend differenzierten, jedoch auch interessanten und „ansprechenden" Aufsatz zu kommen. Insbesondere seien hier genannt für Lernende:

- einen *Standpunkt* und damit ein *Erkenntnisinteresse* angeben (aus welcher Perspektive wird ein Text beschrieben und bewertet?)
- *Kausalzusammenhänge*, die in den vom Autor unausgesprochenen Voraussetzungen eines Textes stecken, *ausformulieren* (was muss erklärt werden?)
- im eigenen Text „metakommunikative" Signale einsetzen, um dem Leser die Orientierung zu erleichtern (*Ich möchte zunächst ... und dann; ich fasse zusammen* usw.: vgl. Nussbaumer 1991, 248 ff.).

für Lehrende:

- ebenso wie beim ⇨ *Inhalte wiedergeben* mit *Lesarten* rechnen, statt eine angeblich autorisierte Deutung durchzusetzen
- Formbeschreibungen (bes. bei Gedichten) üben, aber dann nur dort akzeptieren, wo Form- und Inhaltsanalyse miteinander vermittelt werden
- grafische Visualisierungen von Schauplätzen, Figurenkonstellationen, Zeitebenen usw. fördern bzw. fordern („Textanalyse optisch")
- einen „Einleitungssatz" einführen, in dem jeder Schreiber ankündigt, *was er beweisen möchte*.

Dies vorausgesetzt, ist jedoch für die S I eine „Minimalliste" unverzichtbarer **literarischer Grundbegriffe** (vgl. etwa Grützmacher 1996) empfehlenswert, deren „Items" an geeigneten Text(auszüg)en – auch solchen aus der Jugendliteratur – erarbeitet werden können.

[U. A.]

Anwärm-/Warm(ing)-up-Übungen durchführen

Die Schüler kommen von Ereignissen zu Hause und des Schulwegs, aus der Pause, einer Mathematik- oder Turnstunde usw. in den Deutschunterricht: Sie sind mit ihren Gedanken noch ganz woanders. Wie kann da sinnvoller (und gemeinsamer) Unterricht stattfinden? Auch der traditionelle, lehrer- bzw. lehrzielorientierte Unterricht kennt das Problem, dass bei den Schülern zu Beginn einer Unterrichtsstunde erst ein Lernprozess angestoßen werden muss. Jeder Lehrer kennt die Forderung nach einer „Motivationsphase". Sie wird häufig verstanden als der erste Schritt zu einem von außen angestoßenen Lernweg (extrinsische Motivation). Sie schließt aber, wenn sie überlegt und wirksam ist, den geplanten Lehr-/Lerngegenstand des Unterrichts für die Schüler so auf, dass diese neugierig werden auf das Thema, die Sache, das Problem. Eigene Erfahrungen (Erinnerungen, Assoziationen), Grundeinstellungen (Neugier und Interesse) der Schüler und die Präsentation (Witz, Provokation usw.) ergeben lernpsychologisch wichtige Impulse zur folgenden intensiveren Erarbeitung (intrinsische Motivation). So hat das Nachdenken über eine Motivations*phase* durchaus Sinn (vgl. Meyer 1994, I 184 ff., II 129 ff.).

Man sollte jedoch auch die Kritik an der Realisierung dieser ersten Phase kennen:

- Leer laufende Schau, die mit dem eigentlichen Thema herzlich wenig zu tun hat, also die Erwartungshaltung enttäuscht,
- Anregung der Schüler zur Artikulation ihrer Meinungen, die dann der Lehrer nicht weiterführt, sondern sie (als unzureichend) nur registriert oder einfach beiseite schiebt,
- zeitlich zu kurz angesetzt, um den eigenen Lernwunsch auszubilden, um handelnde Selbstständigkeit bei den Schülern anregen zu können (sie kommen ja von ganz woanders her, s. o.),
- zu eindeutig sprach- und lehrerdominiert, was von vornherein vieles ausblendet,
- zu kindisch, und somit für ältere Schüler unbrauchbar,
- isoliert am Anfang, wie wenn „Motivation" nicht durchgängig zum Arbeiten wichtig wäre.

1. Anwärm- oder Warming-up-Übungen wollen das Positive und lernpsychologisch Notwendige der „Motivationsphase" aufnehmen. Sie gehen jedoch auch von anderen Bedingungen des Lernens aus, nämlich solchen der Selbsttätigkeit der Schüler, der Bedeutung der Emotionalität für den genannten Lernprozess (nicht nur für den „Einstieg") und der Lerngemeinschaft von Gruppen. Sie sind somit ein Element neuer allgemein- und fachdidaktischer Konzepte und der neuen Unterrichtsformen, für die auch in diesem Buch geworben wird.

1.1 In Formen des **Miteinandersprechens** geht es um mehr als um das Erlernen der Sprache für ein Thema: Miteinandersprechen als soziales sowie emotional mitgesteuertes Handeln erfordert, dass die Beteiligten sich aufeinander einstellen, sich einbringen, sich mit den Beziehungsaspekten solchen Tuns auseinander setzen, in metakommunikativen Gesprächen Wertungen setzen usw. (◊ Teil I, 1 *Miteinander reden*).

Anwärm-Übungen helfen, sich erstmals oder in einer bestimmten Situation aus einer anderen Perspektive heraus neu kennen zu lernen, sich in eine Rolle hineinzufinden, auf die zugeteilten Partner einzustellen und zuzugehen, sich anderen zu öffnen, sich anderen anvertrauen zu können. Eine besondere Herausforderung zu kooperativem Handeln entsteht, wenn eine gemeinsame Aufgabe durch zusätzliche Schwierigkeiten angereichert wird.

1.2 In Formen des **Spiels** (◊ Teil I, 6.4 *Spielen im Deutschunterricht*) geht es um die Herausforderung, eigene Rollen wahrzunehmen und in andere, fremde Rollen zu schlüpfen: Warming-up-Übungen dienen der Herstellung von Körper- und Raumgefühl, der Selbst-Wahrnehmung und der empathischen Beobachtungsfähigkeit.

1.3 Für die vielfältigen Aufgaben des kreativen **Schreibens**, eines produktions- und handlungsorientierten **Literaturunterrichts** genügt es nicht, konvergente Aufgaben z. B. von „Fragen zum Text" erarbeiten zu lassen oder „erste Reaktionen" abzuhören, vorher bestimmbare Lösungselemente oder Ergebnisse in angemessener Zeit zu erwarten. Die Fähigkeit des kognitiven Umstrukturierens, der kreativen Erweiterung, der Flexibilität, der kontrollierten Berücksichtigung von subjektiven Erfahrungen und Gefühlen mag in Ansätzen gegeben sein, sie jeweils zu aktivieren erfordert einen längeren Vorlauf (vgl. Kreft 1981, Waegner 1995), eben eine Phase des „Anwärmens". Dies ist schon deshalb nötig, weil die unterschiedlichen ersten Vorstellungen der Schüler beim Lesen eines Textes mit denen anderer Schüler vermittelt werden müssen (Willenberg 1993). Anwärm-Übungen werden sich dann nicht auf den Beginn eines Unterrichts beschränken, sondern bedeuten eine Phase der Selbstbesinnung innerhalb einer Lerneinheit. Auch zur Überwindung von Schreibblockaden sind sie zu empfehlen (vgl. Brenner 1990, Brodbeck 1995).

1.4 Auch die in jüngerer Zeit vielfach erprobten Verfahren der Entspannung, der Meditation, der „Phantasiereise" (Burger 1996), die eher funktionell frei zwischen Phasen konzentriert kognitiver (oder handwerklicher) Arbeit eingeschaltet werden können, haben eine Nähe zu Anwärmübungen, die z. T. ja auch mit körperlichen, musik- und rhythmusunterlegten Lockerungsübungen identisch sind.

2. Die Herkunft solcher Vorschläge ist sehr unterschiedlich: Anregungen der Selbsterfahrungsbewegung (Wormser 1976) und der Gruppendynamik (Gudjons 1995) tragen ebenso dazu bei wie kognitionspsychologische Einsichten (Willenberg 1993), die Bewegung der New Games (Orlick 1982) und die alternativen Theaterformen (Boal-Theater u. a., vgl. dazu Schuster 1994), von denen aus auch Wege zur Veränderung institutioneller Bedingungen sichtbar werden.

Wesentliche Kennzeichen aller sinnvollen Übungen sind: anregend, kurz, emotional entlastend, gestaltungsoffen sein, möglichst wenig einseitig, der nachgehenden Reflexion zugänglich.

Anwärmübungen sollten demnach spielnah unter Einbeziehung von Handlungselementen (Körperlichkeit) vollzogen werden: Sprechen als Handeln (jemanden/sich vorstellen; ↻ *Funktionen der Sprache erkennen*), Spiele zur Klärung eigener Erwartungen, Assoziationen, Vorstellungen, Erinnerungen, „Schemata" des Denkens und Urteilens, Übungen zur Selbsterfahrung (auch in der Gruppe), Pantomime als Spielvorbereitung zur Raumerprobung, zur Erschließung einer Figur/Rolle, zur Erprobung von Bewegungen (Gangarten) usw. Es sollten möglichst viele Schüler beteiligt werden.

Darüber hinaus können solche Übungen auch schon Teile einer größeren Aufgabe vorwegnehmen.

Eine Übung unterschiedlicher Gangarten kann Teil einer späteren Spielübung mit „Typen" sein, deren Kennzeichen ein bestimmter Gang ist.

Eine erste auf einen literarischen Text reagierende Schreibaufgabe kann Ausgangspunkt für ein Schreib- oder Spielprojekt sein.

3. Beispiele solcher Anwärmspiele sind:

Sich und andere **medial vorstellen**: durch Aufschreiben (und Auswerten) von Sätzen über Erwartungen, Ängste, Wünsche; Anfertigen von Collagen, Zeichnungen, sich in eine fremde Fotografie hineininterpretieren, Interviews, drei symbolische Dinge u. a. (vgl. Gudjons 1995, 49 ff.). Freilich wird für die anschließende gemeinsame Aufgabe erneut eine (intrinsische) Motivation nötig sein.

Erfinden und Einnehmen von **Körperhaltungen**, die etwas ausdrücken (vgl. Waegner 1994, 15).

Spiegelspiele: Ein Spieler muss sein Gegenüber imitieren. Es kann sich daraus auch eine Zwillingskooperation ergeben. Auch ein imaginär zugeworfener Ball (groß, klein, schwer …) erfordert das Eingehen auf den Spielpartner u. a.

Denkmal bauen, indem einer oder mehrere einen Schüler als Denkmal in „Teilkörperspannung" (Waegner) einrichten. Alle Anwärmübungen, die die Körper bewusst mit einsetzen, können auch als sinnvolle Hinführung zum Spiel eingesetzt werden (↻ Teil I, 6.4; ↻ *Dramatisches Gestalten*). Das Alter der Spieler wird bei der Auswahl der Übungen zu berücksichtigen sein.

Satzerprobung: Ein einfacher Satz wird in möglichst vielen tonalen Varianten (Tonhöhe, Intonation, Lautstärke, Tempo, begleitende Gestik und Mimik) gesprochen. Die Zuhörer können daraus Situationen entwickeln. [O. B.]

Argumentieren/Erörtern

Traditionell gilt die **„Erörterung"** als die höchste und schwierigste Form des Aufsatzunterrichts, die am Ende der zehn- oder schon der neunjährigen Schulzeit den Beweis des selbstständigen Denkens erbringen soll. Die gymnasiale Oberstufe ergänzt die Forderungen über allgemeine und gesellschaftlich-aktuelle Themen noch, einmal durch einen Umgang mit literarischen Texten in der **Literarischen Erörterung**, zum anderen mit der Forderung schriftlicher Auseinandersetzung mit Wertfragen philosophischer Art. Auf zwei Missverständnisse solcher Tradition hat die neuere Schreibdidaktik hingewiesen:

a) Der (schulischen) Textform „Erörterung" geht schon weit früher in der Kindheit das Interesse am „Erörtern", genauer: am (mündlichen) „Argumentieren", voraus: Dies ist in einem Curriculum zu berücksichtigen, das sich nicht auf die Schriftlichkeit allein festlegen darf.

b) Weder ist „das Erörtern" noch „die Erörterung" als die „Höchstform" schulischen Schreibens zu sehen, ja allein als eine stark formalisierte Textform wäre sie lebensfremd und zudem ideologieanfällig – gerade wegen der Bemühung um „Objektivität" (vgl. Sedding 1986, Ludwig 1988). Setzt man beim mündlichen Argumentieren an, wird dieses Problem sofort deutlich.

1. Ausgangspunkt jeder Argumentation ist ein Unbehagen, dass die Lösung einer Frage aufgrund unterschiedlicher Positionen nicht möglich erscheint: Die unterschiedlichen Positionen sind einerseits mit Einstellungen, Gefühlen, Emotionen, Wertsetzungen usw. verknüpft, zum anderen aber an Kenntnisse und tiefere Einblicke in Sachverhalte gebunden. Argumentationen drängen auf Entscheidungen, sie sind angestoßen von der Suche nach der Lösbarkeit der Ausgangsfrage: So ist der legitime Ort einerseits das mündliche Streit- oder Argumentationsgespräch (⇨ Teil I,1 *Miteinander reden – Mündlicher Sprachgebrauch*). Andererseits hat die schriftliche Auseinandersetzung eine dreifache Funktion: Sie hilft – aufgrund der größeren Distanzierungsmöglichkeit – zur kognitiven und affektiven Klärung des eigenen Standpunkts (**„Selbstvergewisserung"**), sie hilft, unterschiedliche Positionen und Sachverhalte (**„Klärung"**) zu prüfen, nicht nur die eigene Sicht, fördert so die Identität (**„Identitätsbildung"**). Sie hilft schließlich, den Umgang mit der argumentativ angemessenen Sprache zu erweitern (**„Sprachbildung"**).
So gilt es, sowohl Argumentationsmuster zu entwickeln als auch den sinnvollen Ansatz für schriftliches Erörtern zu finden.

2.1 Brinker (vgl. 1992, 63 f.) nennt drei **Wege thematischer Entfaltung**:
- eine **deskriptiv-aufzeigende**, die einen Sachverhalt so auseinander legt, dass sich die Problemlösung von selbst ergibt, am Ende explizit genannt wird (vgl. auch ⇨ *Begriffe vermitteln und gebrauchen*),
- eine **explikative**, die die Problemlösung in einer „Geschichte", einem (nachvollziehbaren) Verlauf präsentiert oder – als **narrativ-exemplifizierende** – gar in eine gebundene Form wie eine Fabel, ein Gleichnis, eine Anekdote u. a. „verpackt",
- eine **argumentativ-ableitende Themenentfaltung**: Dies ist die schulisch häufig geforderte Form. Von einer vollständigen Argumentation in diesem Sinne kann man sprechen, wenn eine Behauptung, Meinungsäußerung, Wertung (mit einem oder mehreren Beispielen) belegt und dann begründet oder plausibel gemacht wird. Eine Erweiterung liegt vor, wenn zugleich eine Gegenbehauptung zurückgewiesen wird, zudem kann eine (Handlungs-)folgerung angefügt sein.

2.2 Aus den drei genannten Grundformen lassen sich zum einen Hinweise auf **Entwicklungsstufen des Aneignens** geben, zum anderen Formen entwickeln.
Feilke (1988) hat gezeigt, wie sich bei Kindern und Jugendlichen die Fähigkeit zum Argumentieren entwickelt. Dabei sind folgende Einsichten wichtig:
- Vor der argumentativ-begründenden Form finden sich Argumentationen, die Begründungen nennen, die erzählend oder beschreibend begründen wollen.
  Solche Formen sind auch bei älteren Schülern neben dem begründenden Argumentieren weiter von Bedeutung.
- Vor jeder „allgemeinen", d. h. grundsätzlichen Erörterung haben Kinder und Jugendliche Interesse an spezifischen Themen und Problemen ihrer Lebenswelt, gerade wenn dabei auch persönliche Interessen und Einstellungen eine große Rolle spielen.

☐ Es sind Formen des Erörterns zu finden, die den Interessen der Schüler – und der notwendigen Erweiterung ihrer Fähigkeit – Rechnung tragen.

Viele Problemfragen lassen sich sinnvollerweise zunächst im mündlichen Sprachgebrauch vorklären. – Allerdings bedeutet die schriftliche Form eine weitere Stufe der Herausforderung. Solche **Formen schriftlicher Argumentation** sind:
Briefe und Leserbriefe; (schriftliche) Dialoge; Streitgespräche und Interviews, die Strittiges diskutieren; Buchrezensionen und Stellungnahmen; Kommentare; die „steigernde Erörterung" und das sachliche Referat; schließlich die klassische Pro-Kontra-Erörterung. Doch gerade diese lässt sich erweitern, indem die Verfasser in Argumentationen früher gelernte Schreibformen integrieren (Bericht, Beschreibung, Erzählung und Schilderung).
Alle Formen, die glossierend, ironisch und satirisch darüber hinausgehen, Dialoge, die aufgrund von Missverständnissen scheiternde Argumentationen zeigen (bei Valentin, Loriot, Polt u. a.), sollten zunächst in anderen didaktischen Kontexten mit Schülern erarbeitet werden, können schließlich, d. h. vorrangig im 9. und 10. Schuljahr, jedoch auch im Kontext dieser Schreibziele besprochen und analysiert werden.

3.1 Der Unterricht sollte alle Gelegenheiten aufgreifen, und dies auf allen Stufen, um Probleme zu erkennen, Einschätzungen und Beurteilungen möglich zu machen, um so die Verantwortlichkeit der Heranwachsenden zu stärken und womöglich Probleme zu lösen.
Didaktische Hilfen werden sich deshalb immer zuerst auf die **Klärung von Sachverhalten, die Bereitstellung von Perspektiven, Argumenten und Überlegungen** für die Praxis beziehen. So können Kinder mitreden, wenn es um Wünsche, Konflikte, Probleme der Schule (Schulhof, Medienraum, Streit in der Pausenhalle) geht. So können Schüler der 5.–7. Klassen sich ihre Themen und Probleme durch dialogische Streitgespräche erschließen, die auch mündlich vorbereitet werden können.
Sinnvoll für Schüler ab der 8. Klasse sind die ◊*Fünfsatzübungen*, die auch eine schriftliche Ausarbeitung zulassen. Auf diese Weise können schließlich ältere Schüler zur systematischen gedanklichen Erschließung geführt werden: auch dies sinnvollerweise an Themen, die aktuell sind und die die Schüler beschäftigen.

3.2 Erst über die Erarbeitung konkreter Fragen kann sich allmählich die Erarbeitung eines beliebig einsetzbaren formalen Musters ergeben, das
– zum einen sich auf jedes einzelne Erörterungselement bezieht, **These** oder Behauptung, **Argument** oder Begründung, Beleg und/oder **Beispiel, Schlussfolgerung** (die auf die Ausgangsthese zurückweist),
– zum anderen den Aufbau einer geschlossenen Erörterung als Textform vorführt in den zwei bekannten Ausprägungen, als **„steigernde Erörterung"**, mit einer nach dem Gewicht/der Bedeutung argumentativ steigernden Reihe von Argumenten für eine These, und als **„Pro-Kontra-Erörterung"**, in der die Gegenargumente zunächst dargestellt, schließlich durch die gewichtigeren eigenen kommentiert, widerlegt oder übertroffen werden, sodass sich eine Lösung ergibt. Diese kann ein Kompromiss sein, aber auch eine Zurückweisung, auf jeden Fall beinhaltet sie aber eine Entscheidung.

Formale Muster der Erörterung, vor allem des umfassenden „Pro-Kontra-Schemas" haben den großen Nachteil, dass sie den Schülern eine Haltung der Neutralität abverlangen, die weder den Interessen der Schüler, meist auch nicht dem Charakter der Problemfragen angemessen ist. Sie tradieren die Meinung, Lernende hätten noch an keiner Stelle mitzureden, sondern zunächst nur Sach- und Problemerschließungen zu betreiben. Solche Schreibmuster unterlaufen, rigide eingeführt, auch alle Anregungen, wie sie die kreative Schreibbewegung zu bieten hat.

Auf der anderen Seite können vor allem die **Vorstufen der geordneten Stoffsammlung**, der **Stoffordnung** und der **Gliederung**, einschließlich der Formulierung von Abschnitten und der begrifflichen Gleichartigkeit von Gliederungspunkten, den Schülern eine große Hilfe sein. Doch sollten solche methodischen Wege auch unterbrochen werden von offenen Formen des kommentierenden Schreibens zu einem Text, der kreativen Gedankenfindung (wie sie z. B. das „Mind Mapping" vorsieht, vgl. Liebnau 1995, 37 f. ◊ *Assoziatives Schreiben* u. a.).

4. Bei der Frage nach den **Inhalten des Argumentierens** sollte der Lehrer aktuelle Fragen aus der Lebenswelt der Schüler, einschließlich der aktuellen öffentlich diskutierten Fragen bevorzugen. Dabei sollten Schülerwünsche, die sich im Laufe der Zeit ansammeln können, vorrangig berücksichtigt werden. Die spezielle Themenwahl ist dann nicht nur eine Frage der Motivation, sondern auch der sinnvollen Einarbeitung. Beispiele sind: Fahrrad gegen Mofa, Winterpause im Fußball, Tageszeitung gegen Fernsehen als Informationsquelle ...
Argumentatives Schreiben kann sich nicht allein auf zufälliges Wissen gründen, sondern der Verfasser sollte auf weitere Unterlagen (Informationen, Quellen, Beispiele, Argumentation anderer) zurückgreifen. Die Aktualität eines Themas erleichtert die **Materialbeschaffung** (◊ *Informationen verarbeiten*). Ob der Unterricht sodann von einer Themenstellung ausgeht oder zunächst von Texten, ist vor Ort zu entscheiden.
Eine **Erörterung nach Texten**, genauer nach der Argumentation eines Textes, kann parallel zu einer Problemauseinandersetzung erarbeitet werden, etwa in Form von Leserbriefen, Kommentaren zu Texten u. Ä. (◊ Teil I,3 *Umgehen mit Texten*).
Eine weitere und besonders in 10. Klassen sowie in der Oberstufe des Gymnasiums gepflegte Schreibform ist die so genannte **Literarische Erörterung**. Leider wird sie – zumindest in den didaktischen Begründungen – häufig nur als arbeitstechnische und kontrollierende Schreibform verstanden, in der die Schüler „das Auffinden und Auswerten geeigneter Textstellen, das Ordnen relevanter Stellen aus dem Text unter übergeordneten Gesichtspunkten, das funktionsgerechte Zitieren und Belegen" sowie den Umgang mit Zitat und angemessenen inhaltlichen Zusammenfassungen lernen sollen (vgl. Staatsinstitut 1992, I. Bd., 193), weiterführend dann „eine umfassendere Problemstellung im Textganzen überschauen, textbezogen erörtern sowie in werkübergreifende Zusammenhänge stellen können" (Gymnasial-Lehrplan für Bayern, zit. in Staatsinstitut 1993, II. Bd., 122).
In Ergänzung solcher formaler Ziele wird im Sinne des Literaturverstehens und der Förderung flexibler Schreibfähigkeiten zu empfehlen sein, auch andere Formen des ◊ *Schreibens nach Texten* zu üben. Zwar regen literarische Texte auch zu argumentativer Auseinandersetzung an, sie sollten jedoch integrative und problemorientierende Zusammenhänge besitzen. In einschlägigen Handreichungen (Staatsinstitut 1993, 2 Bd. 131 f.) wird auf Themenbereiche hingewiesen wie Friedenserziehung, Medienerziehung, Mensch und Technik, Umwelterziehung, Familien- und Sexualerziehung, politische Bildung und philosophische Weltdeutung, in deren Kontext (nicht: „Dienst") literarische Erörterungen auch gestellt werden können, ohne dass darüber auch spezifisch poetologisch-literarische Themenstellungen unsinnig wären.

Beispiel (1): Der Derwisch, der Klosterbruder, Nathan – drei Versuche, sich in der Welt Freiheit zu erringen
Beispiel (2): Ist es Lessing gelungen, die drei Religionen in ihren Vertretern wirklich als „gleichwertig" darzustellen?

5. Soll die traditionelle „Erörterung" langfristig vorbereitet, von anderen Formen des Erörterns begleitet und schließlich als Schulform wieder überwunden werden, so ist nach vielfältigen **Methoden** zu suchen. Eine Hilfestellung für den einzelnen Lehrer mag dabei das folgende Raster sein:

□ Themenfindung: Sammeln von Themenwünschen, spontane Reaktion auf regionale Anlässe, auf Medienereignisse, auf Buchvorstellungen, Lektürefragen
□ Themenerarbeitung:
  – gemeinsame oder individuelle erste Gedankensammlung
  – Bearbeitung von vorliegenden Texten oder Medienmitschnitten
  – Erproben von ◊ *Fünfsatzübungen*
  – Durchspielen von Streitgesprächen, Dialogen oder Interviews
  – Analyse solcher Gespräche im Hinblick auf die Argumentationen
  – Analysen von Schülertexten
  – eigene Schreibversuche
  – gemeinsame Überarbeitung von Schreibversuchen
  – Erarbeitung von Schreibplänen: Vergleich verschiedener Vorgehensweisen von Schülern (vgl. Lottmann 1990)
  – Erproben unterschiedlicher Schreibpläne
  – Einbeziehen traditioneller Gliederungsmuster
  – Ausformulieren von Argumentationseinheiten
  – Entwickeln leserbezogener Einleitungen. [O. B.]

Assoziatives Schreiben

Einfach drauflos schreiben zu lassen widerstrebt vielen Lehrern, fehlen doch so Anleitung und Hilfe. Und Schüler sind verunsichert, da sie Fallstricke vermuten und nach genaueren Schreibanweisungen fragen. – Und wenn dennoch Texte entstehen, so bleibt die Frage der Beurteilung: Darf man die Schüler in der falschen Sicherheit bestärken, kleine Dichter zu sein, wenn die Produkte gedanklich dünn, stilistisch unbeholfen, formal schauerlich sind? Darf man die Schüler anregen, aufzuschreiben, was ihnen einfällt, um dann rigide darüber herzufallen?

1. Assoziatives, freies (◊ *Freies Schreiben*, ◊ *Schreibkonferenzen organisieren*), improvisierendes, kreatives oder personal-kreatives, personales, expressives, automatisches Schreiben, Schreiben „für sich" – die Bezeichnungen für eine Schreibhaltung, die unbeeinflusst von äußeren oder kognitiv kontrollierten Regeln abläuft, sind vielfältig, aber wenig definiert. Gemeinsam ist solchen Anregungen, in Künstlerkreisen der Jahrhundertwende („écriture automatique") intensiv betrieben (vgl. Merkelbach 1993) und seit Jahrzehnten in Schreibkreisen und Workshops gepflegt, Fähigkeiten des Menschen zu fördern und ans Licht zu bringen, die traditionelle Schreibaufgaben nicht leisten: „ganzheitliche" Bildvorstellungen, bedrängende Gefühle und Stimmungen, assoziative Verknüpfungen zu äußeren oder inneren Erfahrungen auch ohne „Logik" zum Ausdruck zu bringen. Künstler haben sich daraus immer wieder Anregungen zu Innovationen, personalen wie sprachlichen, geholt, besonders Jugendliche können Wege finden, mit ihren widersprüchlichen inneren Erfahrungen und Gefühlen umzugehen, Jugendliche und Erwachsene können aus einer einseitigen Sicht auf die Welt, ihren Aufgaben und Pflichten, aus dem gewöhnlichen Anpassungsdruck (nicht nur der traditionellen Schreibaufgaben) herausgeführt werden.

2. Assoziatives Schreiben bedeutet demnach, sich von den eigenen Empfindungen und Gedanken führen lassen, auf Wörter, Sätze, kleine Texte zu, in denen, unbeeinflusst von äußeren Regeln der Sprache und der Logik, von Situation und Lesererwartung, die eigene Befindlichkeit fassbar wird.

Bedingung ist ein Anstoß, eine Anregung auf mentale Konzentration, auf einen Reiz, von dem aus sich der Schreiber mithilfe von Notaten tragen lassen kann. Dabei sollte auch deutlich bleiben, dass das Wissen um eine bereits definierte später erwartete Textform andere Reaktionen auslöst als die völlige Ungebundenheit: Ideen sammeln für eine Erörterung, für ein Projekt, für einen bunten Abend wird weit mehr „kontrolliert" vor sich gehen als etwa automatisches Schreiben zu einem sinnlichen Eindruck. Allerdings sollte der Begriff „authentisch" für diese ersten Notate nicht verwendet werden (deshalb fehlt er auch in der obigen Aufzählung), weil oft erst ein mühsamer Weg durch übernommene Erfahrungsmuster und Sprachklischees, vor allem auch aus Medien (Comic, Film und Fernsehen), zu gehen ist, bis ein Text entstanden ist, hinter dem ein Verfasser „steht", der also „authentisch" genannt werden kann (◊ *Klischees erkennen und bearbeiten*).

3.1 Anstöße können von unterschiedlicher Art sein:
- Eine Redensart, ein Zitat, ein Bild (Gemälde, Fotografie, Karikatur), Musik, alles kann Anlass zu assoziativem Schreiben sein (vgl. Rico 1983, Schuster 1995, Holoubek 1995).
- Wörter, die ein Gefühl anstoßen (Trauer, Freude …)
- Widersprüche, in zwei Begriffe gefasst: *Liebe – Tod,* oder mit einem angehängtem Widerhaken *Glück – aber…*
- Reizwörter können Anstoß für Geschichten sein: Ungeeignet sind nur die trivialen Reizwortvorgaben nach dem Muster „Kind-Ball-Straße" (weil sie nur konvergentes und nicht assoziatives Schreiben fördern).
- Gedankenprotokolle können aus unterschiedlichem Anlass entstehen: das wahre Protokoll hinter dem sachlichen, Reaktionen auf einen unangenehmen Brief …
- Beobachtungs- und Rollenfantasien können anregen, sich in andere zu versetzen und diese sprechen lassen: „Ich wollt', ich wäre du …"
- „Unfrisierte" Gedanken und „wilde" Vorstellungen können ans Licht gebracht und ausgemalt werden (vgl. Kuhl 1988): Traumbilder oder Schmähschriften.

(Zu Anstößen nach Texten vgl. ◊ *Schreiben nach Texten*.)

3.2 Wichtig sind trotz der Subjektivität und Individualität Formen der Weiterarbeit:
- Revisionen sollten die Schüler anstreben (◊ *Überarbeiten/Textrevisionen durchführen*).
- Gespräche über die (vorgelesenen) Texte sollten in offener Atmosphäre stattfinden und als hilfreich eingeschätzt werden.
- Leserreaktionen sollten den Charakter von Nachfragen, der eigenen und individuellen Kommentierung, des subjektiven Eindrucks haben. Freilich sollten sie sich auch auf Kriterien beziehen dürfen (vgl. Holoubek 1995, 94): Ist der Aufbau stimmig? Sind alle Teile „funktional?" Ist das Ende zufriedenstellend? Sind die Handlungsweisen und Gedanken der Personen nachvollziehbar? Welche Passagen wirken kitschig oder klischeehaft (◊ *Klischees bearbeiten*), und wie könnte man sie genauer, differenzierter gestalten? Ist ein Stilwille erkennbar? Ist auf sprachliche Rhythmisierung geachtet? Wird mit Metaphern umgegangen? Ist eine bestimmte Sprechhaltung (z. B. Ironie) erkennbar und angemessen?
- Leserreaktionen können auch in Form eines weiteren freien Textes gegeben werden. Authentische Texte können folglich erst am Ende eines Texterarbeitungsprozesses stehen: Dort, wo sie den Charakter der nur subjektiven Verarbeitung verlassen, sind sie auf dem Weg zu künstlerisch interessanten Produkten.

4. Assoziatives Schreiben kann alle Themen einbeziehen. Besonders ergiebig für den Lernprozess scheinen jedoch Aufgaben zu sein, die auch an didaktisch vorgeplante Themen anschließen; so die Aufgabe, einfach „automatisch" loszuschreiben, die Einlinigkeit der

Vorgangsbeschreibung aufzubrechen (vgl. Hornung 1993), so durch die Subjektivierung von Vorgängen die Aufgabe des Protokolls aufzulockern (Beispiel bei Kuhl 1988, 130), so durch eine Bildassoziation die „Bildbeschreibung" zu beleben usw.

5. Sinnvoll ist es sicher, die Schüler allmählich sich freischreiben zu lassen:
Gemeinsame Clusterbildungen können individuellen vorausgehen (zum Cluster vgl. Rico 1983, Pommerin 1995, Beispiele Abb. 21).
Will man von hier aus in Richtung ◊ *Argumentieren/Erörtern* weiterarbeiten, so bietet sich die „Ideen-Landkarte" des „Mind Mapping" an, bei dem von einem Thema (genauer: von einem „Begriff" wie beim Clustering) aus, verschiedene „Gedankenstraßen" begangen werden (vgl. Liebnau 1995, 37 f.).
Automatisches Schreiben muss geübt werden: Der Stift darf nicht aufhören zu schreiben – und wenn gerade „nichts kommt", so werden eben Kringel gemacht, bis es wieder weitergeht. Für Musik schlägt Holoubek (1995, 81 ff.) Arbeitsblätter vor, in denen Aufmerksamkeitsrichtungen auf unterschiedliche Eindrücke und Gefühle angeboten werden.
Auch für Bilder können Aufmerksamkeitsrichtungen hilfreich sein (eine Geschichte daraus entwickeln, eine Geschichte über die Entstehung erfinden, den eigenen Gefühlen zum Bild nachgehen, über Farben oder Formen nachdenken, Erinnerungen dazu suchen).
Auch zu fertigen Texten (Dialogen, Gedichten), die vertont werden sollen, können Notizen entstehen. [O. B.]

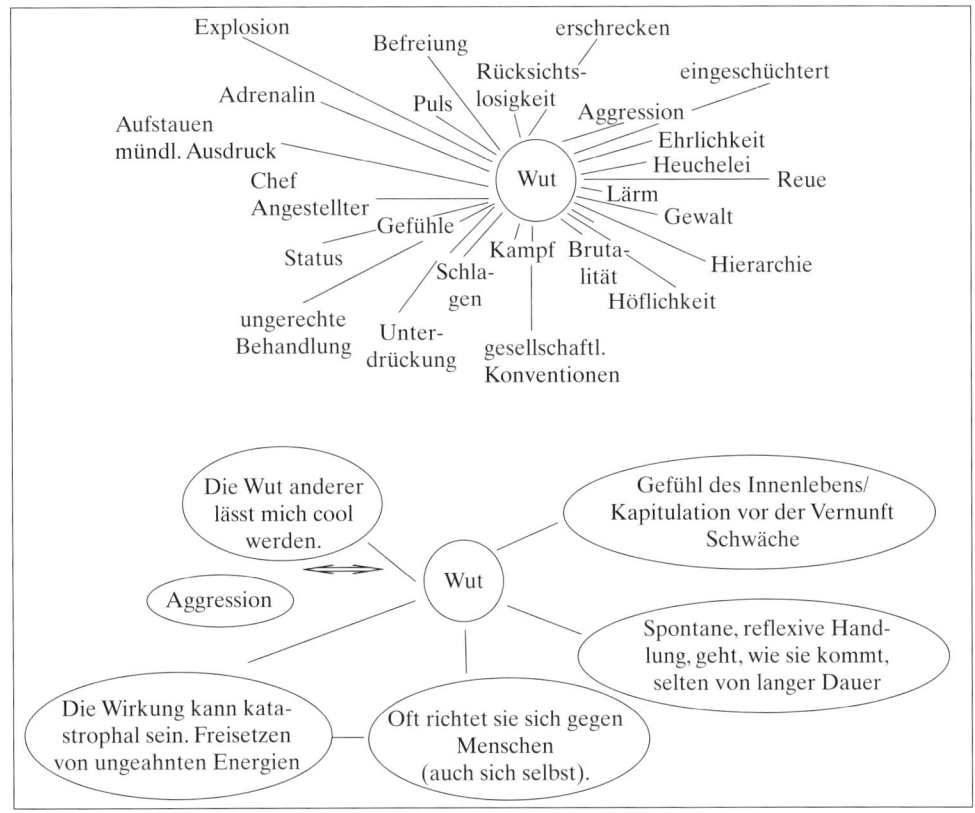

Abb. 21: Zwei Cluster zum Stichwort „Wut" (aus Pommerin 1995)

Ausstellungen und Museen besuchen

Ausstellungen, Museen und Gedenkstätten sind ein weites Feld und für den Deutschunterricht ein noch lange nicht ausgeschöpftes Potenzial. Die Arten solcher Einrichtungen sind recht vielfältig (vgl. hierzu auch Oberhauser 1983 und Deutsche Literaturlandschaften 1997/98). Da gibt es Gedenkstätten und Museen für einen Autor oder eine Autorin: z. B. Goethe in Frankfurt/Main und Weimar, Schiller in Marbach/Neckar, Bauerbach und Weimar, Wieland in Biberach und Weimar, Jean Paul in Bayreuth, Kleist in Frankfurt/Oder, das Geburtshaus von Trakl in Salzburg – die Reihe ließe sich noch lange fortsetzen. Städte wie Wien (Scheuer 1995) oder Prag (Binder 1997) stellen eigene literarische Topographien dar. Ideal, aber selten sind Gedenkstätten, die nahezu unverändert sind, wie Jean Pauls Dichterklause in der „Rollwenzelei" in Bayreuth.

1. Die genannten „Dichterorte" gehören zu verschiedenen Arten von solchen Einrichtungen mit ihren Sammlungs- und Präsentationsmöglichkeiten. Es kommt darauf an, ob es sich um ständige oder temporäre Einrichtungen handelt. Im Einzelnen kann man unterscheiden:

– *Literaturmuseen*: Sie sind natürlich stark literarisch, thematisch oder biografisch ausgerichtet; Beispiel: Goethe-Museum in Düsseldorf („Goethe in seiner Zeit").
– *Gedenkstätten*: Sie erinnern an eine Dichterpersönlichkeit, oft wird auch auf Zeitbezüge geachtet; Beispiel: Kurt-Tucholsky-Gedenkstätte in Schloss Rheinsberg/Brandenburg.
– *Heimatmuseen*: Sie enthalten oft Erinnerungsstücke an Heimatautoren, geben auch Hinweise zur Sprachtradition (z. B. Urkundentext); Beispiel: Heimatmuseum in Neuruppin mit seinen 20 000 Exemplaren der berühmten Neuruppiner Bilderbogen.
– *Ausstellungen*: Sie sind meist thematisch ausgerichtet oder werden zu bestimmten Gedenkanlässen durchgeführt; Beispiele: die Kabinettausstellungen des Deutschen Literaturarchivs Marbach am Neckar.

2. Für den Deutschunterricht können indirekt die Theatermuseen in Düsseldorf und Wien oder **fächerübergreifend** Maler- und Komponisten-Gedenkstätten einbezogen werden (Alfred Kubin als Illustrator von Werken E. T. A. Hoffmanns oder E. A. Poes mit seinem Haus in Zwickledt/Oberösterreich, Schuberts Geburtshaus in Wien oder Schumann-Haus in Zwickau). Zum Thema *Nationalhymnen* könnte eine Vitrine im Haydn-Haus in Eisenstadt (Burgenland) einige Anstöße bieten. Doppelbegabungen wie E. T. A. Hoffmann (Bamberg) oder Adalbert Stifter (Wien) könnten solche Schüler ansprechen, die sich für bildende Kunst interessieren. In Verbindung mit dem Theater kann Richard Wagners Idee vom Gesamtkunstwerk diskutiert werden (Villa Wahnfried in Bayreuth, Richard-Wagner-Museum am Vierwaldstätter See in Luzern).

Zieht man den fächerübergreifenden Aspekt etwas weiter, lassen sich noch weitere Möglichkeiten für den Deutschunterricht erschließen. Pointiert gesagt, wird eine Deutschlehrkraft aus jedem Museum für ihren Unterricht etwas machen können. Das gilt z. B. für die weit verbreiteten **Stadt- und Heimatmuseen**. Sie erinnern oftmals an Persönlichkeiten, die zum kulturellen Leben eines Ortes oder einer Region beigetragen haben. Der ehemals so viel gelesene Maximilian Schmidt, gen. Wald-Schmidt (1832–1919; Gedenkstätte in Eschlkam im Bayerischen Wald) kann den Schülern verdeutlichen, welche Bandbreite einst das Lesepublikum hatte (heute ist es vielleicht der Comic-Salon in Erlangen – und wie je und eh: Karl May in Radebeul). Heimat- und Volkskundemuseen, auch Museumsdörfer, bieten oft genug Zeugnisse, wie sich frühere Lebensweise in der **Sprache** niedergeschlagen hat, etwa Mundartausdrücke für land- und forstwirtschaftliche Geräte und Arbeitsvorgänge. Die sich durch Industrialisierung und Technisierung entwickelnden **Fachsprachen** lassen sich durch Exponate anschaulicher darstellen und in ihrer Funktion verdeutlichen. In diesem Zusammenhang sollen als Exempla das Deutsche Museum in München, das Hygienemuseum in Dresden, das Museum für Verkehr und Technik in Berlin und das Schifffahrts-Museum in Kiel genannt werden. Namen von Pflanzen, Tieren, Mineralien usw. können auch als Sprachgegenstand im Deutschunterricht betrachtet werden (Fachsprachen mit Termini, Nomenklatur, Systematik). Hier bieten sich die Naturkundemuseen fächerübergreifend an (Museen z. B. in Bamberg, Coburg, Eichstätt, Gotha, Leipzig, das Senckenberg-Naturmuseum in Frankfurt am Main und das Haus der Natur in Salzburg; aber auch naturkundliche Abteilungen in landesgeschichtlichen Museen). Schließlich und endlich gehören auch noch die historischen Museen (z. B. das Landesmuseum in Zürich oder das Museum für das Fürstentum Lüneburg) hierher, bringen sie doch den **historischen Kontext** für Sprach- und Literaturgeschichte den Schülern näher.

3. Der Besuch von Museen oder Ausstellungen ist zunächst stark von der didaktischen Reflexion geprägt. Es kommt darauf an, ob es um Motivation (Museum als Erlebnisraum) oder mediale Erweiterung des Unterrichts oder um einen andersartigen kognitiven Zugriff auf die Unterrichtsgegenstände geht. Grundsätzlich ist wieder von einem methodischen Dreischritt Vorbereitung – Durchführung – Nacharbeit auszugehen (vgl. hierzu das Flussdiagramm Abb. 22).

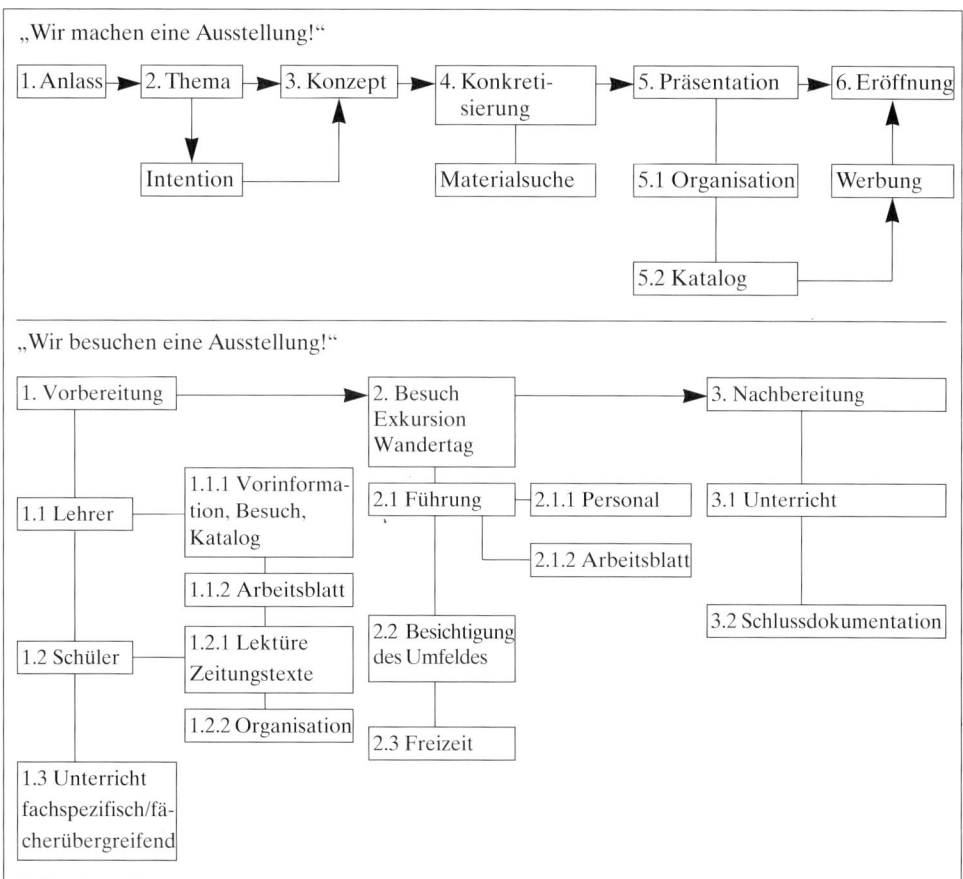

Abb. 22: Flussdiagramme zum Ausstellungsbesuch

3.1 Die **Vorbereitung** ist natürlich von den Materialien und der Art der Präsentation abhängig. Ganz allgemein können die Schüler Prospekte mit den Öffnungszeiten, den Gruppenpreisen, evtl. Führungen sowie Materialhilfen besorgen. Die Intention eines Besuches muss klar und auch den Schülern bekannt sein, d. h., ohne gewisse Lernziele geht es nicht (nur wer weiß, was er sehen soll, sieht etwas). Sicher klingt das nach einer Fortsetzung des Schulbetriebs mit anderen Mitteln. Wo bleibt da der Spaß am Besuch? Man wird nach Schulstufen und dem musealen Angebot differenzieren müssen. In der Unter- und Mittelstufe können Arbeitsaufgaben bzw. Leitfragen bearbeitet werden. Auch eine Rallye ist denkbar – vielleicht in einem Märchenpark. Man mag über den didaktischen Wert solcher meist kommerzialisierten Einrichtungen geteilter Meinung sein, aber nachdem zu Hause immer mehr Kinder immer weniger Märchen erzählt bekommen, könnte ein solcher Besuch wenigstens das Interesse für Märchen wecken. Wichtig ist hierbei, dass die Lehrkraft das Thema Märchen weiterführt und vertieft, sodass die Schüler Gelegenheit zur Entfaltung „ihrer" Fantasie bekommen. Es wird von den angebotenen Interaktions-Möglichkeiten bei einem Ausstellungs- oder Museumsbesuch abhängen, ob man nicht die Schüler einfach einmal selbst entdecken lässt, ohne schon mit einem Katalog von Lernzielen hinzugehen. Ein Beispiel: Im Wieland-Museum in Biberach können die Besucher das Schreiben mit Federkielen selbst ausprobieren. In Oberstufenklassen können die Lehrkräfte Intention und Konzeption eines Museums- oder Ausstellungsbesuches – denkbar auch im Rahmen eines Projektes – gemeinsam formulieren. Die Auswertung von Katalogen ist für Oberstufenschüler insofern interessant, da diese Kataloge die neueste wissenschaftliche Diskussion wiedergeben und die Schüler oder Kollegiaten z. B. durch Gruppenarbeit und Referate einen Ausstellungsbesuch vorbereiten können.

3.2 Auch die **Durchführung** wird von der Altersstufe, dem Erfahrungsschatz der Schüler und von dem museumspädagogischen Angebot abhängen. Manche Museen stellen eigene Räume für Schulklassen bereit, in denen gebastelt werden kann oder in denen die Schüler z. B. ihre Arbeitsblätter bearbeiten können. Auch stellen manche Museen oder Ausstellungsleitungen Fachkräfte für eine Führung zur Verfügung (ansonsten muss die Lehrkraft selbst „einspringen"). Da es sich bei den Schülern um die Museumsbesucher von morgen handelt, fällt den Lehrern auch die präventive Aufgabe für das Verhalten der Schüler in einem Museum zu. Es scheint zwar extrem, aber es ist so, dass die Restauratoren von Schloss Sanssouci über den zunehmenden Vandalismus klagen. Bei vergoldeten Sandsteinfiguren verschwinden immer wieder „reihenweise Finger und sogar ganze Arme der Figuren" (SZ, Nr. 178, 4.8.1995, 5).

3.3 Für die **Nacharbeit** bieten sich methodische Maßnahmen vom „einfachen" Unterricht bis zur Wandzeitung an (◊ Teil I. 6,3 *Außerschulische Lernräume*). Je nach Altersstufe sollte auch eine kritische Sicht des Gebotenen nicht fehlen. Zu bedenken ist auch, dass die Exponate nicht die volle Wirklichkeit abbilden, deshalb sind weiterführende Aufgaben sinnvoll. Werden Arbeitsblätter eingesetzt, so müssen diese in der Nacharbeit besprochen werden.

4. Der Besuch einer Ausstellung kann auch einmal der „Vorarbeit" für eine **eigene Ausstellung** dienen. Bei dieser ist zu beachten, ob sie „nur" für das eigene Klassenzimmer oder für die Schule und darüber hinaus für die „Öffentlichkeit" (auch Eltern) gedacht ist, d. h., in puncto Zielpublikum müssen Überlegungen angestellt werden. Die Bandbreite für Themen und Anlässe ist groß, der Arbeitsaufwand sicher nicht minder. Aber schon mitgebrachte Bücher eines Autors, von dem gerade eine Ganzschrift gelesen wird, können den Grundstock für eine „Ausstellungsecke" bilden. Fotos, Zeitungsausschnitte, Auszüge aus Literaturlexika oder Prospekten (evtl. über den Buchhandel oder Verlage), Schreiben an und von Autorinnen und Autoren, eine **Dokumentation** über die Entstehung eines Buches können die Ausstellung (Pinnwand, Seitentafel) erweitern. In der Oberstufe lässt sich eine Dokumentation mit wissenschaftspropädeutischem Charakter anlegen. Günstig ist es, wenn man von Literaturarchiven (etwa Sulzbach-Rosenberg mit dem Archiv des ehemaligen „Akzente"-Herausgebers Walter Höllerer, Frisch-Archiv in Zürich) Hilfe bekommt. Anlässe gibt es genug: Gedenktage und Jubiläen, Themen (wie für 1995 die Literatur der „Stunde Null"). Auch ein „Literaturkalender" mit Gedenkterminen lässt sich für die Seitenwand zusammenstellen.

Klassen- oder schulbezogene Ausstellungen können auch das kulturelle Leben des eigenen Ortes widerspiegeln, sei es eine Autorenlesung in der eigenen Stadt oder in der Nachbarschaft. Hinweise auf Theateraufführungen (mit Theaterzettel, Bildmaterial), auf Schultheater (Fotodokumentation von Proben oder Aufführung) lassen sich ebenfalls in eine Ausstellung verwandeln. Und last, but not least: Manuskripte eines Schreibwettbewerbs in der Klasse oder Schule, ein Poster zu einem Gedicht lassen sich an der Pinnwand als kleine Ausstellung anbringen. Für Ausstellungen sind die Bedingungen für die **Präsentation** zu beachten. Für Stellwände und Vitrinen gibt es so etwas wie ein „Gesetz der Vitrine": Beschränkung der Zahl der Exponate, deren kurzweilige Anordnung und eine leserfreundliche Beschriftung in augenfreundlicher Schriftgröße. [G. K.]

Begriffe vermitteln und gebrauchen

„Doch ein Begriff muss bei dem Worte sein", lässt Goethe den Schüler in der Studierzimmer-Szene des „Faust" sagen (V. 1994). Für Mephisto ist das ein willkommener Anlass, sich ironisch über den Gebrauch von (leeren) Worten auszulassen: „Denn eben wo Begriffe fehlen, /Da stellt ein Wort zur rechten Zeit sich ein" (V. 1995 f.).

1. Begriffe sind **„Wissenseinheiten"**, und Wörter sind **Bezeichnungen** dafür, oder wie es Grzesik (1992, 71) formuliert: „Wortlaut und Wortbild sind daher die für den Begriff spezifische Körperlichkeit." Philosophie, Psychologie, Wissenschaftstheorie und Sprachwissenschaft haben sich mit Begriff (engl., franz. *concept*) und Wort beschäftigt. Für den pädagogischen Bereich hat Grzesik (1988/1992) erstmals eine umfassende und systematische Untersuchung vorgelegt. Er schreibt mit Recht: „Begriffsgebrauch und Begriffslernen haben aber keineswegs nur für den Schulunterricht zentrale Bedeutung, sondern sind grundlegend für die erkennende Bewältigung der Welt durch den Menschen" (1992, 11). Schon Pestalozzi ging es um die Vermittlung deutlicher Begriffe. Dabei forderte er das dem Verstand der Kinder angemessene „Anordnen des Klarmachens aller Gegenstände, deren Deutlichkeit man bezwecket" (1932, 321 f.). Zu unterscheiden sind Begriffsgebrauch und Begriffsbildung.

2. Im Deutschunterricht werden ständig Begriffe vermittelt und von den Schülern gelernt, seien es „grammatische Grundbegriffe" oder die Termini wie Gattungsbezeichnungen im Literaturunterricht. Begriffe wie *Subjekt* oder *Fabel* umfassen alle sprachlichen **Realisierungen** (Begriffsumfang, Extension) mit gleichen **Merkmalskomplexen** (Begriffsinhalt, Intension). Subjekte – der Terminus ist in der KMK-Empfehlungsliste aufgeführt (Boueke 1984, 370) – können von einem Substantiv, substantivierten Verben oder Adjektiven, Eigennamen, Pronomina und Adverbien gebildet werden. Ihnen allen gemeinsam sind Artikelfähigkeit, Kasusmarkierung (Nominativ), Stellung und Funktion im Satz, wenn man für den „Schulgebrauch" einmal die kontroverse sprachwissenschaftliche Diskussion um „das

Subjekt" (vgl. MLS 1993, 610 f.) außer Acht lässt. Durch diese **Konzepte** unterscheidet sich das Subjekt von den anderen Begriffsklassen wie Prädikat, Objekt oder Adverbiale. Daraus ergibt sich, dass der grammatikalische Begriff in **Relation** zu den anderen Satzgliedern steht und nach bestimmten **Regeln** funktioniert. Das heißt, dass Begriffe eben in ein **Beziehungsgefüge** eingebettet sind und im Zusammenhang mit einem System oder einer Theorie gesehen werden müssen (bei *Subjekt* ist es die traditionelle „Lateingrammatik"). Dasselbe gilt für die synonyme Bezeichnung *Nominativ-Ergänzung* aus der Dependenzgrammatik, in der das „Subjekt" eine obligatorische Ergänzung des „regierenden" Verbs als der Kern des Satzes ist. *Subjekt, Satzgegenstand* oder *Nominativ-Ergänzung* sind also verschiedene **Synonyme** für denselben Begriff, nur der Bezugspunkt innerhalb der Theorie ist anders.

3. Für die Vermittlung und den Gebrauch von Begriffen gibt es verschiedene Möglichkeiten. Grzesik (1992, 94 ff.) hat einen Katalog von **Methoden** zusammengestellt, ausführlich erläutert und durch Unterrichtsprotokolle aus verschiedenen Fächern (1992, 213 ff.) dokumentiert. Bei den protokollierten Deutschstunden geht es u. a. um Termini (*Gleichnis, Fabel, Parabel, Märchen, Sage, Lyrik; Satzergänzung in Abhängigkeit vom Verb*) oder um Begriffe aus dem Text einer Keuner-Geschichte von B. Brecht (*Kompromiss, Toleranz, Illegalität, akzeptieren, respektieren, unterwerfen* u. a.).

Als einzelne **„typische Phasen"** der Begriffserklärung im Unterricht nennt Grzesik (ebd.) folgende: Worterklärung; Behandlung eines falschen Begriffsgebrauchs; Aufbau einer Begriffsdefinition aus bekannten Begriffen; Bildung eines Begriffs durch die Verarbeitung von mehreren Fällen; Integration eines neu erworbenen Begriffs in Begriffszusammenhänge; Transponieren eines Begriffs von einem Medium in ein anderes; Anwenden eines Begriffs auf neue Fälle und in neuen Begriffszusammenhängen; Erlernen von Fähigkeiten zu selbstständigem Begriffslernen. Dabei können im Unterrichtsverlauf auch solche „typischen Phasen" kombiniert werden: Integration von Fallanalysen und systematische Erarbeitung der Inhaltsstruktur mehrerer Begriffe; Begriffsgebrauch und Begriffserwerb beim Textverstehen. Insgesamt kann man auch Fachbegriffe und Alltagsbegriffe unterscheiden.

4. Im Folgenden sollen in Anlehnung an Grzesik (1992) einige Möglichkeiten der Begriffserklärung und des -gebrauchs anhand des Begriffs der **Fabel** dargelegt werden:

a) Die **Worterklärung** ist im Unterricht relativ häufig (Grzesik 1992, 100). Auf die Schülerfrage „Was ist eine Fabel?" wird der Begriff von der Lehrkraft oder von Mitschülern, soweit möglich, reproduziert. Als eine Alternative bietet sich das Nachschlagen an. So können z. B. die Schüler in einem Lexikon (für Jugendliche ab 12 Jahren) im Zusammenhang mit Ausführungen über Jean de la Fontaine (Pleticha 1986, 213) nachlesen:

„Er erweckte die alte Form der Tierfabel zu neuem Leben. Den Tieren werden bestimmte Eigenschaften beigemessen, und in der Verkleidung der Tiere darf über menschliche Schwächen gelacht werden." Hingewiesen wird auf die Geschichten vom bösen Wolf, schlauen Fuchs und vom Raben, von der fleißigen Ameise und der Grille.

b) Auf induktivem Wege können die Schüler aus **vorgegebenem Material** von Texten die Merkmale der Fabel zusammenstellen und zu einer Begriffsbildung kommen. Die Lehrkraft muss berücksichtigen, dass es neben den bekannten Tierfabeln auch solche gibt, bei denen Menschen handeln, Pflanzen beteiligt sind oder die in Versform stehen. Als Beispiele seien Gellerts (o. J., 30) *Der Blinde und der Lahme* und von Paulus Diaconus *Eiche und Schilf* (Lesespaß 6, 1986, 130) genannt. Über Teilbegriffe können die Schüler zu einer **Definitionsbildung** gelangen und mit folgendem Lexikon-Eintrag vergleichen:

Fabel: „Zweig der Tierdichtung, knappe lehrhafte Erzählung in Vers oder Prosa, in der vorwiegend Tiere in einer bestimmten Situation so handeln, daß sofort eine Kongruenz mit menschl. Verhaltensweisen deutl. wird und der dargestellte Einzelfall als sinnenhaft-anschau. Beispiel für eine daraus ableitbare Regel der Moral oder Lebensklugheit zu verstehen ist" (MLL 1990, S. 147).

In Weiterführung der Überlegungen können die Schüler den erworbenen Begriff mithilfe von **Metabegriffen** (Grzesik 1992, 143) hierarchisch in Begriffszusammenhänge integrieren. Dies geht bei der Fabel über (Klein-)Epik und Lyrik zum Oberbegriff „lehrhafte Dichtung", zu dem auch Gleichnis und Parabel gehören.

c) Die **Anwendung** des Begriffs Fabel auf „neue Fälle und in neuen Begriffszusammenhängen" (Grzesik 1992, 153) kann in einem produktions- und handlungsorientierten Literaturunterricht zur Erfindung eigener Fabeln führen, die vielleicht eine ungewöhnliche Tierkombination oder eine verfremdete Moral (bis hin zur „Antifabel") haben. [G. K.]

Büchermacher und Bücherhalter: sich über Verlage und Bibliotheken informieren

Viele kennen Carl Spitzwegs Gemälde „Der arme Poet" (1. Fassung 1837; GNM). In einer Dachkammer haust der Dichter, unter dem aufgespannten Regenschirm Verse skandierend und mit der Zipfelmütze auf dem Kopf (analog der phrygischen Mütze der Jakobiner eigentlich ein Protestzeichen). Auch Thomas Mann (Essays 2, 1993, 241) brauchte zum Schreiben immer ein Dach über dem Kopf, „ein Gehäuse, das, sozusagen, die Atmosphäre des Werkes schützt". Thomas Mann schrieb seine Manuskripte alle mit der Hand, heute nimmt ein Autor meist einen Computer. „Warum schreiben Sie Bücher?", werden oft Schriftsteller von Schülern gefragt. In einem Lesebuch antwortet Otfried Preußler (Lesespaß 5, 192): „Die meisten meiner Kinderbücher sind aus dem unmittelbaren Umgang mit unseren drei Töchtern oder mit meinen Schulkindern heraus entstanden." Otfried Preußler konnte dabei auf viele Stoffe und Gestalten aus seiner Kindheit im Isergebirge zurückgreifen.

1. Motivation und **Intention** stehen am Anfang eines Buches, es ist ein langer Weg, bis es ein Leser in der Hand hält. Über den Weg geben entsprechende Kapitel in Lesebüchern (z. B. Lesespaß 5 und 6, Ansichten 6) oder das Taschenbuch „Lesen macht stark" (Franz 1995) Auskunft. Im Rahmen eines Lesebuch-Kapitels „Ein Autor stellt sich vor" (Lesespaß 5, 1986) schildert Otfried Preußler die Entstehung eines Buches („Vom Manuskript zum Buch"). Sicherlich ist es in der Regel nicht möglich, Autorinnen und Autoren in ihrer „Werkstatt" aufzusuchen, um ihnen beim Schreiben über die Schulter zu schauen. Die Aussagen Otfried Preußlers „Wie einige meiner Kinderbücher entstanden sind" (Lesespaß 5, 1986) oder vielleicht ein Video-Interview mit einem Autor könnten anregen, weitere „Stationen" der Buchentstehung zu besuchen.

2. Je nach Jahrgangsstufe gewichtet, können sich die Schüler über Büchermacher und -halter **Informationen** beschaffen. Sie können alle Beteiligten (Autoren, Verleger, Drucker, Buchhändler, Bibliothekare usw.) befragen, mit ihnen korrespondieren und die Firmen und Bibliotheken aufsuchen, dort **recherchieren** oder in Lexika nachschlagen. Weiterhin können die Schüler Zeitungsausschnitte zusammenstellen, z. B. **Interviews** und **Rezensionen**. Eine Fundgrube, insbesondere für Mittel- und Oberstufe, ist das **LGB** (Lexikon des gesamten Buchwesens). Hier finden sich u. a. Artikel zur technischen Herstellung ebenso wie solche über berühmte Verleger und Verlage (z. B. F. A. Brockhaus in Bd. I, 1987, 553 f. oder Samuel Fischer in II, 1989, 597 f.), Drucker und Buchhändler (z. B. die Hahnsche

Buchhandlung in Hannover, III, 1991, 329 f.), die 1826 die *Monumenta Germaniae Historica* startete). Bei den aufgeführten Orten werden u. a. die Geschichte des **Buchdrucks** und die einzelnen **Bibliotheken** abgehandelt (etwa Bamberg in I, 1987, 227 ff.). Unter Halle (III, 1991, 337) ist die jetzt wieder renovierte, 1728 errichtete berühmte Hauptbibliothek der Franckeschen Stiftungen erwähnt, bei der die Bücher noch in den Originalregalen stehen. In der Geschichte des Drucker- und Bibliothekswesens eines Ortes oder einer Region spiegeln sich **Kultur-** und **Sozialgeschichte** wider. Die Schüler können bei literatur- und sprachgeschichtlichen Betrachtungen durch den regionalen Bezug das literarische Leben ihres Orts bzw. ihrer Region „erforschen". Dabei bieten sich auch fächerübergreifende **Projekte** an.

3. Zu den einzelnen „Stationen" der Buchherstellung können sich die Schüler weitere Informationen verschaffen. Bei den **Autorinnen** und **Autoren** können sie deren Selbstzeugnisse sammeln, wie sie in Interpretationshilfen und Biografien abgedruckt sind. Instruktiv sind oft **Autographen**, die einen Einblick in den künstlerischen Produktionsprozess vermitteln. In den Thomas-Mann-Studien (1967 ff.) sind z. B. Autographen und Typoskripte zu finden. Auch Briefwechsel zwischen Autor und **Verleger** geben Aufschlüsse über ein Werk. Weniger bekannt ist oft, was ein **Lektor** macht. Dazu steht im LGB (IV, 1995, 467):

„**Lektor** (lat. Leser, Vorleser) ist ein fest angestellter oder freiberuflicher Mitarbeiter eines Verlages, der in Abstimmung mit dem Verleger oder in größeren Verlagen mit der Verlagsleitung verantwortlich zeichnet für die Programmplanung. Dazu gehört einerseits die Prüfung der (unaufgefordert oder nach Vorgabe) angebotenen Mss. [Manuskripte] auf ihre Tauglichkeit für das Verlagsprogramm hin, andererseits das ‚Wittern' aktueller Themen und das Akquirieren neuer Autoren…"

Bei Illustrationen zu Büchern kann ein Kontakt zu den **Künstlern** angeknüpft werden. Besonders eindrucksvoll dürfte ein Besuch eines Ateliers sein, vermittelt dieses doch die ganz besondere Atmosphäre, in der Illustrationen entstehen. Nicht nur an Technik interessierte Schüler werden bei einem Besuch einer **Druckerei** auf ihre Kosten kommen. Manche Heimatmuseen besitzen noch alte Druck- und Setzmaschinen, sodass die Schüler die Entwicklung von alten Techniken bis zum modernen Computersatz verfolgen können. Filme oder Videos über die Herstellung von Büchern, wie sie in Medienzentralen vorhanden sind, sowie der Artikel über *Druckerei* im LGB (II, 1989, 365 f.) können außerdem den Besuch so vorbereiten, dass die Schüler gezielte Fragen stellen können. Der Besuch einer **Buchhandlung** wirkt der sog. Schwellenangst entgegen. Die Schüler können sich über die Dienstleistungen einer Buchhandlung ebenso informieren wie über Neuerscheinungen auf dem Buchmarkt. Oft veranstalten die **Sortimenter** (Buchhändler) Lese- und Informationsabende. Mitunter sind Autor und Lektor gemeinsam beteiligt, sodass ein interessanter Einblick in den Entstehungsprozess eines Buches möglich ist. In späteren Jahrgangsstufen können der Distributionsprozess und das Problem der „Literatur als Ware" angeschnitten werden. Ein Aufhänger kann der Satz von Thomas Mann (Werke 20, 1986, 325) sein: „Die Art seiner Ware zeichnet den Buchhändler vor allen anderen Geschäftsleuten aus." Der **Bücherwurm**, eine Käferlarve, die sich durch Bücher bohrt, wurde einst auf den Bücherliebhaber übertragen und im vorigen Jahrhundert zum Synonym für den wissensdurstigen Bürger. Bei Carl Spitzweg steht „Der Bücherwurm" hoch auf der Leiter in seiner **Bibliothek** (GNM), die schließlich zum geistigen Refugium für den politisch einflusslosen Biedermeier wurde. Trotzdem spielten Lesegesellschaften, öffentliche Lesekabinette und später die Arbeiterbildungsvereine eine große Rolle. Thomas Mann (Essayistisches Werk 8, 1968, 82 f.), der sich selbst nicht für einen Bücherwurm hielt, konnte „der Anblick einer Bibliothek … zuweilen erschüttern". Die „still gereihten Schätze des Geistes" waren für ihn eine „Welt der Menschlichkeit".

Allen Unkenrufen zum Trotz erfreuen sich die **öffentlichen Bibliotheken** steigender Benutzerzahlen. Allerdings finden sich hier nicht bloß „still gereihte" Bücherschätze; Audio- und Videokassetten, CDs, CD-ROMs und Infothek sind als neue Medien in gleicher Weise vertreten. Längst dienen Bibliotheken nicht nur der Muße und Informationsvermittlung, sie haben sich längst zu Kommunikationszentren mit Lesecafé, kulturellen Veranstaltungen (Literaturlesungen, Konzerten, Kunstausstellungen) entwickelt. All dies sollen die Schüler nützen lernen. Schon Grundschüler sollten den Weg zur öffentlichen Bibliothek finden und sich dort mit Aufstellung und Ausleihe vertraut machen. Oft gibt es eine eigene Abteilung für Kinder- und Jugendbücher. Die Internationale Jugendbibliothek im Schloss Blutenburg in München bietet mit ihrer „Bücherwerkstatt" für Klassen aller Schularten vielfältige Aktivitäten wie Malstudio, Druckerwerkstatt, Theater- und Puppenspiel sowie Filmdiskussion. In späteren Jahrgangsstufen können Schüler, vielleicht auch im Rahmen eines Projekts „Wir richten eine Klassenbücherei ein", sich über Aufstellung, Ausleihordnung, -system (Buchkarten oder Leseausweis), Katalogwesen (Verfasser-, Titel-, Stichwortkataloge) usw. informieren und auf „ihre" Bibliothek übertragen. Mikrofiche, elektronische Datensuche, Online-Suche, Datenbank-Recherche, Fernleihe, Benutzung wissenschaftlicher Zeitschriften und Lexika werden im Hinblick auf Referate und Facharbeiten wichtig. Die Schüler können Möglichkeiten wie **Führungen** in Staats- und Hochschulbibliotheken oder in Fachbibliotheken (z. B. bei Museen) arrangieren. Ein Besuch privater oder institutioneller **historischer Bibliotheken** (Weimar, Wolfenbüttel, St. Gallen oder Melk u. a.) bis hin zur Deutschen Bibliothek mit ihren Abteilungen in Leipzig und Frankfurt am Main, zur Österreichischen Nationalbibliothek in Wien oder der Schweizerischen Landesbibliothek in Bern kann den Rang und die Bedeutung der Bücherschätze für eine **Lesekultur** deutlich werden lassen.

Im integrativen Unterricht können durch **Wortschatzarbeit** Begriffe geklärt werden (Duden 10, 1985; Küpper 1987), wie z. B: Buch: Broschüre, Foliant, Hardcover, Paperback, Schinken, Schmöker, Schwarte, Wälzer, Werk; Buchhandlung: Antiquariat, Sortiment, Bahnhofs-, Fach-, Universitäts-, Verlags- und Versandbuchhandlung; Bücherei: Bibliothek, Leih-, Stadt-, Volksbücherei; Bücherliebhaber, Bibliomane, Bibliophilie, Bücherhase, -hengst, -klau, -muffel, -narr, -ratte, -schlachter (Händler, der Bücher nach dem Gewicht verkauft), -silo (Bibliotheksgebäude). [G. K.]

Computergestützter Umgang mit Literatur

Ist Schönheit selbst
wie sie dort gingen. Die ganze Welt nackt
kalter, vertrauter Wind.

Was für Meere Küsten Granatinseln vor meinen Spanten
Und Walddrossel, die durch den Nebel ruft
meine Tocher.

Welcher dieser Texte (zit. nach: Kepser 1996) stammt von einem Dichter, welcher von einem Computerprogramm? Und warum tun sich Leser, auch und besonders germanistisch gebildete, so schwer mit der Entscheidung?

1. Ebenso wie für das ◊ *Computergestützte Schreiben und Revidieren* gilt auch für den Umgang mit Texten, dass der PC als bald schon unentbehrliches Hilfsmittel in didaktisch-methodische Überlegungen einbezogen werden sollte. Nicht nur den Anfang einer dann fortzusetzenden Erzählung kann die Lehrkraft ja vorab eingeben, sondern – mithilfe eines *Scanners* oder einer der bereits verfügbaren *CD-ROMs* mit kanonischen Texten der deutschen Literaturgeschichte (vgl. Jonas 1997) – beliebige Textpartien aus literarischen Werken sowie aus den Printmedien. Dem **produktionsorientierten Umgang mit poetischen Texten** (also der Ergänzung eines Werkes um weitere Szenen, Dialoge, Nebenhandlungen usw.) bietet sich das Arbeiten am Bildschirm geradezu an, auch dem Verfassen von Lyrik nach geeigneten Vorbildern (vgl. Hage/Schmitt 1988). Und auch hier handelt es sich nicht nur um eine technisch-mediale Neuerung. Das ◊ *Umschreiben von Texten* kann unmittelbarer stattfinden, wenn nicht eine Papierkopie vorliegt, sondern eine Diskette, buchstäblich und metaphorisch ohne Schreibschutz.

2. Daneben gibt es aber auch bereits Vorschläge, den Computer als **Lernmedium** so in den Unterricht einzubeziehen, dass er nicht nur eine komfortablere Schreibmaschine ist, sondern seine eigentlichen Möglichkeiten freisetzt: So hat Kepser (1996) das Schreiben so genannter „Autopoeme" dokumentiert.

„Autopoeme", oft irreführend als „Computerlyrik" bezeichnet, sind Texte von beliebiger Form und Struktur, die ihre Entstehung einem dafür entwickelten Computerprogramm verdanken (etwa der *Lyrik-Maschine*, beziehbar über die „Zentralstelle für Computer im Unterricht", Schertlinstr. 9, 86159 Augsburg).

Ziel solchen Software-Einsatzes ist die handlungsorientierte Vermittlung von Einsichten in die „aktive Rolle des Rezipienten im ästhetischen Prozeß" (Kepser, ebd.): Um den *linken* der beiden oben abgedruckten Texte herzustellen – der nicht wie der *rechte* von einem Dichter (T. S. Eliot) stammt, sondern vom Computer –, muss man nicht sonderlich kreativ sein. Dagegen muss und wird kreativ werden, wer ihn als **sinnhaft** lesen will. Mit ähnlicher Zielsetzung ist vorgeschlagen worden, computergestützt an **Konkreter Poesie** zu arbeiten (vgl. Begleitdiskette zu Wichert 1992, bestellbar ebenfalls über die Augsburger Zentralstelle).

3. Auch die Vermittlung **literaturgeschichtlicher Kenntnisse** in den Sekundarstufen könnte, folgt man Anregungen von Meisch (1995a u. b), durch den Einsatz von „Hypertexten" gewinnen, die mithilfe moderner Software („Toolbook" für *DOS* bzw. *Windows* und „Hypercard" für *MacIntosh*) auch ohne Kenntnis einer Programmiersprache vom Deutschlehrer selbst oder von einer Klasse (S II) entworfen werden können. Meisch demonstriert dies an einem **Hypertext** zur deutschen Literaturgeschichte in der 1. Hälfte des 19. Jahrhunderts: Nicht linear und nur rezeptiv zu benutzen (wie eine gedruckte „Literaturgeschichte"), sondern assoziativ und interaktiv, begünstigt ein solcher Hypertext eigentätiges und entdeckendes Lernen. Vielfach **vernetzte und verknüpfte Text-, Bild- und ggf. Tonelemente** können aufgerufen werden zu Epochen und einzelnen Autoren. Der jeweils gewählte **Lernweg** wird für jeden Benutzer automatisch gespeichert und kann also jederzeit erneut zurückgelegt und fortgesetzt werden.

Hage (1995) verfährt ähnlich mit Goethes Gedicht „Willkommen und Abschied": Auch zu einem einzelnen wichtigen Werk kann ein solcher Hypertext erstellt werden, der einen exemplarischen Lerngegenstand so aufbereitet, dass **selbstständiges Verstehen und Begreifen** ermöglicht bzw. erleichtert wird.

4. Noch lässt die EDV-Austattung vieler Schulen zu wünschen übrig, und nicht überall werden derartige Vorschläge schon realisierbar sein. Aber die Verfügbarkeit derartiger Software und Unterrichtsmodelle kann zum guten Argument für eine entsprechende Ausstattung werden, und bereits ein in der Schulbibliothek oder dem Computerraum einmal (auf einem Rechner) installierter Hypertext könnte gute Dienste leisten – zum Selbststudium und zur Vorbereitung von Referaten im Unterricht. [U. A.]

Computergestütztes Schreiben und Revidieren

Einem verbreiteten, von Pädagogen auch immer wieder in bester Absicht genährten Vorurteil zum Trotz muss der *Personalcomputer* (PC) keineswegs Schreibfähigkeiten verkümmern lassen, bedeutet der Siegeszug der elektronischen Datenverarbeitung (EDV) nicht mit trauriger Zwangsläufigkeit ein Überhandnehmen des sekundären Analphabetismus. EDV wird nicht nur die paradoxe Konsequenz einer „Aufwertung des Schön- und Handschreibens" nach sich ziehen (Schanze 1983, 11), sondern sie wird die schreibdidaktische Theorie und Praxis noch viel tiefgreifender verändern, als derzeit absehbar ist.

1. Wenn heute bereits im Namen der **„informationstechnischen Grundbildung"** (ITG) der Umgang mit dem PC auch Eingang in den Deutschunterricht gefunden hat, bedeutet das vielerorts in der Praxis zwar noch nicht mehr, als dass man die Erstellung eines Bewerbungs- oder Ablehnungsschreibens mithilfe von Textbausteinen praktisch erprobt. Wie aber die neue Technik – die damit dann mehr wäre als eine bloße Technik – unsere kreativen Fähigkeiten und unsere praktischen Fertigkeiten beim Schreiben beeinflusst, darüber weiß man noch recht wenig. Ein auch in deutscher Übersetzung erschienenes Buch von Greenfield (1987) plädiert auf der Basis empirischer Beobachtungen für eine **positivere Grundhaltung** dem Computer gegenüber. Insbesondere der Möglichkeit des gemeinsamen Arbeitens einer Schülergruppe an einem Bildschirm spricht die Autorin, unseres Erachtens zu Recht, eine wichtige didaktische Funktion zu. Die traditionell „einsame" Tätigkeit des Schreibens kann damit zur **sozialen Handlung** werden:

„Es ist gut möglich, daß das gemeinsame Schreiben in der Gruppe, das seine Anregung aus den unterschiedlichen Sichtweisen der anderen Kinder bezieht, zwangsläufig bei der Textverarbeitung zu ausführlicher Überarbeitung des Geschriebenen führt" (Greenfield 1987, 132).

2. Der individuelle Schreibakt kann von den anderen Gruppenmitgliedern „live" verfolgt, kommentiert, begleitet werden. Die Lösung einer Schreibaufgabe in der (Klein-)Gruppe begünstigt deshalb – angefangen schon bei der wesentlich erleichterten rechtschriftlichen Verbesserung! – die sofortige **Textrevision** (durch den Verfasser selbst) und setzt damit einen **selbstorganisierten Lernprozess** in Gang, der weniger mühsam und demotivierend ist als das übliche Korrigieren einer ersten Fassung durch Lehrerhand (↻ *Überarbeiten*).

Wie ungern Schüler der Bitte um eine verbesserte zweite Fassung nachkommen, weiß man. Und auch dort, wo die Lehrkraft einen von der Schreibgruppe bereits selbst revidierten Text – eventuell schon in mehreren Fassungen zur Auswahl – in die Hand bekommt und eine nochmalige Überarbeitung nach bestimmten Kriterien möchte, wird sie diese leichter und schneller bekommen können, da der Text ja als Datei vorliegt und seine Überarbeitung nicht mehr frustrierend, sondern im Gegenteil womöglich gar lustvoll ist.

3. Allein aus diesen beiden Gründen (sozialer Charakter des Schreibens am Bildschirm und Möglichkeit schnelleren Revidierens) wäre es schon gewinnbringend, den PC für den Schreibunterricht nutzbar zu machen. Es gibt aber noch einen dritten guten Grund. Geübte Schreiber, die erst als Erwachsene und vielleicht nach langjähriger, oft berufsbedingter Schreibpraxis auf den PC umsteigen, können bestätigen, dass sich das eigene Schreiben dabei verändert, die **Textqualität** oft zunimmt. Sowohl stilistisch als auch strukturell verfügt der Schreiber am Bildschirm über ständig realisierbare, auch wieder rückgängig zu machende Möglichkeiten der **Ersetzung oder Umstellung** von Wörtern oder ganzen Textteilen. Wer einwendet, die habe man prinzipiell auch an der Schreibmaschine schon gehabt, hat Recht, sollte das aber nicht für ein Gegenargument halten. Denn was nur mühsam (und unter extremer Verlangsamung des Schreibaktes im Ganzen) zu bewerkstelligen ist, unterbleibt in den meisten Fällen. Was schnell und leicht geht und im Ergebnis sofort besichtigt werden kann, wird probehalber ausgeführt.

Wer den „Thesaurus" von WORD schon einmal benutzt hat, um passgenaue Synonyme zu finden, der wird bestätigen, dass sich ein solches Arbeiten mühelos in den Formulierungsvorgang einfügt; auch hierbei gilt im Übrigen, dass Vorgänge (hier: der Stilwahl) öffentlich werden, die gemeinhin im Kopf stattfinden.

4. Die Kehrseite des elektronischen Schreibens ist – nicht nur in der Schule –, dass Autoren vorschnell dazu neigen, Textentwürfe für fertig zu halten, nur weil sie in Proportionalschrift und Laserqualität und unter Anwendung aller im Programm verfügbaren Layout-Techniken ausgedruckt vorliegen. Dass Lernende sich durch ein perfektes äußeres Erscheinungsbild weder bei eigenen noch bei fremden Texten blenden lassen, ist geradezu ein dem Deutschunterricht zufallendes **Lernziel**. Wichert (1992, 600) spricht treffend von „frühreifen" Texten, deren Verfasser in die „ökonomische Falle" gegangen seien, unter Einsparung von Redaktion und Lektorat Manuskripte als druckfertige „Ausdrucke" abzuliefern. Die Folgen lassen sich tatsächlich bis hin zu wissenschaftlichen Publikationen verfolgen.
Obwohl also vor einem unreflektierten Einsatz des PC als „Motivationsmaschine" zu warnen ist, überwiegen doch die **schreibdidaktischen Chancen** die Gefahren bei weitem. Nicht nur ist „Kreatives Schreiben mit dem Computer" (Wagner 1994) möglich und sinnvoll, sondern der Schreibunterricht insgesamt kann profitieren. Für die Primarstufe berichtet das Reuen (1997b); Blatt/Hartmann/Kittlitz (1992, 588 ff.), die den Einsatz von Schreibcomputern in zwei 9. Gymnasialklassen erprobt haben, kommen zu dem Ergebnis, dass für **ganz unterschiedliche Zwecke** (eigenständiges Aufsatzschreiben, Fortsetzung eines von der Lehrkraft auf Diskette geschriebenen Geschichtenanfangs, Schreibprojekt, Geschichtenanthologie, Dokumentation einer Jugendgerichtsverhandlung) der PC-Einsatz im Unterricht positive Auswirkungen hatte, die über bloße kurzfristige Motivation durch eine neue Technik weit hinausgingen:

- Es wird signifikant öfter und länger geschrieben, d. h. automatisch auch mehr geübt.
- Textproduktion in der Gruppe ermöglicht allen Gruppenmitgliedern das Mitdenken und Mitformulieren, während ohne PC häufig doch immer derjenige auch denkt und formuliert, der das Schreibgerät in der Hand hält.
- Der Schreibunterricht wird insgesamt kommunikativer.
- Die schriftlichen Leistungen verbesserten sich in beiden Klassen. [U. A.]

Diktate schreiben

1. Der Terminus „Diktat" soll hier als Sammelbegriff für eine **Vielzahl möglicher Formen** verstanden werden, wie Schülern Wörter oder Texte zum Aufschreiben vorgegeben werden können (vgl. auch ⇨ *Wortlistentraining durchführen*). Die Vielfalt beginnt bereits beim Diktierenden. Es muss nicht immer der Lehrer sein. Seine Rolle kann ein Mitschüler übernehmen (Partnerdiktat), der Kassettenrekorder (Kassettendiktat) oder der Schreiber selbst (Eigendiktat). Bevor auf diese und weitere Diktatformen eingegangen wird, ist etwas Grundlegendes zum Diktat zu sagen.
Wie kaum eine andere unterrichtliche Maßnahme unterliegt das Diktat seit Jahr und Tag massiver **Kritik** (vgl. Adrion 1984, der auf Kritik aus dem Jahre 1909 verweist). Es werden vor allem folgende Argumente gegen das Diktat in seiner klassischen Form als Aufschreiben-Müssen eines vorgesprochenen unvorbereiteten Textes angeführt:

- Diktate sind weder Lern- noch Übungsformen, sondern ausschließlich Kontrollinstrumente.
- Wenn beim unvorbereiteten Diktieren etwas gelernt wird, dann nicht das Rechtschreiben, sondern Bewältigung von Prüfungssituationen, Konzentrationsfähigkeit, Akzeptanz von Misserfolgen und weitere nicht den rechtschriftlichen Lernerfolg betreffende Kompetenzen.
- Diktate sind für schwache Rechtschreiber permanente „Versagensnachweise" (Adrion 1984, 328), die die Motivation ersticken.
- Diktate belegen einen großen Teil der für das Rechtschreiben zur Verfügung stehenden Unterrichtszeit, die der nötigen Übung verloren geht.
- Diktate verleiten zur unnatürlichen Anhäufung orthographischer Schwierigkeiten („Ein Waisenkind spielt am Feldrain auf der dreisaitigen Geige leise Weisen" – aus einem älteren Prüfungsdiktat), die Absicht des Hereinlegens ist unübersehbar (vgl. das sog. Kosog-Diktat, das seit Beginn unseres Jahrhunderts aufgrund einer bewussten Häufung von Schwierigkeiten auch geübte Rechtschreiber verzweifeln lässt).
- Um vor der Stufe des automatisierten Rechtschreibens Informationen darüber zu erhalten, welche nicht in der Schule vermittelte Rechtschreibkenntnisse Schüler besitzen, genügt eine einmalige Erhebung (z. B. im Testdiktat, ◊ *Tests im Rechtschreibunterricht einsetzen*), der Informationsgewinn durch wiederholte Diktate ist unerheblich.
- Diktate repräsentieren eine Unterrichtsform der Gleichschaltung, die im Gegensatz steht zur Differenzierung, einer für das Rechtschreiben unverzichtbaren Forderung.

2. Da trotz dieser Kritik das Diktat in unseren Schulen nicht totzukriegen ist, sollten wir versuchen, es zu humanisieren, zu pädagogisieren, **schülerfreundlich** zu machen. In der didaktischen Literatur finden sich hierzu viele Vorschläge, deren gemeinsames Merkmal die Kontrolle vorher geübter statt ungeübter Wörter ist. Häufig wird für diese Fälle der Begriff Diktat durch den Terminus „Nachschrift" ersetzt. Einige solche „Alternative Diktatformen" (Süselbeck 1987) seien hier vorgestellt:

Beim **Eigendiktat** schreiben die Schüler während einer vereinbarten Zeit (höchstens zehn Minuten) alle Wörter auf, die sie sicher zu beherrschen glauben. Als Hilfestellung für den Einstieg, aber auch zur Vermeidung der stets gleichen Wörter wird jeweils ein **Thema** festgelegt, z. B. Wörter mit Dehnungs-h, Wörter mit dem gleichen Anfangsbuchstaben, Wörter einer Wortfamilie, zusammengesetzte Eigenschaftswörter, Wörter zu einem Sachgebiet (Umweltschutz, Einkaufen, Winter, Krankenhaus). Nach Ablauf der vereinbarten Zeit werden die Schreibprodukte überprüft (in Eigenkontrolle oder durch den Partner), wobei die Einzelwortvorgaben den effektiven Einsatz des **Wörterbuches** ermöglichen (vgl. Spitta 1978, ◊ *Wörterbücher benutzen*). Als tägliches Kurzdiktat durchgeführt, erlaubt es dem Schüler, durch den Vergleich der Anzahl jeweils richtig geschriebener Wörter den Lernfortschritt zu kontrollieren. Diese Diktatform hat den zusätzlichen Vorteil, dass Schüler Wörter schreiben, die für sie persönlich bedeutsam sind. Wie May (1994) gezeigt hat, kommt es dabei zu den wenigsten Rechtschreibfehlern und somit auch zur sichersten Erfolgsbestätigung (vgl. auch Richter 1996).

Das **Dosendiktat** ist eine weitere beliebte Form des Eigendiktats. In Briefumschlägen werden Diktattexte jeweils auf einem Blatt und in zweiter Ausfertigung in Streifen mit Einzelsätzen bzw. Sinnschritten oder Diktiereinheiten aufbewahrt. Der Schüler holt sich ein Kuvert (evtl. in Freiarbeit), liest den Text, setzt ihn aus den Streifen zusammen, prägt sich den Inhalt des ersten Streifens ein, steckt den Streifen in die Dose (evtl. eine Kaffeedose mit einem Schlitz im Deckel), schreibt (bei verdecktem Textblatt) den Satz auswendig auf, verfährt analog mit den übrigen Streifen, vergleicht seinen fertigen Text mit der Vorlage, korrigiert seine Fehler. Beide Diktatformen verwirklichen das Prinzip der **Differenzierung** und ersparen dem Schüler das Aufschreiben-Müssen unbekannter Wörter, setzen dagegen auf den Übungseffekt und ermöglichen die unmittelbare Kontrolle und Verbesserung.

Eine weitere alternative Form steht im **Kassettendiktat** zur Verfügung. Der vom Lehrer oder vom Schüler auf Band gesprochene Text (Vorteil gegenüber den im Handel erhältlichen Kassetten u. a.: Anlass, Schülern die Notwendigkeit artikulierten Sprechens einsichtig zu machen) wird in der Schule (evtl. im Gruppenraum) oder zu Hause zuerst im Zusammenhang abgehört, sodann nach eigenem Schreibtempo, mit beliebigen Wiederholungen zum Mitschreiben abgespielt. Die Kontrolle des Geschriebenen kann während des erneuten Abhörens des Textes vom Band erfolgen. Die Möglichkeit, durch Stoppen und Rückspulen des Bandes das Schreibtempo und die Anzahl der Vorgaben selbst zu bestimmen, lässt **keine Stresssituation** aufkommen, vermindert Versagensangst, gibt dem Schüler die für den Lernerfolg nötige Sicherheit.

Einige zusätzliche Diktatvarianten seien nur noch kurz erwähnt:

- **Zweistufiges Diktat** mit Erstschrift und Reinschrift auf getrennten Blättern, wobei die Zweitschrift nach eigenem Arbeitstempo unter Ausnutzung zur Verfügung stehender Korrekturhilfen erfolgt. Die Akzeptanz dieser Vorgehensweise könnte dem Lehrer als Gradmesser dienen, inwieweit er gewillt ist, dem Schüler den Nachweis seiner Rechtschreibfähigkeit in einer Form zu gönnen, die der außerschulischen Schreibpraxis am nächsten kommt.
- **Differenziertes Diktat** mit unterschiedlichen Textlängen, in Kurzform, erweiterter und Langform, bei eigener Entscheidung des Schülers je nach Einschätzung seiner Leistungsfähigkeit.
- **Kommentiertes Diktat** mit rechtschriftlichem Kommentar nach jedem diktierten Satz durch einzelne Schüler, auch als **Fragediktat**, mit der Möglichkeit, gezielte Fragen nach der richtigen Schreibung zu stellen und von Mitschülern beantwortet zu bekommen.

Eventueller **Kritik**, die vorgestellten Formen seien nur Spielereien für die Grundschule, sei mit einer Aussage einer Autorin begegnet: „Ich habe alle Formen in der Hauptschule erprobt, in Realschulen, Gymnasien, Berufsschulen die Erprobung angeregt und begleitet. Einstimmige Reaktion bei Schülern und Lehrern: ‚Dat isses'" (Süselbeck 1987b, 40). Der Hinweis auf die Erprobung der hier vorgestellten alternativen Diktate im 2. bis 10. Schuljahr soll auch auf die vielen weiteren inhaltlichen und verfahrenstechnischen Varianten aufmerksam machen, die im Blick auf die Altersstufe, die Interessen, die Vorkenntnisse der Schüler innerhalb der skizzierten Formen noch möglich und nötig sind.

3. Zusammenfassend sei noch einmal auf die **Vorteile** dieser Formen gegenüber dem herkömmlichen Diktat verwiesen, die sich in einer Akzentverschiebung und Umorientierung zeigen:

- □ vom Prüfungscharakter zum **Übungscharakter**, damit Rückbesinnung des Unterrichts auf seine eigentlichen Zwecke: Zuwachs von Kenntnissen und Lernerfolg, statt Registratur und Verwaltung von Ergebnissen,
- □ von der gleichschrittigen, für alle Schüler verbindlichen Vorgehensweise zur **Differenzierung** und **Individualisierung**, Forderungen, an denen der Rechtschreibunterricht angesichts unserer heutigen Erkenntnisse über die Unterschiedlichkeit der Lernvoraussetzungen und der Lernprozesse die Augen nicht verschließen kann,
- □ von der Lehrerzentriertheit zur **Schülerorientierung**, die Grundlage für Motivation und Lernerfolg ist,
- □ von der Atmosphäre des Unbehagens, der Angst vor Überforderung und Versagen zur **Freude** am Unterricht, am Lernen, am Erfolg.

[D. M.]

Diskutieren / Sachgespräche führen

1. Das Diskutieren gehört zu den dialogischen Formen des Sprechens, in dem ein Ich, ein Du (bzw. eine Gruppe) und ein Es (die Sache) in einem bestimmten Verhältnis zueinander stehen müssen (◊ Teil I, 1 *Miteinander reden – Mündlicher Sprachgebrauch*). Zwar steht immer ein Sachthema im Zentrum, das zu klären ist. Jedoch bedeutet dies nicht, dass die (unterschiedliche) Beziehung der Partner untereinander und zum Thema, eventuell ihre Positions- und Rollenbestimmung für das Ge- oder Misslingen einer Diskussion nicht mitentscheidend wären. Zudem gibt es Formen der Diskussion, in denen die Einstellungen und Wertungen der Partner und die Art des Umgangs miteinander zur Erörterung von (möglichen) Lösungswegen ein großes Gewicht haben. Nicht-kontroverse Sachthemen, aber auch Interpretationsaufgaben bieten sich zu **offenen Gesprächen** besonders an (◊ *Literarische Gespräche führen*). Kontroverse Themen, die auf einer Sachbasis aufbauend zu Wertungen weiterführen, eignen sich wegen ihrer sprachlichen, kognitiven und motivationalen Herausforderungen.

Einen Konsens zu erzwingen, ist nicht unbedingt Aufgabe des Diskutierens von Sachfragen, sondern es kann auch der offen reflektierte Prozess für alle die Grenzen der **Konsensfähigkeit** aufzeigen. Dennoch muss die Grundbedingung demokratisch-sozialen Verhaltens, die Achtung des anderen, erfüllt sein, und in vielen Fällen wird auch ein demokratischer Beschluss eine Diskussion beenden und so die Basis für gemeinsames Handeln sein.

Die Bedingungen der erwünschten Ausgewogenheit, die oft starke emotionale und wertbezogene Grundierung vieler Diskussionsthemen, die häufig fehlende Fähigkeit zum **argumentativen Dialog** (◊ *Argumentieren/Erörtern*) und das oft auf Konsens ausgerichtete Harmoniestreben vieler Kinder, aber auch Jugendlicher, machen das Diskutieren in der Schule zu einer schwierigen Aufgabe.

Scheinbare „Auswege" sind jedoch zu vermeiden:

– Diskutieren erst in einem wie immer bestimmten „Diskutieralter" („ab 14"): Stattdessen sollte Diskutieren von Anfang an zu den sprachlichen Handlungsformen im Unterricht gehören.
– Diskutieren nur über lehrplanrelevante Themen und Probleme: Es geht Kindern und Jugendlichen gerade darum, über das Diskutieren sich eine Erfassung und Bewertung lebensrelevanter und aktueller Fragen zu erschließen.

> Insofern sollte sich eine *Unterrichtsdiskussion* (vgl. Polzius 1992) immer als unterrichtsüberschreitend, der Lebenswelt sich öffnend verstehen. Sie sollte sich nicht thematisch einengen lassen und auch in der Sitzordnung vom gewöhnlichen Unterricht unterscheiden.

– Diskutieren nur in der Form des Zwangs zum Konsens: Dies bewirkt Ausgrenzungen Einzelner, fördert die Angepasstheit der Klasse an eine oft kleine, aber eloquente Minderheit.

2. Versucht man die Praxis vom Prozess des Diskutierens her methodisch zu gestalten, so ergeben sich folgende Planungselemente:

2.1 Themenfindung

Grundsätzlich gilt: „Die Welt ist Gesprächsanlass". Die Erschließung von sachlichen Aspekten, Bedingungen und Aspekten über die Form des Gesprächs ist ergiebiger als die Belehrung durch Vortrag. Natürlich ist nicht jeder Gesprächsanlass auch ein echtes Diskussionsthema. Aber jeder Lehrer wird als sensibler Beobachter erkennen, was seine Schüler

interessiert. Ein Kästchen im Klassenzimmer nimmt alle auftauchenden Vorschläge auf. Aktuelle Anlässe – Erziehungsfragen, lokale oder medial diskutierte Ereignisse – sollte man nutzen.
Aspekte zur Themenfindung, die jedoch in der Praxis viele Überschneidungen bieten, können bei der Themenwahl Hilfe bieten:

Realwelt: Phänomene aus Natur, Alltag und Technik,
z. B.: Wie kann man wohnen? (Was gehört zu einem Kinderzimmer, wie wohnte man früher, wie lebt man in anderen Ländern?)
Wie kann man sich die Funktionsweise einer Maschine erklären?

Tierwelt: Haustiere, exotische Tiere, Verhaltensforschung, Tierschutz usw.,
z. B.: Ein Haustier? / Freiheitsliebende Tiere im Zoo?

Sozialwelt: Berufe, soziale Rollen, Feste und Feiern, Gemeinschaft und Einzelner,
z. B.: Frau und Beruf / Du oder Sie? / Zivildienst, Sozialdienst oder Wehrdienst? / Planung eines Projekts

Wertewelt: Verhaltensnormen, Prinzipien, Werte,
z. B.: Verhalten im Pausehof /
Abends lang ausgehen dürfen?
Pflichten und Rechte des Staatsbürgers im demokratischen Staat

Kultur- und Medienwelt: Gesprächsanregungen über Theater, Filme, Bücher, Musik und Konzerte, Ausstellungen, über die „Sprache" und mögliche Wirkungen verschiedener Medien

Ichwelt: Probleme, Gefühle
(am besten entweder im Kontext von literarischen Figuren [◊ *Literarische Rollenspiele entwickeln*] oder von Wertdiskussionen),
z. B.: Wieviel Gewalt sollte im Fernsehen erlaubt sein?

2.2 Vorübungen

2.2.1 Inhaltlich-sprachliche Ebene

Jeder gibt zum Thema ein kurzes Statement ab („Ein Satz").
Jeder geht vor seinem Statement auf eine Aussage eines Vorredners ein: bewusste Anknüpfung oder Erweiterung bzw. Entgegnung oder Widerrede.
Beides geschieht einmal aus dem Stegreif, einmal mit kurzer Schreibphase für eine stützende Notiz, einmal mit Vorbereitung zu Hause.

2.2.2 Beziehungsebene

☐ Bewusste Versuche, z. B. mit „aktivem Zuhören" (Gordon 1981), die Aussagen der Gesprächspartner auf anderen als der Sachebene zu erfassen (◊ *Hören und Zuhören*):
Welche Absichten haben die Teilnehmer im Hinblick auf die anderen?
Was geben die Teilnehmer von sich selbst (ihrer Absicht, ihrer Einstellung, ihren Gefühlen) kund?
Was sagen die Teilnehmer über ihre Beziehung zueinander? (Wie definieren sie diese Beziehung?)

☐ Beobachtung und Analyse öffentlicher oder medial zugänglicher Diskussionsrunden (z. B. von Jugendsendungen im Fernsehen).
– Beobachtung ohne Ton
Wie bewerten die Zuschauer/Schüler das Verhalten der Teilnehmer?
Welche Meinung dürften sie (vermutlich) vertreten?
Sind sie dem Augenschein nach anderen Argumenten zugänglich?

– Erneute Beobachtung mit Ton
  Welche Änderungen in der Einschätzung ergeben sich?
  Woran liegt das?
  Wo zeigen die Teilnehmer Widersprüche: in ihrer Argumentation, zwischen Wortsprache und Körpersprache (◊ *Körpersprache beobachten und erproben*)?
  Lassen sich Begründungen für die „Widersprüche" finden?
  Welchen Einfluß nehmen die Teilnehmer aufeinander? Worin liegt die Einflussnahme (Argumente, Einsatz sprachlicher Mittel [z. B. Lautstärke], Körpersprache)?
– Rolle des Gesprächsleiters und seiner Art der Teilnahme (bei der Begrüßung und Vorstellung der Teilnehmer, während der Diskussion moderierend, zusammenfassend, provozierend, am Ende der Diskussionsrunde).

3. Formen

Es gibt eine Reihe von Diskussionsformen, die in ihrer Fülle zeigen, dass jede Diskussion sich einem bestimmten **Formmuster** zuwenden bzw. so angelegt werden kann. Die Unterschiede liegen vor allem in der Bedeutung bzw. dem aktuellen Gewicht nicht-themenbezogener (Ich-Du-orientierter) Aspekte im Verlauf und dem Gewicht, das einem Ziel (Konsens, Klärung, Kenntnisnahme, Aussprache) beigemessen wird.

Eine Übersicht kennzeichnet solche Formen:

Formen	Themenbezug	Orientierung	Ich-Du-Bedeutung
Rundgespräch	offen	prozessorientiert	assoziativ-ichbezogen erfahrungsbezogen
Gruppengespräch/ -diskussion	Themenaspekt- und Meinungsvielfalt (bes. nicht-kontroverser Themen)	prozess- (erschließungs-) oder ergebnisorientiert	Kenntnis- und/oder Meinungsdominanz von Einzelnen oder Gruppen
Pro-Kontra-Diskussion	Zuspitzung auf Differenz (bes. kontroverser Themen)	prozessorientiert eventuell abstimmungsvorbereitend	Positions- oder Perspektivbestimmung Gruppenbildung
Debatte	fundierte Entfaltung des Themas	entscheidungsorientiert	Gruppenbildung
Disputation	wissenschaftliches Thema	prozessorientiert	individuelle Absicherung im Wissenschaftsdiskurs

Abb. 23: Diskussionsformen

Die **Podiumsdiskussion** ist eine Mischform. Sie kann, auch mit Angabe kurzer Statements zu Beginn, in Form einer Gruppen- oder einer Pro-Kontra-Diskussion mit einer kleinen Gruppe geführt werden und ist meist prozessorientiert. Häufig wird sie anschließend in eine Großgruppe (oder Plenums-)Diskussion übergeführt. (Beispiel: Abschaffung des 13. Schuljahrs?)
In dieser Aufreihung der Formen steckt wohl auch so etwas wie eine curriculare Folge.

In der Schule kommt es jedoch weniger auf die Erarbeitung „reiner Formen" an als vielmehr darauf, die Schüler durch viele Übungen (vgl. u. a. Klippert 1996) zu befähigen, sprechdenkend und zunehmend auch sprechplanend, sodann dialogisch und partnerbezogen (◊ Teil I.1) die eigene Meinung zu entwickeln, zu ergänzen, zu revidieren, auch verschiedene Formulierungen desselben Gedankens kennen zu lernen und zu erproben.

Eine schwierigere Form des Diskutierens ist die **Zuteilung von Rollen**, die Zumutung, eine Position zu vertreten, die (zunächst) nicht die eigene ist. Möglich ist dies

- in Pro-Kontra-Diskussionen
- in gespielten Gerichtsverhandlungen mit den (Gruppen-)Rollen:
  Richter und Schöffen – Staatsanwalt – Verteidigung/Angeklagter – Zeugen – Sachverständige. Beispiel: Ist Wilhelm Tell ein Mörder?
- in Debatten, in denen eine Position sauber entfaltet und dann auch gegen eine gegnerische verteidigt wird. Beispiel: Koedukation oder Geschlechtertrennung beim Lernen? (vgl. Dunbar 1994)
- in Disputationen, in denen wissenschaftliche (Textgrundlage!) Positionen verteidigt werden.

4. Nicht ohne erhebliche Bedeutung ist die **Rolle des Lehrers** dabei (vgl. Gage/Berliner 1986, 506 ff.), der

☐ Gelegenheiten des Diskutierens nutzt,
☐ auf die Selbstständigkeit von Kleingruppen setzt,
☐ etwa konsequent schweigt,
☐ prüft, wie er am besten auf sachliche Fehler aufmerksam macht,
☐ prüft, ob er auf Schwierigkeiten mit Hilfestellungen („Sie wollten noch zu … etwas sagen." „Das habe ich noch nicht verstanden") reagieren soll,
☐ prüft, wie er auf logische Fehlschlüsse durch Hinweise, auf Ziellosigkeit mit einer Intervention („Das Thema lautet doch …") reagieren soll,
☐ entscheidet, wie er gezielt Minderheitenmeinungen zu Ansehen verhelfen kann,
☐ über Aufgaben und Möglichkeiten des Diskussionsleiters mit der Klasse spricht.

5. Organisationsverlauf (vgl. auch van Ments 1992):

5.1 Vorbereitungsphase
Das Thema vorbereiten und formulieren. – Über ein mögliches Ziel sprechen. – Material, Argumente besorgen/vorbereiten. – Erstellen einer gemeinsamen Kenntnisgrundlage. – Über die Anzahl der Diskussionsgruppen entscheiden. – Die Sitzordnung organisieren. – Den Diskussionsleiter und seine Rolle bestimmen. – Über die Notwendigkeit eines Protokollführers (der auch Notizen an der Tafel machen kann) beraten. – Über Organisation beraten (z. B. Reihenfolge der Beiträger bestimmen: Jeder Sprecher ruft seinen Nachfolger auf. / Es spricht grundsätzlich der Sitznachbar. / Der Diskussionsleiter führt Rednerliste.). – Die Diskussionszeit festlegen.

5.2 Diskussionsphase
Einstieg suchen. – Ausgangsdefinitionen erstellen. – Festlegen von Themen/Fragen. – Konträre Positionen formulieren. – Argumente abwägen. – Über „Denkpausen" entscheiden (Phase des Notierens in Stichworten oder „Leitsätzen"). – Zusammenhänge zu früher Diskutiertem festhalten. – Über Zwischenergebnis und Schlusszusammenfassung nachdenken. – Begriffliche Formulierungen suchen. – Über Umgangsformen der Teilnehmer zueinander nachdenken. – Grafische Darstellungen versuchen (◊ *Grafiken und Schaubilder erstellen*).

5.3 Ergebnis- oder Auswertungsphase
Sichtung der Ergebnisse (auch in Gruppen) – Ergebnis mit dem Absichtsplan vergleichen. – Abschlusserklärung und mögliche Weiterführung: Nachdenken über Anwendungen.

5.4 Gesprächsanalyse nach den Gesichtspunkten, auch unter Zuhilfenahme von Video- oder Audioaufnahmen:

– Inhaltlich zufrieden stellend?
– Beteiligung der Teilnehmer?
– Gesprächsverhalten der Teilnehmer?
– Umgang mit Gruppendruck und mit Außenseitern?
– Auffällige Probleme im Beziehungsbereich (mehrdeutige Botschaften)?
– Auffälliges körpersprachliches Verhalten?
– Sprachlich-sprecherische Qualitäten und Schwierigkeiten?
– Verhalten des Diskussionsleiters?
– Mögliche Verbesserungen (unter Zuhilfenahme der oben entwickelten Gesichtspunkte)?

[O. B.]

Dramatisches Gestalten

1. In einem beeindruckenden Plädoyer für das Dramatische Gestalten an Schulen hat Bachmann (1992) aus eigener Erfahrung mit der Regiearbeit an deutschen Stadttheatern geschildert, dass und inwiefern auch die professionelle Inszenierungsarbeit eine **Lernsituation** ist. Als „Methode der Wahrheitsfindung" sei die Inszenierung „Alternative zur gymnasialen Wissenschaftlichkeit" (ebd., 20). Im Einzelnen betrifft der durch Dramatisches Gestalten angestoßene **Lernprozess**

- das **Sehen**: Theaterarbeit verlangt „gesteigertes Sehvermögen". Dass und wie die Textvorlage verstanden worden ist, muss sichtbar gemacht werden.
- das **Hören**: Die Aufmerksamkeit für Intonation, Rhythmus und Lautstärke wird geschult, besonders in der sog. „englischen Probe", wo die Schauspieler um einen Tisch sitzen und das Stück „durchsprechen" (lesen), noch ohne zu spielen.
- das **Finden** einer individuell passenden **Bildsprache**: Sie muss verstanden werden können, ohne gleichzeitig allzu konventionell oder klischeehaft zu sein.
- schließlich auch das **Verstehen** als kognitive Leistung. Hier verlangt die Theaterarbeit nicht weniger, sondern sogar mehr Gründlichkeit als Unterrichtsgespräch oder Prüfung: Keine Textstelle kann in der Probe übergangen werden, kein Aspekt einer Figur oder Situation ignoriert werden.

2. Da aber die Schule – außer in Neigungsgruppen oder sporadischen Projektwochen – keinen Raum lässt für Dramatisches Gestalten ganzer Textvorlagen (Stücke), plädiert Bachmann für ausgewählte und ggf. eigens zusammengestellte einzelne Szenen. Erfahrungsgemäß eignet sich am besten ein **thematischer Zugriff**: Themen wie Männer- und Frauenverhalten, Liebe, Macht im Alltag, Wunsch- und Angstträume usw. können durch Zusammenstellen einer Collage gestaltend bearbeitet werden. Wenn eine berechtigte Kritik an schulischer Theaterdidaktik (vgl. Bücher wie Wolfersdorf 1984) lautet, da sei zu viel von den „Intentionen der Spielleiter" die Rede und zu wenig von „Spielprozessen" (Renk 1986, 18), so ist die Arbeit an „Themen" eine Antwort: Wichtig darf nicht nur sein, was am Ende „herauskommt" (etwa weil die Schulleitung, die Eltern und nicht zuletzt die Schüler selbst eine gelungene Aufführung sehen wollen), sondern auch, was auf dem Weg dorthin geschieht. Die Möglichkeit, eine **thematische Collage** in geeignetem Rahmen auch aufzuführen, ist dadurch unberührt. Im Übrigen kann auch eine misslingende Aufführung zu einem didaktisch ergiebigen und pädagogisch wichtigen Prozess geführt haben: Mindestens hat sie dazu gedient, dass unterschiedliche Lesarten und Wahrnehmungsweisen und damit individuelles Textverständnis „in den Unterricht eingebracht" wurden (Kunz 1997, 11) und die Beschäftigung mit Literatur sich nicht in einem Darüber-Reden erschöpfte, das erfahrungsgemäß viele Lernende unbeeindruckt lässt.

3. Für die praktische Arbeit hat Chiout (1990) eine Liste einschlägiger Hilfen zusammengestellt: unter anderem Publikationen zur Theaterkunde, Ratgeber zum Herstellen von Puppen, Masken, Kostümen und Bühnenbildern, zum Umgang mit der Beleuchtung sowie Hinweise auf Verlage, Versandfirmen und Lehrfilme. Die Liste berücksichtigt alle denkbaren Praxisprobleme, auch technische. Wir verweisen auf Kunkels Beitrag „Schultheater – Bühnentechnik selbstgemacht" (1990) und beschränken uns im Folgenden auf Angaben zum eigentlichen Dramatischen Gestalten (Regieaufgaben und Probenarbeit).
Für die Gestaltungsaufgaben sowohl im Regelunterricht aller Schularten als in Spielgruppen („Arbeitsgemeinschaften Schulspiel", Kollegstufenwahlkurse) gibt es eine Fülle von Ratschlägen für Spielleiter und Spielgruppen. In handlicher Form zusammengestellt, finden sich die wichtigsten in dem bewährten Büchlein von Bubner/Mienert (1987; 1996 neu erschienen als Bubner/Mangold), in Waegners *Theaterwerkstatt* (1994) und – speziell für die S II – in *Spieltext und Textspiel* von Marcel Kunz (1997).
Zu verschiedenen Elementen des Spiels gibt es jeweils Übungen, mit deren Hilfe Spieler an eine zunehmend bewusste **Ausdruckskontrolle** (Waegner 1994, 20 ff. sagt „Präsenz") herangeführt werden können:

- *Körper und Bewegung im Raum:* So können „Puppenführer" an zwei Spielern, die sich wie leblose Puppen verhalten sollen, einen Bewegungsablauf entwickeln; die Puppenführer müssen aufeinander reagieren, ohne sich zu verständigen.
- *Zeit:* So können Spieler in unterschiedlicher Geschwindigkeit den Kopf drehen, über die Bühne gehen, eine Handlung ausführen.
- *Requisiten:* Sie können als Mit- oder Gegenspieler benutzt werden; so kann das Öffnen eines Briefs die innere Verfassung des Spielers ausdrücken, oder jemand kann mit einem Kleidungsstück, das er nicht mag, aber anziehen muss, „ringen".
- *Wort und Stimme:* Ein banaler Satz wie „Hans kommt heute" kann reihum in ganz unterschiedlichen Varianten gesprochen werden; selbst ein „Einwortsatz" wie „Ach" dient erfahrungsgemäß der Erprobung von Stimmlagen und -höhen, Intonation sowie innerer Spannung beim Sprechen.
- *Kostüme:* Sie sollten ohne perfektionistische Ambitionen reduziert werden auf einige ausdrucksstarke Kleidungsstücke mit „Anmutungscharakter" (Bubner/Mienert 1987, 36 f.).
- *Bühnenbild:* Mit sparsamen Mitteln (ein Telefon, ein Stuhl, ein Tisch usw.) können Räume definiert werden, ohne dass sie naturalistisch ausgestattet werden müssten.
- *Beleuchtung:* Wie etwa das „Schwarze Theater Prag" auf professioneller Ebene zeigt, erlaubt der Umgang mit dem Licht (vor schwarzem Hintergrund und bei teilweise schwarz gekleideten Spielern) eine vollständige und höchst wirkungsvolle „zweidimensionale" Dramaturgie (zum Effekt und seiner technischen Grundlage vgl. Pawelke/Stöckle/Weber 1993). Minimalvoraussetzung für effektvolle Ausleuchtung sind für „Schwarzes Theater" UV-Leuchtstoffröhren und für Theaterspielen generell zwei bis drei mobile Strahler, ggf. mit farbigen Vorsatzfiltern.
- *Masken:* Aus Karton, Gips oder Pappmachee, selbst angefertigt oder gekauft, können sie entweder „typendarstellend" oder „expressiv" sein (vgl. Bubner/Mienert 1987, 71–80).

4. Erst nach Einstiegsübungen in möglichst vielen dieser Bereiche – insgesamt entspricht dies dem Ansatz eines **„körperbetonten Theaterspiels"** (Waegner 1994) – ist es sinnvoll, mit Spieltexten zu arbeiten. Auf eine „fertige" Vorlage (ein Drama) zurückzugreifen ist allerdings nur ein Weg unter mehreren, und oft nicht der günstigste. In vielen Fällen entspricht es dem angestrebten Lernprozess mehr, zusammen mit der Spielgruppe oder Klasse ein eigenes Stück entweder aus der Vorlage heraus oder frei (nach Themavorgabe) zu entwickeln. Für diesen Weg, sich zu einem Thema eigener Wahl eine Vorlage allmählich zu erspielen und erst relativ spät das Ergebnis schriftlich zu fixieren, plädiert allgemein Waegner (1994) und im Bereich des Kinder- und Jugendtheaters Lucas (1983). Den Weg von der „Einzelstunde" zum „Projekt" (Theaterstück/Videoaufzeichnung) skizziert Kunz (1997, 91); sein Entwurf eines **„Klassenvertrags"**, der die Arbeitsbedingungen festlegt, sei hier wiedergegeben, weil er die (bedingte) Vereinbarkeit von produktorientiertem Dramatischem Gestalten und Deutschunterricht zeigt:

> *Beispiel eines Klassenvertrags:*
> Es wird vorgeschlagen, im Fach Deutsch als längerfristiges Unterrichtsprojekt ein szenisches Experiment (Theaterstück/Videoaufzeichnung) zu realisieren; die Realisierung ist allerdings von der Zustimmung der Klassenmehrheit abhängig. Dabei gelten die folgenden Grundsätze und Bedingungen:
>
> 1. Die Idee eines szenischen Projekts darf nicht und zu keinem Zeitpunkt von den Zielen des Deutschunterrichts abweichen; das Projekt soll ganz zentral die Auseinandersetzung mit Literatur fördern – und es soll Raum geschaffen werden für die verschiedenen Formen des Deutschunterrichts: des Sprechens, Lesens, Gestaltens und Schreibens.
>
> 2. Es geht in erster Linie darum, gemeinsam an einem Projekt zu arbeiten, eine Textvorlage frei und nach eigenen Vorstellungen, aber selbstverantwortlich und unter Berücksichtigung gemeinsam festgelegter Kriterien für die Bühne/den Film zu bearbeiten und szenisch zu interpretieren. Eine Aufführung (öffentlich oder schulintern) ist dabei nicht zwingend, kann aber ins Auge gefasst werden.
>
> 3. Niemand soll zum szenischen Auftritt gezwungen werden, niemand soll zum Star oder zum bloßen Komparsen gemacht werden. Die Wahl des Textes wird daher auch von der Zahl der Spielwilligen abhängen. Wer nicht mitspielt, bekommt eine gleichwertige literarische, dramaturgische oder redaktionelle Aufgabe. Die verschiedenen Interessen und Begabungen sollen sinnvoll zum Tragen kommen. Die Belastung soll ausgeglichen bleiben.
>
> 4. Die Wahl des Themas wird aber nicht nur von der Zahl der Spielwilligen abhängen, sondern auch von inhaltlichen und stilistischen Vorstellungen. Es ist daher wichtig, dass im Vorfeld dieses Projekts Texte gelesen und Ideen entwickelt werden, die dann der ganzen Klasse vorgelegt werden.
>
> 5. Dieses Unterrichtsprojekt darf nicht zu einer Belastung führen, die das durchschnittliche Maß des Deutschunterrichts übersteigt. In der Notengebung beim nächsten Zeugnistermin sollen die Leistungen bei diesem Projekt mitberücksichtigt werden.

Ein Projekt dieser Art ist freilich eher die Ausnahme als fachdidaktische Normalität. Umso wichtiger ist es, Dramatisches Gestalten als „Element der Unterrichtsgestaltung" in den Deutschunterricht von der Grundschule an zu integrieren (vgl. Dolmetsch u. a. 1986): Die **szenische Improvisation** im Anschluss an eine (evtl. noch nicht ganz gelesene) Geschichte ebenso wie später das Bauen von **„Standbildern"** und das Erspielen von **Figurenmonologen** oder zusätzlichen Dialogen zu Lektüren in der S I und II sind gute Möglichkeiten, das Prinzip entdeckenden Lernens (die Handlungsorientierung) im „normalen" Unterricht zu realisieren (◊ Teil I.6.4 *Spielen im Deutschunterricht*).

Haben Bertschi-Kaufmann/Kunz (1997) aus der Arbeit mit Lehramtsstudierenden berichtet, dass sie sich der literarischen Sozialisation der Seminarteilnehmer über Dramatisches Gestalten von Figuren

(Pippi Langstrumpf usw.) und Szenen aus Kinder- oder Jugendbüchern genähert haben, so sind ähnliche Versuche mit der auf diese Weise buchstäblich in den Deutschunterricht einzuspielenden Freizeitlektüre der Lernenden denkbar. Auch ein solches Dramatisches Gestalten ist *Umgang mit Texten* (◊ vgl. Teil I.3) und überdies ein Beitrag zur heute für alle Schulstufen als wichtig erkannten Leseförderung.

[U. A.]

Erzählen

Ich glaube einfach, dass wir immer erzählen, daß wir gar nicht richtig leben, wenn wir's nicht tun.

(Sten Nadolny)

Dass Erzählen eine der grundlegenden sprachlichen Tätigkeiten des Menschen ist, könnte der Grund sein, es als Aufgabe des Unterrichts zu vernachlässigen. Zwar wird in der Grundschule den Kindern Gelegenheit gegeben, ihre natürliche und spontane Erzählfreude im Sitzkreis zu erproben. Doch besteht offenbar bei vielen Kindern schon bald der Verdacht, eigentlich gehe es um anderes: die Erarbeitung eines Sachthemas, die Vorbereitung eines Aufsatzes, eben einer „Erlebniserzählung" o. Ä.
Erst in jüngerer Zeit kommt in den Blick, welchen Wert das Erzählen, eben eine „narrative **Kompetenz**", für den Menschen hat: Sie ist ein Teil seiner Identität.

1. Ausgehen wird man von mündlichen Erzählsituationen des Alltags. Wenn man sie bisweilen „natürliche Situationen" nennt, so meint man, dass sie eben angeblich „nicht künstlich" sind. Tatsächlich sollte man sich klarmachen, dass es zwar ein spontanes Bedürfnis gibt, erzählend zu kommunizieren, dass aber alle Ausgestaltung solcher Erzählsituationen – und es ist mit sehr verschiedenen Situationen zu rechnen – gelernt werden kann und muss, freilich nicht unbedingt erfolgreich mit den Mitteln traditioneller Unterrichtsgestaltung und ihrer Dominanz des Lehrers.

Grundlegend ist ein **„narrativer Impuls"**: Wir sehen aber, dass er verschiedene Aspekte hat.

☐ Er meint ein Verhalten zur Welt. Einer hat etwas erlebt, gesehen (im Fernsehen, auf Bildern oder real), geträumt, gehört und aufgeschnappt, gelesen (◊ *Nacherzählen*): Er möchte davon reden – zu anderen:

Man kann dies „Mitteilung" nennen, „referentielle Funktion" (Labov/Waletzky 1973) oder „Herstellung einer erzählten Welt", jedenfalls sind darin Elemente von beschreiben, berichten, informieren mitenthalten. Die mögliche Spannweite zwischen enger Anlehnung an Konkretes und fiktionaler Ausgestaltung ist sehr groß.

Lebensweltlich gesehen gibt es wohl einen großen indifferenten Bereich an Situationen, in denen alle Haltungen (Intentionen) ineinander gehen (z. B. „Was am Wochenende los war", „Was bei einem Unfall passierte" …). Nur relativ kleine Randbereiche sind Situationen, in denen (gestaltetes) Erzählen (z. B. einen Witz) und (strenges) Berichten (z. B. Forschungsergebnisse) dominieren.

Daraus hat nun die didaktische Tradition drei „Großformen" (Ehlich 1984, 69) entwickelt, nämlich erzählen, berichten und beschreiben (◊ *Sachtexte verfassen*), damit aber zum einen die Übergänge um der Differenzierung willen verdrängt, zum anderen um der Fixierung auf „Sachlichkeit" willen das Erzählen vernachlässigt.

☐ Der „narrative Impuls" des Erzählens richtet sich auf Zuhörer. Der Erzähler möchte haben, dass seine Zuhörer sich für das wertend Ausgewählte interessieren („evaluative Funktion"). Dabei ist nun aber genauer zu differenzieren zwischen „Erzählen im Alltag" und „literarischem Erzählen" (Ehlich 1984, Dehn 1986):

„**Erzählen im Alltag**" ist Teil eines größeren Handlungszusammenhangs: Der Erzähler sieht die Notwendigkeit oder hat das Bedürfnis, sich in einer Situation darzustellen, sich einzuschalten, andere an sich zu binden (zur Kontaktaufnahme, -vertiefung), sich zu rechtfertigen (zur Entschuldigung, zur Verteidigung). Daraus erwachsen dann auch die institutionalisierten Erzählsituationen beim Arzt, vor Gericht o. Ä. Das Ziel ist eine auf Bestätigung ausgerichtete Bewertung des Gegenstandes.

„**Literarisches Erzählen**" hingegen zielt auf Unterhaltung, ja mehr, dass in einer Erzählgemeinschaft Erzähler und Zuhörer die „Geschichte" „miterleben" können. Und der kundige Erzähler versucht, dies in seiner „Darstellung" zu erreichen, indem er verschiedene Mittel einsetzt: der Verlebendigung, der Spannung, Dramatisierung und der Wahl des „Tons" (Abraham 1996b, 295 ff.).

Es fällt auf, dass in der Schule vielfach nur auf Mittel geachtet wird, die den Textaufbau und bestimmte sprachlich-stilistische Elemente betreffen. Dies führt zu der falschen Ansicht, Erzählen sei in jedem Fall, auch dem von der Basis eigener „Erlebnisse" aus, zu „literarisieren" – und am besten schriftlich zu leisten.

- Der „narrative Impuls" dient auch der Herausbildung eines „Selbstbildes" (Quasthoff 1980) des Individuums: Erzählen bedeutet die Entwicklung kognitiver und emotionaler Differenzierung.
- Jeder mündliche Erzähler aber setzt auch körpersprachliche, also „szenische" Mittel ein (↳ *Körpersprache beobachten und erproben*). Diese sind freilich doppeldeutig: Sie können sich auf die Erzählkommunikation beziehen, wenn sie den Zuschauer betreffen. Sie können sich auf die erzählte Welt beziehen, wenn ein Erzähler gewissermaßen ein Stück weit die handelnden Figuren verlebendigt (aber noch nicht wie auf einer Bühne „darstellt").

2. Erzählen ist demnach abhängig von der Situation, auch und gerade in der Schule. Dieser Aspekt führt auf den pädagogischen Rat, daß **Erzählrunden** nicht herbeigezwungen werden können, freies Erzählen die Bereitschaft aller Beteiligten braucht: So werden Erzählrunden vorgeschlagen, die sich deutlich vom gewöhnlichen Unterricht unterscheiden.

2.1 Erst auf dieser Basis können verschiedene didaktische Überlegungen für eine **didaktische Schrittfolge** hilfreich sein:

- Bei den Kleinen müssen auch Vorstufen des Erzählens akzeptiert werden.
- „Natürliche Erzählsituationen" zeichnen sich dadurch aus, dass die Zuhörer nicht stumm und regungslos bleiben, sondern dass sie sich aktiv beteiligen:
  – zum Erzählen auffordern
  – genauere Beschreibungen oder Informationen einfordern – über die erzählte Welt
  – nach der Erzählabsicht fragen
  – einen Erzählerkommentar zum Erzählten erbitten – über die Mitteilung
  – lachen, staunen oder sonst spontan reagieren – über das Erzählte
  – nach Gewährsleuten fragen – über die erzählte Geschichte
  (↳ *Hören und Zuhören*)
- Darauf lässt sich dann auch didaktisch aufbauen, indem behutsam angeregt wird, einen Ereigniskern zu entfalten (informierend, klärend, in der Reihenfolge), und indem nach der wertenden Funktion gefragt wird („Warum ist dir die Geschichte so wichtig?").
- Eine Erzählrunde kann auch eine Geschichte entwickeln, indem reihum erzählt wird: Einer fängt an und gibt nach einem oder mehreren Sätzen den Faden weiter.
- Allmählich wird die dabei verfolgte Erzählabsicht die Entscheidung zwischen Alltagserzählung und unterhaltender (literarischer) Erzählung sichtbar machen. Dann wird sich die Aufmerksamkeit auf ein mögliches **„Strukturprinzip"** unterhaltenden Erzählens

richten können: Man erzählt, was aus der Routine herausfällt, um einer Besonderheit oder Komplikation eines Ereignisses sowie dessen Auflösung bzw. der Art der Auflösung willen (vgl. Labov/Waletzky 1973), Erzählen ist geformt.

Praktisch wird es nicht darum gehen, ein solches Modell als Rahmen zu lehren. Jedoch sollte es unterrichtliches Ziel sein, zu einer Ausgestaltung von Erzählungen in diesem Sinne anzuregen.

Für den Lehrer von Bedeutung können auch die etwas differenzierteren Charakteristika des Erzählens sein (Abb. 24, vgl. auch Hoffmann in Ehlich 1984, 204):

Erzählanlass/-thema	Themenankündigung / Erwartungshorizont
	Erzählerrechtfertigung / Relevanzpunkt
	Hörerorientierung über Ort, Zeit, handelnde Figuren, besondere Umstände ...
Besonderheit/ Komplikation	Spannungssteigerung
Auflösung	Koda/Schlussbemerkung, -zusammenfassung
	Erzählerbewertung, -rückwendung
	Wahrheitsanspruch

Abb. 24: Charakteristika des Erzählens/der Erzählung

☐ Die neben- und körpersprachlichen Mittel des Erzählers sind eine wertvolle und wichtige Unterstützung für den Erzähler. Dazu wird man sinnvollerweise vom ◊ *Vorlesen* ausgehen.

Frommer (1992, 28 ff.) regt an, einen entsprechenden Comic texten zu lassen. Er schlägt darüber hinaus vor, eine Erzählsituation pantomimisch darzustellen, also nicht den Inhalt, sondern die Erzählhaltung (und die Zuhörerhaltung) zu spielen oder auch eine Erzählsituation pfeifend oder in einer Tiersprache zu gestalten.

☐ Provozierend sind Situationen – unter der Bedingung einer echten **Erzählergemeinschaft** –, in denen einer überraschend „einfach drauflloserzählen" soll. Die Zuhörer reagieren dann nicht nur auf die Geschichte, sondern auch auf die Art, wie sich der Erzähler „aus der Affäre gezogen" hat. Dies fördert die Spontaneität, die Kontaktfähigkeit und die spontane Sprachfindung, zugleich aber auch die Reflexionsfähigkeit.

3. Erzählen bedeutet, den Zuhörer durch den **Einsatz sprachlicher Mittel** zu fesseln. Doch hat es wenig Sinn, solche Mittel gesondert zu üben (◊ *Hören und Zuhören*).

3.1 Sinnvoller ist es, verschiedenartige „Geschichten" zu erproben:

☐ Witze brauchen eine Pointe, aber auch einen gewissen Spannungsaufbau und eine Erzählszenerie.
☐ Lustige Geschichten leben von der komischen Umkehr der Verhältnisse.
☐ Lügengeschichten leben von der Selbstverständlichkeit, mit der das eigentlich Unmögliche erzählt wird.

> Aus diesem Grund sind sie wohl eher als ausgestaltete schriftliche Erzählungen zu erwarten. Frommer (1992, 90 ff.) nennt sie in Anlehnung an Quasthoff „bruchlos", in Anlehnung an die Märchen „eindimensional".

☐ Bilder als Erzählanlässe könnten so genutzt werden, dass verschiedene Ergebnisse zum Zuhören anregen, wenn die Bilder offen genug sind. Dass es dabei nicht um die trivialen

Spannungsgeschichten gehen muss, lässt sich gut zeigen: Frank-Flies (1986) gibt dazu Anregungen.

- Alltägliche Erlebnisse werden daraufhin geprüft – unter Mithilfe der Zuhörer –, ob es sich lohnen könnte, sie auch aufzuschreiben, d. h. ob aus alltäglichen Geschichten literarische werden können (s. u. 5.).

3.2 Eine Einübung in unterschiedliche „Erzähltöne" nimmt die beiden Richtungen des Erzählens wieder auf: Der Erzähler verweist auf seine innere Beziehung zum Erzählgegenstand (erregt, distanziert z. B.), und er stellt einen Hörerbezug her (an Spannung interessiert). Jeder Erzähler kann sich nun auf verschiedenen Kontinua des Tones bewegen zwischen langsam – erregt, ernst – komisch, distanziert – unmittelbar, ausdrucksvoll – monoton.

3.3 Mit älteren Schülern kann man reflektierter weiterarbeiten:

- Einüben ins Erzählen für jüngere Kinder (ebenfalls orientiert an den genannten Hilfen).
- Erproben von unterschiedlichen Erzählsituationen, in die eine gelesene oder erlebte „Geschichte" situiert werden könnte.
- Auch die Erzählweise erzählender Zeugen der „oral history" kann untersucht werden.

    Am einfachsten ist dies wohl in Unterhaltungssituationen, in denen ein Witz oder eine Anekdote oder auch ein selbst erlebtes Ereignis einen Beitrag leistet. Schwieriger sind Situationen, in denen sich jemand rechtfertigt mit einer Geschichte oder statt einer Definition eine Geschichte erzählt.

- Analyse von Erzählsituationen in literarischen Texten, z. B. Odyssee, 6. Gesang, Münchhausen, E. T. A. Hoffmann: Die Serapionsbrüder, die Großmutter erzählt ein Märchen (Büchner: Woyzeck), biblische oder chassidische Erzählungen u. a.

4. Erzählen ist vom **Lehrer-Vorbild** nicht unabhängig: So wird der Lehrer sich zuerst an den genannten „Regeln" orientieren müssen. Er sollte frühzeitig anfangen, das Erzählen zu üben, frei zu erzählen, und – über die oben genannten Strukturen hinaus – vor allem bei den jüngeren Schülern Hilfsmittel heranzuziehen: die Puppe, die Marionette, das Stofftier, ein Bild oder andere Anschauungsmittel.

Auch die früher viel geübte Form der erzählenden Geschichtsdarstellung sei empfohlen (für den Geschichtsunterricht wie für den Religionsunterricht), ergänzt um die Zeugenbefragung in der „oral history", wobei freilich die Analyse der Erzählabsicht auch zu kritischer Reflexion führen sollte.

5. Schriftliches Erzählen in der Schule ist – trotz mancher Einwände – vom mündlichen Erzählen im Alltag und zur Unterhaltung grundsätzlich zu unterscheiden.

5.1 Ausgehend von den in der Praxis noch immer weit verbreiteten Traditionen ist zunächst festzuhalten: Die traditionelle Schulerzählung, die so genannte **„Erlebniserzählung"**, dazu ihre häufig geübten Vorformen, die „Bildergeschichte" (Geschichte nach einer Bilderfolge) und die „Reizwortgeschichte" sowie die Sonderform „Fantasieerzählung" unterscheiden sich kaum voneinander und bringen eine Reihe von didaktischen und methodischen Problemen mit sich.

- Diese Schreibformen werden vielfach mündlich vorbereitet, aber: Mündliches und schriftliches Erzählen erfordern unterschiedliche **Erzählhaltungen** und unterschiedliche **Stilwahl**. Dies bewusst zu machen erfordert mehr Hilfen als die häufig eingeführten und in ihrer Rigidität falschen „Regeln" wie: „Schreibe in der 1. Vergangenheit" (richtet sich auf die erzählte Welt), „Verwende für den Höhepunkt die wörtliche Rede und die Zeitform Präsens" (richtet sich auf die Erzähl- bzw. Lesesituation).

- Es bleibt folglich unberücksichtigt, dass es verschiedene Schreibhaltungen gibt, die die Verfasser unterschiedlich erproben, solange sie noch nicht auf den rigiden Schreibtyp festgelegt sind – und die dabei immer wieder zurückgepfiffen werden. Frommer (1992) unterscheidet schon bei Kindern einen „Gefühlstypus" und einen „Abenteuertypus". Die bewusste Tonwahl (s. o.) wäre ein weiterer Schritt zur Erweiterung schriftlicher Erzählfähigkeit.
- Die Orientierung an „Selbsterlebtem" bedeutet eine Belastung, zumal von vielen Lehrern auch mediale „Erlebnisse" bereits als „ungeeignet" zurückgewiesen werden. Hier wird ein zu begrenztes Bild vom Kind als „sich erlebend" fixiert, wie es in der Reformpädagogik erfunden und gelegentlich immer wieder aufgewärmt (Sennlaub 1980), jedoch durch eine zu rigide Formvorgabe zugleich trivialisiert wird (so die Kritik Geißlers 1968). Eine Erweiterung auf alle Formen der Verarbeitung, auch von Gelesenem, Gesehenem usw. ist notwendig: Einer medialen Vermittlung ist kein noch so subjektives Erlebnis entzogen (vgl. Moser 1995 ◊ Teil I, 6.5 *Arbeit mit Medien*).
- Die traditionellen Versuche sog. „offener Schlüsse" bei Bildergeschichten und die nur scheinbare Variabilität vieler Reizwortreihen führen in Wahrheit nicht über die starrschematischen Lösungen und Schreibformen hinaus.

5.2 So ergeben sich eine Menge **Anregungen zu einer Neufassung des schriftlichen Erzählens** bzw. des Verfassens von Erzähltexten.

Freilich bleiben genügend Spannungen, die sich nicht alle einfach auflösen lassen, u. a. zwischen
– spontanem Erzählen im Alltag und Schreiben „auf Befehl" in der Schule
– den echten Adressaten und dem „Ersatzadressaten" Lehrer
– einem Mitteilungsdrang und bloßem Unterrichtsinhalt
– dem Angewiesensein auf Symmetrie der Interaktionen und der Korrekturverpflichtung des Lehrers
– Interessen aller am Inhalt und dem Interesse des Lehrers an den formalen Bedingungen
– Thematisierung von Subjektivität und dem schulischen Normzwang.

5.2.1 Ausbauen alltäglichen Erzählens
Der Lehrer gibt Anregungen, kleine alltägliche Geschichten aufzuschreiben, die nicht dem Muster der „spannenden Erlebniserzählung" entsprechen müssen, die aber Folgendes berücksichtigen:

- die Kinder haben etwas zu erzählen
- die Kinder wollen ihre Welt sprachlich bearbeiten und brauchen dazu Hörer oder Leser
- in der sprachlichen Bearbeitung aber wird schon die in der Sprache begründete befreiende Distanz zur Realität sichtbar und – als „Alltagsfiktion" – akzeptiert.

5.2.2 Ausbauen und Variieren alltäglichen Erzählens
Das Ausbauen ist gerichtet auf das Interesse und die Teilnahme der Leser. Es hat folglich eine große Nähe zum prozessorientierten Schreiben: Es sollte – abgesehen von eher privaten Schreibversuchen – in der Schule wenige Texte geben, die nur spontan und unbearbeitet aufgeschrieben werden: Leser befragen oder kommentieren die kleinen Erzählungen, die nach Schritt 1 entstanden sind und regen so die Verfasser zu Veränderungen, Verbesserungen und Differenzierungen an (vgl. ausführlich Bambach 1989). Auch der Lehrer wird sich an solchen Kommentierungen beteiligen, ungewohnte Aspekte (z. B. auf die innere Perspektive – „Was hast du dabei gefühlt oder gedacht?") hervorheben. Immer aber sollte die Erzählung die des Schülers bleiben.
Das Variieren meint, etwa im Sinne der Stilübungen Queneaus (1968) zu arbeiten, also ein Ereignis in unterschiedlichem Stil zu schreiben, mit Perspektivenwechsel („Jetzt erzählst du

die Geschichte einmal aus der Sicht eines Zuschauers"), oder in einem bestimmten „Ton" Varianten zu einem Ereignis zu erproben (◊ *Umschreiben von Texten*).

5.2.3 Erzählen nach Vorlagen

Diese Vorlagen können zum einen Bilder sein, entweder Bilderfolgen oder Einzelbilder, die eine Komplikation erkennen lassen (oder auch eine witzige Pointe wie Karikaturen): Neben eher traditionellen (wie den „Vater-und-Sohn-Geschichten") eignen sich auch Konfliktgeschichten oder „Sprechgeschichten" (Wallrabenstein), die sich zu Schreibgeschichten ausbauen lassen. Zum anderen aber können es auch Filmszenen ohne Ton (gerade bei jüngeren Schülern auch nach Comics im Kontext der Medienerziehung) sein.

Ältere Schüler werden auch angefangene Geschichten weiterführen (◊ Teil I, 6.2 *Handlungs- und Produktionsorientierung*). Je mehr solche Texte bestimmte motivliche, sprachliche oder formale Erzählprinzipien enthalten, desto mehr fordern sie heraus, sich diesen anzupassen.

5.2.4 Erfundene Geschichten

Der Begriff „Erfundene Geschichten" von Frommer (1992, 93) macht aufmerksam darauf, dass weder die traditionelle „Fantasieerzählung" gemeint ist noch einfach „fiktional" drauflos erzählt wird. Mit erfundenen Geschichten werden zumindest drei didaktisch bedeutsame Leistungen angesprochen (vgl. Frommer):

a) Es gilt, **eine erzählte Welt hervorzubringen.**

Vorgeschlagen werden Reizwortgeschichten. Es müssen jedoch Reizwortreihen sein, die nicht bereits Verlauf und Ergebnis vorgeben. Krüger (1979) schlägt vor, vier Reizwörter zu geben, darunter eines, das ganz aus der Reihe fällt oder gar ein Unsinnswort ist. Immer ist aber genau zu prüfen, welche möglichen Assoziationen (auch mit bestimmten Geschichtentypen) Schüler mit einem Reizwort verbinden.

Möglich ist auch die Vorgabe eines Geschichtentyps, vor allem für Kinder zwischen dem 4. und 7. Schuljahr: z. B. Lügengeschichten, Gruselgeschichten.

b) Es gilt, **eine erzählte Welt zu strukturieren.**

Viele Geschichten bauen auf einer Spannung auf zwischen Routine, dem Alltäglichen und dem Einmaligen, dem Unalltäglichen, das dazwischen auftritt.

Hier kommt es darauf an, diesen Zwischenzustand richtig einzubetten und entsprechend auszubauen.

Man kann hier ebenfalls an Gruselgeschichten denken, aber auch an Lausbubengeschichten und Streiche, entsprechend den traditionellen Schwänken.

Eine zweite Strukturform arbeitet mit dem Unterschied von Ausgangs- und Endsituation: Ein Ereignis verändert die Routine, das Gewöhnliche grundlegend.

Man kann hier an die „Moralische Geschichte" denken, auch wenn sie aus der Tradition heraus sehr problematisch ist, weil allzu unglaubwürdig und pädagogisch penetrant ist: Die Veränderungen werden tatsächlich zuerst an den Figuren sichtbar werden, die etwas lernen, sich in ihrem Wesen entscheidend verändern, „verwandelt" (wie im Märchen oft) aus einer erzählten Situation herauskommen. Hier sind vor allem ältere Schüler herausgefordert, die mit einer allzu glatten Moral schon kritisch umgehen können, solche Veränderungen etwa am Verhalten erzählend zu zeigen. Auch über den Figurenbestand lassen sich Strukturierungen erproben. Geht es zunächst um Gegensatzpaare: Aktiver und Betroffener, Helfer und Widersacher, Geber und Empfänger, so lassen sich auch Erweiterungen denken (und als Schreibaufgabe vorgeben), die eine dritte Figur (als Warnender, als Helfer in der Not) einführen o. Ä.

c) Es gilt, **über eine erzählte Welt zu verfügen.**
Auch hier gibt es eine Reihe von Mitteln, die bewusst erprobt werden können (vgl. neben Frommer 1992 vor allem Waldmann/Bothe 1993). Sinnvolle Arbeit im Unterricht wird sich dabei immer im Kontext des Literaturunterrichts ergeben, mit dem Kennenlernen von Geschichten und den in ihnen vorherrschenden Erzählprinzipien (◊ Teil I, 3. und Teil I, 6.2). So sei hier nur auf einige wichtige Prinzipien verwiesen, Beispiele von Texten und Aufgaben finden sich vor allem bei Waldmann/Bothe (1992):
Ich- oder Er-Erzählung
unterschiedliche Perspektiven
Zeitraffung und Zeitdehnung, Rückgriffe und Vorgriffe u. a.
Figurensituierung (Charakter, Räume u. a.)
Figurenrede, Erlebte Rede und Innerer Monolog
Erzählmontagen und -collagen und Verschränkung von Erzählsträngen bis hin zu einer „Erzählfuge".

6. Nicht unwichtig ist die Perspektive auf die **Entwicklung der Schüler.**
Die kindliche Mitteilung des Schulanfängers, „diffus-ganzheitlich", ist noch nicht differenzierbar in eine spezifische Form. Allerdings dominiert die berichtende Wiedergabe, bleibt zuerst orientiert einmal an Äußerem (Sichtbarem vor allem), zum anderen an erzählersubjektiv Interessantem (ohne die für den Zuhörer/Leser nötigen Zwischenschritte zu berücksichtigen). Sowohl die Hörer-/Leserorientierung als auch die Berücksichtigung von Emotionalität entwickeln sich allmählich, bedürfen der schulischen Förderung. Ebenso braucht die Fähigkeit, sich in andere Figuren hineinzudenken („Perspektivenübernahme"), eine wachsende empathische und sprachliche Aufmerksamkeit. Sie entwickeln sich erst gegen Ende der Grundschule und sollten dann konsequent und schriftlich geschult werden. Immer aber sollten die Geschichten auch zum Hören und Besprechen genutzt werden.
Das Erzählen zur Gewinnung eigener Identität in der Auseinandersetzung mit den Herausforderungen an den Einzelnen wandelt sich, die Verarbeitung der Außenwelt tritt zurück zugunsten der **Gestaltung innerer Erfahrungen**: Der Weg über die Schelmen-, Grusel- und traditionelle Detektiv- und Kriminalgeschichte hin zu modernen Formen für ältere Schüler (ab dem 7./8. Schuljahr), wie sie etwa die Kurzgeschichte vorführt, wird sich anbieten, doch geht es niemals um Textsorten, sondern um Erzählmöglichkeiten. [O. B.]

Fehler berichtigen

1. Dem Berichtigen der Fehler durch die Schüler geht in der Regel die **Markierung der Fehler** durch den Lehrer voraus. Freilich gibt es auch die Ausnahme (oder sollte es sie wenigstens geben), dass Schüler ihre Fehler selbst ermitteln. Was für den erwachsenen Schreiber den Normalfall darstellt, wird dem Schüler nur zu selten gegönnt: ohne Fremdkontrolle und somit ohne rote Striche die eigene Arbeit in Ruhe durchsehen und überarbeiten zu können (◊ *Überarbeiten/Textrevisionen durchführen*). Die Behauptung, Schüler seien zu diesem **Redigieren eigener Texte** nicht in der Lage, verrät nur, dass sie zu wenig dazu angehalten werden. Die Aufforderung am Ende der Aufsatzstunde, die eigene Arbeit noch einmal auf Fehler durchzusehen, reicht hier sicher nicht aus.
Was spricht dagegen, Schülerarbeiten einen Tag nach ihrer Fertigstellung unkontrolliert und unkorrigiert an die Autoren zurückzugeben, die sich nun mit einigem Abstand zur Textproduktion, mit frischer Kraft und dem Wörterbuch an die Korrektur ihrer Texte machen? Vorstellbar wäre eine solche Praxis nicht nur beim Schulaufsatz, sondern auch beim ◊ *Diktat* (◊ *Wörterbücher benutzen*). Den vielen **Vorteilen** – weniger zur Lehrerkorrektur

anstehende Fehler, größeres Erfolgsgefühl auf Seiten der Schüler, Annäherung an die außerschulische Schreibpraxis, Vermeidung stressbedingter Fehler, Verminderung von Zeitdruck, Verzicht auf punktuelle Leistungserhebung, Abbau der permanenten Prüfungssituation, Aufwertung des Umgangs mit dem Wörterbuch, Stärkung der Eigenverantwortlichkeit – steht eigentlich nur die Beharrungstendenz lange geübter Praxis entgegen. Oder sollten dem Diktat doch andere Funktionen zugeschrieben werden: Überprüfung auf Belastbarkeit, Konzentrationsfähigkeit, Sicherheit in der Schreibung ohne Hilfsmittel in Stresssituationen?

2. Zurück zum schulischen Normalfall, dem Markieren der Schülerfehler durch den Lehrer. Dabei sind die Vorgehensweisen bei der Korrektur von Aufsätzen und Diktaten zu unterscheiden. Beginnen wir mit dem Diktat (bzw. der Nachschrift). Der **Leistungsfähigkeit des Schreibers** entsprechend, muss hier **differenziert** vorgegangen werden. Die Möglichkeiten hierfür sollen in der Reihenfolge zunehmender Hilfestellung (bzw. Einengung) aufgeführt werden.

Zunächst ist die Angabe der Fehlerzahl unter der Arbeit zu nennen, evtl. auch für einzelne Absätze der Arbeit – Erfolg versprechend allerdings nur bei insgesamt geringer Fehlerzahl. Die Anmerkung „Du hast 3 Rechtschreibfehler gemacht, suche sie selbst" wird guten Rechtschreibern durchaus genügend Motivation zur eigenständigen Verbesserung sein können (Abb. 25, links). Die Markierung der jeweiligen Zeile, worin sich ein Fehler befindet, ist die nächste Stufe (Abb. 25, rechts), der die Kennzeichnung des falsch geschriebenen Wortes im Text folgt.

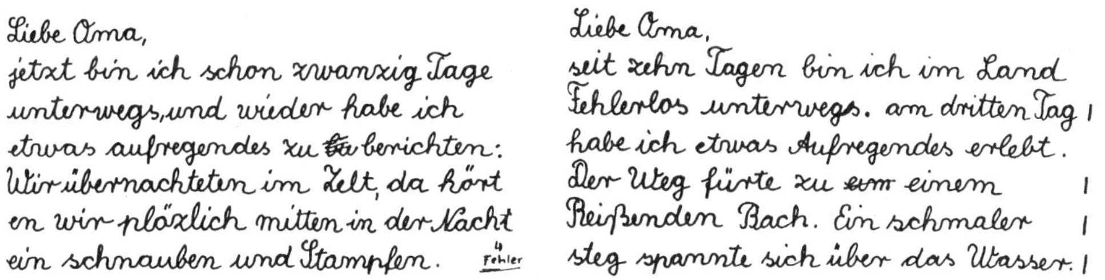

Abb. 25: Differenzierte Fehlermarkierung (Gärtner/Marenbach 1995)

Für schwache Rechtschreiber müssen genauere Bezeichnungen der Fehler gewählt werden, wofür verschiedene Zeichen zur Verfügung stehen (Abb. 26). Auch die Verbindung mit Hinweisen zur Fehlerberichtigung wird vorgeschlagen (Abb. 27).

Abb. 26: Korrekturzeichen (Watzke/Strank 1984)

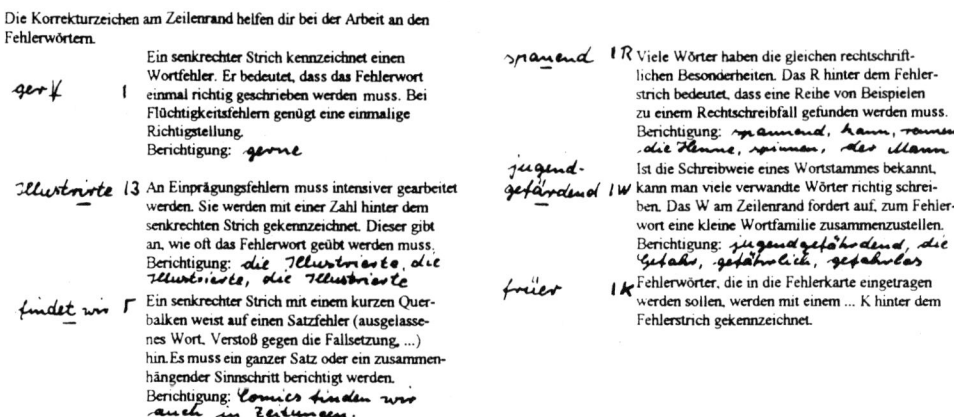

Abb. 27: Beispiel einer Fehlerberichtigung (Staatsinst. f. Schulpäd. u. Bildungsforschg. 1986)

Geht der Lehrer davon aus, dass der Schreiber auch bei den genannten Hilfen nicht zur richtigen Schreibung kommt, sollte er das Wort selbst richtig vorschreiben. Von der ebenfalls in der Literatur erwähnten Möglichkeit, Fehlerwörter zu überkleben (Watzke/Strank 1984, Triebel/Maday 1991), ist abzuraten. Die von Watzke (1976) referierte Abnahme der Fehler beim Überkleben wird fälschlich damit erklärt, dass sich die Fehler hier nicht einprägen konnten. In Wirklichkeit dürfte der Verzicht auf die vielen demotivierenden roten Striche die Leistungsverbesserung bewirkt haben. Eine wahrscheinlich noch nachhaltigere Leistungssteigerung wäre erreicht worden, wenn die Falschschreibungen mit den Schülern besprochen worden wären. Dies allerdings kann nur gelingen, wenn es sich um eine geringe Anzahl von Verstößen handelt.

3. Und hier scheint das eigentliche Geheimnis der Leistungsunterschiede zu liegen: Wer wenig **Fehler im Diktat** gemacht hat, wird bei der Verbesserung der wenigen Fehler mit größerer Wahrscheinlichkeit einen **Lernzuwachs** erzielen als der Schüler mit vielen Fehlern, dem sein Versagen wieder einmal so deutlich bescheinigt wurde, dass seine Motivation zum Weiterlernen verloren ging. Eine wichtige Aufgabe des Lehrers sollte es demnach sein, Schüler zu bewahren, viele Fehler im Diktat zu machen, wofür sich **unterschiedliche Möglichkeiten** anbieten: Reduzierung des Textes für die schwachen Rechtschreiber, Abschreiben von einer Vorlage statt Schreiben nach Diktat, Zusammenarbeit mit einem Partner (◊ *Diktate schreiben*). Das (schülereigene) Gerechtigkeitsverständnis „Jedem das Gleiche" muss hier durch das pädagogische „Jedem das Seine" abgelöst werden. Längst vergangenen Tagen dürften solche Äußerungen im Lehrerzimmer angehören: „Mein Spezialist hat es heute auf 40 Fehler gebracht."

4. Die Berichtigung der **Rechtschreibfehler in Aufsätzen** ist weniger problematisch, denn hier ist die Differenzierung und das Eingehen auf den einzelnen Schüler ohne Schwierigkeiten durchführbar. Bei Texten, die viele Fehler enthalten, empfiehlt es sich, drei oder vier herauszugreifen, bei denen wir uns einen Lernzuwachs des Schreibers versprechen, sie sinnvoll verbessern zu lassen (s. o. Abb. 27), während der Lehrer die übrigen Falschschreibungen möglichst unauffällig (also nicht mit Rotstift) als Vorlage für eine Zweitschrift selbst korrigiert. Da Rechtschreibfehler im Aufsatz nicht ins Gewicht fallen, wäre es schade, wenn Schüler aus Angst vor Rechtschreibfehlern ihren Ausdruck auf unproblematisch zu schreibende Wörter reduzierten.

Die Hauptarbeit bei der Berichtigung von Aufsätzen wird im Bereich der **Stilistik** oder des **Textaufbaus** liegen. Um hier nicht zu viel in die Schülertexte hineinschreiben zu müssen, kann auf die bewährte Form der **verschlüsselten Hinweise** zurückgegriffen werden. Häufig wiederkehrende Schwierigkeiten in Texten, die in vorausgegangenen Deutschstunden im Mittelpunkt der Besprechung standen und an einer Seitentafel nachlesbar sind (oder als Merkhilfe jedem Schüler zur Verfügung stehen), werden mit Zeichen oder Ziffern abgekürzt ins Gedächtnis gerufen (z. B. Z [oder 1] = Alle Verben der Geschichte stehen in der gleichen Zeit – Ausnahmen sind natürlich möglich! – U [oder 2] = Sätze kann man umstellen, um Abwechslung zu erreichen, um Wichtiges hervorzuheben …). Der wichtigste Hinweis dürfte allerdings lauten: „Darüber müssen wir vor der Verbesserung sprechen." Im Gespräch können nicht nur dem Schüler Impulse für die Überarbeitung seines Textes gegeben werden, auch der Lehrer kann verstehen lernen, warum der Schreiber seinen Text gerade so verfasst hat.

[D. M.]

Fragen stellen/Interviewen

Im Medienzeitalter ist das Interview allen Schülern bekannt. Es begegnet im Fernsehen, auf der Straße, in gedruckter Form in den unterschiedlichsten Zeitschriften, Schüler bringen regelmäßig in den Schülerzeitungen Interviews. Das Interview hat in den Augen der Schüler einen guten Klang, weil es den Blick für lebensweltliche Situationen öffnet; getrübt wird dieser Blick allerdings dann, wenn sich Unterricht im sezierenden Analysieren erschöpft.

1. Das Interview ist eine **Sonderform des Gesprächs**, das „inszeniert" genannt werden kann, da es Bedingungen unterworfen ist, die man als regelhaft erkennen und anerkennen muss. Von zentraler Bedeutung ist das Gesprächsverhalten, wobei der Fähigkeit, Fragen zu stellen, erste Priorität zukommt.
Das Einholen von Informationen durch Befragen anhand einer starren Frageliste kann höchstens als Vorform des Interviews bezeichnet werden, es ähnelt der Informationsabfrage technischer Datenbanken (Computer), veranlasst den Befragten zu einzelnen Statements, nicht zum Gespräch (↔ *Informationen verarbeiten*). Ebenso ist das Interview abzugrenzen von der Fragebogenerhebung, der Meinungsumfrage, der Ausfrage, dem Verhör.
Die gängigste Form ist das **Einzelinterview**, d. h. die Befragung einer Einzelperson. Sie erfolgt entweder durch einen Fragesteller (Interviewer) oder durch mehrere Personen. Wenn diese nur als „Techniker" (zuständig für Mikrofon, Kassettenrecorder oder Videokamera, als Protokollanten) fungieren können, so lassen sie dennoch den Verlauf nicht unbeeinflusst.
Formen: Neben der engen Form, bei der bloß öffentliche Statements abgegeben werden, und der strengen Form einer klaren Rollenverteilung zwischen dem (häufig kritisch) Fragenden und dem Antwortenden, der mehr oder weniger diesen Fragen ausgeliefert ist, haben sich in den Medien interviewartige Gesprächsformen entwickelt, die die Rollen gleichberechtigt verteilen.
Von einem echten Interview spricht man dann (vgl. Haller 1991), wenn mindestens drei Fragen gestellt werden, wobei anzustreben ist, dass die Ausgangsfragen nur der Anstoß zu einem Dialog sind.
Die **Inszeniertheit** (s. o.) eines Interviews liegt in der doppelten Kommunikationssituation: Das Gespräch bzw. die Befragung, die geführt wird, hat neben den unmittelbar Beteiligten weitere (auch spätere) Zuschauer, Zuhörer oder Leser, d. h. die Gesprächsbeiträge sind auch

oder gar vor allem für diese (oft noch nicht) Anwesenden gedacht. Der Befragte (Interviewte) ist für ein größeres Publikum wegen seiner Person (Personen- oder Darstellungsinterview), seiner Meinung (Reportageninterview) oder seiner Kenntnisse (Rechercheinterview) von Interesse. Die Inszenierung kann sich auf normierte Fragen, auf den Ort des Interviews, auf Vorabsprachen (über Zeit, Ort, Themen), ja auf die Wahl der Kleidung beziehen. Im Zentrum steht jedoch die Fähigkeit des Fragenstellens, des Nachhakens, des Verhaltens bei Formen der Verweigerung oder des Ausweichens aufseiten des Interviewten.

2. Didaktisch unbestritten ist heute, dass das Interview als Gesprächsform praktisch und analytisch zu den Aufgaben des Unterrichts gehört. Sein Einsatz in einem lebensnahen Unterricht, in Projekten, für den handelnden und kritischen Umgang mit öffentlichen Medien (◊ Teil I, 6.5 *Arbeit mit Medien*) ist unumgänglich.

In älteren Vorschlägen werden die **analytische Fähigkeit, die kritische und distanzierte Haltung** der Interviewer als Ziele gesetzt (vgl. Bayer 1977). Im Sinne der Steigerung der Handlungsfähigkeit der Schüler wird heute neben der erprobenden Einübung unterschiedlicher **Fragetechniken** die engagierte und **bewusste Selbstwahrnehmung** des eigenen Verhaltens als wichtiges Ziel über selbst durchgeführte Erprobungen zu erreichen versucht. Dass dies nicht ohne Analyse und Reflexion auf eigene Versuche möglich ist, ist wohl unbestritten.

Die Erarbeitung von Interviews vollzieht sich sinnvollerweise in gut geplanten Schritten. Idealtypisch soll hier von **acht Schritten** ausgegangen werden:

2.1 Eine **Vorbereitungsphase** bezieht sich auf die Erarbeitung des Themas (Sachthema), die Suche nach Interviewpartnern, die Ausarbeitung von Fragen.

- Erarbeitung von Frageschemata
- Einsicht in unterschiedliche Fragetypen (gezielte, offene, neutrale, solche mit vorgegebenen Wertungen)

2.2 Der Durchführung des Interviews gehen sinnvollerweise eine Reihe von **Übungen** voraus:

2.2.1 Vorarbeiten

- Ordnung der Fragen
- Anlegen eines Fragezettels
- Formulierung möglicher (oder erwarteter) Antworten auf die Fragen

2.2.2 Erprobungen in Rollenspielen mit unterschiedlichen Vorgaben für die Interviewten

- Umgang mit den äußeren, technischen Bedingungen
- Einübung des Gesprächsbeginns (Vorstellung, Bekanntgabe des Themas)
- Fähigkeit, sich vom Fragezettel zu lösen (Überlegungen zu Anlage des Fragezettels, der sinnvollerweise nur ein bis zwei Fragen ausformuliert enthalten sollte, ansonsten geordnete Stichwörter)
- Fähigkeit zur Rückfrage
- Umgang mit unerwarteten Antworten (Ausweichen, Verweigerung)

2.2.3 Analyse solcher Rollenspiele hinsichtlich der Bewältigung schwieriger Situationen

- Beobachtung der Körpersprache (◊ *Körpersprache beobachten und erproben*)
- Analyse vorliegender Interviews aus Fernsehen oder Rundfunk

2.3 Die Vorbereitung des eigentlichen Interviews kann sich beschränken auf die **Bereitstellung aller Hilfsmittel**, sie kann aber auch verbunden sein mit der Anmeldung für einen **Interviewtermin**, die Bekanntgabe des **Themas**, die Überlegungen zum **Ort** des Interviews, die **Absprache** über die Benutzung von Aufzeichnungsgeräten u. a.

2.4 Das eigentliche **Interview**, entweder als ausführliches Einzelinterview, als Reihenbefragung (z. B. auf der Straße zu einem bestimmten Thema) oder als Gruppeninterview.

2.5 Die unmittelbare **Reflexion** des/der Interviewer(s), die auch schriftlich gemacht werden kann. Sie sollte sich neben der ersten Erfolgsbilanz auch auf die Einschätzung des eigenen Verhaltens beziehen.

2.6 Die **Auswertung** des Interviews. Sie kann auch die Verschriftung (nach Kassette, Video) umfassen.

2.7 Für eine schriftliche Veröffentlichung wird eine **Bearbeitung** nötig sein (◊ *Überarbeiten eigener Texte*).

2.8 Erneute Reflexion der Interviewer über das erzielte Ergebnis.

3. Interviews zu erproben und durchzuführen hat vom 2./3. Schuljahr an einen hohen Motivationswert und entsprechenden Übungseffekt. Die reflexive Auswertung gehört notwendig immer dazu.
Ausgehend vom Interesse an Themen und Meinungen, die erhoben, erschlossen und ausgearbeitet werden sollen, kann so der Unterricht lebendig werden. Da den Schülern aber recht komplexe Fähigkeiten abverlangt werden, empfiehlt es sich, gewissermaßen ein **Spiralcurriculum** zu versuchen.

3.1 Ausgehen kann man von der Erarbeitung von Einzelfragen (**Informations-/Wissensfragen**), die die Interviewpartner zu längeren Erzählungen oder Ausführungen anregen:

„Warum sammelst du …?" „Seit wann machst du Musik? …"
„Erzähle, wie das bei dir war (als du in die Schule gekommen bist …; deine erste Stelle angetreten hast …; das erste Mal alleine weggefahren bist …)"
„Sie sind neu an unserer Schule, bitte stellen Sie sich vor …"
„Warum schreiben Sie Gedichte …"? usw.
Vorliegende Interviews, etwa in Kinderzeitschriften, können Anregungen geben.

3.2 Auch **Meinungsfragen** werden sich vor allem zur Klärung von Sachverhalten bald ergeben: „Findest du das Buch auch toll?"
Vorgegebene Wertungen können auch provozieren: „Es gibt Vorschläge, den Unterricht zwar etwas später zu beginnen, jedoch auf den Nachmittag auszudehnen. Das bedeutet doch wohl, dass die Schüler länger in der Schule bleiben müssen …"
Entscheidungsfragen bieten sich zu Beginn von Reiheninterviews an:
„Sollen wir gemeinsam ins Schwimmbad gehen oder in den Zoo?"
Doch erst aus Argumentationszusammenhängen (◊ *Argumentieren/Erörtern*) ergibt sich ein wirkliches Interview.

3.3 Das Bedürfnis, zurückzufragen, nachzuhaken und dafür Strategien zu entwickeln (**Aufforderungs-/Folgerungsfragen**), wird sich allmählich ergeben. Es kann dann zum Thema von Erprobungen gemacht werden.
Auch die Fähigkeit, zunächst die Aussage des Interviewten noch einmal zusammenzufassen und zuzuspitzen, muss hier Übungsthema sein (**Kontrollfragen**): „Wenn ich Sie richtig verstanden habe, meinen Sie … – Ich möchte die Frage daran anschließen …"
Im Zusammenhang mit dem Sachunterricht, mit der Planung von Unterrichtsgängen und -fahrten werden sich dann Sachinterviews ergeben, bei denen die Qualität der kindlichen Interviewer von ihrer eigenen Sachkenntnis abhängt.

3.4 Eine weitere Stufe werden **Befragungen auf der Straße** zu aktuellen Themen sein: „Bist du für oder gegen die Umgestaltung des Schulhofs?"

„Hörst du gerne Radio? Warum nicht? Was hörst du gerne?"
Hier werden die Schüler wohl häufiger auch mit unerwarteten Situationen, mit ausweichenden oder geschwätzigen Partnern u. Ä. konfrontiert werden, die das eigene Frageverhalten und den Umgang mit schwierigen Situationen in den Vordergrund stellen. Deshalb sind weitere Fragen nötig:
„Warum willst du keine Antwort geben ...?"
„Darf ich noch einmal an meine Frage erinnern ...?"

3.5 Phase der Analyse.
Analyseaspekte sollten sein:

- Beobachtung der eigenen Körpersprache (↳ *Körpersprache beobachten und erproben*)
- die Beachtung von Rahmenbedingungen (Wahl des Ortes, der Zeit, der Atmosphäre)
- alternative Erprobung von Fragetypen, die die Position des Interviewers stärken (wertende, provozierende Fragen, Fangfragen, Suggestivfragen)
- Folgen kann nun auch die Analyse von gedruckten oder gesendeten Interviews (auch verschiedener Interviewformen), um das kritische Verständnis für die Leistung des Interviews und die eigenen Fähigkeiten zu steigern.

3.6 Erproben von **Varianten**.
Schüler der Sekundarstufe werden auch versuchen, mit ironischen oder witzigen Bemerkungen Interviews zu „würzen". Auch dies sollte ausdrücklich zum Thema (von Analysen, von eigenen Versuchen) gemacht werden:
Was ist passend?
Welcher Umgang mit dem Interviewpartner wird damit gepflegt?
Wo sind die **Grenzen** (der Höflichkeit, der Sachangemessenheit?)
Welche Rolle spielt man als Interviewer dabei?

3.7 In der Sekundarstufe II schließlich werden Fragen nach der **Leistung von Interviews** als Instrumente der Macht, der Meinungsbildung, werden Analysen und Erprobungen der Einwirkung auf den Fortgang von Interviews, auf die Qualität und Aussagekraft von Politiker-Interviews im Vordergrund stehen.

Möglichst früh sollte der Lehrer alle Möglichkeiten nutzen, dass die von den Schülern durchgeführten Interviews veröffentlicht werden können. Außer der Vorführung von Videos werden es entweder Auswertungen von Reiheninterviews sein oder verschriftete Interviews für eine Zeitung (Schülerzeitung, Aktion „Zeitung in der Schule").
Natürlich können Sachinterviews auch für Hefteinträge und Referate (↳ *Referat oder Vortrag halten*) der Schüler genutzt werden.

4. Themen für Interviews sollten möglichst aus dem aktuellen Geschehen des Unterrichts herauswachsen.

- Rechercheinterviews von Fachleuten im Rahmen von Projekten, von berufsvorbereitenden Erschließungen, für spezifische Sachfragen anderer Fächer
- Reportage-Interviews zu aktuellen Fragen: Befragung von Eltern, Lehrern, Lokalpolitikern
- Darstellerinterviews von Zeitzeugen, interessanten Künstlern (Schriftstellern, Musikern, Sportlern)
- Natürlich können im Rahmen eines geselligen Abends, eines Kabaretts auch witzige, satirische Interviews geführt werden, die dann die Hohlheit der Antworten, die Geschwätzigkeit von Interviewten, die Unbeholfenheit von Interviewern o. Ä. vorführen (vgl. Szenen von Gerhard Polt u. a.).

5. Es sollten alle Möglichkeiten genutzt werden, um die Nähe des Interviews zur Lebenswelt der Schüler zu erhalten (◊ Teil I,6.3 *Außerschulische Lernräume*). Neben der Aktualität der Personen und der Themen gehört dazu auch die Möglichkeit der Veröffentlichung, z. B. im Rahmen einer Schülerzeitung, eines Projekts (◊ Teil I,6.1 *Projektunterricht – projektorientierter Deutschunterricht*) u. a. [O. B.]

Freies Schreiben

Dass neben dem Stichwort ◊ *Assoziatives Schreiben*, das die Konzeption des freien Schreibens, die Begründung und zahlreiche mögliche Anstöße für diese Art der Textproduktion aufzeigt, und dem Stichwort ◊ *Schreibkonferenzen organisieren* mit der Vorstellung einer wichtigen Organisationsform des freien Schreibens hier ein weiteres Mal auf das freie Schreiben eingegangen wird, mag nicht nur dokumentieren, wie sehr uns diese Schreibpraxis am Herzen liegt, hier soll vielmehr auf den Beginn des freien Schreibens, auf den Zusammenhang mit der vorschulischen Schreibentwicklung hingewiesen werden und auf ein in den Anfangsklassen dafür bewährtes Instrument: die **Schuldruckerei**.

1. Spuren zu hinterlassen scheint zu den wenigen den Menschen verbliebenen Instinkten zu gehören, Spuren im Sand, auf Fenstern, Fliesen oder Wänden, überall dort, wo geeignete Flächen und Schreibgeräte zur Verfügung stehen – und Erwachsene es zulassen. Beginnend im zweiten Lebensjahr, bleibt diese Schreibfreude bis ins Erwachsenenalter erhalten, was Graffiti an Betonwänden, Sprüche an Klotüren, Aufschriften auf Schultischen, Alleebänken und Aussichtstürmen zur Genüge belegen. „Schreiben kann jeder" lautet der Titel eines Buchs von Boehncke/Humburg (1980), „nur das Aufsatzschreiben muss man lernen", ergänzt Ingendahl (1981) in einer anderen Veröffentlichung und macht damit einmal mehr auf den **Gegensatz** aufmerksam zwischen dem außerschulischen „freien" Schreiben, das jeder kann und jeder will (soweit sich eine normale Entwicklung ungestört vollziehen kann), und dem von der Schule gewünschten Schreiben im Aufsatzunterricht.

Von der Freude am freien Schreiben kann dann etwas in die Schule herübergerettet werden, wenn schulisches Schreiben an die **vorschulische Schreibentwicklung** anknüpft. Für diese frühe Phase nennt Brügelmann (1984) vier Entwicklungslinien:

☐ vom ziellosen zum gerichteten Kritzeln, mit der Entdeckung der Linearität und der regelmäßigen Wiederholung,
☐ von der Linie zur Form, wenn mit Buchstabenformen experimentiert wird,
☐ von der Buchstabenform zur Buchstabenfolge, bei originellen Raumlage- und Schreibrichtungsvariationen,
☐ von der Folge einzelner Formen zur verbundenen Bewegung, mit individuellem Schreibrhythmus.

Gaber/Eberwein (1986) beziehen in die Schreibentwicklung auch die **Entwicklung des Zeichnens und Malens** mit ein. Obwohl Vierjährige durchaus zwischen Malen und Schreiben unterscheiden können, bleibt das bildhafte Gestalten – oft in Verbindung mit dem Schreiben – eine wichtige Möglichkeit des schriftlichen Ausdrucks weit in die Schulzeit hinein. Damit sich dieses vorschulische Schreiben entwickeln kann, müssen allerdings einige **Bedingungen** gegeben sein:

☐ das Vorbild schreibender Eltern, Geschwister, Großeltern, von denen auch Techniken wie Unterschreiben, Unterstreichen übernommen werden,
☐ die technischen Voraussetzungen, etwa Papier, Stifte, Arbeitsplatz,

- Anregungen zum Schreiben, die zum Bedürfnis werden, etwas zu notieren („Das müssen wir uns aufschreiben", „Jetzt schreiben wir für Papi auf, wann wir zurück sind"),
- Ansporn durch Lob und Bestätigung für Schreibversuche anstelle der Abwertung als „Beschmieren von Tisch und Wänden".

2. Will die Schule nun eine kontinuierliche **Fortsetzung der außerschulischen Schreibentwicklung** gewährleisten, ist es nötig, auch die **Freiheiten** einzuräumen, die der junge Schreiber außerhalb der Schule genießen konnte:

- Freiheit der **Zeit**: Wann geschrieben wird, ist dem Kind selbst überlassen, ob zu Hause oder in den für die Freiarbeit vorgesehenen Phasen des Schultages.
- Freiheit des **Ortes**: Wo geschrieben wird, bleibt freigestellt.
- Freiheit des **Materials**. Womit und worauf geschrieben wird, entscheidet der Schreiber selbst: mit Bleistift, Farbstift, Kreide auf Blätter unterschiedlicher Größe, Hefte, Blöcke.
- Freiheit des **Inhalts**: Worüber geschrieben wird, ergibt sich aus den Wünschen, Bedürfnissen, Interessen des Schreibers.
- Freiheit der **Form**: Grafisch, grammatikalisch und orthographisch müssen keine Normen eingehalten werden. Schriftgröße und Schriftart (Druck- oder Schreibschrift) sind selbst zu wählen. Grammatische und rechtschriftliche Normen werden erst wichtig, wenn der freie Text zur Veröffentlichung ansteht und dafür bearbeitet werden muss. Hier wird deutlich, dass die sprachliche Normierung nicht abgelehnt wird, sondern dann zur Geltung kommt, wenn dies für den Schreiber einsichtig ist, nämlich wenn Texte Teil eines Kommunikationsprozesses sind. Wenn man sich anderen verständlich machen will, müssen Normen eingehalten werden. Hier erfolgt allerdings eine Beschränkung auf die Fälle, die gerade anstehen. „Lernen auf Vorrat" im systematischen Lehrgang würde dieses Prinzip durchbrechen.

3. Dass diese Freiheiten nicht nur den „Spaß beim Schreiben" erhöhen, sondern auch einen „geordneten" Weg zum Umgang mit Schriftsprache erlauben, dafür gibt es eine Reihe von **Erfahrungsberichten**. Dehn (1988) führt aus, wie Kinder im 1. Schuljahr Spontanschreibungen als Projektion von Wünschen und Ängsten, zur Verarbeitung von Erfahrungen oder anstelle von Reden einsetzen. Neben dieser **therapeutischen Funktion** ist eine **pädagogische Funktion** der freien Texte zu sehen: Der Lehrer bekommt Einblick in den Lernprozess des Kindes und in seine Lebenswelt, seine Interessen und Probleme – Grundlagen für ein besseres Verständnis und gezielte Förderung. Blumenstock/Renner (1990, 37) zeigen auf, wie freies Schreiben durch **angeleitetes Schreiben** ergänzt werden kann, sie sprechen von einem „Neuansatz zum Erlernen des Schreibens als Schriftsprachproduktion zwischen den Kriterien der Offenheit und Gebundenheit". Die vielfältigen Möglichkeiten reichen vom Schreiben des eigenen Namens über das Nachschreiben von Fibelwörtern (hier ist auch das Ergänzen oder Verändern von Fibeltexten zu nennen) zum Verschicken von „Briefen", das Beschriften von Bildern, das Schreiben von Wunschzetteln und den schriftlichen Verarbeitungsformen von Erlebnissen und Erfahrungen, wobei auch Leseerlebnisse im Anschluss an Kinderbücher anfallen. Sennlaub (1983) berichtet von besonders guten Erfahrungen mit allen Formen der **Korrespondenz**. So habe sich aus dem freien Text der Erstklässlerin Nicole „Daine Frau ist doof" und der schriftlichen Beschwerde ein heftiger Briefwechsel zwischen Lehrer und Schülern entwickelt, der während der gesamten Grundschulzeit nicht versiegte. Der Wunsch, einen richtigen Brief im Kuvert zu bekommen, erwies sich als starke Motivation zum Schreiben („Lieber Senni! ... Ich wollte auch noch mal einen Brif haben. ... Also mus ich dir einen langen Brif schreiben. ...", Sennlaub 1983, 65). Die

Korrespondenz innerhalb der Klasse ist natürlich um die Korrespondenz zwischen Partnerklassen zu ergänzen. Sennlaub führt auch überzeugend aus, wie Schüler durch Vorlesen und Besprechen ihrer freien Texte ihre Fähigkeiten der Textproduktion verbesserten. Dass seine Schüler auf diese Weise Freude am Aufsatzschreiben gewannen, belegt er durch eine Befragung am Ende der Grundschulzeit, bei der keiner seiner Schüler auf „Geschichtenvorlesen und -diskutieren" verzichten wollte.

4. Die Forderungen nach freiem Schreiben sind eng mit dem Namen Freinet verbunden, der den „freien Text" als „Gegenbegriff zu schriftlichen Pflichtübungen (Diktate, Abschriften, Pflichtaufsätze)" (Kustner 1995, 29) verstanden wissen wollte. Bei ihm kommt zu den genannten Funktionen des freien Textes noch die **politische Funktion** hinzu, wenn Schreiber erfahren, dass Schreiben Macht bedeutet, was besonders durch die Veröffentlichung von Texten gelingt. Für Freinet stellte die Druckerei dafür eine vorzügliche Möglichkeit dar. Auch heute ist die Schuldruckerei ein wichtiges Instrument im Umfeld des freien Schreibens. „Drucken und freies Schreiben beeinflussen sich dabei wechselseitig", sagt Kustner (1995, 26) und führt etwa die mit der Veröffentlichung verbundene „Aussicht auf Bestätigung" an, die identitätsstiftend wirke, wenn der Schreiber erfährt, dass er so in Kommunikation mit anderen treten kann, dass er wahrgenommen und akzeptiert wird. Dass mithilfe der Druckerei eine formal einwandfreie Textproduktion viel eher möglich wird als mit der eigenen Handschrift, dass sich zum anderen die gewissenhafte Überarbeitung der eigenen Texte lohnt, erleben die Kinder von Anfang an. Auf die mit den Verwendungsmöglichkeiten gedruckter Texte verbundenen Vorteile oder die Bereicherung des Kunsterziehungsunterrichts sei hier nur am Rande verwiesen. Dass heute der **Computer** die Rolle der Schuldruckerei teilweise mit geringerem Aufwand und durchaus vergleichbarem Effekt übernehmen kann, sei am Schluss vermerkt. „Mit dem Computer läßt sich noch effektiver als mit der Druckerei realisieren, was Celestin Freinet als die Theorie der ‚tastenden Versuche' bezeichnete" (Hallen/Schmidt nach Kustner 1995, 102). ◊ *Computergestütztes Schreiben und Revidieren.*
[D. M.]

Fünfsatzübungen

„Am vorletzten Krankenstandstag schrieb ich dem Lorenz einen Brief. Ich schrieb:
Lieber Lorenz,
da Du ja jetzt, wie ich gehört habe, neben der Lizzi sitzt und auch sonst, wie ich gemerkt habe, auf meine Freundschaft keinen Wert mehr legst, ersuch ich Dich dringend, mir die Bücher, die Du noch von mir hast, und die drei Kassetten und meinen grünen Pulli (den mit dem Dinosaurier am Rücken) zurückzugeben. Und den Vierfarbenkugelschreiber.
Felicitas
Ich fand den Brief sehr cool, weil ich kein Wort über seine Untreue und meine Enttäuschung geschrieben hatte."
Christine Nöstlinger, Einen Vater hab ich auch, Weinheim: Beltz 1994, 162.

1. Die so genannte „Fünf-Satz-Übung" (nach Erich Drach vor allem von Geißner entwickelt) ist zwar nur ein Teil eines größeren rhetorischen Zusammenhangs, etwa einer Rede, einer Argumentation innerhalb einer ◊ *Diskussion*, ja auch einer Erörterung (◊ *Argumentieren/Erörtern*) oder auch eines Briefs oder eines Statements in einem Interview (◊ *Fragen stellen*). Dennoch kann, ja soll sie in der Schule auch zu einem eigenen Thema gemacht werden.

Fünf Sätze bilden schon seit der antiken **Rhetorik** in vielen Argumentationsplänen das Grundgerüst, sie haben jedoch über ein traditionelles Stoff-Suchschema und rhetorisch zielgerichtetes Muster hinaus auch eine kognitionspsychologische Fundierung: Sie bilden eine **Denkstruktur**, die vielfältig einsetzbar ist, und zwar überall dort, wo es darum geht, die eigene Position zu stärken und Entscheidungen im eigenen Interesse vorzubereiten. Geißner (1982) nennt den Fünfsatz deshalb auch die Grundstruktur des „Sprechdenkens".

Da solche Fünfsatzübungen ein formales Instrument sind, gelten für sie jeweils weitere Bedingungen:

☐ ethische Normen

In der Literatur (bes. Geißner 1982) wird zunächst zwischen Informieren und Beeinflussen, sodann zwischen Überreden und Überzeugen unterschieden, wobei das Überreden eben auch mit unterschiedlichen Argumentationsmustern versucht werden kann, die den Anschein von Lauterkeit erwecken. Die Idealforderung ist demnach die der **Achtung des anderen.**

☐ Wertentscheidungen

Das Ideal ist es auch hier, dass der Argumentierende schon im Vorfeld prüft, ob seine Argumentation nicht von vornherein höherwertigen Wertentscheidungen unterlegen sein könnte.

☐ Situativer Bezug

Der situative Kontext wird sich vor allem auf die Begriffs-(Wort-)wahl und die tatsächliche Satzlänge auswirken, jedoch auch die Auswahl der Details beeinflussen.

☐ Intention

Fünfsatzübungen dürfen folglich nicht als logische (bzw. syllogistische) Übungen zum Selbstzweck eingesetzt werden, sondern als praktisches **Mittel der Vorbereitung des Handelns**.

Sie gehören folglich vorrangig zum mündlichen Sprachgebrauch, zu den Formen des Gesprächs und nicht allein in die Vorbereitung von schulischen „Erörterungen".

Die **Struktur der Fünfsatzübungen** ergibt sich aus einer dreifachen Überlegung:

a) Berücksichtigung des Redeziels des Sprechers

Daraus entsteht ein Zwecksatz (Geißner 1982). Dieser ist die „Quintessenz", zugleich aber verbunden mit einer Handlungsaufforderung.

b) Fundierungen des eigenen Gedankengangs hin auf den Zwecksatz

Daraus entstehen nach aller Erfahrung drei „Vor-Sätze" von unterschiedlicher Zuordnungsmöglichkeit.

c) Einbeziehung der Zielgruppe in den eigenen Gedankengang.

Daraus ergibt sich ein erster Satz als Einstieg, Motivation, Legitimation für die Rede, Wiederholung der gestellten Frage o. Ä.

Diese Struktur sagt jedoch noch nicht unbedingt etwas über die tatsächliche Reihenfolge in einer Argumentation, allerdings wird sich in den meisten Fällen die **achtergewichtige** Zuspitzung auf den Zwecksatz als vorteilhaft erweisen, ebenso der Einstieg. So unterscheiden sich vielfach die drei Mittelsätze in ihrer Beziehung aufeinander (s. u.).

Das an den Anfang gesetzte Beispiel aus einem Jugendbuch Christine Nöstlingers ist nun keine ausgearbeitete Fünfsatzübung. Es hat gewissermaßen nur vier Elemente, betrachtet man den Brief: Der zielt auf den Zwecksatz mit Handlungsaufforderung: „Gib mir meine Sachen zurück!" (Die sind durch ihre Aufzählung jedoch sehr gewichtig.) Dem gehen zwei Begründungen (*Sitzen neben Lizzi, kein Wert auf Freundschaft mehr*) voraus. Diese Argumentation ist nun von der Erzählerin in einen größeren Erzähl- bzw. Argumentationszusammenhang gestellt.

2. Didaktisch gesehen ergeben sich als **Vorteile** von Fünfsatzübungen:
- ☐ Klärung des eigenen Ziels („Zwecks")
- ☐ Fundierung eigener Argumentation
- ☐ Erwerb der Fähigkeit zum Sprechdenken, also einer kontrollierten Redefähigkeit
- ☐ Berücksichtigung der Zuhörer bzw. einzelner Argumentationen
- ☐ Einschätzung der Zuhörer
- ☐ kontrollierte Auswahl der sprachlichen Mittel (Satzlänge, Ordnung und Zielgerichtetheit der ausformulierten Gedanken, Sprechstil)
- ☐ Stärkung der eigenen Überzeugungskraft
- ☐ selbstbewusstes Auftreten in Diskussionen.

3. Praktische Übungen werden zunächst von alltäglichen Themen ausgehen.

3.1 Mit jüngeren Schülern wird man zunächst die Formulierung des Zwecksatzes erproben und sie dann auffordern, die diesen Zwecksatz stützenden Argumente (in Gruppen) zu suchen, also eine „Reihe" bilden lassen der Struktur:

○ – ○ – ○   nebengeordnete Aussagen (Prädikate, Argumente)

Beispiel:
Zwecksatz:
„Drei Mark Taschengeld in der Woche sind für einen 13-Jährigen zu wenig."
Argumentsätze:
Allein eine Kinokarte kostet 9 Mark.
Und das Freibad kostet auch 2 Mark Eintritt.
Und eine Computerzeitschrift ist nicht unter drei Mark zu bekommen.
Zuletzt wird ein passender „Einstieg" zu suchen sein, z. B.:
„Ich weiß nicht, heute ist erst Mittwoch, und ich habe schon wieder kein Geld mehr."

3.2 Mit älteren Schülern kann man – über praktische Erprobungen – sich unterschiedliche Strukturen des Mittelteils erarbeiten.

Geißner unterscheidet des Weiteren:

Kette
○ untergeordnete Aussagen
  z. B. Ursache, Ziel, Maßnahme
○ Faktum, Problem, Lösungsvorschlag
  Ereignis, Inhalt, Wertung
○ Begründung, Erläuterung, Veranschaulichung

Beispiel:
Ich bin schließlich nicht mehr zehn, d. h. meine Interessen sind gewachsen.
Ich möchte Verschiedenes unternehmen.
Ich bitte folglich um Erhöhung.
[Zwecksatz:]
„Drei Mark Taschengeld in der Woche sind für einen 13-Jährigen zu wenig."
oder:
Was bekommt man denn heute überhaupt noch für drei Mark?
Vor allem Musik-CDs sind wesentlich teurer.
Ich meine, der Preis einer CD „im Angebot" ist als Taschengeld angemessen.

Dialexe 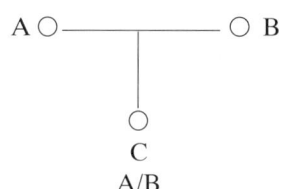 „Standpunktformel" (einerseits/andererseits) oder „Kompromissformel" – je nach Benutzung (ausschließend C oder einschließend A/B) der Gegenposition A

Beispiel:
A: Ich weiß, dass wir alle sparen müssen.
B: Das darf aber nicht der Jüngste ausbaden.
C: Ich meine, wir könnten bei Papas täglichem Zigarettenverbrauch sparen.
oder A/B: Kann Papa nicht wenigstens etwas für mich einsparen?
[Zwecksatz:]
„Drei Mark Taschengeld in der Woche sind für einen 13-Jährigen zu wenig."

Gabel 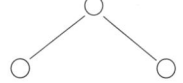 „Vergleichsformel", führt zu einer eigenen Position

Beispiel:
Ich kann doch nicht als der Kleine dastehen.
Mein Freund Max bekommt fünf Mark.
Und in meiner Jugendzeitschrift habe ich gelesen, daß 10 Mark angemessen wären.
[Zwecksatz:]
„Drei Mark Taschengeld in der Woche sind für einen 13-Jährigen zu wenig."

Ausklammerung 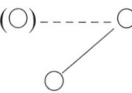 Behauptung der geringen Relevanz einer gegnerischen Position.

Beispiel:
(1) Hast du gemerkt, wie arm ich dran bin mit Taschengeld?
(2) Als ob ich mir nur Süßigkeiten dafür kaufen würde.
(3) Ich habe schließlich ganz andere Interessen, z. B. lese ich die Sportinfos, Computernews ...
(4) Und die wöchentlich erscheinenden Zeitschriften allein kosten alle mindestens 3,50 DM.
(5) „Drei Mark Taschengeld sind für einen 13-Jährigen zu wenig."

3.3 Daran werden sich vollständige Fünfsatz-Übungen anschließen. Eine Erweiterung ist dann die Aneinanderreihung mehrerer Fünfsatzblöcke. Der Zwecksatz wird so zum Vor-Satz der nächsten Reihe: Dies macht allerdings die Argumentationen strenger.

4. Es mag sein, dass manchem eine „ritualisierte" Form des Argumentierens künstlich vorkommt. Doch liegt gerade darin die Möglichkeit, „spielerisch" solches **Sprechdenken** zu üben. Anleitung dazu kann schon Kindern gegeben werden, die sich allerdings meist der Form der Reihe bedienen werden, sich dann allmählich das Muster der Kette erobern. Schon kleine Themen, vor allem zu klärende Fragen, lassen sich so abhandeln. Es können sich viele Schüler beteiligen, es lassen sich auf diese Weise auch thematisch komplexere und längere Diskussionen oder Debattenformen strukturieren und vorbereiten.
Sinnvoll sind Kassetten- oder Videoaufzeichnungen, wenn schon eine gewisse Sicherheit erreicht ist. Vorgeschlagen wird, zu aktuellen Fragen, die die Schüler vorher als Vorschläge auf Kärtchen geschrieben oder auch durch Zuruf bestimmt haben, regelmäßig Fünfsatz-Übungen durchzuführen. Der Satz 1 sollte dazu die jeweils vorgestellte Hörersituation benennen.
[O. B.]

Funktionen der Sprache erkennen

Was ist Sprache? – Sprache ist ein Werkzeug, und der Mensch bedient sich ihrer, um etwas darzustellen, um sich auszudrücken oder an jemanden zu appellieren. Ermöglicht wird dies durch den Zeichencharakter der Sprache in der Kommunikation. Das ist in Kurzform die Antwort des Psychologen Karl Bühler (1934). Mit Rückgriff auf Platons „Kratylos" zeichnete er sein **Organonmodell** (zu griech. órganon „Werkzeug"), auch **Bühlersches Modell** genannt (MLS 1993, 105 f.). Um die symbolische Darstellung des sprachlichen Zeichens gruppieren sich die Abbildungen der Ausdrucks-, Darstellungs- und Appellfunktion der Sprache.

1. Mit dem Organonmodell wurde zugleich die Diskussion um die Sprachfunktionen eröffnet. Karl Bühler zu Ehren verfasste der Psychologe Friedrich Kainz für die zweite Auflage (1965) ein Geleitwort, in dem er auf seine Modifikationen des Organonmodells (S. XV) hinwies, die er in seiner „Psychologie der Sprache" (1940) dargestellt hatte. Er schrieb nämlich der Sprache vier **„I-Funktionen"** zu: die interjektive (Ausdruck, Kundgabe), die imperative (Auslösung, Appell), die indikativ-informierende (Bericht) und die interrogative Funktion (Frage). Immer wieder haben die verschiedensten Wissenschaftszweige sich mit den Sprachfunktionen beschäftigt und zu einer weiteren **Differenzierung** beigetragen, wie z. B. die poetische (fabulative), argumentative, kritisierende oder emanzipative Funktion (Übersicht bei Beisbart/Marenbach 1997, 86 f.). Von der Diskussion ist die Deutschdidaktik stark beeinflusst worden, aus deren Erkenntnissen wurden Folgerungen für verschiedene **Lernbereiche** (mündlicher und schriftlicher Sprachgebrauch, Sprachreflexion) gezogen.

2. Für die Sprachwissenschaft haben es Bartsch/Vennemann (1983, 38) auf den Punkt gebracht: „Natürliche Sprachen dienen als Mittel zu verschiedenen Zwecken." Die Schüler sollen erkennen, welche **sprachlichen Mittel** eingesetzt werden, um diesen Zwecken zu genügen. Dies können sog. performative Verben sein, die eine sprachliche Handlung ausdrücken (z. B. *bitten – auffordern – befehlen*), oder es sind Satzbaupläne (Aussage, Aufforderung) und die Textsorte (Zahlungsbefehl).

Dazu ein Beispiel: Der **Anzeigenteil** einer Zeitung spiegelt die verschiedenen „Zwecke" wider: In amtlichen Bekanntmachungen werden Einträge ins Vereinsregister oder Löschungen im Handelsregister mitgeteilt, in Kontaktanzeigen werden Bekanntschaften gesucht, und Traueranzeigen geben persönlichen Empfindungen Ausdruck. Durch Werbeanzeigen erfährt der Leser, wo er sich ein paar schöne Stunden machen kann oder wem er bei der nächsten Wahl seine Stimme geben soll.

Im Deutschunterricht können die Sprachfunktionen im mündlichen und schriftlichen Sprachgebrauch eingesetzt werden. Der Weg kann bei Letzterem von der Textanalyse zur Textproduktion gehen. Erweitert durch die poetische Funktion lassen sich in Anlehnung an Bartsch/Vennemann (1983, 170) folgende **Funktionen** herausstellen:

– *symbolisierende Funktion:* Repräsentation von Sachverhalten und deren Mitteilung (◊ *Sachtexte verfassen*)
– *soziale Funktion:* Anzeige sozialer Beziehungen, Herstellung, Erhaltung von Kontakten usw. Die Schüler können z. B. eine Kontaktanzeige für eine Briefpartnerschaft formulieren.
– *expressive Funktion:* Gefühle, Stimmungen, Einstellungen ausdrücken (◊ *Erzählen*)
– *persuasive Funktion:* andere zu „bestimmten Haltungen, Einstellungen und Handlungen zu bewegen" (Bartsch/Vennemann ebd.)

- *argumentative Funktion:* Überreden durch Überzeugen (◊ *Gespräche führen*)
- *poetische Funktion:* Fabulieren oder ◊ *Mit Sprache spielen*, Selbstzeugnisse von Autoren untersuchen (s. u.).

Die verschiedenen Funktionen können von den Schülern kontrastiert werden, indem sie über den eigenen Heimatort und seine Umgebung jeweils einen Text für das „Erdkundebuch", für ein Konversationslexikon, einen Reiseführer und einen Werbeprospekt für ein Reisebüro schreiben und so die verschiedenen Funktionen sprachlich umsetzen.

3. Die Funktionen ergeben sich aus den kommunikativen Bedürfnissen der Gesellschaft, sie umfassen den **interpersonalen Bereich.** Daneben gibt es auch den **intrapersonalen Bereich** (zur Zweigliederung Beisbart/Marenbach 1997, 87). Bei der intrapersonalen oder „sprecherzentrierten" Funktion lassen sich nach Gardt (1995, 153) drei **Varianten** feststellen: „eine kognitive Variante der Strukturierung des Denkens des Sprechers, eine mnemotechnische Variante der Speicherung von Informationen im Bewußtsein des Sprechers, eine kathartische Variante der psychischen Regeneration des Sprechers". Im Deutschunterricht wird die **kognitive** Funktion der Sprache als „inneres Sprechen" (Wygotski) bewusst gemacht, indem die Schüler z.B. Selbstgespräche „protokollieren" und die Struktur ihrer Gedankenführung im Hinblick auf sprachliche Mittel analysieren. Die **mnemotechnische** Variante findet im Bereich Arbeitstechniken bei der persönlichen Strukturierung eines Lernstoffes (Anfertigung von Exzerpten, Notizzettel oder Markierung von Texten) ihre Anwendung. Für die **kathartische** Variante – der Begriff (zu griech. *katharsis* „Reinigung") ist aus der Psychoanalyse von Breuer und Freud (1889) entnommen – steuert Gardt (1995, 163 ff.) einen für den Deutschunterricht interessanten Hinweis auf die **Selbstzeugnisse** von Autoren von Goethe bis Frisch über das Verfassen literarischer Texte bei (Zitate ebd.). So war für Goethe der „Werther" nach eigenem Bekunden eine „Generalbeichte" zur Selbstrettung. Für Helmut Heißenbüttel ist das Schreiben vom „Bestreben der Selbstorientierung mithilfe von Literatur" getragen, und bei Max Frisch erfüllt es die Funktion, um „die Welt zu ertragen, um standzuhalten sich selbst, um am Leben zu bleiben". Solche Zeugnisse können für Schüler am Ende der Mittelstufe und in der Oberstufe eine Reflexion über das **literarische Schreiben** und die Funktion von Literatur in einer Gesellschaft überhaupt auslösen. Im Rahmen des personalen Schreibens (◊ *Assoziatives Schreiben*) ist die kathartische Variante schon didaktisch nutzbar gemacht worden.

4. Wenn Schüler die einzelnen Sprachfunktionen erkennen und sie sich deren „Zweck" verdeutlichen, so könnte der Eindruck entstehen, dass es sich um isolierte Einheiten handelt. Es war schon Karl Bühler (1982, 52), der auf den Gesamtzusammenhang hingewiesen hat:

„Denn jedes konkrete Sprechen steht im Lebensverbande mit dem übrigen sinnvollen Verhalten eines Menschen, es s t e h t unter Handlungen und i s t s e l b s t eine Handlung" [Hervorhebung im Original].

Im Rahmen einer pragmalinguistisch orientierten Texttheorie hat Schmidt (1973) die Einbettung der sprachlichen Kommunikation in die soziale Interaktion betont. „Sprechen", so schreibt er (1973, 234), „ist stets partnerbezogenes, intentionales und informatives (= potentiell bedeutungsvolles) Handeln, das in Form von ‚Texten' vollzogen wird." Von ihm stammt der Vorschlag des **kommunikativen Handlungsspiels** (KHS). Dabei handelt es sich um eine „zeitlich und räumlich abgrenzbare Kommunikations‚geschichte'", wie z.B. eine politische oder wissenschaftliche Diskussion, eine Gerichtsverhandlung oder eine Schulstunde (ebd.). Sie ist thematisch ausgerichtet und vollzieht sich in Kommunikationsakten (= Sprechakten), die nichtsprachliche (Mimik, Gestik usw.; ◊ *Körpersprache* *beobachten*) und sprachliche Konstituenten („Text") enthalten. Kommunikations- oder **Sprechakte** als kleinste kommunikative Einheiten (z. B. *danken, bitten, warnen, überreden*) sind der simultane Vollzug verschiedener **Teilakte**: der lokutive (die sprachliche Äußerung von Wörtern in einer bestimmten syntaktischen Struktur), der propositionale (Inhalt und Bezug der Äußerung), illokutiver (kommunikative Funktion der Sprechhandlung), perlokutiver Teilakt (Vollzug der intendierten Handlung durch den Hörer/Leser; Beisbart/Marenbach 1997, 88 ff.; Bußmann 1990, 726 ff.; vgl. auch Hebel u. a. 1976, mit Situationsvorgaben auf mitgeliefertem Tonband). Im Mündlichen Sprachgebrauch z. B. werden dann größere Einheiten aus den Sprechakten gebildet (etwa im Interview; ◊ *Fragen stellen*). Im Literaturunterricht können für eine **Text-Analyse** die Faktoren des KHS herausgearbeitet werden. Solche Faktoren sind u. a. die historisch-kulturellen Bedingungen (Inhalte und Themen, Gattungen, Sprachformen), soziale Faktoren (Interessen der Beteiligten) und Intentionen des Autors und die Erwartungen der Leser oder Hörer (Beisbart/Marenbach 1997, 184). Insgesamt können die Schüler durch die **Metakommunikation** (Kommunikation über Kommunikation) den komplexen und heute allenthalben verwendeten Begriff (z. B. in *Informations-* und *Kommunikationsgesellschaft*) besser fassen und verstehen. Metakommunikation findet vor allem in Phasen der Reflexion im mündlichen Sprachgebrauch statt. So können die Schüler z. B. bei einer Sprechhandlung „sich und andere vorstellen" nicht nur den Einsatz sprachlicher und nicht sprachlicher Mittel im Hinblick auf die Situation und die Beteiligten analysieren, sondern auch grundsätzlich erörtern, warum man sich überhaupt vorstellt.

[G. K.]

Grafiken und Schaubilder erstellen und verbalisieren

Es arbeiten Lehrer bei der Erstellung von Tafelbildern, Schul- und Sachbuchautoren zur Übermittlung komprimierter Informationen, ebenso Computerprogramme mit schematisierten Grafiken, d. h. Tabellen, Diagrammen, Schemazeichnungen oder Strukturbildern. Sind sie in jedem Falle das beste Lehr-, das zugänglichste Lernmittel? Was leisten sie für die geistig-sprachlichen Lernprozesse (Günther 1984, Werchosch 1988, Liebsch 1992)?

1. Solche Grafiken sind das Ergebnis umfangreicher Strukturierungsprozesse oft sehr vielschichtiger und vernetzter Informationen (vgl. Abraham/Beisbart 1995). Sie sind zusammengesetzt aus einer Kombination von sprachlichen und grafisch-figürlichen Zeichen. Diese wieder in verständliche sprachliche Darstellungen aufzulösen, ist nicht einfach. Zwar wollen solche Übersichten schnelle Einsichten in Vernetzung und Komplexität fachlicher Zusammenhänge leisten. Die Begriffe „Visualisierung/Veranschaulichung" für solche sog. „Augentexte" sind jedoch zumindest für Ungeübte oft nicht im Wortsinn zutreffend. Grafiken sind nicht mit anderen Formen erzählender Visualisierung vergleichbar, weil hier die **Informationsverdichtung** im Vordergrund steht, die immer auch mit einer Erhöhung der Komplexität verbunden ist.

2. In der Schule geht es um folgende Tätigkeiten:
- □ Kognitiv-aktive Begleitung von entstehenden Grafiken (Tafelbildern)
- □ „Lesen", d. h. eigenes, sach- und adressatenorientiertes Versprachlichen gegebener Grafiken, sowohl in mündlicher als auch in schriftlicher Form
- □ Erstellen eigener Grafiken aus Texten oder Notizen

Man kann nun einerseits von einer „Arbeitstechnik" sprechen. Andererseits handelt es sich um eine Tätigkeit der gedanklichen Strukturierung von Sachverhalten sowie um ein Medium der Sprechplanung. Der Umgang mit Grafiken und Schaubildern ist demnach eine kognitive und eine problemlösende sowie eine sprecherische Herausforderung.

3. Eine Vorstufe ist das Anlegen von Notizzetteln, die erste Zusammenhänge sichtbar machen. Dazu können sowohl Linien, Schweifklammern u.a. Zeichen verwendet werden: Sie sind „sprechende Zeichen", tragen ihre Bedeutung in sich. Darüber hinaus wird die Entwicklung und Verwendung von Ober- und Unterbegriffen eingeführt (◊*Begriffe vermitteln und gebrauchen*), die für Tabellen und Diagramme wichtig sind, aber auch für andere kognitive sprachliche Leistungen (◊*Sachtexte verfassen*, ◊*Argumentieren/Erörtern*).

Die einfachsten Zeichen (Strukturzeichen einer gewissermaßen eigenen „Grafikgrammatik") sind:
der **Pfeil** ⇒ drückt Dynamik, also Veränderung oder Abhängigkeit aus,
die **Linie** --- drückt Beziehung oder Verknüpfung aus,
der **Schnittpunkt** + drückt eine Relation zwischen zwei Einheiten oder Kategorien aus,
die **Fläche** □ zeigt eine Größeneinheit, engere Zusammengehörigkeit.

4. Damit ist schon deutlich, dass der Abstand zu einer schriftsprachlich-begrifflichen Ausformulierung, erst recht zur mündlichen Alltagssprache, groß ist, weil die Strukturzeichen zur Darstellung temporaler, kausaler, konditionaler, quantitativer, qualitativer und anderer komplexer Beziehungen dienen. Zwar kann die „wörtliche" Merkfähigkeit von Grafiken hoch sein, aber auch dies bedeutet noch nicht, dass Schüler sie tatsächlich vollständig in Sprache umsetzen, tatsächlich über sie frei verfügen können, wenn ihnen die gedanklichen Beziehungen noch zu wenig geläufig sind. Die Umsetzungsfähigkeit ist demnach sowohl abhängig vom **Komplexitätsgrad** der Grafiken als auch vom kognitiven Entwicklungsstand der Schüler.
So empfiehlt es sich, mit Schülern regelmäßig Übungen im Lesen und im Erstellen von Grafiken zu machen, freilich nicht als „Trockenübung", sondern im Kontext verschiedener Sachthemen und im Zusammenhang mit der Einsetzbarkeit bei Referaten u. Ä.

5. Folgende Übungen sind hilfreich, wobei der Anlass für solche Übungen möglichst von konkreten und mit den Schülern vorbesprochenen Themen ausgehen sollte.
☐ Bildliche Darstellungen auf Einzelheiten untersuchen, ihre Gemeinsamkeiten und Unterschiede beschreiben.

   Beispiel: Schon aus Bilderbüchern üben kleine Kinder das Heraussuchen aller Geräte aus Eisen, Kleidungsstücke in roter Farbe ... Möglich sind Vergleiche von Darstellungen ähnlicher Maschinen ...

☐ Notizzettel anlegen: Ober- und Unterbegriffe suchen; temporale oder kausale Beziehungen kennzeichnen.
☐ Einfache Tabellen selber anlegen und den Weg ihrer Erstellung beschreiben lassen: Dies zeigt den Schülern, wie wichtig für Sprechplanung der „rote Faden" ist.

   Beispiel: Tabellarische Temperaturaufzeichnung:
   Zeit   Temperatur

- Eine Zielplanung („Überschrift") entwickeln: Was ist die Absicht der Tabelle, des Diagramms …?
- An vorliegenden Grafiken verschiedene Zugänge ausprobieren, mit unterschiedlichen sprachlichen Mitteln deren Leistungsfähigkeit für das Verständnis prüfen.

Beispiel: Blüte-----------------------------Frucht

Bestäubung

„Aus der Blüte entsteht/entwickelt sich durch/nach Bestäubung die Frucht." „Wenn aus einer Blüte eine Frucht entstehen soll, muss sie bestäubt werden." „Keine Frucht ohne bestäubte Blüte."

- Komplexere Grafiken aus Schul- oder Sachbüchern, aus Zeitungen oder Computerprogrammen gemeinsam versprachlichen.
- Eine Zuhörern nicht sichtbare und nicht bekannte Grafik von einem Vortragenden verbal erklären lassen. Den Zuhörern die Möglichkeit zu eigenen Notizen geben und anschließend sie zu eigener grafischer Darstellung anregen. Vergleich der Ergebnisse.
- Erzähltexte oder dramatische Texte in Grafiken umsetzen (Spannungsverlauf, Figurenkonstellationen u. a.).
- Einen freien Vortrag anhand einer komplexen Tabelle halten.
- Mit Schülern über die Leistung, Aussagekraft und Merkhilfefähigkeit bildlicher, d. h. selbstständiger Elemente (Illustrationen oder Piktogramme) in Tabellen sprechen.

[O. B.]

Hören und Zuhören

1. Es ist erstaunlich, wie wenig in einer so sehr von akustischen Eindrücken beherrschten Welt die Fähigkeit des Hörens die Aufmerksamkeit und das Nachdenken der Didaktik und der Deutschlehrer auf sich zieht; dabei bedürfen **Hinhören** und **Lauschen**, verbunden mit meditativen Aspekten des Hör-Erlebens, genaues und **unterscheidendes (Zu-)Hören** als eine besondere Weise des Verstehens und **Horchen** als kreative und aktiv deutende Hörwahrnehmung intensiver Arbeit. Methodische Anregungen zur akustischen Wahrnehmung können zudem aber auch höchst motivierend sein.

Da unsere laute Welt vielfach vom Weghören oder Nebenherhören bestimmt ist (das oft als Geräuschkulisse schon „lebensnotwendig" ist, wenn Schüler sagen, sie könnten nur bei Musik Aufgaben lösen, sich entspannen, spielen, lesen usw.), sollte Anlass sein, das entspannte Lauschen, das bewusste (Zu-)Hören und das kreative Horchen zu üben (zur Begrifflichkeit vgl. Spinner 1988, Wermke 1995).

2. Im Einzelnen sollten vor allem folgende Übungsmöglichkeiten erprobt werden:

2.1 Lauschübungen:

- Fremde Klänge, Tierlaute (Gesang der Buckelwale z. B.), meditative Musik wird in entspannter Atmosphäre vorgespielt: Assoziative Äußerungen führen allmählich zu unter-

schiedlichen Vorstellungen von Räumen, der Atmosphäre, der Beteiligten, der eigenen Gefühle. Dies kann zu einem zweiten Schritt führen:
- ☐ Es werden Geschichten danach erzählt (und aufgenommen) oder geschrieben und mit dem Gehörten „vertont".
- ☐ Schließlich können auch Musikstücke, möglichst ungewohnte und keiner „Programmatik" verpflichtete, Anstoß zu eigenen Texten sein (vgl. Holoubek 1995).

2.2 Hörübungen

Geräusche oder Klänge werden gemeinsam angehört. Es können folgende Reaktionen angeregt werden:

- ☐ bezeichnen und beschreiben
- ☐ vergleichen und ordnen
- ☐ ihre Quellen bestimmen (Tierlaute, Musikinstrumente, technische Geräte, Alltagsgeräusche)
- ☐ unterscheidende Kennzeichen suchen, entweder eher sachbezogen (vgl. den Bezug zu Sachfächern wie Biologie, Physik) oder eher kreativ-ästhetisch: Kennzeichnung durch andere Zeichen wie Farben, Vergleiche, Metaphern
- ☐ Entfernung im realen Raum abschätzen
- ☐ über Wirkungen nachdenken
- ☐ auswählen, um sie (eigenen oder gelesenen) Texten zu unterlegen
- ☐ Hörspielkassetten auf ihre akustischen Mittel hin prüfen
- ☐ Lautsouvenirs (von einem Spaziergang, einer Reise) anhören und besprechen.

2.3 Horchübungen

- ☐ detektivische Erklärungsversuche in Hörspielen leisten (Geräusche, Musik, Telefonate und andere akustische Zeichen deuten)
- ☐ zu Geräuschen eine Situation erfinden und z. B. in ein eigenes Detektivhörspiel einbauen.

2.4 Zuhörübungen

- ☐ Konzentration auf bestimmte Informationen (Leitbegriffe, Gesichtspunkte), z. B. aus Schulfunksendungen
- ☐ Merken/Aufschreiben wichtiger Informationen mit eigenen Worten (Stichpunkte/Sätze)
- ☐ Formulieren der Absicht (Intention) einer Hörpassage („Er redet gerade von ..."; „Er will damit sagen, dass ...")
- ☐ Anknüpfen in Einwürfen („Du hast gerade gesagt, dass ...; ich füge an ...")
- ☐ Versuch einer Skizze, eines Schemas, um die Struktur des Gehörten vorstellbar zu machen (anschließend: freies Sprechen nach solchen Notaten (◊ *Grafiken erstellen*)
- ☐ Aus einer lebhaften Diskussion bestimmte Informationen herausfiltern. Wichtiges von Unwichtigem unterscheiden.

Natürlich wird der Deutschlehrer vor allem an seine sprachlichen Aufgaben denken wie Förderung des Wortschatzes, der Erzähl- und Fantasietätigkeit, der **Rezeptionsfähigkeit** für Hörspiele.
Doch wären solche Zielsetzungen zu einseitig: Akustische Zeichen zeigen, dass wir nicht nur mit Sprache erreichbar sind, angesprochen werden – und angemessen antworten sollten. Hörspiele haben ihre ganz eigene Gestalt, sie sind nicht einfach „Literatur".
Musik aktiviert zuerst ganz andere Vorstellungsbereiche, als dies Wörter und Worte können (◊ *Assoziatives Schreiben*).

3. Für das **Zuhören** bieten sich für größere Gruppen über die schon genannten Einzelübungen die folgenden methodischen Möglichkeiten an:

3.1 In Erzählrunden

In der Erzähldidaktik (◊ *Erzählen*) hat man vielfach nur auf den Erzähler geblickt. Ihm wurde beigebracht, seine Geschichten so zu gestalten und vorzutragen, dass der Zuhörer zwar anwesend, aber gebannt und schweigend da ist. Dies führte dann problemlos zum schriftlichen, d. h. zum monologischen Erzählen.

Mündliches Erzählen ist jedoch etwas anderes: Der **Zuhörer** ist hier ein **aktiver Teilnehmer**. Er reagiert auf das Erzählte

- durch emotionale Kommentare und Zwischenrufe,
- durch Nachfragen.

Solche Bemerkungen sind nicht negativ zu sehen, sie zeigen dem Erzähler vielmehr, ob das Erzählte

- klar ist (dies bezieht sich auf die dargestellte Welt),
- „ankommt" (dies bezieht sich auf die Erzählsituation).

Man kann nun gelegentlich in einer Erzählrunde eine Kassette mitlaufen lassen und anschließend solche Zwischenbemerkungen untersuchen. War das sinnvoll, warum der Zwischenruf, wie hat der Erzähler darauf reagiert? War seine Reaktion angemessen, hilfreich? Solches dient vor allem dem Erzähler, seine Reaktion, aber auch die Qualität seines Erzählens zu verbessern.

Man kann auch Geschichten vorlesen und nachfragen, an welcher Stelle ein Zuhörer gerne etwas fragen würde (den Autor, den Erzähler).

3.2 In Diskussionsrunden

Zuhören ist in Gesprächen und Diskussionen (◊ *Diskutieren/Sachgespräche führen*) eine Tugend. Grundsätzlich gilt, den jeweiligen Sprecher ausreden zu lassen. Aber Zuhören bedeutet eben dann nicht nur Schweigen, sondern ist ein stummer, aber aktiver Teil eines Gesprächs. Der Zuhörer

- achtet auf den Inhalt des jeweiligen Sprechers
- auf weitere Signale (vgl. die „Vierohrigkeit" jeder Botschaft, vgl. dazu Schulz von Thun 1981)
- auf Ansatzpunkte eigener Antwort.

Übungen beziehen sich vor allem darauf, die rechten Antworten zu finden. So kann man üben (wobei sich Tonband oder Video-Mitschnitte eigener oder anderer Gesprächsrunden gut eignen),

- bei jeder Antwort zuerst das Gehörte mit eigenen Worten zusammenzufassen und anschließend zu kommentieren
- deutlich zwischen Du- und Ich-Botschaften zu unterscheiden (◊ Teil I, 1 *Miteinander sprechen – Mündlicher Sprachgebrauch*)
- in dramatischen Dialogen die Aktivitäten des jeweiligen Zuhörers zu erschließen versuchen, die ihn zu seiner Antwort veranlassen. [O. B.]

Informationen verarbeiten

In barbarischen Zeiten kam es vor, dass der Bote, der eine schlechte Nachricht überbrachte (meist, indem er sie auswendig vortrug), bestraft wurde: des Landes verwiesen oder gar hingerichtet.

1. Das moderne Informationszeitalter mit seiner Fülle anonymer, d. h. absenderunabhängiger und weit gestreuter Informationen kennt solche Verwechslung von Bote und Botschaft nicht mehr, vergisst jedoch darüber leicht, dass die Ablösung der Information von ihren Trägern und die Fiktion der Unabhängigkeit vom jeweiligen Medium die notwendige Konstitution von Sinn für die Mediennutzer behindert: Die Informationsflut kann nur beherrscht werden, wenn Informationen im Kontext einer Situation ihren Stellenwert bekommen können (vgl. auch ◊ Teil I,6.5 *Arbeit mit Medien im Deutschunterricht*). Daraus aber folgt, dass es zwar Fakten gibt, schon ihre Präsentation, erst recht ihre Auswahl, Anordnung und mediale Darstellung (Verarbeitung) und Weitergabe aber jeweils situations- und person- (absender- und empfänger-)gebunden sind.

2. Didaktisch gesehen sind spezifische Teilaufgaben zu erlernen:

2.1 Feststellen von Informationsquellen

Informationsquellen sind grundsätzlich alle Informationsträger, also Personen mit spezifischen Kenntnissen und alle Formen medialer Verarbeitung von Realität (visuelle, akustische und schriftliche Informationsquellen).
Zwar müssen sie zunächst häufig vom Lehrer benannt oder präsentiert werden (Informationsstellen, Texte), doch ist es das Ziel, dass die Schüler selbstständig Informationsquellen erschließen (von der freien Beobachtung, der Befragung von Fachleuten bis zur Recherche in Bibliotheken, Archiven und Computerdiensten).
Es ist den Schülern deutlich zu machen, dass die Fragen nach Ort, Zeit und anderen Bedingungen ihres Vorkommens notwendig zur Bestimmung der Informationsquellen gehören. Sie sollen erkennen, dass viele Informationen interessengebunden sind: Verlage werden ihre Produkte herausstellen, Parteien auf ihren Standpunkt verweisen, Interviewpartner von ihren Erfahrungen ausgehen.

2.2 Einholen und Sichten von Informationen

☐ Informationen können durch **Beobachtung** gewonnen werden, entweder direkt oder durch die Herstellung einer geplanten Beobachtungssituation (z. B. ein Versuchsaufbau).

> Man kann ein bestimmtes Gebäude und seine Bauelemente genau betrachten, das Verhalten von Passanten beobachten, die einen Geldbeutel auf dem Gehsteig entdecken, ohne zu erkennen, dass er an einer dünnen Schnur weggezogen werden kann. Schließlich sind Versuchsanordnungen aller Art Ziel von Beobachtungen.

☐ Informationen können **erfragt** werden. Wichtig dazu ist die Kenntnis der richtigen Adressaten sowie die Fähigkeit zu angemessenen Fragen. Dazu bieten sich zuerst die W-Fragen der Laswellformel an:
„Wer, was, wann, wo, aus welchem Anlass (welcher Ursache), mit welcher Absicht, zu welchem Zweck, mit welchen Mitteln, mit welchem Erfolg?"
Darüber hinaus geht die Frage: „Was spricht dagegen, aus welchen Kenntnissen oder Erfahrungen heraus?" Des Weiteren ist die Beherrschung verschiedener Fragetypen wichtig (◊ *Fragen stellen/Interviewen*).

Die Schüler können bald die unterschiedliche Leistungsfähigkeit von mündlichen Befragungen erkennen, unterschieden nach direkten, telefonischen und schriftlichen Befragungen. Sie werden sich ggf. präzise Fragen überlegen oder gar notieren, werden bei schriftlichen Anfragen angesichts der mangelnden Rückfragemöglichkeit genaue Fragenkataloge ausarbeiten bzw. Fragebogen erstellen und ggf. zusätzlich um Informationsmaterial bitten.

☐ Informationen können **medialen Quellen entnommen** werden.
Das „Lesen" von Bildern, von Grafiken, (◊ *Grafiken und Schaubilder erstellen*, ◊ *Computergestützter Umgang mit Literatur*) und nicht zuletzt die Fähigkeit zur Informationsentnahme aus Inhaltsverzeichnissen, Schlagwortkatalogen und Texten (◊ *Sachtexte verfassen*) sind zentrale Fähigkeiten, die vielfach als bloße „Arbeitstechniken", als Vorstufen weiterer Ziele (interpretieren, schreiben u. a.) unterschätzt werden.
Dabei geht es nicht allein um die Auswertung, sondern auch um die Prüfung der Quellen hinsichtlich der ursprünglichen Adressaten, ihrer Seriosität, des Umfangs und der Qualität.
Daraus ergibt sich – und dies trifft auch für die anderen Informationsmöglichkeiten zu – die Notwendigkeit des **Informationsvergleichs** und der **kritischen Sichtung**.

2.3 Festhalten von Informationen

Das Festhalten von Informationen dient primär dem Benutzer von Informationen als Gedächtnisstütze, ist also eher monologisch. Dies Kindern klarzumachen, die oft noch glauben, sich alle Details kleiner Informationseinheiten merken zu können, ist schwer. Übungen im Anlegen von Notizzetteln erleichtern aber die spätere Arbeit mit komplexeren Informationen bis hin zu wissenschaftlichen Arbeitstechniken wie Anlegen von Stichwortkarteien, Kurzdefinitionen und Zitatsammlungen. Man unterscheidet dabei das **„Notieren"** (von Einzelwörtern), das **„Exzerpieren"** (Ausschreiben von Stichwörtern und Sätzen, wobei nicht in jedem Fall eine sklavisch wörtliche Form verlangt wird, wie sie das **„Zitieren"** fordert) und das **„Konspektieren"** (das abstrahierende Verdichten einer größeren Informationseinheit, vgl. Kleiner 1974; Jentzsch 1977).
Ein Problem ist vor allem für Schüler, dass sie sich zunächst dem Sprachstil der Informationsvorlagen anpassen. Es bedarf einiger Übung, den Sprachstil zu finden, der eigenem Verständnis und eigener Fähigkeit entspricht. Jedoch wird schnell klar, daß viele Notate (Notizzettel, Merk- und Redehilfen) auch bereits eine eingreifende, handlungsstrukturierende und -erleichternde Funktion haben können: Planungen wird man zeitlich ordnen, Einkaufszettel nach Abteilungen oder Warengruppen, Merkzettel für Befragungen und für Referate nach der geplanten Abfolge. Des Weiteren kann sich empfehlen, erste begriffliche Ordnungen einzuführen, Hervorhebungen und Markierungen zu benutzen.
Auch verschiedene Formen der Notierung können erprobt werden: Propositionen (Stichwörter um einen verbalen Kern, z. B. „Hose reinigen"), Begriffe, ganze Sätze (z. B. die erste Frage an einen Informanten, wörtliche Zitate), Nummerierungen, selbst erstellte Grafiken und Tabellen, Ausarbeitungen als Begleitmaterial für Referate.

2.4 Weitergeben von Informationen

Sollen unterschiedlichen Adressaten Informationen weitergegeben werden, so müssen deren Interessen und Vorkenntnisse in den Blick kommen: Dies bleibt aber auch nicht ohne Rückwirkung auf die Entscheidungen dessen, der Informationen weitergibt. Das fordert heraus, präzise und adressatenbezogen auszuwählen, über die Anordnung der Informationen nachzudenken, eine angemessene Sprache zu finden. Zu beachten ist außerdem, dass sich die mündliche von der schriftlichen Informationsweitergabe erheblich unterscheidet.

- Die ursprüngliche Form der Informationsweitergabe ist die **Rede**.
  Dabei lassen sich verschiedene **Formen** unterscheiden:
  Auskunft (Kurzinformation, Expertenauskunft) / Lehrervortrag / Stegreifbeitrag ⋄*Reportage* (mündlich, medial-akustisch) / ⋄*Referat oder Vortrag* / Rede im engeren Sinne (Abiturrede, Festrede, politische Rede).
- Die schriftliche Darstellung ist eine sekundäre Informationssituation. Diese kann unterschiedliche **Textsorten** erforderlich machen:
  Auskunft / Nachricht, privat, politisch ... / Notiz / Protokoll (Verlaufs-, Ergebnisprotokoll) (⋄*Standardisierte Texte verfassen*) / Anleitung / Bericht und Beschreibung (unterschiedlicher Art) ⋄*Sachtexte verfassen* / ⋄*Reportagen verfassen* (schriftlich) / Fachtext / Facharbeit und Sach- oder Fachbuch (dies sind umfangreichere Texte, die auch Textsorten unterschiedlicher Art enthalten können).
  Auch andere Testsorten kommen nicht ohne Informationselemente aus. Sie spielen dort aber eine geringere Rolle (Reiseerzählungen, Werbung, Kritiken, Satiren u. a.).

3. Angesichts der Flüchtigkeit und der vielen Reize, denen auch die heutigen Schüler unterliegen, angesichts auch der nicht automatisch vorauszusetzenden Sprachflüssigkeit und Begriffsgenauigkeit sind vielfältige **Übungen** zur Informationsbeschaffung und des Festhaltens angebracht, auch wenn das Ziel die Weitergabe ist, also solche Übungen nur Vorstufen von Verarbeitungssituationen sind. Beispiele:

- Beobachtungsaufgaben an Gegenständen, an Versuchsanordnungen
- Ratespiele, Tastspiele, telefonische Beschreibungen
- Befragungen in der Klasse
- Fragen nach dem Weg
- Auskünfte (telefonisch oder direkt) an Schaltern, in Büros, Büchereien, Museen, Geschäften ...
- Informationen aus Schulbüchern, Sachbüchern, Lexika, Katalogen und Verzeichnissen
- Erstellen von Listen
- Erstellen von Skizzen, Grafiken (⋄*Grafiken und Schaubilder erstellen*)
- Erstellen von Kriterienkatalogen
- Anstreichen wichtiger Stellen und gemeinsame Diskussion über deren Wert
- Exzerpierte Stellen mit eigenen Worten wiedergeben
- Exzerpte vergleichen und auf die Kernaussage einer Informationsquelle beziehen
- Konspektionsübungen (vgl. 2.3)
- Erarbeiten von Gliederungen.

4. Die Themen, die der Deutschunterricht, auch im Rahmen integrativer Konzepte (⋄Teil I, 6 *Integrativer Deutschunterricht*), zu bearbeiten hat, sind vielfältig. Jedes gerade aktuelle Thema, vom sozialen Umgang mit Minderheiten bis zu Vandalismus und Gewalt, vom Nord-Süd-Konflikt bis zur lokalen/regionalen Verkehrspolitik bedarf im hier entwickelten Sinn der Informationsverarbeitung: Gerade weil hier der Deutschlehrer grundsätzlich „Laie" ist, bietet sich die Möglichkeit, die Schüler selbstständig auf Informationssuche zu schicken. Umso weniger wird ein solcher Unterricht zu einer bloßen Formalübung, und umso leichter werden die Schüler Prinzipien der Informationverarbeitung annehmen und implizit lernen.

[O. B.]

‚Inhalte wiedergeben'

„Du sollst nicht nacherzählen, nur den Inhalt wiedergeben!" Solche Sätze sagen wir als Lehrende und stehen damit in einer langen aufsatzdidaktischen Tradition, die erst neuerdings problematisiert worden ist.

1. Das Wiedergeben von „Inhalten" sowohl poetischer als pragmatischer Texte gehört seit langem zu den in der S I geübten und geprüften Leistungen, und das zu Recht. Allerdings werden die **Schwierigkeiten** dieses „Wiedergebens" in der Praxis häufig unterschätzt (vgl. Abraham 1994). Der beim Korrigieren und Bewerten in der Regel angelegte Maßstab der Objektivität (kognitiv) bzw. Sachlichkeit (sprachlich-stilistisch) ist trügerisch. Traditionelle Regeln täuschen sowohl im kognitiven (Beschränke dich auf das Wesentliche!) wie im sprachlichen Bereich (Wechsle ins Präsens und ggf. die 3. Person Sg.!) Einfachheit vor. Doch schon bei pragmatischen Texten ist zu bestreiten, dass „nur eine bestimmte Formulierung genau trifft" (Hoffmann 1986, 31). Bei poetischen Texten kann aus rezeptionsästhetischen Gründen eine Inhaltsangabe „niemals objektiv angefertigt sein" (Schildberg-Schroth/Viebrock 1981, 14). Der Deutschlehrer hat hier „inhaltlich mit Varianten zu rechnen, die im Prinzip als gleichwertig anzusehen sind" (ebd., 17).

2. Die so genannte Inhaltsangabe ist eine verständnissichernde Schreibform, die entweder **„kausal-orientiert"** oder **„ablauf-orientiert"** sein kann (Graf 1983, 197): Jedenfalls dient sie faktisch eher der Selbstverständigung über den gelesenen Text als der Kommunikation. Die Aufklärung eines Adressaten, der selbst die Vorlage nicht kennt, ist keine taugliche didaktische Begründung für das Einüben entsprechender Fähigkeiten und Fertigkeiten. Vielmehr handelt es sich um eine problematische Fiktion, die häufig den Prüfungscharakter „inhaltsangebenden" Schreibens verschleiert. (Lehrende haben ja häufig zu korrigieren und zu bewerten und müssen deshalb selbst die Textvorlage sehr genau kennen.)

Frommer (1984a) hat Schülerarbeiten über die „neunte masurische Geschichte" von Siegfried Lenz genau gelesen und die Schreibenden beim „Sichten" und „Ordnen" der Textsignale sowie beim „Zuordnen" (er meint: Zuschreiben) von *Bedeutung* beobachtet (vgl. ebd., 40 u. 42). Die Stilregeln der Inhaltsangabe sind vom zusammenfassenden „Einleitungssatz" bis zur Tempusregel (Präsens) darauf gerichtet, „den Überstieg auf eine Meta-Ebene" herbeizuführen und den Schreiber daran zu hindern, „sich in der Rolle des Lesers oder Nacherzählers dem Genuß der Erzählung hinzugeben" (ebd., 38).

Die **„erzählte Welt"** der epischen Textvorlage ist zu verwandeln in die **„besprochene Welt"** der so genannten Inhaltsangabe. Durchgehender Gebrauch der 3. Person, indirekte Redewiedergabe und die Tempusgruppe Präsens/Perfekt garantieren „Objektivierung und Distanzierung", befreien „vom Bann des Textes" (ebd., 43). Das ist jedoch ambivalent: Erschwert wird identifikatorisches Lesen, gefördert stattdessen die gegenteilige Lesehaltung des unbeteiligten Beobachtens und Referierens. Wiedergeben von „Inhalten" ist keineswegs, wie man gelegentlich liest, hauptsächlich eine **kognitive Herausforderung** („Übung im Denken"). Besonders – aber nicht nur – bei poetischen Textvorlagen handelt es sich auch um eine **affektive Herausforderung**: Es muss auch gelernt werden, textgerichtete Affekte (identifikatorische *und* wertende) zu kontrollieren und aus der Schreibarbeit zunehmend herauszuhalten.

3. Eine Unterscheidung der Inhaltswiedergabe von Textzusammenfassung einerseits und ◊*Précis* andererseits hilft dabei, die pauschale Rede vom Angeben der „Inhalte" zu differenzieren: Man kann sie nicht *angeben,* sondern **entweder abstrahierend oder konkretisie-**

rend behandeln. Die Aufgabe ist demnach systematisch gesehen entweder ein ◊ *Zusammenfassen* oder eine Nach- bzw. Ausgestaltung (◊ *Literarische Rollenspiele*).

Bei poetischen und fiktionalen Texten kontrovers diskutiert wird die **Abgrenzbarkeit** einer solchen „Inhaltsangabe" gegen das ◊ *Interpretieren* (vgl. Schildberg-Schroth/Viebrock 1981, 15): Ist ein Angeben von Inhalten nicht ohne abstrahierendes Umformulieren möglich, so schließt ein solches Abstrahieren das Werten und Deuten ein. Ein gutes Beispiel – der Begriff „Naivität" in Schülerarbeiten über Lenz' Suleyken-Geschichte betreffend – findet sich bei Frommer (1984a, 40).

4. Der Wert der „reinen" Inhaltswiedergabe liegt darin, dass sie Abstraktionsfähigkeit und die Fertigkeit prägnanten Formulierens befördert. Hat man eher kommunikative als kognitive Ziele im Auge, so empfiehlt es sich dagegen, alltagsweltliche und zum Teil „medienorientierte" Textsorten heranzuziehen, die inhaltswiedergebende Teile enthalten: **Klappentexte, Rezensionen, Schauspielführer, Fernsehzeitschriften.** Sich lesend und schreibend mit solchen Textsorten zu befassen, schult das Auge und die Hand in Bezug auf die Möglichkeiten knapper, teilweise auch bewusst aussparender Inhaltswiedergabe, die einen kommunikativen Zweck verfolgt (Information und/oder Verhaltenssteuerung). Vieles, was man lange Zeit mithilfe der „reinen Inhaltsangabe" zu erreichen hoffte, lässt sich besser und kurzweiliger erreichen, indem man derartige Kurztexte zu Romanen und Dramen sowie nicht zuletzt zu Fernsehspielen und Kinofilmen verfasst (◊ Teil I, 6.5 *Arbeit mit Medien*). [U. A.]

Inszenieren von Texten

„Inszenierungen" kennen wir vom Theater. Wir wissen, dass es Fachleute (Dramaturgen) gibt, die ein Stück (manchmal sagt man auch: „einen Shakespeare, einen Dürrenmatt") inszenieren, indem sie Regie führen. Aber insoweit es Vergleichbares in der Schule überhaupt gibt, handelt es sich um ◊ *Dramatisches Gestalten* oder Schulspiel. Mit „Inszenieren" meint die Deutschdidaktik etwas anderes.

1. Neben das ◊ *Analysieren* und ◊ *Interpretieren* tritt im handlungs- und produktionsorientierten Literaturunterricht ein eigentätig-kreativer Umgang mit Texten, der sie als Vorlagen für Spielen und Inszenieren benutzt. *Spielen* betont dabei eher die darstellerische Leistung der Lernenden, *Inszenieren* eher die dramaturgische: Nicht nur Lehrende, sondern auch Lernende können in die Rolle des Regisseurs schlüpfen (vgl. Henze 1987, 44 ff.).

„Die Inszenierung eines Textes ist eine Möglichkeit des kreativen und spielerischen Umgangs mit Literatur, bei der die Förderung von Phantasie und Interaktionsfähigkeit sowie die ästhetische Sensibilisierung im Zentrum steht." So setzt Blumensath (1992, 28) das Inszenieren sowohl auf der Ebene der Zielangaben als auch auf der Ebene der Methodik gegen den dominant analytischen (d. h. praktisch: das gelenkte Unterrichtsgespräch bevorzugenden) Literaturunterricht ab.

Mit „Inszenieren" ist also *nicht* die produktorientierte Anstrengung einer Spiel- oder Theatergruppe in einer „kreativen Nische" des Schulbetriebs gemeint, sondern ein (Literatur-) **Unterrichtsprinzip**, für das sich die Bezeichnung „szenisches Interpretieren" durchgesetzt hat. Auf spielpädagogischer Basis und zum Teil recht systematisch durch einen Lehrgang ◊ *Dramatischen Gestaltens* vorbereitet, nähert sich szenisches Interpretieren seinen Gegenständen ganzheitlich-körperbetont, kreativitätsfördernd und im Sinn eines offenen (nicht lehrergelenkten) Dialogs über **Lesarten** (vgl. eindrucksvoll Schau 1996 eher für die S I und Kunz 1997 eher für die S II). Auf die imaginativen und emotionalen Prozesse dabei wird neuerdings verstärkt geachtet (vgl. Köppert 1996, Scheller 1996).

2. Das Inszenieren von Texten als „szenisches Interpretieren" – definiert Albrecht Schau in seinem *Handbuch* (1996, 22) – „stellt eine Form des integrierten Lernens und Lehrens dar, mit dessen Hilfe Literatur genußvoll angeeignet und kritisch verstanden werden kann". Theoretisch begründbar als **ganzheitliches Tätigsein mit Literatur** (vgl. ebd., 18), ist es auf praktischer Ebene ein „Methoden-Ensemble" (ebd., 21), das folgende „Tätigkeitskomplexe" enthält (vgl. ebd., 22):

I. **Klangrealisation** (vom Blatt ablesen, rezitieren) (◊ *Vorlesen/Vortragen;* ◊ *Artikulationstraining*)
II. **Musikalische Gestaltung** (Instrumentaluntermalung – rhythmische Gestaltung – Singen – Vertonungen)
III. **Bildnerische Gestaltung** (illustrieren)
IV. **Mimisch-gestische Gestaltung** (textbegleitende Mimik und Gestik, Pantomime)
V. **Bewegungen** (gehen, laufen, tänzerische, sportliche Bewegungen und Improvisationsmuster) (◊ *Körpersprache beobachten und erproben*)
VI. **Kognitive Analyseverfahren** (mdl. Diskurs und Schreibaufgaben) (◊ *Interpretieren von Texten;* ◊ *lit. Gespräche führen*)

Szenisches Interpretieren kann für den Literaturunterricht mehrere **Funktionen** erfüllen:

2.1 Das Spiel als **Lerntechnik** fördert sowohl Selbst- als Fremdverstehen, damit also affektives *und* soziales Lernen (◊ Teil I, 6.5 *Spielen im Deutschunterricht*).

2.2 Der hermeneutische Prozess (das Textverstehen) wird unterstützt: Ein rezipierter Text kann im Ganzen oder an Schlüsselstellen **konkretisiert** werden.

2.3 Es kann helfen, verschiedene **Lesarten** (Verstehensweisen) zu **vergleichen**: Lernende können ihr individuelles Textverständnis ausagieren, indem sie entweder selbst eine bestimmte Rolle übernehmen oder als Regisseure andere in Rollen „einweisen".

So wird der Mann, der in Brechts Keuner-Geschichte dem „Hilflosen Knaben" seinen letzten Groschen auch noch wegnimmt, eher eine zynisch-egoistische oder eher pädagogische Grundhaltung verkörpern können; beides ist im Text angelegt: Verschiedene gestisch-mimische Varianten z. B. eines Dialogs zu erarbeiten und zu spielen ist kein Ratespiel, das auf die einzig adäquate Realisation hinausliefe, sondern soll ein Unterrichtsgespräch in Gang setzen über die vom Text ausgegangenen Spielimpulse und die getroffenen inszenatorischen Entscheidungen.

2.4 Ergebnisse der Textrezeption können auch in Arbeitsgruppen gestaltet werden: Mithilfe inszenatorischer Verfahren (Rezitation, Pantomime, darstellendes Spiel) kann eine Lerngruppe **sich eine Interpretation erspielen**, die anschließend der Klasse vorgestellt werden kann. Neben die „Prozessorientierung" kann also das Hinarbeiten auf ein „Produkt" ◊ *Dramatischen Gestaltens* treten.

Keinesfalls sollte man jedoch mit fehlgeleiteten dramaturgischen Ambitionen eine stadttheaterreife „Inszenierung" mit untauglichen Mitteln versuchen und zudem dort abliefern wollen, wo sie nichts zu suchen hat (in der Schulaula, gar im Klassenzimmer). Vielmehr wird man auch dort, wo eine Inszenierung veröffentlicht werden soll (etwa beim Schulfest, beim Elternabend usw.), mit Requisiten und Kostümen sparsam umgehen und jedenfalls nicht auf deren theatralische Eigenwirkung setzen, sondern auf ein sorgfältiges Erarbeiten von „Habitus" und „Haltung" einer Figur. (Vgl. Scheller 1982: „Habitus" ist das Geschlechts-, Rollen- oder Berufstypische, „Haltung" das Individuell-Charakteristische an einer Figur.)

3. Die vielfältigen **methodischen Möglichkeiten** szenischen Interpretierens können wir hier am besten andeuten, indem wir einem Arbeitsheft von Schau (1994) folgen und die dort entfalteten Vorschläge *ergänzen*:

☐ vom Blatt ablesend einen Text laut ◊ *Vorlesen/Vortragen (wirkungsunterstützend oder bewusst wirkungshintertreibend: parodistische Rezitation),*

☐ Rezitieren **(freies Sprechen)** unter Einbeziehung von Requisiten, Gesten, Bewegungen

und evtl. Kulissen; *auch „choreographische" Vervielfältigung von Gesten und Bewegungen: zwei oder mehr Spieler agieren synchron,*
- Sprechen mit **verschiedenen Stimmen** (nicht unbedingt: „verteilten Rollen"!), evtl. mit Musik und/oder Videoeinsatz; *der Wortlaut der Vorlage darf/soll abgeändert werden,*
- durch **Masken, Gesten** oder **Pantomime** einen Text „ausdrücken",
- einen Text in Verbindung mit Verkleidungen oder Masken und begleitet von **Schattenspiel** oder **„Erzählkino"** (= Schautafeln, die die wichtigsten Stationen der Handlung festhalten) umsetzen.

4. Als **Beispiel** übernehmen wir hier aus Schau (1994, S. 27 f.) den Umgang mit Brechts Keuner-Geschichte „Der hilflose Knabe".

Pantomimisch umgesetzt wird die Erzählsituation: eine Fünfergruppe spielt Herrn K. sowie vier Zuhörer: „Der Lehrer im Kreis seiner Schüler". Dem entspricht Brechts Einleitung „Herr K. sprach über die Unart, erlittenes Unrecht stillschweigend in sich hineinzufressen, und erzählte folgende Geschichte". Damit ist klar, dass das Vorzutragende eine lehrhafte Erzählung mit übertragener Bedeutung (Parabel) sein wird. Dann trägt eine zweite Fünfergruppe den eigentlichen Text der Parabel vor, indem einer spricht und vier weitere, die vor einem angedeuteten Kino (Kulisse) agieren, die Handlung pantomimisch begleiten: Einem Jungen, der gerade zwei Groschen fürs Kino beisammen hat und dorthin unterwegs ist, nimmt ein anderer Junge einen Groschen weg, worauf der Beraubte stehen bleibt und vor sich hin heult. So trifft ihn ein Mann an, der sich – scheinbar fürsorglich – nach dem Grund des Kummers erkundigt. Als der Mann erfährt, dass der Junge zwar um Hilfe gerufen hat, aber nicht laut genug, um gehört zu werden, nimmt er ihm „unbekümmert" auch den letzten Groschen noch ab.

Wichtig ist, beim Inszenieren nicht den Text zu „verdoppeln", also etwa eine bereits im Text geschilderte Handlung nur nochmals gestisch auszudrücken. Vielmehr wäre zu *entscheiden*, welche Partien von Brechts Keuner-Geschichte gesprochen, welche gespielt und welche darüber hinaus noch kommentiert werden sollen: Das Inszenieren eines solchen Textes ist als szenisches Interpretieren auf **Konkretisation** des Textwortlautes aus, nicht etwa – wie das ◊ *Literarische Rollenspiele entwickeln* – auch auf alternative Lösungen oder andere eigentätige Textproduktionen. Dass die Grenzen fließend sind, zeigen freilich die zitierten Ausführungen Blumensaths; deshalb wird der Begriff „Inszenierung" gelegentlich sehr weit gefasst. Von anderen handlungs- und produktionsorientierten Verfahren kann man ihn dennoch abgrenzen.

Wir nehmen dazu unser Beispiel noch einmal auf: Wenn Schau (1994, 28) einen abschließenden „Merksatz" einführt („Wer sich nicht wehrt, lebt verkehrt"), dann ist das noch Inszenierung; wenn er aber unter der Überschrift „Wir stellen die Geschichte richtig" ein „Nachspiel" vorschlägt, so hat man es bereits mit literarischem Rollenspiel zu tun (oder etwa mit einer Einspielung für einen Elternabend oder eine Schulbühne). Obwohl beim Inszenieren von Texten das Darstellen – in Anlehnung an eine schreibdidaktische Unterscheidung von Fritzsche (1980) gesagt – nicht Lerngegenstand ist, sondern **Lernmedium**, wird es Fähigkeiten und Fertigkeiten gestisch-mimischer und körpersprachlicher Darstellung einerseits in gewissem Umfang voraussetzen müssen und andererseits weiter fördern können. Schuldidaktisch verwendbare Lehrgänge hierzu gibt es (◊ *Dramatisches Gestalten*).

5. Als **Vorlagen** geeignet sind zunächst alle kurzen poetischen Texte, von Balladen Fontanes bis zu experimentellen Texten Jandls. Schaus *Handbuch* (1996, 146 ff.) enthält eine Sammlung geeigneter Geschichten, Gedichte und Kurzdramen. Aber auch „Ganzschriften" können auszugsweise im Unterricht inszeniert werden, wobei Dramen und Hörspiele – als von Haus aus dramatische Vorlagen – einen Spezialfall des allgemeinen Prinzips der Dramatisierung darstellen. Drei Unterrichtsmodelle seien genannt, die bewusst drei Gattungen betreffen:
- Inszenieren von Texten oder Textteilen dient der Konkretisation: So hat etwa R. Müller (1981) eine „Einarbeitung in Situationen" beschrieben, die in der Vorlage *(Die neuen Leiden des jungen W.)*

episch gar nicht ausgeführt sind – z. B. ein Ausagieren der Szene, in der Edgar mit den Kindern die Wände des Kindergartens bemalt.
- ☐ Klinge (1980) betreibt in der S II szenisches Interpretieren als „Dramatisieren" von Jandl-Texten: Der gelesene und natürlich gesprochene Wortlaut löst Einfälle aus, führt zu Standbildern, Figurengruppierungen auf der „Bühne", zu kleinen Spielhandlungen und Dialogen, die dann „nach den Gesetzen der Bühnenwirksamkeit verfeinert und ausgearbeitet" werden mit dem Ziel, „die assoziative Primärrezeption ins szenische Bild zu setzen" (ebd., 92).
- ☐ Bohse (1982) zeigt exemplarisch an Schillers *Räubern*, wie ein den Text umspielender (nicht nachspielender) „Prozess" inszeniert werden kann – als szenisches Spielhandeln nach dem Muster eines Tribunals mit Karl Moor als Angeklagtem. (Dies liegt unseres Erachtens am Übergang vom Inszenieren zum ◊ *Literarischen Rollenspiel*.)

Wie das zweite Unterrichtsmodell zeigt, sind die methodischen Möglichkeiten des Inszenierens von Texten nicht auf die Sekundarstufen beschränkt: Mit Jandl-Gedichten kann man auch in der Grundschule arbeiten (vgl. auch Haas 1997, 111). Inszenieren von Texten ist kein auf eine bestimmte Entwicklungs- oder Schulstufe zugeschnittenes Verfahren, sondern ein **Prinzip**, das als handlungsorientiertes generell neben das analytisch-textbesprechende treten sollte (◊ *Analysieren von Texten*) und das immer dort wichtig wird, wo analytisches Vorgehen entweder zurückgestellt werden soll (wie oft auf dem Gymnasium) oder nicht zum Erfolg führen würde (wie oft in Grund-, Haupt- oder Förderschule). Leider *fehlt* das Inszenieren in solchen neueren Darstellungen eines produktiven Umgangs mit literarischen Texten, die eher für „gymnasiale" Lernsituationen gedacht sind (z. B. Ingendahl 1991, Kopfermann 1994); es ist dagegen berücksichtigt in solchen, die Leseförderung und literarische Bildung für alle Schularten im Blick haben (z. B. Beisbart u. a. 1993, 167–202 oder Haas 1997).

[U. A.]

Interpretieren literarischer Texte

1. „Interpretieren" ist ein Begriff mit hohem Anspruch, doch mittlerweile (zu) weitem Bedeutungsumfang. Von einer „Krise der Interpretation" sprach schon Rutschky (1977); die Krise ist zum Dauerzustand geworden. Wie Ingendahl (1991, 90–94) verschiedene germanistische Schulen der Interpretation aufzuzählen, hilft in der Praxis nur sehr bedingt: Nicht einmal die akademischen Philologen schaffen in der Regel eine nur literatursoziologische oder nur psychoanalytische Deutung. Gleichwohl gibt es den **Interpretationsaufsatz** noch, auch und gerade als Prüfungsleistung in der S II. Dort ist er auch legitim. Wir haben aber zu überlegen, was Interpretieren literarischer Texte *auch* auf den anderen Schulstufen und *auch* in Haupt- bzw. Regelschule sowie in der Realschule sein könnte oder sollte. Dazu geben wir einige Hinweise.

2. Während alltagsweltliches **Verstehen** ungeplant und spontan geschieht, ist die Interpretation eine mehr oder weniger systematisch herbeigeführte Verstehens- und Kommunikationsleistung. Sie „findet überall dort statt, wo Lesende sich über den Sinn eines Textes verständigen wollen" (Spinner 1987, 17): Interpretieren geschieht bereits *lesend* und nicht erst nach Abschluss der Textrezeption, und es geschieht sinnvollerweise im Gespräch auf sozial möglichst „faire" Weise, d. h. als ohne Berufung auf Wissens- oder Machtvorsprünge (vgl. Scheffer 1995) zu erreichende **Verständigungsleistung,** im Bemühen um „Intersubjektivität". Der Interpretationsaufsatz ist demgegenüber eine sekundäre Erscheinung von schulliterarischer Künstlichkeit. Die Fähigkeit **monologischen Interpretierens** wird derzeit überbetont und ist – auch in der Konsequenz einer vielfach dominant philologischen Ausbildung der in den Sekundarstufen Lehrenden – das oft nicht erreichte Fernziel des Sprechens und (vor allem) Schreibens über Literatur: Ihr Ideal eines solchen Interpretationsaufsatzes beziehen die Lehrenden aus ihrem Umgang mit Fachtexten (bzw. ihren Verfassern) im Studium der Germanistik. Wird dort das Interpretieren als monologisches möglich und nötig sein, so gilt das nicht für die Schule: Hier ist auf die grundsätzlich **dialogische Natur des Interpretierens** hinzuweisen. Jedes Unterrichtsgespräch über einen poetischen Text, so assoziativ und selektiv wahrnehmend es begonnen haben mag, tendiert zu interpretierenden Aussagen, wie man aus den bei Andresen (1992) abgedruckten Dialogen über Gedichte ersehen kann (◊ *Literarische Gespräche führen*). Interpretieren ist ein menschliches Grundbedürfnis, das sich kommunikativ realisiert: Wir besprechen Texte und andere Phänomene, um uns und einander ihrer Bedeutung zu versichern.

3. Die **schriftliche Interpretation** ist dann gewissermaßen ein Spezialfall solcher Textbesprechung. In der Tradition dieses schriftlich-monologischen Interpretierens kann man mit Gerth (1989, 58) unterscheiden:

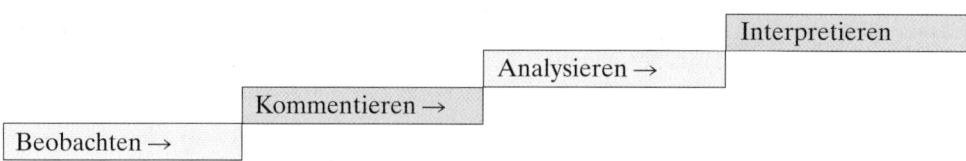

Das bedeutet nicht unbedingt, dass auf jeder dieser Stufen ein eigener geschlossener Text entstehen müsste: Eine analoge „Produktfolge" Textbeschreibung – Textkommentar – Textanalyse – Textinterpretation sollte man nicht konstruieren. Wohl aber kann man sagen, dass jede Stufe die auf der vorherigen Stufe erbrachten Leistungen voraussetzt und damit Gespräche oder schriftliche Texte von wachsender Komplexität entstehen. Fürs Interpretieren sind **beobachtende, kommentierende** und in der Regel **analysierende Teilhandlungen** erforderlich.

Ein schriftlich ausgeführtes „Produkt Textanalyse" ist aber nicht Voraussetzung: Spinner (1987, 17) erinnert daran, dass die Kunst der Interpretation älter ist als die pseudowissenschaftlichen Textanalyseverfahren, die sich nun, als einstige Gegner, in ihr „eingenistet" haben. Textbeschreibung, Textanalyse (oder -erschließung) und Interpretation lassen sich nur graduell, nicht prinzipiell voneinander unterscheiden. Sie sind Abstufungen textbeschreibenden und -besprechenden Schreibens, das mindestens auf der S II auch literatur- bzw. medienkritische Formen enthalten sollte (◊ *Rezensionen schreiben*).

Die neuere Literaturdidaktik hat mit Recht darauf hingewiesen, dass es Alternativen verstehenden Eindringens in einen Textzusammenhang gibt (◊ *Literarische Rollenspiele entwickeln*, ◊ *Inszenieren*) und dass Schüler, die sich mit ◊ *Analysieren von Texten* und diskursivem Schreiben über die Resultate schwer tun, durchaus zu Einsichten in Struktur und Gehalt literarischer Werke gelangen, wenn man sie in Verfahren **„operativer Analyse"** einübt: Ästhetische Arbeit im Deutschunterricht wird analytisches Interpretieren zwar einschließen, sich aber nicht in ihm erschöpfen. Ebenso viel oder mehr leisten oft

- ☐ vorausgestaltend „kreatives Interpretieren" z. B. mithilfe aus dem Text herausgelöster Schlüsselbegriffe (Heckt in Merkelbach 1993),
- ☐ „sprechgestaltende Interpretation" (Janning 1980),
- ☐ „spielendes" bzw. „szenisches" Interpretieren (Schau 1996),
- ☐ ◊ Umschreiben bzw. Schreiben nach Texten.

Literatur zur didaktischen Vorbereitung oder autodidaktischen Einübung von Interpretationsaufsätzen gibt es zwar, doch wird in der Regel nicht mehr geboten als Textbeispiele, anhand derer Leitfragenkataloge abzuarbeiten sind. Aus den 70er- und 80er-Jahren kursiert in diesem Bereich unter Schülern und Studierenden noch manch Überholtes. Dagegen sei verwiesen auf die Unterrichtsmodelle in PD 81 (1987), auf die Musterinterpretation bei Gerth (1989) sowie auf methodische Vorschläge unter ◊ *Analysieren von Texten*. Ein solides älteres Arbeitsbuch (Herold/Rintelen/Waldmann 1980), das **textanalytisches Schreiben und Interpretieren als Kontinuum** fasst, ist leider auf die S II beschränkt.

4. Methodisch sinnvoll ist

für Lernende:
- sich ihre Schreibmuster nicht nur unter den vom Lehrbuch evtl. angebotenen (Auszügen von) philologischen Fachtexten zu suchen, sondern auch subjektbezogen, mit steigender Klassenstufe zunehmend essayistisch zu schreiben,
- gleichwohl textbezogene Behauptungen grundsätzlich durch Belege abzusichern,
- vorschnelle Generalisierungen zu vermeiden und *nicht* sofort zu behaupten, der Text sei typisch für seine Zeit, seinen Autor, eine Textsorte usw.; das Verhalten einer Figur sei typisch für eine Klasse, einen Berufsstand, ein Geschlecht usw.

für Lehrende:
- Stilsignale, die von subjektivem und affektivem Herangehen an den Text zeugen, nicht zu unterdrücken,
- auch bildliche (metaphorische) Beschreibungsversuche zuzulassen,
- keinesfalls mit inhaltsleeren Formeln („Der Text soll zum Nachdenken anregen") zufrieden zu sein,
- die häufig auftretenden Klischees der Wahrnehmung, der Formulierung und des Urteils nicht pauschal zu stigmatisieren, sondern mit ihnen zu arbeiten (vgl. hierzu DU 1995, H. 3),
- die Frage nach der „Autorintention" möglichst zurückzustellen oder ganz zu unterlassen.

Nach wie vor ist die mündlich oder schriftlich, ggf. auch in Arbeitsgruppen zu beantwortende Leitfrage ebenso wichtig wie die selbstständige Erschließung eines Textes anhand individuell formulierter Fragen (was interessiert die Lernenden selbst an dem Text?). Ausmaß und Möglichkeiten einer methodischen Steuerung von Interpretationsgesprächen im Unterricht wurden lange Zeit leider kaum diskutiert. Neuerdings sieht man das ebenso lange übliche gelenkte Unterrichtsgespräch, das auf eine von der Lehrkraft vorgedachte Deutung zuläuft, zunehmend kritisch und setzt an seine Stelle offene, assoziativ Lesarten entwickelnde ◊ *„literarische Gespräche"* (vgl. Christ u.a. 1995). Hier wie auch in der Schriftlichkeit gilt, dass Interpretieren eine **wertende Komponente** nicht nur haben darf, sondern haben sollte, wenn es sich nicht von jeder lebensweltlichen und subjektbezogenen Orientierung verabschieden will. [U. A.]

Klischees erkennen und bearbeiten

„Er ist Ausländer, aber nett": Was tut man als Unterrichtender, wenn eine solche Formulierung fällt?

1. Der Satz ist ein gutes Beispiel für die unauffällige Allgegenwart klischeehaften Denkens und Sprechens nicht nur im Deutschunterricht; er setzt ein **kognitives Schema** voraus („Ausländer sind normalerweise nicht nett"). „Kognitive Schemata" nennt die Kognitionspsychologie „Datenstrukturen, in denen Erfahrungen verallgemeinert sind, die typische Sachverhalte bzw. zu erwartende Zusammenhänge [...] repräsentieren" (Schnotz 1994, 61). Es werden also bevorzugt solche Informationen über einen Gegenstand, Sachverhalt oder Zusammenhang aufgenommen, die in das bereits aktivierte Schema passen (ebd. 74); nur unter dem Eindruck völlig misslingender Passung wird es verworfen. Nur der also, der Mitgliedern ethnischer, religiöser (oder natürlich anderer) Randgruppen von vornherein mit Misstrauen begegnet und ihre Eignung als Gesprächspartner (gar Freunde) unbewusst in Zweifel zieht, „versteht" diesen Satz so, wie er gemeint ist. Gleichzeitig verhindert dieses – voreilige – Verstehen, dass das hier wirksame Klischee (genauer: Stereotyp) als solches *erkannt* wird.

2. Dass Klischees wenigstens in **fremden Texten** „intuitiv" zu erkennen sind, setzen wir Lernenden gegenüber oft voraus: Sprachklischees, so eine gängige Meinung, kommen nur in Texten minderer Qualität vor, zeugen von Trivialität und serieller Machart. Um sie zu orten, werden im ◊ *Umgang mit Texten* Auszüge aus trivial- oder schundliterarischen Quellen analysiert; und dabei sind wir zufrieden, wenn die Klasse sie überall dort findet, wo wir selbst sie intuitiv sehen. Mit dem Erkennen von Denk- oder Sprachklischees im ◊ Teil I,2 *Schriftlichen Sprachgebrauch*, also beim Schreiben und ◊ *Überarbeiten eigener Texte*, tun sich Lernende erheblich schwerer: Aufsatzdidaktiker gebrauchen den Ausdruck „Klischee" seit langem im Sinn einer *Defizitbehauptung* (vgl. hierzu DU 47/1995, H. 3): Wer klischeehaft rede oder schreibe, dem fehle es an einem jeweils entscheidenden Punkt an „Originalität", mindestens aber an Erfahrung.

Interessanterweise kommt der Begriff „Klischee" z. B. im bayerischen Gymnasiallehrplan (1992) nur einmal vor: In Kl. 8 ist das Schildern abzugrenzen gegen „Kitsch und Klischee". Das zählebige Ideal des „eigenständigen" Schulaufsatzes erschwert immer noch eine unvoreingenommene Beurteilung des in Schülertexten – auch Erörterungen – tatsächlich sprachlich Geleisteten. Entsprechendes gilt für „authentische" poetische Versuche im **Kreativen Schreiben** sowie für das Ideal eines „natürlichen" Ausdrucks beim ◊ *Dramatischen Gestalten.*

3. Wer Klischees erkennen und bearbeiten will, sollte stattdessen ein „ambivalentes" Verständnis vom Klischee entwickeln: Sowohl sachverhaltsbezogene Klischees als auch personenbezogene (Stereotype) haben nicht nur eine **negative** (wahrnehmungs- und urteilssteuernde), sondern auch eine **positive Funktion**: Sie *ermöglichen* oft erst überhaupt eine Rede bzw. Verständigung über alltagsweltliche Probleme. Nur mit ihrer Hilfe können wir – und Lernende erst recht – oft „auf den Punkt bringen", was wir meinen, wenn wir z. B. sagen: „Neue Besen kehren gut." Gelegentlich erfüllt das Klischee als ◊ *Sprichwort* diese Funktion, öfter noch als **„idiomatische Prägung"**. Ebenso, wie Schriftsteller zu allen Zeiten auf literarische **Topoi** zurückgegriffen haben, um individuelle Ausdrucks- und Darstellungsprobleme durch eingeführte Schemata oder bekannte Formulierungen zu lösen, benutzen wir das, was unsere „kollektive Einbildungskraft" (Bornscheuer 1976) anbieten kann: wiederkehrende Wendungen, Formeln und Motive als kommunikativ wichtige Bestandteile alltäglicher Sprachhandlungen. Diese **Topik der Alltagsrede,** über die man freilich noch nicht genügend weiß, signalisiert eine Bereitschaft, sich auf der Basis von „common sense" (Feilke 1994) zu einigen, und sie zeigt gleichzeitig die jedenfalls intendierte Zusammengehörigkeit von Sprecher und Hörer an.

4. Klischeehaft wird solche Alltagstopik, die sich in idiomatischen Wendungen, Sprichwörtern, Phrasen und oft gebrauchten Alltagsbegriffen zeigt, freilich erst dort, wo ein bekanntes Motiv (Denkschema) nicht nur verwendet, sondern durch eine konventionelle sprachliche Formulierung ausgedrückt wird (vgl. Abraham 1995); dann erst kippt Konventionalität um ins Klischeehafte. Intuitiv „sehen" oder „hören" wir dieses „Umkippen"; aber wie es den jungen Lesern, Schreibern oder Sprechern *erklären*? Wir haben nur Anhaltspunkte: Sachverhaltsdarstellungen sind klischeehaft bzw. Personendarstellungen stereotyp,

- wenn sie unsere **Wahrnehmungsgewohnheiten** positiv verstärken: Gängige Motive oder Denkfiguren aus (oft kanonischen) literarischen Texten oder aus der gesellschaftlichen Einbildungskraft werden durch Wiederholung bestätigt. In diesem Fall entstehen Klischees aus *Topoi*, die nur einmontiert, nicht wirklich bearbeitet werden, z. B. der Topos der glücklichen Kindheit.
- wenn sie **Argumentationskonventionen** bestätigen: In diesem Fall entstehen Klischees aus *festen Wortverbindungen oder idiomatischen Wendungen*, die in den Text lediglich eingebaut, nicht aber reflektiert oder sprachlich gestaltet werden: z. B. die Formulierung „heißblütiger Südländer".
- wenn sie **Urteile und Verurteilungen** nahe legen oder bestätigen: Begrenzte eigene Erfahrung wird verallgemeinert; kein konkreter Fall soll beschrieben, sondern eine vorher schon feststehende Generalisierung abgesichert werden. In diesem Fall entstehen Klischees aus der Weigerung, Pauschalurteile in direktem Kontakt mit dem/den Beurteilten zu überprüfen: z. B. die gängige Meinung, Frauen hätten kein Technikverständnis.

5. Das **didaktische Arbeitsfeld**, das sich einer Beschäftigung mit Sprach- und anderen Ausdrucksklischees eröffnet, ist groß: Bereits folgende unvollständige Liste besonders betroffener Arbeitsformen und -ziele des Deutschunterrichts zeigt, dass Nähe zu „Erfahrung" und „Lebenswelt" meist auch Anfälligkeit für „Klischeehaftes" bedeutet:

- ◊*Erzählen von Erlebnissen* und Fantasiegeschichten; formelle und persönliche Briefe schreiben (bes. Formulierungsprobleme)
- ◊*Inhalte wiedergeben* und ◊*Interpretieren poetischer Texte* (bes. Wahrnehmungsprobleme)
- Medientexte, z. B. aus der Werbung, untersuchen und schreiben (◊*Rezensionen; Reportagen schreiben*) (Wahrnehmungs- und Formulierungsprobleme)
- ◊*Erörtern von Texten* und Problemen (Wahrnehmungs-, Urteils- und Formulierungsprobleme)
- ◊*Freies Schreiben* (Wahrnehmungs- und Formulierungsprobleme)
- thematische Unterrichtseinheiten, z. B. über Geschlechterrollen oder Nationalitäten/ethnische Gruppen (bes. Urteilsprobleme).
- sprachdidaktisches sowie ◊*literarisches Rollenspiel* (Wahrnehmungs-, Formulierungs- und Urteilsprobleme).

Arbeit an Klischees nun heißt mehr, als im Unterricht darüber *reden*, was warum in und an Texten klischeehaft ist. Zu fordern ist tätige Auseinandersetzung. Erkenntnis von Klischees und Stereotypen muss erschrieben und erspielt werden. Bereits wenn *Erkennen und Verstehen* des Klischeehaften Unterrichtsziel ist, bedarf es der handelnden Auseinandersetzung mit dem Kritisierten – vom lauten ◊*Vorlesen/Vortragen* über das ◊*Inszenieren* bzw. szenische ◊*Interpretieren* bis zum ◊*Dramatischen Gestalten*.

6. Das gilt erst recht, wenn das Ziel bessere *Lösungen für eigene Wahrnehmungs-, Urteils- und Formulierungsprobleme* heißt: „Klischeearm" zu sprechen, zu schreiben und zu spielen, lernen Kinder und Jugendliche beim Sprechen, Schreiben und Spielen – vorausgesetzt, sie befolgen einige Maximen (gekürzt aus Abraham 1995, 3 f.).

A. Schreibt nicht anderen klischeehafte Formulierungen zu, sondern überdenkt eure eigenen. Das gilt selbstverständlich für Lernende *und* Lehrende.
B. Fordert die anderen auf, ihre Wahrnehmungen und Urteile so deutlich wie möglich zu formulieren; provoziert u. U. zur Übertreibung.
C. Legt eine Liste der fünf/zehn/zwanzig meistgebrauchten Formulierungen/Bilder im Text an und ersetzt dann diese durch andere: Verschwindet der Eindruck der Klischeehaftigkeit?
D. Sammelt andere Verwendungsmöglichkeiten für dem Text(entwurf) entnommene „Klischees", sodass deutlich wird, in welchem Ausmaß ihre Bewertung vom kommunikativen Kontext abhängt.

E. Präsentiert Text(auszüg)e, die im Verdacht der Klischeehaftigkeit stehen, grundsätzlich so, dass mehrere Sinne angesprochen sind; auf keinen Fall sollen sie nur still gelesen werden. Einschlägige Stellen sind zu deklamieren, dialogisch zu sprechen, zu gestalten, dramatisch auszubauen, schreibend zu konkretisieren, usw.

F. Erprobt handelnd, wie sich eine Umkehrung des an solchen Stellen Formulierten auswirkt, z. B. der Rollentausch in einem Liebesgedicht. [U. A.]

Kontrastive Verfahren in der Sprachbetrachtung anwenden

Wer engl. *become* mit dt. „bekommen" statt mit „werden" übersetzt, der ist einem *Falschen Freund* aufgesessen. So werden nämlich in der **linguistischen Fehleranalyse** jene Fälle genannt, bei denen sich in zwei verschiedenen Sprachen besonders morphologische Bildungen oder idiomatische Wendungen „scheinbar entsprechen, aber unterschiedl. Referenzbereiche" (MLS 1993, 182) haben, d. h., sie beziehen sich auf Unterschiedliches. Daraus ergaben sich in der Fremdsprachendidaktik u. a. folgende Fragen: „Welche Aspekte des fremdsprachlichen Systems sind für den Schüler einfacher, welche schwieriger zu erlernen? Wie wirkt sich die Grundsprache oder eine bereits erlernte Fremdsprache auf den Lernprozeß und das Lernergebnis aus?" (Kasper 1995, 263).

1. Für den Deutschunterricht gilt das genau so, weil durch die Überlagerung (Interferenz) von Dialekt (Grundsprache als Ausgangssprache, S I) und Standardsprache (Hochdeutsch als Zielsprache, S II) sozusagen „Fehler" vorprogrammiert sind. Durch die Gegenüberstellung von S I und S II sollen die Schüler die Problematik der **Interferenz** erkennen und aus ihrer S I Hilfen für das Erlernen von S II erhalten. Die Grundlage bildet eine kontrastive Fehleranalyse durch Direktanzeigen oder hyperkorrekte Bildungen auf den verschiedenen Sprachebenen der S I (u. a. Wegera 1977; Kalau 1984; Koller 1991; Henseler 1992; dazu ◊*Rechtschreiben*). Methodisch umgesetzt wurde das kontrastive Verfahren (auch: konfrontatives oder komparatistisches Verfahren genannt) durch die „Arbeitshefte Dialekt/Hochsprache – kontrastiv" (vgl. Abschn. 4). Auf ihrer Grundlage hat H. Löffler (1982) den Vorschlag eines **Dialekt-Fehler-Atlasses** entwickelt, der eine Kartierung von Fehlern aus bestimmten Problembereichen vorsieht.

Als Beispiel sei der Wandel (Spirantisierung) von g zu ch und j herausgegriffen, der u. a. auf der Grundlage folgender Fehlerbeispiele aus Schülerarbeiten kartiert wurde (Dialektgebiet: Direktanzeige/Hyperkorrektur): Niedersächsisch: Bahnsteich/nägsten; Westfälisch: Morchen/Baug (Bauch); Rheinisch: Betruch/gemand (jemand); Hessisch: Feichling/Debig (Teppich); Pfälzisch: wenich/zok (zog); Alemannisch (West): herzlige Grüße/zwanzich; Bairisch (Nord): Necher (Neger)/einweiken (einweichen). Vgl. auch Abschn. 4.

Außer einem Kontrast der verschiedenen Sprachschichten (synchron) lässt sich das kontrastive Verfahren auch zur Einsicht in die Entwicklung der Sprache durch die Gegenüberstellung von **verschiedenen Sprachzuständen** (diachron) wie zum Beispiel Ahd. – Mhd. – Nhd. nutzen.

2. Der Kontrast mit Fremdsprachen kann auch für den Deutschunterricht zur besseren Einsicht in den **Bau der Sprache** herangezogen werden. Die Schüler können den Sprachtypus des Lateinischen (synthetisch) und des Englischen (analytisch) mit dem Deutschen (Mittelstellung zwischen synthetisch und analytisch) vergleichen. Den Schülern wird nicht nur die Notwendigkeit der Abfolge Subjekt – Prädikat – Objekt im Engl. einsichtig (*The dog bites the man: Den Mann beißt der Hund*), sondern sie verstehen auch die Reduktion des Flexionssystems in ihrer Mundart oder Umgangssprache besser. Regional ist der Genitiv (*meines Vaters Haus*) geschwunden und wird durch Konstruktionen mit Possessivpronomen (*meinem Vater sein Haus*) oder Präposition (*das Haus von meinem Vater*) ersetzt. Vergleiche mit dem sächsischen Genitiv des Engl. können angeschlossen werden. Der bei Geschäften und Gaststätten jetzt übliche Anglizismus (*Silke's Blumenladen*), „Gegenstand scharfer Kritik" (MLS 1993, 214), kann in der Mittel- und Oberstufe zu einer Diskussion über Sprachkritik, -pflege und Purismus führen. In anderen Regionen kann kontrastiv der Zusammenfall von Dativ und Akkusativ betrachtet werden (niederdt. *gif mek* [mich] *dat* „Gib mir das!").

Ein weites Feld ist auch die Kontrastierung der Idiomatismen oder **Phraseologismen**. Ihre Problematik beruht bekanntlich darauf, dass in den seltensten Fällen eine 1:1-Übersetzung möglich ist. Im Englischen regnet es bekanntlich *cats and dogs*, während es im Deutschen *Bindfäden* sind (◊*Redewendungen*).

3. Die Kontrastierung verschiedener Sprachzustände der Muttersprache fördert das Verständnis der Veränderlichkeit einer „lebenden" Sprache. Die Gegenüberstellung von ahd. und mhd. Sprachproben mit der Gegenwartssprache bietet sich an. Durch den Stammsilbenakzent wurden die vollen ahd. Endungen (*herza* „Herz", *orā* „Ohr", *zunga* „Zunge") zu -e enttont und das -e z. T. abgestoßen (apokopiert). Der Schwund des Dativ-e (*auf dem Tische* zu *auf dem Tisch*) und teilweise des Genitiv-e wird so den Schülern verständlicher. Traditionell genutzt wurde die Kontrastierung schon in der **diachronen Sprachbetrachtung** im Bereich der Semantik. Die „klassischen" Bedeutungsveränderungen der Bedeutungsverengung (mhd. *hôhgezît* „jegliches weltliches oder kirchliches Fest" zu *Hochzeit* „Fest zur Eheschließung"), der Erweiterung (mhd. *kamerad* „Gefährte in der Kammergemeinschaft" zu allgemein *Kamerad* „ein vertrauter Gefährte"), der Verbesserung (mhd. *marschalc* „Pferdeknecht" zu *Marschall* „höchster militärischer Rang") und der Verschlechterung (albern, mhd. *alwaere* „freundlich, gütig" zu „dumm") zeigen den Wandel mit seinen sprachlichen, sozialen und kulturgeschichtlichen Hintergründen auf.

Durch das kontrastive Verfahren lassen sich auch diachrone und synchrone Sprachbetrachtung miteinander verbinden. Im Soziolekt der **Jugendsprache** hat sich das mhd. *geil* „fröhlich" über das nhd. „lüstern" zu „großartig, toll" gewandelt. Mit fremd- bzw. fachsprachlichen Elementen kann der Ausdruck noch gesteigert werden: Nach *geil* und *affengeil* kommt *supergeil*, und 1995 hieß es *megageil*.

4. Für eine kontrastive Betrachtung kann man von den Arbeiten der eigenen Schüler ausgehen. Anregungen bieten auch die **„Arbeitshefte Dialekt/Hochsprache – kontrastiv"** (1976 ff.) auf allen Sprachebenen. Es geht darum, dass durch die Gegenüberstellung die standardsprachliche Kompetenz der Schüler durch eigene Selbsttätigkeit verbessert wird. Die auf der Grundlage von Analysen schriftlicher Schülerarbeiten erstellten Hefte sind in der Regel so aufgebaut, dass zunächst das „Problemfeld" in S I (Dialekt) mit Belegen aus Schülerarbeiten im Kontrast zur S II (Standardsprache) dargestellt wird. Wortlisten, Übungen, Hinweise und Erläuterungen geben Hilfestellungen. Solche Probleme können z. B. sein: *Audo* statt „Auto" in Regionen, in denen stimmloses t zu einer stimmlosen Lenis *d* gewandelt wird. Umgekehrt kann es zu sog. hyperkorrekten Bildungen kommen, wenn rheinische Dialektsprecher *Fich* statt *Fisch* sagen, weil sie mit der Aussprache von ch/sch Probleme haben (Ammon/Loewer 1977, 11). Die „Fehlschreibungen" aus den Schülerarbeiten verdeutlichen die große Variationsbreite von Abweichungen, besonders bei der Rechtschreibung.

Wenn auch die Arbeitshefte nicht für alle Sprachlandschaften vorliegen, so vermitteln sie doch Anregungen für einen Transfer, bei dem die Schüler auch selbst tätig werden können.

Bedeutsam ist, dass die Dialektsprecher nicht mehr wegen „schlechten Deutschs" abqualifiziert werden, sondern dass ihre Ausgangssprache das Erlernen der Zielsprache begünstigt und dass ihnen im Sinne einer **Diglossie** die Eigensprache belassen wird. Hier kann auch die **Dialektliteratur** herangezogen werden, und die Schüler können z. B. die „Wirkung" eines Dialektgedichts und seiner „hochdeutschen" Version vergleichen. Auch Wortfeldarbeit ist möglich. So bietet das „Großvatergedicht" von Wilhelm Staudacher über 50 Verben zur Fortbewegung aller Art. Die Schüler können ähnliche ◊ *Wortfelder zusammenstellen.*

5. Im Bereich des Fremdsprachenunterrichts werden auch **Sprechakte** wie Begrüßen, Verabschieden, Vorstellen, Entschuldigen usw. kontrastiert (zu unterschiedlichen Interaktionen vgl. auch König/Ludwig 1983, 15). Infolge der großen Mobilität ist es wichtig, dass die Schüler mit den unterschiedlichen Kommunikationsformen vertraut werden. Erinnert sei beispielsweise an die Verwendung von *buongiorno!* „Guten Morgen!" (übersetzt „Guten Tag!", während wir noch „Guten Morgen!" sagen) und *buonasera!* „Guten Abend!" (am Nachmittag, wenn wir noch lange nicht an den Abend denken) im Italienischen. Auch im muttersprachlichen Bereich lassen sich verschiedene Varianten kontrastiv betrachten, seien sie regional, wie die Begrüßung *Moin, Moin*!, oder soziolektal, wie *Hey!* oder *Hallo!*, bedingt.

[G. K.]

Körpersprache beobachten und erproben

„Um allem alten Mißverständnis auszuweichen und neuem vorzubeugen, wollen wir hier einmal für allemal erinnern, daß wir das Wort Physiognomik in einem eingeschränkteren Sinn nehmen und darunter die Fertigkeit verstehen, aus der Form und Beschaffenheit der äußeren Teile des menschlichen Körpers, hauptsächlich des Gesichts [...], die Beschaffenheit des Geistes und Herzens zu finden; hingegen soll die ganze Semiotik der Affekten oder die Kenntnis der natürlichen Zeichen der Gemütsbewegungen, nach allen ihren Gradationen und Mischungen Pathognomik heißen."

G. Ch. Lichtenberg: Über Physignomik; wider die Physignomen (Hanser-Ausgabe III, 264)

Lichtenbergs Programm entstand in einer Zeit, in der großes Interesse an der Physiognomik (bes. Lavaters) bestand, die er als zu eng kritisierte. – Eine Erziehung zur vorurteilslosen Offenheit anderen gegenüber, ohne falsche Schlüsse vom Äußeren auf ein Inneres (den „Charakter"), ebenso wie eine Erziehung zur Selbstkontrolle ließen auch die sinnvollen Aspekte einer „Semiotik der natürlichen Zeichen der Gemütsbewegungen" über 200 Jahre in der Didaktik weithin in Vergessenheit geraten. Erst in den letzten Jahrzehnten ist die Einsicht gewachsen, dass die Befähigung zur Kommunikation sich nicht allein auf Sprache und die mit ihr vermittelten Inhalte richten kann, dass alle körperbezogenen Faktoren des Sprechens nicht etwa höchstens dem ◊ *Dramatischen Gestalten* zuzurechnen wären, sondern notwendiger Bestandteil auch intentionaler Lernprozesse in anderen Lernbereichen sein müssen.

1. Körpersprache ist nicht nur eine wesentliche Begleiterscheinung der sprachlichen Kommunikation, vielmehr ist sie ein Teil **menschlichen Verhaltens**. Insofern hat sie eine Außenseite, macht eine Semiotik, also eine Systematik der Zeichen, erforderlich, die eben auch erlernt werden kann. Und sie hat eine Innenseite, indem die äußeren Zeichen auf individuelle Eigenheiten, spezifische Absichten, ja charakterliche Formungen hinweisen können.
In die Körpersprache gehen weit mehr emotionale Momente ein als in die Wortsprache: die

Beziehung zu anderen, die Traditionen einer Familie oder einer Kultur. Allerdings sind Körperzeichen eben oft nicht eindeutig, sondern vieldeutig, ja widersprüchlich, nicht ausschließlich individuell, sondern zugleich geschlechts- und kulturspezifisch. Sie sind teilweise erlernbar, aber weithin unbewusst angeeignet, in manchen Bereichen (besonders den „kopfnahen") zu verändern, aber nicht kurzfristig, zwar isolierbar, aber nicht isoliert vermittelbar. Körpersprache wird heute vielfach differenziert in **Kinesik**, das entspricht Lichtenbergs Pathognomik, meint also die den Körper eines Einzelnen betreffenden Aspekte: Mimik, Gestik. Doch sollte man den Aspekt der Kleidung (auch nach dem Rückzug von Trachten und Uniformen) und deren Zeichenhaftigkeit dabei nicht aus dem Auge verlieren; in **Proxemik**, darunter wird die Beziehung des Einzelnen zu anderen und im Raum verstanden, und in **Prosodik**, die sprachnahen, nebensprachlichen Mittel (◊ *Vorlesen*).

2. Wenn der Deutschunterricht sich nicht nur darauf konzentrieren kann, Sprech- und Sprachfertigkeit zu vermitteln, sondern es als seine Aufgabe erkennt, möglichst „ganzheitlich" kommunikationsfähige Menschen zu bilden, so gehört das Thema Körpersprache unbedingt zum Unterrichtsprogramm.

Wenn des Weiteren die Intensivierung der Aufmerksamkeit auf sich und andere (in ihrem Verhalten) die Folge hätte, Fremde besser zu verstehen, die Vielfalt der Zeichen in Kommunikationen als Bereicherung der Beziehung und des Verstehens zu erfassen, so gehört ebenfalls Körpersprache als Thema in den Unterricht. Somit geht es um die Erweiterung der **Handlungs- wie der Verstehensfähigkeit**, d. h. um die Erprobung eigenen Verhaltens in unterschiedlichen Situationen, die Sensibilisierung für die eigene Körpersprachlichkeit, wie auch um die **Analyse spezifischer Kommunikationssituationen**, also Metakommunikation. Jede unterrichtliche Entscheidung für dieses Thema oder einen Teilaspekt lässt sich als notwendig begründen, wenn man zugleich die Gefahren solcher Entscheidungen sieht:

☐ Notwendig ist die gezielte Aufmerksamkeit auf Aspekte, die gewöhnlich der bewussten Aufmerksamkeit entgehen: Mimik, Blickkontakt, Gestik, Körperhaltung, Signale der Kleidung und der Haartracht, Raumverhalten, räumliche Beziehungsherstellung zu Partnern. *Aber* es besteht die Gefahr der isolierenden Deutung.

☐ Notwendig ist die bewusste Analyse von Körpersprache z. B. in Gesprächen (verschiedener Lebensalter, von Angehörigen verschiedener Kulturen), auf Bildern, Fotografien, Illustrationen (auch in Bilderbüchern), Filmen und Comics. *Aber* es besteht die Gefahr der bloßen Kenntnisnahme.

☐ Notwendig ist für den Erwerb der Handlungsfähigkeit das Erproben, Ausprobieren von spezifischen Formen. *Aber* es besteht die Gefahr bloß aufgesetzter Theatralik.

3. Anregungen für **vier Arbeitsrichtungen** seien zusammengestellt:

3.1 Erprobendes Handeln:

☐ Kontaktaufnahme für ein Gespräch auf der Straße, vor einem Zimmer, auf einer Parkbank, im Lift. – Verhalten in einem kleinen, einem großen Raum. – Perspektiven erarbeiten: Wie erfährt ein kleiner Mensch (ein Kind) die Einrichtungen der Großen, wie geht er mit seiner Körpergröße um?

☐ Bau eines Standbildes: Ein Schüler „baut" eine Statue nach seinen Vorstellungen mit einem oder mehreren Schülern, nach Alltagsszenen („Abschied"), nach literarischen Szenen.

☐ Bewusster Einsatz des Körpers im Umgang mit Gefühlen (Scharadenspiele):

Ich überspiele meine Ängstlichkeit durch ein Imponiergehabe. – Ich drücke meine Freude in verschiedener Weise aus: Wie wäre die Situation zu beschreiben? – Ich muss gestehen, dass ich etwas ausgefressen habe. – Ich bin in großer Hast, möchte im Gewühl noch meinen Zug oder Bus erreichen.

- Erproben geschlechtsspezifischer Unterschiede des Verhaltens, z. B. in einem Raum, im Schulhof, auf einer Parkbank.
- Szenische Darstellung nach literarischen Texten: Auswahl der Spieler nach ihren körperlichen Kennzeichen, Beschreibung der Erwartungen an das Verhalten einer Figur, ihre Charakterisierung.

Reizvoll wird dies dann besonders bei Figuren, die mit Worten etwas anderes aussagen als mit körpersprachlichen Zeichen (Figuren in der doppelten Sprechsituation zwischen Zuschauern und Mitspielern wie in der Commedia del arte), die ihrer Rolle nicht mehr sicheren Figuren (bei Kleist z. B. Adam, Prinz von Homburg, Alkmene; verschlagene Figuren).

3.2 Beobachtung und Analyse:
- Beobachtung einer Fernsehdiskussion ohne Ton, Analyse von Bildern, Fotos und Comics, von Werbebildern und -spots, von Rollenspielen im Unterricht, von szenischen Inszenierungen
- Erproben und Kennenlernen von Zeichensprachen
- Beobachten von Vorlesern und Vortragenden hinsichtlich ihrer Körpersprache.

3.3 Beschreibungsbegriffe:

Es wird zuerst darauf ankommen, bestimmte Auffälligkeiten als Teil der Kommunikation zu erkennen und zu versprachlichen. Dabei aber sollte immer versucht werden, nicht nur Einzelnes zu beachten, sondern auch Widersprüche und Ungereimtheiten zu erkennen.

„So wie er sich hier verhält, den Blick abgewandt, dazu die verdrehte Schulter, soll das heißen: Er will jetzt nichts zu mir sagen und nichts von mir hören?… Aber ich sehe an seiner gespannten Körperhaltung, dass er doch erwartet (oder befürchtet?), dass ich etwas sage…"

Allmählich (auch im Zusammenhang mit Spracharbeit s. u. 3.4) lässt sich ein **Instrumentarium von Begriffen und Beobachtungen** gewinnen, mit dem auch bei gezielten Analysen gearbeitet werden kann (vgl. dazu ausführlich Schober 1989 und Linke 1987, 50 f.). Es ist jedoch sinnvoll, immer wieder die Brücke auch zur Sprache und ihren nebensprachlichen Mitteln zu schlagen: Verhalten in Gesprächssituationen, Diskussionen, beim Vorlesen, bei Referaten.

3.4 Des Weiteren gibt es Beziehungen zur **Sprachkunde**: Das Feld der Redensarten, die Körpersprachlichkeit zum Thema haben, ist außerordentlich reich.

die Haare zu Berge stehen
große Augen machen
die Nase in alles stecken wollen
den Mund spitzen
ein langes Gesicht machen
hartnäckig sein
einem vor die Brust springen
sich aufblasen
die Achsel zucken
sich den Bauch halten vor Lachen
jemandem auf die Füße treten
auf großem Fuß leben (vgl. Wigand 1987)

Die Fülle der erschließbaren Sprachformen, die gesammelt, gedeutet, in Texten verwendet werden können, sind auch als Vorstufe geeignet, von der aus die Klasse gemeinsam ein Beobachtungsraster (s. o. 3.3) erarbeitet. [O. B.]

Lernspiele im Deutschunterricht

1. „Spielerische Elemente gehören zu jedem Unterricht", sagt Haas (1995, 116). Bei jedem Spielen werde gelernt, der Begriff „Lernspiel" sei daher eine Tautologie, so die extremste Position, wenn es um die verschiedenen Möglichkeiten geht, das **Verhältnis von Spielen und Lernen** abzustecken (vgl. Einsiedler 1982). Etwas differenzierter wird etwa gesagt, das Spiel eröffne die „kreative Dimension des Lernens" (Menzel 1995, 73), oder es wird von der Brückenfunktion des Lernspiels gesprochen, weil es den Übergang zu schulischem Lernen erleichtere. Daneben müssen natürlich der motivationale Aspekt und der Ausgleich zur „demotivierenden Wirkung von Lehrgängen" (Einsiedler 1982, 20) erwähnt werden. Damit sollte der Einsatz von Lernspielen im Unterricht genügend gerechtfertigt sein.

2. Im Rahmen des Deutschunterrichts lassen sich unterschiedliche **Zielsetzungen** mithilfe von Lernspielen verwirklichen: In ihrem Überblick über „Lernspiele in der Grundschule" nennt Bosch (1983) die Teilbereiche Erstlesen, Schreiblernprozess, Rechtschreiben, Mündlicher und Schriftlicher Sprachgebrauch. Im **Erstlesen** lassen sich alle grundlegenden Teilziele des Leselernprozesses spielerisch erreichen. So nennt das Begleitheft der Spielekiste *„Spiel mit Habakuk"* (1992) des Fibelwerks „Lies mit Habakuk" zum Umgang mit Lauten und Lautzeichen (Graphemen): Identifizieren, Heraushören der Position von Lauten im Wort, Erkennen der Position von Lautzeichen, Verbinden einzelner Lautzeichen zu Wörtern, Zuordnen von Lauten und Lautzeichen; zum Umgang mit Wörtern und Wortteilen: Zerlegen von Wörtern in Silben, Zusammensetzen von Wortbestandteilen zu Wörtern, Verstehen unvollständig vorgegebener Wörter, synthetisches Erlesen von Wörtern; zum Umgang mit Sätzen: Erlesen von Sätzen aus variablen Elementen, Überprüfen des Sinngehalts von Sätzen. Die dafür vorgesehenen Spielformen sind: ein Brettspiel, Würfel-, Bingo-, Domino-, Quartettspiele und ein Leserad.
Schreibspiele sind nicht im Handel erhältlich. „Der Spaß eines Schreibspiels liegt im Auf-Zeichnen selbst", sagt Schwander (1984, 68), und er stellt auf 25 Seiten (nimmt man die Lese-Schreibspiele hinzu auf 35 Seiten) Möglichkeiten und Anregungen zusammen, die zum Teil auch über die Grundschulzeit hinaus Freude beim Aufschreiben, Abschreiben, Schreibzeichnen von Buchstaben, Wörtern, Reimen, Gedichten, Unsinntexten machen (◊*Mit Sprache spielen*). Spielformen im Bereich des **Mündlichen Sprachgebrauchs** lassen sich unter den Begriffen Sprech- und Artikulationsspiele zusammenfassen (◊*Sprechspiele erproben*). Der **Schriftliche Sprachgebrauch** sollte den Schülern zwar ebenfalls Spaß machen, soweit es allerdings um das Produzieren von Texten geht, werden wir kaum auf Lernspiele zurückgreifen. Vorliegende Angebote müssen wohl eher den Arbeitsmitteln zugeordnet werden, z.B. die *Spectra-Aufsatz-Kombi-Kartei* (Spectra-Lehrmittelverlag, Dorsten) oder die zahlreichen Arbeitshefte, z.B. *Aufsatz leicht gemacht* (Oldenbourg/Prögel 1986) (◊Teil I, 6.5 *Arbeit mit Medien im Deutschunterricht*).
Auch in den übrigen Lernbereichen des Deutschunterrichts (weiterführendes Lesen und Sprachbetrachtung) sollte der Einsatz von Lernspielen eingeplant werden. **Lesen** ist zum einen selbstverständlicher Bestandteil vieler Lernspiele, im Bereich der Sprachspiele ist zum anderen etwa auf die Technik der Kombinations- oder Klappbücher zu verweisen, die (häufig in Verbindung mit Bildteilen) einen kaum zu übertreffenden Leseanreiz durch die fast unerschöpflichen Unsinnsangebote bieten („Hier ist zu sehen und zu lesen,/was Indianer sind für Wesen./Sie klettern auf dem Dach umher/und fegen jeden Schornstein leer./Sonst winken sie mal kreuz, mal quer/und regeln freundlich den Verkehr." – Aus: *Blecher/Schröder: Kunterbunter Schabernack, dtv junior*). Daß solche drei- oder zweiteilige

Kombinationsbücher auch von Schülern selbst hergestellt werden können, sollte gar nicht eigens erwähnt werden müssen. Die hier verwendete Spieltechnik ist auch in der **Sprachbetrachtung** einsetzbar: ◊ *Sprichwörter* lassen sich gut kombinieren (Der kluge Mann macht noch keinen Sommer); jeder kennt auch die Kombination einzelner Satzteile auf Blättern, die von Schüler zu Schüler weitergegeben und nach jedem Eintrag umgeknickt werden, nach dem Muster: Am Abend (Zeitangabe) tanzt (Prädikat) der Opa (Subjekt) in der Badewanne (Ortsangabe). Das Spielen mit Satzteilen kann auch über Wortkarten praktiziert werden. Auf ein gelungenes Beispiel eines fertigen Lernspiels sei hier verwiesen: „*Sätze bauen – Wörter klauen*" (Spectra-Lehrmittelverlag, Dorsten). Werden solche Wortkarten selbst angefertigt, ergibt sich ein doppelter Lerneffekt. Die Einübung von Begriffen sowie die Analyse von Sätzen – üblicherweise recht formalistische Anliegen im Sprachunterricht – werden im Spiel zu beliebten Aktivitäten aufgewertet.

3. Der bisher ausgesparte Lernbereich **Rechtschreiben** soll im Folgenden als konkretes Bezugsfeld für weitere grundlegende Aussagen zum Lernspiel dienen.

3.1 Fragen wir zunächst nach den **Funktionen des Lernspiels** im Rechtschreibunterricht, tritt vor allem die **Motivationsfunktion** ins Blickfeld. Selbst recht trockene Übungen werden von Schülern mit Begeisterung ausgeführt und wiederholt, wenn sie im Spiel eingebettet sind. Wahrscheinlich trägt hierzu bei, dass der Spieler seine Aktivitäten gern und mit dem Gefühl der Freiwilligkeit ausführt, dass er sich anstrengt, um gewinnen zu können, ein Ziel zu erreichen oder wenigstens sofort eine Erfolgsbestätigung zu erhalten. Vom Schüler meist unentdeckt, bleibt die **Übungsfunktion** des Lernspiels im Rechtschreiben natürlich im Vordergrund. Neue Einsichten in orthographische Zusammenhänge werden im Spiel nur sehr begrenzt zu erwerben sein. Es geht vielmehr um die Wiederholung und Sicherung bereits bekannter Sachverhalte – im Rechtschreiben eine wichtige Komponente. Dass die Übung im Spiel angenehmer empfunden wird als außerhalb des Spiels, hängt wohl auch damit zusammen, dass die Spieler unter sich sind, unabhängig vom Lehrer, gleichberechtigte Partner, höchstens vom Zufall abhängig. Außerdem bietet die Übung im Spiel doch eher Variationsmöglichkeiten, häufig wird ein Vielkanal-Lernen möglich sein. (Bei der Auswahl der Lernspiele sollte auf diese Kriterien geachtet werden.) Schließlich ist die **Kontrollfunktion** des Lernspiels zu erwähnen. Lernspiele sollten Selbst- oder Partnerkontrolle ermöglichen, was die Eigenverantwortlichkeit des Rechtschreibers zu steigern vermag. Auch für den Lehrer kann das Spiel die Funktion der Lernkontrolle übernehmen.

3.2 Vielfältiger als die Funktionen sind die **Formen**, in denen Lernspiele auftreten.

3.2.1 Zum einen handelt es sich hier um fertige, im Handel erhältliche Spiele, in einer den **Gesellschaftsspielen** ähnlichen Struktur. Exemplarisch seien hier genannt: Der *Dudenkönig* (Otto Maier Verlag, Ravensburg), *Schatzsuche* und *Rechtschreibkönig* (beide Veritas, Linz) und evtl. *Die Würfelspiele zur Rechtschreibung* (Neuer Finken-Verlag, Oberursel). Gemeinsam ist diesen Spielen, dass sie mit Spielplänen, Würfeln, Spielfiguren und (mit Ausnahme des letztgenannten Spiels) Aufgabenkarten jeweils eine Spielergruppe bis zu 45 Minuten zum Teil sehr spannend mit Rechtschreibproblemen unterhalten. Die attraktiv aufgemachten Gesellschaftsspiele vermitteln echte Spielatmosphäre und sind zum Teil auch für Erwachsene noch interessant.

3.2.2 Zu einer zweiten Gruppe könnte man solche – ebenfalls im Handel erhältliche – Spiele zusammenfassen, die den mit Gesellschaftsspielen verbundenen Unterhaltungswert etwas zurücknehmen und die **Orientierung am Lernen** auch für den Schüler unübersehbar in den Vordergrund rücken, indem sie das Anliegen Rechtschreiben stärker betonen. Das letztgenannte Spiel der ersten Gruppe könnte auch hier eingeordnet werden – Zeichen für den fließenden Übergang zwischen den Gruppen. Außerdem gehören hierher: *Das Finken-Spiel zur Rechtschreibung* (Finken-Verlag Oberursel), *Bingo, Spectra-Lernspiele für die Rechtschreibung* zu verschiedenen Rechtschreibfällen (Spectra-Lernspielverlag, Dorsten), *LÜK-Lernspiele* (Westermann Lernspielverlag, Braunschweig), *Heinevetters Rechtschreibtrainer* (Heinevetter, Hamburg), *Paletti, Die Spectra-Lernpalette* (Spectra Lernmittelverlag, Dorsten), *Logico Maximo* (Neuer Finken-Verlag, Oberursel), *Bubu Deutschspiele* (Bubu-Verlag, Ergolding), evtl. *Bergedorfer Klammerkarten* (Verlag Sigrid Persen, Horneburg). Bei dieser größten Gruppe der typischen Lernspiele handelt es sich zum Teil um „pädagogisch durchdachtes Experimentiermaterial" (Scheuerl 1990, 198) mit der Nähe zum „Lernsport".

3.2.3 Gemeinsames Merkmal einer dritten Gruppe von Lernspielen ist die noch stärkere Betonung des Lern- und Übungscharakters auf Kosten der Spielelemente. Man könnte auch von **spielerisch eingekleideten Übungsaufgaben** sprechen. Die Abgrenzung zum Arbeitsmittel ist nicht eindeutig möglich; Freiwilligkeit, Unabhängigkeit vom Lehrer und Verzicht auf Sanktionen des Versagens sollten wenigstens den Lernspielcharakter noch gewährleisten. Hier ist vor allem das fast schon unüberblickbare Angebot von Arbeitsheften und Karteikarten zu nennen, die zum Teil bereits im Titel ihre Absicht dokumentieren, zu den Lernspielen gerechnet zu werden, z. B. *Richtig schreiben macht Spaß, Spaßrätsel* (beide Neuer Finken-Verlag, Oberursel), *Mentor Lernspaß, Besseres Deutsch* (Mentor, München), *Ursula-Lauster-Rechtschreibspiele* (Lentz-Verlag München), *Rechtschreiben mit Lust* (Prögel, München), *Lustige Rechtschreibrätsel* (Schroedel Schulbuchverlag, Hannover).

3.2.4 Eine eigene Gruppe mit stets wachsendem Umfang stellt die **Lernsoftware für den Computer** im Unterricht dar. Die Zuordnung zu den Lernspielen scheint für einen Teil des Angebots gerechtfertigt, soweit die Rechtschreibübungen in einen spielerischen Kontext eingebettet sind, der zum Teil den Adventure-Games nachempfunden ist. Hier sind etwa die neueren Angebote *ULK – Rettung für die Zeitreisenden* und *Expedition auf den Meeresgrund* (Cornelsen Software, Berlin) hervorzuheben. Auch die Auflockerung durch Begleitfiguren (z. B. Pinguin Alfons – Schroedel, Hannover oder Orthofee, Orthophil, Lalipur – Cornelsen, Berlin oder der Wörter-Kobold – Heureka-Klett, Stuttgart) kann das spielerische Element aufwerten. Die anspruchsvolle und dem jeweiligen Benutzer angepasste Vielfalt von Übungsmöglichkeiten zeichnen die Programme „Universelles Worttraining" und „Diktate" von Eugen Traeger (Lernsoftware-Verlag, Osnabrück) aus. Daneben gibt es allerdings eine Reihe reiner Lern- und Paukprogramme mit elektronischen Arbeitsblättern im „drill-and-practice"-Stil, die allein auf die vom Medium Computer ausgehende Motivation bauen, die jedoch gravierende Mängel bezüglich fachdidaktischer Qualitätsansprüche aufweisen (◊Teil I,6,5 *Arbeit mit Medien*).

3.2.5 Eine besonders wichtige Gruppe bilden die halbfertigen oder **selbst erstellten Lernspiele**. Bekannte Spieltechniken wie Domino, Puzzle, Memory, Bingo, Quartett oder andere Kartenspiele können für den spielerischen Umgang mit Rechtschreibproblemen genutzt werden. Auch der Eigenentwurf eines Spielplans mit Ereignisfeldern, die zur Bearbeitung von selbst erstellten Aufgabenkarten führen, ist denkbar. „Spicken" bei gekauften Spielvorlagen ist erlaubt und erwünscht. Der Gewinn solcher Lernspiele ist vielfältig: Bereits beim Entwurf stehen die Rechtschreibprobleme im Mittelpunkt, müssen Fallbeispiele gesucht und besprochen werden (vier Wörter mit gleichem Phänomen zum Quartett suchen, zwei die Trennungsregeln repräsentierende Silben für das Domino auswählen, Wörter mit Anlauthäufungen für die Bingokarten bestimmen, …). Selbsttätigkeit und Kreativität sind gefragt, wenn es um die Festlegung von Regeln und Variationsmöglichkeiten geht. Das Spielen mit den eigenen Materialien benötigt keine gesonderte Einführung und Erklärung, der berechtigte Stolz auf die eigene Leistung erhöht den Reiz des Spiels. Auf den Wert der übrigen Aktivitäten bei der Spieleproduktion (schreiben, ausschneiden, gestalten, laminieren oder mit Folie überziehen, in Gruppen zusammenarbeiten) sei wenigstens am Rande verwiesen.

3.3 Je umfangreicher das Lernspielangebot wird, umso nötiger ist es, **Kriterien für die Auswahl** der Materialien bei der Hand zu haben. In der didaktischen Literatur finden sich hierfür etliche Vorschläge (vgl. Klinke 1983, Spitta 1991, Naegele/Valtin 1994). Einige wichtige Aspekte seien hier herausgegriffen:

- Materialgestaltung mit den Fragen nach Haltbarkeit, Aufbewahrungsmöglichkeiten, Verständlichkeit der Anleitungen
- Spiel- und Übungsformen (Einzelwort vs. Textorientierung, Abwechslung, Übersichtlichkeit, Kontrollmöglichkeiten, z. B. Selbstkontrolle, Variations- und Ergänzungsmöglichkeiten)
- Sprache (Auswahl des Wortschatzes, Anregung zur Kommunikation)
- Themen (orthographische Thematik, Sachthema, Geschlechtsrollenstereotype)
- Durchführung (Spieldauer, Anzahl der Mitspieler, Differenzierungsmöglichkeiten, nötige Arbeitstechniken).

Bezüglich der Computer-Software sind die Kriterien zu erweitern. Becker-Mrotzek/Meißner (1995) nennen etwa Fragen zur Organisation des Lernprozesses (z. B. Rückmeldung, Lernhilfen) und (programm-)technische Aspekte (etwa Interaktion, Flexibilität, aber auch Handhabung, Bildschirmgestaltung) (vgl. auch die Bewertungskataloge bei Arenhövel 1994, Krauthausen/Herrmann 1994, Meißner in Mitzlaff 1996).

3.4 Im Zusammenhang mit den Lernspielen ist auch die Frage nach dem **didaktischen Ort** ihres Einsatzes zu klären. Lernspiele sollten nicht nur Lückenfüllerfunktion übernehmen, in Vertretungsstunden oder als Belohnung, wenn die Pflicht erledigt ist, vor Ferienbeginn oder am Ende der Arbeitswoche. Schüler sollten vielmehr erleben, dass diese Art des Lernens so wichtig ist, dass kostbare stundenplanmäßige Unterrichtszeit dafür zur Verfügung steht. Eine Rechtschreibübungsstunde in der Form, dass sich Schüler mit Lernspielen befassen, darf nichts Ungewöhnliches sein. Auch als Teil einer Deutschstunde ist das Lernspiel vorstellbar: Wie in 3.1 ausgeführt, werden die bevorzugten Artikulationsstufen dafür Übungs- und Anwendungsphasen sein, während ein Lernspiel zum Einstieg in die Stunde die Gefahr in sich birgt, dass die Beendigung der Spielphase zugunsten anderer Aktivitäten von den Schülern nur ungern mitvollzogen wird. Geeignete Gelegenheit für den Einsatz der Lernspiele wird außerdem die Freiarbeitszeit bieten. Auch beim Stationentraining, wenn die Schüler an verschiedenen Punkten im Klassenzimmer unterschiedliche Arbeitsaufträge vorfinden, die in Gruppen zu erledigen sind, sollten nicht allzu zeitaufwendige Lernspiele mit eingebaut werden.

3.5 Einige **Voraussetzungen für den Einsatz** von Lernspielen sind allerdings zu beachten. Grundsätzlich sollten die **Eltern** vorab informiert und aufgeklärt werden, um nicht den Verdacht aufkommen zu lassen, in der Schule würde „nur gespielt", nicht gelernt. Der leichtfertige Vorwurf leistungsferner „Kuschelecken-Pädagogik" muss durch sachliche Aufklärung über den Zusammenhang von Spiel und Leistungsförderung entkräftet werden. Bei solchen Gesprächen könnte auch versucht werden, die Eltern für die Mitarbeit bei der Herstellung von Materialien zu gewinnen – evtl. bei einem Elternabend in unteren Klassenstufen. Auch an eine finanzielle Beteiligung der Eltern beim Kauf fertiger Lernspiele ist zu denken. Der **Lehrer** muss seine Position als „Chef" in der Klasse ablegen, er wird zum Organisator, „Berater", evtl. „Tröster", nötigenfalls zum „Schiedsrichter" (Popp 1990). Eine spielanregende **Atmosphäre** im Klassenzimmer ist durch die Schaffung von Freiräumen zu erreichen. Spielecken oder die Möglichkeit, sich auf dem Fußboden auszubreiten, sind genau so vorzusehen wie die frei zugängliche Aufbewahrung der Spiele. Schließlich sind auch die Vorstellung der Spiele, das Vertrautwerden mit Spielregeln, die Vereinbarung von Verhaltensweisen Teile der **Vorbereitung** eines erfolgreichen Lernspieleinsatzes. [D. M.]

Lesetechnik üben

1. Wer heute von Lesetechnik spricht, läuft Gefahr, als altmodisch zu gelten, nicht auf dem letzten Stand der didaktischen Diskussion zu sein. Lesetechnik erinnert an die ersten Schritte des Lesenlernens, an das Zuordnen von Lauten zu Buchstaben, das Zusammensetzen der Laute zum Wort, die mühsame Sinnentnahme aus dem Geschriebenen. Auch die Aufwertung durch den Begriff **Kulturtechnik** kann nicht die negativen Assoziationen verhindern, die viele Pädagogen mit dem Begriff Technik verbinden: inhaltsleeres Funktionieren, unpersönliche Äußerlichkeit, gefühlloser Formalismus, nicht Ziel, sondern Vorstufe, bestenfalls Bedingung für das Eigentliche, das mehr sein muss als bloße Technik. Aber auch die Trennung des Lesenlernens in Erwerb der Lesetechnik einerseits und die spätere Anwendung dieser Technik andererseits klappt nicht, so wissen erfahrene Erstklasslehrerinnen. „Jetzt musst du die Lesetechnik erlernen, damit du später schöne Geschichten lesen kannst" reicht als Motivation zum Lesen nicht aus. Heute steht ein **anderes Bild des Lesenlernens** dagegen: „Von Anfang an sollten die Kinder nun Lesen als Technik und Sinnentnahme zugleich verstehen" (Heuß 1993, 137), Lesen heißt nicht Buchstaben oder Laute zu nennen, sondern „Sinnerschließung aus dem kommunikativen Zusammenhang" (Müller 1978, 13), „Alles Lesen ist ein Prozeß der Sinnproduktion" (Gross 1994, 15). Ein Lesebegriff jenseits aller Technik? Trotzdem muss gefragt werden, warum manche Schüler „besser" lesen als andere, warum es so viele „schlechte" Leser gibt, was die Schule tun kann, um „schlechten" Lesern zu helfen. (Die Anführungszeichen sollen die Unsicherheit bei der Wertung andeuten.) Um Einfluss auf das Lesen zu nehmen, muss man aber durchaus eine Position beziehen, die von isolierbaren Fertigkeiten, kognitiven Teilleistungen, Techniken ausgeht. Um das Negativimage des Wortes Lesetechnik aufzufangen, schlagen wir vor, auf die ursprüngliche Bedeutung des Wortes im Griechischen zurückzugehen, wo *Techné* Kunst, Kunstfertigkeit bedeutet. Fragen wir also: Welche Kunstfertigkeiten müssen beim Lesen zusammenspielen?

2. In der Tat hat die **Leseforschung** eine Reihe von Detailkenntnissen über Einzelprozesse beim Lesen gewonnen, die durchaus vereinbar sind mit der Annahme der Komplexität des Lesens, vor allem der Wichtigkeit der Sinnkomponente. Unser Wissen über die **Mikrostruktur des Lesevorgangs** stellt sich heute so dar: Beim Lesen bewegen sich die Augen ruckartig, in sog. Saccaden, von Fixationspunkt zu Fixationspunkt. Nur während des 150–350 ms dauernden Halts werden Informationen aufgenommen. Vergleichbar mit dem Schwenken einer Videokamera ist das Auge während des anschließenden 15–80 ms dauernden Sprungs „blind". Während der Fixation werden zwischen 6 und 12 Buchstaben überblickt. Die Augenbewegungen sind nun nicht – wie man zunächst annahm – von visuellen Textmerkmalen abhängig, sondern vom Textinhalt (Rayner 1992). „Wörter werden nicht zuerst gespeichert und dann verstanden" (Gross 1994, 12), vielmehr versucht der Leser während der Aufnahme der visuellen Reize, Bedeutungseinheiten zu erfassen. Alle **Teilprozesse** (Wahl des Fixationsortes, Dauer von Fixation und Saccaden) werden vom Leser bewusst (entsprechend seiner Sinnerwartung) oder unbewusst (durch die eingehende Information) gesteuert. Die Bedeutung der **Sinnkomponente** bereits bei den Augenbewegungen ist so zu erklären, dass die auf der Netzhaut eintreffenden optischen Reize sofort weiterverarbeitet werden, und zwar durch die Verschaltung von Seh- und Hörrinde akustisch – auch beim stillen Lesen werden die für das Hören und Sprechen zuständigen Gehirnzonen aktiviert –, durch die begleitenden sprachlichen Prozesse erfolgt die Aktivierung der Bedeutung. Im **„Dreieck Schrift-Laut-Sinn"** (Brügelmann/Balhorn 1990, 69) gibt es allerdings verschiedene Wege: Leseangebote können auf der Schriftebene mit bereits bekannten Schemata verglichen werden oder sie können über die Laut- und Silbenebene die gesprochene Sprache und damit den Sinn aktivieren. Leseanfänger benötigen in der Regel die akustische Rückkopplung. Die Teilprozesse der optischen Information, der akustischen Verschlüsselung, der sprachlichen Verarbeitung stehen in ständigem Wechsel, das Funktionieren ihrer gegenseitigen Beeinflussung ist übungsabhängig. „Ergebnisse hirnphysiologischer Forschung bestätigen, daß sich Lesen keinesfalls auf rein technische Prozesse reduzieren läßt, daß vielmehr eine ständige aktive Auseinandersetzung mit Sprache und Erfahrung stattfindet" (Marenbach 1994, 5). Die bei den Augenbewegungen zu registrierende Verzahnung zwischen Informationen von außen (*bottom up*) und Steuerung durch den Leser (*top down*) bestimmt auch die weitere Textverarbeitung. Es findet immer ein „interaktiver Prozess" statt zwischen dem, „was der Leser weiß – d. h. in seinem Gedächtnis bzw. Lexikon gespeichert hat – und dem, was er im visuellen Reiz vorfindet" (Günther 1988, 152).

3. Was kann die Schule nun beitragen, um die komplizierten Prozesse beim Lesen zu unterstützen? Hier ist zunächst an die **Ökonomie der Augenbewegungen** beim Lesen zu denken, sodann an die weiteren Möglichkeiten der Textverarbeitung.
Die enge Blickspanne des Anfängers gilt es zu erweitern / die Fixationsdauer zu verkürzen / die kurzen Saccaden zu verlängern und gezielter zu setzen / die Überschneidungen der Fixationsbereiche zu vermeiden / die das Lesen verlangsamenden Kopfbewegungen müssen ausschließlich durch Augenbewegungen ersetzt werden / das zunächst laute, dann leise und schließlich unhörbare Mitsprechen (Subvokalisieren) muss mehr und mehr abgebaut werden (soweit es nicht zum besseren Verständnis nötig ist und bewusst eingesetzt wird) / auf leseverzögerndes Mitzeigen muss allmählich verzichtet werden / unnötige Regressionen sind zu vermeiden, wobei allerdings für den geübten Leser das freie Schweifen der Augen über den Text – vergleichbar dem Betrachten eines Bildes – durchaus verständnisfördernd ist. Für die Anfangsphase des Übens jedoch heißt lesen „psychophysiologische Selbstdisziplinierung" (Gross 1994, 59).

Als **Übungsformen** werden dazu angeboten:
- Formen des „Blitzlesens" – für einen Augenblick etwa am Overheadprojektor aufgedeckte Wörter (oder Wortgruppen) unterschiedlicher Länge;
- Pyramidentexte, die von Zeile zu Zeile breiter werden;
- Übungen zur Teilwortauffassung – unvollständige Wörter, die erleben lassen, dass Teilinformationen für die Sinnentnahme genügen;
- Übungen zur Ganzwortauffassung – etwa Aufsuchen bestimmter Wörter in Texten;
- Orientierungshilfen zur Blickführung – Markierungslinien für den ersten und letzten Fixationspunkt in der Zeile, drei oder vier Buchstaben vom Rand entfernt;
- Lesen mit einem Bleistift zwischen den Lippen oder einem Kaugummi im Mund, um das Mitsprechen zu verhindern usw. (vgl. auch Stock 1983, 64 ff.).

Eine **Warnung** sei allerdings angebracht: Übungen zur Steigerung des Lesetempos
- sind zum einen nur bei stillem Lesen angeraten – Schnellsprechübungen haben nichts mit Lesetechnik zu tun (◊ *Sprechspiele erproben*);
- sollten sich auf den Umgang mit informativen Texten beschränken – Lesen zur Unterhaltung sollte jeder Leser nach eigenem Ermessen regeln;

- dürfen nicht auf Kosten des Sinnverständnisses gehen – allerdings wird erwartet, dass konzentrierteres Lesen auch effektiveres Verständnis bewirkt.

Weitere Lesetechniken betreffen das eben angesprochene **Textverstehen**. Grzesik (1990, 140–156) hat eine „Taxonomie von Operationen für das erstmalige sinnerfassende Lesen eines Textes" vorgelegt. Hier nennt er:

- Operationen vor Beginn des Lesens, etwa Leseintention und Erwartungen an den Text bewusst machen, Hypothesen formulieren, eine günstige Leseeinstellung beziehen;
- Operationen beim fortlaufenden (diskursiven) Lesen, nämlich das Lenken der Augenbewegungen und das (jetzt bewust eingesetzte) Subvokalisieren;
- Tätigkeiten zur Erschließung (Recodierung) der Wort- und Satzsemantik, z. B. das Lokalisieren der Verstehensschwierigkeiten, das Heranziehen von Lexika, das Suchen nach synonymen Wörtern;
- Tätigkeiten für das erste Ordnen und Verarbeiten der Textinformation, etwa das Segmentieren eines Textes, das Markieren von Textstellen, das Schreiben von Randbemerkungen, das Paraphrasieren, schließlich die Übertragung in ein anderes Medium (◊*Informationen verarbeiten*).

Auf zwei Methoden zur Technik des Textverstehens sei hier noch hingewiesen, die als Methodenbündel oder **Strategien** zu verstehen sind: die Focus-Methode (Grzesik 1990, Kap. 7.2) und die SQ3R-Methode (Robinson, nach Naef 1971).

Das **Fokussieren**, d. h. die Konzentration auf eine Textstelle, kann zum Verfahren des selektiven Lesens ausgebaut werden. Übungsformen sind etwa die Vorgabe von Texten mit fehlenden Wörtern, Sätzen oder Abschnitten; die sukzessive Vorgabe von Texten, mit jeweiligen Überlegungen zu möglichen Fortsetzungen; das Ersetzen einer Textstelle durch eine andere; die Konstruktion einer Alternative für eine Textstelle; die Reduktion des Textes durch eine Instruktion für eine spezifische Verarbeitung, etwa einer Zentralstelle des Textes.

Die **SQ3R-Methode** hat ihren Namen von den fünf Einzelschritten des vorgeschlagenen Umgangs mit Texten:

- *survey* – einen Überblick gewinnen, sich vor dem Lesen mit der Struktur des Textes, den Teilen, den Auffälligkeiten vertraut machen,
- *question* – Fragen an den Text stellen im Blick auf das Thema, das eigene Vorwissen, die Erwartungen an den Text,
- *read* – das erste Lesen des Textes, das also nicht am Anfang steht,
- *recite* – das Rekapitulieren, die Vergewisserung, was man verstanden hat, die Beantwortung der Ausgangsfragen,
- *review* – das Repetieren, um das Vergessen etwas aufzuschieben, nützlich auch als Wiederholung in zeitlichem Abstand zur ersten Auseinandersetzung mit dem Text.

Damit ist die Brücke zu den vielfältigen Formen des Umgangs mit Texten (◊Teil I, 3) geschlagen. [D. M.]

Literarische Gespräche führen

Ein Lesebuchtext wurde vorgelesen, die Lektüre einer Kurzgeschichte, einer Novelle war als Hausaufgabe zu lesen aufgegeben – und was folgt dann im Unterricht? Das traditionell gelenkte Unterrichtsgespräch (mit oder ohne eingeführte Analysefragen)? Die Gruppenarbeit mit den Leitfragen aus einem (etwas älteren) Lesebuch? Die schriftliche Textanalyse oder die literarische Erörterung? Oder vielleicht eine produktive Schreibaufgabe (◊Teil I,6.2 *Handlungs- und Produktionsorientierung*)?

1. Entgegen den verschiedenen bekannten Verfahren des Literaturunterrichts wird mit dem Vorschlag, „literarische Gespräche zu führen" (Christ u. a. 1995) etwas Neues versucht:

☐ Unterricht mit oder über literarische Texte ist allzu oft einseitig bestimmt von den vorgegebenen Zielen, die Interpretationshilfen, Literaturwissenschaft, Lehrermeinung oder -vorplanung setzen. Stattdessen müssen die tatsächlichen **Reaktionen von Lesern auf Texte** ernst genommen werden (◊ Teil I.3 *Umgehen mit Texten*).

Selbst die Einstiegsphase in eine Lese-/Literaturstunde, in der sich die Schüler „frei äußern" dürfen, ist gewöhnlich bloßes Alibi: Die ersten Aussagen sind nur bei Kindern spontan, bei Jugendlichen mit vielerlei Absicherungen längst ritualisiert. In den seltensten Fällen werden diese „subjektiven", „bornierten" Überlegungen tatsächlich im weiteren Unterricht aufgenommen, bearbeitet und weitergeführt. Kreft (1982) war wohl einer der ersten, der zumindest für eine Ausdehnung der ersten Phase von Unterricht plädiert hatte.

☐ Die Texte werden in ihrer eigentlichen Leserbeziehung gesehen, die nicht darin liegt, Steinbruch für aufgesetzte Demonstrationen zu sein: Diese Leserbeziehung heißt **Konstituierung von „Sinn"** (vgl. Rosebrock 1991), nicht Aufklärung über Textstrukturen, Textsortenkennzeichen, thematische oder thematisch-historische Ausformungen ...

Literarische Texte wollen gerade Assoziationen wecken, Vorstellungen evozieren, Bilder hervorrufen, Erinnerungen aktivieren; sie sind doch nicht geschrieben, um eine festgefügte Information zu übermitteln, sie enthalten vielmehr verschiedenste Figuren, Bilder, Handlungen, die eigene Erfahrungen, Vorstellungen, Gedanken usw. aufführen und anregen. Diese aber auszusprechen, zu artikulieren, auszutauschen, bringt den Text zum Leben.

☐ Der „Sinn eines Textes" ist nicht ein „Gegenstand", der aus dem Text gezogen werden kann, sondern ist nur fassbar im gemeinsamen auslegenden Gespräch, in dem sich Widerlegungen und Ergänzungen, verschiedene Wege und Fragen summieren, Fragen an den Text und von den eigenen **Erfahrungen** her.

Es ist kein Wunder, dass sich die Gesprächsdidaktik weithin traditionslos vorkommt. Merkelbach (in Christ u. a. 1995) hat die Traditionen geprüft und findet außer bei Schleiermacher erst in der Gegenwart die Idee des freien, offenen, des auslegenden Gesprächs, einer „sprachverständigenden Intersubjektivität" (Ivo 1994), sieht es als Gegengewicht gegen alle anderen Methoden literarischen Unterrichts, zugleich aber als verbunden auch mit Formen der Analyse und der Produktivität.

☐ Sprechen über Texte ist ein produktiver Akt für alle Beteiligten insofern, als noch keiner weiß, zu welchem Ende das Gespräch führt, es ist also der Versuch, sich mithilfe von „Sprechdenken" (Geißner), der „allmählichen Verfertigung der Gedanken beim Reden" (Kleist) einen Weg zu den **Assoziationen** zu bahnen, die ein (meist literarischer) Text anregt oder zumindest nahe legt. Sprechdenken erweist sich als eine Tätigkeit, die keine Einkleidung vorher gefasster „Gedanken" ist, sondern die mit dem Medium Sprache erfolgte Weckung von **Bildern, Gedanken, Anmutungen** und **Gefühlen**. Dazu können weitere Hilfen Anregung sein: Musik, Bilder und Zeichnungen, auch mit Wörtern (konkrete Texte), spielerische Äußerungen mit Puppen und dem eigenen Körper.

Leser haben so die Chance, von ihren subjektiven Eindrücken aus, also von ihren Interessen her, einen Zugang zu einem Text, einem Gedicht, einer Erzählung usw. zu finden. Sie können so erfahren und mitteilen: Der Text geht mich an, regt aber zugleich an, über andere und anderes, Fremdartiges im Sprachlichen und Inhaltlichen, nachzudenken.

2. Der entscheidende didaktische Diskussionspunkt bei dieser Methode ist wohl die Frage nach dem „didaktischen Nutzen", die auch mit dem Verweis auf eine „idealistische

Gesprächskultur" noch nicht zufrieden stellend beantwortet ist. Doch wenn man das einfache Vorlesen und „Lustmachen auf Texte" (vgl. Pennac 1994) als motivierend, das Einüben der Textanalyse als kognitiv und denkstrukturierend, das produktive Handeln als kreativ und zum Selbstlernen anregend ansieht, so liegt der Nutzen solcher literarischen Gespräche in der sprachlich sich abarbeitenden und dialogisch sich entfaltenden Fähigkeit, Textbilder und **Vorstellungsbilder** miteinander zu verbinden.

3. Welche Hilfen der Lehrer geben soll und kann, um zusätzlich Gesprächsergebnisse zu sichern, muss er erproben. Die Frage nach der Hilfe textanalytischer Kenntnisse für solche Gespräche ist noch umstritten. (Dies zeigen z. B. die verschiedenen Kommentare in Christ u. a. 1995.)
Wie lässt sich ein „Sprechen über literarische Texte" strukturieren? Da es noch viel zu wenig konkrete Erfahrungen gibt, käme es vor allem darauf an, solche Erfahrungen zu sammeln und mit den Schülern auch zu besprechen. Bedenkenswert scheint jedoch Folgendes:

- Der Text sollte – für literarische Gespräche, nicht für andere Weisen des Umgangs – jeweils allen Schülern ganz bekannt sein. Keine künstlichen Spannungs- oder Produktionsanregungen durch Verschweigen des Schlusses, der Überschrift usw.
- Wird der Text durch ◊ *Vorlesen* bekannt gemacht, so erfolgt dies nur durch Tonband, den Lehrer oder einen vorbereiteten Schüler.
- Jeder Äußerung eines Schülers sollte nachgegangen werden. Es gibt keine „wichtigeren" Antworten.
- Anstöße (Was ist auffällig, dir besonders wichtig, was fällt dir zu der Figur ein? u. a.) können ein Gespräch anschieben (vgl. „Stützpunkte" bei Ingendahl 1991).
- Organisationsformen, in denen alle Schüler zu Wort kommen (einen „Sprechstein", dessen Besitzer jeweils reden darf, von Hand zu Hand gehen lassen), können mit anderen abwechseln.
- Die Fähigkeit, aufeinander einzugehen, zu antworten, ist von großer Bedeutung: Sie kann aus der Interpretationseinseitigkeit herausführen.
- Auch Pausen sollten akzeptiert werden können.
- Die Rolle des Lehrers ist die eines gewöhnlichen Beteiligten. Anregungen, Anstöße, Verstärkungen, eventuell auch kurze Informationen zu Autor, Zeit, Umständen der Textentstehung können hilfreich sein.
- Das Ende eines literarischen Gesprächs ist erreicht, wenn sich nichts Neues mehr ergibt. Den Schülern sollte der Unterschied zur Diskussion über Texte als einer distanzierten Form des Textumgangs (◊ *Diskutieren/Sachgespräche führen*) klar werden können.
- Wieweit es einer Zusammenfassung bedarf, wieweit „weitere Fragen zur Klärung" gestellt werden sollten (Verbindung zur Textanalyse, zum produktions- oder handlungsorientierten Umgehen mit dem Text), kann nur im Einzelfall entschieden werden: Es bedarf aber dazu hoher Selbstbeobachtung des Lehrers und „seiner Interessen" mit dem Text. Im Zweifelsfall ist eine produktive Aufgabe (◊ *Schreiben nach Texten*, ◊ *Literarisches Rollenspiel*) sinnvoller als eine vom Lehrer geleistete Zusammenfassung.

4. Texte, die für solche literarischen Gespräche geeignet sind, gibt es in großer Zahl: Jedes Lesebuch, jede schulische Textauswahl ist dazu geeignet. Erfahrungen liegen vor allem für *Gedichte* (Andresen 1991) und *Kurzgeschichten/kurze Erzählungen* (Christ u. a. 1995) vor, doch sind dies keine prinzipiellen Begrenzungen. Warum sollten nicht auch ein *Roman*(-kapitel) oder ein *dramatischer Text*, vielleicht nach einer Aufführung, ein *Film* dazu geeignet sein? Lebensweltliche Fragen, wie sie Texte anregen können, entstehen sicher auch aus der Mitte der Klasse: Beziehungsfragen (Freundschaft, Liebe), Geschlechterrollenproblematik (in jüngerer Zeit besonders häufig diskutiert, vgl. LUSD 3, Hurrelmann u. a. 1987), „Flüchten oder Standhalten?" u. a.

5. Auf das unterschiedliche **Gesprächsverhalten in verschiedenen Lebensaltern** sei noch einmal ausdrücklich hingewiesen (vgl. Abb. 4 in ◊ Teil I,1), jedoch hängt wohl viel vom Klassenklima, von der Beziehung zwischen Lehrern und Schülern ab. Hier entscheidet es sich auch, was mit „Parallelgeschichten" (Reuschling, in Christ u. a. 1995, 219) passieren soll, die – von einem Text angestoßen – sich verselbstständigen.

Über die Größe der Gesprächsrunden entscheidet gewöhnlich die Klassenstärke. Nicht immer ist jedoch ein Gesprächskreis mit dreißig Schülern ideal. So lassen sich auch Gruppengespräche anregen, über deren „Ergebnisse" dann in der Klasse weiter gesprochen werden kann. [O. B.]

Literarische Rollenspiele entwickeln

1. Nach dem augenblicklichen Stand der Diskussion handelt es sich um einen Sammelbegriff für alle Verfahren des Literaturunterrichts, mit deren Hilfe – ganz wörtlich – Lernende „sich ins Spiel bringen": Überall dort, wo nicht *über* eine Figur aus einem epischen Text gesprochen wird, sondern *aus* der Perspektive bzw. *im* Erfahrungshorizont dieser Figur geredet und agiert wird, liegt literarisches Rollenspiel vor – als eine Form nicht des ◊ *Inszenierens* von, sondern eher zu und nach Texten. Methodisch handelt es sich also um szenisches Spiel, intentional allerdings nicht um Dramatisierung einer (epischen oder lyrischen) Vorlage, sondern um den Versuch, den bei jeder Textrezeption ablaufenden „inneren Prozeß szenischer Verlebendigung" (Klinge 1980, 97) nach außen hin sicht- und hörbar zu machen. Rollenspiele erfüllen diese Funktion nur, wenn sie **rezeptionsbegleitend** eingesetzt werden, nicht nach „der Lektüre".

2. Zur **Begründung** wird in der Literatur immer wieder auf den Leerstellenbegriff aus der Rezeptionsästhetik (Iser 1984) verwiesen.

Lernende agieren spielend etwas aus, was in der Textvorlage entweder gar nicht oder nicht so detailliert ausgeführt ist – etwa die **Gedanken** zweier Dialogpartner beim Sprechen; einen **inneren Monolog**, der einen Gewissenskonflikt an einer Schlüsselstelle verbalisiert; eine **Nebenhandlung** oder die **Perspektive**, aus der eine im Text nur erwähnte Randfigur die Geschehnisse sieht usw.

Wir halten diese „leerstellentheoretische" Begründung allerdings für unzureichend: Zum einen wird nicht nur und nicht immer etwas „ausgefüllt" (ergänzt), weil literarische Rollenspiele ebenso wie das ◊ *Umschreiben* oft auch der gezielten Textveränderung dienen können (z. B. dem Finden eines alternativen Schlusses). Zum andern ist der Leerstellenbegriff selbst nicht unproblematisch, weil er dem prinzipiell unabschließbaren literarischen „Phantasieren" (Köppert 1997, 364 f.) nicht gerecht wird, sondern einen einmaligen Vorgang des Auffüllens suggeriert. Eher möchten wir deshalb davon sprechen, dass der literarische Text offene Sinnangebote macht, die vom Leser in einem **Kontinuum zwischen Konkretisieren und Interpretieren** (vgl. Frommer 1988) angenommen oder abgelehnt werden. Insofern das Rollenspiel die Konkretisierung leistet, um die es an der Schwelle der Interpretation geht, realisiert es ein Sinnangebot und macht es diskutierbar durch die Zuschauer sowie modifizierbar in einem zweiten, dritten, vierten Versuch.

3. Im Unterschied zum unterrichtlichen Diskurs über Sinn und Deutung erfordert das Rollenspiel bei den Lernenden eine gewisse **affektive Bereitschaft** zur Anteilnahme (vgl. schon

Eggert 1980; auch Schuster 1994, 131 f.) und Identifikation. Deshalb aber das Rollenspiel als angeblich affektiv-soziale Lernform gegen die „kognitivere" Form des Interpretationsgesprächs auszuspielen, geht freilich nicht an: Eine **kognitive Leistung** wird auch bei der Rollenverkörperung verlangt, erst recht beim Erdenken eines Rollentextes, der besonders bei älteren Texten u. U. auch schriftlich vorformuliert werden muss.

Hier ist die von Scheller (1989, 47 f.) für die Erarbeitung dramatischer Texte beschriebene Methode des „Rollenschreibens" anwendbar: Lernende sollen sich eine Figur aus dem Drama (oder dem Roman, der Erzählung usw.) aussuchen und diese Figur sich selbst vorstellen lassen: Wie sieht sie aus, wie kleidet sie sich? Welcher sozialen Schicht gehört sie an und was hat das für Konsequenzen für ihre Prägung? Welche individuelle Lebensgeschichte hat sie hinter sich, wie denkt und fühlt sie?

Literarisches Rollenspiel ermöglicht sinnliche ästhetische Erfahrung und bedeutet **ganzheitliches Lernen** in dem Sinn, dass sowohl kognitiver Erkenntniszuwachs stattfindet als auch Schulung pragmatischer und sozialer Fähigkeiten sowie nicht zuletzt instrumenteller Fertigkeiten.

Die Formen des literarischen Rollenspiels sind abzugrenzen einerseits vom *sprachdidaktischen Rollenspiel*, mit dem es die Thematisierung sozialer Rollen und eine gewisse Konflikthaltigkeit gemein hat, und andererseits von *Pantomime und Stegreifspiel*, mit denen es die Momente der Improvisation und – ggf. übertreibenden – Spontaneität gemein hat (vgl. Schuster 1988, 38 f.). Allerdings bleibt das Spiel immer auf einen Text bezogen, der nicht Spielvorlage im strengen Sinn sein muss, wohl aber „konstituierende Voraussetzung" (ebd., 38).

4. Die wichtigsten **methodischen Varianten** des literarischen Rollenspiels sind folgende:
   ☐ ein in der Vorlage nicht oder nicht so enthaltener Dialog zweier Figuren, der oft die Handlung abändert oder ergänzt (selten nur nachspielt),
   ☐ ein Dialog einer Figur mit einer im Text nicht vorkommenden realen oder fiktiven (auch historischen) Person (vgl. Freudenreich/Sperth 1990, 19 f.),
   ☐ eine Wiederholung oder Fortsetzung eines Dialogs nach *Rollentausch* (vgl. ebd., 23); u. U. wird mehrmals getauscht,
   ☐ ein Monolog einer Figur – isoliert oder eingelagert in einen (der Vorlage m. o. w. nachgespielten) Dialog, realisiert ggf. mit „alter-ego-Technik", bei der ein zweites Ich hinter dem Monologisierenden steht und ihm Stichwörter gibt, dreinredet, widerspricht usw. (vgl. Schuster 1994, 91 f.; bei Freudenreich/Sperth 1990, 20 f. heißt das „Doppelgängermethode"),
   ☐ ein durch den Spielleiter mithilfe gezielter Fragen unterbrochener (geleiteter) Monolog einer Figur (vgl. Freudenreich/Sperth 1990, 18),
   ☐ ein Dialog mithilfe der „alter-ego-Technik" beidseits: Jedem der Dialogpartner wird ein „zweites Ich" beigegeben,
   ☐ in Bezug auf alle genannten Möglichkeiten das „Stop-Verfahren", bei dem jeder Zuschauer an jeder Stelle unterbrechen darf – mit der Verpflichtung, das Spiel an dieser Stelle mit einer eigenen Variante wieder aufzunehmen, oft nach einer Diskussion über den bisherigen Verlauf.

Dass alle diese Verfahren eine gewisse „therapeutische Wirkung" haben können, indem sie partiell immer auch zu Selbstdarstellungen der Spieler führen, ist unbestritten und macht auf affektiver und sozialer Ebene ja gerade den Vorzug dieser Art ästhetischer (Selbst-)Erfahrung aus. Gewarnt werden muss allerdings davor, die Grenze zum therapeutischen Rollenspiel zu überschreiten: Weder ist der Lehrer in aller Regel kompetent dazu, noch wird man dem eigentlich zu bearbeitenden literarischen Text immer gerecht werden können.

[U. A.]

Mit dem Grundwortschatz arbeiten

Die **Idee**, durch Beschränkung auf wenige, häufig verwendete Wörter kostbare unterrichtliche Übungszeit einzusparen, zugleich den Anteil der richtigen Schreibungen in Schülertexten zu erhöhen und darüber hinaus den schwachen Rechtschreibern durch weniger Fehler mehr Erfolgsgefühle zu vermitteln, was wiederum die Schreibfreude erhöht, ist zu bestechend, als dass eine Nutzung für die Schule unversucht hätte bleiben können.
Wenn wir den Daten aus Sprachfrequenzforschungen Glauben schenken, wonach die 100 häufigsten Wörter der deutschen Sprache 50% der Normaltexte abdecken, die ersten 1000 gar 70% (Augst 1989) bis 80% (Oehler 1972), dann könnte hier so etwas wie das Ei des Kolumbus der Rechtschreibung liegen. In der Tat wurden solche Überlegungen seit der Reformpädagogik (P. Petersen, C. Freinet) immer wieder geäußert (Hoffmann 1938, Schultze 1956 oder B. Weisgerbers Thesen auf dem Grundschulkongress 1969).

1. Heute hat etwa die Hälfte der deutschen Lehrpläne für die Grundschulen die Idee des Grundwortschatzes festgeschrieben. Die Frage „Warum nicht alle?" vermag die didaktische Euphorie etwas zu bremsen. Neben den **Vorteilen** – zur erwähnten Rationalisierung und der Lerneffektivität gesellen sich hier vor allem die klassenübergreifende Vergleichbarkeit der Schülerleistungen sowie die Transparenz der Anforderungen (vgl. Marenbach 1985) – lassen sich gewichtige **Nachteile** und Gefahren der Grundwortschatzarbeit nicht übersehen:
Eine **Überbetonung** des Rechtschreibens ist dann zu befürchten, wenn der Ehrgeiz von Schülern, Eltern oder Lehrern, in diesem leicht überprüfbaren Bereich besonders gute Leistungen zu erzielen, auf Kosten anderer Unterrichtsanliegen geht. Berücksichtigt man außerdem die Notwendigkeit, die Wörter des Grundwortschatzes auch inhaltlich zu erschließen und sie in vielfältigen Texten anzubieten, dann bestimmen die für den Rechtschreibunterricht ausgewählten Wörter auch die Themen anderer Deutschstunden.
Eine weitere Gefahr liegt sicher in der möglichen **Gängelung** von Lehrern und Schülern. Für Letztere ist der gegensteuernde Rat nötig, bei der eigenen Textproduktion sich nicht auf die rechtschriftlich geübten Wörter zu beschränken, um nicht zur Sprachverarmung beizutragen, wie Kritiker des Grundwortschatzes befürchteten („Analphabetisierungskampagne", „Sprechblasenniveau"). Vielmehr sollten Schüler gerade die originellen, selten vorkommenden Wörter benutzen – ohne Rücksicht auf deren Fehlerträchtigkeit. (Hier liegt auch die Problematik des eingangs angekündigten Ei des Kolumbus: Die Fehler konzentrieren sich auf den jenseits der geübten 80% der Normaltexte verbleibenden nicht übbaren Resttext!) Die Gängelung des Lehrers ist dann sicher am stärksten, wenn die Grundwörter ausschließlich pro Jahrgangsstufe verbindlich vorgeschrieben sind (wie es leider im bayerischen Lehrplan von 1981 der Fall ist), wenn dem Lehrer nicht erlaubt wird (oder er es sich nicht erlaubt), die amtlichen Vorschläge durch einen klassenorientierten Wortschatz zu ergänzen, und wenn der Lehrer es nicht wagt, in pädagogischer Eigenverantwortlichkeit „Raritäten im Grundwortschatz" (Schwarz 1985), z. B. *Feind, Kampf, Krieg, Pflicht,* ungeübt zu lassen.

2. Die größte Gefahr des Grundwortschatzes liegt allerdings im falschen Einsatz dieses Instruments. Um dies darzulegen, muss zunächst Klarheit darüber bestehen, **was ein Grundwortschatz eigentlich ist**. Ungenügend ist sicher die Annahme, der Grundwortschatz sei eine Auswahl der am häufigsten vorkommenden Wörter. Schon die Tatsache, dass das Wort *Paragraph* in der Auftretenshäufigkeit vor *Vater* und *Mutter* rangiert, erweist die Orientierung an Häufigkeitslisten der deutschen Sprache als unzulänglich.
Die Berücksichtigung des tatsächlichen Sprachgebrauchs der Schüler muss ein wesent-

liches weiteres Kriterium sein. Aber auch hier kann es zur Konzentration auf die falschen Wörter kommen: Wörter wie *der, die, das, und, ein, ich* (an Spitzenplätzen in Häufigkeitslisten auch von Schülertexten) müssen sicher nicht rechtschriftlich geübt werden.

Dagegen wäre es sinnvoll, die Wörter in einen Grundwortschatz aufzunehmen, die tatsächlich häufig falsch geschrieben werden. Menzel (1985) hat eine Sammlung von über 20 000 Schülerfehlern aus Aufsätzen des 2.–10. Schuljahres vorgelegt, die verdeutlicht, dass die tatsächlichen Schwierigkeiten in Grundwortschätzen vernachlässigt werden. So kommt das mit Abstand am häufigsten falsch geschriebene Wörtchen *dass* im bayerischen Grundwortschatz nicht vor. Die Schwierigkeiten mit diesem Wort werden auch nach der Rechtschreibreform nicht geringer werden, wenn die Entscheidung nicht mehr zwischen *daß* und *das*, sondern zwischen *dass* und *das* liegt. Des Weiteren machen in Schülertexten nicht die in den Grundwortschätzen stehenden Grundformen der Wörter Probleme, sondern die flektierten Formen, die Ableitungen und Zusammensetzungen. Ein wichtiger Rat lautet also, besonders solche Formen zu üben.

Als weitere Forderung an eine Wörterliste für den Rechtschreibunterricht ist die Berücksichtigung der **Besonderheiten der Orthographie** zu nennen. Ob Kürzung oder Dehnung, ähnlich klingende Vokale oder Konsonanten, Getrennt- oder Zusammenschreibung, Großschreibung oder Silbentrennung, alle wichtigen Phänomene unserer Orthographie müssten im Grundwortschatz repräsentiert sein, wobei hier allerdings deutlich wird, dass eine Wörterliste dies nur bedingt leisten kann. So sind Probleme der Großschreibung (Substantivierung) oder der Zusammenschreibung oft kontextbedingt.

3. Mit der Klärung der Frage, was ein Grundwortschatz ist oder was er sein sollte, ist die Frage der **Zielsetzung** eng verbunden. Zu vermeiden ist, die Grundwörter ausschließlich als Lerngegenstand zu sehen, mit ihrer ganzheitlichen Einprägung zufrieden zu sein. Es zeugte von pädagogischer Kurzsichtigkeit, solche Erfolge als Ziel des Rechtschreibunterrichts zu akzeptieren. Weisgerber (1983) warnt in diesem Zusammenhang vor einem Rückschritt ins Zeitalter der Wortschrift, er sieht hier den Blick für die Probleme der Phonem-Graphem-Entsprechungen verstellt. Damit wäre den Schülern ein schlechter Dienst erwiesen.

Sinnvoller ist es, den Grundwörtern die Funktion des **Lernmediums** zuzuweisen. An ihnen sollen die Schüler Einsichten in die Regelhaftigkeit der Orthographie gewinnen. Augst (1983) fordert außerdem über den Umgang mit Wortbausteinen (Morphemen, Silben, Signalgruppen) Einsichten in die Struktur von Wörtern. Grundwörter sollen also Modellcharakter aufweisen, zur Hypothesenbildung über rechtschriftliche Zusammenhänge herausfordern, den Transfer auf weitere Rechtschreibfälle ermöglichen.

4. Dies kann nur gelingen, wenn der **Einsatz** der Grundwortschatzarbeit entsprechend überlegt ist. Über Reihenbildungen, Gruppierungen (◊*Wortlistentraining durchführen*), Strukturierung, Analogiebildung soll der Blick der Schüler für die orthographischen Besonderheiten geschärft werden. Hier macht sich der Vorteil einer nicht nach Klassenstufen gegliederten Vorgabe von Grundwörtern bemerkbar. Der Rechtschreibfall „st/sp am Wortanfang" wird etwa im bayerischen Grundwortschatz insgesamt durch 13 Worteinträge repräsentiert, während im zweiten Schuljahr nur das Wort *spielen* zu finden ist. Eine Reihenbildung müsste hier mithilfe des Schülerwörterbuches unabhängig vom Grundwortschatz erfolgen. Anregungen zum Experimentieren, Spielen, Zerlegen, Zerschneiden von Grundwörtern können gut im Rahmen des Stationentrainings verwirklicht werden (◊*Lernspiele im Deutschunterricht*). Hier kann in differenzierender Arbeit auf die jeweiligen Bedürfnisse der einzelnen Schüler eingegangen werden. Die sprachanalytischen Aktivitäten im Umgang mit den Grundwörtern sind in Kleingruppen effektiver, weil hier niemand zum Zuschauer der Lernprozesse der anderen degradiert wird.

Darüber dürfen allerdings die grundlegenden Formen des Umgangs mit den Grundwörtern nicht vergessen werden: Klärung der Bedeutung, Einsatz in unterschiedlichen Kontexten, Erproben des Klangs, Zerlegen in Wortbestandteile, Zusammensetzen zu neuen Formen, Durchspielen möglicher formaler Veränderungen (Flexionen, Ableitungen, Umformungen), Einüben der Schreibmotorik.

Dass auch Medien in den Dienst der Arbeit mit dem Grundwortschatz zu stellen sind, sei wenigstens noch erwähnt. Sowohl die Einzelwörter als auch die Gesamtlisten sollten in verschiedenen Größen, aus verschiedenen Materialien in der Hand der Schüler wie in der Hand des Lehrers sein. Die erfolgreiche Bearbeitung ist sichtbar zu registrieren. [D. M.]

Mit Fremdwörtern umgehen

„Lieber Freund", schrieb Alexander Roda Roda in seinem „Leitfaden für Reiche" einst, „Sie sind durch glückliche Ausnutzung geschäftlicher Chansons in einen Gesellschaftskreis aufgestiegen, der gern Fremdwörter gebraucht. Damit Sie sich nun nicht jeden Augenblick balsamieren, möchte ich Ihnen einige Winke für die Konversation geben." Es folgen dann die „Erklärungen" von Fremdwörtern und zum Schluss der Rat, im Zweifelsfalle im „Konföderations-Mexiko" nachzuschlagen, wo man „nach dem Alpaka geordnet" das Wissenswerte findet. Nun, ob arm oder reich, mit den Fremdwörtern hat es so seine Bewandtnis, und was hier Roda Roda glossiert, kann zum Problem werden – vor allem, wenn man das falsche Wort erwischt.

1. Fremdwörter sind meist mit der Sache selbst aus anderen Sprachen übernommene Wörter, die nicht morphophonematisch (Lautung, Flexion) und graphematisch (Orthographie) ins deutsche System integriert wurden. Im Gegensatz zu den Fremdwörtern sind **Lehnwörter** dem Deutschen angeglichen worden (zu den Lehnwörtern vgl. ◊ *Routineformeln erkennen*). Allerdings lässt sich die Grenze zwischen Lehn- und Fremdwort nicht immer scharf ziehen. Es existieren auch Doppelformen wie *Themen/Themata* zu Sing. *Thema* oder Schreibungen wie *Sketch/Sketsch*. Bußmann (1990, 253) nennt drei Kriterien zur Abgrenzung gegenüber dem Lehnwort:
– die morphophonematische Struktur ist anders: *Re-vo-lu-tion*;
– die Häufigkeit der idiolektalen Verwendung ist unterschiedlich, wobei der Zeitpunkt der Übernahme keine Bedeutung spielt: *Sport* und *Film* (seit dem 19. Jh.) werden weniger als Fremdworte empfunden als *Bibliothek* (seit dem 15. Jh.);
– die orthographische Wiedergabe ist anders, z. B. *Teakholz* oder *Tiekholz*.
Für Schüler ist es wichtig, dass sie mit Fremdwörtern **richtig umgehen**, d. h. dass sie diese richtig verstehen, dass sie sie richtig anwenden und dass sie sich zum Gebrauch überhaupt eine eigene Meinung bilden.

2. Richtig **verstehen** bedeutet zunächst ganz einfach einmal die genaue **Enkodierung** auf den verschiedenen Sprachebenen. Im Bereich der Lexika muss das Nachschlagen von unbekannten Wörtern geübt werden. Dabei helfen die Fremdwörterbücher. Ein Problem sind die Homonyme. So bedeutet *Artikel* das Geschlechtswort, einen „Zeitungsartikel", einen „Lexikonartikel" oder einen Abschnitt in einem Gesetz oder z. B. in einem Kaufhaus eine Ware. Durch Kontextübungen können die Schüler die Begriffe bestimmen.

Ebenfalls auf allen **Sprachebenen** spielt sich die richtige **Verwendung** von Fremdwörtern ab. Im Bereich von Aussprache und Orthographie kommt es z. B. bei *Bonbon* oder *Daisy* darauf an, dass die Schüler die fremdsprachliche Aussprache in die richtige Schreibung und umgekehrt die fremdsprachliche Schreibung in die richtige Aussprache umsetzen. Je nach Altersstufe können flankierende Maßnahmen wie ein Einblick in fremdsprachige Phonemsysteme und Transkriptionsbeispiele hilfreich für das Verständnis des „Fremden" sein. Auch morphologische Bestände in der Wortbildung oder Flexion (*Hobbies* oder *Hobbys*, *Themen* oder *Themata*?) können von den Schüler gegenübergestellt werden. Die Lexik führt zu den **Fachsprachen** oder Technolekten. Die Schüler müssen zunächst die Funktion der Fachwortschätze mit der festgelegten Bedeutung und präzisen Definiertheit der Wörter herausarbeiten. Hier können die Schüler verschiedene Gebiete zusammentragen und die **Termini** mithilfe entsprechender Lexika nach Bedeutung und Herkunft klären. So können sie Beipackzettel von Medikamenten untersuchen. Hier ergeben sich Querverbindungen zu den Naturwissenschaften (z. B. Biologie). Die „Computer-Freaks" können den Wortschatz nach den verschiedenen Teilgebieten zusammenstellen, ein Wörterbuch anlegen und die Herkunft feststellen (*Online, Software, Datenhighway, Gameboy*; Mischbildungen wie *Hotline-Nummer, Citytarif, Crashtest*). Eine weitere Möglichkeit ist die Wirtschaftssprache (Wirtschaftsteil der Zeitung; das von den Sparkassen veranstaltete Planspiel Börse). Die Schüler können der Frage nachgehen, woher die Wörter *Giro, Konto, Inkasso* oder *Banker, Banking* kommen und aus welchen Gründen sie übernommen wurden. Damit werden kulturgeschichtliche Bezüge im Rahmen des **Sprachkontakts** offen gelegt. Für die Untersuchung der Rechtssprache kann die Schulordnung als Ausgangspunkt dienen. Im Bereich des Sports gibt es auch „alte" und „neue" Fremdwörter. Der Dresdner Gymnasialprofessor für Deutsch und klassische Sprachen Herman Dunger beklagte schon 1909 die „Engländerei" beim Tennis: „Wenn wir bei dem Fußball feststellen konnten, daß im wesentlichen nur die unreife Jugend mit englischen Ausdrücken um sich wirft, so muß leider beim Tennis diese Einschränkung wegfallen. Bei diesem Modespiel engländert alt und jung, vornehm und gering. Da gibt es keine Schläger, sondern *Rackets*, kein Netz, sondern *Net*, keine Linie, sondern *Line*. Man glaubt in Alt-England oder in Amerika zu sein, wenn man den Spielenden zuhört" (Dunger, Engländerei, 1989, 64). Was würde Dunger heute wohl zur Aufschrift *Bike* beim *InterRegio* sagen? Dunger (Wörterbuch, 1989, 12) hatte 1882 „erst" 148 englische Fremdwörter im Deutschen ausgemacht.

3. *Anschrift* oder *Adresse* – das ist die Frage! Die Zusammenstellung solcher Synonyme kann zu Diskussionen über den **Fremdwortgebrauch** führen. Der eingangs zitierte Roda Roda glossierte ja die Fremdwort-Manie, mit deren Hilfe man einst seine Bildung dokumentieren wollte. Umgekehrt gilt, was Lewandowski (1990, 322) feststellt: „Puristische Tendenzen traten zu allen Zeiten auf." Fremdwort-Manie und Purismus, heutige Klagen über die Anglizismen und die früheren über die Romanismen können Anstöße sein, dass sich die Schüler eine eigene Meinung über den Gebrauch von Fremdwörtern bilden. Übrigens sei angemerkt, dass es der Dichter Jean Paul war, der 1819 in der Vorrede zur dritten Auflage des „Hesperus" *Fremd-Wort* zum Terminus machte. Zum Thema lassen sich auch einige Sätze von Dunger (1989, Wörterbuch, 1) heranziehen:

„Alle Fremdwörter auszurotten ist ein Ding der Unmöglichkeit; und wenn es möglich wäre, so wäre es eine wirkliche Schädigung unserer Sprache, eine heillose Verwirrung wäre die unausbleibliche Folge. Und anderseits ist der übermäßige Gebrauch der Fremdwörter – dies wird jetzt allseitig anerkannt (1882) – ein Notstand, unter dem unsere Sprache schwer leidet. Der besonnene Freund der Sprachreinigung… wird es für eine vaterländische Pflicht halten, Fremdwörter zu vermeiden, wenn sich deutsche Ausdrücke dafür finden …"

Die Formulierungen von Dunger lassen deutlich die „nationalsymbolische Besetzung von Sprache" erkennen, auf die Linke/Voigt (1995, 21) im Zusammenhang mit dem Thema **Sprachkritik** im Deutschunterricht aufmerksam machen. Die Schüler sollten in allen Jahrgangsstufen „durch sprachkritische Erörterungen zu einem vertieften Verständnis der Gegenwartssprache" geführt werden (Linke/Voigt 1995, 22). Dabei stehen auch Sprachpflege und Sprachkritik auf dem Prüfstand, denn hinter der Kritik an „Wörtern" verbergen sich meist außersprachliche Normen und Werthaltungen. In der **Öffentlichkeit** rufen Fremdwörter immer wieder Debatten hervor, wie der Leserbrief „Durchaus konjungierbar" des Bayreuther Sprachwissenschaftlers Rüdiger Harnisch (SZ, Nr. 266, 18./19. 11. 1995, 17) zeigt. Darin widerlegt der Schreiber den Einwand, dass Anglizismen nicht konjungiert werden könnten, und er verweist auf *recycelt* (wie re-giert), *designt* (wie di-niert), *gestylt*. Die Schüler können selbst einmal Leserbriefe für die Schülerzeitung oder für eine Wandzeitung im Klassenzimmer pro und kontra „Vermeidung von Fremdwörtern" oder „Eindeutschung" schreiben oder in der Oberstufe den Essay „Wörter aus der Fremde" von Adorno (1961) diskutieren. „Das Bedürfnis nach Verkürzung veranlaßt überhaupt zur Wahl von Fremdwörtern", schreibt der Autor (Adorno 1961, 127).

4. Wir leben heute im Zeitalter der Internationalisierung, der Globalisierung, die Welt wird zum *Global Village*. Da gewinnen natürlich die **Internationalismen** eine besondere Bedeutung. Hierbei handelt es sich um Wörter mit gleicher Bedeutung, zum Teil auch mit gleicher Ausdrucksseite: „Banane" heißt im Französischen *banane*, im Englischen, Spanischen und Italienischen *banana*. Die Form kann auch abgewandelt sein, wie „Funktion", engl. *function*, franz. *fonction*, span. *funkción*, russ. *funkcija* beweist (Beispiele nach MLS 1993, 277). Die Schüler können Beispiele für solche Internationalismen aus Zeitungen (Politik-, Wirtschafts- oder Sportteil) oder aus Lexika zusammenstellen, wie es z. B. J. Volmert (1990) an der Alphabetstrecke des *F* in zweisprachigen Wörterbüchern unternommen hat. Dabei werden auch sprach- und kulturgeschichtliche Hintergründe deutlich. [G. K.]

Mit Sprache spielen

„Inge – Pinge" reimen Kinder (Helmers 1984, 276), weil sie es lustig finden, auch wenn sie *Pinge* als Wort der Bergmannssprache für eingestürzte Stollen vielleicht gar nicht kennen. Der kindliche Humor (Helmers 1971 und 1978) bietet viele Beispiele für den Einfallsreichtum von Kindern beim spielerischen Umgang mit der Sprache. „Eile ist des Witzes Weile", dichtete einst der Dadaist Kurt Schwitters (1987), und hier wird es künstlerisches Kalkül: Kreativität wird gegen erstarrt empfundene Konvention eingesetzt. Manifeste propagieren die neue Kunstrichtung.

1. Eben genau zwischen den Polen des kindlichen Humors und des gewollten ästhetischen Programms liegen die Schüleraktivitäten von der Primar- bis zur Oberstufe in der Schule. Es sind **Sprachspiele**, bei denen durch Veränderungen der Sprachzeichen komische bis frappierende Wirkungen erzielt werden, teils geistreich formuliert, aber auch mitunter kalauernd (MLS 1993, 697). Praktisch **auf allen Sprachebenen** wird die Übereinkunft beim sprachlichen Zeichen (Konventionalität) durchbrochen und ins Spielerische einbezogen. In der Poesie sind solche Sprachspiele ebenso zu finden wie im „alltäglichen Leben": in der Zeitung, in der Werbung und auf Abreißkalendern. Es gibt sogar Computerprogramme, die „traditionelle Formen des Sprachspiels in spezifischer Weise erweitern" (Schaible 1995, 12). Abzugrenzen ist vom spielerischen Umgang mit Sprache das „Sprachspiel", wie es der Philosoph Ludwig Wittgenstein entwickelt hat (Lewandowski 1994, 1052 f.; Bußmann 1990, 714; Marenbach 1980, 65). Wittgenstein verwendet die Spielmetapher (z. B. Spielregeln) für Kommunizieren als Handeln in bestimmten Situationen mithilfe von sprachlichen Äußerungen. Die Bedeutung von Wörtern und Sätzen ergibt sich aus ihrem Gebrauch. Sprachspiele sind z. B. grüßen, bitten, fragen, erklären usw. Die Kombination dieser Kommunikationsakte in größeren sprachlichen Einheiten der sozialen Interaktion (wie z. B. in einer Diskussion) nannte Siegfried J. Schmidt **„Kommunikatives Handlungsspiel"** (Beisbart/Marenbach 1997, 88 ff.).

In sprachwissenschaftlichen Lexika werden die Stichwörter *Sprachspiel* auf Wittgensteins Begriff, *Wortspiel* auf den spielerischen Umgang mit Sprache bezogen. In der didaktischen Literatur hat sich für Letzteres ganz allgemein *Sprachspiel* eingebürgert. So wird es auch hier verwendet. Da das Feld für Sprachspiele sehr weit ist, werden im Folgenden nur einige Möglichkeiten herausgegriffen und durch Belege verdeutlicht, die zum Teil der genannten Literatur entnommen wurden.

2. Sprachspiele sind schon auf der **Ebene** der Laute (Phone), der Phoneme und deren Repräsentation durch Buchstaben (Grapheme) möglich. So setzt Christian Morgenstern bei seinem Gedicht „Das ästhetische Wiesel" (reimt sich auf *Kiesel* und *Bachgeriesel*) das Prinzip der Phoneme bewusst ein. Besonders bei Pseudonymen sind **Anagramme** wie Carl Amery aus Mayer, Umstellungen wie Paul Celan aus Antschel oder Umkehrungen wie C. W. Ceram aus Marek beliebt. Vertauscht werden können auch Morpheme (*Wechstaben verbuchseln*) oder Silben: *Paprikaschnitzel – Schnaprikapitzel – Schniprikapatzel – Piprikaschnatzel*. Auf Graphem-Ebene werden die unterschiedliche Graphie für ein Phonem (*mein fetter Vetter*) oder die Buchstabennamen ausgenützt: *entWDR – oder* (Werbeaufkleber) und besonders bei Vornamen *LA* (Ella), *BAT*, *UW*. Bei den Morphemen gibt es **Kontaminationen** (Wortkreuzungen) durch Anfügen oder Austausch von Wortbildungsmorphemen (*Sparschweinerei, Demokratur*) oder Kreuzungen (*Kurlaub*). Andere Neubildungen sind nur auf graphematischer Ebene als Sprachspiele erkenntlich: *Schlawiener, Bonnzen*. Verschiebungen der Morphemgrenzen führen zu den bekannten *Blumento-Pferden* oder zum *Antrags-Teller*. Ein Beispiel für eine Adaptation aus einer Fremdsprache durch den Gleichklang mit ver- ist *Fairständnis* auf einem Plakat der Innenminister 1995 gegen den Fremdenhass.
Das **sprachliche Zeichen** mit Ausdrucks- und Inhaltsseite regt immer wieder zu einer Darstellung in **Bildwörtern** an, in denen z. B. *TREPPE* in stufenförmiger Anordnung geschrieben oder bei *SONNE* das O mit einem Strahlenkranz umgeben wird. **Rätsel** sind beliebte Sprachspiele auf der Lexem-Ebene. So geht es beim Teekesselspiel darum, Homonyme wie *Ente* oder *Birne* durch Umschreibung zu erraten. Die vorwärts wie rückwärts gleich lesbaren **Palindrome** (*Reliefpfeiler*) gibt es auch auf der Syntax-Ebene: *Alle necken Ella*. Phraseologismen wie ◊ *Redewendungen* oder ◊ *Sprichwörter* fordern anscheinend immer wieder zu Sprachspielen heraus und führen u. a. zu sog. Antisprichwörtern: *Morgenstund' ist aller Laster Anfang!* Bekannt und beliebt sind auch die **Schüttelreime**, die von einfachen Sätzen (*Du bist – Buddhist!*) bis zu Mehrzeilern reichen (*Ein Schreck befiel die Klapperschlangen, als ihre Klappern schlapper klangen*). Auf syntaktischer Ebene bewegen sich auch die **Paronomasien** der Rhetorik mit der Zusammenfügung von Wörtern, wie z. B. von Minimalpaaren: *Nicht rasen – reisen!* Diese Aufforderung an Autofahrer gibt es auch mit den Synonymen: *Nicht hetzen – gleiten!*, was Spaßvögel dann als „Hetzt die Gleiter!" parodierten. In Satzform treten meist die **Aphorismen** auf. So zitiert eine Tageszeitung als „Spruch des Tages" Jean Cocteau: „Takt besteht darin, dass man weiß, wie weit man zu weit gehen darf".
Der Bereich der **Texte** reicht von Gedichten und epischen Kleinformen bis hin zur Erzählung. In Peter Bichsels „Ein Tisch ist ein Tisch" wird sogar die Konventionalität der Sprache thematisiert. Wie bei der **Satire** gibt es gattungsübergreifende Verfahren. Hierher gehören Münchhausens Lügengeschichten oder die Verkehrte Welt, die schon von Reinmar von Zweter (Nr. 159; 13. Jh.) beschrieben wurde:

Ich quam geriten in ein lant/ûf einer blâwen gense, dâ ich âventiure vant:/ein crâ mit einem habche, diu viengen vil der swîne in einem bach./.../Dâ saz ein hirz unt span vil cleine sîden,/dâ huote ein wolf der lember in den wîden.

Lügengeschichten sind ein gutes Beispiel dafür, dass man nicht einfach drauflosügen kann, sondern Regeln einhalten muss: einerseits Glaubwürdigkeit vortäuschen und andererseits augenzwinkernde Signale einbauen.

Zu den epischen Kurzformen gehören die Witze und Anekdoten mit der Pointe am Schluss und die Schwänke mit Till Eulenspiegel, der alles wörtlich nimmt. Possen von Nestroy und die Sketche von Karl Valentin (etwa der Gleichklang von *Kelten* und mundartlich *Kälten* „Kälte") finden sich im dramatischen Bereich. Zahlreich sind Sprachspiele in der Lyrik, die u. a. mit den Klapphornversen, Limericks und Gegensätzen (*Dunkel war's, der Mond schien helle*) auch formale Muster bereitstellt oder in den Kinderreimen und Abzählversen oder in der Kinderliteratur adressatenspezifische Textsorten besitzt. Hier ist vor allem Hans Manz zu nennen, der „das Sprachspiel in der zeitgenössischen Kinderliteratur verankert hat wie kein zweiter" (Anna Katharina Ulrich, in: NZZ, Nr. 278, 29. 11. 1995, 35).

3. Die **didaktische Relevanz** der Sprachspiele ist unbestritten, sie finden sich in Lese- und Sprachbüchern. Für Hermann Helmers (1971, 137) liegt die gesellschaftliche Bedeutung des kindlichen Humors in der Integration in die Gesellschaft, aber auch in der Emanzipation des Kindes. Michael Steindl (1987, 465) hebt die Sensibilisierung für Sprache hervor, gerade wenn deren Normen auch infrage gestellt und verändert werden können. Schließlich regt „das Ineinander von Sprachkonvention und Sprachphantasie" (ebd.) kreative Prozesse bei den Schülern an. Sprachspiele gibt es in **allen Lernbereichen**. Im mündlichen Sprachgebrauch können die Schüler spielen: Sketche und Schwänke, auch als Pantomime (wie Eulenspiegel als Schneidergeselle in Berlin eine Nacht lang die Ärmel an den Rockleib warf). Eine Schildbürgergeschichte kann zu einem Hörspiel umgearbeitet werden. Schul- oder Ortsereignisse lassen sich in Kabarett umsetzen und spielen. Weitere Möglichkeiten bieten die von Joachim Fritzsche (1994) angeregten **Namenspiele**: sich vorstellen durch Namenreflexion (erzählen über Herkunft des Namens, Motivation der Namengebung und eigene Einstellung dazu usw.), Namen erraten durch Entscheidungsfragen, Namenreime in Kettenmanier (die Erste: „Ich heiße Heide Müller", der Nächste: „und bin der größte Knüller"). Zum schriftlichen Sprachgebrauch gehören Geschichten zu erfundenen Figuren oder über sich selbst („Ich als Hauptfigur"). Umgekehrt können Namen für unbekannte Gegenstände erfunden werden (Andresen/Januschek 1995, 25 f.). Beim **Namenakrostichon** stehen die Buchstaben des Namens am Anfang untereinander, beim **Telestichon** funktioniert es ebenso am Schluss. Besonders gelungen ist beides bei Rita Zlusch:

REI   Z
IDEA   L
TOHUWABOH U
ABWA   SCH

Namenspiele sind, wie Seidel (1983, 122 f.) gezeigt hat, schon in der Grundschule möglich, etwa beim Spiel mit dem Klang des eigenen Namens: Selbstlaute ersetzen (*Alesebith*), Silben tauschen (*Anrima*), Anfangs- und Endlaute weglassen (*Ete* „Peter") usw.

In der Sprachbetrachtung können Sprachspiele zur Verdeutlichung der **Homonymie** (Mehrdeutigkeit) wie *Ent-rüstet euch!* herangezogen werden, insbesondere bei den Homophonen (*Urlaub mit mehr Meer*) und Homographen (*Die Ente war eine Ente!*). Schüler können eine Definition der Spracherscheinungen formulieren und mit dem Lexikon vergleichen. Fürs Rechtschreiben können Wortlisten erstellt werden, die das semantische Prinzip dokumentieren (*Lid/Lied; Stil/Stiel*). In der Literaturbetrachtung lassen sich vielfältige

Aktivitäten, von der Textanalyse (z. B. Texte aus der Konkreten Poesie von Ernst Jandl oder Eugen Gomringer) bis zur Umsetzung in einem produktions- und handlungsorientierten Unterricht, durchführen. Auch **fächerübergreifende Vorhaben** mit dem Fremdsprachenunterricht (z. B. Palindrome wie der Werbeslogan *I lov' it* für den Warennamen *Tivoli*), mit Musik („Till Eulenspiegels lustige Streiche" von Richard Strauss als Programmmusik), zum Kunstunterricht (Ideogramme und Piktogramme; Dada; Konkrete Kunst; Plakate des Grafikdesigners David Carson, Neue Sammlung München) sind möglich.

4. Sprachspiele sind in **allen Jahrgangsstufen** einsetzbar. In der Primarstufe sind Bildwörter, Rätsel, Zungenbrecher, Geheimsprachen beliebt. Das gilt auch für Namen, bei denen man den Namenspott thematisieren sollte. Dieser betrifft Spitznamen, unter denen Kinder leiden können, ebenso wie verballhornte Vor- und Nachnamen (Franz 1994, 43). In der Mittelstufe können Schwänke und Lügengeschichten und Texte der Konkreten Poesie sowie am Ende der Stufe Nonsens-Gedichte im Hinblick auf kritische und experimentelle Ästhetik (Steindl 1987, 465) analysiert und auch in eigenen Produktionen umgesetzt werden. Weiterhin tragen die Schüler Sprachspiele aus Zeitungen oder aus der Werbung zusammen und klären ihre Funktion. An einer Pinnwand in der Klasse können die Schüler Redensarten nach Graffiti-Art (*Wo wir sind, ist vorne*) zusammenstellen. In der Oberstufe werden Texte zur Kunsttheorie wie das Programm des Dadaismus untersucht und im Zusammenhang mit der literarhistorischen Epoche besprochen. Die Stilformen der Rhetorik, das Feuilleton als Kunstform und die Sprachkritik von Karl Kraus sind weitere Themen, wobei auch die Eigenproduktivität angeregt werden kann. [G. K.]

Nacherzählen

Wann haben Sie zuletzt etwas nacherzählt? Einen neulich gesehenen Kinofilm? Die Handlung eines Romans, den Sie weiterempfehlen wollten? Wahrscheinlich haben Sie sich dabei nicht gefragt, wo Sie gelernt haben, so exakt wie nötig und so anschaulich oder lebendig wie möglich zu sein. Ob der Deutschunterricht dafür der Ort ist, wurde lange Zeit bezweifelt und ist heute noch strittig.

1. „Warum nicht nacherzählen?", fragt Frommer (1984b). Die rhetorische Frage erklärt sich aus einem Misstrauen der Deutschdidaktik seit den 70er-Jahren dem vorher traditionell gepflegten mündlichen und vor allem schriftlichen Nacherzählen gegenüber. Es verschwand zumindest als obligatorische Leistung aus den Lehrplänen, weil man es für ein lediglich identifikatorisch-imitatives Lesen und Schreiben hielt. Damit aber war es dem „Kritischen Lesen" ebenso im Weg wie dem sachlich-„objektiven" Schreiben, das mit steigender Klassenstufe heute noch (zu) dominant ist. Deshalb gibt es auch kaum neuere Literatur zum Nacherzählen als sprech- und schriftsprachlicher Kompetenz (vgl. jedoch Menzel 1984b sowie ◊ *Erzählen*).
Dabei begünstigt der seit einigen Jahren vielfach favorisierte Ansatz eines **„lebensweltlichen" Lernens** auch im Deutschunterricht eher das Nacherzählen als die so genannte Inhaltsangabe; und jedenfalls eignet sich ein Erzählen in sprachlicher und inhaltlicher Anlehnung an ein zu realisierendes Vorbild sehr wohl dazu, Lernenden Möglichkeiten mündlichen und/oder schriftlichen Ausdrucks zu erschließen, die ihnen verwehrt blieben, wollte man *schreibdidaktisch* durchweg auf „authentischer" Darstellung selbst erlebter

Begebenheiten, selbst empfundener Gefühle usw. insistieren und *literaturdidaktisch* nur auf sachlich-prägnantem ◊*Inhalte wiedergeben,* ◊*Zusammenfassen* und ◊*Analysieren* epischer Texte.

2. Das Nacherzählen eignet sich oft gut als methodische Brücke, die vom „Konkretisieren" eines gelesenen Textes zum Interpretieren führt (vgl. Frommer 1984b, 24). Zu unterscheiden sind dabei verschiedene **Formen**. Neben der lange Zeit als einziger im Deutschunterricht gepflegten „treuen" Nacherzählung, die dem problematischen Prinzip der „Inhaltssicherung" (vgl. ebd., 22) gehorchen sollte, nennt Frommer (ebd., 21)

- **aneignendes Nacherzählen**, vom Interesse und Aneignungswunsch des Erzählers geprägt,
- **partnergerichtetes**, den Bedürfnissen eines Adressaten angepasstes **Nacherzählen,**

  Jüngere Lernende brauchen oft ausführlichere Erläuterungen oder plastische Schilderungen, und ältere Lernende können diese bereits leisten. Warum nicht gelegentlich Stunden organisieren, bei denen eine 7. Klasse eine 5. Klasse oder eine 4. Klasse eine 2. durch Nacherzählungen „unterhält"?

- **literarisches**, alle gestalterischen Mittel wirkungsvollen Erzählens nutzendes **Nacherzählen.**

  Dialoge, Leitmotive, Dingsymbole, Rückblenden und Vorhersagen, bewusster Ausbau einer Erzählsituation (personal oder „Ich" oder auktorial-allwissend) usw.: All diese literarischen Mittel können vom Nacherzähler produktiv genutzt werden.

3. Obwohl von Frommer nicht ausdrücklich so angeboten, lassen sich diese drei Spielarten gut als **Stufenfolge mit wachsendem Anspruchsniveau** lesen – woraus hervorgeht, dass das Nacherzählen keine simple Fertigkeit für Primarstufe und S I ist. Wir glauben vielmehr, dass Fähigkeiten und Fertigkeiten des Nacherzählens heute wieder auf allen Klassenstufen vermittelt und genutzt werden sollten, nicht zuletzt, weil sie der Ausbildung von **Erzählkompetenz** dienen.

Es müssen ja nicht die im Deutschunterricht der Nachkriegszeit häufig traktierten Fabeln und lehrhaften Prosatexte sein; geeignet wären viele Kurzgeschichten der Nachkriegsliteratur (für den Unterricht z. B.: Salzmann 1984), aber auch manche epischen Kurz- und Langtexte der Gegenwart (vgl. etwa die Texte und Auszüge in Waldmann/Bothe 1992).

Für die **Unterrichtsplanung** kommen verschiedene Möglichkeiten in Betracht.

	Mündlichkeit:	**Schriftlichkeit:**
Medium der Rezeption	Vorlesen, frei erzählen	stilles Augenlesen, ggf. Markierungshandlungen
Medium der Produktion	Erzählen in freier Rede – aus dem Gedächtnis oder – anhand beim Hören notierter Stichpunkte	Niederschrift – *sofort* aus dem Gedächtnis – *sofort* anhand beim Hören notierter Stichpunkte – *später* (nach Unterrichtsgespräch, evtl. auch anderntags)

Tab. 28: Nacherzählen

Kriterien der **Beurteilung** einer Nacherzählung – neben dem Kriterium der Textkohärenz generell – könnten sein:

Mündlichkeit	**Schriftlichkeit**
Flüssigkeit und Lebendigkeit der Rede	Prägnanz – Redundanz
Stimmführung und andere paraverbale Signale	stilistische Gestaltung (Stilebene/Ausdruckswahl usw.)
Konkretionsgrad (Details, verschiedenartige Sinneseindrücke); nonverbale Signale	Textplanung und -gliederung (z. B. Zurückhalten von Informationen zur Spannungsführung)
Höreransprache	Ausgestaltung der Erzählerrolle
	ggf. Adressatenorientierung

Keinesfalls sollte wortgetreue Wiedergabe im Sinn einer Gedächtnisleistung angestrebt werden; will man mnemotechnische Fertigkeiten schulen, so eignet sich eher das – freilich seinerseits nicht immer unproblematische – Auswendiglernen von Gedichten. Zu bedenken ist vielmehr stets, dass genau wie Leser auch Nacherzähler die Textwelt neu für sich aufbauen, **Sinn erst konstruieren** müssen. Auszugehen ist also von der Notwendigkeit einer produktiven und kreativen Leistung des Nacherzählens. Die dazu erforderlichen Fähigkeiten sollten nicht unterschätzt werden. Die bis in die 60er-Jahre hinein gepflegte Praxis des kontinuierlichen Übens anhand wechselnder Erzählvorlagen basierte durchaus auf dieser Einsicht. Moderne Kinder- und Jugendliteratur könnte im Sinn der **Leseförderung** Vorlagen bereitstellen.

4. Als wünschenswert erscheint jedoch heute aus der Sicht eines produktionsorientierten Literaturunterrichts eine Ergänzung der traditionellen Übungsform („treues Nacherzählen" nach ein- oder mehrmaligem Hören oder Lesen) durch weitere **Übungsformen**: **ausschmückendes Nacherzählen**, das eine Vorlage schrittweise, eventuell auch in der Bearbeitung durch mehrere Lernende nacheinander, in einen „eigenen" Text verwandelt, der die Vorlage in Länge und Komplexität erheblich übertreffen kann; **„Hörensagen-Nacherzählen"**, das nach dem Prinzip der „stillen Post" eine Nacherzählung wiederum zur Erzählvorlage für den nächsten Bearbeiter macht (vgl. Fritzsche 1994, Bd. 2, 142); und schließlich **perspektivisches Nacherzählen**, das dieselbe Geschichte aus wechselnden Blickwinkeln erzählt, etwa die „Handlung" der Fabel von Löwe und Maus aus der Sicht zunächst des Löwen und dann der Maus (vgl. Wagner 1979). [U. A.]

Namen entdecken und untersuchen

Der Marburger Germanist Ludwig Erich Schmitt erzählte einmal, wie erstaunt er bei der Einschulung war: Plötzlich war er nicht mehr der *Förschters Lud* (nach dem Hausnamen der Försters-Familie), sondern er hieß jetzt *Ludwig Schmitt*. Solche Entdeckungen werden heute Kinder kaum mehr machen, manche können bei der Einschulung sogar schon ihren „richtigen" Namen in Druckbuchstaben schreiben. Für andere Kinder ist ihr Name ein Erlebnis, wenn sie ihn selbst schreiben lernen.

1. HEIKE, die sich auf der logographemischen Stufe des Schriftsprachenerwerbs befindet (Günther 1989, 19 ff.), schreibt zwar noch HKIEK oder HEKE, aber es ist *ihr* Name. Auch wenn es in der Nachbarschaft, im Kindergarten und jetzt in der eigenen Klasse noch *Heikes* geben sollte, zusammen mit ihrem Nachnamen gehört Heike ihr Name ganz allein. Daran können die Schüler die individuierende Funktion der **Eigennamen** (Nomina propria) erkennen: Sie identifizieren (z. B. im Ausweis oder Pass), und sie ermöglichen in der Kommunikation eine eindeutige Zuordnung (Referenzfunktion). Ob Eigennamen im Gegensatz zu den Gattungsnamen (Nomina appellativa; z. B. *Junge, Mädchen, Mutter, Vater*)

eine **Bedeutung** haben, ist in der **Namenkunde** (international auch: Onomastik, zu griech. *onoma* „Name") umstritten. Namenkunde war früher ein Teil der historisch ausgerichteten Sprachkunde. Neuerdings werden neben diesem diachronen Aspekt Eigennamen auch in ihrem **synchronen** Bezug besprochen, wie dies vor allem in neueren Sprachbüchern der Fall ist. Deshalb plädiert Franz (1994) auch für ein **onomastisches Prinzip** im Deutschunterricht. Methodisch lässt sich in allen Stufen die Zeitung einsetzen, wie etwa unter dem Rahmenthema „An einem Tag in der Zeitung" (Franz 1994, 46f.). Anhand einer Ausgabe können die Schüler geographische Namen (Länder, Orte), Namen von Politikern, Sportlern, Institutionen und Vereinen usw. heraussuchen und klären. Die abbreviatorische Funktion der Namen in Texten kann ebenso untersucht werden wie die Verwendung von Namen in Phraseologismen (◊*Redewendungen*). Kosenamen finden sich oft in der Rubrik „Nette Zeilen" auf der Anzeigenseite (z.B. Gratulationen von Angehörigen). Unterrichtsvorschläge für alle Jahrgangsstufen, auch mit fächerübergreifenden Bezügen (Religionsunterricht, Geschichte, Erdkunde, Fremdsprachen) sowie Materialien für die verschiedenen **Namenklassen** (Personen-, Örtlichkeits-, Länder- und literarische Namen) bietet erstmals ein Reader (Frank/Koß 1994) zur Namenkunde in der Schule (zu Personennamen ferner PD 20 [1993], H. 122). Überhaupt sind Eigennamen „ein sprachkundlicher Glücksfall", wie schon Seidel (1989, 157f.) feststellte, weil der Lehrer „mit einem natürlichen Interesse seiner Schüler am Thema ‚Eigennamen' rechnen" kann. Dabei ist das Gebiet der Eigennamen recht vielfältig, wie Seidel (1989, 153 ff.) in ihren Unterrichtsvorschlägen für die Klassen 5 bis 10 dargelegt hat, wobei die Erfahrungen der Schüler natürlich schon früher einsetzen.

2. Manche Kinder werden spätestens bei Schuleintritt entdecken, dass sie zwei oder mehrere Vornamen haben, sodass sie nachforschen können, von wem diese Namen stammen (Paten, Großeltern, nach dem Namenstag-Kalender u.a.). Sie werden feststellen, dass es **Spitz-** und **Kosenamen** gibt. Sie können darüber sprechen, dass man mit Spitznamen auch jemandem wehtun kann (sprachliches Handeln ist auch **soziales Handeln**). Die Schüler können Eigen- und Gattungsnamen in der Art der Verwendung (Großschreibung, Artikelgebrauch und Pluralbildung) und Funktion einander gegenüberstellen. Weiterhin können sie die **Herkunft** und **Bedeutung** der Namen aus **Lexika** heraussuchen, wie z.B. Personennamen (Seibicke 1991; Naumann 1994) und Namen von Städten, Ländern, Gewässer und Bergen (Berger 1993). Die Änderung der Straßennamen – bedingt durch die politischen Umbrüche – und die Einstellung der Bürger dazu, haben schon 1982 Altdorfer Gymnasiasten (8. Kl.) in einem **Projekt** erforscht. Dabei sollten die Schüler besonders für „die Geschichte und Gegenwart der Namen als einem Teil ihrer Lebenswelt" interessiert und motiviert werden (Fuchshuber 1983, 22). Im Zusammenhang mit dem schriftlichen Sprachgebrauch (Briefe im In- und Ausland) können die Schüler bei Adressen merken, dass es sich hier um **Orientierungssysteme** handelt, bei denen gewisse Regeln einzuhalten sind. Bei Orten im Ausland (z.B. im Urlaub) können die Schüler beobachten, dass es hier ein anderes Namenmaterial gibt. Dasselbe gilt auch in manchen Klassen, in denen sich ausländische Mitschüler befinden, die beispielsweise *Mohamed, Onur, MeiMei* oder *Wei-Wei* heißen. Aus Kinder- und Jugendbüchern kennen sie andere Bildungsweisen, wie den Vatersnamen beim *Torsten Torstenson* in Otfried Preußlers „Das kleine Gespenst". **Literarische Namen** sind den Schülern aus der Lektüre bekannt (*Pippi Langstrumpf, Karlsson vom Dach*). Auch die Autoren sind „namentlich" bekannt, werden sie doch in Autorenporträts in Lesebüchern meist vorgestellt. Ein weiterer Bereich sind die **Warennamen** für Produkte, spielen sie doch in der Werbung eine große Rolle. Wer kennt von den Schülern die Ankleidepuppen **Barbie** (benannt nach *Barbara*, der Tochter der Erfinderin Ruth Handler) und *Ken* nicht!

3. In der Oberstufe können die Schüler und Kollegiaten Namen als sprachliche Zeichen mit Ausdrucks- (Bildung der Namen) und Inhaltsseite (Frage der Bedeutung) diskutieren. Eigennamen gehen auf Appellative zurück (z. B. die aus Berufsbezeichnungen gebildeten Familiennamen). Aus Eigennamen können auch Appellative werden (*Röntgengerät*, dazu das Verb *röntgen*), aus Warennamen Gattungsbezeichnungen (*Tempos, Fön*). Das gilt auch für literarische Namen wie *Zappelphilipp* und *Suppenkaspar*, die appellativisch verwendet werden. Namen können auch als **historische Zeugnisse** (Sprachgeschichte, Sprachgeographie) untersucht werden. Das gilt sowohl für die Rufnamen (Ausbreitung der Heiligennamen) als auch für die Familiennamen (Koß 1996). Das Aufkommen der Familiennamen hat teils juristische Gründe (Erblichkeit von Lehen und Besitz, Bedürfnisse der kommunalen Verwaltung), teils soziale (Bevölkerungsagglomeration). Die Gründe für das neue **Familiennamengebungs-Gesetz** (FamNamRG 1994) mit Wahl des Ehenamens können analysiert und diskutiert werden. Ein juristisch besonders sensibler Bereich sind die geschützten Firmen- und Markennamen. Im Bereich der Ortsnamen geben vor allem die Grundwörter Auskunft für die Besiedlung (z. B. Rodungsnamen auf -grün, -schlag). Historische Veränderungen können sich in den Namen widerspiegeln, wie die Rückbenennung von Städten und Straßen (*Chemnitz* statt *Karl-Marx-Stadt*) und die Wiedereinführung der Ländernamen (*Thüringen, Sachsen, Brandenburg* usw.). Ländernamen und ihre Kurzformen (*Tschechien*) sagen auch etwas über die nationale Identität aus. Die Schüler können darüber diskutieren, inwieweit die den Philatelisten wohl bekannte Einführung des Kurznamens *Deutschland* seit 1995 auf Briefmarken etwas damit zu tun hat. In Verbindung u. a. von Geschichte, Musik (Namen von Bands; *Alban-Berg-Quartett*), Biologie (*Darwinismus*), Mathematik (*Gaußsche Kurve*), Erdkunde (Vornamen für Hochs und Tiefs) kann die Betrachtung von Namen auch **fächerübergreifend** angelegt werden. [G. K.]

Orte moderner Medien besuchen

Die Besichtigung eines Zeitungsverlages gehört mittlerweile zu den „klassischen" Unterrichtsmaßnahmen außerhalb der Schule, besonders im Zusammenhang mit dem **Projekt** „Zeitung in der Schule" (ZiS; ◊Teil I,6.1 *Projektunterricht*). Gelegentlich besuchen Deutschkurse oder Arbeitsgemeinschaften die Hörspielstudios in Rundfunkanstalten. Inzwischen haben zahlreiche regionale oder lokale Radio- und Fernsehsender ihren Betrieb aufgenommen, sodass sich der Bereich der ◊Teil I,6.3 *Außerschulischen Lernräume* um die Orte moderner Medien erweitert hat.

1. Die Orte moderner Medien finden vor allem das Interesse der an manchen Schulen gebildeten Videogruppen, die zum Teil über gute Ausrüstungen verfügen. Auch die öffentlich-rechtlichen Sendeanstalten stellen, wenn auch „nicht gerade üppig mit Sendezeiten und Ressourcen ausgerüstet" (Kübler 1992, 161; Schill 1992), Möglichkeiten zur Verfügung. Die Notwendigkeit einer **Medienerziehung** ist unbestritten. Angesichts des Fehlens eines eigenen Faches für Medienpädagogik kommt dem Deutschunterricht nach Kübler (1992, 142) wegen seines großen Zeitbudgets und – in Anlehnung an Ulshöfer – seiner „Mittlerfunktion" zwischen den Schulfächern eine große Bedeutung zu. Eine **handlungsorientierte Medienpädagogik**, wie sie besonders von der Fachgruppe „Schule" der Gesellschaft für Medienpädagogik und Kommunikationskultur (GMK) vertreten wird (Schill/Tulodziecki/Wagner 1992, 7 f.), soll „möglichst in engem Wechselspiel zwischen praktischem Tun und daraus zu gewinnenden Erkenntnissen und Wissensvermittlungen" (Kübler 1992, 153) erfolgen. Dabei kommt den außerschulischen Lernräumen große Bedeutung zu. Kübler (1992, 160 f.) hält die „Lernschritte vor Ort" für unverzichtbar, weil der **Produktionsprozess** nicht simuliert werden kann. Ideal wäre eine, wenn auch begrenzte, aktive Teilnahme an der Produktion.

2. Für eine Beobachtung vor Ort können regionale und lokale **Rundfunk-** und **Fernsehsender** Schwerpunkte sein. Dabei können die Schüler selbst Kontakte aufnehmen und **Besichtigungen** anbahnen. Zunächst sollten die Schüler die nötigen Vorinformationen beschaffen. Dabei können zwei Fragenkreise angesprochen werden:

a) *Technischer und personeller Bereich:* Wie ist der Sender ausgestattet (Senderaum, Schneideplätze, Monitore, magnetische Aufzeichnungsgeräte)? Wie arbeitet der Sender (Kabelkanal, Teletext und Live-Sendungen)? Welche Berufssparten gibt es (Redakteure, Moderatoren, Programm-Koordinatoren, Kameraleute und Aufnahmeteams, Cutter).

b) *Redaktioneller Bereich:* Welche „Linie" verfolgt der Sender (ausschließlicher Regionalbezug, Anteil der Unterhaltung und Werbung)? Wie ist das Programm gestaltet (Nachrichten aus Politik, Sport, Wirtschaft und Kultur, Live-Sendung, Magazin-Sendung, Talk-Time mit Gästen im Studio)? Wer sind die Zielgruppen? Wie ist das Verhältnis zu den örtlichen Zeitungen?

Denkbar ist eine Einladung an einen Redakteur zu einem Gespräch in der Klasse, das entsprechend vorbereitet wird. In höheren Jahrgangsstufen kann eine Diskussion über Sinn und Aufgaben der Medien (z. B. „4. Gewalt im Staat") angeschlossen werden. Auch die Probleme der sog. Informationsgesellschaft und der -überflutung oder Gewaltdarstellungen im Fernsehen können zur Sprache kommen, sodass die Schüler einmal aus erster Hand die Argumente der „Gegenseite" kennen lernen. Besonders gelungen wäre es, wenn eine solche Diskussion aufgenommen und als Sendung ausgestrahlt werden würde. Nach einer Besichtigung des Studios sollte sich eine **Nachbereitung** anschließen. Vielleicht können die Klasse oder der Kurs eine gemeinsame Reportage mit Fotos über den Besuch für die Schülerzeitung schreiben. Die Schülerinnen und Schüler können in der Folgezeit aufgrund ihrer Besuchserfahrung Sendungen ansehen oder anhören, diese analysieren, beurteilen und dazu Interviews in ihrem Verwandten- und Bekanntenkreis durchführen. Gut ist auch ein Vergleich **lokaler Nachrichten** in den örtlichen Zeitungen und dem Lokalfunk und -fernsehen. Da bei Zeitungs- und Buchverlagen neue Techniken (z. B. Computersatz, elektronisch gesteuerte Rotationsmaschine) schon längst ihren Einzug gehalten haben, bietet sich der Besuch eines Verlagshauses zum Vergleich der **Printmedien** mit den Lokalsendern an.

3. Als eine weitere Möglichkeit ist der Besuch von Studios der öffentlich-rechtlichen **Rundfunkanstalten** zu nennen. Von besonders großer Effektivität ist natürlich eine „Medienerziehung via Hörfunk ... und Fernsehen" (Kübler 1992, 161), an der auch der Deutschunterricht partizipieren kann. Nach Kübler (ebd.) stellen der Bayerische Rundfunk, der Westdeutsche Rundfunk und der Sender Freies Berlin (SFB) Sendeplätze und Redaktionskapazitäten zur Verfügung. Wie Schill (1992, 256) berichtet, haben die Schulfunkredaktion des SFB und die Landesbildstelle Berlin eine Sendereihe „Schüler-Studio" eingerichtet, „um die praktische Medienarbeit in der Schule zu unterstützen und zu fördern". Das „Schüler-Studio" kann von „interessierten Gruppen aus dem Hochschul-, Schul- und außerschulischen Bereich genutzt werden" (ebd.).

Im kleineren Rahmen lässt sich in Zusammenarbeit mit einer Videogruppe an der Schule eine **elektronische Schülerzeitung** machen, in der für die eigene Schule Nachrichtensendungen produziert werden (ISB 1990, 137 ff.). Wie ein solches Projekt an einem bayerischen Gymnasium bewies, hatte sich das Redaktionsteam bald vom Muster des öffentlichen

Fernsehens gelöst und „eigene Formen von Bericht und Kommentar, von Sprechersituation und Filmbeiträgen" entwickelt, die vor allem das Zielpublikum der Schüler ansprachen (ISB 1990, 141).

Der **Film** ist zwar schon ein klassisches Medium, aber Besuche von Ateliers und Produktionsstätten, wie z. B. in Geiselgasteig in München, sind für Schüler auch weiterhin interessant. Vom Deutschunterricht her bieten sich zur Vorbereitung Literaturverfilmungen an. Dabei können Originaltext, Drehbuchausschnitte und Film miteinander verglichen und das **Medienspezifische** herausgearbeitet werden. Ein Besuch beim **FWU**, dem Institut für Film und Bild in Wissenschaft und Unterricht in Geiselgasteig, kann den Schülern zeigen, wie die „für sie" bestimmten Medien produziert werden. Auch die örtlichen **Medienzentralen** können besichtigt werden.

4. *Multimedia* ist das Wort des Jahres 1995 (vgl. ◊ *Routineformeln*), und für die Jury der Gesellschaft für deutsche Sprache steht es laut dpa-Meldung als „Leitwort für die Reise in die schöne neue Medienwelt". *Daten-Highway, Cyberspace, BTX, ISDN, Email, Internet* und *World Wide Web* sind nur einige wichtige Begriffe aus dem Bereich der „Neuen Medien" (Klimsa 1993, 3 ff.). Da bietet sich ein Besuch von Einrichtungen der **Telekommunikation** an. Die Schüler können vorher Informationen (Prospekte, Zeitungsanzeigen usw.) sammeln und mithilfe von Lexika die Begriffe (Wortfelder) klären. Weiterhin können sie herausfinden, wo solche Medien (BTX, CD-ROM) eingesetzt werden und wie die Einrichtungen funktionieren. Die einschlägigen Abteilungen **technischer Museen** können einbezogen werden (◊ *Ausstellungen und Museen besuchen*). Ein Idealfall ist natürlich eine solche Ausstellung wie „Hello World! Internet privat" des Museums für Gestaltung in Zürich Anfang 1996, wo „mit Bild- und Tonprojektion Umrisse, Tiefen und Untiefen des weltumgreifenden Datenmeers erforscht" werden konnten (NZZ, Intern. Ausg., Nr. 16, 20./21.1.1996, 37). Schließlich gehören im weitesten Sinne auch die auf dreidimensionalen Datensprachen basierenden **virtuellen Welten** zu den Orten moderner Medien. Wenn die Schüler über entsprechende Computerausrüstung verfügen (◊ *Computergestützter Umgang mit Literatur;* ◊ *Computergestütztes Schreiben*), können sie sich in den virtuellen Stadtprojekten *Babylon S* oder *Hollow Planet* bewegen – sie brauchen noch nicht einmal das Klassenzimmer zu verlassen. Brave new world!

[G. K.]

Précis schreiben

1. Der Précis ist eine im deutschsprachigen Raum unterschätzte Arbeitsform. In den angelsächsischen Ländern, wo der Précis seinem französischen Namen zum Trotz herkommt (vgl. Siedler 1967), gehört er zur schreibdidaktischen Routine. Bei uns hingegen gibt es nur wenige Hinweise in der fachdidaktischen Literatur und keine einschlägige Tradition im Deutschunterricht. Eine solche wäre erst zu begründen – in dem doppelten Wortsinn, dass sie einzuführen und dass sie zu legitimieren wäre. Hier müssen Stichworte genügen: Das Précis-Schreiben passt, wiewohl es viel älter ist, gut in den Begründungszusammenhang des **handlungsorientierten Literaturunterrichts**. Es könnte die Verdrängung des ◊ *Nacherzählens* zumindest aus dem *Schreib*unterricht der Sekundarstufen kompensieren. Und es verlangt im Gegensatz zum ◊ *Inhalte wiedergeben* gerade keine stilistische Umsetzung aus der erzählten in die besprochene Welt. Den **Ton** oder **Stil** der Vorlage soll der Verfasser eines Précis möglichst genau beibehalten. Auf der anderen Seite unterscheidet sich der angestrebte Text von der Nacherzählung durch die Pflicht zur rigorosen Kürzung der

Vorlage: Im Gegensatz zu ihr ist er nur im Medium der Schriftlichkeit zu erstellen, mündet anders als beim ◊ *Umschreiben* nicht in einen inhaltlich veränderten neuen Text ein.

2. Die **Schreibregeln** des Précis kann man recht genau angeben (vgl. Ricken 1984, 69):
(A) „Wiedergabe des Textinhalts in der Reihenfolge der Vorlage"
(B) „Herstellung eines zusammenhängenden Textes"
(C) „Beibehaltung der wesentlichen Stilmerkmale des Originals"
(D) „Kürzung des Ausgangstextes auf ⅓ der Wörter".

Die gelegentlich (etwa bei Busse 1985, 19f.) anzutreffende Zusatzanweisung, wörtliche Rede in indirekte umzuwandeln, scheint uns ein Verstoß gegen die dritte Regel und läuft jedenfalls bei poetischen Textvorlagen gegen die Natur des Précis. Dasselbe gilt für die Forderung, es sei eine neue Überschrift zu finden (Eggerer/ Rötzer 1982, 51), die wir uns ebenfalls nicht zu eigen machen. (Für pragmatische Texte, die im angelsächsischen Raum, weniger jedoch bei uns, ebenfalls als Arbeitsvorlagen empfohlen werden, mag beides in Grenzen sinnvoll sein.)

Die Regeln A und B werden immer Ermessenssache bleiben; es gibt ausdrücklich *kein* Verbot, irgendetwas wörtlich zu übernehmen. Wer aber ganze Sätze unverändert lässt, kommt schnell in Konflikt mit Regel D. Diese wird mit Recht relativ strikt gehandhabt; nur eine Überschreitung von 10 % sollte man tolerieren. Wer solche Versuche **bewerten** will, wird in der Vorlage fortlaufend die Anzahl der Wörter an den Rand schreiben (lassen) und unter anderem mit Punktabzug wegen Überschreitung des Limits arbeiten, freilich auch mit einer qualitativen (stilistischen) Einschätzung der jeweils gefundenen (Ver-)Kürzungslösungen.

3. Der Précis als **„Sprachspiel"** (Ricken 1984, 69) von „hochgradiger Künstlichkeit" (Menzel 1984a, 21) hat mit dem ◊ *Zusammenfassen* den Zwang zur komprimierten Formulierung gemeinsam, ist aber gleichzeitig in gewisser Hinsicht das Gegenteil einer Inhaltsangabe; er ist eigentlich eine „Stilangabe". Die Ausbildung eines individuellen Schreibstils Lernender kann durch Précis-Schreiben gefördert werden; die Stile der Dichter werden dabei zu Gegenständen der „Einfühlung" (Ricken 1984, 69). Der Vorzug dieser Arbeitsform liegt darin, dass sie nicht das Abstraktionsniveau der Textzusammenfassung voraussetzt und deshalb einen gleitenden Übergang von „einfachen" zu recht anspruchsvollen Textvorlagen gestattet – bis hin zu komplexer Kurzprosa von Kafka, Musil, Brecht u. a. (Beispiele bei Ricken 1984 u. Abraham 1994, 150–154).

4. Wer einen Précis schreibt, soll einen selbst erarbeiteten und **selbstständigen Text** schaffen, „dem der Leser, der den Ausgangstext nicht kennt, die Kurzfassung womöglich nicht anmerkt" (Ricken 1984, 70). Insbesondere der in sich geschlossene, seinerseits durchgestaltete **literarische Text** – idealerweise **Ergebnis einer gleichmäßigen Kürzung**, nicht Produkt schematischen Abstreichens ganzer Sätze oder Absätze – ist das im Einzelfall oft noch nicht erreichte, gleichwohl gültige Ziel. Der Weg dorthin erlaubt die Erfahrung mit dem Abwägen jeder einzelnen Formulierung, dem Verdichten von Sätzen und Absätzen, die sonst im Deutschunterricht der weiterführenden Schulen kaum vorkommt – in der S I nicht, weil dort andere Kriterien für erzählendes und schilderndes Schreiben wichtiger sind als das der poetischen Prägnanz; und in der S II nicht, weil dort zu wenig fiktional geschrieben wird. Diskursive Äußerungen über einen Text könnten aber gerade dort ebenfalls zu ihrem Recht kommen: Insbesondere, wer den Précis bewerten will, wird eine schriftliche Begründung verlangen, die eine *de facto* „operativ" vorgenommene Interpretation kommunizierbar macht (◊ *Interpretieren*). [U. A.]

Redewendungen untersuchen und anwenden

Unter den 92 Darstellungen der „Niederländischen Sprichwörter" (1559) von Pieter Bruegel d. Ä. (Abbildung bei Mieder 1979, 101 ff.) ist auch ein Mann zu sehen, der mit dem Kopf gegen eine Wand rennt. Es bedeutet, dass der Mann Unmögliches durchzusetzen versucht, zwangsläufig aber scheitern muss: „Ein anschauliches Bild vom unausbleiblichen Mißerfolg unvernünftigen Wollens" (Küpper 4, 1983, 1577 ff.). Seit 1600 ist diese Redewendung auch in der deutschen Umgangssprache verbreitet, wobei in den folgenden Jahrhunderten verschiedene Varianten auftauchen (sich den Kopf einrennen; mit dem Kopf durch die Wand wollen), und auch im Englischen ist sie mit *to run one's head against a wall* bekannt.

1. Im Falle der eben genannten Redewendung haben Englischlerner mit dem **Übersetzen** noch Glück, andere **Idiome** lassen sich nicht so ohne weiteres übersetzen. Umgekehrt geht es den Deutschlernenden genau so: Wer von den Angelsachsen kommt schon auf die Idee, dass man *to make somebody see red* oder *to make somebody's blood boil* im Deutschen am besten mit „jemanden auf die Palme bringen" (jemanden wütend machen) übersetzt. Das heißt, dass die **Gesamtbedeutung** nicht die Summe der Einzelelemente darstellt und dass diese nicht austauschbar sind. „Jemanden auf die Birke bringen", das hat eben nicht denselben Sinn (Beispiele nach Bußmann 1990, 320).

2. Für die **Idiome** oder **Phraseologismen** ist noch eine Reihe von Synonymen gebräuchlich: feste Wortverbindungen oder feste Syntagmen, idiomatische Wendungen, Redewendungen und Redensarten (wobei letztere Bezeichnung meist synonym für Sprichwörter verwendet wird). Sie rekrutieren sich aus ganz verschiedenen Arten und teilweise Unterarten. Auch sind die Grenzen nicht immer eindeutig zu ziehen, da die Übergänge fließend sein können oder auch Wendungen überwechseln. So ist die Redensart „jemandem eine Grube graben" aus dem Sprichwort „Wer jemand eine Grube gräbt, fällt selbst hinein" hervorgegangen. Die **Phraseologie** oder Redensartenforschung (Pilz 1981) ist um definitorische und klassifikatorische Klarheit bemüht. Im Großen und Ganzen lassen sich folgende Gruppen aufgliedern:
– *Idiome* oder *Phraseologismen* (= keine ganzen Sätze), bei denen es sich um feste Wendungen handelt, die auf einen Kontext oder eine Sprechsituation angewiesen sind;
– *geflügelte Worte*, die sich u. a. als Zitate aus der Bibel, der Literatur oder aus anderen Sprachen nachweisen lassen. Ihre Funktion ergab sich aus der vor allem im vergangenen Jahrhundert geübten rhetorischen Praxis des „gebildeten und gebildet erscheinenden Redens durch das Zitieren" von geflügelten Worten (MSL 1993, 208). Sicher ist der Verweis der „Bildung" nicht der alleinige Grund, hinzu kommt wohl auch die Neigung, sich auf Autoritäten zu berufen. Der Berliner Gewerbeoberlehrer Dr. Georg **Büchmann** hat 1864 den „Citatenschatz" des deutschen Volkes als Buch vorgelegt, und seither hat es dieses auf viele Auflagen gebracht. Neu bearbeitet und ergänzt wurde es von Winfried Hofmann (1993). Der Zitatenschatz aus Politik, Technik, Wissenschaften und den Massenmedien ist nämlich weitergewachsen, sei es mit „Menschen wie du und ich" oder „locker vom Hocker" (1993, 479) bis hin zu Gorbatschows Ausspruch vom 6.10.1989: „Wer zu spät kommt, den bestraft das Leben." Vor allem die Werbung hat einiges dazu beigesteuert, „Von der Stimme seines Herrn" (aus „His Master's Voice") bis zu „Das Beste aus …" (1993, 476 ff.).
– *Slogans*, die auch als ein Teilbereich der geflügelten Wörter betrachtet werden können. Sie finden sich vor allem in der Werbung und im politischen Bereich. Kennzeichnend ist für sie die **persuasive Funktion** (Bußmann 1993, 688 f.).
– *Sprichwörter* (als geschlossene Aussagen in Satzform) – ein weites Feld! Sie zeichnen sich aus durch ihre Bildhaftigkeit, und in den meisten Fällen geht es um **Belehrung** (◊*Sprichwörter untersuchen*).

– *Routineformeln und Stereotypen* – kennen Sie doch? Alles klar! (Was eben so formelhafte oder gar schon floskelhafte Wendungen sind.) Nicht weit davon entfernt sind die *Schlagwörter*, wie z. B. die „Bildungskatastrophe" (Bußmann 1990, 666). Besonders bedenklich wird es, wenn es dann um **brisante Wörter** und zu Sprache gewordene **Vorurteile** geht (◊*Routineformeln*).

3. In den **Lehrplänen** werden, der Phraseologie folgend, Redensarten und Sprichwörter als ein gemeinsamer Lerninhalt genannt.
Mit den Redewendungen können sich die Schüler nach verschiedenen Gesichtspunkten beschäftigen. Ausgegangen werden kann von einem poetischen **Text** (Auszug):

Kurt Oskar Buchner: Gebräuchliche Wendungen
So leben wir:
groß und klein
arm und reich
alt und jung
bei Wind und Wetter
mit Sang und Klang
über Berg und Tal
kreuz und quer
durch dick und dünn
über Stock und Stein
mit Kind und Kegel …

Die Schüler können dieses Korpus nach folgenden Aspekten analysieren:
– nach der *Bildung*: Wortpaare, die mit „und" verbunden sind (andere Möglichkeiten sind „oder", „über" oder beides: „über kurz oder lang") und die keine Sätze bilden (z. B. in: „jemandem etwas in die Schuhe schieben")
– nach den *Wortarten*: Substantive und Adjektive (möglich sind noch Verben: „sich hegen und pflegen")
– nach der Art der *Semantik*: Antonyme („groß und klein"); komplementär („Stock und Stein"); partielle Synonymie („Kind und Kegel")
– nach der *Reimbindung*: Endreim („Sang und Klang"), Alliteration („Wind und Wetter").
Ergänzend hierzu können die Schüler weitere Beispiele zusammentragen:
– nach der *Motivierung* (Durchsichtigkeit): „sich die Haare raufen"
– nach der *Herkunft*: z. B. aus der Fachsprache („bei Wasser und Brot"; Rechtswesen)
– nach der *Distribution* und *Funktion* in der Kommunikation: Zusammenstellung von Redensarten aus Zeitungstexten (Schlagzeilen; Beispiele bei Mieder 1980, 126 ff.), aus der Werbung mit fächerübergreifenden Aspekten (Werbespots, Plakate; Beispiele bei Mieder 1980, 117 ff.), in Karikaturen (Mieder 1980, 85 ff.)
– in *fiktionalen Texten*: Beispiele bei Mieder (1980, 85 ff.) mit Texten u. a. von Brecht, Delius, Kästner, Kunert, Eugen Roth.
Es versteht sich, dass eine solche Zusammenstellung nicht nur Selbstzweck ist. Schon in der Grundschule kann die wörtliche Bedeutung und die bildliche Übertragung erkannt werden (dazu auch bildliche Darstellungen bei Mieder 1980, 97 ff.). Im **handlungsorientierten** Unterricht (◊Teil I,6.2) können die Schüler selbst Bilder anfertigen und die Redensarten „wörtlich" nehmen. Die Beschäftigung mit den Phraseologismen kann im mündlichen und schriftlichen Sprachgebrauch zu einer Bereicherung des **Wortschatzes** führen, wobei gleichzeitig die Benützung einschlägiger Lexika geübt werden kann. Die Schüler können lernen,

ihre Texte lebendiger und bildhafter zu gestalten. In der Sprachbetrachtung kann in der Mittel- und Oberstufe z. B. der Einsatz von Redewendungen in der Werbesprache und in der politischen Rede diskutiert werden. [G. K.]

Referat oder Vortrag halten/Informationen weitergeben

1. Ein **Referat** oder ein **Vortrag** haben im Unterschied zu einer **Rede** das Hauptanliegen, Zuhörer (sekundär auch Leser) zu informieren. Die Rede will die Zuhörer eher für etwas gewinnen. Anders Geißner (1982, 141 ff.), er fasst alle diese Formen, ja schon die einfacheren Informationshandlungen wie Kauf- oder Zugauskunft, darüber hinaus sowohl Lehrervortrag als auch das fragend-entwickelnde Unterrichtsgespräch als *Rede* zusammen, um die Gleichgewichtigkeit der Sach- und der Hörerbeziehung zu kennzeichnen. Eine begriffliche Unterscheidung von **Referat und Vortrag**, soweit sie überhaupt nötig ist, hat sich daran zu orientieren. Die Wortbedeutungen weisen in die zwei verschiedene Richtungen: Referieren ist eher die (gegliederte, komprimierte, ausgewählte) Wiedergabe von Vorliegendem, also sachzugewandt. Das Zurücktreten der Adressaten drückt sich in schriftlichen Referaten und Prüfungsreferaten aus. Der Begriff „Vortrag" signalisiert die mündliche Übermittlung, ist also eher hörerzugewandt. Allerdings hat auch ein Vortrag vorliegende Fakten als Basis, dennoch ist die eigenständige Leistung des Vortragens stärker gewichtet.

Die **Rede** im engeren Sinne umgangssprachlichen Verständnisses, die im schulischen Bereich für Schüler traditionell nur bei der Abschlussrede (Abiturrede) vorgesehen war, hat neuerdings im Zusammenhang mit der **Wiederkehr der Rhetorik** in den Kollegstufen an Interesse gewonnen (vgl. Staatsinstitut 1995, 299 ff., PD 1997, H. 144).

Die Weitergabe von Informationen geht von Defiziten und/oder Interessen aufseiten der Hörer aus, dabei ist zunächst zu fragen (mit Jesch 1979, 48):

a) Ist neues Wissen grundlegend zu vermitteln?
b) Sind Wissenslücken aufzufüllen?
c) Sind Wissensunterschiede abzubauen?
d) Sind vorhandene Wissensbestände umzustrukturieren oder gar zu korrigieren?

Solche Fragen könnten es dem Referenten nahe legen, zwar bei der Informationssammlung und ihrer Vorstrukturierung auszuwählen, die Informationsweitergabe aber als eine dem Vorgang des „Kopierens" ähnliche Prozedur zu verstehen. Doch genau dies ist nicht richtig: Wenn, wie die Kognitionspsychologie erkannt hat, die neue Information bereits auf kognitive Verarbeitungsstrukturen trifft, geht es darum, die Hörer zu eigenen Handlungen zu veranlassen. Jesch unterscheidet mentale (das „Mitdenken"), verbale (Fragen der Hörer) und aktionale (Weiterverbreitung) Folgehandlungen. Allerdings geht auch diese Einteilung von ungestörter Gegenstandsorientierung aus.

Die Aufmerksamkeit der Hörer richtet sich nämlich – im Sinne der Kreativitätsforschung (vgl. Brodbeck 1995, 36 ff.) – auch auf andere Faktoren einer Situation als auf die Gegenstände oder Inhalte des Referats: nämlich auf (eigene) Gedanken, Gefühle, Wahrnehmungen und Bewegungsmuster.

Es kommt demnach für den Redner oder Vortragenden darauf an, nicht nur auf die Wissensbestände der Hörer zu achten, sondern ihre Verarbeitungsstrategien zu erproben sowie ihre Aufmerksamkeit möglichst auf das Thema und die damit zu verknüpfenden mentalen Folgehandlungen zu richten.

Ein Referat oder einen Vortrag vorzubereiten und zu halten, ist demnach nicht identisch mit der Ausarbeitung einer sachlogisch angemessenen Gliederung und der ansprechenden Ausformulierung ihrer Schritte (◊*Informationen verarbeiten*), sondern wird erst im Vollzug realisiert.

2. Vorstrukturierung

Die Vorstrukturierung muss die Sachkenntnis, die Einsicht in das Thema, die sich der Referent erworben hat, den Zuhörern vermitteln. Sie bezieht sich auf die vier oben genannten Fragen von Jesch (1979). Zusätzlich aber ist zu berücksichtigen:

Welche situativen Bedingungen liegen vor?
Tageszeit, Zuhörer, mögliche Erwartungen, Aufnahmefähigkeit, Interesse

Wie ist einzusteigen, anzuknüpfen?
Es ist zwar immer wieder von motivierenden Einstiegen die Rede. Die besten Möglichkeiten, die Aufmerksamkeit der Zuhörer zu bündeln, ergeben sich jedoch weniger durch besonders affekthaschende Reize zur Aufmerksamkeit als vielmehr durch Anregungen für die Zuhörer, sich an eigene **Vorerwartungen** zu erinnern.

Welche Möglichkeiten der Darstellung lassen sich finden?
Grundsätzlich ist beim Adressaten von zwei Wegen der Informationsverarbeitung auszugehen (vgl. Abraham/Beisbart 1995):

- einer linearen, die die Stufen von Addition und hierarchischer Strukturierung von Wissenselementen vollzieht,
- einer ganzheitlich-bildhaften, verstanden als Aufbau und Ausbau eines „mentalen Modells" (Schnotz 1988).

Lange Zeit hat man den ersten, sprachgeleiteten Weg überbetont, sich auf die Vermittlung von Begriffen und ihrer sachlogischen Vermittlung konzentriert. Der zweite Weg, auf den die neuere **Kognitionspsychologie** hinführt, beschreibt den Hörer als jemanden, der sich eine ganzheitlich konzipierte Vorstellung von einem Sachverhalt aufbaut oder auch umbaut. Dieser Weg bedarf mehr als der Logik von Begriffen, mehr als einer Ansammlung von Wörtern.

Hilfsfragen für den Referenten:

- Ist mein Thema eher statisch oder prozesshaft?
- Wie lässt sich die ursprüngliche Frage formulieren, die zu meinem Thema (oder der Lösung des Problems) geführt hat?
- Wie bin ich selber an den Gegenstand herangegangen?
- Was hat mich daran besonders interessiert? Wie bin ich von da aus eingedrungen?
- Lässt sich eine bestimmte Perspektive einnehmen?
- Welches sind die wichtigsten Stationen?
- Wie stelle ich mir ... vor? Kann ich das (die Beziehung, die Kausalität usw.) bildlich darstellen?
- Welche Möglichkeiten der Beteiligung für die Zuhörer über den „inneren Nachvollzug" hinaus lassen sich finden?

Neben der wirksamen Benutzung erzählerischer Mittel sind vor allem alle Anregungen der aktiven Beteiligung der Zuhörer von großer Wirksamkeit. Dabei ist das bloße Mitschreiben sicher eine Möglichkeit, variable Wege der Beteiligung (durch Basteln, über Versuche bei naturwissenschaftlichen Referaten), eingeschobene Partner- oder Gruppenarbeit zur selbstständigen Klärung einer Fragestellung sind effektiver. Allerdings kosten solche Beteiligungen gewöhnlich mehr Zeit und müssten mit den Schülern vorher vorbesprochen werden.

Am Ende dieser letzten Vorbereitungsphase wird ein **Stichwortzettel** entstehen, der – wie Geißner betont (1982, 147) – Substantive, Verben und Strukturwörter (Konjunktionen, Kausal-, Temporaladverbien u. a.) enthalten muss, zudem grafische und farbliche Strukturierungen.

Dabei geht es nicht nur um die „Veranschaulichung", die häufig mit Visualisierung gleichgesetzt wird. Sie kann auch scheitern, z. B. wenn Bilder nicht genügend einbezogen, sondern nur als flüchtiger Anreiz eingesetzt werden, wenn ◊ *Grafiken und Schaubilder* von großer Komplexität oder Vielfalt gezeigt werden, deren Informationswert ins Gegenteil umschlägt.

Eine Gliederung nach dem Muster schriftlicher Texte ist nicht angemessen. Weit besser sind „Thesen", **„Kerngedanken"**. Der Aufbau kann sich an dem Schema orientieren: Einstimmung/Überblick (Vorstellung der Ziele, der wichtigsten Thesen)/Entfaltung (unter Einbeziehung der Zuhörer)/Zusammenfassung/Schluss (thematischer Ausblick, hörerbezogene Pointe: Witz, Anekdote o. Ä.).

3. Ausführung
Wahl der **sprachlichen Mittel** in Satzbau und Wort- bzw. Begriffswahl

- eher erzählend als streng sachlich
- mit Signalen des eigenen Interesses an der Sache
- eher umgangssprachlich
- von größerer Redundanz, besonders durch Zwischenwiederholungen und Vorverweise
- angemessener Sprechstil: Deutlichkeit, Tempo, Melodieführung, Dynamik (Ausgleich zwischen Betonung und Lautstärke), Dosierung der Pausen, Akzentuierung
- stimmliche Modulation
- beherrschte, aber wohl dosierte Mimik und Gestik

Eingehen auf die **Zuhörer** durch

- Blickkontakte
- Reagieren auf Einwürfe, Fragen, andere Reaktionen (Protest, Lachen)
- Hilfestellungen über Folien, Arbeitsblätter, Tafelanschriften
- Veranschaulichungen durch Bilder, Filme, Beispiele ...

4. Es wäre wenig sinnvoll, ohne Vorstufen immer nur ein ganzes Referat zu verlangen, selbst wenn intensive Übungen auf den Stufen der Informationsverarbeitung vorausgegangen sind.

Auch bei der Informationsvermittlung lassen sich sinnvolle und motivierende Übungen finden:

- Kurzreferat aus dem Stegreif (über das eigene Hobby, ein gelesenes Buch, über Gelerntes), wobei mehr die Vermittlung als die Vollständigkeit der Information im Zentrum der Beobachtung stehen soll.
- Referatübungen zu Fernseh- oder Hörfunksendungen (Schulfunk, Nachrichten, Vorträge, ◊ *Hören und Zuhören*)
- Beobachtungen an Referenten hinsichtlich der nicht informationsbezogenen Faktoren.

[O. B.]

Reportagen verfassen

1. Reportagen sind für gewöhnlich Gebrauchstexte, die gedruckt oder gesendet werden (auch dann aber in der Regel schriftlich fixiert worden sind) und die den Anspruch der Information mit dem Anliegen verbinden, über einen Gegenstand oder Vorgang nicht nur zu berichten, sondern den Eindruck des unmittelbaren Dabeiseins zu erzeugen. Nicht Distanz, sondern **Nähe** ist ihr Prinzip. Journalisten, die Reportagen verfassen wollen, suchen ein Geschehen oder Phänomen aus der Perspektive **Betroffener** zu erfassen und zu erklären; sie legen Wert auf den *human factor* der zu vermittelnden aktuellen Information. Da diese Nähe jedoch für die Lesenden bzw. Zuhörenden erst sprachlich hergestellt werden muss, bedient sich die Reportage **rhetorischer Mittel** (vgl. Ueding 1985), derentwegen sie immer wieder auch im Deutschunterricht analysiert worden ist (vgl. etwa Karst 1982).

2. In einigen neueren Lehrplänen (z.B. Bayern 1992: 8. Kl. Gymnasium) und Handreichungen (z.B. Busse 1985, 57f.) findet man das Verfassen von Reportagen als Aufgabenstellung im Bereich „Schriftlicher Sprachgebrauch" (◊Teil I,2). Gelegentlich wird darauf verwiesen, dass sich Journalisten im Rahmen dieser „Stilform" unter anderem solcher Techniken bedienen, wie sie der Aufsatzunterricht traditionell unter der Bezeichnung „Schildern" zu vermitteln versuchte. Tatsächlich kann der bekannten und berechtigten Kritik an der schulischen Schreibform der Schilderung nicht nur durch die Wahl zeitgemäßer Themen und Schreibmuster begegnet werden (vgl. Fischer/Leppla 1992, 128ff.), sondern auch durch den Versuch, Techniken mündlichen und schriftlichen Schilderns in einer alltagsweltlich bedeutsamen Textsorte zu finden, zu studieren und nachzuahmen. Solche Techniken, die „Authentizität" der Beobachtung und Erfahrung gewährleisten wollen, sind v. a.

- ein **situativer Einstieg**, der z.B. einen Ort des Geschehens oder eine der beteiligten (betroffenen) Personen konkretisiert,
- das Abwechseln zwischen **berichtend-beschreibenden Passagen**, die Informationen vermitteln und einen Rahmen setzen sollen, und **„dramatisierenden" Passagen**, in denen wörtliche Rede und ggf. Gegenrede dazu dient, einen individuellen, sozialen oder politischen Konflikt aus dem Handeln und Sprechen der Beteiligten heraus zu verdeutlichen,
- das Ergänzen bzw. teilweise Ersetzen nüchtern-sachlichen Beschreibens und Berichtens durch Wiedergabe „atmosphärischer" Eindrücke, denen eine **Anmutungsqualität** zukommt, die also eine **Stimmung** der Betroffenen und/oder des Berichterstatters deutlich machen und eine analoge Stimmung im Leser/Hörer hervorrufen können,
- die Verwendung dynamischer Verben, die das **Ereignishafte** (nicht das Ergebnis eines Geschehens) hervorheben, also z. B. nicht die Zahl der Todesopfer oder die Höhe des Sachschadens oder den Ausgang der Geiselnahme usw., sondern die im Fortgang der Entwicklung zu beobachtende Spannung, Dramatik, emotionale Verwicklung der Beteiligten usw.,
- die Formulierung **subjektiver Reaktionen** und/oder Urteile des Berichterstatters, wie sie in einem Bericht keinen Platz hätte,
- das „Abtasten" eines Gegenstands oder Schauplatzes wie mit dem Kameraauge: **Zoom** und **Kamerafahrt** können verbal nachgeahmt werden; man fährt auf das zu Schildernde zu/von ihm weg/an ihm entlang,
- bei Reportagen im Rundfunk haben häufig **Hintergrundgeräusche**, die das Mikrofon „nebenbei" registriert (hat), eine unausdrücklich schildernde Funktion; aber auch in geschriebenen Reportagen können Hinweise auf **akustisch, optisch** oder **mit anderen Sinnen Wahrgenommenes** so eingesetzt werden.

Gewarnt werden muss dagegen vor dem massierten Einsatz angeblich stimmungshaltiger oder anschaulicher Attribute. Rauter (1978, 28–31) hat an einer Reportage über einen süddeutschen Volksfestplatz gezeigt, dass auf diese Weise oft unfreiwillige Kabarettstücke entstehen, während die Verfasser im besten Glauben an die schildernde Kraft der Adjektive handeln: „Mancher Reporter wird von Eigenschaftswörtern manipuliert" (1978, 28), und Lernende sind nicht weniger anfällig für inflationären Adjektivgebrauch als professionelle Schreiberinnen und Schreiber.

3. „Reportage" und „Schilderung" sind nicht ohne weiteres in eins zu setzen; Schildern ist vor allem auch eine aus der Literatur des 19. und 20. Jahrhunderts bekannte Technik situativer Veranschaulichung von Handlungsweisen, Schauplätzen, Gefühlen usw.: Man denke nur an Stifters Landschaftsschilderungen. Wohl aber gilt, dass Reportagen kaum denkbar wären ohne die Beherrschung schildernder Techniken, deren Affinität zur **poetischen Darstellung** äußerer oder innerer Zustände oder Abläufe unverkennbar ist: Orientiert man sich an der ursprünglichen Bedeutung des Verbums „schildern" (einen Schild bemalen), so kommt man zu einem eher statischen Verständnis (schildern = **Zustände** und **Gegebenheiten** veranschaulichen, z. B. die Wohnverhältnisse in einem Asylantenheim; die Stimmung in einem Winterwald, wenn Neuschnee gefallen ist). Zudem wurde traditionell eher das Typische betont als das Einmalige, Besondere (die sog. Charakterschilderung war häufig eher eine Typenschilderung). Daneben gibt es aber auch die Verlaufsschilderung („Erlebnisschilderung"), die von der 7. Jahrgangsstufe an als konsequente Fortführung des Erzählens sinnvoll ist und ein eher dynamisches Begriffsverständnis voraussetzt: So sollen zunehmend „innere Handlungen" als Gegenstände der Darstellung die „äußeren" ergänzen.

Zu Recht ist kritisiert worden, dass das Erzählen als Fähigkeit und Fertigkeit von der 8. Jahrgangsstufe an keine bzw. eine zu geringe Rolle spielt. Hierin sehen wir eine Begründung für die Einführung der Reportage, in deren Rahmen sowohl das vorher erlernte Schildern von Zuständen und Abläufen genutzt und ausgebaut werden als auch das stimmungshaft-subjektive Element zur Geltung kommen könnte, das im „sachrationalen" Schreiben der S I u. II oft vernachlässigt wird (◊ *Sachtexte verfassen,* ◊ *Argumentieren/Erörtern*).

Viele regionale Tageszeitungen sind mittlerweile am Projekt **„Zeitung in der Schule"** beteiligt, betreut und teilfinanziert vom Institut zur Objektivierung von Lern- und Prüfungsverfahren (IZOP, Heidchenberg 1, 52076 Aachen, Tel. 02408/5 88 90): Schulklassen erhalten ein Vierteljahr lang ein kostenloses Klassensatz-Abonnement und setzen sich mit der Arbeit von Journalisten auseinander, und zwar sowohl rezeptiv als produktiv (gemeinsames Verfassen von Artikeln für eine Tagesausgabe und/oder eine am Ende der Projektarbeit erscheinende Sondernummer). Das Erarbeiten einer Reportage ist in diesem Rahmen nicht nur gut möglich, wie die Praxis beweist, sondern auch in besonderer Weise geeignet, Aufsatzunterricht und Medienunterricht zu verbinden (◊ Teil I,6.5: *Arbeit mit Medien; 6.1: Projektunterricht*).

Im Lernbereich ◊ *„Umgang mit Texten"* (Teil I.3) bieten sich, die schreib- und mediendidaktische Arbeit an der Reportage ergänzend, etwa ab Kl. 9/10 „klassische" Reportagen an (von E.E. Kisch bis G. Wallraff), an denen sowohl das Textsortentypische als auch die individuelle Leistung des Autors studiert werden können.

4. Als **Gegenstände** bzw. **Themen** für das Sammeln von Informationen und Eindrücken (auch Fotos, Zeichnungen usw.) und schließlich das Verfassen von Reportagen bieten sich, je nach Schüleralter und Intentionen eines projektorientierten Unterrichts, nicht nur die altbekannten Themen aus dem „Schulalltag" an (Busse 1985, 58), sondern auch solche Gegenstände und Anlässe, die die didaktische Forderung einlösbar machen, Schule solle verstärkt „Lebenswelt hereinholen":

☐ „Kinder in der Stadtlandschaft" (Seitenstraßen und Gassen, Spielplätze; Parks; Hinterhöfe, Treppenhäuser usw.)

☐ „Arbeitsplätze" (wo und wie unsere Eltern arbeiten)
☐ „Neubau einer Straße" (geographische und soziale Problematik, Gründe dafür und dagegen; eventuell sich formierender Widerstand)
☐ „mit dem Schulbusfahrer unterwegs" (Einzugsgebiet; Sprachenvielfalt; Verhalten der Kinder und Jugendlichen an der Haltestelle/im Bus/beim Aussteigen; unterschiedliches Verhalten auf dem Weg hin/zurück usw.).
[U. A.]

Rezensionen schreiben

1. Die Praxis des Schreibens über literarische Texte im oder für den Unterricht betont vielfach noch zu sehr das Moment distanzierter „Objektivität" (vgl. Abraham 1994): Von der Inhaltswiedergabe bis zum Interpretationsaufsatz haben Lernende der S I und II vorwiegend erkannte Strukturen und ermittelte Bedeutungen zu beschreiben und darzustellen (◊*Inhalte wiedergeben,* ◊*Interpretieren von Texten*). Aber sie selbst haben ja auch einen Standpunkt, eine Meinung, einen positiven oder negativen *Affekt* dem Text gegenüber. Bevor – oder gar anstatt dass – solche Affekte jedoch in Textkommentare oder -kritiken umgesetzt werden dürfen, erwartet man häufig von den Lernenden die Kenntnis und Wiedergabe einer „herrschenden Meinung", die in der Regel aus der Literaturwissenschaft, bei neueren und neuesten Texten ausnahmsweise auch aus der zeitgenössischen Literaturkritik übernommen wird. Während mündlich die Auseinandersetzung über gelesene Bücher durchaus kontrovers, subjektiv und assoziativ stattfinden darf (vgl. Braun 1993 über Ganzschriften oder Andresen 1992 über Gedichte), betrachtet man die Schriftlichkeit vorwiegend als Domäne sachlicher, kenntnisreicher und emotionsarmer Auseinandersetzung.

2. Dabei gibt es, worauf in der deutschdidaktischen Diskussion gelegentlich auch hingewiesen wird, alltagsweltliche **Vorbilder** für eine andere Art des Schreibens über Literatur: Wenn Kritiker sich über Neuveröffentlichungen (Romane, Erzählungen, Gedichtbände usw.) äußern, so tun sie dies nicht aus abgeklärter Distanz und im philologischen Interesse, ein Werk irgendwo „einzuordnen" und irgendwie zu „erklären", sondern in dem publizistischen Interesse, an eine möglichst breite Leserschaft zu vermitteln, dass und warum ein bestimmtes Werk lesenswert bzw. wichtig *oder* nicht lesenswert bzw. unwichtig sei. Zu diesem Zweck wird man eine kurz gefasste **Inhaltswiedergabe** erwarten, die bei literarischen Vorlagen durchaus auch unvollständig sein darf. Bei expositorischen Vorlagen (Fachbüchern und populärwissenschaftlichen Veröffentlichungen), die in der S II ebenfalls infrage kommen, wird man **Aufbau** und **Argumentation** berücksichtigen und das Werk in Hinblick auf die **Zielgruppe** kritisieren.

Bei Vorlagen jeder Art wird man in der Regel auch eine **Charakterisierung des Stils** und – unverzichtbar – eine Vermittlung persönlicher Leseeindrücke und Urteile zu leisten haben. Dass dies **Geschmacksurteile** sind, bedarf in der „Textsorte Rezension" keiner besonderen Erwähnung oder Begründung: Im literarkritischen Schreiben werden nicht unbedingt abgewogene und ausbalancierte Äußerungen erwartet, sondern Werturteile. Begründungen soll der Rezensent zwar liefern, aber sie haben nicht den Status (literatur-)„wissenschaftlicher" Gründe. Vielmehr sind Schreibende beim Rezensieren frei, zu berichten, woran – an welche anderen Autoren, Werke, Epochen – sie der Text erinnert hat; sie dürfen ausführen, inwiefern sie eigene Alltagserfahrungen darin (nicht) wiederfinden; sie können hinzufügen, welche thematischen Aspekte sie besonders interessiert haben und welche anderen weniger. Dass sie dabei die **Themen** benennen, die das Werk behandelt, ergibt sich also scheinbar beiläufig.

3. „Die Rezension" als Textsorte ist schwer zu fassen; es gibt so viele Nuancen wie es Literaturkritiker gibt. Dass einzelne Prominente unter ihnen die Textsorte zeitweise stark prägen, ist bekannt. Doch das sind keine normativen Aussagen: Ein Satz wie „Ich habe mich überhaupt nicht gelangweilt" verweist auf Reich-Ranicki, aber eine Aussage über den Grad an Kurz- oder Langweiligkeit der Lektüre ist für eine Rezension weder obligatorisch noch verboten. Dennoch kann man Aussagen über das treffen, was eine Rezension enthalten sollte: Irro (1986) nennt **deskriptive, interpretative** und **wertende Sätze** als ihre Bestandteile. Über Reihenfolge und Mischungsverhältnis ist damit freilich nichts gesagt. Es empfiehlt sich, mit einer Klasse, die im Schreiben von Rezensionen geübt werden soll, zunächst exemplarisch eine Rezension über eine (gar nicht notwendig vorher ganz gelesene) Neuerscheinung zu analysieren, und zwar in Hinblick auf

☐ Informationswert (deskriptive Sätze),
☐ angedeutete Sinnperspektive (interpretative Sätze),
☐ rhetorische Mittel der Auf- und/oder Abwertung (wertende Sätze).

Eine exemplarische Analyse der *ZEIT*-Rezension einer seinerzeit gerade aktuellen Neuerscheinung (Thomas Hürlimann: *Die Satellitenstadt;* vgl. Abraham 1994, 136–142) ergibt, dass sich literaturkritisches Schreiben in einer Reihe von Punkten vom in der Schule üblichen „objektiven" Schreiben über Texte unterscheidet: Es schreitet nicht von einer Inhaltsangabe zur Stilbeschreibung und Strukturanalyse fort, sondern ist – wie das ◊*Erörtern* – von Anfang auf Kontroverse aus. Um den Leser für oder (in diesem Fall) gegen den Text einzunehmen, arbeitet die analysierte Rezension von A. Isenschmid, die darin durchaus typisch ist, mit Signalwörtern, die Metaphern oder Eigenschöpfungen oder beides sind. Ausdrücke wie *Designermelancholie* „bringen die in ihnen implizierte Wertung gerade nicht auf den Begriff, sondern umspielen sie gleichsam" (ebd., 141).

An die Stelle wohl definierter Fachbegriffe im „literaturwissenschaftlichen Schreiben" treten unscharfe Alltagsbegriffe. Der alltäglichen, auch der medialen, Auseinandersetzung über Bücher ist das literaturkritische Schreiben damit näher: Das ist sein Vorzug, aber auch seine Schwäche.

4. Nicht alle **Gegenstände** eignen sich zum Rezensieren; bevorzugt wird man in der S I Texte aus der Gegenwartsliteratur (unter Einschluss der Jugendliteratur) auswählen. „Brandneu" müssen sie ja nicht sein; gerade solche, die in der Literaturkritik schon vor einigen Jahren Resonanz gefunden haben, bieten sich an, weil die Schreibversuche der Lernenden dann mit „authentischen" Rezensionen kontrastiert werden können. Und da der Rezensent zwar mit professioneller Wortgewalt, aber in der Regel ohne „wissenschaftliche" Autorität spricht, erkennen Schülerinnen und Schüler schnell, dass (auch) sie nur eine von vielen möglichen Positionen vertreten und ihre eigenen Texte zwar vielleicht sprachlich weniger „perfekt" sind, jedoch mit demselben Recht auf Durchsetzung einer Meinung (eines Geschmacksurteils) auftreten. Das Schreiben von Rezensionen kann so nicht nur den Lektüreprozess begleiten, sondern auch „handlungsorientiert" Einsichten in den gegenwärtigen Literaturbetrieb fördern (◊*Büchermacher und Bücherhalter*).

In der S II können Klassen, die bereits Übung mit dem Rezensieren haben, behutsam auch mit älteren sowie mit nicht literarischen Gegenständen konfrontiert werden; Kenntnisse der jeweils zeitgenössischen Ästhetik und Poetik sind dann freilich Voraussetzung, weshalb am ehesten im **Leistungskurs** Deutsch fiktive Rezensionen über wichtige Texte aus älteren Epochen der literarischen Wertung und Urteilsbildung dienen könnten. Auch hier sind authentische Rezensionen heranzuziehen als Vorbilder für die stilistischen Eigenarten einschlägiger Texte etwa zur Goethezeit: H. M. Enzensberger hat in seiner historischen „Talkshow" *Nieder mit Goethe* (Urauff. Weimar 1996) u. a. solche zeitgenössischen Rezensionen benutzt.

Die schon erwähnten expositorischen Vorlagen können, müssen jedoch nicht sprach- oder literaturwissenschaftlicher Herkunft sein: Natürlich kommt z. B. eine neu erschienene Literaturgeschichte infrage, aber auch Publikationen aus anderen Fächern, insofern sie ein Laienpublikum erreichen wollen.

5. Die **methodischen Möglichkeiten** eines Schreibens dieser Art sind vielfältig:

- Um die Lernenden von dem Druck zu entlasten, den das Verantworten einer „eigenen Meinung" stets (auch) bedeutet, kann man das **Ziel der Rezension** vorgeben: Schreibe ein Lob/einen Verriss (ohne Rücksicht auf dein wirkliches eigenes Urteil). Eine solche „Schreibaufgabe Aufwertung/Abwertung" erlaubt es, sich ganz auf rhetorische Mittel und Argumentationsstrategien zu konzentrieren. Überdies werden so Beobachtungen und Argumente gesammelt, auf die Schreibende spontan nicht unbedingt kommen.
- Um den „Reichtum an Argumenten" insgesamt zu befördern, kann ein Verfahren aus dem ◊*Kreativen Schreiben* genutzt werden: Das Anfertigen von **Clustern** zu einzelnen Schlüsselbegriffen, Figuren, Schauplätzen usw. (bei Sach- und Fachbüchern: zu einzelnen Aspekten des Themas) kann dabei helfen, in ein (eher essayistisches als philologisches) ◊*assoziatives Schreiben* hineinzukommen.
- Die Subjektbetonung der Rezension kann herausgearbeitet werden, indem man Schreiber anleitet, zunächst die Situation zu schildern, in der sie das Buch gelesen haben, und damit „per Ich" zu sprechen: *Ich hatte selbst gerade ... erlebt, als ich X von Y las; Ich lag an einem Sommertag auf einer Decke im Stadtpark und las in X von einem, der ...; ich kannte schon das Buch Z von Y, als in den Buchhandlungen sein neues Werk X ausgelegt wurde, und ich erwartete ...* Nicht verboten ist natürlich auch: *Wir hatten im Unterricht Z gelesen, und aus Neugier auf andere Bücher des Verfassers kaufte ich mir X, weil ich dachte ...* [U. A.]

Routineformeln und Schlagwörter erkennen und untersuchen

Meine Damen und Herren! Ich bitte um Aufmerksamkeit! Um es deutlich zu sagen, ... Alle mal herhören! Na, wird's bald?! Herzlichen Glückwunsch! Bei mir liegen Sie richtig! Was soll's denn sein? Kennen Sie den? Selten so gelacht! Nichts für ungut, ... Was nicht ist, kann noch werden! Gibt es hierzu noch Wortmeldungen? Dies scheint nicht der Fall zu sein! Ich danke für Ihre Aufmerksamkeit!

1. Wie jedermann weiß, sind diese von Peter Kühn (1985, 223) zusammengestellten **Routineformeln** mitten aus dem Leben gegriffen. Im Deutschunterricht sind diese und andere – wie z. B. die Höflichkeitsformeln – teils wohlgelitten, teils werden sie als „Klischee! Phrase!" in „Aufsätzen" moniert (Abraham 1995, 4), beim mündlichen Sprachgebrauch als Gemeinplätze getadelt. Indessen erfüllen sie bestimmte **kommunikative Funktionen**, die von den Schülern erkannt, untersucht und hinterfragt werden sollen (◊*Klischees erkennen*).

2. Routineformeln sind, wie schon der Name sagt, formelhafte Redewendungen, die in sprachlichen **Routinehandlungen** oder eben aus Routine in der Kommunikation verwendet werden. Die Schüler hören, lesen und verwenden sie tagtäglich. Ihr **Vorkommen** ergibt sich aus der Funktion, und so unterscheiden Sprachwissenschaftler folgende Typen: Höflichkeitsformeln (*Guten Tag! Herzlichen Glückwunsch!*), Schelt- und Fluchformeln (*Verflixt und zugenäht!*), Beschwichtigungsformeln (*Ruhig Blut!*), Kommentarformeln (*Macht nichts!*) u. a. (Bußmann 1990, 249; Fleischer 1982, 135; Kühn 1985, 224).

3. Anhand von Texten (Zeitung, Briefe) oder Aufzeichnungen (Reden, Gespräche) sollen die Schüler solche Routineformeln erkennen und analysieren. Dabei können folgende Aspekte betrachtet werden:

– *Strukturen vergleichen:* Es handelt sich um feste Wortgruppen, die oft Satzwert haben (auch Kurzsätze: *Das macht nichts!* wird zu *Macht nichts!* oder dialektal *Macht nix!*). Sie sind syntaktisch fest gefügt, lexikalisch und semantisch stabil. Deshalb kann ihre Gesamtbedeutung nicht aus der Bedeutung der Einzelwörter erschlossen werden (vgl. *Ruhig Blut!*).

– *Kommunikative Funktionen analysieren:* Im Bereich der Höflichkeitsformeln werden diese bewusst angewandt, um jemandem etwas zu wünschen oder um sich nach dem Befinden zu erkundigen. Das kann allerdings auch „gedankenlos" geschehen, wenn man z. B. einen Bekannten trifft, dessen Namen vergessen hat oder nicht weiß, was man sagen soll, eben außer: „Wie geht's?" Vielleicht geht es dem Gegenüber genau so, und er will erst einmal Zeit gewinnen und sagt: „Gute Frage!" Er kann aber auch eine konventionalisierte Antwort geben: „Danke gut, und Ihnen?" Diese und ähnliche Situationen können die Schüler in **Rollenspielen** darstellen und dazu Alternativen erproben.

– *Parodieren:* Aus schriftlichen **Texten** können Schüler solche Formeln herausfinden und je nach Altersstufe ihren Aussagewert diskutieren. Auch die Möglichkeit der Parodie bietet sich an, wie das Beispiel von Christian Schützes „Deutsche Festrede für alle Gelegenheiten" (Abdruck bei Gast 1975, 39 ff.) beweist, deren Anfang hier zitiert werden soll:

Hochverehrter Herr Präsident, meine Herren Minister, Staatssekretäre, Bürgermeister, Referenten, Dezernenten und Assistenten…! Wenn wir uns heute hier zusammengefunden haben, um miteinander diesen Tag zu begehen, so geschieht das nicht von ungefähr. Denn gerade in einer Zeit wie der unseren, da die echten menschlichen Werte mehr denn je unser ernstes, tiefinnerstes Anliegen sein müssen, wird von uns eine Aussage erwartet. Ich möchte Ihnen keine Patentlösungen vortragen, sondern lediglich eine Reihe von heißen Eisen zur Diskussion stellen, die nun einmal im Raum stehen. Was wir brauchen, sind ja nicht fertige Meinungen, die uns doch nicht unter die Haut gehen, sondern was wir brauchen, ist vielmehr das echte Gespräch, das in unserer Menschlichkeit aufrührt…

Die Schüler können sowohl den Aussagewert und das formelhafte Gepräge wie auch den parodistischen Charakter analysieren und den Komplex „Sprachpflege" (z. B. Phrasen als inhaltsleer und abgedroschen; MLS 1993, 467) diskutieren (◊ *Klischees erkennen*). Routineformeln können auch zu **Einreden** werden, zu negativen (*Schaff' ich doch nicht! Das lerne ich nie!*) oder zu positiven (*Du kannst das! Take it easy!*). Solche den Jugendlichen bekannte Einreden beeinflussen oft das menschliche Handeln. „Es ist nicht unwichtig, welche Sätze wir uns vorsagen", meint Grün (1983, 10).

4. Im Zusammenhang mit der **Sprachpflege** lassen sich die **Schlagwörter** hier anschließen. Schüler können anhand einer Definition solche Schlagwörter sammeln oder aufgrund von Beispielen eine Definition formulieren. So beginnt der Lexikoneintrag bei Bußmann (1990, 666): „**Schlagwort.** Häufig gebrauchtes Wort, das einen komplexen Sachverhalt griffig benennt, interpretiert und bewertet…" Als Beispiele werden u. a. *Bildungskatastrophe, Chancengleichheit, Lebensqualität* angeführt. Die Schüler können Lexikonarbeit leisten, indem sie verschiedene **Lexika** miteinander **vergleichen**. Bei Wahrig (1991) findet sich von den drei oben genannten Schlagwörtern nur die „Chancengleichheit". Im Speziallexikon über „Brisante Wörter" wird nur die „Lebensqualität" erläutert (Strauß/Haß/Harras 1989, 542):

„Lebensqualität ist eine Lehnübersetzung des engl. quality of life und gelangte durch den SPD-Wahlkampf 1972, namentlich durch die Reden Erhard Epplers und Willy Brandts, in die Sprache der

öffentlichen Diskussion. Mit *Lebensqualität* kennzeichnete man ein allgemeines politisches Ziel, das im Gegensatz zur Erhöhung des materiellen Lebensstandards mehr das soziale und emotionale Wohlbefinden der Menschen zum Inhalt hat."

Im Lexikon der „brisanten Wörter" (auch „schwere Wörter" oder „hard words" genannt) müssen auch selbst einmal Muttersprachler nachschlagen (Hausmann 1989/91, 1206), wenn sie die genaue Bedeutung wissen wollen. *Lebensqualität* ist aber auch ein **Schlüsselwort**. In der Brockhaus-Enzyklopädie (13, 1990, 182 ff.) sind ca. dreieinhalb Seiten zu „Lebensqualität" angeführt, und das Wort ist als ein **Schlüsselbegriff unserer Zeit** gekennzeichnet. Als solche werden jene Begriffe in der Brockhaus-Enzyklopädie (1, 1986, Vorwort) definiert, die „unsere gegenwärtige geistige und gesellschaftliche Situation charakterisieren". Die Schüler können z. B. solche Schlüsselbegriffe (Schlüsselwörter) aus Zeitungstexten und Publikationen zusammenstellen, erläutern und mit Lexikoneinträgen – auch mit fremdsprachigen als **fächerübergreifende Unternehmung** vergleichen. Hierher können auch Untersuchungen über **Anglizismen** im Deutschen, **Germanismen** im Englischen (Kann 1995) oder **Europäismen** (Bergmann 1995, 31) gestellt werden, bei denen der Entlehnvorgang untersucht werden kann. Im Sinne der Idee der **Grammatik-Werkstatt** (vgl. ◊ Teil I,4 *Auf Sprache aufmerksam werden*) können die Schüler der fachwissenschaftlichen Nomenklatur *Erbwort, Lehnwort, Lehnübersetzung* (vgl. *Lebensqualität* oben), *Fremdwort* nachgehen und Beispiele in verschiedenen Sprachepochen (z. B. lat. *senior* zu deutsch „Herr" aus ahd. *heriro/heroro* „älter", der Ältere) zusammenstellen. Sie können die Hintergründe anhand von Lexika und Sprachgeschichten klären und den Vorgang der Anpassung (Adaptation) beispielsweise in einem Wandplakat visualisieren (vgl. auch ◊ *Mit Fremdwörtern umgehen*).
Wörter und Wortverbindungen kommen und gehen. Wenn sie vorübergehend in Gebrauch kommen und sich allgemein verbreiten, bezeichnet man sie als **Modewörter**. So bemerkt die NZZ (Nr. 245, 21./22. 10. 1995, 9) in einem Artikel:

„Die Wirtschaftspolitik kennt, wie praktisch alle Bereiche des Lebens auch, ihre Moden. Ein *modisches Zauberwort* ist zur Zeit die ‚Wettbewerbsfähigkeit eines Landes' (beziehungsweise einer Volkswirtschaft). Der Begriff hat sich in der wirtschaftspolitischen Diskussion zunehmend in den Vordergrund gespielt und andere Schlüsselworte – etwa Ordnungspolitik – etwas verdrängt. Und er ist so sehr in aller Munde, daß man annehmen würde, jedermann wisse genau, was damit gemeint sei. Doch die Verbreitung von Konzepten korreliert nicht notwendigerweise mit ihrer Richtigkeit, geschweige denn mit gedanklicher Schärfe. Oft bieten vielmehr schwammige Begriffe den Vorteil, daß jeder etwas anderes darunter verstehen und sich damit identifizieren kann. Das gibt einer Idee dann scheinbar starken Rückhalt."

Die Schüler können aufgrund des Textes eine Definition des Begriffes „Modewort" formulieren und weitere solche modischen Wörter und Wortverbindungen sammeln, zu klären versuchen und mithilfe von Lexika in ihrem historischen Gebrauch aufzeigen (z. B. *knorke, Klasse, super*). Inwieweit die **Jugendsprache** einbezogen werden kann, hängt von der Bereitschaft der Klasse, über ihre „eigene Sprache" zu kommunizieren, ab. Schließlich können die Schüler aufgrund von Zeitungstexten das „Wort des Monats" wählen, analog den **„Wörtern des Jahres"**, die von einer Jury der Gesellschaft für deutsche Sprache (GfdS) „gekürt" und aus denen das „Wort des Jahres" bestimmt wird. Diese „Jahreswörter spiegeln in einer besonderen Weise Ereignisse ‚ihres' Jahres" (Walther 1995, 20) wider. 1995 war es *Multimedia*. 1994 wurde *Superwahljahr* gewählt, auf den weiteren Plätzen folgten: Jackpot, Unwort, Osterweiterung, Filosofie, der schlanke Staat, Zukunftsministerium, Peanuts, bezahlbar, rote Socken. Vorangegangen waren als „Worte des Jahres" (in Klammern das Jahr; Walther 1995, 18 ff.): aufmüpfig (1971), Szene (1977), konspirative Wohnung (1978), Holocaust (1979), Rasterfahndung (1980), Nullösung (1981), Ellenbogengesellschaft (1982), heißer Herbst (1983), Umweltauto (1984), Glykol (1985), Tschernobyl (1986), Aids und Kondom (1987), Gesundheitsreform (1988), Reisefreiheit (1989), die neuen Bundesländer (1990), Besserwessi (1991), Politikverdrossenheit (1992), Sozialabbau (1993).

Daß *Unwort* 1994 an dritter und *Peanuts* an achter Stelle zu den „Wörtern des Jahres" gewählt wurden, ist besonders bemerkenswert. Es kürt nämlich eine eigene Jury auch ein **Unwort**. 1994 war es eben *Peanuts* (Kommentar des Vorstandsvorsitzenden der Deutschen Bank für einen 50-Millionen-Verlust), weil es eine „derart abschätzige Bewertung von Geldsummen, von denen Durchschnittsbürger und -bürgerinnen nur träumen können", darstellte (Pressemitteilung der GfdS; Abdruck in: Der Sprachdienst 39, 1995, 75 f.). Den 3. Platz 1994 verdankt *Unwort* den Turbulenzen, die sich wegen der Wahl des „Kohlschen *kollektiven Freizeitparks*" (Walther 1995, 50) zum Unwort des Jahres 1993 ergeben hatten. Für 1995 wurde *Diätenanpassung* als Unwort gewählt, gefolgt von *Altenplage, biologischer Abbau* (Entlassung älterer Beschäftigter in den Ruhestand). Gar ein **„Haßwort der Woche"** stand in der SZ (Nr. 272, 25./26. 11. 1995, 15): *Beatlemania* im Zusammenhang mit der neuesten Beatle-CD. Text und Karikatur bewiesen allerdings, dass es sich um eine Glosse handelte. Gottlob!

Schimpfwörter sind Unwörter, vor allem im ethnischen Bereich: *Itaker, Polacke, Russki*, um nur ein paar Beispiele zu nennen (Winkler 1994, 327). Sie sollten im Zusammenhang mit den ◊*Klischees* und Stereotypen besonders beachtet werden. Dass Wörter sogar über Leben und Tod entscheiden konnten, beweisen die **Schibboleths** (zu hebr. „Ähre", „Strom"), Kennwörter, die auf eine sprachliche Eigenheit abheben, die ein Fremder nicht nachsprechen kann. Dadurch wird er eben als Fremder identifiziert.

Im Alten Testament (AT) waren es ephraimitische Flüchtlinge, die das Sch- als „Sibboleth" aussprachen, wodurch sie sich verrieten und deshalb ihr Leben verloren (AT: Richter 12,5–6, dazu Bußmann 1990, 666).

Diskriminierungen – auch **fächerübergreifend** – können abgebaut werden, wenn Schüler sprachliche Merkmale mit Schibboleth-Charakter zusammenstellen (z. B. in Wien mit der Aussprache von „Zwirnsknäuel" oder in Köln die Dialektbezeichnung für „Blutwurst"), die Schibboleth-Funktion erarbeiten und über sprachliche Toleranz diskutieren. [G. K.]

Sachtexte verfassen: Berichten/Beschreiben

Berufs- und Lebenswelt erwarten heute von jedem, dass er sowohl lesend als auch schreibend mit den unterschiedlichsten Sachtexten umgehen kann. Während der traditionelle Aufsatzunterricht sich damit begnügte, „den" Bericht und „die" Beschreibung als Grundformen einzuüben, ergänzt um einige standardisierte Texte wie Protokoll, Bewerbung und Lebenslauf, könnte die Vielzahl der möglichen pragmatischen Textsorten, wie sie heute dem Schüler begegnen, didaktisch eher verwirren. Doch ist es wohl zuerst sinnvoller, die Frage zu stellen: Sachtexte schreiben – wozu dient das?

1. Sachtexte sind Texte, in denen ein bestimmter **Wirklichkeitsausschnitt** aus der Sicht eines Schreibers und mit einer bestimmten Absicht erfasst ist. Sachtexte haben demnach eine symbolische, d. h. wirklichkeitskonstituierende Funktion (◊*Funktionen der Sprache erkennen*), sind immer auch adressatenbezogen, sie haben dialogischen Charakter; dies gilt auch für Sachtexte zur Selbstklärung seines Verfassers (Notate).

In einem Reiseführer wird dem Leser ein bestimmter Rundgang durch eine Altstadt empfohlen. Es werden markante Punkte und bemerkenswerte Gebäude erklärt, mit historischen und anderen informativen Anmerkungen versehen. Es werden Namen grafisch hervorgehoben, Verweise auf die beigegebene Lageskizze gegeben, Angaben zu Öffnungszeiten gemacht, Entfernungen und der zeitliche Aufwand des Rundgangs genannt u. a.

Der Wirklichkeitsausschnitt ist die genannte Stadt – er ist nachprüfbar. Die Sicht des Schreibers ist seine Auswahl der Hinweise, seine Gewichtung der Verweise. Auch im Verschweigen bestimmter Angaben (z. B. über bestimmte historisch finstere Zeiten) kann seine Sicht erkennbar werden, wenn man andere Texte oder Kenntnisse heranziehen kann. Die hier skizzierte Absicht ist mit Touristenlenkung zu bezeichnen. Ob alle Leser damit zufrieden sind, ist eine andere Frage.

Die Sprache eines Sachtextes steht deshalb immer im Dienst seiner Funktionen: Information oder Darstellung, Gewichtung und Artikulation der Auswahl und Absicht (Leserlenkung). Es bleibt richtig, dass die sprachliche Darstellung eher der Sache dienenden Charakter hat, dennoch ist sie niemals „objektiv" im Sinne bloßer Abbildung, zumal begründende und folgernde Kommentierungen aus der Sicht des Verfassers oft hinzutreten werden.

2. Die didaktischen Ziele sind additiver wie integrierender Art. Hinzu treten Ziele, die sich auf die sprachliche Differenzierung und Beweglichkeit beziehen.

2.1 In **additiver Hinsicht** können folgende Teilziele benannt werden, für die spezifische Übungen sinnvoll sind:

☐ *genaue, begrifflich angemessene und (soweit nötig) vollständige Fassung eines Wirklichkeitsausschnitts*

Dieses Ziel führt auf die Erarbeitung des entsprechenden Wortschatzes, der Sach- und **Fachbegriffe** (◊ *Begriffe vermitteln und gebrauchen*). Dabei geht es nicht darum, isolierte Wortschatzarbeit zu betreiben, sondern etwa den handelnden Umgang mit der Realität sprachlich zu begleiten. Schüler zeigen etwas (oder gehen damit um) und erklären dazu, erschließen sich über Bilder, Skizzen oder Zeichnungen Sachverhalte, Zustände oder Vorgänge u. Ä. Dabei wird auch eine Entscheidung über Wichtiges und Unwichtiges zu treffen sein.

☐ *Erkennen und Darstellen der sachlich angemessenen Reihenfolge*

Handelt es sich um zeitliche Vorgänge, so geben sie die Darstellungslogik vor, sie werden als Berichte (von Geschehnissen, Abläufen ...) bezeichnet. Handelt es sich um Gegenstände, so ist zwar nach ihrer Sachstruktur zu fragen, jedoch wird die Entscheidung, wie sie zu beschreiben sind, dem Verfasser sehr viel mehr an eingreifender Entscheidung abverlangen.

Einen Automotor zu beschreiben kann z. B. geleistet werden, indem man vom Augenschein (oder Foto oder Zeichnung) dessen ausgeht, was unter einer Motorhaube zu sehen ist. – Eine andere Darstellung wird eine zeitliche Abfolge bevorzugen, d. h. dem Vorgang des Startens eines Motors folgen und die nun einsetzenden oder einsetzbaren Funktionen in entsprechender Reihenfolge zeigen. Wieder anders wird die Darstellung sein, wenn die kontrollierenden Handgriffe beschrieben werden, die ein Autobesitzer vor einer größeren Fahrt durchführen sollte.

☐ *eine Entscheidung über die Grundhaltung des Schreibers*

In vielen Schreibdidaktiken wird eine „möglichst sachlich-objektive, eher distanzierte Grundhaltung" gefordert (Beck/Hofen 1993, 186; vgl. Staatsinstitut Bd. 1, 1992).

In Rücksicht auf die Entwicklung des Berichtens (aber auch des Beschreibens) aus dem Erzählen und im Hinblick auf eine sachbezogene und begrifflich genaue Bezeichnung des Wirklichkeitsausschnitts hat eine solche Forderung ihr gutes Recht. Doch sollten die Schüler schon sehr bald mit unterschiedlichen Formen und Absichten der Darstellung vertraut gemacht werden: Auf welche Sinne verlässt sich der Verfasser? Ist die oft nahezu ausschließliche Konzentration auf das Auge gerechtfertigt? Welche Absicht außer der der

Information hat der Verfasser noch (etwa Belehrung, Erklärung, Beeinflussung, Anleitung zum Handeln, aber auch Bitte um Anteilnahme und anderes)? Auch der öffentliche Ort des Textes spielt eine Rolle (Bericht für eine Tageszeitung, Gebrauchsanweisung für schnelle Leser, Darstellung in einem Brief, einem Lexikon, einem Sachbuch u. a.).

□ *eine Entscheidung über die Berücksichtigung des Lesers*

Der Leser soll hinsichtlich seiner Vorkenntnisse und Erwartungen berücksichtigt werden?

Der Bezug zu wirklichen Lesern ist dabei nicht unwichtig: So kann man die Schüler anregen, einen Informationstext für eine bestimmte Altersgruppe zu verfassen, dann solchen Lesern vorzulegen und sie darüber auch zu befragen.

Der Leser soll durch den Text „gelenkt" werden, nicht auf die individuellen Erfahrungen, nicht durch Spannungslenkung (wie in Erzählungen oder schildernden und reportagehaften Texten), sondern in seiner Aufmerksamkeit auf Sachverhalte; nicht primär seine Emotionalität, sondern seine kognitiv-konstruierende Aktivität (sein „mentales Modell", Schnotz 1988) wird angesprochen.

2.2 Gerade dieser letzte Hinweis sollte aufmerken lassen: Wenn neue Text-/Leserforschungen Recht haben, so kann man Texte nicht nur in dieser additiven Art, sondern auch in **integrierender Art** gestalten:

Additiv in Bezug auf die einsichtige Abfolge der Einzelpunkte (wozu optische Gliederungsmittel hinzutreten können wie Gliederungspunkte, Hervorhebungen u. a.), integrierend in Bezug auf ihre Leistung, um beim Leser ein in sich stimmiges Vorstellungsbild zu erzeugen (vgl. Abraham/Beisbart 1995).

So mag es „logisch stimmig" erscheinen, sein Zimmer einer Freundin von der Tür aus systematisch zu beschreiben – ein Bild dieses Zimmers gewinnt der Leser weit eher, wenn es ihm möglich gemacht wird, von markanten Punkten aus (und ihrer Funktion) sich eine Vorstellung dieses Zimmers zu entwickeln, es z. B. zeichnerisch umzusetzen und erneut mit eigenen Worten wiederzugeben. Dass ein solcher Text nicht vorschnell ins Kästchen „Schilderung" gesteckt werden darf, wird deutlich, wenn man für solche Aufgaben wiederum nach dem Adressaten und dem Zweck fragt: Weniger das Wohlfühlen des Besitzers etwa als die Perspektive der Raumplanung oder der Lichtverhältnisse für verschiedene Tätigkeiten stehen bei einer solchen integrierenden Aufgabe im Vordergrund.

2.3 Die sprachliche Form der Darstellung und Leserberücksichtigung ist variabel und kann in ihrer Wirkung überprüfbar gemacht werden. Die entlastende Funktion von Formeln, die wiederum belastende von undurchdachten Klischees (◊ *Klischees erkennen und bearbeiten*) können untersucht werden.

Kochrezepte können z. B. in den Formen der Anrede „Du nimmst…", der unpersönlichen Darstellung „Man nimmt…", der eigenen Erfahrungsdarstellung „Ich nehme…" oder in Stichworten „Zuerst… vorbereiten" geschrieben sein. Die Prüfung, wie individuelle Erfahrungen eingebracht werden können, ohne in einen Erzählstil zu verfallen, ist didaktisch ergiebig.

2.4 Die Erschließung von **lebensweltlichen Orten für Sachtexte** sollte eine gemeinsame Aufgabe der Lehrkraft und der Schüler sein: Der einseitige Einsatz von (fiktivem) Polizeibericht und Protokoll über eine gewöhnliche Unterrichtsstunde sind weder motivierend noch didaktisch zureichend. Berichtende Briefe, Protokolle, Berichte über außerschulische Aktivitäten, über Interviews (◊ *Fragen stellen/Interviewen*), aber auch Beschreibungen und Nachrichten für die Schülerzeitung, Klassentagebuch, Beschreibungen für das Anschlagbrett (z. B. von technischen Geräten, Benutzungsmöglichkeiten öffentlicher Einrichtungen), die Erstellung eines Buches (mit Bastelanleitungen), eines Katalogs (im Rahmen eines Ausstellungsprojekts) lassen verschiedene Einzeltexte entstehen und verhindern die Ödnis von dreißig und mehr gleichen Texten.

2.5 Ab der 5. Klasse wird die Frage relevant, ob es auch anzustreben ist, Schülern eine **Textsortenlehre** zu vermitteln. In vielen Lehrplänen wird weiterhin nahe gelegt, zwischen Erzählung und Bericht, zwischen Bericht und Beschreibung, zwischen Beschreibung und Schilderung, zwischen Nachricht und Reportage, zwischen Inhaltsangabe und Nacherzählung, zwischen Leserbrief und Sacherörterung usw. zu unterscheiden. Sinnvoller als (damit oft verbundene) abstrakte und starre Textkennzeichen sind jedoch Übungsformen, in denen die Schüler selbst mitentscheiden können, welche Darstellungs- und Sprachform sie wählen bzw. wie sie ihre Entscheidung in gemeinsamen Besprechungen verteidigen. (Dies gilt selbst für die so genannten ◊*standardisierten Texte* wie Bewerbung, Lebenslauf, Anfrage bei einer Behörde: Auch hier ist die Auswahl der Informationen, die Reihenfolge, die Darstellungsform trotz aller Normierungen noch abhängig von persönlichen Entscheidungen und Einschätzungen der Situation.)

Wichtig sind auch zwischengeschaltete **Lektürephasen** von einschlägigen Texten: Wie haben es andere, Schüler, journalistische Profis, Sachbuchautoren… gemacht? Ist es gut gemacht, oder wie ließen sich diese Texte verbessern? (Vgl. z. B. ◊*Reportagen verfassen*) Was kann in Form von fragenden Kommentaren oder durch Verbesserungsvorschläge geleistet werden?

3. Die **planerische Arbeit** wird sich zunächst auf die Suche nach angemessenen und motivierenden Wirklichkeitsfeldern konzentrieren.

3.1 Ausgehen wird man häufig von der zu verarbeitenden Erfahrung der Außenwelt:
- etwas Merkwürdiges sehen und erfassen
- etwas rätselhaft verschlüsseln
- Dinge, Tiere, Menschen beschreiben, auch Fantastisches (z. B. Beschreibung eines Eier legenden Wollmilchschafs)
- Wege erschließen: von der Begehung bis zur Reisebeschreibung
- Orte und Gebäude erschließen: von der Detailbeschreibung bis zur Erkundung geographischer Orte (z. B. auch die Beschreibung eines „idealen" Bauplatzes in der Nähe eines Heizkraftwerks, einer Müllverbrennung und einer Kläranlage)
- Abläufe festhalten und darstellen: auf Bildern oder Zeichnungen, aus der eigenen Beobachtung, aus unterschiedlichen Perspektiven
- Verläufe registrieren: Protokollieren von Bemerkenswertem, nach Erklärungen oder Befragungen (◊*Fragen stellen/Interviewen*)
- Berichte oder Beschreibungen nach Quellen oder alten Darstellungen. Auch die Heranziehung von solchen Texten kann eine (oft historisch gewordene oder real nicht erreichbare) Wirklichkeit erschließen.

3.2 Spracherarbeitende Vorstufen des Schreibens von Sachtexten wurden schon genannt:
- Informationen einholen und notieren (◊*Informationen verarbeiten*)
- die Erschließung einschlägigen Wortschatzes (◊*Wortfelder zusammenstellen*), Begriffserarbeitungen im Zusammenhang mit einem Sachfeld, Erprobungen von Satzvarianten u. a. Dabei sollten jedoch sprachspielerische und kreative Übungen nicht fehlen.
- intensive Arbeit an Sachtextentwürfen vor allem im Hinblick auf Satzverknüpfungen, Verweise und begriffliche Klarheit, textlinguistisches Arbeiten also.

Immer aber wird nach der Stufe der ersten Notate zu entscheiden sein: Welche Absicht wird verfolgt? Welche Leser sind angesprochen? Ist es sinnvoll, eine Zeichnung o. Ä. beizugeben? Wie wirkt sich dies auf den Text aus? Soll eher die additive Darstellungsform oder eine integrierende bevorzugt werden?

3.3 Es gibt keinen Text, der nach seiner ersten Niederschrift schon optimal wäre. Neben den notwendigen Textrevisionen (◊*Überarbeiten*) muss es auch die Übungsform des ◊*Umschreibens von Texten* geben:

- eine Wegbeschreibung, die vor allem optische Kennzeichen benutzt hat, in eine andere, die sich auf die Namen von Straßen und ihre Lage stützt
- eine Beschreibung einer Straße mit den Augen eines spielenden Kindes, eines Radfahrers
- ein Protokoll, das auch unterlegene Beiträge gebührend würdigt
- eine Verlaufsbeschreibung, die auf Fachbegriffe achtet, diese aber jeweils erklärt
- eine Definition oder ein Lexikoneintrag in verschiedenen Formen der Abstraktion und für unterschiedliche Leser
- ein Leserbrief, der in einem ersten Teil auf genaue Darstellung (oder Berichtigung) der „Fakten" achtet
- eine Autorinformation, die einen Aspekt seines Schaffens (auf den sich z. B. eine Lektüre bezieht) besonders hervorhebt
- eine kritische Kommentierung eines Sachtextes.

4. Es wird dem Deutschlehrer nicht immer leicht fallen, wenn er nicht zugleich auch ein Sachfach unterrichtet, angemessene Wirklichkeitsausschnitte auszuwählen. So empfiehlt sich schon aus diesem Grund **integrativer oder Projekt-Unterricht** (◊Teil I,6).
Mögliche Themen sind:
Geographische und biologische Naturbeobachtung, physikalische und chemische Versuche, über Pantomimen, Bilder und visuelle Medien (Filme) vermittelte Informationen, Erschließung des Ortes unter verschiedenen Perspektiven, Ereignisse aus dem Leben der Schule, das Projekt „Zeitung in der Schule" (vor allem unter dem Aspekt der schreibenden Beteiligung), die Untersuchung von Schulbuchtexten, von Gebrauchsanweisungen und Beipackzetteln, Sach- und Fachbüchern können Anlass zum Schreiben sein. [O. B.]

Schreiben nach Texten

1. Es handelt sich um einen Sammelbegriff für schriftliche Anschlusshandlungen, die nicht als Schreiben *über* einen vorher gelesenen Text bezeichnet werden können (◊*Analysieren*, ◊*Interpretieren*). „Nach" kann man zeitlich verstehen (*nach* der Lektüre) oder im Sinn einer Orientierung an der Vorlage (dem Text *nach*). Beide Sichtweisen ergeben interessante methodische Möglichkeiten.

2. Die erste Möglichkeit erscheint bei Lange (1984) als weniger diskursives denn ◊*assoziatives „Schreiben zu Texten"*:
- Persönliche Erlebnisse oder Erfahrungen werden aufgeschrieben, die thematisch mit dem Text zu tun haben.
- Kommentare aus der Sicht einer dem Text entstammenden Figur (oder einer aus einem anderen Text stammenden Figur) werden im produktionsorientierten Literaturunterricht geschrieben.
- Nicht nur Texterörterungen, sondern auch Essays (Ingendahl 1991, 110 f.) werden verfasst, um mithilfe des von der (poetischen oder pragmatischen) Textvorlage aufgebauten Problemhorizonts eigenständig eine vom Text (nur) angeschnittene Frage zu reflektieren.

3. Die zweite Möglichkeit – **einer Textvorlage *nach*schreiben** – ist eigentlich die traditionelle: Von der rhetorischen Schreiberziehung bis ins 18. Jahrhundert hinein praktiziert, baute diese Methode eines „Schreibens nach Mustern" auf die **Vorbildwirkung** eines dafür geeigneten (stilistisch besonders typischen und/oder besonders eleganten) Beispieltextes.

Lange Zeit verpönt, wird dieses Arbeiten an gerade auch poetischen Mustern heute wieder empfohlen, weil es der als notwendig erkannten Abwendung von einer „Originalitätsästhetik" entgegenkommt und zudem analytische Arbeit an Formen, Gattungen, Genres, Techniken oder Stilen poetischen Schreibens produktionsorientiert absichern kann. Abraham (1994, 124 ff.) spricht in diesem Sinn von „Etüde", Paefgen (1996, 131) von „Pastiche": *Im Stil* eines gelesenen Autors oder einer behandelten Epoche auch selbst wenigstens versuchsweise zu schreiben, verbindet „Lesen*und*Schreiben" (Paefgen) und führt die Auseinandersetzung mit einem Text oft weiter, als bloße Inhalts- und Strukturanalysen es können: Wie Paefgen (ebd., 201 ff.) an Schreibversuchen in der S II nach Kafkas Geschichte „Das Urteil" (1912) deutlich macht, sind so Einsichten in den Zusammenhang von charakteristischer Schreibweise („Stil") und „Gehalt" eines Textes möglich.

4. Zwei Beispiele für entsprechende Unterrichtsmodelle seien noch angeführt:

☐ Um nicht im Zug eines „personal-kreativen Schreibens" (Schuster 1995) einfach „distanzlose Bekenntnisse" schriftlich zu fixieren, bietet Paefgen (1991) Schülern der S II literarische Muster für autobiografisches Erzählen an: Texte von Robert Walser, Uwe Johnson und Thomas Mann.

Der Schüler soll ermutigt und instand gesetzt werden, „einen neuen, ihm fremden Stil auszuprobieren" (ebd., 288) und diesen mit eigenen (autobiografischen) Inhalten zu verknüpfen. Statt ohne Distanz zu sich selbst Erlebnisse und Erfahrungen zu versprachlichen, sollen Lernende im „schreibenden Vollzug" das „Gemachtsein" (ebd.) gerade eines autobiografischen Textes erfahren.

☐ Ein Arbeitsheft von K. H. Spinner basiert auf einer ähnlichen Zielsetzung: „Ausdrucksweisen der Gegenwartsliteratur für das Schreiben fruchtbar machen" (Spinner 1994, 58). Damit nicht Schreibende, so argumentiert Spinner, in klischeehafter Weise und in der Regel unreflektiert älteren Stilmustern folgen, müsse man ihnen alternative Stilmuster anbieten, statt immer nur eine möglichst „authentische", „eigene" Ausdrucksweise einzufordern (◊ *Klischees erkennen und bearbeiten*). Ziel der resultierenden Etüden ist nicht die alte, zu recht verpönte Stilübung, sondern „individuelle Aneigung" (ebd.) verschiedener **Schreibweisen als Ausdrucksmöglichkeiten.**

Wie schreibt Botho Strauß, wie Volker Braun, wie Urs Widmer, wie Heinrich Böll? Und wie unterscheiden sich Erzählstile des 20. Jahrhunderts etwa von dem J. P. Hebels? Texte dieser Autoren enthält das Arbeitsheft. Die Aufgabenstellungen umfassen u. a. das Zu-Ende-Schreiben eines Textauszugs in dessen Stil, den Vergleich zweier sprachlich stark kontrastierender Texte (Strauß/Hebel) und die stilistische „Vertauschung" zweier Texte (Böll und Hebel im Stil von Strauß). [U. A.]

Schreibkonferenzen organisieren

Schreiben in der Schule findet vielfach nur unter einschränkenden Bedingungen statt: Aus der Sicht der Schüler als Zwang, eine Textnorm zu erfüllen, „Leistung" zu zeigen, aus der Sicht der Lehrer, Leistung zu beurteilen, dazu Normen zu benutzen, deren Gültigkeit nicht befragt werden kann.
Man hat zu befürchten, dass eine solche Engführung vielfach zu Schreibentfremdung führt, ja sogar sekundären Analphabetismus fördert.
So werden von der Schreibdidaktik so genannte „Schreibkonferenzen" (bes. Spitta 1992, Fritzsche 1994) vorgeschlagen. Sie können Schreiben als eine nötige, sinnvolle, lernbare und den Einsatz lohnende Sprach- und Kommunikationstätigkeit vermitteln, den Weg zum

bewussten Textverfassen ebnen, zugleich aber vom Lehrer die Last der alleinigen Entscheidung nehmen. Kontrovers diskutiert wird freilich, in welcher Beziehung solch ◊*Freies Schreiben* zum „normalen Aufsatzunterricht" stehen könne. Da schon in Abb. 10 (S. 30) eine Schrittfolge vor allem im kreativen Schreibunterricht aufgeführt ist, soll im Folgenden das methodische Handeln nur mehr kurz zusammengefasst werden.

1. Schreibkonferenzen sind eine unterrichtliche Organisationsform, die sich vom 2. Schuljahr an in folgender Form bewährt hat:
- In jeder Woche wird für freie Schreibübungen Raum gegeben.
  Die Schüler können angeregt werden, aber sie haben die Freiheit, individuelle Texte zu verfassen.
  Beispiel: *Meine Lieblingsmusik*
- In Schreibkonferenzen, festen oder wechselnden Partner- oder Gruppenbeziehungen, werden die Texte besprochen. Dabei gibt nach Wunsch der Kinder auch die Lehrkraft Anregungen zur Überarbeitung, besser aber sind Rückfragen.
- Die Verfasser ◊*Überarbeiten* (eventuell auch als Hausaufgabe) ihre *eigenen Texte*, geleitet von den Anregungen und eigenen neuen Ideen.
- Eine Veröffentlichung ist vorgesehen, entweder durch Vorlesen oder durch eine Publikation (z. B. am Klassenbrett).
- Da solche Schreibarbeit ständig stattfindet, geben die Schüler durch Aushang bekannt:
„*Daran arbeite ich gerade: …*"
„*Das habe ich bisher geschrieben, und es ist nachlesbar: …*"

2. Man kann solche Schreibkonferenzen auch unter didaktisch-lehrzielorientierten Gesichtspunkten sehen:
- Sprachaufmerksamkeit/Sprachgefühl
- Schreib- und Selbstreflexion
- Wortschatzarbeit
- Rechtschreibarbeit
- Interpretationstätigkeit
- Schönschreibarbeit (oder Gestaltung an der Schreibmaschine oder dem Computer).

3. Man sollte sie aber auch unter dem Gesichtspunkt der Lern- und Literaturgemeinschaft sehen:
- Textinteresse statt Benotungsinteresse
- Sprachinteresse statt Sprachdemotivation durch Mangel an einsehbaren Normen
- Bereitschaft, seinen ersten Teil als überarbeitungswürdig zu erkennen, statt erste Texte als zu benotende Leistungen abzuliefern
- Interesse am anderen und seinen Geschichten statt Isolierung schulischer Schreibaufgaben. [O. B.]

Sprachregeln entdecken und Sprachwissen erwerben

Eva und Thomas räumen die Küche auf. Thomas, anscheinend nicht sonderlich für Hausarbeit zu begeistern, hat nicht gerade seinen flottesten Tag. Eva übt Kritik:
„Mensch, mach schon![1] Du bist heute morgen 'ne lahme Ente.[2]
Hast du gehört?[3] 'ne lahme Ente bist du heute morgen.[4]"
Gäbe es so etwas wie „klassische Sätze der deutschen Schulgrammatik", so gehörte der zweite Satz dazu. Im *glinz sprachbuch 4* (1976, 64) führen nämlich die Autoren an diesem

Beispiel die Verschiebeprobe vor, mit deren Hilfe die Schüler die Satzglieder und ihre Stellung im Aussagesatz ermitteln können.

1. Die Verschiebeprobe gehört zu den **operationalen Verfahren**, die in der strukturellen Linguistik für die Bestimmung der sprachlichen **Regularitäten** benutzt werden. Für die Untersuchung der Sprache besteht nach Glinz (1970, 19) nämlich die „eigentliche Analyse ... nun darin, daß man anhand des Textes ... *experimentiert* ..." Als ein Instrument für diese Experimente nennt Glinz die Klangprobe durch Intonation. Anschließend sollen die Strukturen und kleineren Einheiten der durch die Intonation ermittelten Sätze durch weitere Proben (Umstell-, Ersatz-, Weglass- und Erweiterungsprobe) herausgefunden werden, wobei man „immer prüft, wie sich bei diesen Veränderungen das Verstehen der Sätze ändert ..." (ebd.). Für den oben genannten Satz [2] sehen diese Proben so aus (vgl. auch Bußmann 1990, 456; Duden-Grammatik 1995, Rand-Nr. 1053 ff.):
– *Verschiebeprobe* (auch: Umstell-, Permutationsprobe), Sätze [2] und [4]
– *Ersatzprobe* (Austausch-, Kommutationsprobe): *Er/Der Junge ist heute morgen 'ne lahme Ente.*
– *Weglassprobe* (Abstrich-, Reduktionsprobe): *Thomas ist 'ne lahme Ente.*
– *Erweiterungsprobe* (Expansionsprobe): *Thomas ist heute 'ne richtige lahme Ente.*

2. Die Methode zur induktiven Satzgliedanalyse durch die Schüler ist auf linguistischer Seite in den **Satzbauplänen** begründet. So steht im deutschen Aussagehauptsatz das finite Verb immer an zweiter Stelle, oder wie Drach (1963, 19) schreibt: „... es steht unverrückbar in Mittelstellung." Der Satzakzent liegt auf dem Vorfeld, was die Schüler durch die Verschiebe- oder Umstellprobe (Permutation) leicht ermitteln können. Beispiel: [Vorfeld] *Thomas* [finites Verb] *ist* [Nachfeld] *'ne lahme Ente.* [Vorfeld] *'ne lahme Ente* [finites Verb] *ist* [Nachfeld] *Thomas.*

Bei zusammengesetzten Zeiten oder Verben tritt die für den deutschen Satzbau typische Satzklammer auf. Beispiel: [Vorfeld] *Thomas* [klammeröffnendes Element] *ist* [Nachfeld] *gestern 'ne lahme Ente* [klammerschließendes Element] *gewesen.*

3. Die Schüler erkennen zunächst einmal die Stellung des finiten Verbs im Aussagehauptsatz. (Gegenprobe: Bei der Verschiebung des finiten Verbs an die erste Stelle zum Beispiel [*Ist Thomas 'ne lahme Ente?*] ändert sich gleich der ganze Modus des Satzes, und er wird zum Fragesatz.) Weiterhin werden die verschiebbaren Satzglieder herauspräpariert, was durch die Ersatzprobe (Kommutation) erhärtet werden kann (*Thomas, der Junge*). Aus der Gleichsetzung ergeben sich die Satzglieder, die nun benannt werden müssen: Subjekt- (*Thomas, er, der Junge*), finites Verb (*ist*), Adverbiale (*heute morgen*), Gleichsetzungsnominativ (*Ente*). Das Entscheidende ist, dass die Schüler **induktiv** mit dem sprachlichen Material hantieren und dabei Sprachregeln entdecken und das gewonnene Sprachwissen anwenden. Im gleichen Sinne plädieren auch Eisenberg/Menzel (1995, 23) mit ihrem Vorschlag einer „Grammatik-Werkstatt" für eine „Grammatik zum Anfassen". Gleichzeitig sollen die Schüler versuchen, nachzuvollziehen, wie Sprachforscher zu den Kategorien kommen (◊Teil I,4 *Auf Sprache aufmerksam werden*). Indem die Schüler die Satzglieder herauspräparieren, ihre Funktion klären und ihre Beziehungen untereinander erkennen und sie bezeichnen, wird ihr Basiswissen zu einem bewussten Wissen.

4. Im *glinz sprachbuch 4* (1976, 65) ist in der Unterrichtseinheit „Die Verschiebeprobe – Die Satzglieder" die Sprachbetrachtung mit dem schriftlichen Sprachgebrauch verbunden (◊Teil I,6 *Integrativer Deutschunterricht;* ◊Teil I,4 *Auf Sprache aufmerksam werden*). In der genannten Unterrichtseinheit ist zum Thema „Die Verschiebeprobe in einem Aufsatzentwurf" folgender Text abgedruckt:

Mein Hamster
Mein Hamster heißt Murrlimurr.
Er hat einen großen Käfig als Haus.
Er hat darin ein gelbes Rädchen.
Er rennt unentwegt im Käfig herum.
Er darf manchmal auch in der Wohnung frei herumlaufen.
Er macht das gern.
Er kroch uns einmal hinter den Schrank.

In der Aufgabenstellung zum Text sollen die Schüler u.a. versuchen, ob sie „durch Verschiebeproben in einigen Sätzen andere Satzanfänge" bekommen. Die Schüler können herausfinden, dass sie nicht nur aus stilistischen Gründen zur Vermeidung von Wiederholungen mit „er – er – er usw." die Satzanfänge wechseln. Beispiele: *Als Haus hat er einen großen Käfig. Darin hat er ein gelbes Rädchen. Unentwegt rennt er...* usw. Hier können nun heute auch die Ergebnisse der **Textlinguistik** eingebracht werden. Durch die Stellung im Vorfeld werden die verschobenen Satzglieder akzentuiert, oder wie es in der Textlinguistik heißt, sie werden topikalisiert (vgl. auch Eisenberg/Menzel 1995, 20f.; zu den Begriffen Bußmann 1990, 794; Dobnig-Jülch 1976). Gleichzeitig wird den Schülern der fortschreitende Informationsaufbau der thematischen Progression klar. Die Sätze enthalten nämlich bekannte Informationen (Thema, z.B. *er*) und neue Informationen (Rhema, z.B. *Käfig als Haus*). Gerade im Hinblick auf die Revision von Aufsatzentwürfen (◊ *Überarbeiten eigener Texte*) sind solche Beobachtungen für Schüler wichtig. Sie erfahren dabei, wie ihre Sätze „am überzeugendsten wirken" (Menzel 1995, 54 f.).

5. Die **Anwendbarkeit** der Proben kann auf verschiedenen Sprachebenen erfolgen. So kann bei der Ermittlung der Phoneme als kleinste sprachliche Einheiten die Kommutationsprobe (*Rat* vs. *Tat*) eingesetzt werden. In der Syntax sind die Proben heute ein fester Bestandteil in den **Lehrplänen**. Der Bereich geht dabei von der Primarstufe (ab 3. Klasse) bis zur Sekundarstufe I (bis 7. Klasse), vor allem in der Realschule. **Fächerübergreifend** kann in der Mittelstufe auch eine Verbindung mit dem Englischunterricht hergestellt werden (Sprachtypologie; ◊ *Kontrastive Verfahren*). Die Proben als eine Methode der **Sprachwissenschaft** können in der Oberstufe zum Thema werden (Ermittlung sprachlicher Regularitäten). [G. K.]

Sprechspiele erproben / Artikulationstraining

„A-bra-ham-a-san-ta-cla-ra – Einatmen! – Bauchatmung! – Vorne sprechen! – Mit Zwerchfellstütze noch einmal: A-bra-ham..." Ältere Leser haben sicher solche oder ähnliche Erinnerungen an Sprecherziehungsmaßnahmen, vielleicht nicht aus dem Deutsch-, sondern dem Musikunterricht.
„Am Montag bin ich ein Hase und kitzel mich an der Nase. – Wir strecken die Zunge in Richtung Nase.
Am Dienstag bin ich ein Floh, der macht so. – Wir lassen die Zunge rechts und links hüpfen.
Am Mittwoch bin ich ein Hund und lecke meinen Mund..." (Herr 1993). Wer sich an solche Situationen in der Schule erinnert, wird sie wohl kaum unter der Kategorie „Sprecherziehung" einordnen, eher unter „Spiel und Spaß".
Dass Artikulationstraining oder Sprecherziehung nach wie vor nötig ist und zum Deutschunterricht gehören sollte, ist unstrittig, über die angemessene Form gibt es bis heute unterschiedliche Ansichten.

1. Sprecherziehung kann laut Helmers (1972, 115 ff.) als Sprecherziehung im engeren Sinn oder als erweiterte Sprecherziehung verstanden werden. Erstere hat das **lautreine Sprechen** nach den in Aussprachewörterbüchern festgelegten Normen der Hochlautung zum Ziel, Letztere ist gemeint, wenn die Zielsetzung des **gestalteten Sprechens** in den Formen der mündlichen Darstellungsarten, nämlich Gespräch und Rede, hinzukommt. Geißner (1982) versucht, alle Anliegen der Sprecherziehung im Zusammenhang zu sehen, für ihn gehört das lautreine Artikulieren neben Stimmbildung, Atemführung und den sprecherischen Ausdrucksmitteln zu den **Elementarprozessen der mündlichen Kommunikation**. Dementsprechend wendet er sich auch gegen jede Isolierung von Sprechübungen. Artikulationsübungen müssen für die Schüler einsichtig und motiviert sein, eine gute Motivation stellt dabei das spielerische Moment dar.

2. Neben der Einübung des lautreinen Sprechens der Hochsprache haben spielerische Artikulationsübungen eine Reihe weiterer Funktionen.
Im Rahmen der **Sprachentwicklung** des Kindes wird deutlich, dass spielerischer Umgang mit Sprachlauten eine wichtige Rolle spielt. Das Kleinkind tastet sich in Nachahmung der sprachlichen Äußerungen in seiner Umgebung allmählich an die Lautung seiner Muttersprache heran, es gewinnt mehr und mehr Laute hörend und sprechend dazu – Jakobson meint, nach dem „Grundsatz des maximalen Kontrastes" (vgl. Beisbart/Marenbach 1997, 121) –, dabei schleift es Bewegungsschemata der Artikulationsorgane ein, erhöht die Geschicklichkeit seiner Sprechorgane, bis etwa zur Zeit der Einschulung alle in der jeweiligen Muttersprache benötigten Sprachlaute relativ sicher akustisch differenziert und artikuliert werden können. Diese Entwicklung ist jedoch nicht bei allen Schulanfängern abgeschlossen, bei manchen fehlen einige Lautdifferenzierungen, vielen mangelt es an der Sicherheit der Lautbildung. Besonders die als letzte in der Entwicklungsreihe gebildeten Sprachlaute (s-Laute, g- und k-Verbindungen, r-Laut) sind störungsanfällig. Eine starke Entwicklungsverzögerung wird unter den Bereich der **Sprachstörungen** eingeordnet, wozu dann auch die große Gruppe der Fehlbildungen von Lauten (Stammeln) gehört.
Der spielerische Umgang mit den Lauten ist die adäquate Form der phonologischen Sprachentwicklung. Die beständige **Wiederholung** gleicher Laute und Lautgruppen (als Funktionsspiel, d. h. zum Selbstzweck, was auch von Älteren in vielen anderen Formen praktiziert wird, man denke an das Radfahren), die **Reduzierung** von Wörtern auf ihren Anfangsteil (auch in der Erwachsenensprache üblich: Limo, Schoko, Uni), die **Duplizierung** der Anfangssilbe zu Lallwörtern, häufig in Verbindung mit Momenten der **Lautmalerei** (*Wauwau, Mimi, Mama*), die **Variation** eines Lautes innerhalb gleicher Lautgruppen (*ene mene, lirum larum, Bibabutzemann*) sind dem Kind vertraute, seit der Lallphase praktizierte Formen sprachlicher Aktivitäten. Sie vermitteln – wahrscheinlich durch den Rückgriff auf frühere Entwicklungsphasen – ein Gefühl der Geborgenheit und Vertrautheit, des Ursprünglichen, haben eine beruhigende Wirkung (*Heile heile Segen*), was sicher auch mit der **Rhythmisierung** der Sprache zusammenhängt, die ihrerseits beim Selbst- und Mitsprechen regulierend auf die Atmung einwirkt. Nicht von ungefähr weisen Kinderreime, Zauberformeln, Beschwörungs- und Gebetsformeln ähnliche Strukturen auf (vgl. Bausinger 1968).

Versuchen wir die angesprochenen Zusammenhänge zu systematisieren: Spiel mit Lauten ist
- Fortsetzung phonologischer Sprachentwicklung,
- Therapie bei Sprachstörungen, vor allem beim Stammeln (durch die Rhythmisierung und Harmonisierung auch beim Stottern),
- Beitrag zur Hörerziehung, die untrennbar mit Sprecherziehung verbunden ist (Lautdifferenzierungen, die nicht gehört werden, können auch nicht produziert werden),

□ Hinführung zur Literatur, etwa über den Kinderreim zum Kindergedicht, aber auch zum Lautgedicht der Konkreten Poesie. (Man denke etwa an die einschlägigen Gedichte von Jandl oder an das *Große Lalula* von Morgenstern, vgl. ◊ *Mit Sprache spielen*.)

Zu den genannten eher **emotional** orientierten Funktionen gehört auch das Spiel mit der Ausdrucksseite der Sprache, auf die man sich leichter konzentrieren kann, wenn nur sinnlose Silben zur Verfügung stehen, der Inhalt der Einzelwörter zu vernachlässigen ist (z. B. ein Streitgespräch oder eine Wahlrede mit den Silben des Wortes *Marmelade*, unterstützt durch die entsprechende Gestik und Mimik – vgl. weitere Beispiele bei Metzger 1997).
Daneben kommt auch der **kognitive** Aspekt bei den spielerischen Artikulationsübungen nicht zu kurz: Durch den handelnden Umgang mit Sprache (vgl. etwa die Abzählreime und Fingerspiele) gelingt ein Beitrag zur Sprachbewusstheit (vgl. Andresen 1985). Das Umgehen mit Reimen, mit Reihungen, das Segmentieren von Wörtern in ihre Bestandteile schaffen die Basis für die Einsicht, wie Sprache aufgebaut ist, was Sprache kann, wie Sprache funktioniert. Solche Aktivitäten gehören auch zu den **Vorstufen des Lesenlernens** (Günnewig 1981, Günther 1986). Die Fähigkeit, Wörter in Silben und Laute zu zerlegen, Reime zu erkennen, Laute zum Wort zu verschleifen, meist mit dem Begriff der **phonologischen Bewusstheit** bezeichnet, gilt heute als wichtigster Indikator für einen ungestörten Schriftspracherwerb (Schneider 1994). Der Unterricht in **Sprachbetrachtung** wäre ohne dieses grundlegende Hantieren – durchaus wörtlich zu nehmen – mit Elementen der Sprache nicht denkbar. Das Außerkraftsetzen der **sprachlichen Normen** im Spiel – laut Helmers (1971) zusammen mit der Wiederherstellung von Ordnung ein Grundelement des kindlichen Humors – macht nicht nur Spaß, es ist auch nur vor dem Hintergrund der Normierung möglich, verweist somit stets auf die vorgegebenen sprachlichen Regeln. Nicht nur die morphologische, auch die semantische und die syntaktische Ebene der Sprache lassen sich spielerisch erschließen (*Es schrieb ein Mann an eine Wand / zehn Finger hab ich an jeder Hand / fünfundzwanzig an Händen und Füßen*). Somit ermöglichen Sprechspiele mehrdimensionale Sprachförderung.

3. Für die Verwirklichung all dieser wichtigen Zielsetzungen stehen viele Möglichkeiten im Unterricht zur Verfügung. Anknüpfungspunkte bieten der **Lese- und der Schreiblehrgang**, wenn einzelne Laute, Buchstaben, Laut- und Buchstabenverbindungen entdeckt, analysiert, eingeübt werden sollen. Auch der **Rechtschreibunterricht** schafft Gelegenheiten, auf Elemente der Sprache einzugehen, genauso wie der Unterricht in **Sprachbetrachtung** und schließlich auch der **Literaturunterricht**. Sprechspiele und Artikulationsübungen werden also in allen Teilen des Deutschunterrichts stattfinden können, nicht nur im **Mündlichen Sprachgebrauch**.

Das **Angebot an Spielformen** ist reichhaltig. Beginnend im **Vorfeld der Artikulationsübungen**

□ mit auditiven Wahrnehmungs- und Differenzierungsübungen (*Wie viel Indianer schleichen sich in meinem Rücken an? Was hört man, wenn es ganz still ist? Welche Geräusche passen zu welchen Bildern, Gegenständen, Symbolen?*)
□ über Übungen zur Körpererfahrung und Körperkontrolle (*Wir sind ein Schneemann und zerfließen in der Sonne, wir hüpfen auf einem Bein, wir gehen mit geschlossenen Augen rückwärts*)
□ sowie Übungen zur rhythmischen Differenzierung (*Wir machen das Echo für Geräuschvorgaben, wir lassen uns verzaubern in springende Pferde, stampfende Elefanten usw.*)

folgen die eigentlichen **sprechmotorischen Übungen:**

□ Lockerungsübungen – Pschibul (1980) spricht von „Mundgymnastik" – für Gaumensegel, Kiefer, Zunge und Lippen (*gähnen, gurgeln, auf bestimmte Laute lachen, mit den*

Zähnen klappern, einen Tischtennisball über den Tisch blasen, ein Gummibärchen auf der Zunge balancieren),
- ☐ Geräuschübungen (*Orchester mit verschiedenen Geräuschen; Tiere, Fahrzeuge, Geräte imitieren; Geräuschgeschichten*),
- ☐ Lautübungen auf der Silben-, Wort-, Satz- und Textebene (*lautieren, auf- und abbauen von Wörtern vor- und rückwärts, Zungenbrecher, Sprechverse, Lautgedichte, Wörterketten, Bandwurmwörter, Kofferpacken, Flüstertelefon*).

Die Reihe der Beispiele ließe sich fortsetzen. Fundstellen für weitere Anregungen sind die zahlreichen Sprachspielsammlungen (z. B. Manz 1991, Stadler 1992, vgl. auch ◊ *Mit Sprache spielen*) sowie Veröffentlichungen aus dem Bereich des szenischen Spiels (◊ *Dramatisches Gestalten*) oder die Ausführungen zum ◊ *Vorlesen*. [D. M.]

Sprichwörter untersuchen und verwenden

Nicht für die Schule, sondern für das Leben lernen wir, bekanntlich [1]. *Und da ist es gut, wenn sich das Häkchen beizeiten krümmt* [2], *denn was Hänschen nicht lernt, das lernt Hans nimmermehr* [3] *(und wohl auch Gretchen nicht). Schließlich streben wir nach einem goldenen Wagen, wenn wir wenigstens eine Speiche davon abbekommen wollen* [4]. *Allerdings: Ein voller Bauch studiert nicht gern* [5]! *Trotzdem: Hummer isst der beste Koch* [6], *und: Ein blindes Huhn studiert nicht gern* [7]! *Das wissen Hinz* [Kurzform von Heinrich] *und Kunz* [Kurzform von Konrad; 8]!

1. Fürwahr, unser kleiner Text enthält eine geballte Ladung von guten Ermahnungen – welcher Schüler hat wohl noch keine von ihnen vernommen, vielleicht sogar auf Lateinisch [1, 5]! Büchmanns „Geflügelte Worte" (1993, 336 f.) ist zu entnehmen, dass Seneca d. J. in seinen „Epistulae morales" es gar umgekehrt gemeint hat: Non vitae, sed scholae discimus, „was wir umstellen und belehrend zitieren" (ebd.). Da ist es doch gut, dass es „Antisprichwörter" [6, 7,] (Mieder 1982, Umschlagbild, 9) gibt, die das „Moralin" wieder etwas zurechtrücken. Im Unterschied zu den geflügelten Worten, deren Quellen bekannt sind (s. auch ◊ *Redewendungen*), stammen die Sprichwörter aus dem Volke, was nicht ausschließt, dass manches Bibelzitat oder ein Wort eines klugen Menschen auch zum Sprichwort geworden sein könnte. Die Schüler können die **Bildhaftigkeit** [2] und den **belehrenden Charakter** ebenso analysieren wie die Struktur (ein- oder zweigliedrig), die Verwendung von Personennamen [3, 8], den Bekanntheitsgrad [2, 4], die Herkunft und vor allem die Intention: Weitergabe von Lebensweisheiten [5: Plenus venter non studet libenter!], Hilfe für Lebenssituationen. Hinterfragt werden kann aber auch manche Manipulationsabsicht, was „kritische Verstehensprozesse in Gang zu setzen" (Beisbart/Marenbach 1997, 174) vermag.

2. Die genannten Schülertätigkeiten können je nach Schulstufe intensiviert werden, sie reichen von der **Sammlung** und **Klassifizierung** bis zur **Diskussion** des Gebrauchs solcher festen Wendungen (z. B. in der Werbung). Sprichwörter sind „eigene Mikrotexte", sie werden wie solche und wie Teiltexte (z. B. Gedichte) „zitiert" (Fleischer 1982, 80). Im Einzelnen bieten sich folgende Methoden an:
Sammeln von Sprichwörtern: aus der Werbung, aus den Schlagzeilen oder den Karikaturen der Medien oder aus der Sprache der Politik (Beispiele bei Mieder 1979). Bekannt wurde das **Lehnsprichwort** (zum Begriff Fleischer 1982, 82 f.) „Die Hunde bellen, aber die Karawane zieht weiter" (aus dem Türkischen und vor über 100 Jahren fürs Deutsche belegt; ein-

gehend bei Mieder 1992, 203 ff.). Es wurde 1988 von Bundeskanzler Kohl zitiert und in den Medien kolportiert, karikiert und als „Kohl-Wort" apostrophiert. Ein anderes Beispiel: „Es ist nicht alles Gold, was glänzt" – so lautet die Schlagzeile der Reportage über die Kundenberaterin eines Juweliergeschäftes im Anzeigenblatt *aktuelle Oberpfälzer Rundschau* (50 856 Auflage) vom 19. 10. 1995.

Auswerten von Lexika: zahlreiche Sammlungen bieten einen auswertbaren Fundus; eines der Standardwerke ist der „Röhrich" (1991/92).

Herkunft untersuchen: aus Bibel und Volkspoesie stammen viele Sprichwörter, aus der Poeten- und Gelehrtenstube natürlich auch. So gelangte ein Wort von Sokrates über Xenophon zu Cicero bis zum „Freidank": *Der hunger ist der beste koch* (Büchmann 1993, 80). Aus dem geflügelten Wort ist längst ein Sprichwort geworden. Soziologisch, kulturell interessant sind auch die **Themenkreise** wie Alter und Jugend, Gut und Geld und die Liebe, die bekanntlich durch den Magen gehen soll.

Strukturen vergleichen: z. B. eingliedrig (Morgenstund' hat Gold im Mund) oder zweigliedrig (Was ein Häkchen werden will, krümmt sich beizeiten); mit und ohne Reim, auch mit Alliteration (Glück und Glas, wie bald bricht das). Hierher gehören auch bestimmte Formen wie Sprichwortgedichte (Beispiele bei Mieder 1979) oder die international verbreiteten Sagwörter (zum Begriff Fleischer 1982, 83) wie z. B.: Wat es doch en Ape en spaßig Mensch, seit de Bur (Rehbein 1990, 35).

Funktionen analysieren: Den Großmüttern sagte man früher nach, das sie als wandelnde Sprichwörter-Lexika für jede Lebenslage ein Sprichwort parat hätten. Heute dienen die Sprichwörter oft anderen Zwecken, wie oben bei *Sammeln* dargestellt. Auch der Wandel ihrer **Funktion** kann zur Sprache kommen. Im Zeichen der Flexibilität und Mobilität in der Arbeitswelt kann heute das Sprichwort „Schuster bleib' bei deinem Leisten" wohl nicht mehr wortwörtlich genommen werden.

Parodieren: **Antisprichwörter** karikieren und parodieren. Die Schüler können mögliche Ursachen herauszufinden suchen oder sich selbst kreativ betätigen und z. B. hintersinnige Werbetexte mit Sprichwörtern entwerfen.

Lernbereichintegrative und fächerübergreifende Querverbindungen herstellen: sowohl zum Literaturunterricht (den „Sprichwortcharakter" der lehrhaften Dichtung von Fabeln, Kalendergeschichten herausarbeiten, vgl. mhd. Spruch- und Lehrdichtung) als auch zum fremdsprachlichen Unterricht (Sprichwörter in anderen Sprachen, kultureller Hintergrund). [G. K.]

Standardisierte Texte verfassen

1. Bewerbung, Lebenslauf, Protokoll und Beschwerdebrief gehören zu den **Zweckformen** oder standardisierten Texten, d. h., die Schüler müssen lernen, dass sie bestimmte **Standards** einhalten müssen, die von den Adressaten erwartet werden. Standards erfüllen bestimmte **Funktionen**. So spart ein tabellarischer Lebenslauf dem Sachbearbeiter oder Personalchef Zeit bei der Lektüre. Andererseits gibt es gewisse inhaltliche und formale Spielräume, indem der Schreiber beispielsweise selbst entscheiden muss, ob er Angaben über seine Hobbys macht. Standardisierte Texte werden in den Lehrplänen der **weiterführenden Schulen** aufgeführt. Vorformen werden schon in der **Primarstufe** eingeübt, wie z. B. vorbereitende Notizen für kleinere Protokolle und deren Ausformulierung. Entsprechende Unterrichtseinheiten sind in den **Sprachbüchern** enthalten.

2. Die **Bewerbung** ist ein komplexer Vorgang, der nicht nur auf den schriftlichen Teil beschränkt ist und der in vollem Umfang im Unterricht behandelt werden muss. Die Bewerbung für einen Ausbildungsplatz oder einen Stellenwechsel ist nämlich heute von enormer Bedeutung. Das spiegelt sich im Angebot zahlreicher Ratgeber wider, angefangen von Broschüren, die von Zeitungen, Banken, Versicherungen u. a. herausgegeben oder von Verlagen gedruckt werden, bis hin zu Musterlösungen auf CD-ROM oder zu simulierten Vorstellungsgesprächen auf Video. Ein Hinweis auf die Möglichkeiten, die örtliche Bibliotheken bieten, sollte deshalb nicht fehlen (◊ *Büchermacher und Bücherhalter*). Wichtig sind deshalb auch die Vorinformationen. Dazu gehören „Schnupper-Praktika" und Betriebsbesichtigungen („Tag der offenen Tür"), Gespräche mit Berufstätigen und dem Berufsberater. Weiterhin können sich die Schüler durch Lektüre informieren, z. B. in berufsorientierenden Publikationen (etwa die „Blätter zur Berufskunde", für die es beim Arbeitsamt Gutscheine gibt), in Druckschriften vom Arbeitsamt (Berufsinformationszentrum, BIZ), von der Industrie- und Handelskammer oder der Handwerkskammer.

Die schriftliche Bewerbung gliedert sich im Allgemeinen in drei Teile: das **Bewerbungsschreiben**, den **Lebenslauf** (obligatorisch) und die **Beilagen** (Lichtbild, Zeugniskopien vom Zwischenzeugnis und manchmal auch vom Vorjahreszeugnis, evtl. Referenzen oder detaillierte Übersicht über die bisherige Tätigkeit). Die Stellenangebote in Anzeigen (Tageszeitungen, Fachorgane) sprechen von „Bewerbung mit den üblichen Unterlagen" oder von „aussagefähigen Bewerbungsunterlagen". In manchen Fällen werden die Beilagen in den Anzeigen aufgelistet. Eine weitere Möglichkeit ist die „blinde" Bewerbung, die unaufgefordert erfolgt. Das wirkt sich auf die Abfassung des Bewerbungsschreibens aus. Die Grundfrage für das Schreiben lautet: Warum bin gerade **ich** für diese Stelle geeignet? Als Bewerber sollte man sich dabei vor Augen halten, dass eine Personalabteilung keine Berufsberatung ist. **Lernbereichsübergreifend** können die Analyse von Texten (Anzeigen, Berufsbilder, Ratgeber, Einstellungstests) und die Simulation von Vorstellungsgesprächen einbezogen werden (Interview: ◊ *Fragen stellen*).

a) Kernstück ist das **Bewerbungsschreiben**. Um aus der Vielzahl von Bewerbungen für einen Platz herauszuragen, sind heute Ideen gefragt. Der „Spickzettel" der BVB (1988/89, 19) gibt dazu folgenden Tip: „Stellen Sie sich vor, Sie hätten aus 100 Bewerbungen drei Auszubildende auszuwählen. Haben Sie also keine Angst, auch mal außergewöhnliche Wege zu gehen." Als Beispiel gibt die Broschüre an, dass ein Bewerber für eine Schreiner-Lehrstelle einmal Fotos beigelegt habe, die ihn beim „Schreinern" in der Freizeit zeigen. Die Schüler können erarbeiten, dass bestimmte **Formalia** zu berücksichtigen sind, was schon mit dem Format (DIN A4), der äußeren Form (Maschinenschrift; DIN-Norm-Einteilung) und der orthographischen Richtigkeit beginnt. Letztere sollte nicht unterschätzt werden, da diese oft als Ausweis für Sorgfältigkeit und (leider noch immer) für Intelligenz angesehen wird.

- Kopf mit Absender, Datum; Anschrift und Betreff (*Bewerbung um einen Ausbildungsplatz als…*), Anrede allgemein (*Sehr geehrte Damen und Herren,*) oder noch besser mit dem Namen des Ansprechpartners (vorheriger Anruf beim Betrieb, wenn nicht in der Anzeige genannt)
- „Aussagefähiger" Text mit Angaben über den Bezug (Anzeige, Hinweis von der Stellenvermittlung), Berufswunsch, eigene Vorstellungen, Schulbesuch, evtl. Erfahrungen bei Betriebspraktika oder -erkundungen, Fähigkeiten und Fertigkeiten
- Oft sind in Anzeigen auch sog. **Anforderungsprofile** (zur Persönlichkeit und Kompetenz sowie zur Leistungsmotivation) enthalten. Empfehlenswert sind bei jugendlichen Bewerbern Angaben über Hobbys und Zugehörigkeit zu einem Verein oder einer Jugendgruppe, da meist nur wenige oder keine Angaben über Berufserfahrung gemacht werden können.

– Bitte um einen Vorstellungstermin und evtl. im Text ein Hinweis auf besondere Anlagen, Schlussformel, Unterschrift.

Die Schüler können zu Anzeigen „Bewerbungen" schreiben, und ein „Musterbrief" (an der Pinnwand) kann individualisiert werden.

b) Der **Lebenslauf** wird in der Regel tabellarisch (ausformuliert und handschriftlich nur auf Anforderung) angelegt. Zu beachten ist, dass Ort, Datum und Unterschrift üblich sind. Bei internationalen Unternehmen wird heute in der Regel ein **englischsprachiger** Lebenslauf (*curriculum vitae*) gerne gesehen. Nach Aussage eines Personalchefs könnte dies sogar in wenigen Jahren der Standard sein. Deshalb bietet sich ein **fächerübergreifendes Vorhaben** mit dem Fremdsprachenunterricht an. Ein **Farbfoto** wird heute erwartet. Es kann am rechten oberen Rand des Lebenslaufs angebracht werden und sollte auf der Rückseite wischfest die Anschrift enthalten. Da Fotos einen ersten Eindruck vermitteln, sollte man auf ein gepflegtes Aussehen Wert legen.

Die Schüler können für die Bewerbung eine **Checkliste** entwickeln, die dann jeder persönlich zur Verfügung hat. Wichtig ist, dass den Schülern die Gründe der einzelnen Elemente einsichtig sind. Weiterhin lässt sich im Rahmen eines Projekts das Thema „Bewerbung" angehen, das die außerschulische Lebenswelt einbezieht.

3. Die einzelnen Phasen eines solchen Projektes lassen sich gleich mit dem **Protokollieren** verbinden. Sowohl für das Verlaufsprotokoll als auch für das Ergebnisprotokoll gelten bestimmte Standards. Gemeinsam ist beiden Arten, dass wichtige Angaben (Organisation oder Veranstaltung; Datum, Uhrzeit, Ort; Teilnehmer, abwesende Personen; Tagesordnung; Vorsitzender und Schriftführer) enthalten sein müssen. Beim Verlaufsprotokoll ist der Ablauf der Veranstaltung von Wichtigkeit, beim meist kürzeren Ergebnisprotokoll werden Ergebnisse und vor allem Beschlüsse (mitunter mit Abstimmungsverhältnis) protokolliert. Wichtig ist, dass den Schülern der Zusammenhang von Zweck und sprachlicher Konsequenz klar wird. So kommt es auf eine knappe und präzise **Formulierung**, die Vermeidung von direkter Rede und umgangssprachlichen Wendungen an. Die Unterschrift von Vorsitzenden und Schriftführer hat auch juristische Implikationen, beide „verbürgen" sich für die Richtigkeit. Für die Schüler ist die stufenweise **Einübung** der Teilschritte (Beobachtung des Ablaufs, Mitschrift, Auswahl des Wesentlichen und Zusammenfassung der Beiträge, Niederschrift) wichtig.

Anlässe für Protokolle bieten Unterrichtsstunden, auch Teile davon, der Verlauf und die Ergebnisse von Gruppenarbeit, auch um abwesende Schüler zu informieren. Im Schulbereich gehören Sitzungen der Schülervertretung (z. B. Wahl des Schulsprechers) dazu, wobei gleichzeitig „Fertigkeiten der Versammlungs- und Sitzungspraxis" eingeübt werden können (Staatsinstitut I, 1992, 147). Ferner sind Unfallprotokolle für die Versicherung oder Krankenkasse zu nennen. Labor- oder Versuchsprotokolle können im Bereich des naturwissenschaftlichen Unterrichts angefertigt und besprochen werden. Weitere **fächerübergreifende** Aspekte ergeben sich aus der Bedeutung von Gerichts- oder Sitzungsprotokollen von politischen Gremien. Die historische Dimension von Protokollen können die Schüler anhand des geheimen Zusatzprotokolls zum sog. Rückversicherungsvertrag zwischen dem Deutschen Reich und Russland 1887 über die Interessen Russlands am Bosporus oder anhand der Gedächtnisprotokolle des Generals Friedrich Hoßbach (1937) über eine Besprechung in der Reichskanzlei, in der Hitler seine Entschlossenheit zum Krieg bekannt gab, entdecken.

4. Einem Lehrling mit 600 DM Einkommen wurde eine Kapital-Lebensversicherung (Laufzeit 35 Jahre) und eine überteuerte Unfallversicherung „angedreht" (Castelló 1994, 23 f.), Grund für eine **Beschwerde**. Versicherungen, Ratenkäufe, Kreditverträge, Reise-

buchungen, Verwaltungsentscheidungen, Steuerbescheide sind Bereiche, in denen es zu Reklamationen oder Einsprüchen kommen kann. Hier können von den Schülern zahlreiche Aktivitäten durchgeführt werden, auch in Zusammenarbeit mit dem Sozialkunde-Unterricht. Zunächst einmal geht es um die Lektüre des sog. „Kleingedruckten", um Rechtsmittelbelehrungen (Fristen). Die Schüler können mündlich Informationen einholen (Abhilfe oder „Vorher-Beratung" bei den Verbraucherzentralen, rechtsfähigen Vereinen wie Mieterbund, Steuerhilfe). Bei schriftlichen Beschwerden sind wiederum Formalia wie Anschrift, Betreff oder Bezug (z. B. Steuernummer und Datum des Bescheids), Anrede und Schlussformel zu beachten. Für die inhaltliche Abfassung ist die Rechtslage maßgebend; für die Berufspraxis gibt es sogar Schriftsatzmuster (z. B. Fichtelmann u. a. 1990, Stichworte: Beschwerde, Einspruch). Aufgrund einer Untersuchung von begründeten Beschwerden bei gravierenden Versicherungsfällen kommt die Juristin und Verbraucherberaterin Edda Castelló (1994, 29) zu dem Schluss: „... nicht nur ein Argument vorzubringen, sondern möglichst viele Geschütze aufzufahren."
[G. K.]

Tests im Rechtschreibunterricht einsetzen

Mithilfe einiger Fragen soll das Stichwort *Rechtschreibtest* erläutert werden.

1. Was ist ein Test?

Bei Ingenkamp (1988, 80) lesen wir: „Tests sind Verfahren der Pädagogischen Diagnostik, mit deren Hilfe eine Verhaltensstichprobe die Voraussetzungen für oder Ergebnisse von Lernprozessen repräsentieren soll, möglichst vergleichbar, objektiv, zuverlässig und gültig gemessen und durch Lehrer oder Erzieher ausgewertet, interpretiert und für ihr pädagogisches Handeln nutzbar gemacht werden kann". Bei Heller (1984, 65) steht: „Testen heißt nichts anderes, als ein Individuum oder eine Gruppe von Individuen hinsichtlich eines oder mehrerer definierter Merkmale zu messen (z. B. Schulleistung, Intelligenz, Ängstlichkeit usw.)". „Rechtschreibleistung" können wir hier als zu messendes Merkmal ergänzen.
Eine Reihe weiterer Fragen tritt auf: Wie ist das Merkmal Rechtschreibleistung zu definieren? Was heißt „vergleichbar"? Wie wird objektiv, zuverlässig und gültig gemessen? Die letztgenannte Frage ist die nach den sog. **Testgütekriterien**:
– der Objektivität, die dann gegeben ist, wenn die Ergebnisse ihre Unabhängigkeit vom Tester (Aussprache beim Diktieren, Ausführlichkeit von Erklärungen, Auswertung der Ergebnisse) erweisen;
– der Reliabilität, wenn z. B. eine Testwiederholung zum gleichen Ergebnis führt;
– der Validität, wenn der Rechtschreibtest tatsächlich die Rechtschreibleistung misst und nicht etwa die Ausdauer, die Fähigkeit, Prüfungssituationen gelassen zu überstehen, oder die Sachkenntnis, die für das richtige Schreiben mancher Begriffe Voraussetzung ist.

Diese Forderungen gelten am besten bei den sog. **standardisierten Tests** als erfüllt, die von Schulen (nicht von Privatpersonen!) bei Verlagen bestellt werden können, am bekanntesten wohl die „Deutschen Schultests" oder die „Stufentests" beim Beltz-Testverlag, aber auch bei Klett oder Westermann (Überblick bei Ingenkamp/Jäger 1990). Daneben sind allerdings die sog. **informellen Tests** zu erwähnen, die der Lehrer bzw. eine Lehrergruppe selbst erstellt. Die Frage nach der Vergleichbarkeit bringt die möglichen **Bezugsnormen** ins Blickfeld: Verglichen wird die gemessene Schülerleistung entweder mit den Leistungen, die eine repräsentative Vergleichsgruppe von 1000 bis 2000 Schülern bei der Eichung des Tests erbracht hat (norm- oder gruppenbezogene Tests), oder mit dem gesetzten Lernziel, das es zu erreichen gilt (lehr-/lernzielorientierte Tests). Letztere werden auch kriteriumsorientiert genannt, weil ein Kriterium festgesetzt werden muss, wann das Ziel als erreicht gelten soll. Für normorientierte Tests sind Auswertungstabellen vorgegeben, die Aussagen folgender Art zulassen: Der Schüler N. in meiner Klasse übertrifft mit seiner Rechtschreibleistung 70% der Schüler in der Vergleichsgruppe, er gehört also im Rechtschreiben zu den besten 30% seiner Schülergruppe. Solche Vergleiche sind auch für die Durchschnittsleistung der Klasse möglich. So kann man sich ein Bild machen, „wo die Klasse steht". Hier sind wir bei der Antwort auf eine zweite Frage:

2. Wann sollte ein Test eingesetzt werden?

Die Übernahme oder Abgabe einer Klasse könnte ein sinnvoller Zeitpunkt für den Einsatz eines **normorientierten Rechtschreibtests** sein. Geht einer Klasse etwa der Ruf voraus, besonders leistungsschwach zu sein, ist ein objektiver Vergleich durchaus angeraten. Am Ende eines Schuljahres eingesetzt, gibt der Test natürlich auch Auskunft über den Lehrerfolg des Lehrers, der dann optimal ist, wenn die Klassenleistung im Blick auf die Vergleichsgruppe etwa den gleichen Prozentrang einnimmt wie zu Beginn des Schuljahres. Eine Verbesserung ließe darauf schließen, dass überdurchschnittlich viel verlangt („geleistet"?) wurde.

Anders ist die Frage nach dem Einsatz für **lernzielorientierte Tests** zu beantworten. Da sich diese Verfahren auf die im Unterricht erarbeiteten Ziele beziehen, sollte eine entsprechende Überprüfung der Zielerreichung so oft wie möglich geplant werden. Allerdings ist zu sehen, dass nach einer intensiv und engagiert geführten theoretischen Auseinandersetzung mit diesen Ideen, besonders im Umkreis der curricularen Überlegungen der 70er-Jahre (vgl. Strittmatter 1973, Klauer 1983), die konkreten Testkonstruktionen weitgehend ausblieben. So ist man auf informelle Tests angewiesen, die vom einzelnen Lehrer zu erstellen sind (s. hierzu Punkt 4).

3. Warum soll man Rechtschreibtests einsetzen?

Diese Frage könnte auch so gestellt werden: Warum soll man keine Rechtschreibtests einsetzen? Vor- und Nachteile von Tests sind damit angesprochen. Neben der Objektivität bei der Leistungsermittlung anstelle von vorurteilsbeladenen intuitiven Beurteilungen und neben dem Blick auf Leistungsanforderungen in Vergleichsklassen ist bei den **Vorteilen** sicher die Therapieorientierung mancher Tests zu erwähnen. Nennt sich ein Test etwa Diagnostischer Rechtschreibtest, dann möchte er Grundlagen für die gezielte Förderung der Schüler durch eine qualitative Auswertung schaffen. In einer Fehleranalyse sollen die Falschschreibungen einer vorgegebenen Fehlerarten-Liste zugeordnet werden, um ein Fehlerprofil für den Schreiber zu erstellen. Als weiterer Vorteil könnte die Arbeitsökonomie gelten, denn die meisten Tests verlangen als Lückentext nur das Schreiben einzelner ausgesuchter Wörter.

Freilich kann hierin auch ein **Nachteil** gesehen werden, weil die Konzentration auf ausschließlich schwierige Einzelwörter schwerer fällt als das Schreiben eines zusammenhängenden Textes mit vielen wohl bekannten Teilen. Als größter Nachteil des Testeinsatzes ist die zum Wesen eines Tests gehörende Überforderung der Schüler zu nennen. Niemand darf in der zur Verfügung stehenden Zeit alle Aufgaben lösen. Wird die „Testdecke" erreicht, muss der Test als zur Einordnung der Einzelleistungen unbrauchbar überarbeitet (d. h. erschwert) werden. Hinzu kommt die typische Testsituation: Ohne auf persönliche oder situative Probleme einzugehen, hat sich der Lehrer rigide an die im Testheft enthaltenen Vorgaben im Hinblick auf Arbeitszeit, verbale Instruktionen und Erklärungen zu halten. Der schwächste Rechtschreiber muss die gleichen Aufgaben lösen wie der beste, ohne Rücksicht darauf, dass er bald scheitern, viele Fehler, eventuell Unmut dem Schreiben gegenüber oder gar Aggression produzieren wird. Kein Grund für die Ablehnung von Tests sollte jedoch die generelle „Testaversion des deutschen Intellektuellen" sein (Ingenkamp 1989), der laut Ingenkamp Tests fälschlich als amerikanische Erfindung, eher als Mittel zur Auslese als zur Förderung, als unpädagogische Vermessung des Menschen sehe, in Wirklichkeit aber befürchte, dem Test ausgeliefert zu sein, ohne das Testergebnis etwa durch seine verbale Gewandtheit beeinflussen zu können. „Die Folge ist, daß wir in Fragen pädagogischer Diagnostik ein Entwicklungsland sind" (Ingenkamp 1989, 174).

4. Wie könnte die Praxis des Testeinsatzes heute aussehen?

Neben dem erwähnten sparsamen Einsatz normorientierter Tests sollten im Schulalltag die informellen **lernzielorientierten Verfahren** Beachtung finden. War der Umgang mit einem bestimmten Rechtschreibfall das Lernziel – was unabhängig von der Konzeption des Rechtschreibens als durchgängiger Lehrgang, als integrativer oder offener Unterricht möglich und nötig ist –, dann ist die Lernerfolgskontrolle nach einiger Zeit der Übung unterrichtliche Selbstverständlichkeit. Ein sinnvolles Verfahren könnte so aussehen, dass ein Lückentext konstruiert wird, der für den zu überprüfenden Rechtschreibfall repräsentative Wörter vorsieht, ergänzt um Wörter mit anderen Rechtschreibproblemen, um eine unnatürliche Häufung eines einzelnen Phänomens zu vermeiden. Bei der Auswertung der Ergebnisse bleiben die Falschschreibungen bei den zusätzlichen Wörtern allerdings unberücksichtigt – dies ist ein wesentliches Merkmal lernzielorientierten Messens. Eine zweite Besonderheit ist die Festlegung eines Kriteriums für die Zielerreichung vorab, gemeinhin zwischen 60 und 80% der möglichen Gesamtleistung. Nehmen wir an, Ziel der Unterrichtseinheit war die Fähigkeit, das Dehnungs-h richtig zu setzen, es wurden 9 Wörter mit Dehnungs-h, 6 mit unbezeichneter Vokaldehnung, 10 Wörter mit anderen orthographischen Problemen für einen Lückentext ausgewählt, dann hat der das Ziel erreicht, der mindestens 12 der 15 Wörter mit langem Vokal richtig geschrieben hat (bei strengem Maßstab von 80%). Die Nichtbeachtung eventuell anderer orthographischer Verstöße wird dadurch erleichtert, dass der Lehrer **keine Noten** gibt, sondern mit der Information über die Zielerreichung (Beherrschung des Dehnungs-h) zufrieden ist. Hier wird ein weiterer Vorteil lernzielorientierten Messens deutlich: Mehrere solche Lernstandsmessungen während des Schuljahres ermöglichen nicht nur den Einsatz gezielter Fördermaßnahmen, sie ergeben auch einen Überblick über den individuellen Lernprozess des Schülers – die pädagogisch wertvollste Aufgabe des Testeinsatzes. [D. M.]

Überarbeiten eigener Texte/Textrevisionen durchführen

Schüler sitzen über einem Prüfungsaufsatz. Viele von ihnen haben knapp Zeit, ihn zu entwerfen und einigermaßen leserlich aufzuschreiben. Zuletzt bleiben ihnen nur noch ein paar Minuten, den Text noch einmal durchzulesen, hie und da ein Komma nachzutragen, einen Buchstaben auszubessern oder ein Wort durch ein anderes zu ersetzen. Tiefere Eingriffe hätten zur Folge, dass das Schriftbild erheblich gestört würde, was manchen Schreiber abhält, sich den äußeren Eindruck seines Aufsatzes verderben zu lassen.

Schreiber von Bewerbungen, Schriftsteller, ja selbst unter Zeitdruck stehende Journalisten (also Profis des Schreibens) werden hingegen keinen Text ohne eine gründliche Revision aus der Hand geben. Berühmt sind inzwischen auch die Autographenforschungen zu manchen Autoren (z. B. Hölderlin, vgl. *Das weiße Blatt* 1994). Kann es folglich richtig sein, von Schülern zu verlangen, dass ihre Erstfassungen Endfassungen sind? Wohl kaum.

1. Textrevisionen als Teil des Textschreibens sind im Zuge der Erforschung von Schreibprozessen (Beisbart 1989, Rau 1994, Baurmann/Weingarten 1995) thematisiert worden. Das Erlernen des Textüberarbeitens/der Revision wird zunehmend als Aufgabe der Didaktik des Schreibens in der Schule erkannt. Baurmann/Ludwig (1985) unterscheiden fünf Stufen von Revisionen mit unterschiedlicher Tiefe des Eingriffs:
Nachträge sind kleinere kosmetische Korrekturen am Schriftbild, Verdeutlichungen, Hinzufügungen, Streichungen.
Korrekturen beziehen sich auf sprachliche Normen (Orthographie, Zeichensetzung, syntaktische und semantische Berichtigungen).
Verbesserungen oder Emendationen sind stilistische Veränderungen am Textentwurf (Wahl anderer Wörter, auch syntaktischer Konstruktionen).
Umsetzungen oder Redigierungen beziehen sich auf die Planbildung, d. h. die Gesamtorganisation eines Textes (Streichungen von Redundanzen, Ergänzungen bei Argumentationslücken).
Reformulierungen sind die veränderte Neuformulierung ganzer Abschnitte oder ganzer Texte.
Auch wenn nicht in jedem Fall eine klare Abgrenzung zwischen den Stufen bestimmbar ist, so wird doch der große Umfang möglicher Revisionen an Texten deutlich. Die Revisionen werden vom Verfasser dieses Textes vorgenommen („Selbstbeurteilung"). Der Unterschied zu Eingriffen anderer (Redaktionen) sollte im Blick bleiben. Anregungen (inhaltlich oder sprachlich) zu eigenen Revisionen durch Leser (Lehrer, Klassenkameraden), also „Fremdbeurteilungen", sind nicht ausgeschlossen, werden jedoch vom Schreiber nach eigenem Ermessen übernommen oder verworfen: „Verbessern statt korrigieren" (Abraham 1993) (◊ *Schreibkonferenzen organisieren*). Darüber hinaus aber sollte der Gesamtprozess bei der Entstehung eines Textes im Blick bleiben, da Textrevisionen nur ein Schritt eines umfangreichen Schreibprozesses sind.
Schon die Aufgabenstellung enthält Kriterien, die auch für die Revisionen von Bedeutung sind. Dies gilt in jedem Fall, bei der Vorgabe einer **Textsorte** (Bericht, Erörterung), bestimmter **darstellungstechnischer** oder **stilistischer Regeln** („Erzähle aus der Perspektive..."), bestimmter **Adressaten** (Ein Brief an einen Freund), bei der Vorgabe von Materialien (Bilder, Texte), die **funktional** zu beschreiben, zu kommentieren, zu verarbeiten, weiterzuschreiben ... sind; selbst bei kreativem Schreiben, wenn (nach ersten Notaten) die Stufe des Findens eines roten Fadens, eines **Sinnkonzepts**, einer Überschrift ... erreicht ist, bindet diese Entscheidung.
Notwendig ist auf jeden Fall eine zweite Stufe, in der der Schreiber zum (mehr oder weniger distanzierten) Leser werden muss. Welche Kriterien er dann als Leser einführt, hängt von der Aufgabenstellung, von möglichen Kommentierungen anderer, aber auch von erlernten Fähigkeiten des Überarbeitens ab. Die Spannung zwischen dem Schreibziel, das sich der Verfasser (mehr oder weniger klar) gestellt hat, und den von außen kommenden Normen und ihrer strikten Erfüllung muss bei jeder einzelnen Schreibaufgabe reflektiert werden.

Der Schreiber muss sich z. B. fragen: Wieweit sind die bekannten Möglichkeiten argumentierender Themenentfaltung (◊ *Argumentieren/Erörtern*) vereinbar mit meiner Absicht und der Problematik des Themas?

Eine dritte Stufe aber wird folgen (wenn sich nicht der Revisionsprozess noch um weitere Zwischenstufen verlängert): Die Erstellung einer vom Verfasser selbst akzeptierten Endfassung in ansprechender Form.

Eine mit Überarbeitungen und Revisionen verwandte Fragestellung ist die der sog. **Textoptimierungen**, der Erhöhung der Leserfreundlichkeit von Texten. Sie bezieht sich häufig auf veröffentlichte Sach- und Fachtexte. Die von verschiedenen Seiten vorgelegten Kriterien können auch für die schulische Arbeit genutzt werden (vgl. bes. Langer 1974, Hölsken 1988): Wortwahl (Fachbegriffe und Erklärungen) und Satzbau, sachliche Angemessenheit, d. h. Orientierung am Gegenstand (Reihenfolge, logische Verknüpfungen), semantische Verknüpfungen („roter Faden", rechte Dosierung von Redundanz u. a.), Leserfreundlichkeit (Vorankündigungen oder Zusammenfassungen, Beispiele, Erklärungen, Anknüpfungen an Bekanntes, Strukturierungen des Textes, Beigaben von optischen Mitteln).

2. Das Überarbeiten eigener Texte sollte mehr zum Alltag des Schreibenlernens in der Schule gehören, als dies bisher der Fall ist. Es setzt voraus:
aufseiten der **Schüler** die Bereitschaft, sich genauer mit dem eigenen Text auseinander zu setzen. Dies bedeutet, dass die Schüler
- Textschreiben nicht nur als expressiven oder strikt außengeleiteten Akt des Schreibens erkennen, sondern auch bei ◊*Assoziativem Schreiben* den Weg zur Bearbeitungsnotwendigkeit mitgehen,
- Veränderbarkeit von Texten einsehen,
- das Arbeiten an eigenen Texten als notwendigen, sinnvollen und förderlichen Teil des Schreibens erkennen,
- zunehmend lernen, von flächigen zu tiefer wirkenden Revisionen vorzudringen,
- Stilwahrnehmung als Voraussetzung für „Stil-Gestalten" (Abraham 1996) erlernen.

Aufseiten der **Lehrer** ist die Bereitschaft nötig, zu bedenken, dass Textschreiben auch in der Schule als ein länger dauernder Prozess anzusehen ist. Dies bedeutet, dass der Lehrer
- äußere Bedingungen organisiert: So muss auf den Blättern nicht nur für fremde Leserbemerkungen genügend Platz sein, sondern auch für Revisionen, um unnötiges Abschreiben von bereits akzeptierten Passagen zu vermeiden. So kann ◊*computergestütztes Schreiben* von Texten das Interesse an Revisionen erleichtern. Ausdrucke können korrekturfreundlich formatiert werden.
- Schreibübungsphasen vorsieht, die das Überarbeiten und das Finden von Varianten ermöglichen,
- genügend Zeit oder Zwischenzeiten gewährt, damit eine Distanz zum eigenen Text möglich ist,
- Schreibberatung statt bewertender und benotender Erstkorrektur gibt. Da solche Beratung mit mehr Lesearbeit verbunden sein kann, empfehlen sich Schreibberatungen durch Partner- und Gruppenarbeit („dialogische Korrektur", vgl. Kuhl 1988, 151 f.).
- auch mangelhafte Schriftbilder bei Erstfassungen akzeptiert. Dagegen kann die Endfassung auf ästhetische Qualität nicht verzichten, zumal häufiger eine „Veröffentlichung" (z. B. auch am Anschlagbrett) anzustreben ist.
- überarbeitungswürdige Texte fremder Schüler einbezieht,
- Schriftstellerkonzepte einbringt, die zu eigenen Schreibversuchen anregen können.

3. In vielen Veröffentlichungen heißt es, Voraussetzung für eine Einübung ins Überarbeiten sei eine völlige Umstellung des gesamten Schreib- oder Aufsatzunterrichts. Doch hat wohl schon die Anregung zum kreativen Schreiben (◊*Assoziatives Schreiben*, ◊*Freies Schreiben*) in der Schule die Einsicht bei Lehrern und Schülern wachsen lassen, das mehrfache Bearbeiten der Texte von der Grundschule an als hilfreich und nützlich zu erkennen.

Schon die ersten eigenständigen Revisionen von Kindern, die sich in jedem Text finden, können Anlass zum Nachfragen sein, zumal dann, wenn sie zu (neuen) Fehlern geführt haben. (Dies ist meist ein Anzeichen, dass zu wenig die Umgebung einer Veränderung mit überprüft wurde.) Wichtiger ist es, **Texterarbeitungen als erste Notate** zu verstehen. Phasen des Vorlesens von Entwürfen (vgl. Bambach 1990), des gemeinsamen Überarbeitens, des Erprobens von Textvarianten, aber auch schriftliche Anfragen am Rand werden die Schüler zu Überarbeitungen, auch zu tieferen Eingriffen anregen (Spitta).

Wo eine scheinbare Nähe von mündlichem und schriftlichem Darstellen vorliegt (z. B. bei Bildergeschichten, die zu wörtlichen Reden anregen, bei Gebrauchsanweisungen u. a.), können Rollenspiele erprobt, die dabei gefundenen Formulierungen auf ihre Brauchbarkeit für die schriftliche Darstellung geprüft bzw. verändert werden. Stilistische und perspektivische Übungen – auch in arbeitsverschiedenen Gruppen – erbringen z. B. zu Bildern verschiedene Textvarianten. Sie können dann als Material für angemessene oder situationsbezogene Überarbeitungen dienen.

Textvorlagen von jüngeren Schülern, frühere Schreibversuche, gedruckte Sachtexte oder Schriftstellermanuskripte können zu unterschiedlichen Umarbeitungen und Verbesserungen anregen, nach Notwendigkeit auch um Wortschatzübungen und grammatische Analysen ergänzt werden.

4. Die Phase des Überarbeitens darf nicht isoliert gesehen werden. Vielmehr gehört die Textrevision zu jeder Art von Texterstellung. Erzählende und sachliche Texte, kreativ gestaltete Gedichte und produktive Reaktionen auf Texte, Erörterungen und kritische Antworten auf Literatur – alle eigenen Texte der Schüler sollten eine Phase der Überarbeitung durchlaufen. Wenn dies in Schulaufgaben (Prüfungsaufsätzen) nicht in dem Umfang möglich ist, so sollte doch den Schülern gezeigt werden, dass auch hier erste distanzierte Kontrollen von großer Wichtigkeit sind und akzeptiert werden. Dennoch könnte angestrebt werden, wenigstens einen Prüfungsaufsatz erst nach der Schülerüberarbeitung zu beurteilen. Der Schüleraufsatz wird geschrieben, eingesammelt, am nächsten Tag unkorrigiert (auch nicht insgeheim korrigiert) wieder ausgeteilt. Die Schüler lesen ihn nun aus der Distanz und redigieren ihn. Der Lehrer erhält dann die überarbeitete Fassung zur Korrektur. [O. B.]

Umschreiben von Texten

1. Zwischen Literaturdidaktik und Schreibunterricht angesiedelt und je nach Perspektive entweder von der einen oder der anderen Seite her begründbar, basiert das Umschreiben auf dem Prinzip, einen gelesenen Text nicht zu beschreiben (bzw. schriftlich zu erklären oder zu analysieren), sondern gleichsam an ihm weiterzuarbeiten, so als sei man der Autor und habe entweder nun noch neue Einfälle oder sich eines Besseren besonnen und wolle etwas **ändern**, was z. B. – bei poetischen Texten – **Ausgang der Geschichte, Charaktere der Handelnden, Stil** und **Form** betrifft. *Bleibt* der Ausgangstext dabei im Mittelpunkt der Aufmerksamkeit, so spricht man von „Umschreiben"; geht es eher um die entstehenden Texte der Lernenden (bzw. um eine *schreibdidaktische* Nutzung des Verfahrens), so wird dieses heute auch als ↻ *Schreiben nach Texten* bezeichnet.

2. Ziel des Umschreibens kann entweder der Versuch einer Ergänzung sein, die im Sinn des Textes liegt, oder der Versuch einer operativen Kritik: Ein „Koautor" erweist einen Text als verbesserungs- oder umgestaltungsfähig, indem er ihn umschreibt, oder als hoffnungslos, indem er ihn parodiert. (Die Parodie ist ein Spezialfall des Umschreibens.) Rupp (1987) nennt solche Tätigkeiten „ko-produzierend" (◊Teil I,3: *Umgehen mit Texten*). Prinzipiell kann ein Text in jeder inhaltlichen und/oder formalen Hinsicht umgearbeitet werden.

Bekannt sind Raymond Queneaus *Exercices de style* (1947; dt. 1961), in denen ein kleiner Ausgangstext – eine „Angabe" – in 108 Varianten erscheint, die stilistische und/oder inhaltliche Umschreibungen darstellen. Variiert wird z. B. die Stilebene (vulgär) oder die Stilhaltung (ironisch), aber auch Tempus, Modus, Erzählperspektive und Erzähllogik. („Rückwärts" heißt etwa: von hinten nach vorne erzählen). Das Prinzip ist anwendbar auf poetische wie pragmatische Texte. Vielfach hat es erhellende, nicht selten parodistische Wirkung. Wie weit man seine Anwendung treiben wird, hängt selbstverständlich von einer funktionalen Bestimmung dieser Methode im Unterricht ab.

Bei pragmatischen Texten kann das Umschreiben kritisches Lesen unterstützen oder vorbereiten; bei poetischen dient es häufig dem ◊*Verzögerten Lesen* und damit indirekt dem ◊*Interpretieren*, jedenfalls der operativen Erarbeitung von literarischen Bauformen und Schreibweisen. In Bezug auf **Märchen** etwa gibt es eine viel benutzte Umschreibanleitung für die S II von Fingerhut (1982); für weitere epische Kurzformen „Schüler schreiben selbst" von Jahn/Kirn (1983).

3. Im Folgenden geben wir für poetische und pragmatische Texte jeweils eine Übersicht über weitere mehr oder weniger gebräuchliche Umschreib-Weisen.

3.1 Poetische Texte

- die Erzähl- bzw. Sprecherperspektive wechseln (epische bzw. lyrische Texte),
- die Gattung wechseln (Erzählung dramatisieren, Drama episieren usw.),
- den Handlungsverlauf verändern (an einer geeigneten Stelle eine andere Entscheidung treffen bzw. die Handelnden treffen lassen und von diesem Punkt an eine Geschichte/ein Drama neu schreiben),
- die Aussage verändern: z. B. die Aussage jedes einzelnen Satzes oder Verses (Gedicht) in ihr Gegenteil verkehren („negieren": Thalmayr 1985, 78–81),
- einen poetischen Text in einen pragmatischen umwandeln (Kurzgeschichte zum Zeitungsbericht; Gedicht zur Zeugenaussage vor Gericht usw.),
- einen Text „versetzen", d. h. in den Stil einer anderen Epoche übertragen: Nach dieser Vorgabe schrieb eine Lehramtsstudentin im Stil H. M. Enzensbergers eine Neufassung des bekannten Eichendorff-Gedichts „Sehnsucht" (vgl. Abraham 1994, 162).

3.2 Pragmatische Texte

- die Schreibervoraussetzungen verändern (z. B. Laie statt Experte als Autor),
- die Leservoraussetzungen verändern (z. B. Kinder statt Erwachsene als Rezipienten),
- bei Sach- und Fachtexten Begriffsvermeidung üben, d. h. fachwissenschaftliche Termini paraphrasieren,
- zu expositorischen (problembeschreibenden und -erörternden) Texten „Gegentexte" schreiben, die die Einseitigkeit oder Standpunktgebundenheit eines Ausgangstextes offenbar machen,
- denselben Sachzusammenhang in anderer Textsorte darstellen, z. B. als Interview statt als Bericht,
- einen pragmatischen Text in einen poetischen umwandeln, z. B. eine Vorgangsbeschreibung in eine lyrische Schilderung, eine (schlechte) Gebrauchsanweisung in ein Gedicht, einen Zeitungsbericht in eine Kurzgeschichte usw.

4. Zu den hier nicht eigens behandelten Formen der **Textverkürzung** vgl. ◊*Précis schreiben* und ◊*Zusammenfassen*. [U. A.]

Vergleichen von Texten

Das Vergleichen ist eine der wichtigsten Orientierungsmöglichkeiten, die wir in der Welt haben. Nicht nur vergleichen wir ganz banal Preise beim Einkaufen und auf Wohnungssuche, sondern wir vergleichen uns beständig mit anderen nach Aussehen, Verhalten, Sozialkontakten, Wohlstand, Können und Wissen. Nicht zuletzt hat auch in vielen Wissenschaften das Vergleichen methodischen Charakter.

1. Das Vergleichen ist ein für den Literaturunterricht zentrales Verfahren. Was am isoliert rezipierten Text den Lernenden oft nicht ausreichend deutlich wird, gewinnt Kontur, wenn es vor dem Hintergrund entweder ähnlicher oder abweichender Beobachtungen an anderen Texten kontrastiv betrachtet wird. Bei poetischen Texten wichtiger als bei pragmatischen und bei kurzen und daher überschaubaren (etwa Gedichten) praktikabler als bei langen (etwa literarischen Ganzschriften), ist der Textvergleich oft geradezu der Königsweg zum ◊ *Interpretieren:* Er ist **kontrastive Analyse.**

2. Für die Didaktik der Lyrik hat Spinner (1991, 13 f.) fünf **Typen des Vergleichens** unterschieden, die in der Praxis häufig kombiniert Verwendung finden. Da wir diese Typisierung für übertragbar auch auf Textpaare oder -gruppen anderer literarischer Gattungen halten, nennen und kommentieren wir die fünf Typen.

2.1 Thematischer Vergleich

Thematisch zusammengehörige Texte „zusammenzulesen", ist das mittlerweile bis hinein in die Konzeption von Lesebüchern fest etablierte Verfahren der Organisation von Literaturunterricht.

„Motivgleiche Gedichte" (Hippe 1968; Hock 1978), thematisch verwandte Kurzgeschichten oder epische Langtexte, gleiche Figurenkonstellationen im Drama (etwa der Vater-Sohn-Konflikt im „Sturm und Drang"), aber auch schon Texte unterschiedlicher Textsorten über dieselbe Jahreszeit in der Grundschule ermöglichen einen thematischen Vergleich. Problematisch wird das Verfahren, wo allzu willkürlich Text(auszüg)e ganz unterschiedlicher Bereiche und Intentionen zu einem „Supertext" zusammengebaut werden.

2.2 Poetologischer Vergleich

Damit ist ein kontrastives Erarbeiten einer mehreren Texten zugrunde liegenden poetischen Struktur oder literarischen Form gemeint: Wir lesen Gedichte aus verschiedenen Epochen und erkennen sie als *Sonette;* wir vergleichen zwei oder mehrere gelesene Dramen und erkennen als Gemeinsames das *analytische* Bauprinzip usw.

Zu warnen ist freilich vor zwei Gefahren: erstens einem Steckenbleiben im Kognitiv-Analytischen; produktive Verfahren (Eigenproduktion nach dem erkannten Bauprinzip) sind anzuschließen! Zweitens darf der poetologische Vergleich niemals unhistorisch sein. Erkannte Gemeinsamkeiten und Unterschiede müssen auf ihre Funktion im Kontext einer literaturgeschichtlichen Entwicklung hin befragt werden. Das führt zum dritten Vergleichsprinzip:

2.3 Historischer Vergleich

Hier denkt man zunächst an Vergleiche sprachlicher Zeugnisse aus verschiedenen Stufen der Sprachentwicklung; mittel- und frühneuhochdeutsche Texte können in syntaktischer, aber auch semantischer Hinsicht mit modernen Texten ähnlicher Thematik verglichen werden. Neben diesen sprachdidaktischen Nutzen historischen Vergleichens tritt ein literaturdidaktischer: Auch „epochenspezifische Stilhaltungen" (Spinner, ebd., 14) sind nur kontrastiv zu erkennen. Einblick in die Spezifik einer Epoche erhält nicht schon, wer diese eine genau studiert, sondern erst, wer sie mit anderen, besonders der unmittelbar vorangehenden, vergleicht; und das kann nur exemplarisch anhand ausgewählter Textbeispiele geschehen.

Welche Gattung sich anbietet, hängt von der Epoche ab: in der Romantik die Lyrik, im Poetischen Realismus der Roman, im Naturalismus das Drama. Auch hier ist jedenfalls zu warnen: Oft werden isolierte Texte als Lieferanten angeblich oder tatsächlich epochenspezifischer „Merkmale" missbraucht, als „Werke" aber gar nicht mehr ernst genommen oder interpretiert.

2.4 Fassungsvergleich

Nicht nur in Hinblick auf die thematische und stilistische Entwicklung eines Autors, sondern auch im Zusammenhang mit stildidaktischen Fragen generell wird gerne auf verschiedene Fassungen eines Textes zurückgegriffen. Ein berühmtes, besonders ergiebiges Beispiel ist C. F. Meyers „Brunnengedicht".

Solche Gedichtvarianten sammelt Schildt (1972; 5. Aufl. 1980) und zeigt damit, dass hier für alle Schulstufen Möglichkeiten bereitliegen: Von Goethe ist nicht nur „Willkommen und Abschied" da, sondern auch das „Heidenröslein", und von C. F. Meyer kämen die drei Fassungen von „Zwei Segel" durchaus für die Grundschule schon infrage. Das Verfahren ist, mit Augenmaß für seine Grenzen eingesetzt, immer wieder sinnvoll. Allerdings sollte man die Varianten nicht nur durch stilles Augenlesen, sondern unbedingt auch durch akustische Realisation erschließen (lassen).

2.5 Wertender Vergleich

Obwohl jede der bisher kommentierten Vergleichsweisen eine wertende Komponente haben kann, ist es sinnvoll, das kontrastive Werten eigens aufzuführen – erstens, weil das prinzipiell wünschenswerte Einbeziehen trivialer oder trivialitätsnaher Texte hier am ehesten praktikabel ist, und zweitens, weil eine Sonderform kontrastiver Texterschließung sonst nicht erfasst wäre: der Vergleich von Original und Parodie(n). Dieses Verfahren nutzt entweder das Vorliegen einer parodistischen Variante (reichhaltig hier Thalmayr alias H. M. Enzensberger 1985) oder die Schülertexte, die beim produktionsorientierten Vorgehen entstehen (◊ *Umschreiben*).

Besonders bei Märchenstoffen bietet sich das wertende Vergleichen an (vgl. Mieder 1979, Kaiser/Pilz 1981). Wie Mieder (ebd., 9 ff.) dokumentiert, ist etwa „Hänsel und Gretel" schon immer ergiebig gewesen für solche Varianten, die sich zum Vergleich mit dem Original anbieten: Günter Bruno Fuchs, Michael Ende, Karin Struck, Josef Reding und andere haben ihre „modernen" Fassungen vorgelegt.

[U. A.]

Verzögertes Lesen

Das Wort „Verzögerung" hat im Alltag eine negative Bedeutung: *Die Ankunft der Maschine wird sich etwas verzögern. Wir bitten um Verständnis.* In der Lesedidaktik jedoch ist mit „Verzögerung" damit etwas Positives, didaktisch Begründetes und methodisch Hilfreiches gemeint.

1. Lesen geschieht außerhalb der Schule als spontaner, nach Tempo, Intensität und Aufmerksamkeitsschwerpunkten vom Lesenden selbst gesteuerter Prozess. Die Literaturdidaktik bedient sich dieses „naturwüchsigen" Lesens, wenn sie längere Texte („Ganzschriften") in häuslicher Vorarbeit rezipieren lässt. Überall dort aber, wo die Textlänge es möglich macht, werden Lehrende in aller Regel in den Rezeptionsprozess **steuernd eingreifen**; z. B.

- indem sie das Thema eines literarischen Textes durch Vorgabe eines Reizwortes (das mit dem Titel identisch sein kann: z. B. „Sehnsucht") antizipieren lassen,
- indem sie einen Text ohne Titel und/oder ohne Autornamen präsentieren,
- indem sie einen Teil des Textes (oft den Schluss, aber auch gelegentlich den Anfang oder eine Schlüsselstelle) getrennt (oder gar nicht) kopieren, also den Lernenden zunächst vorenthalten,
- indem sie die für die Schüler bestimmte Textgestalt auf andere Weise präparieren, z. B. durch Tilgen einzelner Wörter oder Sätze und durch eine Auswahl an dieser Stelle möglicher Alternativen zum „Einsetzen".

2. Zunächst für dieses letztgenannte Verfahren hat Frommer (1981) den Begriff „verzögertes Lesen" geprägt. Es geht um „Möglichkeiten, in die Erstrezeption von Schullektüren einzugreifen" (Untertitel) und in didaktischer Verantwortung sowie methodischer Vorbereitung dasjenige auszuschalten, was die russischen Formalisten „automatisiertes Lesen" genannt haben (vgl. ebd., 13): Flüchtiges, auf Bestätigung unbewusst gehegter Vorerwartungen ausgehendes Lesen ist allenfalls wenig komplexen pragmatischen Texten angemessen. Poetische Sprache dagegen verlangt **„gebremste" Rezeption**. Verfahren der Leseverzögerung sind Antworten auf die Frage, wie der Leseprozess methodisch kontrolliert zu verlangsamen ist – durch **„Verlückung"** (ebd., 20).

„Die Verzögerung liegt darin, daß die eigene Erfahrung nicht schon im gleichen Augenblick, da sie abgerufen wird, auf den fremden Horizont auftrifft – sie hat Zeit, sich zu artikulieren ..." (ebd., 22).

Lesende haben Gelegenheit, ihre eigene Lebenserfahrung zu befragen, z. B. was einer wie der Held dieser Geschichte in einer solchen Situation wohl tut, empfindet, sagt usw.

3. Ziel ist nicht, Lernende die „richtige" (originale) Formulierung oder einen tatsächlich folgenden Handlungsverlauf erraten zu lassen, sondern dem einzelnen Zeit zu lassen, aus einem Angebot möglicher Alternativen (die die Lehrkraft entweder vorgeben oder im Unterrichtsgespräch erheben kann) mit Überlegung und Begründung diejenige auszuwählen, die ihm plausibel ist, also den **Aufbau eines Sinnhorizonts** gestattet. Über verschiedene, miteinander in Konflikt geratende Sinnhorizonte muss und kann dann im Unterricht gesprochen werden: „Ein Vorzug der Lückentext-Methode ist ja, dass sie innere Vorgänge beim Lesen nach außen verlagert" (ebd., 26).

Lehrende werden sich – darin nämlich steckt oft das gesamte Unterrichtskonzept – gut überlegen, was und wie viel am Text vorab verändert oder in einer Alternativauswahl „verpackt" wird. Die „Verlückung" mit Tipp-Ex ist nicht die einzige Möglichkeit. Auch mit der Schere bzw. am Computer kann man operieren (Textteile neu montieren bzw. ganz entfernen; ◊ *Computergestütztes Schreiben*), und die technisch unaufwendigste ist etappenweise Preisgabe eines Textwortlauts über einen gewissen Zeitraum hin (eine oder mehrere Unterrichtsstunden).

4. Eine gute Übersicht über verschiedene **methodische Möglichkeiten** der Leseverzögerung gibt Lindenhahn (1981). Wir übernehmen sie hier und verweisen im Übrigen auf ◊ *Umschreiben*, mit dessen Möglichkeiten und Zielen sich das verzögerte Lesen oft gut verknüpfen lässt.

Methode	Vorgabe	Aufgabe	Gattungen
Auslassung von Kernstellen	a) unvollständiger Text mit Alternativen	Entscheidung	Lyrik
	b) unvollständiger Text ohne Alternativen	Entscheidung	Lyrik, Kurzprosa
Umstellung von Textteilen	a) Gesamttext als „Puzzle"	Konstruktion	Lyrik, Kurzprosa
	b) Inhaltsangaben einzelner Szenen oder Episoden als Puzzle	Konstruktion	Dramatik, Epik
Präsentation eines Texts in Etappen	vollständiger Text in Etappen	Gestaltung je nach Gattung als Ganzes oder als Inhaltsangabe	Lyrik, Kurzprosa, Dramatik
Textorientierte Vorgestaltung	a) Vorlage verschiedener Handlungsverläufe (Fortsetzungen)	Entscheidung	Lyrik (insbesondere Ballade), Epik, Dramatik
	b) unvollständige Inhaltsangabe	Gestaltung	Lyrik (insbesondere Ballade), Epik, Dramatik
	c) Vorlage anderer Textsorten (z.B. Zeitungsbericht o. Ä.)	Gestaltung	Lyrik, Epik, Dramatik
	d) Thema oder Motiv (z. B. „Herbst")	Gestaltung	Lyrik, Kurzprosa
	e) zentrale Problemstellung (evtl. in Verbindung mit Personenverzeichnis)	Gestaltung	Epik, Dramatik

Abb. 29: Methodische Möglichkeiten der Leseverzögerung (Synopse von Lindenhahn 1981, S. 36)

[U. A.]

Vorlesen/Vortragen

„Verstehen eines Textes *setzt* Textkenntnis *voraus:* Eine der Methoden, zur Textkenntnis zu kommen, ist das Vorlesen (neben dem stillen Lesen und einigen produktiven Methoden der Textkonstruktion)." – Wer so denkt, übersieht, dass es eine sinnvolle und vollgültige Weise der Aneignung eines Textes gibt, die sich im gemeinsamen, sprechend-hörenden Kennenlernen „erschöpft": Verstehen *durch* Vorlesen.
Warum lesen Lehrer ihren Schülern nicht öfter vor?
Warum zeigen Lehrer ihren Schülern so selten, dass Vorlesen eine Kunst, nämlich eine „Kunst der Interpretation" ist?
Warum ist das Vortragen häufig nur als Prüfung vorgesehen?

1. Vorlesen ist eine besondere Kommunikationssituation, die beansprucht, geselligen und doch ernsthaften Charakter zu besitzen – und sei das Vorgelesene noch so komisch. Während eine Erzählsituation oft unverbindlicher oder freier ist, bindet sich der Vorlesende (und der Vortragende) an einen Text. Dieser Text stellt jedoch erhebliche Ansprüche, die nicht eingelöst sind, wenn nur der Inhalt verständlich transportiert ist. Schrift ist eine eigene Form von Sprache (vgl. Aust 1983). Sie wird sprechend-hörend realisiert. Vorlesen und Vortragen wollen den Gehalt, den Sinn, die Stimmung, den Charakter, die Absichten, die Bilder und vieles andere eines Textes Zuhörern übermitteln: mit den Mitteln der gesprochenen Sprache und den körpersprachlich begleitenden Elementen des Vorlesenden. Es mag ja Texte geben, die nur zum stillen Lesen geschrieben, zur mühsamen Entzifferung gedacht sind, doch sind es gerade unter den literarischen die meisten, die erst lebendig werden, wenn sie einer – „gut" – spricht oder hört.

Wer zum Lesen Lust machen will, zum Lesen verlocken will, wird immer wieder vorlesen (oder darüber hinaus etwas frei oder auswendig vortragen) (Beisbart 1993, Schau 1996).

2. Vorlesen, das als hörerbezogenes lautes Lesen zu beschreiben ist, muss als vermittelnder Vorgang der geistigen Verarbeitung eines Textes verstanden werden. Es ist somit für den planenden Lehrer wichtig, auf die Bedingungen zu achten, die über das Lesen als „bedeutungserzeugender und Eigenschaften zuschreibender Vorgang" (Aust 1982, 239) hinaus im Akt des Vorlesens wichtig sind. Auch die Schüler werden auf solche Details aufmerksam: Tempo, Melodie, Artikulation, Dynamik oder einfacher: Lesegeschwindigkeit, Tonfall, Deutlichkeit und Lautstärke. Aber als Aspekte einer lebendigen, Sinn stiftenden, „Literatur vermittelnden" Situation mit einem Text sind sie in der Gefahr, zu Techniken zu verkommen, zusammengefasst höchstens in dem fatalen Begriff des „schönen" Lesens, das dann gar nicht weit weg ist von „affektiertem" Lesen. Weit wichtiger ist es didaktisch, den Schülern klarzumachen, dass es um **drei Bedingungen** geht, die auch seit einigen Jahren als Beobachtungskriterien dem Vorlese-Wettbewerb des Börsenvereins des deutschen Buchhandels für die Sechstklässler zugrunde liegen: Textverständnis, Lesetechnik und Textgestaltung.

Textverständnis: Es ist wichtig, dass der Vorleser sich zuerst Gedanken darüber macht, was der Text aussagt, was er will, z. B. Spannung aufbauen, informieren, eine vorgestellte Situation aufbauen, mit der Sprache spielen, Ernsthaftes oder Komisches darstellen... – Und diese Gedanken setzen Textverständnis voraus, das durch stilles Lesen und durch nacherzählendes, im Gespräch erschließendes Bearbeiten vorbereitet werden kann, nun aber ein neues Stadium erreicht: das Stadium der Versinnlichung. (Aus dem Stegreif vorzulesen ist für jeden Vorleser eine Zumutung und für jeden Text eine Verkürzung.)

Lesetechnik: Sie steht im Dienste der beiden anderen Aufgaben, der Erschließung und der Gestaltung des Textes. Sie ist also Voraussetzung, aber eine, die im Vollzug zu lernen ist, bei leseschwachen Schülern auch dosiert durch spezifische Leseübungen (Schnellsprechübungen, Blickspannübungen als Lesen von Sinneinheiten o. Ä. ◊ *Lesetechnik üben*) vorbereitet werden kann. Zu beachten ist, dass beim Vorlesen nicht nur die Augen und die Stimme beteiligt sind, sondern damit aber auch der Körper. Es geht nicht nur um zügiges und korrektes „Ablesen", sondern auch z. B. um die Atmung.

Textgestaltung: Es ist wichtiger als jegliches technische Einzeltraining, dass die Vorleser wissen, wie die Atmosphäre, die Stimmung ist, die der Text verbreiten soll. Sie werden dabei auch bald erkennen, wie wesentlich es ist, ob der Vorleser *wirkungsunterstützend* – also den Sinn des Textes verstärkend – oder – der Absicht des Textes entgegen – *wirkungshintertreibend* vorliest (Beisbart 1993, 172). In diesem doppelten Sinne sollte auch die Forderung, „klanggestaltend" zu lesen, verstanden werden, wobei es viele Varianten zu entdecken gibt.

3. Dosierte Einzelübungen zur Atmung, zur Aussprache (z. B. mit einem Korken im Mund) und zur Beobachtung von Vorlesern hinsichtlich ihrer körpersprachlichen und ihrer sprachlichen und nebensprachlichen Mittel (◊ *Körpersprache beobachten und erproben*) sind gelegentlich sinnvoll. Meist wird dies an konkreten Texten erarbeitet:
□ sprecherische Gestaltung von Überschriften, Redensarten, Schlagzeilen
□ sprecherische Erarbeitung von wörtlichen Reden in Texten.

Dies ist nur eine Zwischenübung. Erzähltexte mit „verteilten Rollen" zu lesen, also die Erzählerpassagen von einem anderen Vorleser als die eingestreuten wörtlichen Reden sprechen zu lassen, ist eine weit verbreitete Unsitte, die jegliche Sinneinheit zerstört. Epische Texte sind keine Dramen.

Texte können und sollen zum Vorlesen **zubereitet** werden. Man kann Unterstreichungen und andere Markierungen anbringen, Sprechpausen vorsehen, eventuell Aussprache von Fremdwörtern klären und notieren (vgl. Menzel 1990, Beisbart 1993).
Besonders motivierend kann das Vorlesen aus Lieblingsbüchern sein: Jeder Schüler gibt eine Begründung für die Auswahl, wenn nötig eine kurze (frei gesprochene) Einführung in den Zusammenhang, liest eine Textpassage vor und antwortet auf Fragen der Zuhörer.
Texte mit stark gestischem Charakter regen zum Einsatz von deutlich akzentuierter Körpersprache an (z. B. Lautgedichte, Erzählgedichte, Texte mit emphatischer wörtlicher Rede, Texte, in denen ein (kommentierender) Erzähler auftritt, mit dem sich der Vorleser identifiziert). Vertonen von Texten (◊ *Hören und Zuhören*) und ihre sprecherische Gestaltung können Hand in Hand gehen (mit Instrumenten live und mit dem Tonband). Auch Sprechplatten oder Kassetten, in denen ein Sprecher oder der Autor vorlesen, können herangezogen werden.

4. Das **Vortragen** von auswendig gelernten Texten wird sich in der Schule auf zwei Möglichkeiten konzentrieren:
□ das Sprechen von Rollen in dialogischen Texten: ◊ *Dramatisches Gestalten*
□ das auswendige Vortragen von Gedichten: Der Schritt vom lebendigen Vorlesen zum Vortragen ist eine enorme zusätzliche Herausforderung. Sie sollte nicht genutzt werden, um Noten zu machen. Weit sinnvoller sind Vortragsstunden innerhalb oder außerhalb des Unterrichts, in denen Lieblingsgedichte vorgestellt werden. Doch sollten die Schüler von der Angst entlastet werden, stecken zu bleiben (Souffleur, „Spickzettel").
Gelegentlich kann auch bei Schülern höherer Klassen ein Blick in die Tradition des Vorlesens und Vortragens (aber auch des Erzählens) nützlich sein, es gibt eine Menge Texte, in denen berühmte Vorleser oder typische Situationen geschildert sind, die auch zu eigenen Schilderungen anregen können (vgl. *Dichter lesen* 1992 ff.).

5. Über die Auswahl der Texte braucht eigentlich kein Wort verloren zu werden: Es sollten solche sein, die die Schüler verstanden haben, die sie schätzen, die sie herausfordern: spannend, witzig, dramatisch, sprachspielerisch; Prosa und Lyrik abwechselnd. [O. B.]

Wörterbücher benutzen

Bei der Verwendung von Wörterbüchern beim Rechtschreiben zeigt sich einmal mehr eine seltsame **Diskrepanz zwischen Schule und außerschulischem Bereich**. Beim außerschulischen Verfassen von Texten ist es selbstverständlich, dass wir beim geringsten Zweifel bezüglich der Orthographie den Duden oder ein anderes Wörterbuch heranziehen, uns Zeit für die Überarbeitung des Textes nehmen, das Produkt erst dann als fertig aus der Hand geben, wenn wir selbst damit zufrieden sind. In der Schule gefertigte Texte liefern Schüler in der Regel im Erstentwurf ab, zum großen Teil werden sie ihnen sogar abgenommen, bevor eine Überarbeitung möglich ist. Die Zuhilfenahme eines Wörterbuches, um Zweifel zu klären, ist entweder nicht eingeplant oder sogar untersagt – z. B. beim Diktat. Erst wenn der Lehrer den Text durchgesehen hat, darf sich der Schüler an die Überarbeitung seines Textes machen. Wer nun einwendet, dies sei eben der Unterschied zwischen der Lernsituation innerhalb und der Anwendungssituation außerhalb des Klassenzimmers, der übersieht – was neuere Erkenntnisse der Lehr-Lern-Forschung heute deutlich bestätigen –, dass Wissen in der Schule in der authentischen Anwendungssituation erworben werden muss, wenn es Aussicht auf spätere Anwendung haben soll.

Ein Umdenken ist also nötig. Wer den **Einsatz des Wörterbuches bei der Textproduktion** zum Ziel setzt – viele Lehrpläne tun dies ab dem 3. Schuljahr –, der darf nicht den Umgang mit dem Wörterbuch als isolierte Unterrichtseinheit anbieten und hoffen, dass die hier erreichten Fähigkeiten später angewendet werden. Vielmehr muss die Praxis des Wörterbuch-Einsatzes bei der Textproduktion im Unterricht selbst vermittelt werden. Dass es dafür didaktische Abstufungen entsprechend den Lernvoraussetzungen der Schüler gibt, ist dabei nicht zu übersehen.

Fünf Phasen sind unterscheidbar:

1. Die Hinführung zur Benutzung des Wörterbuches beginnt im 1. Schuljahr. Sobald Schüler in ihrer Schriftsprachentwicklung die Phase der orthographischen Eigenständigkeit der Schrift erreicht haben (◊Teil I, 5 *Rechtschreiben*), wenn sie also erfahren haben, dass genaues Hinhören für das Richtigschreiben nicht genügt, weil vieles anders geschrieben als gesprochen wird, dann sollten diese ersten Unsicherheiten über die richtige Schreibung zu einer grundsätzlichen **Fragehaltung** führen. Für dieses „Wie schreibt man …?" steht als erstes Nachschlagewerk die Lehrerin zur Verfügung – eine zuverlässige Quelle, die geduldig und für Schüler bequem Auskunft gibt. Besonders in Situationen des freien Schreibens (◊*Freies Schreiben*) lässt sich die Praxis des Nachfragens, Vorschreibens der fraglichen Wörter an der Tafel, Abschreibens durch den Schüler einschleifen. Eine wichtige Einstellung für den Einsatz von Wörterbüchern wird hier geschaffen: Wenn ich Zweifel habe, wie man ein Wort schreibt, informiere ich mich zuerst und schreibe das Wort dann richtig.

2. Einen zweiten Schritt stellt der **ordnende Umgang mit schriftlich fixierten eigenen Wörtern** dar (Wörter aus dem Leselehrgang, Wörter einer Wortliste o. Ä.). Bergk (1994) schlägt etwa das „Riesen-Wörterbuch" als eine Form des Klassenwörterbuches vor, bestehend aus Plastiktaschen mit den Wortkarten der in der Klasse erarbeiteten Wörter, das als Leporello in der Klasse hängt und bei Bedarf aufgezogen werden kann. Als weitere Möglichkeit nennt sie die „Wörter-Stockzeitung", die wie die Zeitung im Lokal am Haken hängt und in der die Lesewörter nachgeschlagen werden können. Das Anheften und Ordnen von Wortkarten ist heute in immer mehr Klassenzimmern auch mithilfe von Magneten möglich. Die Erweiterung der für die Benutzung des Wörterbuches wichtigen Grundhaltung des Schülers ist in zweifacher Weise zu sehen:

a) Über die richtige Schreibweise von Wörtern kann ich mich unabhängig von der Lehrerin informieren.

b) Wörter sind leichter zu finden, wenn sie geordnet sind.

3. Ein dritter Schritt auf dem Weg zum Wörterbuch ist die **Einführung des Alphabets**. Im zweiten Schuljahr wird damit begonnen, die Übungsformen hierfür sind vielfältig. Ausgehend von Abc-Versen, über Gliederungsübungen innerhalb des Alphabets, etwa unterteilt nach den Vokalen (abcd – efgh), zu Sprachspielen, die sich am Abc orientieren (Schimpfwörter-Abc; Sätze, deren einzelne Wörter in alphabetischer Reihenfolge beginnen), sind

auch die Möglichkeiten zum Herstellen von Buchstaben aus verschiedenen Materialien hier zu nennen sowie das Hantieren, Ordnen und Spielen mit diesen Elementen. Besonders das Spielen auf der Grundlage des Alphabets bietet einen unerschöpflichen Anreiz, mit der alphabetischen Reihung der Buchstaben umzugehen. Sich zu Paaren alphabetisch benachbarter Namen zusammenfinden, alphabetische Wortschlangen bilden, Wörterhüpfen auf vorgezeichneten Alphabeten, als Blindekuh sich die alphabetischen Nachbarn suchen sollen nur einige Impulse für kreative Lehrer (und Schüler) zur Erfindung weiterer Bewegungsspiele mit dem Alphabet darstellen. Zu ergänzen sind die Schreibspiele, die die Beherrschung des Alphabets festigen können. Dass solche Buchstaben-Spielereien zu anspruchsvollen Herausforderungen bis ins Erwachsenenalter werden können, zeigen die Möglichkeiten der Geheimschriften, die auf der Basis des Alphabets verschlüsselt wurden (mfjdiu – bei Ersatz durch den jeweils nachfolgenden Buchstaben im Alphabet, tekajx – durch Ersatz des ersten bis sechsten Folgebuchstabens). Dass hier die Eigenaktivität im Umgang mit dem Abc gefragt ist, ist offensichtlich (◊ *Mit Sprache spielen*).

4. Bei der Hinführung zum Wörterbuch folgt nun der Umgang mit der **Ordnung innerhalb des Wortes**. Auch für die Übungen zur Alphabetisierung an der zweiten und den folgenden Stellen im Wort sind vielfältige Spielformen denkbar.

5. Der hier als letzter Schritt aufgeführte Punkt **Umgang mit vorgegebenen Wörterbüchern** wird bereits während der dritten Phase (Einführung des Alphabets) Beachtung finden können. Trotzdem scheinen hierzu einige Ausführungen nötig. Hier werden zum einen im Umgang mit richtigen Wörterbüchern viele zusätzliche Übungen möglich: Rätsel, Suchaufgaben, Sammeln der Wörter einer ◊ *Wortfamilie,* Begründungen für Schreibweisen (s. auch die Anregungen bei Funnekötter u. a. 1981). Zum anderen ist hier auf die durchaus systematische Einschulung der nötigen Nachschlagetechniken einzugehen (gleicher Anfangsbuchstabe, nicht eindeutiger Anfangslaut, flektierte Wortformen usw.). Schließlich tritt hier das Nachschlagewerk als Medium deutlich ins Blickfeld. Bei der Auswahl ist auf die Schülerorientierung Wert zu legen. Es gibt eine Reihe von Wörterbüchern, die in Aufmachung, Umfang, Anordnung der Inhalte (über die reine Wortliste hinaus) auf jüngere Schüler Rücksicht nehmen. Stellvertretend sei hier auf den Kinderduden verwiesen, der als erstes Wörterbuch in den Grundschulklassen eingeführt werden sollte, abgelöst durch den Schülerduden etwa ab dem 4. Schuljahr, dem dann gegen Ende der Sekundarstufe der Duden für Erwachsene (oder ein anderes Wörterbuch) folgen sollte. Die vielen zum Teil sehr ansprechenden Wörterbücher anderer Verlage (manche am verordneten Grundwortschatz orientiert) sollen durch den Hinweis auf den Duden nicht abgewertet werden. Wenn es um die Schaffung von Gewohnheiten geht, ist auch daran zu denken, dass der Besitz eines Wörterbuches zur Selbstverständlichkeit gehören sollte.

Die Vorstellung der Stufenfolge auf dem Weg zum Wörterbuch wurde hier deswegen so ausführlich vorgestellt, weil in der Nichtbeachtung der Grundlagen die Erklärung für viele Misserfolge liegt, die wir in höheren Klassen bei der Einführung von Wörterbüchern oft erleben. Jedoch sind alle methodischen Bemühungen dann vergeblich, wenn die Praxis der schulischen Textproduktion auf die Verwendung des Wörterbuches verzichtet. Das heißt: **Immer wenn Texte geschrieben werden, sollte das Wörterbuch bei der Hand sein** (◊ *Überarbeiten/Textrevisionen durchführen*). Das gilt nicht nur für den Eintrag eines Sachtextes oder eines Aufsatzes, sondern auch für das Diktat. – Wer hier den Bogen überspannt sieht, den hätten eigentlich die vorstehenden Ausführungen überzeugen wollen. Warum sollte die Leistung eines Schülers, mithilfe des auch außerhalb der Schule zur Verfügung stehenden und empfohlenen Wörterbuches einen diktierten Text möglichst fehlerfrei zu erstellen, nicht Maßstab für die Beurteilung der Rechtschreibfähigkeit sein? Zu fürchten ist, dass trotz Wörterbuch nicht lauter fehlerfreie Texte produziert werden. Die Fähigkeit, mit dem Nachschlagewerk „im Ernstfall" umgehen zu können, wird allerdings entsprechend honoriert – für Schüler wohl die stärkste Motivation für den Griff zum Wörterbuch. [D. M.]

Wortfamilien zusammenstellen

1. Im Gegensatz zu ◊ *Wortfeldern,* bei denen es um die Bedeutung (Semantik) der Wörter (Lexeme) geht, handelt es sich bei den Wortfamilien (auch: Wortsippen) um Wörter mit gleichen oder ähnlichen **Stammmorphemen** (auch: Wortstamm, Grund- oder Basismorphem), die auf dieselbe etymologische Wurzel zurückgehen. Die Schüler erhalten durch das **Zerlegen** (Segmentieren) von Wörtern in kleinste Einheiten einen Einblick in das Funktionieren des „Baukasten-Systems Sprache": Auf der Ausdrucksseite des sprachlichen Zeichens (Beisbart/Marenbach 1997, 72 ff.) werden die kleinsten bedeutungsdifferenzierenden Einheiten (Phoneme) zu kleinsten bedeutungstragenden Einheiten (Morpheme) kombiniert, aus denen die Lexeme als freie Morpheme gebildet werden. Durch **Zusammensetzung** (Komposition) aus freien Morphemen oder **Ableitung** (Derivationsmorpheme) durch wortartenspezifische Prä- oder Suffixe kann mit dem Stammmorphem eine Wortfamilie gebildet werden. Je nach der Bedeutung des Stammmorphems und der Häufigkeit im Sprachgebrauch kann eine Wortfamilie bis zu tausend Einzelwörter umfassen (Bußmann 1990, 854). Ein Paradebeispiel für eine, wenn auch nicht so große Wortfamilie ist „fahren", für die bei Agricola/Fleischer/Protze (1969, 539) „nur" etwas über 150 „Mitglieder" aufgeführt werden.

Das Stammmorphem {fahr} geht zurück auf die erschlossene idg. Wurzel *per- „durchbohren, hinüberbringen" (Kluge 1995, 245). Dazu kommt die Ablautstufe {fuhr} und deren Umlautform beim bewirkenden Verb (Kausativum) mit {führ}, die Substantivierung {fahrt} und deren Umlautform in *fertig* als „Äste" des Stammbaumes. Als Komposita finden sich Zusammensetzungen wie *Abfahrt, Fahrzeug* u. Ä. Das Prinzip der Derivation lässt sich an *fertig* zeigen, indem durch das Ableitungssuffix -en mit *fertigen* ein Wortartwechsel (Konversion) erfolgt, der dann durch eine Derivation zu weiteren Wörtern führt (Beispiele: *abfertigen, rechtfertigen*).

2. Eine probate Methode, den Schülern die **Struktur** einer Wortfamilie zu verdeutlichen, ist die Darstellung eines Stammbaumes (Abb. 30). Aus dem Stamm des Baumes mit dem Grundmorphem {fahr} „wachsen" die einzelnen Äste mit den Ableitungen „befahren, befahrbar; Fahrt, Fähre, fertig; Fuhre, führen, Führer" usw. heraus. In einer Tabelle können die Schüler die Wörter nach einzelnen Wortarten ordnen und damit einen Einblick in die Funktion der Wortbildung erhalten.

In jüngeren Jahrgangsstufen kann auch mit Wortkarten gearbeitet werden, die als **„Wortbausteine"** fungieren. An der Hafttafel können zu den Stämmen *fahr, fähr, fuhr, führ* mit den Wortkarten *ab, her, hin, über, ver, über* und *bar, en, t, te, ung* neue Wörter wie *fahren, abfahren, Fährte, Abfuhr, führen, Überführung* usw. „gebaut" werden. Ähnliches gilt für Komposita wie *Fahrzeug, Fahrschule, Fahrlehrer, Fahrschüler, Schulfahrzeug, Führerschein* usw.

3. In gleicher Weise wie bei den ◊ *Wortfeldern* ist das Zusammenstellen von Wortfamilien kein bloßer Selbstzweck, sondern in Verbindung mit anderen Lernbereichen zu sehen. Auch hier kann wieder die **Wortschatzerweiterung** für den mündlichen und schriftlichen Sprachgebrauch im Sinne einer differenzierteren Wortverwendung angestrebt werden. Wortfamilien sind hilfreich im Bereich **Rechtschreiben**, weil sie den Zusammenhang mit dem Stammmorphem verdeutlichen (morphologisches Prinzip, ◊ Teil I,5.2) und einüben.

Im Falle von „fahren" werden allerdings bei „Gefahr, gefahrvoll, gefährlich" usw. synchrones und diachrones Prinzip vermischt, da „Gefahr" auf mhd. *gevâre* „Hinterlist, Betrug" zu ahd. *fâra* „Nachstellung" (Kluge 1995, 305) und somit auf ein anderes Stammmorphem zurückgeht. Entscheidend ist jedoch hier das angestrebte Lernziel, nämlich die Einübung derselben Schreibung.

Im Bereich Sprachbetrachtung zeigen die Wortfamilien die Prinzipien der **Wortbildung** durch Komposition (Zusammensetzung) und Derivation (Ableitung durch Wortbildungsmorpheme) auf. Sprache, das können die Schüler erkennen, erweist sich als ein außerordentlich ökonomisches System, in dem mit einem Inventar an Bausteinen eine Vielzahl von Wörtern verschiedener Wortklassen gebildet werden kann. Dabei geht es auch um eine größere Effizienz auf der Inhaltsseite des sprachlichen Zeichens (hierzu Abschn. 4). Die Überleitung in andere Wortklassen (Konversion), wie z. B. bei „befahren, befahrbar, Befahrbarkeit", kann auch im Sinne der „Grammatik-Werkstatt" (◊Teil I,4 *Auf Sprache aufmerksam werden*) von Eisenberg/Menzel (1995) zu einem Nachvollziehen wissenschaftlicher Methoden bei der morphologischen Klassifikation führen: Wie verändern wortbildende Morpheme (-en, -bar, -keit) die Wortklasse und bei „be-" die Semantik des Wortes? Was leisten die nunmehr erhaltenen Wörter? Könnte man auch mit „-er" ableiten und „Befahrer" sagen?

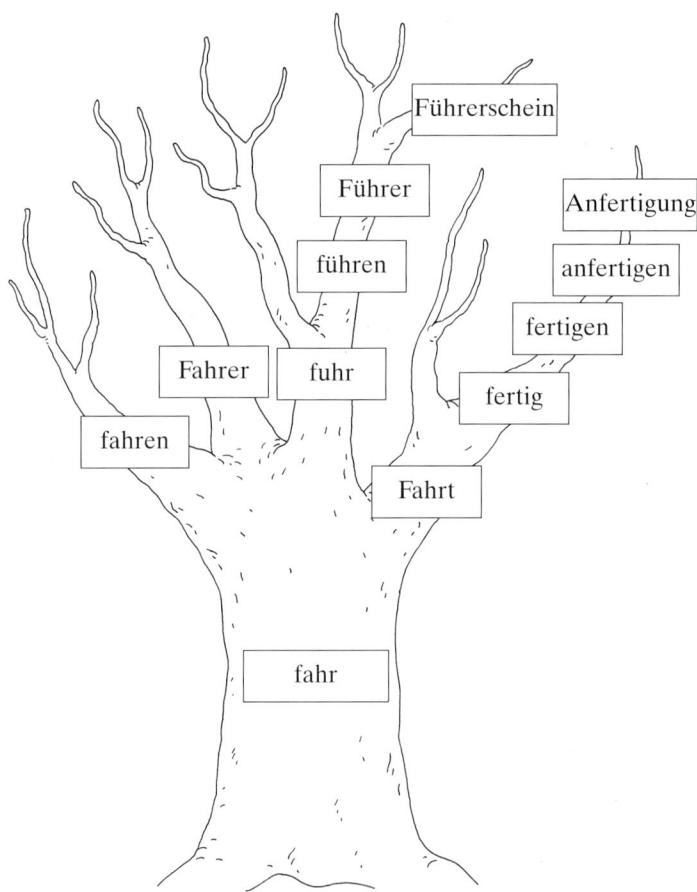

Abb. 30: Stammbaum der Wortfamilie *fahren*

Ein weiterer Aspekt ist die sprachliche Erfassung der Wirklichkeit, vor allem im Zusammenhang mit neuen Entwicklungen (z. B. Weltraumfahrt). Die Schüler können beispielsweise Ausdrücke und Funktion von Fachsprachen untersuchen. Auch im allgemeinen Sprachgebrauch sind Zusammensetzungen und Wortbildungen wie *Computer, computerisieren, computerlesbar, Computerkunst, Computerspiel* (Wahrig 1991, 320) zu finden.
In der Oberstufe kann anhand von Textanalysen aus der Fachliteratur (Lühr 1990) Geschichte und Theorie des taxonomischen Strukturalismus mit den verschiedenen Sprachebenen wie Phonologie, Morphologie thematisiert werden.

4. Im Lernbereich **Literatur** bieten sich Texte der Konkreten Poesie (Ernst Jandl, Eugen Gomringer) an, bei denen morphematische Gegebenheiten ganz bewusst eingesetzt werden. Im Rahmen eines handlungsorientierten Literaturunterrichts (◊ Teil I,6.2) können die Schüler angeregt werden, selbst ◊ *Mit Sprache zu spielen.*
Als ein Beispiel für den effizienten Einsatz der Wortbildungsmittel soll der lyrische Text von Liselotte Rauner „Redefreiheit" (Auszug) hier angeführt werden, aus dem die Schüler die Botschaft anhand des Wortfeldes „reden" erarbeiten können:

Liselotte Rauner: Redefreiheit

Wir haben Vorredner
die uns einreden
was wir nachreden sollen
sie hatten Unterredungen
bevor sie uns zu etwas überredeten
wir haben Redefreiheit
solange von Freiheit nur geredet wird
uns wird ins Gewissen geredet
ab- und zugeredet ... [G. K.]

Wortfelder zusammenstellen

1. In einem seiner „Großvatergedichte" widmet der fränkische Autor Wilhelm Staudacher (1928–1995) seinem Enkel folgenden Text (Auszug) im Rothenburger Dialekt (1990, 15):

Dei erschti Schrittli hast gmacht heit.
Etz merkst, wie mr vörschi kummt
oehne Hilf.

Mir hewwe allerhand Ausdrück defür
in unserer Sproech.
I sooch dr e boer, wos'd konnst:

baddle, bampfle, bollere, buckle,
dappe, dipple, dolbe, ducksle,
fachiere, fätze, feeche, fueßle ...

Im Einzelnen haben die angeführten Verben folgende standardsprachliche Bedeutung: 1. rennen, sausen; 2. knieweich, mit kurzen Schritten gehen (*bampfeli* „Kinderbeine"); 3. polternd, hart mit Füßen auftreten; 4. gekrümmt, unterwürfig gehen (vgl. katzbuckeln); 5. tapsig, unsicher gehen; 6. tippeln; 7. herumgehen, herumstreunen (selten); 8. vorsichtig, leise gehen (ähnlich: buckle); 9. herumstreunen; 10. schnell laufen; 11. herumsausen (auch: herumwerkeln); 12. ähnlich wie bampfle, dipple (nach mündl. Angabe des Autors in Zusammenarbeit mit StD Wolfgang Breitwieser, Nürnberg).

Insgesamt werden von Wilhelm Staudacher in seinem Gedicht 53 Verben der Fortbewegung genannt, die sich in der Bedeutung graduell unterscheiden oder in wenigen Fällen decken (partielle oder totale **Synonymie**). Es handelt sich um ein Wortfeld „sinnverwandter Wörter, deren Bedeutungen sich gegenseitig begrenzen" (Bußmann 1990, 854). Die Wörter zeigen auch, und das kann für die im Dialekt sozialisierten Schüler eine wichtige Erkenntnis sein, dass die Mundart keinesfalls ein restringierter Code ist, sondern im Wortschatz bestimmter Bereiche eine sehr große Differenzierung erlaubt. Von den Schülern könnte das Korpus nach verschiedenen Gesichtspunkten aufgelistet werden: nach dem Grad der Geschwindigkeit (bedächtig, langsam, schnell usw.), nach der Art der Fortbewegung (unbeholfen, schwerfällig), nach der Häufigkeit (wie *dolbe* „herumstreunen"), nach der Etymologie (*fachiere*, zu franz. *fâcher*, veraltet: „ärgern, erzürnen, verdrießen"; Duden-Fremdwörterbuch 1994, 451) oder nach emotionaler Färbung (*buckle*). Die Verben unterscheiden sich durch die Zusammensetzung ihrer **Merkmalskomplexe** (Sememe), allen gemeinsam ist ihnen das eine Merkmal (Sem): „menschliche Fortbewegung ohne Hilfsmittel". Eine weitere Möglichkeit ist die Kontrastierung mit standardsprachlichen Äquivalenten oder Unterschieden, wie z. B. *pilgern, spazieren, wandern, joggen* usw.

2. In den **Lehrplänen** wird die Zusammenstellung von Wortfeldern (auch Bedeutungsfeld, lexikalisches Feld, d. h. Wörter mit gleicher oder ähnlicher Bedeutung) und Wortfamilien (Wörter mit gleichen oder ähnlichen Stammmorphemen derselben etymologischen Wurzeln, vgl. ◊*Wortfamilien zusammenstellen*) im Zusammenhang mit der Wortschatzerweiterung oder der **Sprachbetrachtung** (z. B. Einblick in Bau und Funktion der Sprache) genannt. Damit stellen die Lehrpläne klar, dass das Zusammentragen von Wortfeldern und -familien kein Selbstzweck, sondern im Zusammenhang mit Aktivitäten aus anderen Lernbereichen zu sehen ist. Die Erweiterung des **Wortschatzes** durch die Wortfeldarbeit strebt eine Verbesserung der mündlichen und schriftlichen Ausdrucksfähigkeit an. Die Zusammenstellung und Analyse von Wortfeldern macht den Schülern die intensivere Präzisierung und Nuancierung auch im Hinblick auf Stilistik in der Wortverwendung bewusst, führt zu einer Sensibilisierung des Sprachgefühls und zu einer gezielteren **Wortwahl**. Auch auf das Lesen wirkt sich die Wortfeldarbeit aus, indem sie den Schülern hilft, Texte besser zu verstehen (z. B. ironische Wendungen erkennen).

3. Als methodisches Mittel bietet sich bei der Wortfeldarbeit meist das Anlegen in Tabellenform an, bei der die Schüler nach übergeordneten Kategorien bzw. Oberbegriffen (Hyperonyme) die einzelnen Wörter (Lexeme) miteinander vergleichen und abgrenzen. Dabei wird ihnen die **Struktur** solcher Wortfelder deutlich, weil sich die Bedeutung der einzelnen Wörter auch aus ihrer Stellung zu benachbarten oder gegenteiligen Lexemen ergibt. Im Sinne der **Wortfeldtheorie** ist jedes Wortfeld „mosaikartig und lückenlos zusammengesetzt, und die Gesamtmenge aller Wortfelder einer Sprache spiegelt ein in sich geschlossenes Bild der Wirklichkeit" (Bußmann 1990, 855). Beispielsweise können die Schüler beim Wortfeld „fahren" Synonyme zusammenstellen, die sich nach der Geschwindigkeit (langsam – normal – schnell) oder nach dem Bewegungsort (Land, Wasser, Luft) aufteilen lassen. Verschiedene Sprachschichten und Stilebenen lassen sich z. B. beim Wortfeld „Kopf" herausarbeiten. Dabei können die Schüler in den einschlägigen **Wörterbüchern** nachschlagen. In diesem Fall werden sie bei Dornseiff (1965, 129) fündig, wo in der Rubrik „Mensch (körperlich) – Körperteile – Kopf" von Ballon bis (bairisch) Sumser eine ganze Reihe von Synonymen aufgeführt wird, wie z. B. Dez, Grützkasten, Haupt, Kappes (rhein.), Schädel. Überhaupt kann hier schon in jüngeren Jahrgangsstufen die Benutzung verschiedener Wörterbücher angebahnt werden, wie beispielsweise Bildwörterbücher (geordnet nach Sachgruppen oder alphabetisch mit Abbildungen oder Bildgruppen, z. B. „Kopf" und seine

Teile bei der Bildgruppe „Mensch"), Bedeutungs- oder Synonymenwörterbücher mit sinn- und sachverwandten Lexemen. Die Schüler können selbst Wortfelder zusammenstellen, bei denen sie eigene Erfahrungen aus ihrer Lebenswelt einbringen können. So zeigt beim Wortfeld „mieten" mit „borgen – leihen – mieten" die Erweiterung mit „leasen" eine Änderung der Lebensverhältnisse durch wirtschaftliche Veränderungen an. Auch im sozial- und kulturgeschichtlichen Bereich schlagen sich Entwicklungen in den Wortfeldern nieder. Ändert sich die Bedeutung eines Wortes, so ändert sich das ganze Feld. Ein Paradebeispiel hierfür ist das Wortfeld „Frau".

Ahd. *frouwā* (mhd. *vrouwe*) als Bezeichnung für die adlige Frau ist eine Ableitung von ahd. *frô* als Bezeichnung für den Adligen (noch erhalten in „Fron", „Fronleichnam"), das durch „Herr" (Komparativ „der ältere" zu lat. *senior*) ersetzt und zu dem analog „Herrin" gebildet wird. Die Deminutivform „Fräulein" (mhd. *vröuwelîn*) für das adlige Mädchen enthält auch das Merkmal „unverheiratet". Die Veränderung im Feld wird ausgelöst durch die Abwertung (Pejoration) von „Weib" (ahd. *wîb*), wobei in bairischen Mundarten die Form *Wei* ohne negative Konnotation noch üblich ist (Beisbart/Marenbach 1997, 80). Für die bürgerliche Ehefrau findet sich auch „Wirtin" (zu ahd./mhd. *wirt*, auch: „Hausherr, Ehemann"; Kluge 1995, 894). Durch die Emanzipation des Bürgertums gehen die Anreden „Herr, Frau, Fräulein" an dieses über (im Adel dann französische Anreden oder „gnädiger Herr, gnädige Frau"). In neuerer Zeit wird durch die juristische und sprachliche Gleichstellung auch „Frau" anstelle von „Fräulein" verwendet.

Im Lernbereich Sprachbetrachtung reichen je nach Altersstufe die Schüleraktivitäten vom Sammeln, Analysieren und Ordnen bis zur Diskussion der sprachtheoretischen Leistung der **Wortfeldkonzeption** in der Oberstufe. Die Auffassung vom „Worten der Welt" (L. Weisgerber, vgl. hierzu Bußmann 1990, 340) kann im Zusammenhang mit der sprachlichen Aneignung der Wirklichkeit (Apprehension) zu einer Metakommunikation über die Idee der semantischen Theorie der die Wirklichkeit erfassenden Wortfelder führen. Die Schüler können sowohl die Zusammenhänge von Sprache, Geschichte und Kultur als auch die „Vielfalt sprachlicher Welterschließung in den verschiedenen Sprachen" (B. Weisgerber 1989, 293) anhand von Wortfeldern recherchieren und diskutieren. Auch die inhaltsbezogene Grammatik (L. Weisgerber 1949–1954) kann in der Oberstufe durch Textauszüge im Vergleich mit anderen Grammatikmodellen erarbeitet werden.

4. Fächerübergreifend können auch im muttersprachlichen Unterricht Wortfelder aus den Fremdsprachen miteinander verglichen werden, wie z. B. das Wortfeld „fahren" mit engl. *go, drive, travel; run* (Keller 1978, 42). Dadurch wird nicht nur das Sprachlernen motiviert (B. Weisgerber 1989, 293), sondern auch ein Einblick in unterschiedliche Vorstellungen in den Sprachen erzielt. Im Heimat- und Sachunterricht sowie in Geographie können Begriffsklärungen durchgeführt werden, z. B. beim Wortfeld „fließende Gewässer" mit Bach – Fluß – Strom in der allgemeinen Geographie. Auch geographische Namen in Zusammensetzungen mit Forst, Wald und Holz (in Flurnamen) und mit den Grundwörtern -weg, -gasse, -straße oder Allee, Chaussee können durch Wortfelder präzisiert werden. Dabei lässt sich die Wörterbucharbeit üben (◊ *Wörterbücher benutzen*). [G. K.]

Wortlistentraining durchführen

1. Das Wortlistentraining stellt eine Übungsform aus dem Rechtschreiben dar, die von einer Hamburger Forschungsgruppe um 1970 auf breiter Basis empirisch erprobt wurde und von Balhorn u. a. (1994) in der Form eines Trainigsprogramms für das 1. bis 6. Schuljahr auf den Markt gebracht wurde (wlt 1–6). Darüber hinaus – und das ist der Anlass für die

Aufnahme dieses Stichwortes in die vorliegende Veröffentlichung – handelt es sich hier um eine Übungsform, die problemlos eigenständig realisiert werden kann. Zur **Vorstellung** und **Begründung** dieser Methode soll allerdings auf das Ausgangsmaterial von Balhorn zurückgegriffen werden.

Ein ausgewählter **Übungswortschatz** – pro Heft alphabetisch und nach Rechtschreibphänomenen aufgelistet –, ausgewählt vor allem unter dem Gesichtspunkt der Repräsentation unserer Rechtschreibregeln, nicht so sehr wie bei Grundwortschätzen sonst üblich, mit Blick auf die Auftretenshäufigkeit der Wörter, wird den Schülern „portionsweise" (5 bis 15 Wörter) auf 70 bis 80 Seiten pro Heft zur weitgehend eigenständigen Auseinandersetzung angeboten. Der Anspruch, dass hier **differenziert** und **eigenaktiv** gelernt werden kann, wird vor allem durch die sog. **Faltlisten** – das Kernstück der Arbeitshefte – eingelöst. Die Übungswörter der jeweiligen Seite stehen in der linken Spalte, die nach hinten weggeklappt wird, nachdem die Schüler die Wörter gelesen haben. Nun werden die Wörter vom Partner diktiert oder der Lerner versucht, einige Wörter auswendig zu schreiben, oder er schreibt sie vor dem Umklappen in die mittlere Spalte des Blattes ab. In der rechten Spalte stehen meist weitere Arbeitsaufträge zur Verdeutlichung des jeweiligen Rechtschreibphänomens, ähnlich auf der Rückseite, wo die Klappspalte zum einen vorgegebene Lösungen abdeckt, zum anderen der **Selbstkontrolle** dient. Für die **Selbstkorrektur** der Wörter ist ebenfalls eine Spalte vorgesehen. Auf diese Art werden Schüler mit verschiedenen rechtschriftlichen Phänomenen vertraut gemacht (z. B. Mitlautverdoppelung nach kurzem Vokal, Dehnungs-h, Wörter mit d am Wortende), indem sie entsprechende Wörter etliche Male lesen, abschreiben, sich diktieren lassen, vergleichen, ihre Fehlschreibungen kontrollieren, korrigieren und zahlreiche Tipps erhalten, die sie auf die Regelhaftigkeiten aufmerksam machen.

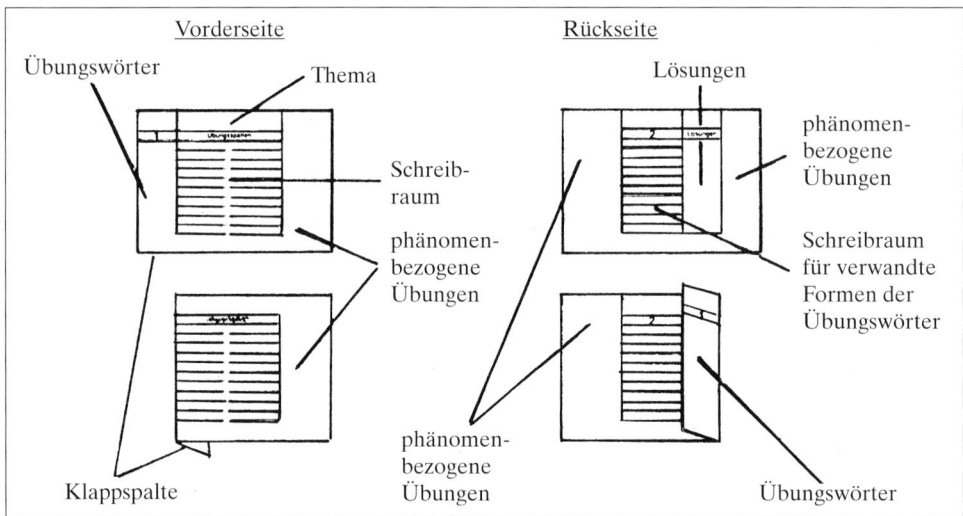

Abb. 31: Aufbauschema der Faltlisten (Lehrerkommentar zu wlt 2–6, 1987, 14)

2. Dieser Konzeption liegen einige wichtige Entscheidungen zugrunde:
- Übungen sollen auch für Schüler ihren **Übungscharakter** nicht verleugnen. Schüler erfahren (und akzeptieren), dass Übung auch im Rechtschreiben zum Erfolg gehört, wie es im Sport oder beim Erlernen eines Musikinstruments als selbstverständlich gilt.
- Wortlistentraining basiert in der Regel auf **Einzelwortübungen**. Dies erleichtert die Konzentration auf Rechtschreibfälle, die in ihrer Mehrzahl nicht textbedingt sind. Ablenkung

durch Textinhalte wird genauso ausgeblendet wie die geliehene Motivation, die mit der Einbettung in Spielformen verbunden ist, die den Spieler ebenfalls über die Notwendigkeit der Übung hinwegtäuscht. Dass daneben spielerische Übungen und Auseinandersetzung mit Texten nötig sind, steht außer Frage und wird in den Trainingsmappen auch praktiziert.

- Durch den wiederholten Umgang mit Wörtern, die dasselbe **Rechtschreibphänomen** repräsentieren, hofft man, einen Regelbildungsprozess anzustoßen, der sich nur in Eigenaktivität entfalten kann, der weder durch vorgegebene – etwa zu lernende – Regeln von außen befohlen werden kann, noch von allen Schülern einer Klasse im Gleichschritt zu erreichen ist.
- **Lernpsychologische** Überlegungen führten zur quantitativen Beschränkung der Aufgaben, denn mehrere kurze Übungen versprechen bessere Erfolge als lange Übungsphasen. Unter lernpsychologischem Aspekt ist auch die Einplanung der sofortigen Kontrolle des Geschriebenen zu sehen, was eine schnelle Erfolgsbestätigung gewährleistet.

3. An **Problemen** mit dem Wortlistentraining sieht Rauscher (1979) zum einen den Verlust des „Realitätsbezugs", wenn Wörter außerhalb von Satz- und Textzusammenhängen geübt würden, zum anderen die optimistische Annahme, Regeleinsicht würde sich ohne Lehrerhilfe einstellen.

Hierzu ist zu sagen:

Zur Vernachlässigung der Arbeit mit Texten darf es freilich nicht kommen, nicht nur im Hinblick auf die textabhängigen Rechtschreibfälle (z. B. Substantivierung, Konjunktion „dass"), sondern auch im Bemühen, gewonnene Erkenntnisse an unvermuteter Stelle beim Schreiben zu aktivieren. Für die vorausgehende Gewinnung von Erkenntnissen allerdings ist die Einzelwortübung der schnellere Weg. Die Rolle der Lehrerhilfe sollte pragmatisch gesehen werden: Ungeachtet des Faktums, dass Lernen ein eigenaktiver Prozess ist, kann der Lehrer diesen Prozess natürlich positiv beeinflussen, indem er sich dem einzelnen Schüler zuwendet. Will er seine Hilfe jedoch allen Schülern gleichzeitig anbieten, führt dies unweigerlich zur Gleichschaltung im Klassenunterricht und somit zur Störung anstelle der Unterstützung von Lernprozessen etlicher Schüler der Klasse.

4. Die verschiedentlich angesprochene **Eigenaktivität** der Lerner kann beim Wortlistentraining noch in erweiterter Form zum Zuge kommen: Sind die Schüler mit den nötigen Arbeitstechniken im Umgang mit dieser Übungsform vertraut, dürfte es nicht schwer fallen, solche Listen selbst zu erstellen. Dabei sollte neben der phänomenbezogenen Gruppierung der Wörter als **Variation** auch eine thematische Orientierung möglich sein, z. B. Wörter zusammenzustellen, die für die Bearbeitung eines Sachthemas relevant sind (z. B. Verkehrserziehung, Römer in unserem Heimatort, Weihnachten bei anderen Völkern, Vögel füttern im Winter). Wichtig bleibt allerdings die Begrenzung der Wortanzahl pro Liste je nach Altersstufe, was zur Individualisierung der Listen führen kann, wenn jeder nur die für ihn schwierig erscheinenden Wörter festhält. Ob die auf die Rückseite der Wortlisten zu postierenden Arbeitsaufträge gemeinsam vereinbart werden oder ebenfalls der Differenzierung dienen sollen, wird vom Wortmaterial und von der Klasse abhängen. Ob Reimwörter, flektierte Wortformen, zusammengesetzte Wörter oder die Anordnung zum Silbenrätsel bevorzugt werden, sollte zunächst dem Lerner selbst überlassen bleiben, in zweiter Linie fallspezifisch vom Lehrer initiiert werden, wobei hier natürlich die Möglichkeit der phänomenbezogenen Orientierung zu suchen ist. [D. M.]

Zusammenfassen von Texten

Was meinen wir, wenn wir Lernende bitten: „Fasst zusammen, was ihr gelesen habt"? Ohne dass wir ausdrücklich einen *Zweck* anzugeben bräuchten, verstehen sie, was wir wollen: Was ein Text „enthält", sollen sie in möglichst komprimierter Form wiedergeben, und zwar entweder mündlich-spontan oder, in wahrscheinlich dann besser gegliederter und durchdachter Form, in einem geschriebenen Text („Zusammenfassung").

1. Als Vorstufe zur traditionell üblicheren Inhaltsangabe betrachtet, verlangt das Zusammenfassen einen Überblick über das Textganze und dann – beim Schreiben – **Beschränkung auf das Wesentliche**. So werden z. B. Details oder Beispiele aus einem Gebrauchstext und z. B. wörtliche Reden aus einem Erzähltext weggelassen. Die Zusammenfassung gilt heute vielen Lehrplänen als Einstieg in die „Inhaltsangabe", insoweit sie deren Herzstück darstellt und um eine „informierende Einleitung mit Kernaussage" (bayer. Gymnasiallehrplan 1992, 7. Kl.) ergänzt werden kann.

2. Betrachtet man jedoch nicht die erstrebten Textprodukte („die Textzusammenfassung"), sondern Tätigkeiten *des Zusammenfassens* von Texten, so handelt es sich dabei um solche, die eine Textvorlage **verkürzen und verdichten**. Das wiederum setzt die Fähigkeit der Abstraktion und die Fertigkeit sprachlichen Komprimierens voraus (z. B. Finden von Oberbegriffen und Begriffsbildung generell) und erfordert deshalb in der Regel eine schriftsprachliche Bearbeitung, während der Mündlichkeit das ◊ *Nacherzählen* angemessener ist. Aebli (1980, Bd. II, 170–174) hat an Lafontaines bekannter Fabel „Der Fuchs und der Rabe" gezeigt, dass es beim Zusammenfassen epischer Texte mindestens vier **Abstraktionsstufen** gibt:

(A) Man kann sich „an den äußeren Ablauf der Episode" halten und dabei Weglass- und Integrationsregeln anwenden: Weggelassen wird hier etwa „das örtliche setting", integriert werden verschiedene Teilhandlungen des Fuchses in den Begriff des *Schmeichelns*, der in der Vorlage nicht benutzt wird.

(B) Man kann von der „Handlung" abstrahieren: Wer singt, während er einen Käse im Schnabel hält (wie der Rabe in der Fabel), der „hütet seinen Besitz schlecht".

(C) Man kann – nach der „Handlung" – nun auch die „Personen" (i. S. v. Figuren) durch Abstraktion verkürzen, nämlich auf die Rollen, die sie in der Geschichte spielen („der Schmeichler").

(D) In der abstraktesten Form, d. h. maximal komprimiert, lautet die Zusammenfassung der Fabel: „Bereicherung als Beweggrund des Schmeichelns". Nicht zufällig durchwegs sprachlich nominalisiert, ist diese „Zusammenfassung" die Endstufe dessen, was Aebli (ebd., 169) als ein Bilden von „Einheiten höherer Ordnung" beschreibt. Drei solche Einheiten (*Bereicherung, Beweggrund, Schmeicheln*) sind entstanden und durch Präpositionen verknüpft worden.

So kann man „den Vorgang des Zusammenfassens als einen Vorgang der progressiven Bildung von immer umfassenderen begrifflichen Einheiten" (ebd., 174) betrachten. Die dafür benötigten Begriffe sollten, wo immer möglich, aus dem „Alltagsdenken" (ebd.) stammen. Gelegentlich können sie auch aus einer Fachsprache kommen: So passt etwa auf Schopenhauers bekannten Prosatext „Die Stachelschweine" der **fachsprachliche Begriff** der „Parabel" (Grzesik 1988, 214 ff.) und/oder der **„lebensweltliche" Begriff** der „Höflichkeit" (ebd., 218 ff.). In jedem Fall liegt eine kognitive (Abstraktions-)Leistung vor. In ähnlicher Weise lassen sich pragmatische Texte entweder fachsprachlich komprimieren oder mithilfe von aus dem Alltagsdenken stammenden „mentalen Modellen". Ihnen entsprechen an der sprachlichen Oberfläche nicht notwendigerweise, aber häufig verblasste Metaphern.

In einer Analyse von Schulbuchtexten zum thematischen Komplex der Industrialisierung aus Lehrwerken der 8. Jahrgangsstufe haben Abraham/Beisbart (1995) solche verblassten oder „toten" Metaphern in ihrer verständnisfördernden, aber auch verständnisbegrenzenden Funktion untersucht: Was ist ein „soziales Gefälle"? Schon längst nicht mehr als Metapher erkennbar, ist diese Formulierung gleichwohl interessant. In mehreren untersuchten Schulbuchtexten benutzt, signalisiert sie ein **mentales Modell des darzustellenden Sachverhalts** und lässt sich an der Tafel grafisch veranschaulichen: „Oben" sind wenige, „unten" viele, dazwischen liegt eine „Böschung". Eine solche Vorstellung klärt gewisse Aspekte des Problems, macht jedoch andere Aspekte eher schwerer durchschaubar, hier z. B. den Marktmechanismus von Angebot und Nachfrage.

Gerade bei pragmatischen Textvorlagen (Gebrauchstexten) erscheint eine Zusammenfassung von geeigneten „mentalen Modellen" aus sinnvoll; ebenso bietet es sich an, fertige Zusammenfassungen nach der Plausibilität solcher mentaler Modellbildung zu bewerten. Weniger als bei Erzähltexten kann man hier von klar unterscheidbaren Phasen ausgehen: Weder „Handlung" noch „Figuren" sind hier allererst in Begriffe zu fassen, sondern ein ohnehin schon mehr oder weniger begrifflicher Text wird durch **Nominalisierung** komprimiert und durch Weglassen des vom Bearbeiter als weniger wesentlich Angesehenen verkürzt.

3. Der kognitiven Leistung, die **Schreibende** zu erbringen haben, entspricht bei den **Lesenden** einer Textzusammenfassung eine nicht minder anspruchsvolle: Zum einen ist das Weggelassene, soweit es konkretisierende bzw. illustrierende Funktion hatte, oft gedanklich durch eigene „Beispiele" zu ergänzen, zum andern muss die durch Nominalisieren entstandene satzgrammatische Struktur durchschaut und ggf. wieder in Gliedsätze aufgelöst werden. Praktisch alle Sprachbücher für die S I enthalten, häufig unter der Rubrik „Stilistik", entsprechende Aufgaben: Sie bearbeiten zu lassen kann im Rahmen einer Unterrichtseinheit zum Zusammenfassen sehr sinnvoll sein. **Fähigkeiten** (kognitiv) und **Fertigkeiten** (sprachlich-stilistisch) schriftlichen Zusammenfassens bilden insbesondere bei längeren und komplexeren poetischen Texten oft die Voraussetzung für fruchtbare Interpretationsgespräche und schriftliches ◊ *Interpretieren*. Zudem werden sie „lebensweltlich" in verschiedenen Zusammenhängen benötigt, besonders beim Protokollieren. Dort spielen freilich dann pragmatische Texte eine größere Rolle: Werden diese in der Schule häufig zusammengefasst, um das Verständnis zu sichern bzw. das Erreichen eines Lernziels zu kontrollieren, so ist außerhalb der Schule der Zweck einer Textzusammenfassung in der Regel ein **kommunikatives Erfordernis**. Lange und eventuell komplexe Vorlagen (z. B. Expertengutachten) müssen in leichter und schneller lesbare, übersichtliche Form gebracht werden.

Stellt man sich etwa das Gutachten eines Experten über die Risiken eines wirtschaftlichen Wagnisses vor, über das in einer Sitzung abgestimmt werden soll, so wird an diesem Beispiel etwas deutlich, was man bei textzusammenfassenden Aufgaben nie vergessen sollte: Es gibt nicht „die Zusammenfassung" eines Textes, sondern immer nur in bestimmtem Interesse erstellte, für bestimmte Adressaten gedachte Zusammenfassungen. Am ehesten neutral, d. h. am wenigsten von einer Absicht des Bearbeiters abhängig, ist der ◊ *Précis*.   [U. A.]

Teil 3

Planung einer Unterrichtseinheit

Im folgenden Kapitel soll an einem Beispiel aus dem Literaturunterricht gezeigt werden, wie eine Unterrichtseinheit geplant werden könnte, welche Schritte sinnvoll aufeinander folgen sollten und wie dabei die Ausführungen aus den beiden ersten Teilen dieses Buches herangezogen werden können. Als Textgrundlage haben wir einen Jugendbuch-Klassiker gewählt, der in einem 6. oder 7. Jahrgang eines Gymnasiums ebenso gut gelesen werden könnte wie in einer 7. Klasse einer Realschule oder in einem entsprechenden Jahrgang einer Haupt- oder Regelschule.

1. „Bitte übernehmen Sie den Unterricht!" (Sachanalyse)

Nehmen wir an, Sie haben von Ihrem Praktikums- oder Seminarlehrer, Ihrem Betreuungslehrer, kurz, von Ihrem Mentor, die Aufgabe bekommen:
„Lesen Sie mit einer Klasse der 7. Jahrgangsstufe den *Krabat* von Otfried Preußler als Ganzschrift!" Dazu erhalten Sie einen Textauszug aus dem Einleitungskapitel, den Sie evtl. für die erste Stunde verwenden können.
Nebenbei bemerkt: Einige wichtige Fragen der schulischen Leseförderung und der Literaturdidaktik haben wir hier bereits übersprungen, die im konkreten Alltag des Unterrichts eine wichtige Rolle spielen müssen:
– Wurden die Leseinteressen der Schüler vorher ermittelt?
– Entspricht der Lektürevorschlag den Schülerinteressen?
– Wurden die Schüler an der Auswahl der Lektüre beteiligt?

1.1 Textauszug: Die Mühle im Koselbruch (von Otfried Preußler)

1. „Bitte übernehmen Sie den Unterricht!" (Sachanalyse)

Die Mühle im Koselbruch

Es war in der Zeit zwischen Neujahr und dem Dreikönigstag. Krabat, eine Junge von vierzehn Jahren damals, hatte sich mit zwei anderen wendischen Betteljungen zusammengetan, und obgleich Seine allerdurchlauchtigste Gnaden, der Kurfürst von Sachsen, das Betteln und Vagabundieren in Höchstderoselben Landen bei Strafe verboten hatten (aber die Richter und sonstigen Amtspersonen nahmen es glücklicherweise nicht übermäßig genau damit), zogen sie als Dreikönige in der Gegend von Hoyerswerda von Dorf zu Dorf: Strohkränze um die Mützen waren die Königskronen; und einer von ihnen, der lustige kleine Lobosch aus Maukendorf, machte den Mohrenkönig und schmierte sich jeden Morgen mit Ofenruß voll. Stolz trug er ihnen den Bethlehemstern voran, den Krabat an einen Stecken genagelt hatte.

Wenn sie auf einen Hof kamen, nahmen sie Lobosch in die Mitte und sangen: „Hosianna Davidssohn!" – das heißt: Krabat bewegte nur stumm die Lippen, weil er gerade im Stimmbruch war. Dafür sangen die anderen Hoheiten um so lauter, da glich sich das wieder aus.

Viele Bauern hatten auf Neujahr ein Schwein geschlachtet, sie beschenkten die Herren Könige aus dem Morgenland reichlich mit Wurst und Speck. Anderswo gab es Äpfel, Nüsse und Backpflaumen, Honigbrot manchmal und Schmalzküchlein, Anisplätzchen und Zimtsterne. „Das Jahr fängt gut an!" meinte Lobosch am Abend des dritten Tages, „so dürfte es bis Silvester weitergehen!" Da nickten die beiden anderen Majestäten gemessen und seufzten: „Von uns aus – gern!"

Die folgende Nacht verbrachten sie in der Schmiede von Petershain auf dem Heuboden; dort geschah es, daß Krabat zum erstenmal jenen seltsamen Traum hatte.

Elf Raben saßen auf einer Stange und blickten ihn an. Er sah, daß ein Platz auf der Stange frei war, am linken Ende. Dann hörte er eine Stimme. Die Stimme klang heiser, sie schien aus den Lüften zu kommen, von fernher, und rief ihn bei seinem Namen. Er traute sich nicht zu antworten. „Krabat!" erscholl es zum zweitenmal – und ein drittesmal: „Krabat!" Dann sagte die Stimme: „Komm nach Schwarzkollm in die Mühle, es wird nicht zu deinem Schaden sein!" Hierauf erhoben die Raben sich von der Stange und krächzten: „Gehorche der Stimme des Meisters, gehorche ihr!"

Davon erwachte Krabat. „Was man nicht alles zusammenträumt!" dachte er, wälzte sich auf die andere Seite und schlief wieder ein. Andertags zog er mit seinen Gefährten weiter, und wenn ihm die Raben einfielen, lachte er.

Doch der Traum wiederholte sich in der Nacht darauf. Abermals rief ihn die Stimme beim Namen, und abermals krächzten die Raben: „Gehorche ihr!" Das gab Krabat zu denken. Er fragte am anderen Morgen den Bauern, bei dem sie genächtigt hatten, ob er ein Dorf kenne, das Schwarzkollm heiße oder so ähnlich.

Der Bauer entsann sich, den Namen gehört zu haben. „Schwarzkollm ...", überlegte er. „Ja doch – im Hoyerswerdaer Forst, an der Straße nach Leippe: da gibt es ein Dorf, das so heißt."

Das nächstemal übernachteten die Dreikönige in Groß-Partwitz. Auch hier träumte Krabat den Traum von den Raben und von der Stimme, die aus den Lüften zu kommen schien; und es spielte sich alles genauso ab wie beim ersten und zweiten Mal. Da beschloß er, der Stimme zu folgen. Im Morgengrauen, als die Gefährten noch schliefen, stahl er sich aus der Scheune. Am Hoftor begegnete er der Magd, die zum Brunnen ging. „Grüß mir die beiden", trug er ihr auf, „ich hab wegmüssen."

Von Dorf zu Dorf fragte Krabat sich weiter. Der Wind trieb ihm Schneekörner ins Gesicht, alle paar Schritte mußte er stehenbleiben und sich die Augen wischen. Im Hoyerswerdaer

Forst verlief er sich, brauchte zwei volle Stunden, bis er die Straße nach Leippe wiederfand. So kam es, daß er erst gegen Abend sein Ziel erreichte.

Schwarzkollm war ein Dorf wie die anderen Heidedörfer: Häuser und Scheunen in langer Zeile zu beiden Seiten der Straße, tief eingeschneit; Rauchfahnen über den Dächern, dampfende Misthaufen, Rindergebrüll. Auf dem Ententeich liefen mit lautem Gejohle die Kinder Schlittschuh.

Vergebens hielt Krabat Ausschau nach einer Mühle. Ein alter Mann, der ein Bündel Reisig trug, kam die Straße herauf: den fragte er.

„Wir haben im Dorf keine Mühle", erhielt er zur Antwort.

„Und in der Nachbarschaft?"

„Wenn du *die* meinst ..." Der Alte deutete mit dem Daumen über die Schulter. „Im Koselbruch hinten, am Schwarzen Wasser, da gibt es eine. Aber ..." Er unterbrach sich, als habe er schon zuviel gesagt.

Krabat dankte ihm für die Auskunft, er wandte sich in die Richtung, die ihm der Alte gewiesen hatte. Nach wenigen Schritten zupfte ihn wer am Ärmel; als er sich umblickte, war es der Mann mit dem Reisigbündel.

„Was gibt's?" fragte Krabat.

Der Alte trat näher, sagte mit ängstlicher Miene: „Ich möchte dich warnen, Junge. Meide den Koselbruch und die Mühle am Schwarzen Wasser, es ist nicht geheuer dort ..."

Einen Augenblick zögerte Krabat, dann ließ er den Alten stehen und ging seines Weges, zum Dorf hinaus. Es wurde rasch finster, er mußte achtgeben, daß er den Pfad nicht verlor, ihn fröstelte. Wenn er den Kopf wandte, sah er dort, von woher er kam, Lichter aufschimmern: hier eines, da eines.

Ob es nicht klüger war umzukehren?

„Ach was", brummte Krabat und klappte den Kragen hoch. „Bin ich ein kleiner Junge? Ansehen kostet nichts."

Krabat tappte ein Stück durch den Wald wie ein Blinder im Nebel, dann stieß er auf eine Lichtung. Als er sich anschickte, unter den Bäumen hervorzutreten, riß das Gewölk auf, der Mond kam zum Vorschein, alles war plötzlich in kaltes Licht getaucht.

Jetzt sah Krabat die Mühle.

Da lag sie vor ihm, in den Schnee geduckt, dunkel, bedrohlich, ein mächtiges, böses Tier, das auf Beute lauert.

„Niemand zwingt mich dazu, daß ich hingehe", dachte Krabat. Dann schalt er sich einen Hasenfuß, nahm seinen Mut zusammen und trat aus dem Waldesschatten ins Freie. Beherzt schritt er auf die Mühle zu, fand die Haustür verschlossen und klopfte.

...

1.2 Vorgeschaltet: ein Brainstorming

In einem Seminar zur Unterrichtsbegleitung eines Schulpraktikums wurde nach der Lektüre des Textes die Frage gestellt: „Was fällt Ihnen zum Text spontan ein?" Eine Studentin antwortete: „Ich lese den Text zuerst den Schülern vor." Als mögliche Alternativen empfahl die Studentin, die Schüler könnten den Text vorlesen oder still durchlesen. Ein anderer Teilnehmer stellte fest, dass der Text für die entsprechende Altersstufe gut geeignet sei, weil der Titelheld etwa das gleiche Alter wie die Adressaten habe.

Die Antworten waren grundsätzlich nicht falsch, doch zu früh. Viele „Anfänger" denken nämlich sofort methodisch, manche durchaus didaktisch, sie überspringen jedoch die Auseinandersetzung mit dem Unterrichtsinhalt. Die Reflexionen zum Text, seinem Thema, sollen nun nicht deswegen vorgeschaltet werden, damit der Lehrer im Besitz einer abgesicherten Interpretation ist, die er den Schülern verordnen müsste. Hierin könnte in der Tat eine Gefahr der sog. Sachanalyse liegen. Die souveräne Beherrschung der Sache aufseiten des Lehrers gehört zwar auch zum guten Unterricht, jedoch ist die Sachanalyse vor allem unter **Planungsaspekten** zu sehen: Wo liegen mögliche Schwerpunkte? Welche **Querverbindungen** (etwa zu anderen Fächern) sind zu entdecken? Welche **Quellen** und **Materialien** (die auch Schülern zugänglich gemacht werden könnten) bieten sich an?

Bei dieser Sachanalyse ist nun ein stufenweises Vorgehen denkbar:

1. Sie treten mit dem Text (dem Buch) in Kommunikation, bringen Ihre Kenntnisse, Erwartungen, Einstellungen, Wertungen ein, aber auch Ihre langfristig erworbene Haltung, Texten zu begegnen. Vielleicht finden Sie zusätzliche Anregungen im Teil II (◊ *Interpretieren literarischer Texte* ◊ *Literarische Gespräche führen*). Vergewissern Sie sich möglicher Tätigkeiten im Umgang mit dem Text ganz konkret, z. B.:

Formulieren Sie das Verbot des Bettelns durch den Kurfürsten von Sachsen.
Denken Sie als Krabat (in der Form der Ich-Erzählung) über die Warnung des Alten nach.
Analysieren Sie den Anfang des Romans: Wie wird der Leser in die Handlung eingeführt?
Kommentieren Sie Textandeutungen, z. B.:

„Krabat bewegte nur stumm die Lippen, weil er im Stimmbruch war."	*K. soll nicht zu erkennen geben, dass er kein Kind mehr ist. Es bleibt unklar, ob dies unter den dreien abgesprochen war. Vom Mitleid für Kinder erhofften sie sich offenbar höhere Spenden.*
„die anderen Hoheiten"	*Dies ist die Perspektive ihrer Verkleidung, d. h., so wollen die drei Jungen wirken. Vielleicht ist es wirklich eine Identifikation mit ihrer Rolle. Es zeigt sich jedenfalls in der Darstellung des Erzählers, dass dies gelingt: „sie beschenkten die Herren Könige aus dem Morgenland…"*

2. Sie stellen den Text in Kontexte. Hier werden vor allem Kenntnisse der um den Bereich der Jugendliteratur erweiterten Literaturwissenschaft von Bedeutung: Was heißt *Roman*? Was heißt *Jugendroman*? Wie ist erzählt? Woher stammt der *Stoff*? Handelt es sich um eine (romanhaft ausgebaute) *Sage*?

3. Sie schlagen biografische Angaben zum Autor nach. Hier könnten Sie auf intentionale, sprachliche oder regionale Besonderheiten aufmerksam werden. Häufig stoßen Sie dabei – wie in unserem Fall – auf Äußerungen des Autors zu seinem eigenen Werk. Für diesen und den nächsten Schritt finden Sie Hilfen in Abschnitt 1.3.

4. Sie lesen nach, was andere über den Text gedacht haben. Vielleicht finden Sie auch Gelegenheit, mit anderen (Kommilitonen, Referendaren, Kolleginnen) über den Text zu sprechen (◊ *Literarische Gespräche führen*).

Diese Vorgehensweise lässt sich grafisch so verdeutlichen:

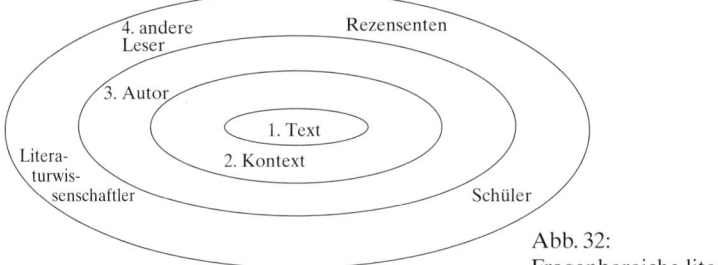

Abb. 32:
Fragenbereiche literarischer Sachanalyse

1.3 Hilfen durch Nachschlagen

Ganz allgemein und zu unserem Buch speziell sollen im Folgenden einige Hilfen für Ihre Vorarbeit aufgeführt werden:

1.3.1 Bibliographien

– zur Literaturwissenschaft, z. B.
Bibliographisches Handbuch der deutschen Literaturwissenschaft. Hrsg. von Köttelwelsch, Clemens. 3 Bde., Frankfurt am Main: Klostermann 1973–1979.
Schmidt, Heiner: Quellenlexikon der Interpretation und Textanalysen. Personal- und Einzelwerkbibliographie zur deutschen Literatur von ihren Anfängen bis zur Gegenwart. 12 Bde. Duisburg: Päd. Dokumentation 1984–1987; zu Otfried Preußler und *Krabat:* Bd. 6 (1984), S. 50; Bd. 11 (1987 = Nachträge 1983–1986), S. 388 f.

– zur Fachdidaktik, z. B.
Bibliographie Deutschunterricht. Hrsg. v. Dietrich Boueke u. a., Paderborn: Schöningh 1978/1984.
Schlepper, Reinhold: Was ist wo interpretiert? Paderborn: Schöningh 1991, 8. Aufl.

– zur Kinder- und Jugendliteratur
Maier, Karl Ernst/Sahr, Michael: Sekundärliteratur zur Kinder- und Jugendbuchtheorie. Baltmannsweiler: Schneider 1979.

1.3.2 Zeitschriften, z. B.

Bulletin Jugend & Literatur, JuLit (Informationen, Arbeitskreis für Jugendliteratur), Tausendundein Buch, Beiträge Jugendliteratur und Medien, Jugendbuchmagazin, darin z. B.:
Preußler, Otfried: Otfried Preußler gibt Auskunft. In: Jugendbuchmagazin 1981, H. 2, S. 80–83.

1.3.3 Lexika

– Autorenlexika, z. B.
Arnold, Heinz Ludwig (Hrsg.): Kritisches Lexikon zur deutschsprachigen Gegenwartsliteratur (KLG). München: edition text + kritik. Bd. 7 (Elisabeth Kaufmann), Stand 1. 1. 1995.
Böttcher, Kurt/Greiner-Mai, Herbert/Müller, Harald/Prosche, Hannelore (Hrsg.): Lexikon deutschsprachiger Schriftsteller. Hildesheim/Zürich/New York: Olms. Bd. 2 (1993): 20. Jahrhundert, S. 582 f.
Brauneck, Manfred (Hrsg.): Autorenlexikon deutschsprachiger Literatur des 20. Jahrhunderts. Reinbeck b. Hamburg: Rowohlt 1991, S. 573 f.
Harenberg Lexikon der Weltliteratur. Autoren – Werke – Begriffe. Dortmund: Harenberg. Bd. 4, Studienausgabe (1984), S. 2348.
Killy, Walther (Hrsg.): Literaturlexikon. Autoren und Werke deutscher Sprache. Gütersloh/München: Bertelsmann. Bd. 9 (1991), S. 228.
Moser, Dietz-Rüdiger (Hrsg.): Neues Handbuch der deutschen Gegenwartsliteratur seit 1945. München: Nymphenburger 1990, 2. Aufl., S. 501 f. (Hans Unterreitmeier).

– Sachwörterbücher, z. B.
Enzyklopädie des Märchens. Hrsg. von Brednich, Rolf Wilhelm. Bd. 8, Liefg. 2/3, Berlin/New York: de Gruyter 1995, Sp. 318 Stichwort: Krabat; Verweis auf: *Zauberer, Zauberin.*
Scherf, Walter: Das Märchenlexikon. Bd. 1. München: Beck 1995, S. 748–751.

– Lexika zur Fachdidaktik

Nündel, Ernst (Hrsg.): Lexikon zum Deutschunterricht. München: Ehrenwirth 1985, 2. durchges. u. erw. Aufl.

Stocker, Karl (Hrsg.): Taschenlexikon der Literatur- und Sprachdidaktik. Frankfurt/M.: Scriptor 1987, 2. Aufl.

– Lexika zur Kinder- und Jugendliteratur, z. B.

Doderer, Klaus (Hrsg.): Lexikon der Kinder- und Jugendliteratur. Weinheim/Basel: Beltz. Bd. 3 (1979), S. 85–87 (Rudolf Raab).

1.3.4 Sekundärliteratur

Ehrhardt, Marie-Luise: Die Krabat-Sage. Quellenkundliche Untersuchung zu Überlieferung und Wirkung eines literarischen Stoffes aus der Lausitz. Marburg a.d. Lahn: Elwert 1982.

Kaminski, Winfred: Antizipation und Erinnerung. Studien zur Kinder- und Jugendliteratur in pädagogischer Absicht. Stuttgart: M & P, Verl. für Wiss. und Forschung, zu Krabat: S. 113–131.

Maicher, Peter: Poesie in der Schule? – Beispiel „Krabat". In: Schaller, Horst (Hrsg.): Umstrittene Jugendliteratur. Bad Heilbrunn/Obb.: Klinkhardt 1976, S. 95–117.

Pleticha, Heinrich (Hrsg.): Otfried Preußler: Krabat. Lehrerbegleitheft zur Schulausgabe. Stuttgart/Wien: Thienemann 1992, 2. Aufl.; mit Beiträgen von Heinrich Pleticha, Marie-Luise Erhardt, Otfried Preussler, Eveline Jourdan; Daten zu Otfried Preußlers Leben und Werk sowie die wichtigste Sekundärliteratur zum „Krabat".

Sahr, Michael: Mediale Umsetzungen von Kinder- und Jugendbüchern am Beispiel Otfried Preußlers „Krabat". In: Franz, Kurt/Payrhuber, Franz-Joseph (Hrsg.): Blickpunkt Autor. Baltmannsweiler: Schneider 1996.

Watzke, Oswald: Das phantastische Jugendbuch: Otfried Preußler: Krabat (5./6. Jahrgangsstufe). In: Baumgärtner, Alfred C./Watzke, Oswald: Wege zum Kinder- und Jugendbuch. Donauwörth: Auer 1985, S. 89–93.

1.3.5 Weitere Arbeitshilfen

– Prospekte, Kataloge, Waschzettel, Klappentexte von Buchhandlungen und Verlagen
– „Börsenblatt für den deutschen Buchhandel"
– Gärtner, Hans: Die aktuell in die Öffentlichkeit wirkende Kinder- und Jugendliteratur im deutschsprachigen Raum. In: Beisbart u. a. (1993), S. 232–250, mit einem Überblick über Institutionen und Organisationen, über Preise und Empfehlungslisten sowie über Zeitschriften und Jahrbücher zum Thema Jugendbuch.

LESEBUCH DEUTSCH 7: „Krabat" lesen, Kapitel mit Originalbeiträgen von Otfried Preußler (u. a. Manuskript), Bilder und Texte von Mühlen, Braunschweig: Westermann 1983, S. 103–119.

1.4 Krabat – eine Sachanalyse

Nachfolgend drucken wir eine Sachanalyse ab, wie sie in einem Unterrichtsentwurf enthalten sein könnte. Dazu hat der Verfasser nicht nur den Textausschnitt „Die Mühle im Koselbruch", sondern das ganze Buch gelesen.

Der Roman spielt in einer geheimnisumwitterten Mühle im Koselbruch in der Lausitz zur Zeit des sächsischen Kurfürsten August des Starken.

Der „allwissende Erzähler" berichtet über einen dreijährigen Lebensabschnitt des elternlosen Titelhelden Krabat, der sich als Betteljunge durchs Leben schlägt. Durch seltsame Träume wird er in die Mühle geführt, wo ihn der Müllermeister als Lehrling in die Schar seiner elf Müllerburschen aufnimmt. Sie alle weiht der „Meister", wie sich der Müller nennen lässt, anhand des Buches Koraktor in die Geheimnisse der „Schwarzen Kunst" ein. Krabat erkennt, dass der regelmäßig auftauchende, geheimnisvolle, hinkende Herr Gevatter mit der feurigen Hahnenfeder auf dem Hut in Wirklichkeit die Fäden zieht. Der Altgeselle Tonda nimmt sich Krabats an, kommt jedoch später auf seltsame Weise zu Tode. Auch Michal, der Tondas Stelle als Krabats Freund übernimmt, stirbt in der nächsten Neujahrsnacht. Krabat erfährt von seinem Mitgesellen Juro, seinem nächsten Freund und Berater, der sich vor den anderen Gesellen und dem Meister dumm stellt, dass der unbekannte Herr Gevatter mit dem Meister einen Pakt geschlossen hat. Dieser muss alljährlich einen seiner Schüler opfern, damit sein Leben verlängert wird. Krabat beschließt, den Zauber zu brechen. Es gelingt ihm mit Juros Hilfe und durch die Liebe des Mädchens Kantorka, die in der erlösenden Probe ihr Leben für Krabat aufs Spiel setzt.

Der Protagonist verbringt drei „Jahre" in der Mühle, in denen die Zeit mit dreifacher Geschwindigkeit abläuft. Nach seiner Lehre wird Krabat in die Knappenschar aufgenommen. Er ist ein gelehriger Schüler und wächst langsam zum Gegenspieler des Meisters heran. Als dieser ihm schließlich anbietet, sein Nachfolger in der Schwarzen Schule zu werden, damit er sich zur Ruhe setzen kann, lehnt Krabat ab. Damit hat er sein Leben verwirkt. Doch er ist gereift, und ihn rettet zum Schluss die erfolgreiche Probe.

Der Erzähler schildert den Jahreslauf in der Mühle, die Tätigkeit der Mühlknappen und besondere Ereignisse, wie die Fahrt des Meisters und Krabats mit der Zauberkutsche durch die Lüfte zum Kurfürsten nach Dresden oder den Besuch des wandernden Müllerburschen Pumphutt. Die Erzählsprache enthält charakterisierende Elemente wie archaisierende Wendungen (*Seine allerdurchlauchtigste Gnaden... in Höchstderoselben Landen*) oder die kräftigen Ausdrücke in der Sprache der Mühlknappen.

Otfried Preußler nennt sein Buch einen Roman, dessen Großgliederung den drei Jahren entspricht, die wiederum in einzelne Kapitel gegliedert und mit Überschriften gekennzeichnet sind. Sie enthalten die fortlaufende Erzählung und die Wiedergabe von Krabats Träumen, die nachgerade als Angstträume eine antizipatorische Funktion erfüllen.

Der Autor hat sich über zehn Jahre mit dem Stoff beschäftigt (Scherf 1995, 751). Angeregt wurde er durch die Sage vom Zauberer Krabat aus der Lausitz (Ehrhardt 1982; Scherf 1995), die auch in seiner Heimat Nordböhmen verbreitet war. Preußler hat jedoch den Stoff frei gestaltet und z. B. die Begegnung mit dem wandernden Mühlknappen Pumphutt aus einer deutschen Sage eingefügt. Sein Roman weist Elemente der Sagenform und des Märchens auf. Orts- und Zeitangaben deuten auf die mimetische Sage hin, die glaubwürdig sein will. Der tabuisierte Teufel gehört zum dämonologischen Sagentyp. Märchenhafte Züge sind die Zahlen- und Dingsymbolik (zwölf Müllerburschen = Raben; das Zauberbuch; Tondas Messer, das Gefahren anzeigt; die Abendmahlstracht Kantorkas, die das Mädchen bei der Probe trägt), die übernatürlichen Mächte und das glückliche Ende. Dieses wird jedoch nicht ohne das Zutun der Beteiligten erreicht: Krabats Überwindung der Angst, die Mithilfe der echten Freunde (Gegenfigur ist der Zuträger Lyschko) und die gegenseitige Liebe – bei der Erlösungsprobe erkennt die in Lebensgefahr schwebende Kantorka Krabat daran, dass dieser Angst um das Mädchen hat.

Kaminski (1991, 228) weist darauf hin, dass der *Krabat* auch als eine politische Parabel zu lesen ist, in der sich der sorbische Sagenstoff mit den eigenen Erfahrungen des Autors mischt. „Spannend gestaltet er die Entstehung tödlicher Abhängigkeit und schildert, was geschehen müßte, damit der Mensch sich wieder von falschen Führern befreien könnte" (ebd.; vgl. auch Raab 1979).

Otfried Preußler ist einer der herausragenden Kinder- und Jugendbuchautoren. *Krabat* gilt als „sein künstlerisch reifstes Werk" (Böttcher u. a. 1993, 582). Es wurde 1972 mit dem Deutschen Jugendbuchpreis und dem Internationalen Hans-Christian-Andersen-Preis sowie weiteren internationalen Preisen ausgezeichnet. Es ist in vielen Auflagen erschienen und wurde mehrfach auch verfilmt. Weitere Bearbeitungen des Stoffes stammen von Jurij Brězan *(Die schwarze Mühle 1968, 1974; Krabat oder die Verwandlung der Welt 1976).*

1. „Bitte übernehmen Sie den Unterricht!" (Sachanalyse)

> Reflektieren Sie, worüber die vorstehende Sachanalyse Angaben enthält. Entwickeln Sie daraus ein Schema für weitere Sachanalysen, etwa: Angaben über den Autor, die Entstehung des Buches, die Handlungsträger usw.

Manche weiteren Informationen wären noch denkbar, die unsere Sachanalyse vernachlässigt hat, z.B. über die Bedeutung der Namen *Krabat* und *Kantorka*. Otfried Preußler (Jugendbuchmagazin 1981) berichtet selbst darüber, dass in *Krabat* die verballhornte Bezeichnung von „Kroate" steckt (ein kroatischer Oberst hat bei August dem Starken gedient), während *Kantorka* die Funktion als Vorsängerin bezeichnet, also keinen Individualnamen darstellt. Außerdem wäre erwähnenswert, dass es die Orte in der Lausitz wirklich gibt, dass die Schilderungen des Mühlenhandwerks und der Mühlknappenlehre auf historischen Gegebenheiten beruhen.

Die bei der Lektüre entdeckten Zusammenhänge lassen sich auch grafisch veranschaulichen, eine Aktivität, die nicht nur dem planenden Lehrer als „Textanalyse optisch" (Hussong u. a. 1971) hilfreich sein kann, sondern vor allem den Schülern das Verstehen und Entdecken von Beziehungen erleichtert, wenn sie selbst Strukturen sichtbar machen sollen.

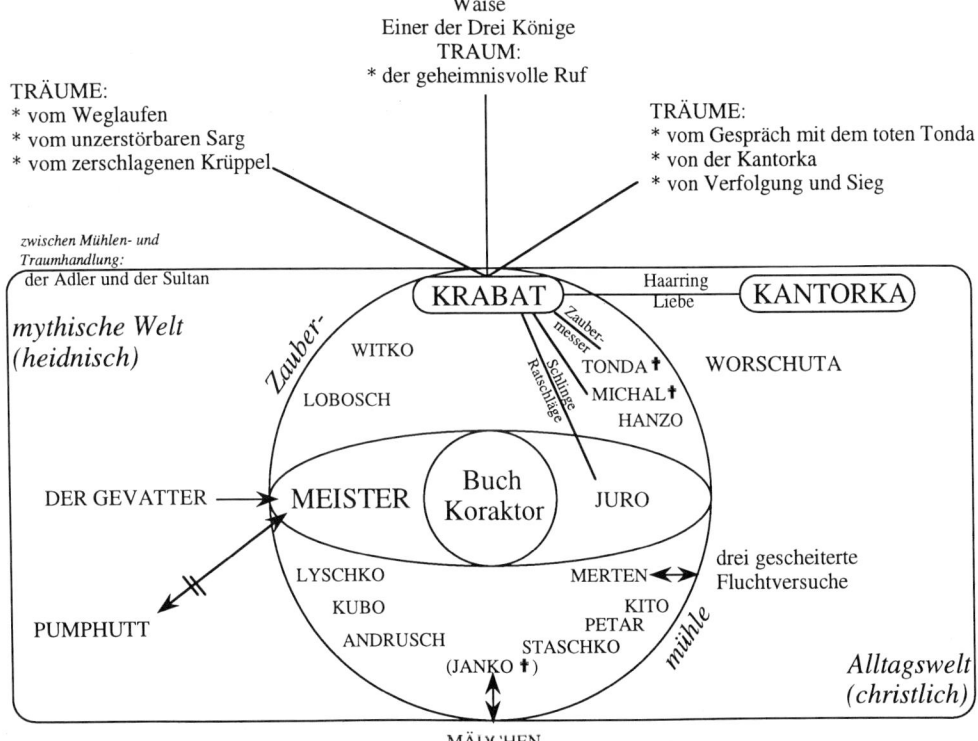

Abb. 33: Grafische Darstellung von Zusammenhängen in „Krabat"

Einige kommentierende Anmerkungen zur vorstehenden Skizze seien nachgereicht.
Das Schema ist weder als fertig vorzugebende noch als vor oder mit der Klasse zu entwickelnde Vorlage zu verstehen. Zum einen gibt es vielfältige Möglichkeiten, Strukturen zu visualisieren (⇨ *Grafiken und Schaubilder erstellen*), zum anderen fehlen in unserem

Schema wichtige Aspekte. So kommt die religiöse Fundierung der Sage zu kurz: Schwarze Kunst versus christliche Tradition. Die Figuren aus der mythischen Welt ließen sich gegenüberstellen: Hier der Gevatter, der der Tod, vor allem der Teufel sein kann, dort der Pumphutt als Vertreter einer optimistischen Weltsicht. Der zeitliche Verlauf der drei Jahre, die Veränderungen in der Mühle, das Reifen Krabats, der Machtkampf zwischen Meister und Krabat, die Osternacht bei den Gesellen und im Dorf, die Funktion der Träume, das Verhältnis von Handlungsablauf und Episoden könnten weitere Themen oder Teilaspekte grafischer Veranschaulichungen sein.

In der vorliegenden Skizze sind vor allem berücksichtigt: die kindliche Welt zu Anfang, die Welt der Zaubermühle, die Außenwelt der gewöhnlichen Menschen, die mythische Welt, die Welt der Träume.

Eine wichtige Funktion eines solchen Schemas könnte auch sein, Schüler zu motivieren, sich spielend (↻*Dramatisches Gestalten,* ↻*Literarisches Rollenspiel*) oder schreibend (↻*Schreiben nach Texten*) mit dem Text auseinander zu setzen, z. B.:

– Wir bauen ein Standbild, das die wichtigsten Figuren um Krabat durch Nähe und Ferne verdeutlicht.
– Wir schreiben auf, was Kantorka durch den Kopf geht, als sie die Probe um Krabat bestehen soll.

Inwieweit all diese Details nun für den tatsächlichen Unterricht relevant sind, hängt ganz von den Zielsetzungen ab. Und über diese muss sich die Lehrkraft in einer weiteren Analyse klar werden: der *didaktischen Analyse*.

Vorher aber ist noch ein Wort zur Sachanalyse in den anderen Lernbereichen des Deutschunterrichts zu sagen.
[G. K.]

1.5 Hilfen zur Sachanalyse in anderen Lernbereichen des Deutschunterrichts

Besonders für den **Sprachunterricht** ist die Sicherheit des Lehrers in der Beherrschung der zugrunde liegenden Sachverhalte unerlässlich. Kaum jemand wird aus dem Stegreif etwa die Regelungen der s-Laut-Schreibung im Deutschen erklären können, auch wenn er im Sprachgebrauch keine Probleme mit der Orthographie hat. Selbst bei „einfachen" Themen wie den Wortarten oder den Satzgliedern können sogar beim Experten Unsicherheiten auftreten: Gehört das Adverb nun zu den Adjektiven oder zu den Partikeln? Ist das Attribut ein eigenständiges Satzglied oder ist es Teil eines Satzgliedes? Im Bereich des **Rechtschreibens** kann die Sachanalyse das Handlungswissen zum deklarativen Wissen werden lassen, das sich nicht etwa in Merksätzen für die Schüler niederschlagen soll, sondern Basis für die gezielte Auswahl von Einzelproblemen sein kann. So wird der sachkompetente Lehrer etwa die s-Laute getrennt nach kurzen und langen vorausgehenden Vokalen anbieten (was die Neuregelung der s-Schreibung unterstützt), um die Schüler nicht zu verwirren. In der **Grammatik** wird die Sachanalyse zu der Erkenntnis führen, dass es in verschiedenen Grammatiken in der Tat unterschiedliche Zuordnungen von Wortarten und Satzgliedern gibt. Hier stellt sich nicht die Frage, was richtig oder falsch ist, sondern welches Beschreibungsmodell der deutschen Sprache zugrunde gelegt werden soll. Um diesen relativierenden Überblick zu gewinnen, empfiehlt sich die Orientierung etwa in folgenden **Grammatiken**:

Duden – Grammatik der deutschen Gegenwartssprache, 6. neu bearb. Auflage, Mannheim u. a.: Dudenverlag 1998.
Eichler, Wolfgang/Bünting, Karl-Dieter: Deutsche Grammatik. Form, Leistung und Gebrauch der Gegenwartssprache, Kronberg: Scriptor 1986, 3. Aufl.
Erben, Johannes: Deutsche Grammatik, Frankfurt: Fischer 1983, 12. Aufl.

Glinz, Hans: Die innere Form des Deutschen. Eine neue deutsche Grammatik, Bern/München: Francke 1973, 6. Aufl.
Heringer, Hans J.: Theorie der deutschen Syntax, München: Hueber 1973, 2. Aufl.
Lühr, Rosemarie: Neuhochdeutsch. Eine Einführung in die Sprachwissenschaft, München: Fink 1990, 3. Aufl.
(Vgl. auch den Überblick von: Gallmann, Peter/Sitta, Horst: Bibliographie Deutsche Grammatiken, in: Praxis Deutsch 10 (1983) 59, S. 10–11.)

Für den Überblick über **Orthographie-Probleme** stehen neben dem Regelwerk des Rechtschreib-Dudens (ergänzt durch die Informationen zur Neuregelung) sowie der Veröffentlichung aus dem Bertelsmann Lexikon Verlag „Die neue deutsche Rechtschreibung" etwa zur Verfügung:

Augst, Gerhard (Hrsg.): Graphematik und Orthographie, Frankfurt: Lang 1985.
Augst, Gerhard/Dehn, Mechthild: Rechtschreibung und Rechtschreibunterricht, Stuttgart: Klett 1998.
Maas, Utz: Grundzüge der deutschen Orthographie, Tübingen: Niemeyer 1992.
Nerius, Dieter (Leiter eines Autorenkollektivs): Deutsche Orthographie, Leipzig: Bibliogr. Inst. 1987.
(Vgl. auch den Überblick bei: Augst, Gerhard (Hrsg.): Rechtschreibliteratur: Bibliographie zur wissenschaftlichen Literatur über die Rechtschreibung und Rechtschreibreform der neuhochdeutschen Standardsprache, erschienen von 1900 bis 1990, Frankfurt: Lang 1992.)

In den Lernbereichen **Mündlicher** und **Schriftlicher Sprachgebrauch** gibt es nur bedingt die Möglichkeit, fachwissenschaftliche Grundlagen zur Klärung der Sachverhalte heranzuziehen. Hier fällt die Sachanalyse weitgehend mit den didaktischen Überlegungen zusammen. Zur Auseinandersetzung mit den Fragen, was das Wesen einer Diskussion ausmacht oder wie es um die Aufsatzformen steht, kann auch die Orientierung im ◊systematischen Teil I dieses Buches beitragen. Bei der Darstellung der hier relevanten Aufgabenfelder kommen solche Sachfragen durchaus zur Sprache. Darüber hinaus sollte Teil II mit der Vorstellung der Tätigkeiten und Handlungsweisen auf entsprechende Sachinformationen hin durchgesehen werden. So bieten die Beiträge ◊*Referat oder Vortrag halten* oder ◊*Sachtexte verfassen: Berichten/Beschreiben* etwa sachanalytische Klärungen, bevor methodische Fragen diskutiert werden.

2. Und noch einmal eine Analyse! (Didaktische Analyse)

Zurück zum „Krabat"!
Sie wissen nun einiges über das Buch „Krabat", über den Autor Preußler, über die Entstehung des Buches und vieles andere mehr. Allerdings können Sie mit diesem Wissen allein noch keinen vernünftigen Einsatz des Buches im Unterricht planen. Wussten Sie anfangs zu wenig, um unterrichten zu können, wissen Sie jetzt zu viel. Da Sie wohl kaum alles, was Sie in der Sachanalyse zusammengestellt haben, den Schülern im 7. Schuljahr vermitteln wollen, müssen Sie auswählen. Wenn hier von „Wissensvermittlung" gesprochen wird, sind wir uns bewusst, dass nach neueren Konzepten der Lehr-Lern-Forschung dieses Bild, Wissen würde den Schülern vom Lehrer vermittelt, nur bedingt Gültigkeit hat. Schüler sollen natürlich ihr Wissen selbst konstruieren, am besten selbst organisiert und selbst gesteuert. Trotzdem wird es Aufgabe des Lehrers bleiben, ein Lernarrangement zu entwerfen, Inhalte, Themen, Probleme vorab auszuwählen. Gesichtspunkte für diese Auswahl sind die Orientierung am Schüler, die Entscheidung verantwortbarer Unterrichtsziele und eine plausible didaktische Legitimation. Beginnen wir mit Letzterer.

2.1 Die Frage nach der Legitimation

Wie rechtfertigen Sie, dass Sie die knappe Unterrichtszeit dazu verwenden, um Preußlers „Krabat" mit den Schülern im Unterricht zu lesen?
Sie können die Verantwortung abwälzen und darauf verweisen, dass Ihr **Mentor** Ihnen den Auftrag erteilt habe. – Pragmatisch, aber unbefriedigend. Um dem Vorwurf zu entgehen, fremdbestimmter Handlanger zu sein, sollten Sie rechtfertigen, warum Sie tun, was Sie tun sollen.
Sie können im **Lehrplan** oder in Richtlinien nachlesen. Ein Literaturkanon mit konkreten Titelangaben ist allerdings – zum Glück – nur sehr selten zu finden. Jedoch werden Sie keine Stelle entdecken, die Sie von der gewählten Lektüre abhält. Vielmehr sehen Sie die Verträglichkeit Ihres Vorhabens mit dem Lehrplan durch viele Hinweise bestätigt, wenn von „Beispielen aus der Jugendliteratur" gesprochen wird, vom „Jugendbuch als Klassenlektüre", vom „Zugang zu poetischen Texten" (aus dem Lehrplan für die Realschule in Bayern 1993). Als didaktische Rechtfertigung sollte Ihnen das allerdings nicht genügen.
Sie können schließlich Hilfestellung in der **didaktischen Literatur** suchen und hier auf einen der bekanntesten Vorschläge zur didaktischen Begründung von Klafki stoßen, der folgende Kriterien nennt:
– Kriterium des Exemplarischen
– Kriterium der Gegenwartsbedeutung
– Kriterium der Zukunftsbedeutung
– Kriterium der Realisierbarkeit
– Kriterium der Zugänglichkeit
– Kriterium der Lernvoraussetzungen (nach Zimmermann, in König 1980, 172).
Sehen wir uns die ersten drei Kriterien genauer an:

– Worin liegt die **exemplarische** Bedeutung des „Krabat"?

Zunächst wird mit dem Roman eine literarische Form ins Spiel gebracht, die trotz ihrer elementaren Bedeutung im Feld der Literatur aus zeitlichen Rücksichten nur mit wenigen Beispielen im Unterricht vertreten sein wird. Mit dem „Krabat" wurde ein Roman gewählt, an dem viele Merkmale poetischer Literatur entdeckt werden könnten: das Ineinandergreifen verschiedener Erzählebenen (direkter Handlungsverlauf, Träume, Episoden), die Träume als Elemente des Magischen, die Funktionen der Episoden (retardierende, spannungssteigernde, auflockernde Momente), um hier nur einige zu nennen. Exemplarisch ist auch die Entstehung des Romans: die Um- und Ausgestaltung eines Sagenstoffes, mit den sagentypischen Orts- und Zeitangaben als Belege des Wirklichkeitsanspruchs. Auch die Thematik des Buches ist hier anzuführen: der Kampf mit den Mächten des Bösen, der durch Vertrauen und Liebe siegreich zu bestehen ist – ein elementares Thema in der Welt der Literatur.
Die exemplarische Bedeutung eines Textes lässt sich noch in einem anderen Zugriff ermitteln. In ◊Teil I, 3. *Umgang mit Texten* wurde nach Funktionen gefragt, die Texte in didaktischer Hinsicht erfüllen können. Die Antworten für Preußlers „Krabat" könnten lauten:
– Kognitive Herausforderungen werden gestellt, wenn die Arbeitsabläufe in einer Mühle erschlossen werden müssen, wenn unter den Ortsnamen des Romans die real existierenden Orte auf einer Karte ermittelt werden und der Standortbestimmung dienen (auch für die zeitliche Einordnung gibt es Anhaltspunkte im Text), wenn die Zeitstruktur des Romans verstanden werden soll.
– Affektive Herausforderungen enthalten die Identifikationsangebote für den heranwachsenden Leser, wenn er sich in den seelischen Reifungsprozess Krabats einfühlt, wenn er

miterlebt, wie Krabat Widerstandskräfte gegen autoritäre Zumutungen des Müllers aufbaut und so „Ich-Identität" gewinnt. Auch das Verständnis für die unterschiedlichen Verhaltensweisen der Mühlgesellen, etwa das kluge Sich-dumm-Stellen Juros, ist hier gefordert. Zusammen ergibt sich in der Mühlengemeinschaft eine Präfiguration der menschlichen Gesellschaft.
- Instrumentelle Herausforderungen können dem Buch zugebilligt werden, wenn die vielfältigen Anlässe genutzt werden, zusammenzufassen, nachzuerzählen, zu erörtern, zu diskutieren und so textverarbeitende Kompetenzen zu erwerben.
- Pragmatisch-kreative Herausforderungen bieten die impliziten Anstöße zum Weiterfabulieren von Traumerlebnissen oder Pumphutt-Geschichten oder die durch den vorliegenden Zeichentrickfilm angeregte Umsetzung in ein anderes Medium.

– Die **Gegenwartsbedeutung** des „Krabat"
Das Buch von Preußler zu lesen heißt, sich mit einer überaus spannenden Lektüre zu befassen, sich der Faszination einer unheimlichen Geschichte auszusetzen, mit dem Helden Bedrohung und Erlösung zu durchleben. Wer wollte die Bedeutung für den Augenblick des Lesens infrage stellen? „… wenn ich ‚Krabat' lese, lese ich stundenlang, solange ich gerade Zeit habe", läßt Sahr (1996) einen 14-jährigen Leser zu Wort kommen. Gegenwartsbedeutung heißt auch, in der Literatur Themen vorzufinden, die den Heranwachsenden in der Zeit der Pubertät besonders betreffen: die Bedeutung der Freundschaft, der Liebe, die willentliche Überwindung von Angst, aber auch die Welt der Magie, des Mystischen, das Thema Tod. Zur Gegenwartsbedeutung könnte man wohl auch rechnen, wenn vor dem Hintergrund des Themas Zauberei zweierlei Lernprozesse gegenübergestellt werden, was im vorletzten Kapitel des Buches („Das Angebot") im Gespräch zwischen Juro und Krabat so verdeutlicht wird: Krabat fragt: „Glaubst du denn, daß das Mädchen zaubern kann?" „Anders als wir", sagte Juro. „Es gibt eine Art von Zauberei, die man mühsam erlernen muß: das ist die, wie sie im Koraktor steht, Zeichen für Zeichen und Formel um Formel – und dann gibt es eine, die wächst einem aus der Tiefe des Herzens zu: aus der Sorge um jemanden, den man lieb hat. Ich weiß, daß das schwer zu begreifen ist …"

– Die **Zukunftsbedeutung** des „Krabat"
Zum einen ist davon auszugehen, dass die im „Krabat" angesprochenen Probleme den Leser weit über den Augenblick des Lesens hinaus beschäftigen werden. Lebenshilfe könnte das Buch sein, wenn die Überzeugung nachwirkt, Liebe und Freundschaft seien die wirksamsten Mittel gegen die Macht des Bösen. Eher prosaisch klingt dagegen die Erwartung, Otfried Preußlers „Krabat" könnte Leser zu einer positiven Einstellung gegenüber dem Lesen als Freizeitbeschäftigung anregen. Trotzdem sollte dieser Gesichtspunkt nicht unterschätzt werden.

Damit dürfte die Wahl unseres Unterrichtsgegenstandes genügend begründet sein. Verwiesen sei allerdings auf den Umstand, dass es sich hier um eine nachträgliche Legitimation einer vorher getroffenen Entscheidung handelt. Ein Verfahren zur Deduktion von Unterrichtsinhalten existiert nicht. Dagegen wäre die Ablehnung eines Unterrichtsstoffes bei unzulänglicher Begründung durchaus denkbar.

2.2 Die Orientierung am Schüler
Mittelpunkt didaktischen Denkens ist die Schülerorientierung. Dabei sollte zum einen an die Interessen der Schüler gedacht werden, zum anderen an ihre Lernvoraussetzungen und Lernbedingungen.

– Die Berücksichtigung der Schülerinteressen
Der sicherste Weg, die Interessen der Schüler zu beachten, ist die vorgeschaltete Ermittlung von Schülerwünschen und -vorstellungen, wie dies etwa im (◊Teil I, 6.1) *Projektunterricht* üblich ist. Im Literaturunterricht ist das Verfahren, Schüler selbst bestimmen zu lassen, was gelesen werden soll, unproblematisch. Eine Reihe bewährter Praktiken kann der Entscheidung über eine Klassenlektüre vorausgehen und sie tragfähig machen: Buchvorstellungen durch Lehrer und Schüler, evtl. in Vorlesestunden, klasseninterne Buchbewertungen, Bibliotheksbesuche, Bücherkoffer usw. Der Literaturunterricht hat dem Sprachunterricht gegenüber den Vorteil, dass keinerlei Sachzwänge der uneingeschränkten Berücksichtigung der Schülerinteressen entgegenstehen. Wie wichtig die Schülerinteressen für den gesamten Lernprozess sind, belegt die Lehr-Lern-Forschung in jüngerer Zeit ein ums andere Mal (vgl. Prenzel 1988).
Dass Preußlers „Krabat" den Interessen von Lesern im 6. und 7. Schuljahr entspricht, kann bedenkenlos vorausgesetzt werden. Allerdings muss es der Anfangsmotivation gelingen, eventuelle Skepsis gegenüber dem Umfang des Buches abzubauen, damit sich die Leser erst einmal auf den Text einlassen.

– Der Blick auf die Lernvoraussetzungen und Lernbedingungen
Die Frage nach den Lernvoraussetzungen könnte zunächst sehr allgemein gestellt werden: Welche Voraussetzungen bringen Schüler einer bestimmten Altersstufe mit? Hier richtet sich der Blick auf die Entwicklungspsychologie: Piaget mit seinem Stufenmodell zur kognitiven Entwicklung des Menschen bietet sich an (Piaget/Inhelder 1979) oder Kohlberg mit seinen Stadien der moralischen Entwicklung (nach Thomas/Feldmann 1986). Enger am Literaturunterricht orientiert ist etwa die Zusammenstellung verschiedener Entwicklungslinien bei der Aufnahme von Texten zwischen dem 10. und 18. Lebensjahr von Spinner (1980). Die bislang recht allgemein gehaltenen Fragen nach Lernvoraussetzungen einer bestimmten Altersstufe sollten in einem zweiten Zugriff fokussiert werden auf die Bedingungen der konkreten Klasse, für die der Unterricht geplant wird. Befriedigende Antworten kann allerdings nur geben, wer die Klasse genau kennt. Ein Praktikant wird vom Klassenlehrer Informationen über die Schüler erfragen müssen.
Dass dabei neben der Entwicklung der Kognition, der Moral, des Leseverständnisses viele weitere Faktoren zu beachten sind, die ein ganzes Voraussetzungsspektrum ergeben, zeigt Becker (1984, 17) mit der folgenden Grafik:

Abb. 34:
Voraussetzungsspektrum

2. Und noch einmal Analyse! (Didaktische Analyse)

Im Einzelnen wäre nun etwa zu fragen:
– sachstrukturell: Welche Vorerfahrungen haben die Schüler mit einem Roman? Was wissen sie (oder sollten sie wissen) über die im Buch angesprochenen regionalen und geschichtlichen Daten? Welche Kenntnisse haben sie von märchen- und sagentypischen Merkmalen?

Bereits hier wird deutlich, dass die isolierte Betrachtung der Lernvoraussetzungen schwierig, vielleicht auch gar nicht erforderlich ist. Die Verbindung mit den kognitiven Bedingungen drängt sich auf: Können die Schüler zwischen märchenhaft-fantastischen und realitätsbezogenen Elementen unterscheiden? Gelingt ihnen innerhalb der fiktiven Welt die Differenzierung zwischen Erzählwirklichkeit und Traum? Verbunden damit sind motivationale Lernvoraussetzungen: Wollen sich die Schüler auf solche „Märchen" ohne Realitätsbezug einlassen?

Nach dem Hinweis auf das Zusammenspiel der Lernvoraussetzungen seien einige Aspekte des Voraussetzungsspektrums doch noch einzeln betrachtet:
– familial: Kann ich von allen Schülern erwarten, dass sie zu Hause ein längeres Stück Text ungestört lesen können? Was plane ich differenzierend für Schüler A, dessen Familiensituation das sicher nicht zulässt?
– individuell: Wie kann ich Schüler B, der aus Sachsen kommt, motivieren, seinen besonderen Bezug zum Buch gebührend auszudrücken? Wie kommt Schüler C mit seinen geringen Deutschkenntnissen zu einem Eindruck des Buches, ohne den Text ganz lesen zu können?
– kulturell: Welchen Stellenwert hat das Osterfest für die türkischen Schüler in meiner Klasse? Können sie mit den in diesem Zusammenhang stehenden Begriffen *Osterglocken, Osterkerze, Abendmahlstracht* etwas anfangen?
– sozial: Beeinflussen Sozialerfahrungen, die außerhalb der Familie (familiale) und außerhalb der Lerngruppe (gruppale) gemacht wurden, das Verständnis oder die Einstellungen der Schüler? Wie steht es etwa mit Schwarzer Magie, Zauberglauben, Wahrsagerei?
– sprachlich: Da die zentrale Rolle der Sprache bei jeder Textarbeit selbstverständlich ist, soll hier der Hinweis genügen, das Textverständnis dürfe nicht am Sprachverständnis scheitern. Allerdings muss es auch erlaubt sein, unbekannte Begriffe durch die Schüler selbst aus dem Kontext erschließen zu lassen. Eine Unterrichtsphase „Klärung unbekannter Wörter" kann sehr motivationshemmend sein.
– emotional: In welchem Umfang hatten die Schüler bereits Gelegenheit, empathische Verfahren zur Erschließung fremder Rollen zu erproben (◊*Literarisches Rollenspiel*)?
– psychomotorisch: Für den Deutschunterricht spielen die psychomotorischen Lernvoraussetzungen am stärksten im Anfangsunterricht eine Rolle, wenn es um die Koordination von Bewegungsabläufen beim Schreiben geht oder später um die Belastung durch das Schreiben längerer Texte. Allerdings sollte auch in höheren Klassen die Unterrichtsorganisation auf die Bewegungsbedürfnisse der Schüler Rücksicht nehmen.
– arbeitstechnisch: Welche Erfahrungen der Schüler mit Arbeitstechniken kann ich voraussetzen, wenn ich an die Planung der Lernaktivitäten im Umgang mit Texten denke (◊*Computergestütztes Schreiben,* ◊*Inszenieren von Texten,* ◊*Précis schreiben,* ◊*Referat oder Vortrag halten*)?

Diese Beispiele mögen genügen, um die verschiedenen Ebenen aufzudecken, auf denen Lernvoraussetzungen eine Rolle bei der Planungsarbeit spielen. Die Ausführungen im systematischen Teil dieses Buches können für die Beantwortung mancher Fragen herangezogen werden (z. B. ◊Teil I, 3 *Umgang mit Texten,* Teil I, 6.6 *Lernen mit Kindern fremder Muttersprache*).

2.3 Zielorientierung

Die Fragen nach der Legitimation von Unterrichtsinhalten und nach der Schülerorientierung müssen ergänzt werden durch weitere Fragen nach den Zielen: Was könnte in der geplanten Unterrichtseinheit erreicht werden? Welche Lernprozesse sind im Umgang mit dem gewählten Thema möglich und nötig? Was sollen die Schüler am Ende der Einheit dazugewonnen haben an Wissen, Verständnis, Kompetenz? Wir meinen, solche Fragen bei der Unterrichtsplanung nach wie vor stellen zu müssen, auch wenn lernzielorientierte Strukturmodelle der Didaktik (etwa B. und Chr. Möller – vgl. Möller 1969, 1986) heute als lehrer- und lehrgangszentrierte Ansätze nicht gerade favorisiert werden. Die aktuelle didaktische Diskussion scheint die Zielproblematik etwas zu vernachlässigen, vielleicht, weil sie mit der konstruktivistischen Sicht auf Lernen als eigenaktiven, selbst gesteuerten, selbst organisierten Prozess an Wichtigkeit verloren hat. Vielleicht auch, weil Lernziele häufig nur produktorientiert, auf messbare Lernergebnisse konzentriert verstanden werden, während die Prozessorientierung, das Interesse am „Wie" zu kurz kommt. Solange der Lehrer allerdings Lernangebote macht, muss er vorher überlegen, was im Umgang damit gelernt werden kann und wie die Schüler zum Lernprodukt gelangen können. Für die Beantwortung unserer Fragen gibt es verschiedene Orientierungshilfen.

– Orientierung am Lehrplan

Nehmen wir als Beispiel den in Bayern derzeit gültigen Lehrplan für die Realschule. Hier finden wir für die 7. Jahrgangsstufe u. a. folgende Angaben:

D 7.3 Durch die Begegnung mit Beispielen aus der Jugendliteratur sollen die Schüler auch zur Lektüre in der Freizeit und zum Nachdenken angeregt werden. Mindestens eine Ganzschrift aus diesem Bereich ist deshalb als Klassenlektüre zu lesen.

Von den anschließenden Zielangaben lassen sich folgende gut mit Preußlers „Krabat" in Verbindung bringen:

Zugang zu poetischen Texten finden
(mit dem fächerübergreifenden Verweis auf: *Familien- und Sozialerziehung: Themenkreis Freundschaft*)
Beispiele literarischer Formen kennen lernen: – Märchen, Ballade, Schwank, Sage
Bücher lesen, andere zum Lesen anregen
ein Jugendbuch als Klassenlektüre lesen und sich mit ihm auseinander setzen

Diese Lehrplan-Angaben rechtfertigen zwar den Einsatz eines Jugendbuches zum Thema Freundschaft als Klassenlektüre, für konkrete Zielsetzungen reichen sie noch nicht aus.

– Orientierung an Lernzielgliederungen

Weitere Hilfestellung könnten Gliederungsvorschläge für Lernziele geben. Auch hier ist eine kurze Erklärung nötig: Wir sprechen von Lernzielen, ohne die Diskussion um die angemessene Terminologie ignorieren zu wollen, dass aufseiten der Lehrer Lehrziele, aufseiten der Lernenden Handlungsziele gemeint seien (vgl. Meyer 1987). Lernziel soll vielmehr – wörtlich genommen – das Ziel, die Richtung des Lernens aufzeigen, gleichgültig, ob dies der Intention des Lehrers oder der des Schülers entspricht oder ob die Zielsetzung gemeinsam entwickelt wurde.

Als Lernzielgliederung bietet sich nach wie vor die klassische Einteilung in kognitive (erkenntnisorientierte), affektive (emotionale, gefühlsbetonte), psychomotorische (pragmatische, handlungsorientierte) und soziale Ziele an. Schulz (nach Kron 1993, 143) verwendet die Begriffe Sacherfahrung, Gefühlserfahrung und Sozialerfahrung (unter Verzicht auf die psychomotorische Komponente). Auch die Unterscheidung der Zielklassen: Wissen, Können, Erkennen und Werten (Westphalen 1978) ist hier zu erwähnen. Der Fachlehrplan für Deutsch für das bayerische Gymnasium (1992) spricht von den „vier didaktischen

2. Und noch einmal Analyse! (Didaktische Analyse)

Schwerpunkten" Wissen, Können und Anwenden, Produktives Anwenden und Gestalten, Wertorientierung. Sinn solcher Systematisierungen sollte sein, das Blickfeld des Unterrichtsplaners zu erweitern, ihn davor zu bewahren, etwa einseitig den Bereich der Kenntnisse, des Wissens in den Vordergrund zu rücken, vielleicht sogar beschränkt auf deklaratives Wissen (Begriffswissen), unter Verzicht auf das wichtige prozedurale Wissen (Verfahrenswissen). Diese Gefahr der einseitigen Ausrichtung besteht auch im Literaturunterricht, weil Wissen von Daten, Fakten und eher formalen Analyseaspekten, z. B. Kenntnis literarischer Merkmale, so leicht überprüfbar ist. Dass die Konfrontation mit Problemen, das Gewinnen neuer Erfahrungen, der Aufbau von Haltungen wesentliche Anliegen des Unterrichts sein sollten, auch wenn die Angebote der Schule nicht zu sofort registrierbaren Reaktionen der Schüler führen, könnte ein wichtiges Ergebnis der Auseinandersetzung mit Lernzielsystematiken sein.

Dass wir auf einige der hier genannten Begriffe bereits an verschiedenen Stellen in vorstehenden Abschnitten eingegangen sind, beweist, dass die Lernzieltaxonomien keine Fremdkörper bei der Unterrichtsplanung darstellen, dass sie vielmehr die Gedanken systematisieren helfen, die den gesamten Planungsprozess begleiten. So wurde bei der Frage nach der exemplarischen Bedeutung (2.1) etwa auf die kognitiven, die affektiven und die pragmatischen Herausforderungen im „Krabat" hingewiesen; im Abschnitt 2.2 wurden kognitive, emotionale und psychomotorische Lernvoraussetzungen geprüft. Dabei haben wir auch jeweils den Bezug zum Buch von Preußler durch konkrete Beispiele verdeutlicht. Im folgenden Abschnitt soll diese Konkretisierung noch einmal thematisiert werden, wenn wir Sie bitten, vorgegebene Ziele der Unterrichtseinheit anhand der Gliederungsschemata zu ordnen.

– Orientierung an veröffentlichten Unterrichtsplanungen

Eine weitere, in der Praxis verbreitete Möglichkeit, zu Lernzielen zu kommen, soll hier angesprochen werden: die Durchsicht und Übernahme veröffentlichter Unterrichtsplanungen. Diesem Verfahren sollte man sich als Lehrer nicht verschließen. Sich die Erfahrungen von Experten zunutze zu machen, darauf aufzubauen ist bei dem schwierigen Geschäft der Unterrichtsplanung nur zu empfehlen.

Wir haben die didaktische Literatur (s. 1.3.4) durchgesehen und daraus folgende Vorschläge (noch ungeordnet) zusammengestellt, was Schüler im Umgang mit Preußlers „Krabat" alles angehen können:

– das Romangeschehen örtlich und zeitlich eingrenzen
– magische Elemente sammeln und deuten
– zwischen fantastischen und realistischen Elementen im Roman unterscheiden
– entdecken, mit welchen Mitteln eine unheimliche Atmosphäre erzielt wird
– Aussagen des Dichters zur Analyse heranziehen
– die verschiedenen Erzählebenen unterscheiden
– den Konflikt von Macht und Liebe erkennen
– Stellung beziehen zum Verhalten des Titelhelden
– die Er-Erzählung als Erzählform entdecken
– über das Problem Anpassung oder Widerstand diskutieren
– sich produktiv-kreativ mit dem Buch auseinander setzen
– sich kundig machen, wer die Wenden waren
– die Müller-Gesellen charakterisieren
– über die Funktion der Träume sprechen
– eigene Leseeindrücke formulieren und begründen
– die Abhängigkeit zwischen Meister und Gesellen erkennen

- den Meister und Krabat als Gegenspieler aufzeigen
- den Kursivdruck als erzählerisches Mittel deuten
- den Traum „Adler des Sultans" analysieren
- das Osterfest der Dorfbewohner und das der Gesellen vergleichen
- die Erlöserfunktion der Kantorka erkennen
- sich von der fantastisch-mystischen Handlung gefangen nehmen lassen.

> Setzen Sie sich mit den Zielvorgaben auseinander, versuchen Sie Ordnung zu schaffen, indem Sie die vorher genannten Kategorien zur Gliederung von Zielen zu Hilfe nehmen und so die Leistungsfähigkeit der Lernziel-Schemata überprüfen. Natürlich können Sie auch eigenständige Gliederungsmöglichkeiten entdecken.

Dass nicht alle genannten Lernziele im geplanten Unterricht berücksichtigt werden können, ist evident; wie viele Vorschläge ausgewählt werden sollen, hängt vor allem von der Zeit ab, die Sie für das Buch einplanen. Neben dieser Entscheidung ist noch eine Reihe weiterer Entscheidungen im Rahmen der Unterrichtsplanung fällig, worüber im folgenden Abschnitt zu sprechen ist.

3. Methodische Überlegungen

Nach Klärung des Inhalts in der Sachanalyse und Reflexionen zur Legitimation, zur Schülersituation und zu möglichen Zielen in der didaktischen Analyse können wir uns nun den methodischen Fragen des Unterrichts zuwenden. Anders ausgedrückt: Geklärt sind die Fragen Was? Warum? Für wen? Wozu? Antworten stehen noch aus auf die Frage Wie? Dass sich dahinter ein ganzes Bündel von Aspekten verbirgt, dürfte nicht verwundern. Mindestens in folgenden Bereichen müssen Entscheidungen getroffen werden (die kreisförmige Anordnung soll verdeutlichen, dass es nicht auf die Reihenfolge ankommt, die Überlegungen können [fast] an beliebiger Stelle beginnen):

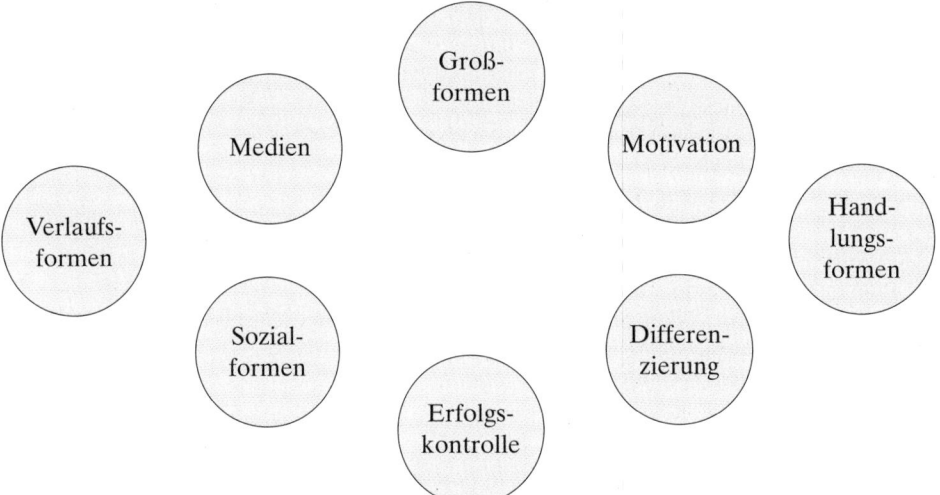

Abb. 35: Methodische Entscheidungsbereiche

3. Methodische Überlegungen

3.1 Großformen

Meyer (1987) schlägt vor, zunächst die „methodischen Großformen" des Unterrichts festzulegen. Dabei differenziert er zwischen Projekt, Lehrgang, Trainingsprogramm, Lektion, Workshop. Zu ergänzen sind sicher noch offener Unterricht oder Freiarbeit. In diesen Zusammenhang gehören auch die Organisationsformen für den Umgang mit Kinder- und Jugendliteratur, die Sahr ins Gespräch bringt (1991, s. auch Beisbart/Sahr 1993). Er unterscheidet das analytische und synthetische Verfahren und setzt ein integrierendes Verfahren als Alternative dagegen. Bei der analytischen Methode wird von der häuslichen Lektüre des Buches ausgegangen, deren Fortschritt durchaus vom Lehrer begleitend überprüft werden kann. Die Arbeit in der Schule setzt den Text als bekannt voraus. Auch der „diskussionsorientierte Literaturunterricht" von Braun (in Beisbart u. a. 1993) will den Verzicht auf ein „häppchenweises" Lesen und Besprechen von Büchern und stellt das „Buchgespräch" (in Anlehnung an „booktalks" des in England üblichen Schulbibliotheksunterrichts) im Anschluss an die häusliche Lektüre in den Mittelpunkt. Gerade das sukzessive Erlesen des Buches im Unterricht gilt als Anliegen des synthetischen Verfahrens, während „eine Mischung von häuslicher und schulischer Lektüre" (Beisbart/Sahr 1993, 116) Kennzeichen des integrativen Verfahrens ist.

Die hier genannten Formen des analytischen und synthetischen Vorgehens könnte man generalisierend auch als verschiedene Lehrstrategien bezeichnen. Die deduktive Lehrstrategie führt vom Ganzen zum Einzelnen, vom Abstrakten zum Konkreten, wenn wir es mit kognitiven Ansprüchen zu tun haben. Die induktive Lehrstrategie lenkt vom Einzelnen zur Ganzheit oder vom konkreten Einzelfall zur Abstraktion. Diese Lehrstrategien regulieren als übergeordnete Orientierungen auch den Einsatz von Handlungsformen.

3.2 Handlungsformen

Unter Handlungsformen – Meyer (1987) spricht von Handlungsmustern – sollen hier alle Lehr- und Lernaktivitäten verstanden werden. Die ältere Unterscheidung zwischen Lehrformen und Lernformen wird hier bewusst aufgegeben, weil sie nicht durchzuhalten ist – etwa beim Gespräch oder der Diskussion (◊Teil I, 1 *Miteinander reden*) –, trotzdem muss bei der Planung der Aktionsformen des Unterrichts an die Rolle von Schülern und Lehrer gedacht werden. Zur Klärung der dabei anstehenden Fragen bietet das vorliegende Buch die ausführlichsten Informationen. Es empfiehlt sich, zunächst im systematischen Teil zum entsprechenden Lernbereich ◊Teil I, 3 *Umgang mit Texten* nachzulesen, besonders die Abschnitte 3 und 4.5, sodann den ◊Teil I, 6.2 *Handlungs- und Produktionsorientierung*. Die einzelnen während der Unterrichtseinheit einzusetzenden Methoden sind schließlich im alphabetischen Teil des Buches eingehend dargestellt. Die Palette reicht vom ◊*Analysieren* von Texten über das ◊*Dramatische Gestalten*, das ◊*Inszenieren* und ◊*Interpretieren* bis zum ◊*Literarischen Rollenspiel*, dem ◊*Schreiben nach Texten* und dem ◊*Vergleichen von Texten*. Auch zum ◊*Nacherzählen* und ◊*Inhalte wiedergeben* finden sich Beiträge im Buch.

3.3 Medien

Medien sind nicht nur Motivationshilfen, ihren besonderen didaktischen Wert sieht man heute in ihrem Beitrag zur Ermöglichung handelnden Lernens. Lesen Sie dazu ◊Teil I, 6.5 *Arbeit mit Medien im Deutschunterricht*.

Neben den selbstverständlichen Medien: Buch (Preußler, Otfried: Krabat, Würzburg: Arena 1971; Wien: Österr. Bundesverlag 1977; Stuttgart: Thienemann 1980; München: dtv (1984), 1995, 10. Aufl.), Folie und Arbeitsblatt bieten sich im vorliegenden Fall an:
- ein Foto vom Autor Preußler, Bilder von Mühlen (z. B. in Heimatmuseen) oder Mahlutensilien,

- ein Landkartenausschnitt der Gegend um Hoyerswerda,
- das Buch „Schwarze Mühle" von Jurij Brězan (Würzburg: Arena 1995, 5. Aufl.), das Buch „Krabat, der gute sorbische Zauberer" von Nowak-Neumann, Mercin, Bautzen: Domowina-Verlag 1978,
- Rezensionen zum Buch, Aussagen des Autors über die Entstehung des Buches, verschiedene Fassungen der Sage (s. Lit. bei 1.3.2 und 1.3.4),
- die Hörspielkassette (1988, Preußler liest eine gekürzte Fassung),
- der Zeichentrickfilm „Krabat" von Karel Zeman,
- der Film „Die Schwarze Mühle" (Regie: Celino Bleiweiß) des Fernsehens der DDR (Erstsendung 25. 12. 1975).

3.4 Motivation

Der Beginn einer Unterrichtseinheit kann von ausschlaggebender Bedeutung für den gesamten anschließenden Lernprozess sein. Daher lohnt es sich, diese Eingangsphase des Unterrichts besonders gut zu überlegen. Zum einen geht es dabei um die Gestaltung einer angenehmen Lernatmosphäre, wozu neben einem angstfreien Klima ein adäquates Anspruchsniveau (ohne Über- und Unterforderung) und die Erfahrung des Lernerfolgs gehören, zum anderen (vor allem bei kognitiven Anliegen) um die Aktivierung des Vorwissens, damit eine Vernetzung mit den neuen Informationen möglich wird. Dazu müssen Schüler die Lernziele nicht nur kennen, sondern auch akzeptieren. Brophy (in Berliner/ Rosenshine 1987) spricht von Motivationsstrategien, die der Lehrer beherrschen sollte. Dem Lehrer müsse es gelingen, Schüler zur Erfolgserwartung und zur eigenen (positiven) Bewertung der Lernleistung zu bringen. Lesen Sie dazu auch das Stichwort ◊ *Anwärm-/ Warm(ing)-up-Übungen durchführen*.

Nicht nur die Anfangsmotivation verdient unsere Beachtung, während der gesamten Unterrichtseinheit muss versucht werden, das Interesse am Stoff, den Antrieb zum Lernen wach zu halten. Zwar kann man davon ausgehen, dass Kinder gerne Geschichten hören und selbst lesen, jedoch könnte der Umfang des „Krabat" durchaus eine Barriere für manchen Leser darstellen. Sahr (1996) zählt einige Möglichkeit auf, wie sich die umfangsbedingten Motivationsprobleme mildern lassen:

- durch Abwechslung der Rezeptionsformen des Textes (still, klanggestaltend, rollenverteilt, zu Hause),
- durch „wohl ausgewogene Balance zwischen überschauendem Lesen ... und Detailbetrachtungen",
- durch regionale Standortbestimmungen der Teilhandlungen mithilfe einer Landkarte,
- durch vielfältigen Medieneinsatz,
- durch Aktualisierung und Transfer (Unterdrückung in der Dritten Welt, im Nationalsozialismus),
- durch variationsreiche Verarbeitungsformen (freies Erzählen, kreatives Schreiben, Gestalten eines Schaukastens – oder eines Schaufensters in einer Buchhandlung – zum Thema „Krabat" oder „Preußler", Produzieren eines Videofilms).

3.5 Verlaufsformen

Aus der Überzeugung heraus, dass alles unterrichtliche Geschehen gegliedert ist, gilt es über den zeitlichen Ablauf des Unterrichts nachzudenken. Häufig wird dabei der ältere, von Herbart stammende Begriff der **Artikulation** des Unterrichts verwendet. Seit Herbart wurden auch immer wieder Stufenmodelle entwickelt, die sich entweder als generelle Gliederungsschemata für den Unterricht verstanden oder die der Spezifik einzelner Unter-

3. Methodische Überlegungen

HERBART	ROTH	DUBS
Klarheit	Motivation	Einleitung/Motivation
Assoziation	Schwierigkeiten	(Repetition)
System	Lösung	Zielsetzung
Methode	Tun und Ausführen	Entwicklung (operieren)
	Behalten und Einüben	Übung (Anwendungen)
	Bereitstellen	Lernkontrolle
	Übertragen	Zusammenfassung
	Integration	Hausaufgaben

Abb. 36: Artikulationsstufen des Unterrichts

richtsfächer gerecht werden wollten. Zur erstgenannten Gruppe gehören etwa die „Formalstufen" von Herbart, die Stufen von Roth (1973) oder die Unterrichtsphasen von Dubs (1987), der sich in der heutigen Lehr-Lern-Forschung einen Namen gemacht hat.
Die Problematik solcher Stufenschemata liegt auf der Hand: Sind sie zu differenziert, entsteht die Gefahr formalistischer Gängelung, bleiben sie grobmaschig, verlieren sie ihre Funktion als Orientierungshilfe.
Noch größeres Unbehagen bereitet die Weitergabe **fachspezifischer Stufenvorschläge**. Für den fortgeschrittenen Lehrer haben sie geringen Informationswert, sie könnten sogar innovativem Unterricht entgegenwirken. Für den Anfänger jedoch vermögen sie durchaus eine Steuerungsfunktion bei der Unterrichtsplanung zu übernehmen, ein Gerüst des Unterrichtsablaufs vorzustellen – Assoziationen mit dem für Lernprozesse wichtigen Begriff des „scaffolding" (des Gerüstbauens) sind beabsichtigt – oder wenigstens ein Gefühl für die Notwendigkeit der Gliederung von Lernprozessen zu entwickeln. Der noch unerfahrene Lehrer sollte nicht in Erwartung selbst organisierten Lernens der Schüler auf die Vorstrukturierung von Lernprozessen verzichten. Die für den Literaturunterricht hier angeführten Stufungsvorschläge repräsentieren einmal den traditionellen Leseunterricht (Maier 1980, 231 f.), stellen den Umgang mit Gebrauchstexten in den Mittelpunkt (Krejci/Schmitt 1978), machen auf die Bedeutung des eigenständigen, vom Lehrer (Experten) unbeeinflussten Textverständnisses der Schüler aufmerksam (Kreft 1977, 379) oder gehen von Rezeptionshandlungen beim Umgang mit literarischen Texten aus (Rupp 1987, 242).

MAIER	KREJCI/SCHMITT	KREFT	RUPP
Hinführung	Texte erfassen	Phase der bornierten	Vor der Textrezeption
Erlesen	Texte beschreiben	Subjektivität	– Vorwegnehmen
Umgang mit dem	Texte erklären	der Objektivierung	– Erschließen
bekannten Text	Texte erörtern	der Aneignung	Während der Textrez.
Gestaltung		der Applikation	– Vergleichen
		(Anwendung)	– Beobachten
			– Kontextuieren
			– Spielen
			Nach der Textrezeption
			– Verändern
			– Rekonstruieren
			– Montieren
			– Ko-Produzieren

Abb. 37: Stufungsvorschläge für Literaturunterricht

Zum Vorschlag von Rupp ist anzufügen, dass die zehn Rezeptionshandlungen innerhalb der drei übergeordneten Unterrichtsabschnitte eher als Alternativen denn als nacheinander einzuplanende Aktivitäten zu sehen sind (◊ Teil I,3 *Umgehen mit Texten*).

Die Warnung vor **Formalismus** und **Gängelung** durch solche Modelle wurde bereits geäußert. Wir schlagen daher vor, bei der eigenen Planung bereits bei der Wahl der Begriffe möglichst eigenständig zu verfahren, d. h. den Terminus zu wählen, der dem Inhalt und/oder der Funktion der jeweiligen Phase am besten entspricht, ohne Rücksicht auf vorgegebene Stufungsvorschläge. Ob die Anfangsphase des Unterrichts Motivation, Einstimmung, Hinführung, Vorbereitung, Eröffnung, Einstieg, Einleitung, Bereitstellen eines Lehr-Lern-Arrangements heißt, ist von untergeordneter Bedeutung. Wichtig ist, dass Unterricht nicht „mit der Tür ins Haus fällt".

Als Minimalgliederung des Unterrichts werden wir – analog zum Vorschlag Rupps – eine **Dreiteilung** annehmen können, die sich ergibt, wenn der *Eröffnungsphase* die zeitlich umfangreichste *Phase der Arbeit* mit dem Unterrichtsstoff folgt und eine *Phase des Ausklangs,* der Abrundung den Abschluss bildet. Freilich wird der mittlere Bereich in der Regel in weitere Einzelschritte zu untergliedern sein (z. B. Erarbeitung, Zusammenfassung, Übung, Transfer, Überprüfung). Solche Verlaufsformen sind für die einzelne Unterrichtsstunde von 45 Minuten genauso zu überlegen wie für größere Lerneinheiten, etwa den Umgang mit einer Ganzschrift. Die Grobgliederung der gesamten Einheit zu Preußlers „Krabat" könnte so aussehen:

– **vor der Textrezeption**: Hinführung zum Buch durch ein Gespräch über Preußler: Bild des Autors, Berichte über Leseerfahrungen mit seinen Kinderbüchern, biografische Daten des Autors, Auszeichnungen, Preise (evtl. in bereitgestellten Unterlagen von Schülern zu ermitteln) – Alternative: Vorlesen des Anfangskapitels durch den Lehrer, um neugierig zu machen, einen Eindruck von der mystischen Atmosphäre zu vermitteln, zum Weiterlesen zu animieren

– **während der Textrezeption**: Erlesen der einzelnen Kapitel, zum größten Teil in häuslicher Lektüre, Besprechen, Stellungnehmen, Inszenieren und/oder Gestalten literarischer Rollenspiele zu Schlüsselszenen, Analysieren literarischer Merkmale (Sprache, Aufbau, Erzählebenen), Ermitteln örtlicher und zeitlicher Realitätsbezüge, Heranziehen von Sekundärliteratur (Preußler zur Entstehungsgeschichte, die Krabat-Sage)

– **nach der Textrezeption**: Einsatz des Films; Gestalten ausgewählter Szenen, auch als mediales Spiel (z. B. Schattenspiel), Aufnehmen des Spiels auf Videokassette; – Alternative: Gestalten einer Hörszene, Aufnehmen auf Tonkassette; kreatives Schreiben (Traumerlebnisse, Pumphutt-Geschichten), Zeichnen eines Bildes vom Meister (eines Plakates zum Film, zur Videoaufnahme).

3.6 Sozialformen

Sozialformen regeln die **Interaktionen** in der Klasse während des Lernens. Zwischen den Extremen der Einzelarbeit und der Arbeit im Klassenverband stehen das Lernen in der Zweiergruppe: Partnerarbeit, manchmal auch Patenhilfe oder Paararbeit genannt, und die Gruppenarbeit, wenn drei bis sechs Schüler zusammenarbeiten. Das Lernen im Klassenverband (auch als Plenum bezeichnet) kann als Frontalunterricht (Hörblock) organisiert sein, aber auch als Diskussionsrunde oder Sitzkreis (Erzählkreis). Manchmal werden weitere Formen abgehoben: das Rollen- oder Planspiel und das (seltene) Team-Teaching, wenn mehrere Lehrer zusammenarbeiten.

Die Wahl der Sozialform ist nicht unabhängig von Zielen, Medien und Methoden, sie sollte auch unter dem Aspekt der **Abwechslung** im Unterricht getroffen werden. Grundsätzlich sollten Schüler befähigt werden, in allen Sozialformen zu arbeiten.

Jede Sozialform hat ihre spezifischen **Vor- und Nachteile**. In der didaktischen Diskussion hat das Lernen im Klassenverband als **Frontalunterricht** den geringsten Stellenwert (oft im Gegensatz zur Praxis), weil die Erkenntnis mangelnder Homogenität einer Klasse Über- und Unterforderung für viele Klassenmitglieder unvermeidlich macht. Außerdem ist der Frontalunterricht die am stärksten lehrerzentrierte Unterrichtsform. Für die Anfangsphase des Unterrichts hat sie jedoch nach wie vor ihre Berechtigung. So wird auch die Einführung des „Krabat" am sinnvollsten für die ganze Klasse gemeinsam stattfinden.

Die didaktisch am höchsten eingeschätzte Sozialform ist die **Gruppenarbeit**, sie macht Ernst mit der Schülerorientierung, Kleingruppen können selbst gesteuert, selbst organisiert lernen. Neben kognitiven Leistungen ist stets ein angemessenes Sozialverhalten gefordert, worin allerdings auch die Probleme dieser Arbeitsform liegen. Gruppenarbeit kommt außerschulischen Lern- und Arbeitssituationen am nächsten. Im Umgang mit unserem Buch sollten Kleingruppengespräche eingeplant werden, weil so mehr Schüler zu Wort kommen, für die Gesamtklasse eine breitere Auswahl von Gesichtspunkten zur Verfügung steht. Auch Textarbeit oder die Vorarbeit zu Inszenierungen können in der Gruppe effektiver sein, wenn die Gruppe ihre eigene Vorgehensweise organisieren muss.

Dass die **Einzelarbeit** gerade beim Lesen unerlässlich ist, liegt auf der Hand. Schüler sollten die wörtlich zu nehmende Stillarbeit als wohltuende Abwechslung zum üblichen Geräuschpegel der Gruppenarbeit bewusst erleben. Dass Einzelarbeit nach wie vor ihre Bedeutung für den Lehrer als Grundlage für die Leistungsüberprüfung hat, sei nur am Rande bemerkt.

3.7 Differenzierung

Differenzierung gehört heute mehr denn je zu den wichtigen Unterrichtsprinzipien. Wenn Förderung wichtiger ist als Auslese, kommt Unterricht ohne Differenzierung nicht aus. Zu unterschiedlich sind Lern- und Leistungsbedingungen der Schüler – nicht nur in den Anfangsklassen der Grundschule.

Im Bereich Lesen sind Unterschiede bei den Schülern vor allem im Lesetempo, aber auch im Leseverständnis und im Interesse festzustellen, was sich auch auf Konzentration und Beteiligung auswirkt. Bei einem so umfangreichen Buch wie dem „Krabat" müssen differenzierende Maßnahmen bereits bei der **Textrezeption** eingeplant werden. So ist sicherzustellen, dass nach häuslicher Lektüre der jeweilige Inhalt in der Schule zusammengefasst wird, damit niemand den Zusammenhang der Erzählung verliert. Allerdings gibt es gleichwertige, z. B. produktive Aufgaben, die die „Verstrickung der Schule in den Text" nicht gleich zerstören (vgl. Frommer 1988). Lese- und ggf. Schreib-Hausaufgaben können bereits differenziert aufgegeben werden, als „Mindestration" und freiwillige Zusatzlektüre. Die **Gruppenarbeit** bietet gute Gelegenheit zur Differenzierung, wenn **arbeitsteilig** verfahren wird. So könnte bei Einteilung in leistungshomogene Gruppen den langsameren Arbeitern ein geringeres Arbeitspensum abverlangt werden (z. B. stellen Gruppen aus unterschiedlich langen Textteilen die Arbeitsbedingungen in der Mühle und die Mühlengesetze zusammen) oder es werden unterschiedliche Hilfestellungen gegeben (z. B. erhält eine Gruppe für die Charakterisierung der Mühlgesellen die entsprechenden Seitenzahlen vorgegeben). Auch im Anforderungsniveau kann differenziert werden: Bei der Analyse der verschiedenen Träume wird der Traum „Adler des Sultans" der leistungsstärksten Gruppe übertragen. Schließlich ist auch noch an die Differenzierung nach Interessen zu denken. So könnte bei den Verarbeitungsformen im Anschluss an die Lektüre eine Gruppe Schattenspielfiguren herstellen, eine andere entsprechende Begleittexte auswählen, eine dritte ein Plakat für die Aufführung des Schattenspiels gestalten.

3.8 Erfolgskontrolle

Die Entwarnung voraus: Es soll hier nicht um eine Prüfungsarbeit am Ende der Leseeinheit gehen, erst recht nicht um die Vergabe von Noten. Jedoch gehört die Rechenschaft über die Erreichung von gesteckten Zielen zum Unterricht. Was kann nun bei oder nach der Beschäftigung mit dem Buch überprüft werden? Sicher das Leseverständnis, wenn über Gelesenes gesprochen wird, Teile nacherzählt werden. Zum anderen wird die Informationsentnahme aus Texten kontrolliert werden können. Daten über den Autor sind aus vorliegenden Texten zu ermitteln, Hinweise über die Entstehung des Buches müssen zusammengestellt werden, Namen und Ereignisse gilt es mithilfe von Lexika und Fachbüchern zu klären (Wenden, Starker Kurfürst, Türkenkrieg). Soweit es sich bei den Zielstellungen um kognitive Leistungen handelt, fällt die Überprüfung der Zielerreichung nicht schwer. Aber auch Gefühlserfahrung und sogar kreative Leistungen sollten sich einer Beurteilung nicht ganz entziehen. Freilich können hier weder Fehler gezählt noch Beiträge quantifiziert werden. Beobachtung durch den Lehrer und gemeinsames Gespräch mit den Schülern über die Qualität von vor allem kreativ-produktiven Leistungen sind hier adäquate Grundlagen für eine Beurteilung. Die sicherste Erfolgskontrolle bleibt allerdings die Feststellung der Schüler, ob ihnen der Umgang mit dem Buch Freude gemacht hat.

3.9 Raster für die schriftliche Verlaufsplanung

Denken wir an die Ausgangssituation dieses Kapitels, eine Unterrichtsplanung zum ausgewählten Buch entwerfen zu sollen, so fehlt noch der Aspekt der schriftlichen Fixierung der Planungsgedanken. Neben der Zusammenstellung der Sachinformationen (Sachanalyse), der didaktischen Überlegungen mit dem Blick auf die Voraussetzungen der Schüler und der Festlegung der Lernziele sowie den vielen Entscheidungen im methodischen Feld wird es darauf ankommen, die Verlaufsplanung des Unterrichts möglichst übersichtlich festzuhalten. Hierzu bietet sich eine spaltige Schreibweise an, bei variabler Anzahl der Spalten.
Die beiden folgenden Vorschläge haben sich in der Praxis bewährt.

Unterrichtsphasen	Inhalte/Lehr- und Lernaktivitäten	Medien
Textbegegnung	Lehrer liest Anfangskapitel im Erzählkreis vor	Buch „Krabat"
…	…	…

Zeit	Stufung Lernziele	Lerninhalte	Lehr-/Lernformen	Sozialformen	Medien
10 Min.	Einstimmung	Leseerfahrungen mit Büchern von Preußler	Gespräch Lehrer schreibt an	Plenum	Preußler-Foto Tafel: Titel von Preußler-Büchern
…	…	…	…	…	…

Abb. 38: Raster für die schriftliche Verlaufsplanung

Einige Hinweise zu den Spalten seien erlaubt.
Die Zeitspalte spielt bei den Vorüberlegungen eine wichtige Rolle: Wie lange brauchen Schüler, um einen Text zu lesen, um etwas ins Heft einzutragen, wie viel Zeit muss mindestens zur Klärung eines Problems eingeplant werden, sind Fragen, die möglichst präzis

beantwortet werden sollten. Beim Unterricht selbst sollte die Zeitspalte eine untergeordnete Rolle spielen. Hier sind situationsbedingte Abweichungen wichtiger als die Unterordnung unter den Planungszwang. Trotzdem empfiehlt es sich, die Zeitangaben auf die jeweilige Uhrzeit umzurechnen.

Die Spalte für die Stufung hat genügend Platz, um die vorher nummerierten Lernziele mit einzutragen (LZ 1, LZ 2).

In der Spalte der Lehr-/Lernformen ist vor der Unsitte zu warnen, erwartete Schüleräußerungen wörtlich festzuhalten. Die gängelnde Fixierung auf bestimmte Antworten ist geeignet, den Blick für originelle Äußerungen zu trüben. Auch Lehrer-Bemerkungen sollten nur dann wörtlich festgehalten werden, wenn es sich um besonders wichtige Impulse handelt, die spontan nicht zu erwarten wären.

Generell sollte die schriftliche Verlaufsplanung eher als Orientierungsrahmen, keinesfalls als beengendes Korsett gesehen werden.

3.10 Wider die Verschulung des Lesens

Nach so vielen Anregungen zur Schematisierung und Systematisierung seien die abschließenden Gedanken einem Studenten überlassen, der im Rahmen eines Seminars „Kinderbuchprojekte"[1] in einer Arbeitsgruppe an der Unterrichtsplanung zum Buch „Krabat" mitarbeiten sollte. Seine Probleme mit dieser Aufgabe fasste er am Schluss der Veranstaltung zusammen. Einige Passagen seien daraus zitiert:

„Lesen ist Privatsache", ein Satz, ... der mich im Falle Krabats sehr berührt. „Lesen ist Privatsache" kann nicht heißen: „Lasst die Kinder in Ruhe, die werden schon lesen, was und wann es ihnen gefällt!" Lesen im Unterricht als Erstlesen, auch Buchprojekte in der Grundschule als Hinführung zum Lesen und Vermittlung der Einsicht, dass Lesen Spaß machen kann, halte ich für äußerst sinnvoll, ja unverzichtbar. ... Ich denke, dass sich manches Buch hierfür hervorragend eignet, sich sehr gut in sinnvolle Sequenzen gliedern und damit auch im Rahmen eines Unterrichtsprojekts problematisieren lässt, ohne dabei das Leseerlebnis zu mindern oder gar zu vergällen ... Ein solches Buch würde ich als „Gebrauchstext" bezeichnen. „Gebrauchstext" natürlich nicht im streng literaturwissenschaftlichen Sinn, sondern einfach als Text, mit dem sich arbeiten lässt, der sich sezieren und sich abschnittsweise thematisieren lässt, ohne ihm damit seinen Zauber zu nehmen ... Bei Preußlers „Krabat" jedoch funktioniert das, meiner Meinung nach, so nicht. Ich bin aus eigener leidvoller Erfahrung ... davon überzeugt, dass sich die Institution Schule, bei bestimmten Bereichen ganz persönlicher und intimer Erfahrungen – und dazu zähle ich das „weiterführende" Lesen –, weitgehend zurückzuhalten hat. ... Beim Versuch, das Buch in Leseeinheiten zu zerteilen, zu diesen dann Arbeitsaufträge oder Gesprächsschwerpunkte festzulegen oder auch nur vage vorauszuplanen, überkam mich eine rational kaum erklärbare Angst, dem Buch dabei fast notgedrungen seine geheimnisvolle Atmosphäre, seine poetische Magie zu nehmen. Nein, „Krabat" ist für mich kein „Gebrauchstext", kein Arbeitsbuch, kein Projektbuch. Es ist ein kleines Kunstwerk, ein stilles, ein privates Buch. Ich persönlich könnte kein öffentliches, schulisches Leseprojekt mit Otfried Preußlers Krabat machen.

Verstehen Sie diesen Beitrag des Studenten auch als Erinnerung, dass wir einen wichtigen Faktor bei der Unterrichtsplanung unerwähnt gelassen haben: den Lehrer mit seiner ganz persönlichen Einstellung.

(D. M.)

---

[1] Ich danke dem Seminarleiter, Herrn Dr. Sahr, für die Überlassung der Unterlagen dieser Lehrveranstaltung.

Literaturverzeichnis

Abraham, Ulf: Natürliche Feinde für Ente und Wal. Haltungen der Klage und Anklage in Gedichten von Günter Herburger und H. M. Enzensberger. In: PD 18 (1991), H 105, S. 43–48.

Abraham, Ulf: Mehr als Nachspielen und Vorspielen. Dramatisches Gestalten zwischen Prozeß- und Produktorientierung. In: LUSD (1992), H. 4, S. 30–48.

Abraham, Ulf: Sich ins Spiel bringen. Inszenierung im Kopf und ausgespielter Sinn im Übergang von der Rezeption zur dramatischen Gestaltung fiktionaler Texte. In: Beisbart/Eisenbeiß/Koß/Marenbach (Hg.) 1993a, S. 184–194.

Abraham, Ulf: Verbesserung statt Korrektur. Was man aus der Geschichte der „Aufsatzkorrekturen" für deren Gegenwart lernen kann. In: DD 24 (1993b), H. 134, S. 464–472.

Abraham, Ulf: Lesarten – Schreibarten. Formen der Wiedergabe und Besprechung literarischer Texte. Stuttgart: Klett 1994.

Abraham, Ulf: Arbeiten mit „Klischees" im Deutschunterricht. In: DU 47 (1995), H. 3, S. 3–15.

Abraham, Ulf: „Kreatives Sprechen". Vom allmählichen Verfertigen der Gedanken im Rollenspiel. In: RAAbits Deutsch/Sprache. Impulse und Materialien für die kreative Unterrichtsgestaltung. Heidelberg: Raabe 1995 ff., 9. Ergänz.lfg. Dez. 1996a.

Abraham, Ulf: StilGestalten. Geschichte und Systematik der Rede vom Stil in der Deutschdidaktik. Tübingen: Niemeyer 1996b.

Abraham, Ulf/Beisbart, Ortwin: Sachkompetenz und Sprachkompetenz. Verstehen durch Umschreiben und Umschreiben durch Verstehen „fachexterner" pragmatischer Texte im Deutschunterricht. In: RAAbits Deutsch/Sprache. Impulse und Materialien für die kreative Unterrichtsgestaltung. 2. Ergänzungslieferung. Heidelberg: Raabe 1995. V, 2.

Abraham, Ulf/Beisbart, Ortwin/Holoubek, Helmut: Kreatives Schreiben in der Schule und die Folgen für die Deutschdidaktik. In: Bergmann, Rolf (Hg.): Germanistik und Kommunikationswissenschaft in Bamberg. Forschungsforum. Berichte aus der Otto-Friedrich-Universität Bamberg (1995), H. 7, S. 131–135.

Abraham, Ulf/Beisbart, Ortwin/Holoubek, Helmut (Hg.): Was Kinder berührt. Kinderwelten in Bilderbüchern. In: LUSD (1996), H. 8.

Adorno, Theodor W.: Noten zur Literatur II. Frankfurt am Main: Suhrkamp 1961.

Adrion, Dieter: Rechtschreiben. In: Baurmann, Jürgen/Hoppe, Otfried (Hg.): Handbuch für Deutschlehrer. Stuttgart: Kohlhammer 1984, S. 323–339.

Aebli, Hans: Denken: Das Ordnen des Tuns. 2 Bde. Stuttgart: Klett-Cotta 1980.

Agricola, Erhard/Fleischer, Wolfgang/Protze, Helmut (Hg.): Die deutsche Sprache. 2 Bde. Leipzig: VEB Bibliogr. Institut 1969/70 (Kleine Enzyklopädie).

Ammon, Ulrich: Dialekt, soziale Ungleichheit und Schule. Weinheim/Basel: Beltz 1972.

Ammon, Ulrich: Schulschwierigkeiten von Dialektsprechern. Empirische Untersuchungen sprachabhängiger Schulleistungen und des Schüler- und Lehrerbewußtseins – mit sprachdidaktischen Hinweisen. Weinheim/Basel: Beltz 1978.

Andresen, Helga: Schriftspracherwerb und die Entstehung von Sprachbewußtheit. Opladen: Westdeutscher Verlag 1985.

Andresen, Helga/Januschek, Franz: Mit Sprache spielen: Sprachbewußtheit – Sprachkritik. In: PD 22 (1995), H. 132, S. 23–27.

Andresen, Ute: Versteh mich nicht so schnell. Gedichte lesen mit Kindern. Weinheim: Beltz 1992.

ansichten. Lesebuch. Bde. 5–8. Bochum: Kamp 1988–1992.

Apeltauer, Ernst: Gesteuerter Zweitspracherwerb. München: Hueber 1987.

Arbeitshefte Dialekt/Hochsprache – kontrastiv. Hg. von Werner Besch/Heinrich Löffler/Hans H. Reich. Düsseldorf: Schwann 1976 ff. Folgende Hefte sind erschienen: Hasselberg, Joachim/Wegera, Klaus-Peter (1976): *Hessisch* (H. 1); Zehetner, Ludwig G. (1977): *Bairisch* (H. 2); Besch, Werner/ Löffler, Heinrich (1977): *Alemannisch* (H. 3); Ammon, Ulrich/Loewer, Uwe (1977): *Schwäbisch* (H. 4); Niebaum, Hermann (1977): *Westfälisch* (H. 5); Klein, Eva/Mattheier, Klaus J./Mickartz, Heinz (1978): *Rheinisch* (H. 6); Henn, Beate (1980): *Pfälzisch* (H. 7); Stellmacher, Dieter (1981): *Niedersächsisch* (H. 8).

Arbeitskreis für Jugendliteratur (Hg.): Daheim in der Fremde. Aktuelle Kinder- und Jugendliteratur zum Thema Vertreibung, Verfolgung, Integration. München 1992.

Arenhövel, Franz: Computereinsatz in der Grundschule. Donauwörth: Auer 1994.

Arens, Bernd: Texte als Sprechpartituren. In: Conrady, P. u. a. (Hg.): Literaturunterricht 5–10. München: Urban & Schwarzenberg 1980, S. 182–202.
Aßheuer, Johannes/Hartig, Matthias: Aufbau einer Schulgrammatik auf der Primar- und Sekundarstufe. Düsseldorf: Schwann 1976.
Augst, Gerhard: Rechtschreib-Grundwortschatz – ja oder nein. Überlegungen aus der Sicht der Linguistik. In: Deutsche Sprache (1983), H. 4, S. 341–356.
Augst, Gerhard: Schreiben als Überarbeiten – „Writing is Rewriting" oder „Hilfe! Wie kann ich den Nippel durch die Lasche ziehen?" In: DU 40 (1988), H. 3, S. 51–63.
Augst, Gerhard: Schriftwortschatz. Untersuchungen und Wortlisten zum orthographischen Lexikon bei Schülern und Erwachsenen. Frankfurt/M.: Lang 1989.
Augst, Gerhard/Faigel, Peter: Von der Reihung zur Gestaltung. Untersuchungen zur Ontogenese der schriftsprachlichen Fähigkeiten von 13–23 Jahren. Frankfurt: Lang 1986.
Aust, Hugo: Lesen. Überlegungen zum sprachlichen Verstehen. Tübingen: Niemeyer 1983.
Bachmann, Ueli: „Theater hat an unseren Schulen nichts verloren!" Was verliert die Schule dabei? In: PD 19 (1992), H. 115, S. 20–26.
Bade, Klaus J.: Ausländer – Aussiedler – Asyl: Eine Bestandsaufnahme. München: Beck 1994.
Balhorn, Heiko: Rechtschreibtraining mit Wortlisten. In: Die Grundschule 6 (1974), H. 6, S. 330–333.
Balhorn, Heiko: Wortlistentraining 1–6. Hamburg: Verlag f. päd. Medien, derz. Aufl. 1994.
Bambach, Heide: Erfundene Geschichten erzählen es richtig. Konstanz: Faude 1989.
Baron, Bernhard M./Schwarzer, Otmar (Red.): 10× Weidener Literaturtage 1985–1994. Eine Dokumentation. Hg. vom Kulturamt der Stadt Weiden i. d. Opf. Weiden: Der neue Tag/Druckhaus Oberpfalz 1994.
Baron, Bernhard M.: Weiden in der Literaturgeographie. Weiden/Opf.: Knauf 1995, 2. A. (Weidner Heimatkundliche Arbeiten, Nr. 21).
Bartsch, Elmar: Thesen zu einer Didaktik der praktischen Rhetorik. In: Berthold, Siegwart (Hg.): Grundlagen der Sprecherziehung. Düsseldorf: Schwann 1981, S. 50–59.
Bartsch, Elmar (Hg.): Mündliche Kommunikation in der Schule. Königstein: Scriptor 1982.
Bartsch, Renate/Vennemann, Theo: Grundzüge der Sprachtheorie. Tübingen: Niemeyer 1983 (Konzepte der Sprach- und Literaturwiss., Bd. 32).
Baurmann, Jürgen: Mündlicher Sprachgebrauch. In: Baurmann, Jürgen/Hoppe, Otfried: Handbuch für Deutschlehrer. Stuttgart: Kohlhammer 1984, S. 258–280.
Baurmann, Jürgen/Ludwig, Otto: Texte überarbeiten. Zu Theorie und Praxis von Revisionen. In: Boueke, Dietrich/Hopster, Norbert (Hg.): Schreiben – Schreiben lernen. Tübingen: Narr 1985, S. 254–276.
Baurmann, Jürgen/Ludwig, Otto: Die Erörterungen oder ein Problem schreibend erörtern. In: PD 17 (1990), H. 99, S. 16–25.
Baurmann, Jürgen/Weingarten, Rüdiger (Hg.): Schreiben. Prozesse. Prozeduren und Produkte. Opladen: Westdt. Verlag 1995.
Bausinger, Hermann: Formen der „Volkspoesie". Berlin: Schmidt 1968.
Bayer, Klaus: Interview. In: PD 4 (1977), H. 24, S. 60–64.
Bayer, Klaus: Mündliche Kommunikation. In: Hopster, Norbert (Hg.): Handbuch ‚Deutsch' Sekundarstufe I. Paderborn: Schöningh 1984, S. 307–333.
Beck, Oswald: Theorie und Praxis der Aufsatzbeurteilung. Ein Handbuch für Lehrende und Studierende. Bochum: Kamp 1979.
Beck, Oswald/Hofen, Nikolaus: Aufsatzunterricht Grundschule. Handbuch für Lehrende und Studierende. Hohengehren: Schneider 1993, 2. A.
Becker-Mrotzek, Michael/Meißner, Hartwig: Kriterien für die Bewertung von Computer-Lernprogrammen. In: Grundschule 27 (1995), H. 10, S. 13–15.
Beisbart, Ortwin: Das Sprachbuch. In: Hacker, Hartmut (Hg.): Das Schulbuch. Bad Heilbrunn/Obb.: Klinkhardt 1980 (Studientexte zur Grundschuldidaktik).
Beisbart, Ortwin: Schreiben als Lernprozeß. In: DU 41 (1989); H. 3, S. 5–16.
Beisbart, Ortwin: „Wenn ich den Film kenne, fallen mir keine neuen Bilder ein." Hörspiele im Deutschunterricht der Grundschule. In: Grundschulpädagogik, hg. v. Alexandra Ortner. Donauwörth: Auer 1990, S. 217–229.
Beisbart, Ortwin: Der Ton macht nicht nur die Musik. Plädoyer für das Vorlesen in der Schule sowie einige Ratschläge für die Vermittlung dieser Fähigkeit. In: Beisbart u. a. (Hg.): Leseförderung und Leseerziehung. Donauwörth: Auer 1993, S. 167–176.

Beisbart, Ortwin: Kinderkassetten. In: Kinder- und Jugendliteratur. Ein Lexikon. Meitingen: Coriolan 1996 (1. Nachlieferung).
Beisbart, Ortwin/Eisenbeiß, Ulrich/Koß, Gerhard/Marenbach, Dieter (Hg.): Leseförderung und Leseerziehung. Theorie und Praxis des Umgangs mit Büchern für junge Leser. Donauwörth: Auer 1993.
Beisbart, Ortwin/Marenbach, Dieter: Einführung in die Didaktik der deutschen Sprache und Literatur. Donauwörth: Auer 1997, 7. A.
Berens, Franz-Josef: Analyse des Sprachverhaltens im Redekonstellationstyp „Interview". Eine empirische Untersuchung. München: Hueber 1975.
Berg, Detlev/Imhof, Margarete: Zuhören können. Lesen durch Zuhören. In: Sedlak, Franz (Hg.): Ich – Du – Wir. Persönlichkeitsentwicklung und Gemeinschaftsförderung. Wien: Manz 1996, S. 39–53.
Berger, Dieter: Duden. Geographische Namen in Deutschland. Mannheim u. a.: Dudenverl. 1993 (Duden-TB 25).
Bergk, Marion: Texte schreiben – frei und gebunden. In Haarmann, Dieter (Hg.): Handbuch Grundschule. Bd. 2. Weinheim: Beltz 1993, S. 119–131.
Bergk, Marion: Selbstverantwortliches Schreiben mit dem Wörterbuch. In: Naegele, Ingrid/Valtin, Renate (Hg.): Rechtschreibunterricht in den Klassen 1–6. Frankfurt/M.: AK Grundschule 1994, S. 72–77.
Bergmann, Rolf: Europäismen. In: Forschungsforum. Berichte von der Otto-Friedrich-Universität Bamberg, H. 7/1995, S. 31.
Belgrad, Jürgen: Detektivische Spurensuche und archäologische Sinnrekonstruktion. Tiefenhermeneutische Textinterpretation als literaturdidaktisches Verfahren. In: ders/Melenk (Hg.) 1996, S. 133–148.
Belgrad, Jürgen/Melenk, Hartmut (Hg.): Literarisches Verstehen – literarisches Schreiben: Positionen und Modelle zur Literaturdidaktik. Hohengehren: Schneider 1996.
Berliner, David, C./Rosenshine, Barek, V. (Eds.): Talks to teachers. New York: Random House 1987.
Berthold, Siegwart (Hg.): Gedichte sprechen und interpretieren. Konzepte und Beispiele für den Deutschunterricht ab 5. Schuljahr. Bonn: Dürr 1985.
Bertschi-Kaufmann, Andrea/Kunz, Marcel: Wenn Pippi Langstrumpf Robin Hood begegnet. Junge Erwachsene lesen und verarbeiten die Bücher ihrer Kindheit. In: 23 (1996), H, 135, S. 62–65.
Besch, Werner: Dialekt als Barriere bei der Erlernung der Standardsprache. In: Sprachwissenschaft und Sprachdidaktik. Jahrbuch 1974. Düsseldorf: Schwann 1975, S. 150–165.
Besch, Werner/Löffler, Heinrich: Dialekt/Hochsprache – kontrastiv. *Alemannisch*. Düsseldorf: Schwann 1977.
Beyer, Horst und Annelies: Sprichwörterlexikon. München: Beck 1985.
Beyrer, Klaus: Literaturmuseum und Publikum. In: Mitteilungen des Germanistenverbandes 33 (1986), H. 2, S. 37–42.
Biederbick, Dankwart C. A.: Sich frei sprechen. Spielerische Vorübungen zur Förderung der Redefähigkeit. In: PD 24 (1997), 144, S. 47–49.
Binder, Hartmut: Prag. Literarische Spaziergänge durch die Goldene Stadt. Stuttgart: Klett-Cotta 1997.
Birkenhauer, Josef: Außerschulische Lernorte [Bericht]. In: GuiD 22 (1994), S. 36–39.
Blatt, Inge/Hartmann, Wilfried/Kittlitz, Helmut: Der Computer als Schreibwerkzeug im Deutschunterricht. Bericht aus einem Unterrichtsversuch in der S I. In: DD 23 (1992), H. 128, S. 574–592.
Blätter zur Berufskunde. Hg. von der Bundesanstalt für Arbeit Nürnberg. 4 Bde. (mit aktualisierten Einzelheften). Bielefeld: Bertelsmann 1988.
Blumensath, Heinz: Ein Text und seine Inszenierung. In: PD 19 (1992), H. 115, S. 27–29.
Blumenstock, Leonhard/Renner, Erich (Hg.): Freies und angeleitetes Schreiben. Beispiele aus dem Vor- und Grundschulalter, Weinheim/Basel: Beltz 1990.
Boehncke, Heiner/Humburg, Jürgen: Schreiben kann jeder. Handbuch zur Schreibpraxis für Vorschule, Schule, Universität, Beruf und Freizeit. Reinbeck: Rowohlt 1980.
Boettcher, Wolfgang/Sitta, Horst: Der andere Grammatikunterricht. München u.a.: Urban & Schwarzenberg 1981, 2. A. [1. A. 1978].
Boettcher, Wolfgang/Sitta, Horst: Grammatik in Situationen. In: PD 6 (1979), H. 34, S. 12–21.
Böhm, Gisela: Der Dialekt als Sprachbarriere? Eine empirische Untersuchung über den Einfluß des Dialekts auf den Schulerfolg im Fach Deutsch in den 5. Klassen weiterführender Schulen in Heidelberg unter Anwendung der kontrastiven Methode und auf der Grundlage von Diktat- und Aufsatzmaterial. Kiel (Diss.) 1984.
Bohse, Jürgen: Inszenierte Dramenlektüre. Der Prozeß gegen Karl v. Moor und Moritz Spiegelberg.

Modell für einen „produktions-" und „handlungsorientierten" Literaturunterricht am Beispiel von Schillers ‚Räubern'. In: Haas (Hg.) 1982, S. 205–267.

Böttcher, Kurt/Greiner-Mai, Herbert/Müller, Harald/Prosche, Hannelore (Hg.): Lexikon deutschsprachiger Schriftsteller. Bd. 2: 20. Jahrhundert. Hildesheim/Zürich/New York: Olms 1993.

Boueke, Dietrich: Reflexion über Sprache. In: Hopster, Norbert (Hg.), Handbuch ‚Deutsch' für Schule und Hochschule. Sekundarstufe I. Paderborn u. a.: Schöningh 1984 (UTB; Große Reihe), S. 334–372; Anhang: Verzeichnis grundlegender grammatischer Fachausdrücke.

Boueke, Dietrich/Schülein, Frieder: „Personales Schreiben". Bemerkungen zu neueren Entwicklungen der Aufsatzdidaktik. In: Boueke, Dietrich/Hopster, Norbert (Hg.): Schreiben – Schreiben lernen. Tübingen: Narr 1985, S. 277–301.

Brauneck, Manfred (Hg.): Autorenlexikon deutschsprachiger Literatur des 20. Jahrhunderts. Reinbeck bei Hamburg: Rowohlt 1991.

Braunroth, Manfred: Zur Geschichte und Situation der Sprachdidaktik. In: DD 15 (1984), H. 77, S. 255–270.

Bremerich-Vos, Albert: Textanalyse. Arbeitsbuch für den Deutschunterricht in der Sekundarstufe II. Frankfurt/M.: Diesterweg 1989.

Brenner, Gerd: Kreatives Schreiben. Ein Leitfaden für die Praxis. Frankfurt/M.: Cornelsen-Scriptor 1994, 2. A.

Brinker, Klaus: Linguistische Textanalyse. Eine Einführung in Grundbegriffe und Methoden. Berlin: Schmidt 1992, 3. A.

Brinker, Klaus/Sager, Sven F.: Linguistische Gesprächsanalyse. Eine Einführung. Berlin: Schmidt 1996, 2. A.

Brockhaus-Enzyklopädie. 25 Bde. Mannheim: Brockhaus 1986–1994, 19. A.

Brodbeck, Karl-Heinz: Entscheidung zur Kreativität. Darmstadt: Wiss. Buchges. 1995.

Brügelmann, Hans: Kinder auf dem Weg zur Schrift. Konstanz: Faude 1983.

Brügelmann, Hans: Die Schrift entdecken. Konstanz: Faude 1984.

Brügelmann, Hans/Balhorn, Heiko (Hg.): Das Gehirn, sein Alfabet und andere Geschichten. Konstanz: Faude 1990.

Brügelmann, Hans/Richter, Sigrun (Hg.): Wie wir recht schreiben lernen. Lengwil: Libelle 1994.

Bubner, Claus/Mienert, Christiane: Bausteine des Darstellenden Spiels. Ein Übungsbuch für Theater mit Jugendlichen. Frankfurt/M.: Hirschgraben 1987.

Büchmann, Georg: Geflügelte Worte. Der klassische Zitatenschatz. Neu bearb. von Winfried Hofmann. Frankfurt/M./Berlin: Ullstein 1993.

Buchner, Kurt Oskar: Gebräuchliche Wendungen. In: Wiemer, Rudolf Otto (Hg.): bundesdeutsch. lyrik zur sache grammatik. Wuppertal: Hammer 1974, S. 198.

Bühler, Karl: Sprachtheorie. Die Darstellungsfunktion der Sprache. Mit einem Geleitwort von Friedrich Kainz. Stuttgart/New York: Fischer 1982 (Neudruck, UTB 1159) [1934, 2. A. 1965].

Bundesverband der Friedrich-Bödecker-Kreise (Hg.): Autoren lesen vor Schülern – Autoren sprechen mit Schülern. Autorenverzeichnis. Mainz 1994, 5. A.

Burger, Alice und Karl Heinz: Phantasiereisen müssen nicht nur „Hirnübungen" sein! Über das allmähliche Entwickeln eines Spiels aus meditativen Elementen und allseitigen praktischen Sinneserfahrungen. In: PW 50 (1996), H. 4, S. 165–173.

Burk, Karlheinz/Claussen, Claus: Zur Methodik des Lernens außerhalb des Klassenzimmers. In: Burk, Karlheinz/Claussen, Claus (Hg.): Lernorte außerhalb des Klassenzimmers II. Methoden, Praxisberichte, Hintergründe. Frankfurt/M. 1981 (Beitr. zur Reform der Grundschule, Bd. 49), S. 18–41.

Busse, Günther: Stundenblätter Aufsatz 7./8. Schuljahr. Stuttgart: Klett 1985, 6. A.

Bußmann, Hadumod: Lexikon der Sprachwissenschaft. Stuttgart: Kröner 1990, 2. A. (Kröner Taschenausg., Bd. 452).

BVB = Bayerische Vereinsbank (Hg.): Spickzettel: Bewerbung & Ausbildung. München 1988/89.

Castelló, Edda: Untersuchung von Beschwerdesystemen für Finanzdienstleistungen. Bremen: Universität 1994 (ZERP-Diskussionspapier 5/94).

Charlton, Michael: Zum Umgang kleiner Kinder mit Medien. In: Rosebrock (1995), S. 65–80.

Chiout, Hans: Schultheater – Erbhof der Deutschlehrer? In: DD 21 (1990), H. 112, S. 120–130.

Chott, Peter: Projektorientierter Unterricht. Eine Einführung. Weiden: Schuch 1990.

Christ, Hannelore/Fischer, Eva/Fuchs, Claudia/Merkelbach, Valentin/Reuschling, Gisela: „Ja aber es kann doch sein ..." In der Schule literarische Gespräche führen. Frankfurt/M.: Lang 1995.

Cohn, Ruth: Von der Psychoanalyse zur Themenzentrierten Interaktion. Stuttgart: Klett 1992, 11. A.

Dahms, Jürgen: Unterrichts-Gespräch. Nachdenken im Unterricht. Königstein: Scriptor 1979.
Daniels, Karlheinz: Namen, die jeder kennt. Über Namen als Bestandteile in vorgeprägten Mustern. In: Frank/Koß 1994, S. 25–34.
Das weiße Blatt oder Wie anfangen? Mit dem ersten Kapitel eines neuen Romans von Ludwig Harig, bearbeitet von Wolfgang Pfäfflin. Marbach: Dt. Schillergesellschaft 1994 (Marbacher Magazin Nr. 68).
Dehn, Mechthild: Zeit für die Schrift. Lesenlernen und Schreibenkönnen. Bochum: Kamp 1988.
Deutsche Literaturlandschaften. Reiseziele aus der Welt der Literatur. Nordhorn: Koch 1997/1998.
Dichter lesen, 3 Bde. Marbach: Deutsche Schillergesellschaft 1992–1995.
Didaktische Typographie. Informationstypografie, pädag. Typografie. Ein Sammelband. Hg. v. Dieter Nadolski, Leipzig: Fachbuchverlag 1984.
Diegritz, Theodor (Hg.): Diskussion Grammatikunterricht. München: Fink 1980 (Kritische Information 93).
Dittberner, Hugo: Geschichte einiger Leser. Roman: Zürich: Haffmans 1990.
Dobnig-Jülch, Edeltraut: Text und Sprechakttheorie. In: Beisbart, Ortwin/Dobnig-Jülch, Edeltraut/Eroms, Hans-Werner/Koß, Gerhard: Textlinguistik und ihre Didaktik. Donauwörth: Auer 1976, S. 132–175.
Dolmetsch, Helmut u. a.: Darstellendes Spiel in der Primarstufe. Ein Element der Unterrichtsgestaltung. In: PD 13 (1986), H. 76, S. 45–47.
Dornseiff, Franz: Der deutsche Wortschatz nach Sachgruppen. Berlin: de Gruyter 1965, 6. A.
Drach, Erich: Grundgedanken der deutschen Satzlehre. Darmstadt: Wiss. Buchges. 1963, 4. A.
Dubs, Rolf: Unterrichtsvorbereitung. Ein entscheidungs- und lernzielorientiertes Modell, Studien und Berichte des IWP, Heft 5, St. Gallen: IWP 1987.
Duden. Bedeutungswörterbuch. Hg. von Wolfgang Müller. Mannheim u. a.: Dudenverl. 1985, 2. A. (Der große Duden, Bd. 10).
Duden. Rechtschreibung der deutschen Sprache. Mannheim/Leipzig/Wien/Zürich: Duden-Verlag 1991, 20. A. (Duden, Bd. 1).
Duden. Das große Fremdwörterbuch. Herkunft und Bedeutung der Fremdwörter. Hrsg. u. bearb. vom Wissenschaftl. Rat der Dudenredaktion. Mannheim u. a.: Dudenverl. 1994.
Duden. Grammatik der deutschen Gegenwartssprache. Mannheim u. a.: Dudenverl. 1995, 5. A. (Duden, Bd. 4).
Dunbar, Robert E.: How to debate. New York u. a.: Watts 1994, 2. A.
Dunger, Hermann: Wörterbuch von Verdeutschungen entbehrlicher Fremdwörter/Engländerei in der deutschen Sprache. Nachdruck. Mit einem Vorwort von Wolfgang Viereck. Hildesheim/Zürich/New York: Olms 1989.
Eggerer, Wilhelm/Rötzer, Hans Gerd: Die Inhaltsangabe (= Manz-Aufsatz-Bibliothek Bd. 6). München: Manz 1982.
Eggert, Hartmut/Garbe, Christine: Literarische Sozialisation. Stuttgart: Metzler 1995 (SM 287).
Ehlich, Konrad (Hg.): Erzählen im Alltag. Frankfurt: Suhrkamp 1980 (stw 323).
Ehlich, Konrad (Hg.): Erzählen in der Schule. Tübingen: Narr 1984 (KU I 10).
Eicher, Thomas (Hg.): Zwischen Leseanimation und literarischer Sozialisation. Konzepte der Lese(r)förderung. Oberhausen: Athena 1997.
Eichler, Wolfgang: Grammatikunterricht. In: Lange, Günter/Neumann, Karl/Ziesenis, Werner (Hg.): Taschenbuch des Deutschunterrichts. Bd. 1, Hohengehren: Schneider 1994, 5. A., S. 252–284.
Eikenbusch, Gerhard: Zwischen Exorzismus und Motivationsshow. Von den Schwierigkeiten bei Autorenlesungen in der Schule. In: Pädagogik heute 20 (1987), H. 10, S. 62–65.
Einsiedler, Wolfgang: Neuere Befunde zum Verhältnis von Spielen und Lernen im Kindesalter. Berichte und Arbeiten aus dem Institut für Grundschulforschung, Nr. 37. Nürnberg: Inst. f. Grundschulforschung 1982.
Eisenbeiß, Ulrich: Handlungs- und produktionsorientierter Literaturunterricht. Versuch eines Portraits. In: DU 47 (1994), H. 9, S. 413–421.
Eisenberg, Peter/Spitta, Gudrun/Voigt, Gerhard: Schreiben: Rechtschreiben. In: PD 21 (1994), H. 124, S. 14–25.
Eisenberg, Peter/Menzel, Wolfgang: Grammatik-Werkstatt [Basisartikel]. In: PD 22 (1995), H. 129, S. 14–26.
FamNamRG = Wagnitz, Thomas/Bornhofen, Heinrich: Familiennamenrechtsgesetz. Frankfurt/M. u. a.: Verl. f. Standesamtswesen 1994.
Feilke, Helmut: Ordnung und Unordnung in argumentativen Texten. Zur Entwicklung der Fähigkeit, Texte zu strukturieren. In: DU 40 (1988), H. 3, S. 65–81.

Fenkart, Gabriele: Leistungsbeurteilung im fächerübergreifenden und Projektunterricht. In: ide 18 (1994), H. 2, S. 88–97.
Fichtelmann, Elmar u. a.: Steuer-Formular-Handbuch. Heidelberg: Müller 1990, 4. A.
Fingerhut, Karlheinz: Umerzählen. Ein Lesebuch mit Anregungen für eigene Schreibversuche in der S II. Frankfurt/M.: Diesterweg 1982.
Fingerhut, Karlheinz/Melenk, Hartmut: Über den Stellenwert von „Kreativität" im Deutschunterricht. In: DD 11 (1980), H. 55, S. 494–505.
Fischer, Hartmut/Leppla, Ottmar: Stundenblätter Aufsatz – Erzählen/Appellieren. Stuttgart: Klett 1989 (2. A. 1992).
Fleischer, Wolfgang: Phraseologie der deutschen Gegenwartssprache. Leipzig: VEB Bibliogr. Inst. 1982.
Frank, Rainer/Koß, Gerhard (Hg.): Namenkunde in der Schule. Reader zur Namenkunde, Bd. IV Hildesheim/Zürich/New York: Olms 1994 (GL 121–123).
Frank-Flies, Renate: Kinder erzählen zu Bildern von Klee und Picasso. In: Grundschule (1986), H. 1, S. 32 f.
Franz, Kurt: „Mein Name ist Hase ..." Gedanken zur Grundlegung eines „onomastischen Prinzips" im Deutschunterricht. In: Frank/Koß 1994, S. 35–54.
Franz, Kurt: Lesen macht stark. Alles über Bücher. Vom Autor bis zum Leser. München: dtv 1995, 8. A. (dtv junior 79508).
Freudenreich, Dorothea/Sperth, Klaus: Stundenblätter: Rollenspiele im Literaturunterricht (Sekundarstufe I). Stuttgart: Klett 1983 (2. A. 1990).
Friebel, Heide: In der Schule nicht für die Schule schreiben? In: DU 35 (1982), H. 4, S. 53–63.
Fritzsche, Joachim: Aufsatzdidaktik. Kritische und systematische Untersuchungen zu den Funktionen schriftlicher Texte von Schülern. Stuttgart/Berlin/Köln/Mainz: Kohlhammer 1980.
Fritzsche, Joachim: Schreiben lehren? Selber schreiben? In: WPB 2 (1986), S. 12–15 und Mitteilungen des Deutschen Germanisten-Verbandes 33 (1986), H. 3, S. 15–21.
Fritzsche, Joachim: Namenspiele und literarische Taufakte. Schreibaufgaben zu Namen. In: Frank/Koß (1994), S. 55–64.
Fritzsche, Joachim: Zur Didaktik und Methodik des Deutschunterrichts. Stuttgart: Klett 1994. 3 Bde.
Fritzsche, Joachim/Ivo, Hubert/Kopfermann, Thomas/Siegle, Rainer: Projekte im Deutschunterricht. Stuttgart u. a.: Klett 1992 (Deutsch im Gespräch).
Frommer, Harald: Verzögertes Lesen. Über Möglichkeiten, in die Erstrezeption von Schullektüre einzugreifen. In: DU 33 (1981), H. 2, S. 10–27.
Frommer, Harald: Die Fesseln des Odysseus. Anmerkungen zu den Stilnormen für die Inhaltsangabe. In: DU 36 (1984a), H. 2, S. 37–47.
Frommer, Harald: Warum nicht Nacherzählen? Eine methodische Anregung für den Literaturunterricht auf allen Stufen. In: DU 36 (1984b), H. 2, S. 21–36.
Frommer, Harald: Lesen im Unterricht. Von der Konkretisation zur Interpretation. Hannover: Schroedel 1988.
Frommer, Harald: Erzählen. Eine Didaktik für die Sekundarstufe I und II. Frankfurt: Cornelsen, Scriptor 1992.
Frommer, Harald: Lesen und Inszenieren. Produktiver Umgang mit dem Drama auf der Sekundarstufe. Stuttgart: Klett 1995.
Fuchshuber, Elisabeth: Der Mann von der Straße und die Straßennamen. Regionalismus, Namenforschung und Deutschunterricht. In: DU 35 (1983), H. 2, S. 22–36.
Funekötter, Franz/Hebel, Franz/Rüddigkeit, Volker: Rechtschreibung im Unterricht. Königstein: Scriptor 1981.
Gaber, Holle-Katrin/Eberwein, Hans: Ein Kind lernt schreiben. Stuttgart: Metzler 1986.
Gage, Nathanael L./Berliner, David C.: Pädagogische Psychologie. 4. völlig neu bearb. Aufl., hrsg. von Bach, Gerhard. Weinheim: Psychologie-Verlagsunion und Beltz. 1986.
Gardt, Andreas: Die zwei Funktionen von Sprache: kommunikativ und sprecherzentriert. In: ZGL 23 (1995), S. 153–171.
Gärtner, Hans/Marenbach, Dieter: In 33 Tagen durch das Land Fehlerlos. Mentor Lernhilfe, Bd. 10, München: Mentor 1995, 8. A.
Gast, Wolfgang (Hg.): Parodie. Stuttgart: Reclam 1975 (Arbeitstexte für den Unterricht, UBR 9521).
Geißler, Rolf: Die Erlebniserzählung zum Beispiel. In: Die deutsche Schule 60 (1968), S. 102–112. Wiederabgedruckt in: Schau, Albert (Hg.): Von der Aufsatzkritik zur Textproduktion. Hohengehren: Schneider 1974.

Geißner, Hellmut: Rhetorik, München: Bayer. Schulbuchverlag 1974.
Geißner, Hellmut: Über das Dialogische im Fünfsatz. Ein Beitrag zum Sprechdenken und Hörverstehen beim Argumentieren. In: Kühlwein, Wolfgang/Raasch, A. (Hg.): Sprache und Verstehen I. Tübingen: Narr 1980, S. 32–42.
Geißner, Hellmut: Sprecherziehung. Didaktik und Methodik der mündlichen Kommunikation. Königstein: Scriptor 1982.
Gellert, Christian Fürchtegott: Fabeln und Erzählungen. München: Borowsky o. J.
Gerth, Klaus: J. W. Goethe: „Auf dem See". Zum Verhältnis von Kommunikation, Textanalyse und Interpretation. In: PD 16 (1989), H. 98, S. 58–63.
Geschichte – Erziehung – Politik 5 (1994), H. 6: Schule und Museum.
Gläser, Rosemarie: Phraseologie der englischen Sprache. Tübingen: Niemeyer 1986.
glinz sprachbuch 4. Braunschweig: Westermann 1976.
Glinz, Hans: Die innere Form des Deutschen. Bern: Francke 1965, 4. A. [1. A. 1952].
Glinz, Hans: Deutsche Syntax. Stuttgart: Metzler 1970, 3. A. (Samml. Metzler).
GNM = Germanisches Nationalmuseum Nürnberg: Facetten bürgerlicher Kunst und Kultur. Vom Klassizismus zur Epoche der Weltausstellungen. Ausstellung 14. 12. 1995–28. 7. 1996.
Goethe: Sämtliche Werke. Hg. von Albrecht Schöne. Bd. I. 7/1. Frankfurt/M.: Deutscher Klassiker-Verlag 1994.
Gordon, Thomas: Die Lehrer-Schüler-Konferenz. Reinbek: Rowohlt 1981 (rororo 7399).
Gössmann, Wilhelm: Schülermanuskripte. Schriftliches Arbeiten auf der Sekundarstufe I. Düsseldorf: Schwann 1979.
Gössmann, Wilhelm: Sätze statt Aufsätze. Düsseldorf: Schwann 1987 (Nachdruck der 2. A.).
Götze, Lutz/Pommerin, Gabriele: Bilinguale und Interkulturelle Konzepte vor dem Hintergrund der Zweitspracherwerbsforschung. In: Zielsprache Deutsch 20 (1989), S. 31–40.
Graf, Günter: Zur Addition heuristischer und kommunikativer Lernziele im Schreibcurriculum – dargestellt am Beispiel der Textsorte ‚Inhaltsangabe'. In: Wirkendes Wort 33 (1983), H. 3, S. 191–210.
Greenfield, Patricia M.: Kinder und neue Medien. Die Wirkungen von Fernsehen, Videospielen und Computern. München; Weinheim: Psychologie Verlags Union 1987. (Amerik. Orig.: Mind and Media, 1984).
Grieser, Dietmar: Schauplätze österreichischer Dichtung. Ein literarischer Reiseführer. München: Langen Müller 1974.
Grieser, Dietmar: Wien – Wahlheimat der Genies. München: Amalthea 1994.
Gross, Sabine: Lese-Zeichen. Kognition, Medium und Materialität im Leseprozeß. Darmstadt: Wiss. Buchges. 1994.
Grün, Anselm: Einreden. Der Umgang mit den Gedanken. Münsterschwarzach 1983 (Münsterschwarzacher Kleinschriften, Bd. 19).
Grün, Max von der: Ist die Germanistik eine Hure? In: WPB 33 (1981), S. 276–280.
Grützmacher, Jutta, in Zusammenarb. m. Bark, Karin u. Wetzel, Christoph: Literarische Grundbegriffe. Stuttgart: Klett 1996.
Grzesik, Jürgen: Begriffe lernen und lehren. Psychologische Grundlage: Operative Lerntheorie, Unterrichtsmethoden: Typische Phasen; Unterrichtspraxis: Kommentierte Unterrichtsprotokolle. Stuttgart: Klett-Cotta (1988) 1992, 2. A.
Grzesik, Jürgen: Textverstehen lernen und lehren. Stuttgart: Klett 1990.
Gudjons, Herbert: Handlungsorientiert lehren und lernen. Schüleraktivierung – Selbsttätigkeit – Projektarbeit. Bad Heilbrunn/Obb.: Klinkhardt 1992, 3. A.
Gudjons, Herbert: Spielbuch Interaktionserziehung. Bad Heilbrunn. Klinkhardt 1992, 5. A.
Günnewig, Heinz: Lesenlehren – Lesenlernen. Stuttgart u. a.: Kohlhammer 1981.
Günther, Harri: Zum Verhältnis von Text und Illustration in Büchern mit wissensvermittelnden Grundfunktionen. In: Didaktische Typografie. 1984, S. 224–229.
Günther, Hartmut: Schriftliche Sprache. Strukturen geschriebener Sprache und ihre Verarbeitung beim Lesen. Tübingen: Niemeyer 1988.
Günther, Hartmut/Ludwig, Otto (Hg.): Schrift und Schriftlichkeit. Ein interdisziplinäres Handbuch internationaler Forschung. 2 Bde. Berlin: de Gruyter 1995 und 1996 (HSK 10/1 und 10/2).
Günther, Klaus-B.: Ein Stufenmodell der Entwicklung kindlicher Lese- und Schreibstrategien. In: Brügelmann, Hans (Hg.): Abc und Schriftsprache: Rätsel für Kinder, Lehrer und Forscher. Konstanz: Faude 1986, S. 32–54.

Günther, Klaus-B.: Ontogenese, Entwicklungsprozeß und Störungen beim Schriftspracherwerb unter besonderer Berücksichtigung der Schwierigkeiten von lern- und sprachbehinderten Kindern. In: Ontogenese, Entwicklungsprozeß und Störungen beim Schriftspracherwerb. Hrsg. von Günther, Klaus-B. Heidelberg: Schindele 1989, S. 12–33.

Haas, Gerhard (Hg.): Literatur im Unterricht. Modelle zu erzählerischen und dramatischen Texten in den Sekundarstufen I u. II. Stuttgart: Reclam 1982.

Haas, Gerhard: Nur ein Spiel? Über die Balance von Spielen und Lernen. In: Spielzeit. Spielräume in der Schulwirklichkeit. Friedrich Jahresheft XIII 1995, S. 116–117.

Haas, Gerhard: Handlungs- und produktionsorientierter Literaturunterricht. Theorie und Praxis eines ‚anderen' Literaturunterrichts für die Primar- und Sekundarstufe. Velber: Kallmeyer'sche Verlagsbuchhandlung 1997.

Haas, Gerhard/Menzel, Wolfgang/Spinner, Kasper H.: Handlungs- und produktionsorientierter Literaturunterricht. In: PD 21 (1994), H. 123, S. 17–25.

Hage, Erich: J. W. Goethes „Willkommen und Abschied" als Hypertext. In: Akademie für Lehrerfortbildung Dillingen (Hg.): Computer ist mehr. Multimedia + Schule. München: Manz 1995, S. 167–178.

Hage, Erich/Schmitt, Rudolf: Deutschunterricht und Computer. Bamberg: Buchner 1988.

Haller, Michael: Das Interview. Ein Handbuch für Journalisten. München: Olschläger 1991.

Hänsel, Dagmar (Hg.): Das Projektbuch Sekundarstufe. Weinheim/Basel: Beltz 1988.

Hänsel, Dagmar (Hg.): Das Projektbuch Grundschule. Weinheim/Basel: Beltz 1992, 4. A.

Härter, Andreas: Textpassagen. Lesen – Leseunterricht – Lesebuch. Frankfurt/M.: Diesterweg 1991.

Hasselberg, Joachim: Dialekt und Bildungschancen. Eine empirische Untersuchung an 26 hessischen Gesamtschulen als Beitrag zur soziolinguistischen Sprachbarrierendiskussion. Weinheim/Basel: Beltz 1976.

Hausmann, Franz Josef: Das Wörterbuch der schweren Wörter. In: Wörterbücher. Hg. von Hausmann, Franz Josef/Reichmann, Oskar/Wiegand, Herbert Ernst/Zgusta, Ladislav. Berlin/New York: de Gruyter 1989/91 (HSK 5), S. 1206–1210.

Hebel, Franz/Hofmann, Annemarie/Ladnar, Ulrike/Rigol, Rosemarie: Sprache in Situationen. München/Berlin/Wien: Urban & Schwarzenberg 1976.

Heimann, Paul/Otto, Gunter/Schulz, Wolfgang: Unterricht, Analyse und Planung. Hannover: Schroedel 1965.

Heller, Kurt A. (Hg.): Leistungsdiagnostik in der Schule. Bern u. a.: Huber 1984, 4. A.

Helmers, Hermann: Sprache und Humor des Kindes. Stuttgart: Klett 1971, 2. A.

Helmers, Hermann: Lyrischer Humor. Strukturanalyse und Didaktik der komischen Versliteratur. Stuttgart: Klett 1978.

Helmers, Hermann: Didaktik der deutschen Sprache. Stuttgart: Klett (1972, 7. A.) 1984, 11. A.

Henne, Helmut/Rehbock, Helmut: Einführung in die Gesprächsanalyse. Berlin: de Gruyter 1982 (Neuauflage 1995) (Sammlung Göschen 2212).

Henseler, Antje: Untersuchungen zum heutigen Mundartstatus von Biblis und Möglichkeiten der Behandlung des Dialekts im muttersprachlichen Unterricht. Lorsch: Laurissa 1992.

Hentig, Hartmut von: Entschulung der Schule. In: Joachim Münch (Hg.): Lernen – aber wo? Trier: Spee 1977, S. 28–38.

Hentig, Hartmut von: Die Menschen stärken, die Sachen klären. Ein Plädoyer für die Wiederherstellung der Aufklärung. Stuttgart: Reclam 1985 (RUB 8072).

Henze, Hanne: Referieren. In: PD 4 (1977), H. 21, S. 53–57.

Henze, Walter: Dramen lesen – Dramen spielen. Dramentexte in der Sekundarstufe I. Hannover: Schroedel 1987.

Herold, Theo/Rintelen, Viktor/Waldmann, Wolfgang: Das Schreiben über Literatur (Sekundarstufe II). Limburg: Frankonius 1980.

Herr, Alexandra: Sprachstörungen bei Kindern – Schwerpunkt Stammeln – Fördermöglichkeiten in der Grundschule. Unveröffentlicht. Schriftl. Hausarbeit. Univ. Regensburg 1993.

Heuß, Gertraud E.: Erstlesen und Erstschreiben. Donauwörth: Auer 1993.

Hock, Erich (Hg.): Motivgleiche Gedichte. Bamberg: Buchner 1978, 12. A.

Hoffmann, Herbert: Die Inhaltsangabe, auch eine Schreibübung – Ein paar methodische Hinweise. In: DU 38 (1986), H. 6, S. 29–39.

Hoffmann, Johannes: Entwickelnde Rechtschreibung. Teil I: Grundschule. Düsseldorf: Hoch-Verlag 1938.

Hoffmann, Ludger: Berichten und Erzählen. In: Ehlich, Konrad (Hg.) 1984, S. 55–66.
Hoffmann, Ludger: Zur Ausbildung der Erzählkompetenz: eine methodische Perspektive. In: Ehlich, Konrad (Hg.) 1984, S. 202–222.
Holoubek, Helmut: Schreiben nach Musik. In: Kreatives Schreiben im Rahmen interkultureller Erziehung. Schreiben nach Musik. LUSD (1995), H. 7, S. 66–97.
Hölsken, Hans-Georg: Fachtexte leserfreundlich umschreiben. In: PD 15 (1988), H. 91, S. 27–36.
Hornung, Antonie: Einen Vorgang beschreiben. Wie automatisches Schreiben Aufsätze verändert. In: PD 20 (1993), H. 119, S. 48–51.
Hurrelmann, Bettina/Kublitz, Maria/Röttger, Barbara: *Man müßte ein Mann sein ...?* Interpretationen und Kontroversen zu Geschlechtertausch-Geschichten in der Frauenliteratur. Düsseldorf: Schwann 1987.
Hussong, Martin/Schütt, Artur/Stuflesser, Brigitte: Textanalyse optisch. Textanalyse im Deutschunterricht mit gezeichneten Modellen. Düsseldorf: Schwann (1971) 1981, 4. A.
Ide, Heinz (Hg.): Projekt Deutschunterricht. Stuttgart: Metzler 1970 ff.
Igl, Josef: Für die Kooperation von Schule und Museum in der Region. In: Geschichte lernen (1993), H. 35, S. 4–6.
Igl, Josef: Der Schüler im Kooperationsfeld von Schule und Museum in der Region. Rheinfelden u. a. 1993.
Ingendahl, Werner: Schreiben kann jeder – nur das Aufsatzschreiben muß man lernen. In: ide 6 (1981), H. 1, S. 14–17.
Ingendahl, Werner: Szenische Spiele im Deutschunterricht. Düsseldorf: Schwann 1981.
Ingendahl, Werner: Umgangsformen. Produktive Methoden zum Erschließen poetischer Literatur. Frankfurt/M.: Diesterweg 1991.
Ingenkamp, Karlheinz: Lehrbuch der Pädagogischen Diagnostik. Weinheim/Basel: Beltz 1988.
Ingenkamp, Karlheinz: Diagnostik in der Schule. Weinheim/Basel: Beltz 1989.
Ingenkamp, Karlheinz/Jäger, Reinhold: Tests und Trends. Jahrbuch der Pädagogischen Diagnostik. Weinheim/Basel: Beltz 1990.
Irro, Werner: Kritik und Literatur. Zur Praxis gegenwärtiger Literaturkritik. Würzburg: Königshausen & Neumann 1986.
ISB = Medienerziehung. Handreichung für Lehrer an bayerischen Schulen. Hrsg. vom Staatsinstitut für Schulpädagogik und Bildungsforschung (ISB). München: ISB 1990.
Iser, Wolfgang: Der Akt des Lesens. Theorie ästhetischer Wirkung. München: Fink (1976), 2. A. 1984.
Issing, Ludwig, J./Klimsa, Paul (Hg.): Information und Lernen mit Multimedia. Weinheim: Beltz Psychologie Verlags Union 1995.
Ivo, Hubert: Muttersprache – Identität – Nation. Opladen: Westdeutscher Verlag 1994.
Jahn, Karl-Heinz/Kirn, Karl-Heinz: Schüler schreiben selbst. Märchen, Parabel, Lyrik, Eulenspiegelei, Parodie und Utopie. Weinheim: Beltz 1983.
Jahnke, Rolf: Sprechtechnik und Redekunst. Ein Lehrgang für sicheres Auftreten und freies Reden. München: Reinhardt 1988.
Janning, Jürgen: Zur sprechgestaltenden Gedichtinterpretation auf der S I. In: DU 32 (1980), H. 1, S. 35–39.
Jegensdorf, Lothar: Lernplanung im Literaturunterricht. Düsseldorf: Schwann 1978.
Jentzsch, Peter: Konspektieren – Exerpieren. Arbeitstechniken als Unterrichtsgegenstand. In: PD 4 (1977), H. 21, S. 46–52.
Jesch, Jörg: Informierendes Sprechen. In: PD 6 (1979), H. 33, S. 48–50.
Jonas, Hartmut: Literatur auf CD-ROM – eine Chance des Literaturunterrichts? In: OBST 55 (1997), S. 161–171.
Jooß/Hug/Seufert. In: Uffelmann, Uwe (Hg.) 1986, S. 302–345.
Kaiser, Erich/Pilz, Georg (Hg.): Erzähl mir doch (k)ein Märchen! Ein Arbeitsbuch für die Sekundarstufe I. Frankfurt/M.: Diesterweg 1981.
Kalau, Gisela: Die Morphologie der Nürnberger Mundart. Eine kontrastive und fehleranalytische Untersuchung. Erlangen: Palm & Enke 1984.
Kann, Hans-Joachim: Neue Germanismen in *Time* 1994. In: Der Sprachdienst 39 (1995), S. 90–92.
Karst, Thomas: Reportagen. In: Haas (Hg.) 1982, S. 141–155.
Kasper, Gabriele: Funktionen und Formen der Lernersprachenanalyse. In: Handbuch Fremdsprachenunterricht. Hrsg. von Bausch, Karl-Richard/Christ, Herbert/Krumm, Hans-Jürgen. Tübingen/Basel: Francke 1995 (UTB für Wissenschaft, Große Reihe), S. 263–267.

Keller, Howard H.: A German word family dictionary. Together with English equivalents. Berkeley u. a.: Univ of Calif. Press 1978.
Kepser, Matthis: Was Sie schon immer über Computerspiele wissen wollten. In: Akademie für Lehrerfortbildung Dillingen (Hg.): Computer ist mehr. Multimedia + Schule. München: Manz 1995, S. 384–419.
Kepser, Matthis: Kreatives Arbeiten mit dem Computer im Deutschunterricht. In: Faulstich, Werner/Lippert, Gerhard (Hg.): Medien-Handbuch der Unterrichtspraxis. Düsseldorf: Schwann 1996.
Kilpatrick, William Heard: Die Projektmethode. In: Dewey, John/Kilpatrick, William Heard: Der Projekt-Plan. Grundlegung und Praxis. Weimar: Böhlaus Nachf. 1935, S. 161–179.
Klauer, Karl J.: Kriteriumsorientierte Tests. Göttingen: Hogrefe 1987.
Kleiner, Annemarie: Kognitives und kommunikatives Schreiben. In: DU 22 (1974), H. 1, S. 35–65.
Klimsa, Paul: Neue Medien und Weiterbildung. Weinheim: Deutscher Studien-Verl. 1993.
Klinge, Reinhold. Szenisches Interpretieren. In: DU 32 (1980), H. 4, S. 86–97.
Klinke, Winfried: Modellentwurf zur Beschreibung, Analyse und Beurteilung von Spiel- und Arbeitsmitteln. In: Kreuzer, Karl J. (Hg.): Handbuch der Spielpädagogik. Düsseldorf: Schwann 1983, S. 431–445.
Klippert, Heinz: Kommunikations-Training. Übungsbausteine für den Unterricht II. Weinheim: Beltz 1996, 3. A.
Klotz, Peter (Hg.): [Themenheft] Sprachliches Handeln und grammatisches Wissen = DU 47 (1995), H. 4. Mit Beiträgen von Klotz, Peter/Strecker, Bruno/Hoffmann, Ludger/Köller, Wilhelm/Näf, Anton/Nutz, Maximilian und Sigrid Luchtenberg [zit. 1995a].
Klotz, Peter: Sprachliches Handeln und grammatisches Wissen. In: Klotz, Peter 1995a, S. 3–13 [zit. 1995b].
Kluge: Etymologisches Wörterbuch der deutschen Sprache. Bearb. von Elmar Seebold. Berlin/New York: de Gruyter 1995, 23. A.
Knedlik, Manfred: Landkreis Tirschenreuth. Zwei literarische Reisen. Landratsamt Tirschenreuth 1995.
Knoll, Michael: Calvin M. Woodward und die Anfänge der Projektmethode. In: Zeitschrift für Pädagogik 34 (1988), S. 501–517.
Knoll, Michael: Europa – nicht Amerika. Zum Ursprung der Projektmethode in der Pädagogik, 1702–1875. In: Pädagogische Rundschau 45 (1991), S. 41–58.
Knoop, Ulrich: „... in die ganze Geschichte der Poesie eingreifen..." Zur Verschriftlichung der Märchen durch die Brüder Grimm. In: Oberfeld, Charlotte/Assion, P. (Hg.): Erzählen – Sammeln – Deuten. Den Grimms zum Zweihundertsten. Marburg: Jonas 1985, S. 15–26.
Kochan, Barbara (Hg.): Rollenspiel als Methode sozialen Lernens. Ein Reader. Königstein/Ts.: Athenäum 1981 (2., erg. A.).
Kochan, Barbara und Detlef C.: Mündlicher Sprachgebrauch. In: Lange, Günter u. a. (Hg.): Taschenbuch des Deutschunterrichts. Hohengehren: Schneider 1994, 5. Auflage, S. 202–223.
Kochan, Detlef C.: Sprachbuch. In: Stocker 1987, S. 425–434.
Kolb. Peter E.: Wie heißen Sie eigentlich? Schriftsteller-Erfahrungen in der Schule. In: Pädagogik 41 (1989), H. 2, S. 15–18 [ein Interview mit dem Jugendbuch-Autor Klaus Kordon].
Koller, Erwin: Fränggisch gschriim? Eine fehleranalytische Untersuchung unterfränkischer Schüleraufsätze. Tübingen: Niemeyer 1991 (Reihe Germanistische Linguistik; 110).
Kopfermann, Thomas: Produktives Verstehen von Literatur. Ein Kurs auf der Oberstufe. Stuttgart 1994.
Köller, Wilhelm: Funktionaler Grammatikunterricht (Sekundarstufe I). Tempus, Genus, Modus: Wozu wurde das erfunden? Hannover: Schroedel 1986, 2. A. (Deutschunterricht konkret) [1. A. 1983].
König, Ekkehard/Ludwig, Otto: Englisch-Deutsch [Basisartikel]. In: PD 10 (1983), H. 58, S. 11–18.
Köppert, Christine: Imagination und Interpretation im Deutschunterricht. In: Spinner (Hg.) 1995, S. 11–28.
Köppert, Christine: Entfalten und Entdecken. Zur Verbindung von Imagination und Explikation im Literaturunterricht. München: Vögel 1997.
Koß, Gerhard: Sprachkunde. In: Stocker (Hg.) 1987, S. 455–459.
Koß, Gerhard: „Wir machen/besuchen eine Ausstellung!" Museumsdidaktische Überlegungen zum Deutschunterricht. In: Bl. f. d. Deutschlehrer 33 (1989), S. 65–73.
Koß, Gerhard: Namenforschung. Eine Einführung in die Onomastik. Tübingen: Niemeyer 1996, 2. A. (GA 34), Kap. 12 (zur Namenkunde im Deutschunterricht).

Köster, Elisabeth: Die Ausstellung – eine Gestaltungsmöglichkeit für den Geschichts- und Politikunterricht. In: Geschichte, Politik und ihre Didaktik 21 (1993), S. 82–85.
Krauthausen, Günter/Herrmann, Volker (Hg.): Computereinsatz in der Grundschule? Stuttgart: Klett 1994.
Kreft, Jürgen: Literaturdidaktik. Heidelberg: Quelle und Meyer 1982, 2. A.
Kron, Friedrich W.: Grundwissen Didaktik. München/Basel: Reinhardt 1993.
Kübler, Hans-Dieter: Medien und Medienpädagogik im Deutschunterricht. In: Schill/Tulodziecki/Wagner (Hg.) 1992, S. 151–163.
Kügler, Hans: Erkundung der Praxis. Literaturdidaktische Trends der 80er Jahre zwischen Handlungsorientierung und Empirie. In: PD 15 (1988), H. 90, S. 4–9.
Kuhl, Helmut: Ermutigung zum Schreiben. Theorie und Praxis in den Klassen 5–10. Frankfurt: Scriptor 1988.
Kühn, Peter: Zur Bedeutungsbeschreibung von Routineformeln in Wörterbüchern. In: Kontroversen, alte und neue. Hg. von Schöne, Albrecht: Tübingen: Niemeyer 1986 (Akten des VII. Internationalen Germanisten-Kongresses Göttingen 1985, Bd. 3), S. 223–227.
Kunkel, Ulrich: Schultheater-Bühnentechnik selbstgemacht. In: DD 21 (1990), H. 112, S. 198–203.
Kunz, Marcel: Szenische Verfahren im Literaturunterricht. In: Spinner (Hg.) 1995, S. 55–58.
Kunz, Marcel: Spieltext und Textspiel. Szenische Verfahren im Literaturunterricht der S II. Velber: Kallmeyer'sche Verlagsbuchhandlung 1997.
Küpper, Heinz: Illustriertes Lexikon der deutschen Umgangssprache. 8 Bde. Stuttgart: Klett 1982–1984.
Küpper, Heinz: Pons-Wörterbuch der deutschen Umgangssprache. Stuttgart: Klett 1987.
Kustner, Angela: Die Schuldruckerei. Anregungen und Hilfen für eine lebendige Schreibpraxis. Donauwörth: Auer 1995.
Labov, William/Waletzky, Joshua: Erzählanalyse. Mündliche Versionen persönlicher Erfahrung. In: Iwe, Jens (Hg.): Literaturwissenschaft und Linguistik Bd. 2. Frankfurt: Fischer 1973, S. 78–126 (FAT 2016).
Lange, Heiderose. Texterschließung durch Schreiben zu Texten. In: PD 11 (1984), H. 65, S. 65–68.
Langer, Inghard u. a.: Verständlichkeit in Schule, Verwaltung, Politik und Wissenschaft. München: Reinhardt 1974.
Langowski, Gabriele: Körpersprache und ‚Hören mit vier Ohren'. In: PD 14 (1987), H. 83, S. 61–64.
Lehrplan für die bayerische Hauptschule 1997.
Lehrplan für das bayerische Gymnasium. Fachlehrplan Deutsch 1992.
Lenhard, Albin: Über Literatur streiten: Das Jury-Spiel – ein Verfahren zur Leseförderung. In: Eicher (Hg.) 1997, S. 215–224.
Lernort Museum. Braunschweig 1981 (Praxis Geographie 1981, 9).
Lesespaß. Lesebuch für bayerische Hauptschulen. Bde. 5 bis 9. Braunschweig: Westermann 1986–1988.
LGB = Lexikon des gesamten Buchwesens. Hrsg. von Corsten, Severin/Pflug, Günther/Adolf Schmidt-Künsemüller, Friedrich. Stuttgart: Hiersemann 1987ff., 2. A. [zuletzt Bd. V, Lieferung 38 bis Schrift, 1997].
Liebnau, Ulrich: EigenSinn. Kreatives Schreiben – Anregungen und Methoden. Frankfurt: Diesterweg 1995.
Liebsch, Helmut: Grafisch-figürliche Mittel als Element der schriftlichen Kommunikation. In: Muttersprache 102 (1992), S. 310–318.
Lindenhahn, Reinhard: Leseverzögerung als Methode des Deutschunterrichts. In: DU 33 (1981); H. 2, S. 28–36.
Linke, Angelika: Nonverbales und verbales Verhalten in Gesprächen. In: PD 14 (1987), H. 83, S. 48–52.
Linke, Angelika/Sitta, Horst: Gespräche führen. In: PD 14 (1987), H. 83, S. 14–25.
Linke, Angelika/Voigt, Gerhard: Sprache kritisieren – Sprachkritik. In: PD 22 (1995), H. 132, S. 18–22.
Löffler, Heinrich: Mundart als Sprachbarriere. In: Wirkendes Wort 22 (1972), H. 1, S. 23–39.
Löffler, Heinrich: Interferenz-Areale Dialekt/Standardsprache: Projekt eines deutschen Fehleratlasses. In: Dialektologie. Hg. von Besch, Werner/Knoop, Ulrich/Putscke, Wolfgang/Wiegand, Herbert E. Erster Halbband. Berlin/New York: de Gruyter 1982 (HSK, Bd. 1.1), S. 528–538.
Lottmann, Klaus: Einen Text selbständig gestalten. In: PD 17 (1990), H. 99, S. 57–62.
Lucas, Lore: Kinder- und Jugendtheater und Darstellendes Spiel/Schulspiel. In: DU 35 (1983), H. 3, S. 76–89.
Luchtenberg, Sigrid: Kinder- und Jugendliteratur im interkulturellen Deutschunterricht. In: Lernen in Deutschland 11 (1991), H. 2, S. 169–180.
Ludwig, Otto: Die Schulerzählung oder Erzählen in der Schule. In: PD 8 (1981), H. 49, S. 15–21.

Ludwig, Otto: Berichten und Erzählen – Variationen eines Musters – In: Ehlich, Konrad (Hg.): Erzählen in der Schule. Tübingen: Narr 1984, S. 38–54.
Ludwig, Otto: Der Schulaufsatz. Seine Geschichte in Deutschland. Berlin: de Gruyter 1988.
Lühr, Rosemarie: Neuhochdeutsch. Eine Einführung in die Sprachwissenschaft. München: Fink 1990, 3. A.
LUSD 3/1991: *Geschlechterrollen. Schüler(innen)bewußtsein. Literaturdidaktik im Kollegstufenunterricht.* (Mit Beiträgen von Heinritz, Reinhard/Straub, Barbara/Nagelschmidt, Ilse/Herzing, Rainer).
Mandl, Heinz/Gruber, Hans/Renkl, Alexander: Situiertes Lernen in multimedialen Lernumgebungen. In: Issing, Ludwig J./Klimsa, Paul (Hg.): Informationen und Lernen mit Multimedia. Weilheim: Beltz Psychologie Verlagsunion 1995, S. 167–178.
Mann, Thomas. Gesammelte Werke. Hrsg. von Mendelsohn, Peter de. Bd. 20. Frankfurt/M.: Fischer 1986 [Ansprache vor amerikanischen Buchhändlern; S. 324–329].
Mann, Thomas. Werke. Das essayistische Werk. Taschenbuchausgabe. Hg. von Bürgin, Hans. Bd. 8: Miszellen. Frankfurt/M./Hamburg: Fischer 1986 [Die Bibliothek; S. 82 f.].
Mann, Thomas: Essays. Hrsg. von Kurzke, Hermann und Stachorski, Stephan. Bd. 2. Frankfurt/M.: Fischer 1993 [Meine Arbeitsweise; S. 241–242].
Manz, Hans: Die Welt der Wörter. Sprachbuch für Kinder und Neugierige. Weinheim/Basel: Beltz 1991, 2. A.
Marenbach, Dieter: Sprachspiele und Sprachreflexion. In: Schober (Hg.): Sprachbetrachtung und Kommnunikationsanalyse. Königstein/Ts: Scriptor 1980, S: 65–80.
Marenbach, Dieter: Wieviel Grammatik brauchen Schüler? In: PW 39 (1985a), S. 457–461.
Marenbach, Dieter: Das Phänomen Grundwortschatz. In: PW 39 (1985b), H. 7, S. 317–321.
Marenbach, Dieter: Keine Angst vor Fehlern! In: Lukesch, Helmut/Nöldner, Wolfgang/Peez, Helmut (Hg.): Beratungsaufgaben in der Schule. München/Basel: Reinhardt 1989, S. 103–113.
Marenbach, Dieter: Lesen – wie macht man das? In: Grundschulmagazin 9 (1994), H. 1, S. 4–6.
Mattenklott, Gundel: Literarische Geselligkeit – Schreiben in der Schule. Stuttgart: Metzler 1979.
Matthes, Michael: Thesen zu einem Gang ins Museum. In: GEP (1994), S. 396–401.
May, Peter: Jungen und Mädchen schreiben „ihre" Wörter. Rollen der persönlichen Bedeutung beim Lernen. In: Richter/Brügelmann (1994).
Mayor, Guy André: Gespräche führen. Interviews zu Schulproblemen vor- und nachbereiten. In: PD 14 (1987), H. 83, S. 39–41.
Meisch, Rainer: Hypertext als neues Medium. In: Akademie für Lehrerfortbildung Dillingen (Hg.): Computer ist mehr. Multimedia + Schule. München: Manz 1995 (b), S. 128–133.
Meisch, Rainer: Deutsche Literaturgeschichte in der 1. Hälfte des 19. Jahrhunderts als Hypertextsystem. In: Akademie für Lehrerfortbildung Dillingen (Hg.): Computer ist mehr. Multimedia + Schule. München: Manz 1995 (b), S. 148–166.
Menzel, Wolfgang: Grammatikunterricht: In: Baurmann, Jürgen/Hoppe, Otfried (Hg.): Handbuch für Deutschlehrer. Stuttgart u. a.: Kohlhammer 1984a, S. 339–336.
Menzel, Wolfgang: Schreiben über Texte. Ein Kapitel zum Aufsatzunterricht. In: PD 11 (1984b), H. 65, S. 13–22.
Menzel, Wolfgang: Nacherzählen. In: PD 11 (1984b), H. 65, S. 55–58.
Menzel, Wolfgang: Rechtschreibunterricht. Praxis und Theorie. Aus Fehlern lernen. Beiheft zu: PD 69, Seelze: Friedrich 1985.
Menzel, Wolfgang: Arbeitstechnik: Texte zum Vorlesen vorbereiten. In: PD 17 (1990), H. 99, S. 26–33.
Menzel, Wolfgang: Die Stellung der Satzglieder im Satz. In: PD 22 (1995), H. 129, S. 51–55.
Menzel, Wolfgang: Spiel ist das Vergnügen, sich selbst auszuloten. Vom Spielen und Lernen. In: Spielzeit. Spielräume in der Schulwirklichkeit. Friedrich Jahresheft XIII (1995), S. 73.
Merkel, Johannes/Nagel, Michael (Hg.): Erzählen. Die Wiederentdeckung einer vergessenen Kunst. Geschichten und Anregungen. Reinbek: Rowohlt 1982.
Merkelbach, Valentin (Hg.): Kreatives Schreiben. Braunschweig: Westermann 1993.
Merkelbach, Valentin: Entwerfen, Überarbeiten, Veröffentlichen. In: ders. (Hg.): 1993, S. 97–112.
Messelken, Hans: Orthographie und Rechtschreibung. In: PD 1 (1974) H. 4, S. 15–23.
Metzger, Klaus: Stimmpflege – Spiele – Situationen. Anregungen und Ideen für das freie Sprechen. In: PD 24 (1997), H. 144, S. 23–25.
Meyer, Hilbert: Leitfaden zur Unterrichtsvorbereitung. Frankfurt: Scriptor 1984, 6. A.
Meyer, Hilbert: Unterrichts-Methoden I: Theorieband, II: Praxisband. Frankfurt/M.: Scriptor (1987), I 1994, 6. A., II 1994, 6. A.

Michel, Georg/Schübel, Adelbert/Starke, Günter: Grammatik braucht der Mensch. In: DU 45 (1992), H. 9, S. 394–407.

Mieder, Wolfgang: Deutsche Sprichwörter und Redensarten. Stuttgart: Reclam 1979 (Arbeitstexte für den Unterricht, UB 9550).

Mieder, Wolfgang: Grimms Märchen – modern. Prosa, Gedichte, Karikaturen. Stuttgart: Reclam 1979.

Mieder, Wolfgang: Sprichwort – Wahrwort!? Studien zur Geschichte, Bedeutung und Funktion deutscher Sprichwörter. Frankfurt/M. u. a.: Lang 1992 (Artes populares, Bd. 23).

Mieder, Wolfgang: Proverbs are never out of season. New York/Oxford: Oxf. Univ. Press 1993.

Mihm, Arend: Mündliche Kommunikation im Deutschunterricht. In: Sowinski, Bernhard (Hg.): Fachdidaktik Deutsch. Köln: Böhlau 1980, 2. A., S. 83–102.

Mitzlaff, Hartmut (Hg.): Handbuch Grundschule und Computer. Weinheim: Beltz 1996.

MLL = Metzler-Literatur-Lexikon. Hrsg. von Günther und Irmgard Schweikle. Stuttgart: Metzler 1990, 2. A.

MLS = Metzler-Lexikon Sprache. Hrsg. von Helmut Glück. Stuttgart/Weimar: Metzler 1993.

Möller, Christine: Technik der Lernplanung. Methoden und Probleme der Lernzielerstellung. Weinheim u. a.: Beltz 1969.

Möller, Christine: Die curriculare Didaktik, oder: Der lernzielorientierte Ansatz. In: Gudjons, Herbert u. a. (Hg.): Didaktische Theorien. Hamburg 1986, 3. A., S. 63–77.

Moser, Heinz: Einführung in die Medienpädagogik. Aufwachsen im Medienzeitalter. Opladen: Leske + Budnich 1995.

Müller, Erhard P.: Lesen in der Grundschule. München: Oldenbourg 1978.

Müller, Hans Georg; Mit „Wilhelm Tell" um den Vierwaldstätter See. Stuttgart: Klett 1990 (Literaturreisen – Wege, Orte, Texte).

Müller, Klaus (Hg.): Konstruktivismus. Lehren – Lernen – Ästhetische Prozesse. Neuwied: Luchterhand 1996.

Müller, Rudi: Erforschung eines Stücks. Annäherungen an ‚Die neuen Leiden des jungen Werther'. In: DU 35 (1983), H. 3, S. 25–38.

Müller-Michaels, Harro: Arbeitsmittel und Medien für den Deutschunterricht. Kronberg: Scriptor 1976.

Müller-Michaels, Harro: Positionen der Deutschdidaktik seit 1949. Königstein/Ts.: Scriptor 1980 (Scriptor-TB; S. 126); S. 173–201.

Museen in Thüringen. Hrsg. vom Museumsverband Thüringen: Gera o. J. [um 1991].

Naef, Regula D.: Rationeller Lernen lernen. Weinheim/Basel: Beltz 1971.

Naegele, Ingrid/Valtin, Renate: Rechtschreibförderung? – Kriterien zur Beurteilung von Rechtschreibmaterialien. In: Naegele, Ingrid/Valtin, Renate (Hg.): Rechtschreibunterricht in den Klassen 1–6. Frankfurt/M.: Arbeitskreis Grundschule 1994, 3. A., S. 114–116.

Naumann, Horst: Das große Buch der Familiennamen. Niedernhausen/Ts.: Falken 1994.

Neher-Louran, Joachim: Produktionsorientierte Verfahren im Deutschunterricht. In: Zielsprache Deutsch 19 (1988), H. 3, S. 28–39.

Nehr, Monika u. a.: In zwei Sprachen lernen – geht denn das? Erfahrungsbericht über die zweisprachige koordinierte Alphabetisierung. Weinheim/Basel: Beltz 1988.

Nündel, Ernst: Zur Grundlegung einer Didaktik des sprachlichen Handelns. Kronberg/Ts.: Scriptor 1976.

Nündel, Ernst: Projekt. In: Ernst Nündel (Hg.): Lexikon zum Deutschunterricht. München/Wien/Baltimore: Urban & Schwarzenberg 1979, S. 336–338.

Nussbaumer, Markus: Was Texte sind und wie sie sein sollen: Ansätze zu einer sprachwissenschaftlichen Begründung eines Kriterienrasters zur Beurteilung von schriftlichen Schülertexten. Tübingen: Niemeyer 1991 (RGL 119).

Oberhauser, Fred/Oberhauser, Gabriele: Literarischer Führer durch die Bundesrepublik Deutschland. Frankfurt/M.: Insel 1983 (it 527, Nachdruck als 3. A. 1996).

Ockel, Eberhard: Akustische Textanalyse. Eine Methode des Literaturunterrichts. In: DD 11 (1980), H. 54, S. 405–435.

Ockel, Eberhard: Zu Didaktik und Methodik des Vorlesens. In: DD 16 (1985), H. 85, S. 541–569.

Ockel, Eberhard: Elementarprozesse beim Sprechen: Pausen und Zäsuren als Deutungshilfen bei geschriebenen Texten. In: Neuland, Eva/Bleckwenn, Helga (Hg.): Stil, Stilistik, Stilisierung. Frankfurt: Lang 1991, S. 209–224.

Oehler, Heinz: Grundwortschatz Deutsch. Stuttgart: Klett 1972.

Ong, Walter J.: Oralität und Literalität. Die Technologisierung des Wortes. Opladen: Westdeutscher Verlag 1987.
Orlick, Terry: Kooperative Spiele. Herausforderung ohne Konkurrenz. Weinheim: Beltz 1982.
Otto, Gunter: Medien verheddern sich biographisch. In: Unterrichtsmedien, Friedrich-Jahresheft XI 1993, S. 2–3.
Paefgen, Elisabeth K.: Literatur als Anleitung und Herausforderung: inhaltliche und stilistische Schreibübungen nach literarischen Mustern. In: DD 22 (1991), H. 119, S. 286–298 und 323 f.
Pawelke, Rainer/Stöckle, Marion/Weber, Christa: Das geheimnisvolle Zauberband. Schwarzes Theater. In: Friedrich-Jahresheft XI (1993), S. 130–132.
Pennac, Daniel: Wie ein Roman. Köln: Kiepenheuer & Witsch 1994.
Pestalozzi, Johann Heinrich: Wie Gertrud ihre Kinder lehrt. In: Sämtliche Werke. Hg. von Buchenau, Artur/Spranger, Eduard/Stettbacher, Hans. Bd. 13, Berlin/Leipzig: deGruyter 1932.
Pilz, Klaus Dieter: Phraseologie. 2 Bde. Göppingen: Kümmerle 1978 (Göppinger Arbeiten zur Germanistik, Nr. 239).
Pilz, Klaus Dieter: Phraseologie. Redensartenforschung. Stuttgart: Metzler 1981 (Sammlung Metzler, M. 198).
Pleticha, Heinrich (Hg.): dtv junior Literatur-Lexikon. Berlin/München: Cornelsen-Velhagen & Klasing/dtv 1986.
Polzius, Gerd: Didaktische Untersuchungen zur Führung der Unterrichtsdiskussion in der Abiturstufe (Gymnasiale Oberstufe), unter besonderer Berücksichtigung der Jahrgangsstufe 11). Potsdam: Diss. 1992.
Pommerin, Gabriele: Interkulturelles Lernen – eine Herausforderung für unsere Gesellschaft? In: Jahrbuch Deutsch als Fremdsprache, Bd. 14, 1988, S. 137–156.
Pommerin, Gabriele: Kreatives Schreiben im Rahmen interkultureller Erziehung. In: LUSD (1995a), H. 7, S. 7–65.
Pommerin, Gabriele: „Und im Ausland sind die Deutschen auch Fremde!" Frankfurt/M.: Arbeitskreis Grundschule 1995(b), 2. A.
Popp, Susanne: Das Lernspiel im Unterricht. In: PW 44 (1990), H. 7, S. 306–311.
Portmann, Paul: Schreiben und Lernen. Grundlagen einer fremdsprachlichen Schreibdidaktik. Tübingen: Niemeyer 1991.
Potthoff, Ulrike/Steck-Lüschow, Angelika: Programm einer Gesprächserziehung im 1. Schuljahr. In: Lüschow, Frank/Pabst-Weinschenk, Marita (Hg.): Mündliche Kommunikation als kooperativer Prozeß: Sprachwissenschaftliche Arbeitsfelder. Festschrift für Elmar Bartsch. Frankfurt/M.: Lang 1991 (Duisburger Arbeiten zur Sprach- und Kulturwissenschaft Bd. 9).
Praxis Deutsch H. 61/1983 *Beschreiben: Orte, Wege, Räume.*
   H. 91/1988 *Fachtexte leserfreundlich umschreiben.*
   H. 98/1989 *Textanalyse.*
   H. 122/1993 *Personennamen.*
   H. 137/1996 *Schreiben: Texte und Formulierungen überarbeiten.*
   H. 144/1997 *Reden lernen.*
Prenzel, Manfred: Die Wirkungsweise von Interesse. Opladen: Westdt. Verlag 1988.
Pschibul, Manfred: Mündlicher Sprachgebrauch. Donauwörth: Auer 1980.
Quasthoff, Uta M.: Erzählen in Gesprächen. Tübingen: Narr 1980.
Queneau, Raimond: Stilübungen. Frankfurt: Suhrkamp 1968.
Rahnenführer, Ilse: Zu den Prinzipien der Schreibung des Deutschen. In: Nerius, Dieter/Scharnhorst, Jürgen (Hg.): Theoretische Probleme der deutschen Orthographie, Berlin (DDR): Akademie 1980.
Rau, Cornelia: Revisionen beim Schreiben. Zur Bedeutung von Veränderungen in Textproduktionsprozessen. Tübingen: Niemeyer 1994 (RGL 148).
Rauner, Liselotte: Redefreiheit. In: Rudolf Otto Wiemer (Hg.): bundesdeutsch. lyrik zur sache grammatik. Wuppertal: Hammer 1974, S. 199.
Rauscher, Hubert: Das Wortlistentrainingsprogramm von Heiko Balhorn, Brigitte Harries u. a. In: PW 33 (1979), H. 7, S. 429–436.
Rauter, Ernst A.: Vom Umgang mit Wörtern. München: Weismann 1978.
Rayner, Keith (Ed.): Eye Movements and Visual Cognition. Scene Perception and Reading. New York: Academic Press 1992.
Rehbein, Detlev: Spaß muß sein, sagte der Kater... Sagwörter aus europäischen Sprachen. Leipzig: Bibl. Inst. 1990.

Rein, Kurt: Empirisch-statistische Untersuchungen zu Verbreitung, Funktion und Auswirkung des Dialektgebrauchs in Bayern. In: Papiere zur Linguistik (1974), H. 8, S. 88–97.
Reitmajer, Valentin: Der Einfluß des Dialekts auf die standardsprachlichen Leistungen von bayerischen Schülern in Vorschule, Grundschule und Gymnasium. Marburg: Elwert 1979.
Renk, Herta-Elisabeth: Dramatische Texte im Unterricht. Vorschläge, Materialien und Kursmodelle für die S I und II. Stuttgart: Klett 1978.
Renk, Herta-Elisabeth: Spielprozesse und szenisches Spiel im Deutschunterricht. In: PD 13 (1986), H. 86, S. 18–25.
Reuen, Sascha: Der Computer als Schreibwerkzeug. Theoretische Grundlagen und praktische Erfahrungen aus einer vierten Grundschulklasse. Frankfurt/M.: Lang 1997a.
Reuen, Sascha: Der Computer als Schreibwerkzeug im Deutschunterricht. Praxiserfahrungen aus einer vierten Grundschulklasse. In: *OBST 55* (1997b), S. 90–101.
Richter, Sigrun: Unterschiede in den Schulleistungen von Mädchen und Jungen. Geschlechtsspezifische Aspekte des Schriftsprachenerwerbs und ihre Berücksichtigung im Unterricht. Regensburg: Roderer 1996.
Richter, Sigrun/Brügelmann, Hans (Hg.): Mädchen lernen anders lernen Jungen. Bottighofen: Libelle 1994.
Ricken, Thomas: Der Précis. In: PD 11 (1984), H. 65, S. 69–71.
Rico, Gabriele: Garantiert schreiben lernen. Sprachliche Kreativität methodisch entwickeln – ein Intensivkurs auf der Grundlage der modernen Gehirnforschung. Reinbek: Rowohlt 1984.
Ritter, Hans-Martin: Darstellendes Spiel – Interaktionspädagogik – Theater als Lernform. O. O.: Verlag für Ästhetik und Kommunikation 1979.
Ritz-Fröhlich, Gertrud: Das Gespräch im Unterricht. Anleitung – Phasen – Verlaufsformen. Bad Heilbrunn: Klinkhardt (1977) 1982, 2. A.
Roda Roda's Geschichten. Hg. von Rezzori, Gregor von. Reinbeck bei Hamburg: Rowohlt 1961 (rororo TB 205), S. 68–70.
Rohlfes, Joachim: Geschichte und ihre Didaktik. Göttingen: Van den hoeck & Ruprecht 1986.
Röhrich, Lutz: Das große Lexikon der Sprichwörter. 3 Bde. Freiburg im Breisgau/Basel/Wien: Herder 1991/1992.
Rose, Ludwig: Wir planen unsere Klassenfahrt selbst! (Projekt). In: akzente. Berufliche Bildung in Bayern 6 (1997), H. 11, S. 16–18.
Rosebrock, Cornelia: Kind als Leser: Zur Rezeption von Kinderbüchern in der „alten" BRD. In: JuLit 17 (1991), H. 2, S. 72–82.
Rosebrock, Cornelia (Hg.): Lesen im Medienzeitalter. Biographische und historische Aspekte literarischer Sozialisation. Weinheim und München: Juventa 1995.
Rosenbusch, Heinz/Schober, Otto (Hg.): Körpersprache in der schulischen Erziehung. Baltmannsweiler: Schneider 1995, 2. A.
Rothmann, Kurt (Hg.): Anleitung zur Abfassung literaturwissenschaftlicher Arbeiten. Stuttgart: Reclam (RUB 9504).
Rupp, Gerhard: Kulturelles Handeln mit Texten. Paderborn: Schöningh 1987.
Rutschky, Michael: Die Krise der Interpretation. Probleme der ästhetischen Erfahrung in der Schule. In: DU 29 (1977), H. 2, S. 63–82.
Sahr, Michael: Ein Kinderbuchprojekt. Harald Grills Buch ‚Da kräht kein Hahn nach dir' im Unterricht. Regensburg: Wolf 1991.
Salzmann, Wolfgang (Hg.): Siebzehn Kurzgeschichten. Stuttgart: Klett 1984.
Schaber, Susanne: Die Donau von Passau bis Wien. Stuttgart/Dresden: Klett 1993 (Literaturreisen – Wege, Orte, Texte).
Schaible, Herbert: Deutsch-Programme für schriftschwache Kinder und Jugendliche. In: PD 22 (1995), H. 132, S. 7–12.
Schanze, Helmut: Von Riesen, Geistern und Zwergen. Überlegungen zum Einfluß der Elektronischen Datenverarbeitung auf Lesen und Schreiben. In: DU 35 (1983), H. 4, S. 5–14.
Schau, Albrecht: Szenisches Interpretieren. Ein literaturdidaktisches Handbuch. Stuttgart: Klett 1996.
Scheerer-Neumann, Gerheid: Kognitive Prozesse beim Rechtschreiben: Eine Entwicklungsstudie. In: Eberle, Gerhard/Reiß, Günter (Hg.): Probleme beim Schriftspracherwerb. Heidelberg: Schindele 1987, S. 193–219.
Scheffer, Bernd: Klischees und Routinen der Interpretation. Vorschläge für eine veränderte Literaturdidaktik. In: DU 47 (1995), H. 3, S. 74–83.

Scheller, Ingo: Szenische Improvisation mit Standbildern. In: PD 13 (1986), H. 76, S. 60–65.
Scheller, Ingo: Wir machen unsere Inszenierungen selber. Univ. Oldenburg: Zentrum für pädagogische Berufspraxis 1989. 2 Bde.
Scheller, Ingo: Imaginative und emotionale Prozesse bei der szenischen Interpretation von Texten – am Beispiel von Szenen zum Thema „Jugend und Gewalt". In: Spinner (Hg.) 1995, S. 59–70.
Scheuer, Helmut (Hg.): Literarische Topographie: Wien. Der Deutschunterricht 47 (1995), H. 5 (mit Beiträgen von Kauffmann, Kai/Hein, Jürgen/Lange, Wolfgang/Scheit, Gerhard/Erb, Andreas und Steinlechner, Gisela).
Scheuerl, Hans: Das Spiel. Untersuchungen über sein Wesen, seine pädagogischen Möglichkeiten und Grenzen. Weinheim/Basel: Beltz 1990, 11. A.
Schildberg-Schroth, Gerhard/Viebrock, Hans-Heinrich: Zur Wissenschaftlichkeit des Deutschunterrichts. Überlegungen am Beispiel der Inhaltsangabe. In: DU 33 (1981), H. 5, S. 4–24.
Schildt, Hilke: Aus der poetischen Werkstatt – Gedichte in verschiedenen Fassungen. Dortmund; Bühl: Crüwell u. Konkordia 1980, 5. A.
Schill, Wolfgang: Ein Modell praktischer Audio-Arbeit – das „Schüler-Studio des SFB". In: Schill/Tudlodziecki/Wagner 1992, S. 253–271.
Schill, Wolfgang/Tulodziecki, Gerhard/Wagner, Wolf-Rüdiger (Hg.): Medienpädagogisches Handeln in der Schule. Opladen: Leske + Budrich 1992.
Schiller, Doris und Dieter: Der Main. Stuttgart/Dresden: Klett 1994 (Literaturreisen – Wege, Orte, Texte).
Schmidt, Rosemarie: „Das war ein Riesennickelfahrrad – nicht so eine schöne Brille, wie ihr sie habt!" Ein Schriftsteller in meiner Klasse. In: WPB 33 (1981), S. 286–288.
Schmidt, Siegfried J.: Texttheorie/Pragmalinguistik. In: Lexikon der Germanistischen Linguistik. Hrsg. von Althaus, Hans Peter/Henne, Helmut/Wiegand, Herbert Ernst. Tübingen: Niemeyer 1973 [1. A.], S. 233–244.
Schmidt, Wilhelm: Grundfragen der deutschen Grammatik. Berlin: Volk u. Wissen 1977, 5. A.
Schneider, Gerhard: Bemerkungen zum Thema Geschichte im Museum. In: GEP (1994), S. 402–412.
Schneider, Wolfgang: Lese-Rechtschreibforschung heute: Einführung. In: Zeitschr. f. Päd. Psych. 8 (1994), H. 3/4, S. 117–122.
Schnotz, Wolfgang: Texte verstehen als Aufbau mentaler Modelle. In: Mandl, Heinz/Spada, Hans (Hg.): Wissenspsychologie. München: Psychologie-Verlags-Union 1988, S. 299–330.
Schnotz, Wolfgang: Aufbau von Wissensstrukturen. Untersuchungen zur Kohärenzbildung beim Wissenserwerb mit Texten. Weinheim: Beltz, Psychologie-Verlags-Union 1994.
Schober, Otto: Körpersprache. Schlüssel zum Verhalten. Bedeutung und Nutzen der Körpersprache im Alltag. München: Heyne 1989.
Schober, Otto: Körpersprache im Deutschunterricht. In: Rosenbusch, Heinz/Schober, Otto (Hg.) 1995, S. 215–253.
Schultze, Walter: Der Wortschatz in der Grundschule. Stuttgart: Klett 1956.
Schulz von Thun, Friedemann: Miteinander reden. Bd. 1: Störungen und Klärungen, Bd. 2: Stile, Werte und Persönlichkeitsentwicklung. Reinbek: Rowohlt 1981/1989.
Schulz, Wolfgang: Hat die Unterrichtsreform eine Theorie? In: Schule: Zwischen Routine und Reform, Friedrich-Jahresheft XII 1994, S. 52–53.
Schuster, Karl: Ausgewählte Aspekte der Humanistischen Psychologie und deren Bedeutung für die Deutschdidaktik. In: LUSD (1992), H. 4, S. 8–29.
Schuster, Karl: Das Spiel und die dramatischen Formen im Deutschunterricht. Baltmannsweiler: Schneider 1994.
Schuster, Karl: Das personal-kreative Schreiben im Deutschunterricht. Hohengehren: Schneider 1995.
Schwarz, Mathilde: Der Grundwortschatz – ein Problem. Unveröffentl. Hausarbeit im Inst. f. Germanistik, Univ. Regensburg 1985.
Schwarz, Wolfgang: Lyrik – Rhetorik – Theater. Bericht und Bilanz. In: DU 31 (1979), H. 1, S. 26–37.
Schwitters, Kurt: „Eile ist des Witzes Weile". Eine Auswahl aus den Texten. Hg. von Weiss, Christina/Riha, Karl. Stuttgart: Reclam 1987 (RUB 8392).
Sedding, Gerhard: Abhandeln – Besinnen – Erörtern? Versuch einer Erörterung des Erörterns. Systematische und historische Grundlegung einer umstrittenen Aufsatzart. In: Lehren und Lernen 12 (1986), H. 11, S. 1–60.
Seibicke, Wilfried: Vornamen. Frankfurt/M.: Verl. f. Standesamtswesen 1991, 2. A.

Seidel, Brigitte: Schüler spielen mit Sprache. Sprachunterricht vom 1. bis 10. Schuljahr. Stuttgart u. a.: Kohlhammer 1983.
Seidel, Brigitte: Wörter im Sprachbewußtsein. Sprachkunde in der Sekundarstufe I. Hannover: Schroedel 1989.
Sennlaub, Gerhard: Spaß beim Schreiben oder Aufsatzerziehung? Stuttgart: Kohlhammer (1980) 1983, 2. A. (Kohlhammer TB 1103).
Siedler, Heinz: Eine neue Aufsatzart: der Précis. In: DU 19 (1967), H. 3, S. 5–21.
Spiel mit Habakuk. Lustige Lesespiele. Frankfurt/M.: Diesterweg 1992.
Spinner, Kaspar H.: Interpretieren im Deutschunterricht. In: PD 14 (1987), H. 81, S. 17–23.
Spinner, Kaspar H.: Elemente der Gesprächserziehung. In: PD 14 (1987), H. 83, S. 29 f.
Spinner, Kaspar H.: Zuhören. Ein Alltagsproblem in der Schule. In: PD 15 (1988), H. 88, S. 16 f.
Spinner, Kaspar H.: Textanalyse im Unterricht. In: PD 16 (1989), H. 98, S. 19–23.
Spinner, Kaspar H.: Gedichtvergleich im Unterricht. In: PD 18 (1991), H. 105, S. 11–15.
Spinner, Kaspar H.: Kreatives Schreiben. In: PD 20 (1993), H. 119, S. 17–23.
Spinner, Kaspar H.: Schreiben nach Botho Strauß, Volker Braun und Urs Widmer. In: PD 21 (1994), H. 126, S. 25–48 und 58 (Lehrerkommentar).
Spinner, Kaspar H. (Hg.): Imaginative und emotionale Lernprozesse im Deutschunterricht. Frankfurt/M., P. Lang 1995.
Spitta, Gudrun: Eigendiktate. In: PD 5 (1978), H. 32, S. 41–43.
Spitta, Gudrun: „In Schreibkonferenzen kriegt man Tips dafür, wenn man Schriftsteller werden will…" (Martin). In: Grundschulzeitung (1989), H. 30, S. 5–9.
Spitta, Gudrun: Wenn schon gekaufte, dann gute Arbeitsmittel. In: Grundschulzeitschrift 5 (1991), H. 41, S. 20–21.
Spitta, Gudrun: Schreibkonferenzen – ein Weg vom spontanen Schreiben zum bewußten Verfassen von Texten. Frankfurt: Cornelsen-Scriptor 1992.
Spitta, Gudrun (Hg.): „Schreibkonferenzen". Die Grundschulzeitschrift 61 (1993).
Spitta, Gudrun: Freies Schreiben – eigene Wege gehen. Konstanz: Libelle 1997.
Staatsinstitut für Schulpädagogik und Bildungsforschung (Hg.): Handreichung zum Rechtschreibunterricht an Grund- und Hauptschulen, München 1986.
Staatsinstitut für Schulpädagogik und Bildungsforschung (Hg.): Erfassen von Schülerleistungen im Fach Deutsch der Hauptschule. München 1991.
Staatsinstitut für Schulpädagogik und Bildungsforschung München (Hg.): „Schriftlicher Sprachgebrauch" im Deutschunterricht am Gymnasium. 2 Bde. Donauwörth: Auer 1992/1993.
Staatsinstitut für Schulpädagogik und Bildungsforschung München (Hg.): Handreichungen praxisorientierter Rhetorik. Materialien und Modelle zum „Mündlichen Sprachgebrauch" im Deutschunterricht am Gymnasium. Donauwörth: Auer 1995.
Stadler, Bernd: Sprachspiele in der Grundschule. Donauwörth: Auer 1992, 2. A.
Statistisches Bundesamt (Hg.): Allgemeinbildende Schulen 1994. Wiesbaden 1996.
Staudacher, Wilhelm: Großvatergedichte in fränkischer Mundart (Rothenburger Dialekt). Uffenheim: Seehars 1990.
Steindl, Michael: Sprachspiele. In: Stocker 1987, S. 463–466.
Stiftung Lesen (Hg.): Vorlesen und Erzählen. Anregungen – Beispiele Tips. Main: Steinmeier 1991, 6. A.
Stock, Helmuth: Weiterführendes Lesen in der Grundschule. In: Altmann, Werner/Gaßner, Franz-J./Gruber, Sebastian (Hg.): Seminar und Schule neu. Grundschule, Bd. 2. München: Oldenbourg 1983, S. 63–71.
Stocker, Karl (Hg.): Taschenlexikon der Literatur- und Sprachdidaktik. Frankfurt/M.: Scriptor 1987, 2. A. (Scriptor TB S 94).
Strauß, Gerhard/Haß, Ulrike/Harras, Gisela: Brisante Wörter von Agitation bis Zeitgeist. Ein Lexikon zum öffentlichen Sprachgebrauch. Berlin/New York: de Gruyter 1989.
Strittmatter, Peter: Lernzielorientierte Leistungsmessung. Weinheim: Beltz 1973.
Strohner, Hans: Kognitive Systeme. Opladen: Westdeutscher Verlag 1995.
Sucharowski, Wolfgang: Syntax und Sprachdidaktik. In: Jacobs, Joachim/Stechow, Arnim von/Sternefeld, Wolfgang/Vennemann, Theo: Syntax. Berlin/New York 1995: de Gruyter, S. 1545 ff.
Süselbeck, Gisela: Alternative Diktatformen. In: Grundschule 19 (1987a), H. 2, S. 50–53 und (1987b), H. 3, S. 36–41.
Thalmayr, Andreas (d. i. H. M. Enzensberger): Das Wasserzeichen der Poesie, oder die Kunst und das Vergnügen, Gedichte zu lesen. Nördlingen: Greno 1985.

Theunissen, Georg (Hg.): Schüler machen Theater. Unterricht mit schwierigen Schülern. Frankfurt/M.: Extrabuch 1984.

Thomas-Mann-Studien. Hrsg. vom Thomas-Mann-Archiv der ETH in Zürich. Bern/München: Francke 1967 ff.

Triebel, Heinz/Maday, Wilhelm: Handbuch der Rechtschreibübungen, Weinheim/Basel: Beltz 1991, 4. A.

Tulodziecki, Gerhard: Medienerziehung in Schule und Unterricht. Bad Heilbrunn: Klinkhardt 1992, 2. A.

Ueding, Gert: Rhetorik des Schreibens. Königstein/Ts.: Athenäum, 1985.

Uffelmann, Uwe (Hg.): Didaktik der Geschichte. Villingen-Schwenningen: Neckar-Verl. 1986; mit Beiträgen von Jooß, Rainer/Hug, Wolfgang und Seufert, Josef zur Museumsdidaktik, S. 302–345.

Ulshöfer, Robert: Methodik des Deutschunterrichts. Bd. 1: Unterstufe. Stuttgart: Klett 1968, 8. A.

van Ments, Morry: Diskussion(en) – aktiv. München: Ehrenwirth 1992.

Vieregg, Hildegard: Museumspädagogik. Positionen – Tendenzen – Konzepte. In: Birkenhauer, Josef (Hg.): Außerschulische Lernorte. HGD-Symposium Benediktbeuren 1993. Nürnberg: Hochschulverband für Geographie und ihre Didaktik 1995, S. 49–64.

Vogt, Rüdiger: Oberrang, 2. Reihe, Platz 15. Einen Theaterbesuch vorbereiten, durchführen und auswerten. In: PD 19 (1992), H. 115, S. 54–59.

Voigt, Gerhard: Lücken in der Argumentation. Textüberarbeitung als Übung zur Erörterung – eine Unterrichtsanregung. In: PD 17 (1990), H. 99, S. 42 f.

Volmert, Johannes: Interlexeme im Bereich des Buchstabens ‚F'. In: Braun, Peter/Schaeder, Burkhard/Volmert, Johannes (Hg.): Internationalismen. Tübingen: Niemeyer 1990 (RGL 102) S. 95–122.

Waegner, Heinrich: Theaterwerkstatt. Von innen nach außen – über den Körper zum Spiel. Kommentierte Wege vom Warm-up bis zur Spielvorlage. Stuttgart: Klett 1995.

Wagner, Reinhold: Formen schriftlichen Sprachgestaltens. 50 Modelle zum Aufsatzunterricht der Grundschule. Ansbach: Prögel 1979.

Wagner, Wolf-Rüdiger: Kreatives Schreiben mit dem Computer. Tübingen: Dt. Institut für Fernstudienforschung 1994.

Wahrig, Gerhard: Deutsches Wörterbuch. Gütersloh/München: Bertelsmann 1991.

Waldmann, Günter: Grundzüge von Theorie und Praxis eines produktionsorientierten Literaturunterrichts. In: Hopster, Norbert (Hg.): Handbuch ‚Deutsch'. Paderborn: Schöningh 1984, S. 98–141.

Waldmann, Günter: Produktiver Umgang mit Literatur. In: Lange, Günter/Neumann, Karl/Ziesenis, Werner (Hg.): Taschenbuch des Deutschunterrichts, Bd. 2. Hohengehren: Schneider 1994, 5. A., S. 466–483.

Waldmann, Günter/Bothe, Katrin: Erzählen. Eine Einführung in kreatives Schreiben und produktives Verstehen von traditionellen und modernen Erzählformen. Stuttgart: Klett 1992.

Wallrabenstein, Wulf: Miteinander sprechen – Mündliche Kommunikation als Basis des Sprachlernens. In: Haarmann, Dieter (Hg.): Handbuch Grundschule. Bd. 2: Fachdidaktik: Inhalte und Bereiche grundlegender Bildung. Weinheim: Beltz 1993, S. 50–58.

Walther, Helmut: Wörter des Jahres 1994. In: Der Sprachdienst 39 (1995), S. 18–26, 48–57.

Warm, Ute: Rollenspiel in der Schule. Tübingen: Niemeyer 1981.

Watzke, Oswald: Rechtschreibunterricht in der Primarstufe, München: List 1976.

Watzke, Oswald/Strank, Wilhelm: Theorie und Praxis des Rechtschreibunterrichts in der Grundschule, Donauwörth: Auer 1984.

Watzlawick, Paul/Beauvin, Janet J./Jackson, Donald D.: Menschliche Kommunikation. Formen, Störungen, Paradoxien. Bern: Huber 1974, 4. A.

Wege durch Düsseldorfer Literaturmuseen. Literatur- und theatergeschichtliche Museumsdokumente für den Deutschunterricht der Sekundarstufe I und II zusammengestellt und kommentiert. Goethe-Museum, Heinrich-Heine-Institut, Dumont-Lindemann-Archiv. Hrsg. vom Kulturamt der Landeshauptstadt Düsseldorf. Düsseldorf o. J.

Wegera, Klaus-Peter: Kontrastive Grammatik: Osthessisch – Standardsprache. Marburg/Lahn: Elwert 1977 (Deutsche Dialektgeographie; 103).

Weisgerber, Bernhard: Handbuch zum Sprachunterricht. Weinheim: Beltz 1983.

Weisgerber, Bernhard: Die Bedeutung der Wortfeldtheorie für die Erforschung und Förderung des Spracherwerbs. In: Wirkendes Wort 39 (1989), H. 2, S. 281–294.

Weisgerber, Bernhard: Zur Diskussion um den „Grundwortschatz" im Rechtschreibunterricht der Primarstufe. In: Bartnitzky, Hans/Christiani, Reinhard: Materialband: Grundwortschätze. Bielefeld: (VK 1983), S. 15–25.

Weisgerber, Leo: Von den Kräften der deutschen Sprache. 4 Bde. Düsseldorf: Schwann 1949–1954; Bd. 1, 1971, 4. A.; Bd. 2, 1974, 4. A.; Bd. 3, 1971, 3. A.; Bd. 4, 1995, 2. A.

Werchosch, Fritz-Ulrich: Untersuchungen zur geistig-sprachlichen Leistung grafisch-figürlicher Mittel. Ein Beitrag zur Funktion von Pfeil, Linie und Fläche in der schriftlichen sprachlichen Kommunikation. Dresden 1988 (Diss.).

Werlen, Erika und Iwar: Gespräche anfangen. In: PD 14 (1987), H. 83, S. 53–60.

Wermke, Jutta: *„Hab' a Talent, sei a Genie!"* Kreativität als paradoxe Aufgabe. 2 Bde. Weinheim: Deutscher Studien-Verlag 1989.

Wermke, Jutta: Hören – Horchen – Lauschen. Zur Hörästhetik als Aufgabenbereich des Deutschunterrichts unter besonderer Beachtung der Umweltwahrnehmung. In: Spinner (Hg.): 1995, S. 193–215.

Weschenfelder, Klaus/Zacharias, Wolfgang: Handbuch Museumspädagogik. Orientierungen und Methoden für die Praxis. Düsseldorf: Schwann 1981.

Westphalen, Klaus: Praxisnahe Curriculumentwicklung. Donauwörth: Auer 1978, 6. A.

Wichert, Adalbert (Hg.): ITG im Deutschunterricht. Augsburg: Zentralstelle für Computer im Unterricht 1992.

Wichert, Adalbert: Computer im Text – Text im Computer. Perspektiven des Deutschunterrichts. In: DD 23 (1992), H. 128, S. 593–602.

Wigand, Paul: Der menschliche Körper im Munde des deutschen Volkes. Eine Sammlung sprichwörtlicher Redensarten. 1899. Nachdruck Münster 1987.

Willenberg, Heiner: Lernpräferenzen im Deutschunterricht. In: DD 24 (1993), H. 129, S. 45–58.

Winkler, Andreas: Ethnische Schimpfwörter und übertragener Gebrauch von Ethnika. In: Muttersprache 104 (1994), H. 4, S. 320–337.

Wolfersdorf, Paul: Darstellendes Spiel und Theaterpädagogik. Theorie und Praxis von der Primarstufe bis zur gymnasialen Oberstufe. Baltmannsweiler: Schneider 1984.

Wolff, Jürgen: Mit Fontane durch die Mark Brandenburg und den Harz. Stuttgart: Klett 1992, 3. A. (Literaturreisen – Wege, Orte, Texte).

Wormser, Rudi: Sensitiv-Spiele. München: Mosaik 1976.

Zehetner, Ludwig: *Bairisch*, Dialekt/Hochsprache – kontrastiv. Düsseldorf: Schwann 1977.

Zeitung in der Schule. Eine Sonderbeilage der *Mittelbayerischen Zeitung* (Regensburg). Redaktion: Herbert Obermayer. 22. Juli 1992.

Abkürzungsverzeichnis

DD = Diskussion Deutsch
DU = Der Deutschunterricht
FAZ = Frankfurter Allgemeine Zeitung
GEP = Geschichte – Erziehung – Politik
GuiD = Geographie und ihre Didaktik
ide = Informationen zur Deutschdidaktik
JuLit = Jugendliteratur und Medien; Zeitschrift des Arbeitskreises für Jugendliteratur
LUSD = Literatur und Sprache didaktisch. Schriftenreihe des Lehrstuhls für Didaktik der deutschen Sprache und Literatur der Universität Bamberg
NZZ = Neue Zürcher Zeitung, Internationale Ausgabe
PD = Praxis Deutsch
PW = Pädagogische Welt
SZ = Süddeutsche Zeitung
WPB = Westermanns pädagogische Beiträge
ZGL = Zeitschrift für germanistische Linguistik